Le Guide Vert

Nord Pas-de-Calais Picardie

Direction	David Brabis
Rédactrice en chef	Nadia Bosquès
Mise à jour	Annabelle Lebarbé
Informations pratiques	Catherine Rossignol, Isabelle Foucault, Catherine Guégan, Marie Simonet
Documentation	Isabelle du Gardin, Eugenia Gallese, Yvette Vargas
Cartographie	Alain Baldet, Geneviève Corbic, Michèle Cana, Sophie Perot
Iconographie	Stéphane Sauvignier
Secrétariat de rédaction	Pascal Grougon, Danièle Jazeron
Correction	Élisabeth Paulhac
Mise en pages	Didier Hée, Jean-Paul Josset
Conception graphique	Christiane Beylier à Paris 12e
Maquette de couverture	Laurent Muller
Fabrication	Pierre Ballochard, Renaud Leblanc
Marketing	Cécile Petiau, Ana Gonzalez
Ventes	Gilles Maucout (France), Charles Van de Perre (Belgique), Philippe Orain (Espagne, Italie), Jack Haugh (Canada), Stéphane Coiffet (Grand Export)
Relations publiques	Gonzague de Jarnac
Régie pub et partenariats	michelin-cartesetguides-btob@fr.michelin.com
	Le contenu des pages de publicité insérées dans ce guide n'engage que la responsabilité des annonceurs.
Pour nous contacter	Le Guide Vert Michelin 46, avenue de Breteuil 75324 Paris Cedex 07 ☎ 01 45 66 12 34 Fax : 01 45 66 13 75 www.ViaMichelin.fr LeGuideVert@fr.michelin.com
	Parution 2006

Note au lecteur

L'équipe éditoriale a apporté le plus grand soin à la rédaction de ce guide et à sa vérification. Toutefois, les informations pratiques (prix, adresses, conditions de visite, numéros de téléphone, sites et adresses Internet...) doivent être considérées comme des indications du fait de l'évolution constante des données. Il n'est pas totalement exclu que certaines d'entre elles ne soient plus, à la date de parution du guide, tout à fait exactes ou exhaustives. Elles ne sauraient de ce fait engager notre responsabilité. Ce guide vit pour vous et par vous ; aussi nous vous serions très reconnaissants de nous signaler les omissions ou inexactitudes que vous pourriez constater. N'hésitez pas à nous faire part de vos remarques et suggestions sur le contenu de ce guide. Nous en tiendrons compte dans la prochaine mise à jour.

Éditorial

Le Nord, le Pas-de-Calais, la Picardie : quel panache dans ces noms chargés d'histoire ! Oui, les Hauts de France, ce sont des ciels gris velours traversés de rayons étincelants, des bourgs ventrus aux habitudes médiévales, des beffrois finement érigés et orgueilleusement entretenus, un contraste permanent entre les restes d'une épopée industrielle qui fut ici héroïque et glorieuse – n'oublions pas que les habitants de ce pays, durs à la tâche, fiers à l'ouvrage, donnèrent à la France, des décennies durant, le meilleur charbon, les tissus les plus résistants, les aciers qui firent le prestige de nos industries – et les signes d'une évidente renaissance urbaine et économique dont Lille et son agglomération donnent un splendide exemple.

De Dunkerque à Compiègne et de Lille à Beauvais, le territoire est ouvert et contrasté, riche de saveurs et de surprises. À la variété des paysages – dunes et falaises de la Côte d'Opale, mollières et pré-salés du Marquenterre, vallées bucoliques, campagnes brumeuses, forêts profondes... – s'ajoute la richesse des cultures et des traditions : architecture, carnavals, kermesses, confréries, brasseries.

Chaleureux et bons vivants, les gens du Nord vous étonneront par leur accueil, leur bonne humeur et leur sens aigu de la fête. Ici, on s'amuse comme nulle part ailleurs, avec simplicité, joie et tendresse. Mais ce n'est pas tout ! Admirables cathédrales gothiques et châteaux médiévaux vous attendent en Picardie, où il ne faut pas manquer d'aller saluer la marionnette Lafleur à Amiens, d'arpenter le paradis des oiseaux autour de Rue, ou de succomber aux fastes du Second Empire à Compiègne. Une multitude de moulins, terrils, beffrois et citadelles, sans oublier le Mur de l'Atlantique, le tunnel sous la Manche ni la grande famille des géants, caractérisent les contrées d'Artois et des Flandres. Des jeux oubliés, une gastronomie authentique et de rafraîchissantes bières de garde à savourer dans la chaleur des estaminets...

Que de bonnes raisons de parcourir cette région !

L'équipe du Guide Vert Michelin
LeGuideVert@fr.michelin.com

Sommaire

Cartes et plans	6
Légende	8
Carte « Les plus beaux sites »	10
Carte « Circuits de découverte »	12

Informations pratiques

Avant le départ	16
Hébergement, restauration	18
Propositions de séjour	22
Circuits de découverte	26
Itinéraires à thème	27
Découvrir autrement la région	28
Sports et loisirs	31
Forme et santé	36
Souvenirs	36
Kiosque	38
Cinéma, télévision	39
Escapade dans le Kent	39
Calendrier festif	42

Invitation au voyage

Rien que pour vos yeux	50
Savoir-faire d'hier et d'aujourd'hui	56
Fêtes et traditions	60
À table !	64
Tournants de l'histoire	68
ABC d'architecture	72
L'art dans le Nord Pas-de-Calais et la Picardie	78
Personnalités du Nord	84

Beffroi de Douai.

Colombages à Gerberoy

Villes et sites

Abbeville 88 – Airaines 91 – Aire-sur-la-Lys 92 – Albert 95 – Amiens 97 – Arras 109 – Ault 116 – Vallée de l'Authie 118 – Avesnes-sur-Helpe 120 – Azincourt 125 – Bailleul 126 – Bavay 130 – Beauvais 132 – Berck 139 – Bergues 141 – Château de Bertangles 145 – Béthune 146 – Blérancourt 148 – Boulogne-sur-Mer 149 – Calais 158 – Cambrai 165 – Vallée de la Canche 170 – La Capelle 172 – Cassel 173 – Le Cateau-Cambrésis 175 – Chemin des Dames 179 – Compiègne 182 – Corbie 195 – La Côte d'Opale 197 – Coucy-le-Château-Auffrique 200 – Crécy-en-Ponthieu 202 – Desvres 203 – Douai 205 – Doullens 212 – Dunkerque 214 – Blockhaus d'Éperlecques 223 – Étaples 224 – Fère-en-Tardenois 226 – La Ferté-Milon 228 – Folleville 230 – Fourmies 232 – Gerberoy 233 – Gravelines 234 – Guînes 237 – Guise 239 – Ham 241 – Hardelot-Plage 242 – Hazebrouck 244 – Coupole d'Helfaut-Wizernes 245 – Hesdin 246 – Hirson 248 – Hondschoote 249 – Laon 250 – Lens 256 – Centre historique minier de Lewarde 262 – Liesse-Notre-Dame 263 – Lille 264 – Lillers 284 – Abbaye de Longpont 285 – Longueil-Annel 286 – Mailly-Maillet 288 – Marchiennes 288 – Marle 289 – Parc ornithologique du Marquenterre 291 – Maubeuge 293 – Montreuil 295 – Morienval 298 – Cité souterraine de Naours 300 – Colline de Notre-Dame-de-Lorette 301 – Noyon 302 – Château d'Olhain 306 – Abbaye d'Ourscamps 307 – Péronne 308 – Picquigny 310 – Château de Pierrefonds 312 – Poix-de-Picardie 315 – Abbaye de Prémontré 316 – Le Quesnoy 317 – Château fort de Rambures 319 – Ravenel 320 – Forêt de Retz 321 – Riqueval 323 – Roubaix 324 – Rue 329 – St-Amand-les-Eaux 331 – Forêt de St-Gobain 334 – St-Omer 336 – St-Quentin 343 – St-Riquier 344 – St-Valery-sur-Somme 351 – Parc Samara 353 – Samer 354 – Sars-Poteries 355 – Seclin 356 – Soissons 357 – Baie de Somme 362 – Vallée de la Somme 365 – La Thiérache 366 – Le Touquet-Paris-Plage 371 – Tourcoing 377 – Valenciennes 379 – Abbaye et jardins de Valloires 383 – Abbaye de Vaucelles 385 – Villeneuve-d'Ascq 387 – Villers-Cotterêts 390 – Le Vimeu 392 – Mémorial canadien de Vimy 393

Index 396

Pêcheurs à la crevette.

Maroilles et autres fromages.

Cartes et plans

Les cartes routières qu'il vous faut

Comme tout automobiliste prévoyant, munissez-vous de bonnes cartes. Les produits Michelin sont complémentaires : ainsi, chaque ville ou site présenté dans ce guide est accompagné de ses références cartographiques sur les différentes gammes de cartes que nous proposons.

Les **cartes Local**, au 1/150 000 ou au 1/175 000, ont été conçues pour ceux qui aiment prendre le temps de découvrir une zone géographique plus réduite (un ou deux départements) lors de leurs déplacements en voiture. Elles disposent d'un index complet des localités et proposent les plans des préfectures. Pour ce guide, consultez les cartes Local 301, 302, 305 et 306.

L'ensemble de nos cartes est présenté ci-dessous avec les délimitations de leur couverture géographique.

Les **cartes Régional**, au 1/200 000, couvrent le réseau routier secondaire et donnent de nombreuses indications touristiques. Elles sont pratiques lorsqu'on aborde un vaste territoire ou pour relier des villes distantes de plus de 100 km. Elles disposent également d'un index complet des localités et proposent les plans des préfectures. Pour ce guide, utilisez les cartes 511 et 513 ou 611 (sous forme d'atlas). Et n'oubliez pas, la carte de France n° 721 vous offre une vue d'ensemble de la Picardie, des Flandres et de l'Artois au 1/1 000 000, avec ses grandes voies d'accès d'où que vous veniez.

Enfin, sachez qu'en complément de ces cartes le site Internet www.ViaMichelin.fr permet le calcul d'itinéraires détaillés avec leur temps de parcours, et offre bien d'autres services. Le Minitel **3615 ViaMichelin** vous permet d'obtenir ces mêmes informations ; les **3617 et 3623 Michelin** les délivrent par fax ou imprimante.

L'ensemble de ce guide est par ailleurs riche en cartes et plans, dont voici la liste :

Cartes thématiques

Les plus beaux sites	10
Circuits de découverte	12
Lieux de séjour	22
Géologie	52
Productions agricoles et spécialités gastronomiques	66

Plans de villes

Abbeville	89
Aire-sur-la-Lys	94
Amiens	104
Arras	112
Beauvais	133
Bergues	143
Boulogne-sur-Mer	151
Calais	162
Cambrai	167
Cassel	174
Compiègne	188
Coucy-le-Château	201
Douai	207
Dunkerque	218
Gravelines	236
Laon	252
Lille	274
Maubeuge	294
Noyon	304
Péronne	309
Le Quesnoy	317
Roubaix	327
St-Omer	340
St-Quentin	347
Soissons	360
Le Touquet-Paris-Plage	374
Valenciennes	381
Villeneuve-d'Ascq	388

Plans de monuments

Cathédrale d'Amiens	101
Ancienne abbaye St-Vaast d'Arras	115
Vestiges de la cité romaine de Bavay	131
Cathédrale St-Pierre de Beauvais	135
Palais de Compiègne	185
Musée de la Chartreuse de Douai	208
Port de Dunkerque	216
Palais des Beaux-Arts de Lille	272
Citadelle de Lille	280
Église N.-D. de Morienval	298
Château de Pierrefonds	314
Cathédrale Notre-Dame de St-Omer	338
Abbaye de Valloires	383

Cartes des circuits décrits

Vallée de l'Authie	119
Avesnois	122
Chemin des Dames	180
Forêt de Compiègne	191, 193
Laonnois	256
Route des « Gueules noires » (Lens)	259
Forêt de Mormal	318
Forêt de Retz	322
Forêt de Raismes-St-Amand-Wallers	333
Forêt de St-Gobain	335
La Thiérache	369

Légende

Monuments et sites

Symbole	Description
◉ →	Itinéraire décrit, départ de la visite
⛪ 🕯	Église
⛪ †	Temple
✡ ☾ ☪	Synagogue - Mosquée
🏛	Bâtiment
■	Statue, petit bâtiment
†	Calvaire
◎	Fontaine
—•—■—	Rempart - Tour - Porte
⛨	Château
∴	Ruine
⌣	Barrage
☼	Usine
☆	Fort
⋂	Grotte
▫	Habitat troglodytique
⊓	Monument mégalithique
▼	Table d'orientation
⋓	Vue
▲	Autre lieu d'intérêt

Sports et loisirs

Symbole	Description
🏇	Hippodrome
⛸	Patinoire
≋ ≋	Piscine : de plein air, couverte
🎥	Cinéma Multiplex
⛵	Port de plaisance
⛺	Refuge
▫—■—▫	Téléphérique, télécabine
▫++++▫	Funiculaire, voie à crémaillère
🚂	Chemin de fer touristique
♦	Base de loisirs
🎡	Parc d'attractions
🦌	Parc animalier, zoo
✹	Parc floral, arboretum
🐦	Parc ornithologique, réserve d'oiseaux
🚶	Promenade à pied
☺	Intéressant pour les enfants

Abréviations

A	Chambre d'agriculture
C	Chambre de commerce
H	Hôtel de ville
J	Palais de justice
M	Musée
P	Préfecture, sous-préfecture
POL.	Police
🛡	Gendarmerie
T	Théâtre
U	Université, grande école

	site	station balnéaire	station de sports d'hiver	station thermale
vaut le voyage	★★★	≋≋≋	✻✻✻	♱♱♱
mérite un détour	★★	≋≋	✻✻	♱♱
intéressant	★	≋	✻	♱

Autres symboles

🛈	Information touristique
═══	Autoroute ou assimilée
❶ ❶	Échangeur : complet ou partiel
⊨⊨ ═══	Rue piétonne
⊨≡≡≡⊨	Rue impraticable, réglementée
⊞⊞⊞ - - - -	Escalier - Sentier
🚆 🚆	Gare - Gare auto-train
🚌 🚌 S.N.C.F.	Gare routière
─•─•─	Tramway
Ⓜ	Métro
🅿R	Parking-relais
♿	Facilité d'accès pour les handicapés
✉	Poste restante
☎	Téléphone
✉	Marché couvert
⨯	Caserne
⚠	Pont mobile
∪	Carrière
✕	Mine
B F	Bac passant voitures et passagers
⛴	Transport des voitures et des passagers
⛴	Transport des passagers
③	Sortie de ville identique sur les plans et les cartes Michelin
Bert (R.)...	Rue commerçante
AZ B	Localisation sur le plan
►►	Si vous le pouvez : voyez encore...

Carnet pratique

	Catégories de prix :
🪙	À bon compte
🪙🪙	Valeur sûre
🪙🪙🪙	Une petite folie !
20 ch. : 38,57/57,17 €	Nombre de chambres : prix de la chambre pour une personne/chambre pour deux personnes
demi-pension ou pension : 42,62 €	Prix par personne, sur la base d'une chambre occupée par deux clients
⊇ 6,85 €	Prix du petit déjeuner; lorsqu'il n'est pas indiqué, il est inclus dans le prix de la chambre (en général dans les chambres d'hôte)
120 empl. : 12,18 €	Nombre d'emplacements de camping : prix de l'emplacement pour 2 personnes avec voiture
12,18 € déj. - 16,74/38,05 €	Restaurant : prix menu servi au déjeuner uniquement – prix mini/maxi : menus (servis midi et soir) ou à la carte
rest. 16,74/38,05 €	Restaurant dans un lieu d'hébergement, prix mini/maxi : menus (servis midi et soir) ou à la carte
repas 15,22 €	Repas type « Table d'hôte »
réserv.	Réservation recommandée
🚫	Cartes bancaires non acceptées
🅿	Parking réservé à la clientèle de l'hôtel

Les prix sont indiqués pour la haute saison

Map of Northern France

MER DU NORD

PAS DE CALAIS

Locations

England / Channel:
- LONDON
- Folkestone — Terminal
- Dover
- Tunnel sous la Manche

Belgian border coast:
- Oostduinke
- Koksijde
- De Panne
- Bray-Dunes
- Malo-les-Bains
- Dunkerque
- Gravelines
- Hondschoote
- Bergues
- Cassel
- Bailleul
- Hazebrouck

Calais area:
- Calais
- Cap Blanc-Nez
- Cap Gris-Nez
- Côte d'Opale
- Wissant
- Terminal
- Guînes
- Blockhaus d'Éperlecques
- St-Omer
- Ascenseur à bateaux des Fontinettes
- PARC NATUREL RÉGIONAL DES CAPS ET MARAIS D'OPALE
- Boulonnais

Boulogne area:
- Wimereux
- Colonne de la Grde Armée
- NAUSICAÄ
- Boulogne-sur-Mer
- Hardelot-Plage
- Samer
- Desvres
- Coupole d'Helfaut-Wizernes

Pas-de-Calais interior:
- LE TOUQUET-PARIS-PLAGE
- Etaples
- Vallée de la Course
- Montreuil
- Aire-s-la-Lys
- Lillers
- Dennlys Parc
- PAS-DE-CALAIS
- Béthune
- Auchel
- Olhain
- N.-D. de Lorette
- Mémorial canadien de Vimy
- Arras

Somme / Picardie:
- Parc de Bagatelle
- Berck
- Musée des marionnettes du monde
- Fort-Mahon-Plage
- Le Marquenterre
- Rue
- Hesdin
- Azincourt
- Frévent
- Abbaye et jardins de Valloires
- Baie de Somme
- Le Crotoy
- Forêt de Crécy
- Crécy-en-Ponthieu
- Vallée de l'Authie
- Maison de l'Oiseau
- Ault
- St-Valery-s-Somme
- St-Riquier
- Bagatelle
- Doullens
- Mailly-Maillet
- Parc mémorial de Beaumont-Hamel
- Abbeville
- Le Vimeu
- Vallée de la Somme
- Airaines
- Rambures
- Grottes-refuges de Naours
- Picquigny
- Parc Samara
- Bertangles
- Corbie
- Belvre de Vaux
- Albert
- Vallée de la Somme
- AMIENS

Oise / Normandie:
- Dieppe
- SEINE-MARITIME
- LE HAVRE
- Poix-de-Picardie
- les Évoissons
- SOMME
- Folleville
- Montdidier
- Ravenel
- OISE
- Gerberoy
- Beauvais
- St-Germer-de-Fly
- Pays de Bray
- ROUEN
- EURE
- Senlis
- VAL D'OISE
- Pontoise
- SEINE
- PARIS

Les plus beaux sites

COMPIÈGNE	★★★	Vaut le voyage
Arras	★★	Mérite un détour
Douai	★	Intéressant
Desvres		Autre site décrit dans ce guide.

La cotation des stations balnéaires (⚓) répond à des critères liés à leur activité.

Itinéraire décrit dans ce guide: rechercher dans l'index en fin de guide un des sites du parcours pour retrouver la description détaillée de l'ensemble du circuit.

Circuits de découverte

Pour de plus amples explications, consulter la rubrique du même nom dans la partie "Informations pratiques" en début de guide.

1 Le temps des cathédrales	**5** De la Scarpe à l'Escaut
2 Terre de bâtisseurs	**6** Évasion sur la Côte d'Opale
3 Souvenir de la Grande Guerre	**7** Beffrois de Flandres
4 Vallées picardes	**8** La Thiérache et l'Avesnois

Site antique
Édifice religieux
Château
Chemin de fer touristique
Fortification
Jardin
Bataille ou Lieu d'histoire
Aquarium
Monument mégalithique
Panorama
Parc ornithologique
Promenade en bateau
Site remarquable
Ville ancienne
Village pittoresque
Loisirs sportifs
BELGIË
BELGIQUE
Brugge
Kortrijk
BRUXELLES
BRUSSEL
Mons
Charleroi
Vert-Bois
Roubaix
Lille
Villeneuve-d'Ascq
St-Amand-les-Eaux
Condé-sur-l'Escaut
Oignies
Lens
Douai
5
Valenciennes
Lewarde
Bavay
Maubeuge
Sars-Poteries
PARC NATUREL RÉGIONAL DE L'AVESNOIS
le Quesnoy
Cambrai
Solre-le-Château
Moustier-en-Fagne
Avesnes-sur-Helpe
Liessies
le Cateau-Cambrésis
Wallers-Trélon
Fourmies
Longueval
Rancourt
8
Riqueval
Marly-Gomont
Hirson
St-Michel
Péronne
Guise
St-Quentin
Vervins
AISNE
Abbaye Ourscamps
Prémontré
ARDENNES
Forêt de St-Gobain
Noyon
Septvaux
Laon
Forêt de Compiègne
Coucy-le-Château-Auffrique
Corbeny
Rethel
Soissons
Chemin des Dames
Compiègne
Pierrefonds
Braine
1
Morienval
Forêt de Retz
Fère-en-Tardenois
REIMS
Villers-Cotterêts
MARNE
0
30 km
PARIS
CHÂLONS-EN-CHAMPAGNE
CHARLEVILLE-MÉZIÈRES
METZ

Chars à voile.

Informations pratiques

Avant le départ

adresses utiles

La plupart des renseignements concernant l'hébergement, les loisirs sportifs, la location de gîtes ruraux, la découverte de la région, les stages chez les artisans peuvent être donnés par les comités de tourisme départementaux ou régionaux ainsi que par la Maison du Nord-Pas-de-Calais installée à Paris. Dans la partie « Villes et sites », la rubrique « La situation » précise les coordonnées des **offices de tourisme** et **syndicats d'initiative**. Il est recommandé de s'adresser à eux pour obtenir des renseignements plus précis sur une ville, une région, les manifestations touristiques ou les possibilités d'hébergement.

Un numéro pour la France, le 3265 — Un nouvel accès facile a été mis en place pour joindre tous les offices de tourisme et syndicats d'initiative en France. Il suffit de composer le 3265 (0,34 P/mn) et prononcer distinctement le nom de la commune. Vous serez alors directement mis en relation avec l'organisme souhaité.

Comités régionaux du tourisme

Nord-Pas-de-Calais — 6 pl. Mendès-France - BP 99 - 59028 Lille Cedex - ☎ 03 20 14 57 57 ou 0 810 591 162 (appel local) - contact@crt-nordpasdecalais.fr - fax 03 20 14 57 58 - www.crt-nordpasdecalais.fr - Cet organisme offre gratuitement de nombreux documents et des cartes touristiques dont « Découverte » du Nord-Pas-de-Calais et les guides des équipements labellisés « Savoir Plaire » (hébergement, restauration, loisirs culturels, tourisme fluvial) et des « Stations Kid ».

Picardie – 3 r. Vincent-Auriol - 80011 Amiens Cedex 1 - ☎ 03 22 22 33 63 - www.picardietourisme.com

Comités départementaux du tourisme

Aisne - 26 av. Charles-de-Gaulle - 02007 Laon Cedex - ☎ 03 23 27 76 76 - fax 03 23 27 76 89 - www.evasion-aisne.com
Le Sud de l'Aisne est décrit dans *Le Guide Vert Champagne-Ardenne*.

Nord – 6 r. Gauthier-de-Châtillon – BP 1232 - 59013 Lille Cedex - ☎ 03 20 57 59 59 - www.cdt-nord.fr

Oise – 19 r. Pierre-Jacoby – BP 80822 - 60008 Beauvais Cedex - ☎ 03 44 45 82 12 - www.oisetourisme.com
Le Sud de l'Oise est décrit dans *Le Guide Vert Île-de-France*.

Pas-de-Calais – Rte de la Trésorerie - BP 79 - 62930 Wimereux - ☎ 03 21 10 34 60 - www.pas-de-calais.com

Somme – 21 r. Ernest-Cauvin - 80000 Amiens - ☎ 03 22 71 22 71 - www.somme-tourisme.com

Villes et Pays d'art et d'histoire

Sous ce label décerné par le ministère de la Culture et de la Communication sont regroupés quelque 130 villes et pays qui œuvrent activement à la mise en valeur et à l'animation de leur architecture et de leur patrimoine. Dans les sites appartenant au réseau sont proposées des visites générales ou insolites (1h30 ou plus), conduites par des guides-conférenciers et des animateurs du patrimoine agréés par le ministère (voir également « La destination en famille ». Renseignements auprès des offices de tourisme des villes ou sur le site www.vpah.culture.fr

Les Villes et Pays d'art et d'histoire cités dans ce guide sont : Amiens, Arras, Beauvais, Boulogne-sur-Mer, Cambrai, Compiègne, Douai, Laon, Lille, Noyon, Saint-Omer, Saint-Quentin, Soissons.

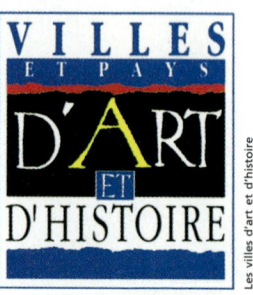

météo

Quel temps pour demain ?

Les services téléphoniques de Météo France – Taper 3250 suivi de :
1 : toutes les prévisions météo départementales jusqu'à 7 jours (DOM-TOM compris).
2 : météo des villes.
3 : météo plages et mer.
6 : météo internationale.
Accès direct aux prévisions du département : ☎ 0 892 680 2 suivi du numéro du département (0,34 €/mn). Prévisions pour l'aviation ultra-légère (vol libre et vol à voile) :
☎ 0 892 681 014 (0,34 €/mn).
Toutes ces informations sont également disponibles sur www.meteo.fr

Quand partir ?

En **été**, pour profiter des plages qui s'égrènent le long de la Côte d'Opale, de Bray-Dunes à Mers-les-Bains.
Au **printemps** et en **automne**, pour se promener dans les charmantes vallées

de l'Aa, de la Canche, de l'Authie, de la Somme, que sillonnent les parcs naturels régionaux du Boulonnais, de l'Audomarois et de l'Avesnois.
En **hiver**, pour découvrir les villes : Amiens, Arras, Compiègne, Lille...

transports

PAR ROUTE

Lille, métropole du Nord, est au centre d'un réseau d'autoroutes qui dessert toute la région du Nord de la France et se trouve aujourd'hui en liaison directe avec la Grande-Bretagne.

Informations sur Internet et Minitel – Le siteInternet www.ViaMichelin.fr offre une multitude de services et d'informations pratiques d'aide à la mobilité (calcul d'itinéraires, cartographie : des cartes pays aux plans de villes, sélection des hôtels et restaurants du Guide Rouge Michelin...) sur 43 pays d'Europe. Les calculs d'itinéraires sont également accessibles sur Minitel (3615 ViaMichelin) et peuvent être envoyés par fax (3617 ou 3623 Michelin).

Informations autoroutières – 3 r. Edmond-Valentin - 75007 Paris - informations sur les conditions de circulation sur les autoroutes au ☎ 0 892 681 077 - www.autoroutes.fr

PAR RAIL

Lille est à une heure de la capitale en TGV. Envie d'une escapade culturelle ou simplement de faire du shopping, n'hésitez pas : 24 départs chaque jour avec un aller et retour toutes les demi-heures le matin et le soir, et toutes les heures le reste de la journée en semaine.
Arras est à un peu moins d'une heure de Paris par le TGV. Le trajet pour Amiens varie entre une et deux heures en fonction du nombre d'arrêts. Quant à Beauvais, il vous faudra un peu plus d'une heure pour vous y rendre.
Informations générales : 3615 ou 3616 SNCF ; informations sur le réseau régional : 3615 ou 3616 TER ; informations, réservations, vente. ☎ 08 36 35 35 35, www.sncf.fr

PAR AIR

L'aéroport de Lille est relié à de très nombreuses villes françaises et européennes.

COMPAGNIES AÉRIENNES :

Air France – La compagnie assure des liaisons entre Ajaccio, Bastia, Bordeaux, Clermont-Ferrand, Lyon, Marseille, Nantes, Nice, Perpignan, Strasbourg, Toulon, Toulouse et l'aéroport de Lille. Renseignements et réservations : ☎ 0 820 820 820 - www.airfrance.fr

Air Littoral – La compagnie relie quotidiennement Nice à Lille. Renseignements et réservations : ☎ 0 825 834 834. www.air-littoral.fr

Aéroport de Lille-Lesquin – BP 227 - 59812 Lesquin Cedex - ☎ 0 891 673 210
(0,23 €/mn) - www.lille.aeroport.fr - une navette directe assure la liaison avec le centre de la ville en 15mn.

tourisme et handicapés

Lancé en 2001, le **label national Tourisme et Handicap** est délivré en fonction de l'accessibilité des équipements touristiques et de loisirs au regard des quatre grands handicaps : auditif, mental, moteur ou visuel. A ce jour, un millier de sites labellisés (hébergement, restauration, musées, équipements sportifs, salles de spectacles, etc.) ont été répertoriés en France. Vous pourrez en consulter la liste sur le site Internet de Maison de France à l'adresse suivante :www.franceguide.com.
Parallèlement, le magazine *Faire Face* publie chaque année, à l'intention des personnes en situation de handicap moteur, un hors-série intitulé **Guide vacances**. Cette sélection de lieux et offres de loisirs est disponible sur demande *(5,30 €, frais de port compris)* auprès de l'Association des Paralysés de France (APF), Direction de la Communication, 17 Bd Auguste Blanqui, 75013 Paris ; ☎ 01 40 78 69 00 ; email: faire-face@apf.asso.fr ; Internet : www.apf.asso.fr.
Pour de plus amples renseignements au sujet de l'accessibilité des musées aux personnes atteintes de handicaps moteurs ou sensoriels, consulter le site http://museofile.culture.fr
Enfin, un certain nombre de curiosités décrites dans ce guide sont accessibles aux handicapés. Elles sont signalées par le symbole ♿.
Guides Michelin Hôtels-Restaurants et Camping Caravaning France – Révisés chaque année, ils indiquent respectivement les chambres accessibles aux handicapés physiques et les installations sanitaires aménagées.

La gare de St-Omer.

Hébergement, restauration

Que l'on choisisse le littoral ou l'intérieur des contrées de Picardie, d'Artois ou des Flandres, et quelle que soit l'ambiance de vacances privilégiée – nature, culture, farniente... –, c'est le bon choix ! Pour s'évader, mais aussi mieux se retrouver ; pour profiter de moments en famille ou entre amis, quelques jours ou plus d'une semaine, sous le mode sédentaire ou itinérant, c'est toujours le bon choix ! L'hospitalité, la chaleur de l'accueil des gens du Nord, bien plus qu'un cliché, restent une règle. Ces régions savent donc recevoir et se décliner en mille petits plaisirs. On peut encore y faire bonne chère et très bien dormir, et cela sans se ruiner.

Des plus luxueuses aux plus modestes, toutes les catégories d'hôtels sont évidemment représentées dans la plupart des grandes cités du Nord et le long du littoral. D'autres formules d'hébergement vous attendent ailleurs : chambres d'hôte et gîtes ruraux, notamment dans la Somme, l'Aisne, et surtout dans l'Oise. Elles séduisent par leur mélange bien dosé de nature et de convivialité. Plusieurs auberges de jeunesse et de nombreux campings complètent l'éventail des possibilités. À noter : quelques opportunités originales, comme une cabine en acajou et marqueterie dans un wagon-lit des années 1930 près d'Armentières ; une chambre d'hôte à l'abbaye de Valloires ; une hutte dans le Marquenterre...

Il est midi ! Le canard trône dans son assiette dans l'Ouest de la Picardie, sous toutes les formes (pâté en croûte, foie gras, terrine, magret), et l'agneau de pré-salé est apprécié autour de la baie de Somme. Soles, harengs, crevettes grises, d'une fraîcheur incomparable – proximité du port de Boulogne oblige –, règnent sur toute la côte, dans les innombrables restaurants avec vue sur la mer. L'intérieur du pays réserve de savoureuses surprises et sait tirer parti de la variété des produits locaux : légumes, viandes, volailles, poissons de rivière, charcuteries, bières, fromages...

Toute l'année, d'innombrables petits cafés, quelquefois paisibles, souvent très animés, au décor hétéroclite, désuet ou rustique, fournissent l'occasion d'une halte chaleureuse et rafraîchissante autour d'une bière de garde. On peut aussi s'y restaurer. Ces établissements pleins de charme, que les Ch'timis nomment toujours **estaminets** (prononcer « étaminet »), sont l'image même du Nord. La région des monts de Flandre rassemble les plus typiques. Engagez-y la conversation, et ce peuple des tavernes fera de vous l'un des siens ; on y reste alors des heures...

Dans les fermes ou les anciens relais de poste convertis en auberges, les « hostelleries » patinées par le temps, les brasseries, on sert encore une cuisine traditionnelle, flamande ou picarde. Le Nord associe ses chicons – les endives – aux carbonades flamandes, le lapin aux pruneaux et aux raisins, le coq à la bière. L'Audomarois et l'Amiénois font de délicieuses soupes de leurs légumes (dont le chou-fleur de St-Omer) fournis par les hortillons. Le Soissonnais cultive ses haricots blancs, cuisinés en soissoulet. Péronne et la vallée de la Somme ont leurs anguilles, brochets et sandres. La spécialité de Valenciennes est la langue Lucullus (feuilleté de langue de bœuf fumée et de préparation à base de foie gras). Cambrai est célèbre pour ses bêtises, mais aussi pour ses andouillettes, tout comme Arras.

les adresses du guide

Pour la réussite de votre séjour, vous trouverez une sélection des bonnes adresses de la collection Le Guide Vert. Nous avons sillonné la région pour repérer des chambres d'hôte et des hôtels, des restaurants et des fermes-auberges... en privilégiant des étapes, souvent agréables, au cœur des villes, des villages ou sur nos circuits touristiques, en pleine campagne ou les pieds dans l'eau ; des maisons de pays, des tables régionales, des lieux de charme et des adresses plus simples... pour découvrir la région autrement : à travers ses traditions, ses produits du terroir, ses recettes et ses modes de vie.

Le confort, la tranquillité et la qualité de la cuisine sont bien sûr des critères essentiels ! Toutes les maisons ont été visitées et choisies avec le plus grand soin. Toutefois, il peut arriver que des modifications aient eu lieu depuis notre dernier passage : faites-le nous savoir, vos remarques et suggestions seront toujours les bienvenues !

Les prix que nous indiquons sont ceux pratiqués en **haute saison** ; hors saison, de nombreux établissements proposent des tarifs plus avantageux, renseignez-vous.

MODE D'EMPLOI

Au fil des pages, vous découvrirez nos carnets pratiques : toujours rattachés à des villes ou à des sites touristiques remarquables du guide, ils proposent une sélection d'adresses à proximité. Si nécessaire, l'accès est donné à partir du site le plus proche ou sur des schémas régionaux.
Dans chaque carnet, les maisons sont classées en trois catégories de prix pour répondre à toutes les attentes :
Vous partez avec un budget inférieur à 40 € ? Choisissez vos adresses parmi celles de la catégorie ⊖ : vous trouverez là des hôtels, des chambres d'hôtes simples et conviviales et des tables souvent gourmandes, toujours honnêtes, à moins de 14 €.
Votre budget est un peu plus large, jusqu'à 65 € pour l'hébergement et 30 € pour la restauration. Piochez vos étapes dans les ⊖⊖. Dans cette catégorie, vous trouverez des maisons, souvent de charme, de meilleur confort et plus agréablement aménagées, animées par des passionnés, ravis de vous faire découvrir leur demeure et leur table. Là encore, chambres et tables d'hôte sont au rendez-vous, avec également des hôtels et des restaurants plus traditionnels, bien sûr.
Vous souhaitez vous faire plaisir, le temps d'un repas ou d'une nuit, vous aimez voyager dans des conditions très confortables ? Les catégories ⊖⊖⊖ et ⊖⊖⊖⊖ sont pour vous...
La vie de château dans de luxueuses chambres d'hôte pas si chères que cela ou dans les palaces et les grands hôtels : à vous de choisir ! Vous pouvez aussi profiter des décors de rêve de lieux mythiques à moindres frais, le temps d'un brunch ou d'une tasse de thé... À moins que vous ne préfériez casser votre tirelire pour un repas gastronomique dans un restaurant renommé. Sans oublier que la traditionnelle formule « tenue correcte exigée » est toujours d'actualité dans ces élégantes maisons !

L'HÉBERGEMENT

Les hôtels – Nous vous proposons un choix très large en terme de confort. La location se fait à la nuit et le petit-déjeuner est facturé en supplément. Certains établissements assurent un service de restauration également accessible à la clientèle extérieure.

Les chambres d'hôte – Vous êtes reçu directement par les habitants qui vous ouvrent leur demeure. L'atmosphère est plus conviviale qu'à l'hôtel, et l'envie de communiquer doit être réciproque : misanthropes, s'abstenir ! Les prix, mentionnés à la nuit, incluent le petit-déjeuner. Certains propriétaires proposent aussi une table d'hôte, en général le soir, et toujours réservée aux résidents de la maison. Il est très vivement conseillé de réserver votre étape, en raison du grand succès de ce type d'hébergement.
NB : certains établissements ne peuvent pas recevoir vos compagnons à quatre pattes ou les accueillent moyennant un supplément, pensez à le demander lors de votre réservation.

LA RESTAURATION

Pour répondre à toutes les envies, nous avons sélectionné des restaurants régionaux bien sûr, mais aussi classiques, exotiques ou à thème... Et des lieux plus simples, où vous pourrez grignoter une salade composée, une tarte salée, une pâtisserie ou déguster des produits régionaux sur le pouce.
Quelques fermes-auberges vous permettront de découvrir les saveurs de la France profonde. Vous y goûterez des produits authentiques provenant de l'exploitation agricole, préparés dans la tradition et généralement servis en menu unique. Le service et l'ambiance sont bon enfant. Réservation obligatoire !
Par ailleurs, si vous souhaitez déguster des spécialités régionales dans une auberge ou mitonner vous-même de bons petits plats avec les produits du terroir, le **Guide Gourmand Michelin Nord, Pas de Calais, Champagne** vous permettra de trouver les boutiques de bouche reconnues, les adresses des marchés, la liste des spécialités culinaires régionales et leurs recettes, des adresses de restaurants aux menus inférieurs à 28 €
Enfin, n'oubliez pas que les restaurants d'hôtels peuvent vous accueillir.

et aussi...

Si d'aventure, vous n'avez pu trouver votre bonheur parmi toutes nos adresses, vous pouvez consulter les Guides Michelin d'hébergement ou, en dernier recours, vous rendre dans un hôtel de chaîne.

Le Guide Michelin France

Pour un choix plus étoffé et actualisé, Le Guide Michelin France recommande hôtels et restaurants sur toute la France. Pour chaque établissement, le niveau de confort et de prix est indiqué, en plus de nombreux renseignements pratiques. Les bonnes tables, étoilées pour la qualité de leur cuisine, sont très prisées par les gastronomes. Le symbole « **Bib Gourmand** » sélectionne les tables qui proposent une cuisine soignée à moins de 26 € (prix d'un repas hors boisson). Le symbole « **Bib Hôtel** » signale des hôtels pratiques et accueillants offrant une prestation de qualité avec une majorité de chambres à moins de 67 € (prix pour 2 personnes, hors petit-déjeuner).

Le Guide Camping Michelin France

Le Guide Camping Michelin France propose tous les ans une sélection de terrains visités régulièrement par nos inspecteurs. Renseignements pratiques, niveau de confort, prix, agrément, location de bungalows, de mobile homes ou de chalets y sont mentionnées.

Les chaînes hôtelières

L'hôtellerie dite « économique » peut éventuellement vous rendre service. Sachez que vous y trouverez un équipement complet (sanitaire privé et télévision), mais un confort très simple. Souvent à proximité de grands axes routiers, ces établissements n'assurent pas de restauration. Toutefois, leurs tarifs restent difficiles à concurrencer (moins de 45 € la chambre double). En dépannage, voici donc les centrales de réservation de quelques chaînes :
Akena – ☏ 01 69 84 85 17
B&B – ☏ 08 92 78 29 29
Etap Hôtel – ☏ 0 892 688 900
Villages Hôtel – ☏ 03 80 60 92 70
Enfin, les hôtels suivants, un peu plus chers (à partir de 60 € la chambre), offrent un meilleur confort et quelques services complémentaires :
Campanile – ☏ 01 64 62 46 46
Kyriad – ☏ 0 825 003 003
Ibis – ☏ 0 825 882 222

Locations, villages de vacances, hôtels...
Services de réservation Loisirs-Accueil

Ils proposent des circuits et des forfaits originaux dans une gamme étendue : gîtes ruraux, gîtes d'enfants, chambres d'hôte, meublés, campings, hôtels de séjour.
Fédération nationale des services de réservation Loisirs-Accueil – 280 bd St-Germain - 75007 Paris - ☏ 01 44 11 10 44 - www.resinfrance.com ou www.loisirsaccueilfrance.com - la Fédération propose un large choix d'hébergements et d'activités de qualité, édite un annuaire regroupant les coordonnées des 62 services Loisirs-Accueil et, pour tous les départements, une brochure détaillée.

Clévacances
Fédération nationale Clévacances – 54 bd de l'Embouchure - BP 52166 - 31022 Toulouse Cedex - ☏ 05 61 13 55 66 - www.clevacances.com - cette fédération propose près de 23 500 locations de vacances (appartements, chalets, villas, demeures de caractère, pavillons en résidence) et 2 800 chambres dans 22 régions réparties sur 79 départements en France et outre-mer, et publie un catalogue par département (passer commande auprès des représentants départementaux Clévacances).

Hébergement rural
Gîtes de France

Maison des Gîtes de France et du tourisme vert – 59 r. St-Lazare - 75439 Paris Cedex 09 - ☏ 01 49 70 75 75 - www.gites-de-france.com - cet organisme donne les adresses des relais départementaux et publie des guides sur les différentes possibilités d'hébergement en milieu rural (gîtes ruraux, chambres et tables d'hôtes, gîtes d'étape, chambres d'hôtes de charme, gîtes de neige, gîtes de pêche, gîtes d'enfants, camping à la ferme, gîtes Panda).

Stations vertes

Fédération des stations vertes de vacances et villages de neige – BP 71698 - 21016 Dijon Cedex - ☏ 03 80 54 10 50 - www.stationsvertes.com - situées à la campagne et à la montagne, les 588 Stations vertes sont des destinations de vacances familiales reconnues tant pour leur qualité de vie (produits du terroir, loisirs variés, cadre agréable) que pour la qualité de leurs structures d'accueil et d'hébergement.

Chambre d'hôte Le Withof.

Cet organisme regroupe 854 communes labellisées pour leur attrait naturel, leur environnement de qualité et leur offre diversifiée en matière d'hébergement et de loisirs.

BIENVENUE À LA FERME

Le guide *Bienvenue à la ferme*, édité par l'assemblée permanente des chambres d'agriculture (service Agriculture et Tourisme - 9 av. George-V - 75008 Paris - ☎ 01 53 57 11 44), est aussi en vente en librairie ou sur www.bienvenue-a-la-ferme.com. Il propose par région et par département des fermes-auberges, campings à la ferme, fermes de séjour, mais aussi des loisirs variés : chasse, équitation, approches pédagogiques pour enfants, découverte de la gastronomie des terroirs en ferme-auberge, dégustation et vente de produits de la ferme.

HÉBERGEMENT POUR RANDONNEURS

Les randonneurs peuvent consulter le guide *Gîtes d'étapes, refuges* de A. et S. Mouraret (Rando Éditions, BP 24, 65421 Ibos, ☎ 05 62 90 09 90. 3615 cadole). Cet ouvrage est principalement destiné aux amateurs de randonnées, d'alpinisme, d'escalade, de ski, de cyclotourisme et de canoë-kayak.

AUBERGES DE JEUNESSE

Ligue française pour les auberges de la jeunesse – 67 r. Vergniaud - bâtiment K - 75013 Paris - ☎ 01 44 16 78 78 - www.auberges-de-jeunesse.com - la carte LFAJ est délivrée en échange d'une cotisation annuelle de 10,70 € pour les moins de 26 ans et de 15,25 € au-delà de cet âge.

Fédération unie des auberges de jeunesse (FUAJ) – Centre national - 27 r. Pajol - 75018 Paris - ☎ 01 44 89 87 27 - www.fuaj.org/fra. La carte d'adhésion est délivrée contre une cotisation annuelle de 10,70 € pour les moins de 26 ans, 15,30 € au-delà de cet âge, et 22,90 € pour les familles.

sites remarquables du goût

Quelques sites de la région, qui allient richesse gastronomique, produits de qualité et environnement touristique intéressant, ont reçu le label « site remarquable du goût ». Il s'agit du pays du genièvre (distilleries à Houlle, Loos et Wambrechies), du port de Boulogne-sur-Mer pour les poissons, du marais audomarois (St-Omer) pour son activité maraîchère, du marché sur l'eau à Amiens pour les légumes (septembre).

D'autre part, vous pouvez vous procurer diverses documentations sur les produits et la gastronomie de la région (guide gastronomique, livret de recettes, liste de producteurs, de boutiques, de restaurateurs spécialisés dans les produits du terroir, accueil à la ferme) en vous adressant au :

Comité de promotion Nord-Pas-de-Calais – 56 av. Roger-Salengro - BP 39 - 62051 St-Laurent-Blangy Cedex - ☎ 03 21 60 57 86 - www.saveurs-npdc.com - vous pouvez vous y procurer diverses documentations sur les produits et la gastronomie de la région (guide gastronomique, livret de recettes, liste de producteurs, de boutiques, de restaurateurs spécialisés dans les produits du terroir, accueil à la ferme).

choisir son lieu de séjour

La carte que nous vous proposons p. 22 fait apparaître des **villes-étapes**, telles que Beauvais, Arras ou encore Boulogne-sur-Mer. Ces localités possèdent de bonnes capacités d'hébergement et méritent une visite. Les **lieux de séjour traditionnels** sont sélectionnés pour leurs possibilités d'accueil et l'agrément de leur site, St-Amand-les-Eaux en fait partie. Enfin, Lille et Amiens sont classés parmi les **destinations de week-end**.

Les offices de tourisme et syndicats d'initiative renseignent sur les possibilités d'hébergement (meublés, gîtes ruraux, chambres d'hôte) autres que les hôtels et terrains de camping, décrits dans les publications Michelin, et sur les activités locales de plein air, les manifestations culturelles ou sportives de la région.

Lieux de séjour

- ● Station balnéaire
- ● Station thermale
- ● Lieu de séjour traditionnel
- ▨ Parc Naturel Régional
- ▢ Destination de week-end
- ── Ville-étape
- 🏖 Loisirs de plage

La cotation (⚓) de ces stations répond à des critères liés à leur activité.

Propositions de séjour

idées de week-end

AMIENS
Au programme : visite d'Amiens, cathédrale gothique, quartier St-Leu, musée de Picardie (archéologie, art médiéval, peinture), musée d'Art local et d'Histoire régionale, hortillonnages (promenades en barque, légumes des hortillons), Jardin archéologique de St-Acheul, marionnettes. Nombreux hôtels et restaurants, gastronomie picarde.

BOULOGNE-SUR-MER
Visite de Boulogne, la ville haute et les remparts, le beffroi, la basilique, la ville basse, les installations portuaires (port de pêche, de plaisance et de transport), la criée matinale, la plage, le Centre de la mer Nausicaa. Le souvenir de Napoléon et de l'égyptologue Mariette. Nombreux hôtels et restaurants. Au menu : poissons et fruits de mer.

COMPIÈGNE
Visite de Compiègne, le palais, le parc et la forêt bien sûr. La nature très présente laisse souvent place à l'Histoire (clairière de l'Armistice). Mille possibilités de randonnées sont offertes. La table compiégnoise est généreuse et saura rassasier les courageux marcheurs.

LILLE
Visite de Lille, quartiers modernes (Euralille, tour du Crédit Lyonnais, gare Lille-Europe...) et Vieux Lille (Grand-Place, Vieille Bourse, rue de la Monnaie, hospice Comtesse...), quartier St-Sauveur (hôtel de ville et beffroi), palais des Beaux-Arts, et très nombreux musées, citadelle, parcs et jardins. Art de vivre : nombreux

hôtels, restaurants, tavernes, brasseries (industrielles et traditionnelles), distilleries de genièvre, fromage ; nuits animées et ambiance festive, pôles culturels, shopping, Grande Braderie et la berceuse du *P'tit Quinquin*.

LE TOUQUET

Ambiance vacances et animation toute l'année ; plages, dunes, vent, forêt de pins, balades architecturales, sorties élégantes, casino, char à voile, *speedsail*, large gamme d'activités nautiques, sportives et de détente, où les enfants sont particulièrement gâtés (Aqualud, clubs de plage, parc de Bagatelle à 10 km...). Promenades et randonnées, calendrier des festivités chargé. Possibilités d'hébergement et de restauration nombreuses et variées, spécialités de poissons (soupe de poissons du Touquet) et de fruits de mer.

idées de week-end prolongé

LES 7 VALLÉES DU SUD ET DE L'OUEST DU PAS-DE-CALAIS

Itinéraires des vallées de l'Authie et de la Canche, particulièrement riches d'affluents (Course, Créquoise, Planquette, Ternoise), vallée de la Lys et haute vallée de l'Aa. Paysages séduisants et variés, charmants petits villages, moulins à eau, châteaux, etc. Souvenir de la bataille d'Azincourt, étapes à Montreuil et au Touquet, visite de l'abbaye et des jardins de Valloires (roses). Activités nature : pêche, randonnées pédestres, VTT, équitation, kayak. Escales familiales à Dennlys parc, au bord de la Lys, au parc d'attractions de Bagatelle (au Sud du Touquet) et au musée des Marionnettes du monde à Buire-le-Sec.

AUTOUR DE L'ESCAUT ET DE LA SAMBRE

Visite de Douai et de Cambrai. Le prestigieux musée des Beaux-Arts de Valenciennes. Piste de ski artificielle (Loisinord) aménagée sur un terril à Nœux-les-Mines. Découverte du Centre historique minier de Lewarde, balades vers les étangs de la Sensée, rencontre avec les demoiselles d'Acq et autres monolithes. Abbaye de Vaucelles, musée Matisse au Cateau-Cambrésis, dentelle de Caudry-en-Cambrésis, fortifications à la Vauban au Quesnoy et à Maubeuge, promenades en forêt de Mormal, site archéologique (cité romaine) de Bavay. Art de vivre : ducasses, géants, brasseries ; andouillette et bêtises de Cambrai, langue Lucullus de Valenciennes, etc.

idées de séjour d'une semaine

DE LA MÉTROPOLE LILLOISE AUX FORÊTS DU VALOIS

Départ de Lille. Visite de la ville et de Villeneuve-d'Ascq, Roubaix, Tourcoing (compter 2 jours). On se dirige ensuite (le 3e jour) vers les collines artésiennes en traversant le pays minier (route des « Gueules noires ») et le secteur des batailles d'Artois pour atteindre Arras. La visite (1/2 journée) de la cité passionne, et l'étape (2 jours) réconforte. En rayonnant vers l'Est et le Sud-Est, on s'arrête autour des étangs de la Sensée et au Centre historique minier de Lewarde, ainsi qu'à Douai et à Cambrai (pensez aux andouillettes et aux bêtises !). Du Cambrésis, le Vermandois s'aborde en longeant les rives de l'Escaut. L'abbaye de Vaucelles, les sources de l'Escaut, le Grand Souterrain du canal de St-Quentin à Riqueval, avec son « toueur », et la ville de St-Quentin méritent une halte. Les trois derniers jours sont à réserver au Noyonnais, au Laonnois, au Soissonnais et au Valois. Comme étapes, on aura le choix entre la ville impériale de Compiègne, près du palais ; le village de Pierrefonds, à l'ombre de son célèbre château ; la ville haute de Laon, dont l'enceinte médiévale et la cathédrale dominent de vastes horizons... Tous ces endroits méritent votre attention. Pétries d'histoire, tapissées de très belles forêts (St-Gobain, Compiègne, Retz...), les régions de l'Est de l'Oise et du Sud-Ouest de l'Aisne regorgent de lieux d'intérêt. Dans la vallée de l'Automne, citons entre autres Morienval, Champlieu, Vez, La Ferté-Milon, Longpont... Autour de Laon, Noyon et Soissons : Prémontré, le Chemin des Dames, Coucy, l'abbaye d'Ourscamps, Septmonts... Et encore, au Sud : Villers-Cotterêts, Oigny-en-Valois et Fère-en-Tardenois.

PICARDIE ORIENTALE, NORD ET PAS-DE-CALAIS

Départ de Vervins. Découverte des églises fortifiées et des villes de la Thiérache, puis de l'Avesnois, avec son bocage, ses forêts, ses lacs (Val-Joly) et ses écomusées (Fourmies, Trélon, Liessies, Sars-Poteries...). Ces régions combinent nature (possibilités de randonnées), traditions et gastronomie (produits fermiers). Un petit hôtel ou un gîte rural s'y dénichent facilement. Le 2e jour, en route vers le Hainaut, le Cambrésis et l'Artois. On passera la nuit à Arras après s'être arrêté à Cambrai, Valenciennes, St-Amand-les-Eaux et

Porte de Cassel, à Bergues.

Douai, sans oublier Bavay, Le Quesnoy et Maubeuge, ni les forêts de Mormal et Raismes-St-Amand-Wallers (Parc naturel régional Scarpe-Escaut). Le 3ᵉ jour, ayant visité Arras et sa région (secteur des batailles, univers des mineurs à Lewarde et entre Lens et Auchel), on progresse vers le Nord : c'est l'étape de Lille. Deux jours seront bienvenus pour en faire le tour et rayonner vers Villeneuve-d'Ascq, Roubaix, Tourcoing, Armentières. Le 5ᵉ jour, cap sur la Côte d'Opale. Traversée des « monts » de Flandre (moulins, estaminets, bières, jeux d'hier...) avec haltes à Bailleul, au mont des Cats, à Cassel et à Bergues. On logera d'abord à Dunkerque ou Calais, puis à Boulogne ou au Touquet, sinon à Wissant, Wimereux ou Hardelot, qui méritent une halte. On profitera ainsi de la généreuse marée (soles, crevettes, coques, harengs...), des distractions nautiques, et surtout des vues spectaculaires sur la Manche (caps Blanc-Nez, Gris-Nez, corniche de la Côte d'Opale, bunkers du « Mur de l'Atlantique »), avec le ballet des ferries et les falaises anglaises en toile de fond. Les enfants seront gâtés (parcs d'attractions).

CÔTE D'OPALE, ARTOIS ET PICARDIE OCCIDENTALE

Départ de Dunkerque. Découverte des sites de la Côte d'Opale où l'on passera 2 nuits dans un hôtel en bord de mer, à moins que l'on n'opte pour un gîte rural à l'intérieur des terres. Le 3ᵉ jour, on parcourt l'arrière-pays : Boulonnais et Audomarois, jusqu'aux rives de la Lys. Chemin faisant, haltes à Guines, St-Omer et son proche marais, Helfaut-Wizernes et sa coupole chargée de terribles souvenirs, Aire-sur-la-Lys, Desvres... Le 4ᵉ jour, remontée de la vallée de la Canche, depuis Le Touquet, avec escales à Étaples, Montreuil et Hesdin. De Frévent, on file sur Arras pour l'étape. Le lendemain, retour sur la côte par Lucheux et la vallée de l'Authie. Entre Doullens et Fort-Mahon-Plage, découverte de l'abbaye de Valloires. Peut-être s'y offrira-t-on une nuit de sommeil (réservation impérative) bien méritée après avoir rencontré la gent ailée dans le parc du Marquenterre, visité Rue, vu Crécy et sa forêt, ainsi que la baie de Somme, du Crotoy à St-Valery. L'étape suivante est Amiens, que l'on aborde par St-Riquier ou Abbeville et la vallée de la Somme. Avec sa célèbre cathédrale, ses hortillonnages et ses musées, la visite de la capitale picarde exige un jour entier. Deux autre journées – ce qui nous fait 8 jours en tout – sont donc à prévoir pour rayonner autour d'Amiens. On les consacrera à la découverte du parc Samara, des grottes-refuges de Naours, et à la remontée de l'autre partie de la vallée de la Somme, vers Corbie et Péronne. L'Ouest de la Picardie révèle aussi le meilleur de lui-même dans le Vimeu, à Rambures et Ault, comme dans la région de Beauvais, où l'on terminera en beauté avec le pays de Bray, St-Germer-de-Fly et Gerberoy.

Paysage agricole de la Somme.

TROUVER LE N° D'UN HÔTEL
DANS LA RÉGION.

118 000

LES RENSEIGNEMENTS, TOUT SIMPLEMENT

Circuits de découverte

Pour visualiser l'ensemble des circuits proposés, reportez-vous à la carte p. 12.

1 LE TEMPS DES CATHÉDRALES
Circuit de 300 km au départ de Compiègne – Dans cette région, la pierre se fit dentelle : ses cathédrales aux lignes pures – Soissons, Laon et Noyon – témoignent des premiers élans de l'art gothique, tout comme l'abbaye de Morienval. Les rois, grands amateurs de chasse en forêt, ont séjourné dans le Valois : ils ont semé des châteaux, de Pierrefonds à Fère-en-Tardenois, de Villers-Cotterêts à Compiègne. Sur le Chemin des Dames, enjeu de terribles combats durant la Première Guerre mondiale, on remonte le cours du 20e s. jusqu'aux confins de la Champagne.

2 TERRE DE BÂTISSEURS
Circuit de 300 km au départ de Beauvais – Ce circuit se faufile vers l'Oise, à travers la campagne picarde. Ici jaillissent la cathédrale de Beauvais, interminable chantier de trois siècles, et celle d'Amiens, avec l'une des plus hautes nefs du monde. Dès l'aube des années 1200, c'est dans l'église d'Airaines, encore mâtinée d'influence romane, que naquirent les premières croisées d'ogives. Le gothique essaima de Folleville à Poix-de-Picardie. Et la brique se maria à tous les styles : forteresse de Rambures, château Renaissance de Troissereux... Chemin faisant, on découvre Gerberoy, l'un des « plus beaux villages de France ».

Labyrinthe de la cathédrale d'Amiens.

3 SOUVENIR DE LA GRANDE GUERRE
Circuit de 185 km au départ de Péronne – En juillet 1916, les soldats de plus de 30 pays furent précipités dans la bataille de la Somme, où tombèrent un million d'hommes. À Péronne, l'Historial de la Grande Guerre restitue la vie des populations durant le conflit. Le circuit longe les mémoriaux de Rancourt, Longueval et Thiepval. Il mène au musée des Abris d'Albert, puis à Doullens, un QG du général Foch. Près d'Arras, Vimy et Notre-Dame-de-Lorette commémorent les batailles d'Artois, de 1914 à 1917 : un impressionnant paysage de croix, creusé de trous d'obus et de tranchées...

4 VALLÉES PICARDES
Circuit de 350 km au départ d'Amiens – Depuis le parc préhistorique de Samara jusqu'à Abbeville, la Somme paresseuse accompagne le parcours, donnant vie à un chapelet d'étangs. On aborde le littoral, semé de stations balnéaires au charme désuet, depuis les falaises d'Ault jusqu'au port du Crotoy. Un détour verdoyant à Crécy, puis aux jardins de Valloires, et on retrouve les plages immenses de Berck et du Touquet. Plus secrète, la Canche sillonne une vallée bucolique où se nichent d'anciennes fermes aux murs chaulés. Les grottes de Naours et le château de Bertangles, de style Régence, ponctuent déjà le retour.

5 DE LA SCARPE À L'ESCAUT
Circuit de 300 km au départ d'Arras – Pays des « gueules noires » dont le Centre historique minier de Lewarde conserve la mémoire, l'Artois a toujours cultivé le goût de la fête : les carillonneurs se donnent rendez-vous à Douai, où l'on croise géants et joyeux drilles au détour de la ducasse. À Valenciennes, Bosch et Rubens voisinent au musée des Beaux-Arts : ici s'annonce déjà la Flandre, dont Lille est la capitale... côté français. Faites halte à Saint-Amand, réputé depuis deux mille ans pour ses eaux bienfaisantes. Découvrez la Grand'Place de Béthune et le château médiéval d'Ohlain : de quoi balayer tous les clichés sur le pays minier !

6 ÉVASION SUR LA CÔTE D'OPALE
Circuit de 250 km au départ de Boulogne – Ce parcours revigorant longe la Côte d'Opale, ses falaises de craie blanche, ses dunes plantées d'oyats, ses plages où filent les chars à voile. On s'attarde dans le bocage boulonnais, terroir des pommiers à cidre, et dans le marais audomarois, où glissent silencieusement les bacôves des maraîchers. À Boulogne, les aquariums géants du Nausicaä voisinent avec le port, dont l'activité est un vrai spectacle, comme à Calais.

Mais la région reste aussi le fief de productions traditionnelles : cristallerie d'Arques et faïences de Desvres.

7 BEFFROIS DE FLANDRES

Circuit de 250 km au départ de Lille – Le tempérament flamand s'affirme dans l'architecture du Vieux Lille, mélange de brique et de pierre sculptée, et dans la convivialité bien connue des habitants. Suivez la chaîne des six monts de Flandre, où Marguerite Yourcenar passa son enfance : un paysage ondulé, parsemé de toits rouges, de peupliers et de champs de houblon. Des moulins y tournent encore, les estaminets font honneur aux « bières spéciales » et à des jeux qu'on ne connaît pas ailleurs : le bouchon, le billard Nicolas ou la grenouille...

8 LA THIÉRACHE ET L'AVESNOIS

Circuit de 350 km au départ de St-Quentin – En Thiérache, des églises fortifiées s'égrènent dans la vallée de l'Oise. Le lait des vaches de race pie noire fournit le maroilles, un fromage plein de caractère. À quelques pas de la Belgique, on se laisse prendre au charme de l'Avesnois : la forêt de Saint-Michel est parsemée d'étangs, les villages s'habillent d'ardoise, et on déguste la boulette d'Avesnes, saupoudrée de paprika. De Bavay, qui veille sur ses vestiges gallo-romains, on file au Cateau-Cambrésis pour un rendez-vous avec Matisse. Entre Cambrai et St-Quentin, le tunnel de Riqueval s'enfonce dans le plateau qui sépare la Somme de l'Escaut : on se poste à l'entrée du canal pour observer la sortie des péniches...

Itinéraires à thème

routes historiques

Pour découvrir le patrimoine architectural local, la Fédération nationale des routes historiques (www.routes-historiques.com) a élaboré 21 itinéraires à thème. Tracés et dépliants sont disponibles auprès des offices de tourisme ou de M. Tranié - 1 r. du château - 60112 Troissereux - ☎ 03 44 79 00 00.
Route historique du Lys de France et de la Rose de Picardie – De Champlâtreux à Boulogne-sur-Mer, cette route passe notamment à Royaumont, Gerberoy, Crèvecœur, Poix-de-Picardie, Rambures, St-Riquier, Rue, Valloires, Samer et Maintenay - renseignements : château de Troissereux - 60112 Troissereux - ☎ 03 44 79 00 00.

autres routes thématiques

Route du Camp du Drap d'or – Découverte de l'Oise, de la Somme et du Pas-de-Calais sur les traces de François 1er - Renseignements à l'Office du tourisme des Trois Pays - 14 r. Clemenceau - 62340 Guînes - ☎ 03 21 35 73 73 - ot.troispays@wanadoo.fr - fax 03 21 85 88 38 - www.calais-cotedopale.com
Route des Archers – Découverte du champ de bataille d'Azincourt, épisode sanglant de la guerre de Cent Ans ; promenade dans la ville fortifiée d'Hesdin, édifiée par Charles Quint en 1554 ; visite de Crécy-en-Ponthieu,

Une des nombreuses empreintes laissées dans la Somme par la Première Guerre mondiale.

témoin de la défaite des chevaliers français face aux archers anglais - Renseignements à l'Office du tourisme d'Azincourt - ☎ 03 21 47 27 53.
Chemin des Dames – Cette route permet de comprendre les enjeux de cet épisode de la Première Guerre mondiale *(voir le Chemin des Dames dans la partie « Villes et sites »)*.
Circuit du Souvenir – Dans la Somme, ce circuit, fléché dans les deux sens entre Péronne et Albert permet la découverte de nombreux vestiges, mémoriaux et musées qui illustrent les combats meurtriers de 1916 - Renseignements : CDT de la Somme - ☎ 03 22 71 22 71 - www.somme-tourisme.com
Route des villes fortifiées – Elle regroupe 13 places fortes importantes de la région. D'une longueur de 500 km, la route se divise en petits circuits offrant de multiples

possibilités. Chaque ville est signalée par un panneau accompagné d'un logo. Carte et dépliant sont disponibles dans les offices de tourisme ou syndicats d'initiative.

Route du roman au gothique par les forêts royales de l'Oise – Renseignements auprès de M. Chambaud - président de la Route - Abbaye royale du Moncel - Pontpoint - 60700 Pont-Ste-Maxence - ☎ 03 44 72 33 98.

Chemins des retables – Des circuits ont été créés pour faire connaître la richesse des églises de Flandre. Renseignements : Association des retables de Flandre – BP 6535 - 59386 Dunkerque Cedex - b 03 28 68 69 78.

les carillons

Les carillons rythment la vie de nombreuses villes des Flandres. Un carillon est constitué de plusieurs cloches logées dans un clocher ou dans un beffroi. Selon qu'il annonce l'heure, le quart, la demie ou le trois quart, il égrène différentes ritournelles.

Le mot viendrait de quadrillon, jeu de quatre cloches disposées en harmonie. Au Moyen Âge, les horloges mécaniques étaient munies des petites cloches appelées « appiaulx » qu'un bateleur frappait à l'aide d'un maillet ou d'un marteau. À la suite de l'augmentation progressive du nombre de cloches, le maillet fut remplacé par un clavier. Le système automatique à cylindre utilisé dans certains lieux tend à être remplacé par un système électrique plus facile à entretenir.

Voici les principaux carillons situés dans le Nord-Pas-de-Calais :
Douai - Hôtel de ville : 62 cloches.
Tourcoing - Église St-Christophe : 61 cloches.
Hondschotte - Église : 60 cloches.
Douai - Carillon ambulant : 53 cloches.
Bergues - Beffroi : 50 cloches.
Capelle-la-Grande - Beffroi : 49 cloches.
Avesnes-sur-Helpe - Collégiale St-Nicolas : 48 cloches.
Dunkerque - Tour St-Éloi : 48 cloches.
Le Quesnoy - Hôtel de ville : 48 cloches.
Orchies - Église : 48 cloches.
St-Amand-les-Eaux - Tour abbatiale : 48 cloches.
St-Quentin - Hôtel de ville : 37 cloches.
Seclin - Collégiale St-Piat : 42 cloches.
Des concerts ont lieu régulièrement dans certaines villes (se renseigner dans les offices de tourisme).

Découvrir autrement la région

en train touristique

Malgré la vitesse et le TGV, grâce à l'enthousiasme de quelques passionnés, les trains à vapeur et autres tramways continuent de rouler pour le plaisir des petits et des grands.

Le p'tit train de la haute Somme – Voir les horaires et tarifs à Froissy (chapitre Vallée de la SOMME, dans la partie « Villes et sites »). Au Sud d'Albert, à 3 km de Bray-sur-Somme, un petit train (14 km AR, 1h30) vous emmène de Froissy à Dompierre et passe au retour par le tunnel de Cappy (300 m). Avant le départ, visite du musée des Chemins de fer à voie étroite.

Le chemin de fer de la baie de Somme – Il utilise les voies de l'ancien réseau des bains de mer, qui desservait Le Crotoy, St-Valery-sur-Somme et Cayeux-sur-Mer à partir de Noyelles-sur-Mer. Les paysages traversés permettent d'admirer la baie de Somme et ses mollières. Le train, composé de vieilles voitures à plate-forme, circule entre Noyelles et Cayeux.

Le chemin de fer touristique du Vermandois – Au départ de la gare de St-Quentin, il propose diverses sorties en train spécial à vapeur, sur les voies principales de la SNCF. Voir détails au chapitre SAINT-QUENTIN, dans la partie « Villes et sites ».

Le chemin de fer touristique de la vallée de l'Aa – Il emprunte l'ancien tronçon de la ligne St-Omer/Boulogne-sur-Mer. Le trajet de 15 km reliant Arques à Lumbres

permet de découvrir, le w.-end de mai à sept., la vallée de l'Aa dans un train des années 1950, l'autorail dit « Picasso » et prochainement en train à vapeur. Les arrêts desservent : l'ascenseur à bateaux des Fontinettes, la coupole d'Helfaut-Wizernes et des itinéraires de randonnée - renseignements à l'Office du tourisme de Lumbres - ☎ 03 21 93 45 46 ou auprès de M. Chambelland (président) - ☎ 03 21 12 19 19.
Tramway touristique de la vallée de la Deûle – Promenades en tramway le long de la Deûle sur une voie métrique de 3 km, entre Marquette et Wambrechies dans la banlieue lilloise. Renseignements : Amitram - BP 45 - 59520 Marquette-lez-Lille - ☎ 03 28 38 84 21 - www.amitram.asso.fr

en bateau

LOCATION DE BATEAUX HABITABLES
Autrefois réservés au transport et à la batellerie, les rivières et canaux offrent aujourd'hui environ 1 900 km de voies navigables aux plaisanciers désireux de parcourir la région. La location de « bateaux habitables » *(house-boats)* aménagés en général pour six à huit personnes permet une approche insolite des sites parcourus sur les canaux. Diverses formules existent : à la journée, au week-end ou à la semaine.
Association Sous les Parasols – 16 av. Villars - 59300 Valenciennes - ☎ 03 27 41 74 84 ou 06 20 84 75 53 ou 06 19 35 33 29 - avr.-sept. : location au w.-end ou à la semaine. Cette association propose des bateaux avec pilote professionnel ou sans pilote (2, 4, 6 ou 8 pers.) pour naviguer sur les canaux de l'Escaut, de l'Oise et de la Sambre.
Arques Plaisance – Base nautique - 62510 Arques - ☎/fax 03 21 98 35 97 - location de petits bateaux motorisés et de vélos nautiques (Surfbikes). Centre de bateau école : préparation à tous permis fluviaux.
Locaboat Plaisance – Location de pénichettes au départ de Cappy pour naviguer sur la Somme - centrale de réservation : Port au Bois - BP 150 - 89303 Joigny Cedex - ☎ 03 86 91 72 72 - www.locaboat.com
Somme Plaisance – 27 r. Georges-Clemenceau - 80110 Moreuil - ☎ 03 22 09 75 50 - location de bateaux (11 pers.) à la journée, avec pilote, au départ de Corbie.

Le port fluvial de Cappy.

Avant de partir, il est conseillé de se procurer les cartes nautiques et cartes-guides :
Éditions Grafocarte-Navicarte – 125 r. Jean-Jacques-Rousseau - BP 40 - 92132 Issy-les-Moulineaux Cedex - ☎ 01 41 09 19 00.
Éditions du Plaisancier – 43 porte du Grand-Lyon, 01700 Neyron, ☎ 04 72 01 58 68.

vue du ciel

Quelques possibilités de s'offrir des sensations aériennes :
L'Oise vue du ciel – Survol de l'Oise en avion touristique (vol de 30mn) ou en montgolfière (vol de 1h), selon les conditions météo. Il s'agit de découvrir l'Oise de manière originale - réservation au service Loisirs-Accueil du Comité départemental du tourisme de l'Oise - ☎ 03 44 45 94 78.
Aérodrome de la Salmagne – Groupement des associations de l'aérodrome de Maubeuge - 59600 Maubeuge-Élesmes - ☎ 03 27 68 40 25 ou 06 72 71 89 76 - promenades aériennes à la carte au-dessus du val de Sambre et de l'Avesnois.
Aéroclub du Touquet – Aéroport - BP 80 - 62520 Le Touquet-Paris-Plage - ☎ 03 21 05 82 28 - École et vols d'initiation au pilotage.
Aéroclub de St-Omer – Plateau des Bruyères - BP 7 - 62967 Longuenesse - ☎ 03 21 38 25 42 - survol du coteau de la coupole d'Helfaut-Wizernes et du marais audomarois.
Ludair – Aérodrome d'Abbeville, 80132 Buigny-St-Maclou, ☎ 03 22 24 36 59 ou 06 03 28 66 96. Survol de la baie de Somme en ULM.
Club Montgolfière Passion – 253 r. d'Aire - 59190 Hazebrouck - ☎ 03 28 41 65 59 - deux vols par jour (matin et soir) pour découvrir les paysages de Flandre.

dans les brasseries

Dans le Nord-Pas-de-Calais, un certain nombre de brasseries fabriquent encore de la bière de façon artisanale. Certains établissements sont ouverts à la visite ; vous trouverez leurs coordonnées dans les carnets pratiques des villes suivantes : Bailleul, Bavay, Lens ou encore Roubaix.

dans les moulins

Dominant les paysages du Nord, les moulins à vent étaient autrefois présents partout dans la région. Il n'en reste que quelques dizaines aujourd'hui. Sauvés par l'Association régionale des amis des moulins (Aram) et restaurés, ils sont devenus des lieux d'animation très conviviaux. Plus nombreux, les moulins à eau sont installés sur de charmantes rivières. Quelques roues tournent encore. C'est dans l'Avesnois que l'on rencontre les plus beaux barrages en pierre bleue du pays. Des dépliants sont disponibles au siège de l'association, qui gère également le musée des Moulins de Villeneuve-d'Ascq où l'on peut se procurer des brochures, des cartes postales et des livres sur les moulins - Centre régional de molinologie - musée des Moulins - 59650 Villeneuve-d'Ascq - ☎ 03 20 05 49 34 - http://aram-nord.asso.fr

en passant par les lieux littéraires

Nombreux sont les auteurs que la région a inspirés. Villes et villages ont conservé la marque de leur passage :
circuit **Bernanos** aux environs d'Hesdin ;
les **Dumas** à Villers-Cotterêts ;
la poésie de **Sainte-Beuve** à Boulogne-sur-Mer ;
Jean Valjean, maire de Montreuil-sur-Mer sous la plume de **Victor Hugo** ;
le souvenir de **Racine** et des amours de **La Fontaine** à La Ferté-Milon ;
l'enfance de **Marguerite Yourcenar** près de Bailleul (villa Mont-Noir) ;
à la recherche du *Nautilus* et de l'hologramme de **Jules Verne** à Amiens ;
le petit monde de l'**abbé Prévost** à Hesdin ;
sur les traces de **Zola** et de son *Germinal* près de Valenciennes (mines d'Anzin).

Et, pour réviser son orthographe, la *Dictée* de **Mérimée** au Palais royal de Compiègne.

avec les enfants

Pour varier les plaisirs de la plage ou profiter d'une journée boudée par le soleil, de nombreuses attractions sont aménagées le long des côtes et à l'intérieur du pays : parcs de loisirs nautiques, parcs animaliers, musées du Jouet... Les horaires d'ouverture des plus importants sont mentionnés à la localité correspondante. Dans la partie « Villes et sites », le pictogramme ☺ signale la plupart de ces sites susceptibles d'intéresser votre tribu.

VILLES ET PAYS D'ART ET D'HISTOIRE

Le réseau des Villes et Pays d'art et d'histoire (voir la rubrique « Visite guidée ») propose des visites-découvertes et des ateliers du patrimoine aux enfants, les mercredi, samedi et pendant les vacances scolaires. Munis de livrets-jeux et d'outils pédagogiques adaptés à leur âge, ces derniers s'initient à l'histoire et à l'architecture, et participent activement à la découverte de la ville. En atelier, ils s'expriment à partir de multiples supports (maquettes, gravures, vidéos) et au contact d'intervenants de tous horizons : architectes, tailleurs de pierre, conteurs, comédiens, etc.
Ces activités sont également proposées pendant la visite des adultes - en juillet-août, dans le cadre de l'opération « L'Été des 6-12 ans ». Les Villes d'art et d'histoire citées dans ce guide sont Amiens, Arras, Beauvais, Boulogne-sur-Mer, Cambrai, Compiègne, Douai, Laon, Lille, Noyon, St-Omer, St-Quentin et Soissons.

STATIONS KID

Le label Station Kid, soutenu par le Secrétariat d'État au tourisme, permet aux familles de repérer en toute confiance les lieux de séjour les plus actifs pour leurs enfants. Le label est décerné en fonction de la qualité de l'accueil, des activités, des équipements, de la sécurité, de l'environnement et de l'animation. Aujourd'hui, 44 destinations sont répertoriées en France dont 10 figurant dans ce guide : Berck, Boulogne-sur-Mer, Calais, Dunkerque Dunes de Flandre, Gravelines, Hardelot, Le Portel-Plage, Le Touquet-Paris-Plage, Wimereux et Wissant.

Sports et loisirs

Les services Loisirs-Accueil proposent des randonnées pédestres, équestres, cyclotouristiques, des stages de pêche, de golf, de chasse, de canoë. Voir leurs coordonnées dans le chapitre « Hébergement, restauration ».
Vous trouverez dans les « carnets pratiques » de la partie « Villes et sites » les coordonnées de nombreux prestataires locaux.

baignade

De très nombreux équipements sportifs sont à la disposition des petits et des grands : piscine, ski nautique, scooter des mers, promenades en mer, char à voile, cerf-volant, kayak de mer, etc. Se renseigner sur place, aux syndicats d'initiative ou aux offices de tourisme.
Les plages sont en général surveillées durant les mois d'été. Il convient cependant de respecter quelques règles élémentaires : éviter de nager après un repas ou une longue station au soleil ; ne pas sortir de la zone surveillée, généralement délimitée par des bouées ; bien se protéger du soleil, que l'on reste sur la plage ou que l'on soit dans l'eau. En outre, les pavillons hissés chaque jour sur les plages surveillées indiquent si la baignade est dangereuse ou non, l'absence de pavillon signifiant l'absence de surveillance : vert = baignade surveillée sans danger ; jaune = baignade dangereuse mais surveillée ; rouge = baignade interdite.
Des contrôles de qualité des eaux de baignade sont effectués en général dès le mois de juin. Ils classent les eaux en quatre catégories :
A : eaux de bonne qualité
B : eaux de qualité moyenne
C : eaux pouvant être momentanément polluées
D : eaux de mauvaise qualité
Les résultats des contrôles peuvent être obtenus sur Minitel au 3615 infoplage.

canoë-kayak

Kayak de rivière
Le **canoë** (d'origine canadienne) se manie avec une pagaie simple. C'est l'embarcation idéale pour une promenade en famille à la journée, en rayonnant à partir d'une base ou en randonnée pour la découverte d'une vallée.
Le **kayak** (d'origine esquimaude) est utilisé assis et se manœuvre avec une pagaie double. Les lacs et les parties basses des cours d'eau offrent un vaste choix d'itinéraires.

Kayak de mer
L'équipement est le même que le kayak de rivière, mais les embarcations sont plus longues et plus étroites. Il est interdit de s'éloigner de plus d'un mille (1 852 m) de la côte, et il est préférable d'avoir de solides notions du milieu marin. Les premières sorties se font accompagnées de navigateurs expérimentés.

cerf-volant

À la fois loisir familial, expression artistique et compétition sportive, la pratique du cerf-volant a acquis depuis une dizaine d'années ses lettres de noblesse en élargissant son terrain d'activité au-delà des plages du littoral atlantique, où on la rencontrait le plus souvent. Les longues plages du Nord sont désormais un terrain de prédilection, en particulier à Berck où ont lieu tous les ans (généralement en avril) les Rencontres internationales de cerfs-volants. Cette manifestation rassemble les cerfs-volistes les plus doués, les plus passionnés, faisant évoluer dans le ciel leurs fabuleux appareils multicolores.
Cette activité ayant intégré les nouveaux produits de l'industrie chimique, on trouve actuellement une vaste gamme d'appareils volants qui relèguent bien loin le cerf-volant traditionnel. Manipulé par deux poignées et constitué de fibre de verre ou, plus léger mais plus cher, de fibre de carbone, le cerf-volant moderne est « pilotable », et même parfois doté d'amortisseurs de chute ! Une longue pratique des manipulations de base et des connaissances en aérologie ne peuvent s'acquérir que par le passage dans un club ou une association ; les offices de tourisme des plages de la région signalent l'existence de ces organismes.
Par prudence, gardez à l'esprit qu'un cerf-volant peut atteindre 100 km/h lors d'une chute en piqué ; aussi, prenez soin de vous placer derrière le manipulateur.
Fédération française de vol libre (deltaplane, parapente et cerf-volant) – 4 r. de Suisse - 06000 Nice - ☎ 04 97 03 82 82 - www.ffvl.fr

char à voile

Curieux engin que cet hybride du kart (à trois roues) et du voilier qui, mû par la seule force du vent, peut atteindre plus de 100 km/h sur les vastes étendues de sable fin et dur qu'offrent les plages du Nord et de Picardie à marée basse. À côté du char à voile est apparu récemment le *speedsail*, planche à voile sur roulettes.
Fédération française de char à voile – 17 r. Henri-Bocquillon - 75015 Paris - ☎ 01 45 58 75 75 - www.ffcv.org - La Fédération donne la liste des clubs, des constructeurs, des guides d'information et des calendriers.

golf

Les amateurs de golf pourront s'adonner à ce sport de détente. Nombreux dans la région Nord-Pas-de-Calais, les golfs sont situés dans un agréable cadre de verdure, au relief vallonné, entourés de forêts ou bien ouverts sur le littoral. Se procurer la brochure « **golfs Nord-Pas-de-Calais** », au comité régional de tourisme. En Picardie, golfs à Fort-Mahon, Quend-Plage, Grand-Laviers, Nampont-Saint-Martin, Salouël (3 km d'Amiens), Querrieu (7 km d'Amiens).
Ligue de golf de Picardie – Rd-pt du Grand-Cerf, Lys-Chantilly, 60260 Lamorlaye, ☎ 03 44 21 26 28.
Fédération française de golf – 68 r. Anatole-France - 92309 Levallois-Perret Cedex - ☎ 01 41 49 77 00 ou 0 892 691 818 - www.ffgolf.org

pêche en eau douce

Ce pays traversé de rivières s'épandant en étangs est le royaume des pêcheurs, surtout le long de la Somme, la Course, la Lys, l'Aisne, l'Oise, l'Aa, ainsi que dans la région des Sept Vallées (Canche, Authie, Ternoise...).

RÉGLEMENTATION
Généralement, le cours supérieur des rivières est classé en 1re catégorie tandis que les cours moyen et inférieur le sont en 2e. Quel que soit l'endroit choisi, il convient d'observer la réglementation nationale ou locale, de s'affilier, pour l'année en cours, à une association de pêche et de pisciculture agréée, d'acquitter les taxes afférentes au mode de pêche pratiqué, etc. Pour certains étangs ou lacs, des cartes journalières sont délivrées.

On peut se procurer des cartes et des informations locales auprès des Comités départementaux du tourisme et fédérations de pêche de chaque département.
Fédération du Nord pour la pêche et la protection du milieu aquatique – Résidence Jacquard, pl. Gentil-Muiron, BP 1231, 59013 Lille Cedex, ☎ 03 20 54 52 51 - dekeyses@peche59.com - fax 03 20 54 02 15.
Fédération de l'Aisne pour la pêche et la protection du milieu aquatique – 9 ruelle Morin - 02000 Laon - ☎ 03 23 23 13 16 - Fed.Peche.02@wanadoo.fr - fax 03 23 79 60 25.
Fédération de l'Oise pour la pêche et la protection du milieu aquatique – 10 r. Pasteur - 60200 Compiègne - ☎ 03 44 40 46 41.
Fédération de la Somme pour la pêche et la protection du milieu aquatique – 6 r. René-Gambier - BP 20 - 80450 Camon - ☎ 03 22 70 28 10 - www.unpf.fr/80
Conseil supérieur de la pêche – Immeuble Le Péricentre - 16 av. Louison-Bobet - 94132 Fontenay-sous-Bois Cedex - ☎ 01 45 14 36 00.

pêche en mer

Les amateurs de pêche en eau salée pourront exercer leur sport favori à pied ou en bateau sur les côtes. Plusieurs prestataires proposent aux estivants des parties de pêche au gros en mer, pour une demi-journée ou une journée entière, durant lesquelles on peut apprendre les techniques de pêche à la traîne et participer à des compétitions. Le matériel est toujours fourni par l'équipage du bateau. Il est conseillé de s'inscrire à l'avance.
Fédération française des pêcheurs en mer – Résidence Alliance, centre Jorlis, 64600 Anglet, ☎ 05 59 31 00 73.

randonnée cycliste

Le réseau des petites routes de campagne se prête aux promenades à bicyclette. Les listes de loueurs de cycles sont généralement fournies par les syndicats d'initiative et les offices de tourisme.
Il est possible de transporter gratuitement son vélo dans de nombreux trains régionaux, ainsi que sur la ligne Paris-Amiens-Boulogne.

Cyclotourisme
Des itinéraires balisés et des pistes cyclables ont été mis en place : des documents sont disponibles auprès des comités départementaux du tourisme du Nord, du Pas-de-Calais et de la Somme.
Fédération française de cyclotourisme – 12 r. Louis-Bertrand - 94207 Ivry-sur-Seine Cedex - ☏ 01 56 20 88 87 - www.ffct.org

VTT
Né en 1970 aux États-Unis sous la forme de *mountain bike*, le vélo tout-terrain a pris un essor important depuis son apparition en 1983. La région ne manque pas de circuits balisés afin de permettre aux débutants de s'entraîner et aux cyclistes confirmés de foncer !
Fédération française de cyclisme – 5 r. de Rome - 93561 Rosny-sous-Bois Cedex - ☏ 01 49 35 69 24 - www.ffc.fr - la Fédération propose 46 000 km de sentiers balisés pour la pratique du VTT, répertoriés dans un guide annuel.

randonnée équestre

La région dispose de centaines de kilomètres d'itinéraires équestres à travers les forêts ou le long des côtes. Les adresses des centres équestres et les informations sur les circuits aménagés sont disponibles dans les organismes suivants :
Comité départemental du tourisme équestre de l'Aisne –
M. Léon Michel - 52 bis av. de Château-Thierry - 02400 Brasles - ☏ 03 23 69 01 91.
Comité départemental du tourisme équestre du Nord – M. Félix Sauvage - Résidence d'Isly - 23 r. du Bazinghien - 59000 Lille - ☏ 03 20 09 76 22.
Comité départemental du tourisme équestre de l'Oise – M. Régis Roudier - 9 av. des Bruyères - 60580 Coye-la-Forêt - ☏ 03 44 58 60 35.
Comité départemental du tourisme équestre du Pas-de-Calais – M. Guy Batteur - 78 bd Jean-Moulin - 62400 Béthune - ☏ 03 21 57 32 97.
Comité départemental du tourisme équestre de la Somme – M. Thierry Bizet - 25 r. de la Gare - 80860 Morlay-Ponthoile - ☏ 03 22 27 07 11.
Association régionale de tourisme équestre du Nord-Pas-de-Calais – 19 r. Blanqui - 59135 Wallers - ☏ 03 27 31 35 68 - CRTE5962@aol.com - fax 03 27 35 58 70 - rassemblements de cavaliers et d'attelages et randonnées - calendrier et itinéraires sur demande.
Association régionale de tourisme équestre de Picardie – 8 r. Fournier-Sarlovèze - BP 20636 - 60476 Compiègne Cedex 2 - ☏ 03 44 40 19 54.
Comité national de tourisme équestre – 9 bd Macdonald - 75019 Paris - ☏ 01 53 26 15 50 - cnte@ffe.com - le comité édite une brochure annuelle, « Cheval nature, l'officiel du tourisme équestre », répertoriant les possibilités en équitation de loisir et les hébergements accueillant cavaliers et chevaux.

randonnée pédestre

Des sentiers de grande randonnée parcourent les Flandres, l'Artois, la Picardie et l'Avesnois. Le **GR 121** (250 km) relie Bon-Secours au Nord de Valenciennes à la Côte d'Opale près de Boulogne, en suivant les vallées de la Scarpe et de la Canche. Le **GR 120** propose une promenade dans le Boulonnais, tandis que le **GR 127** traverse les collines de l'Artois, reliant la région d'Arras au Boulonnais. Le **GR 128** (130 km) parcourt la Flandre en passant aux abords d'Ardres, St-Omer et Cassel. Le **GR 122** permet de découvrir la Thiérache et ses églises fortifiées. Le **GR de Pays**, balisé de traits jaunes et rouges, suit le **littoral Nord-Pas-de-Calais** de Bray-Dunes à l'estuaire de l'Authie, tandis que le **GR du pays de l'Avesnois-Thiérache** (130 km) s'aventure dans la Flandre avant de rejoindre les Ardennes. Le **PR** « Pas-de-Calais et Côte d'Opale » propose 30 promenades à travers le Boulonnais et l'Audomarois, à pied ou à VTT. Il existe également le **PR** « Pas-de-Calais et comté du Kent ». Les **GR 123**, **124** et **225** permettent de découvrir les abbayes, vallées et forêts de Picardie. Le **GR 125** relie le Vexin à la baie de Somme à travers le pays de Bray et le Vimeu. Le **GR 12A** traverse les forêts de Compiègne, de Laigue, puis, passant par Blérancourt, gagne la forêt de St-Gobain et la région du Laonnois.
Fédération française de la randonnée pédestre – 14 r. Riquet -

75019 Paris - ☎ 01 44 89 93 93 - www.ffrp.asso.fr - la Fédération donne le tracé détaillé des GR, GRP et PR ainsi que d'utiles conseils.

Le **conseil général du Nord** publie, avec le concours de l'Association départementale de la randonnée (AD Rando), des fiches-itinéraires de longueur variable avec schémas et informations diverses. S'adresser au comité départemental du tourisme du Nord.

Le guide Chamina propose des balades à pied et à VTT dans l'Aisne sur les pas de La Fontaine : 37 randonnées de 1h30 à 6h de marche et 5 itinéraires de week-end avec de nombreux renseignements. S'adresser au **comité départemental du tourisme de l'Aisne**.

Centre permanent d'initiatives pour l'environnement Vallée de Somme – 32 rte d'Amiens - 80480 Dury - ☎ 03 22 33 24 27. www.cpie80.com. Diverses randonnées accompagnées de 2 heures à une journée (20 km) sont proposées tout au long de l'année : traversée de la baie de Somme, découverte des phoques veaux-marins, visite guidée du marais de Samara, découverte de la forêt de Frémontiers... (possibilité de visite à la demande).

Conservatoires régionaux d'espaces naturels – Ils ont pour but de préserver les sites naturels et de maintenir l'équilibre écologique. Des sorties « nature » et des chantiers nature sont proposés toute l'année. Voir le site internet, www.conservatoirepicardie.org.

Conservatoire des sites naturels de Picardie – 1 pl. Ginkgo - village Oasis - 80044 Amiens Cedex 1 - ☎ 03 22 89 63 96 - www.conservatoirepicardie.org - Les Conservatoires régionaux d'espaces naturels ont pour but de préserver les sites naturels et de maintenir l'équilibre écologique. Des sorties « nature » et des chantiers sont proposés toute l'année - Se renseigner pour obtenir le calendrier.

ski

Et oui, on peut skier dans le Nord ! Même si vous êtes en plein « plat pays », les terrils font office de montagne ! Ainsi, le terril de Nœux-les-Mines a été reconverti en station de ski... Point de neige tout de même : la piste est artificielle, mais le plaisir de la glisse est bien là.
Loisinord – R. Léon-Blum - 62290 Nœux-les-Mines - ☎ 03 21 26 84 84 - 1re station de ski artificielle (320 m) aménagée en France sur un terril (1 piste école et 1 piste principale) - présence d'un moniteur de l'École de ski français - fermeture pour travaux - réouverture début 2006.

voile, navigation de plaisance

La carte des lieux de séjour *(p. 21)* mentionne les ports de plaisance accessibles à tout plaisancier de passage.
La plupart des stations balnéaires possèdent une école française de voile qui propose des stages. Il est possible de louer des bateaux avec ou sans équipage, en saison. Se renseigner à la capitainerie de chaque port.
À l'intérieur des terres, quelques plans d'eau se prêtent aussi à la pratique de ce sport, comme la base de Val-Joly dans l'Avesnois, les étangs de la Sensée, l'Escaut et le lac de Monampteuil, près de Soissons.
Fédération française de voile – 17 r. Henri-Bocquillon - 75015 Paris - ☎ 01 40 60 37 00 - www.ffvoile.org
France Stations Nautiques – 17 r. Henri-Bocquillon - 75015 Paris - ☎ 01 44 05 96 55 - www.france-nautisme.com - ce réseau regroupe sous le nom de « stations nautiques » des villages côtiers, des stations touristiques ou des ports de plaisance qui s'engagent à offrir les meilleures conditions pour pratiquer l'ensemble des activités nautiques.

Toyota Prius
Demain commence aujourd'hui

Et si la solution aux problèmes d'environnement existait déjà ? Avec sa technologie hybride révolutionnaire, la Toyota Prius marie écologie, agrément de conduite et performances.

Réduire les émissions sans sacrifier les performances

Dans la course à la voiture moins polluante, Toyota possède une longueur d'avance grâce à la propulsion hybride. Le moteur essence habituel est complété par un moteur électrique relié à des batteries très compactes. Le moteur électrique procure alors un couple très important, équivalent à celui d'une puissante motorisation turbo-Diesel, gage de belles accélérations, avec une pollution nulle. La Prius accélère de 0 à 100 km/h en seulement 10,9 s.

Pour le conducteur, une auto comme une autre

Le système hybride, baptisé HSD (Hybrid Synergy Drive), est entièrement géré électroniquement. Pierre-Gilles de Gennes, prix Nobel de physique en 1991 ne tarit pas d'éloges : *"Le moteur hybride est aujourd'hui la meilleure solution pour diminuer la pollution et la consommation d'énergies fossiles"*. Pour cet homme de science, *"le moteur hybride est un progrès considérable et probablement la solution aux problèmes engendrés par l'automobile pour les 20 prochaines années"*.

Un silence de fonctionnement digne d'une limousine

Grâce à l'utilisation régulière du moteur électrique, le fonctionnement du système hybride se caractérise par une douceur et un silence digne d'une limousine. La combinaison transparente et imperceptible de ses deux sources d'énergie permet à la Toyota Prius de concilier des consommations et des émissions en baisse, un agrément de conduite préservé et un confort royal. Cerise sur le gâteau, en tant que véhicule propre, elle fait profiter son acheteur particulier d'un crédit d'impôts de 1 525 €*. Avec la Prius, tout le monde est gagnant, l'environnement comme le conducteur !

N°Azur 0 810 010 088
PRIX APPEL LOCAL

TODAY **TOMORROW** **TOYOTA**
Aujourd'hui, demain

HYBRID SYNERGY DRIVE
ESSENCE / ELECTRICITE

UNE TONNE DE CO_2 EN MOINS PAR AN !**
CONSOMMATION MIXTE : 4.3 L/100KM***

*Pour les particuliers conformément au bulletin officiel des impôts Art.5. B-01-03 N°2 du 6 Janvier 2003
**Une tonne de CO_2 de moins qu'une berline familiale à moteur Diesel. Moyenne calculée sur 20 000 km/an.
***Consommations L/100 km (Normes CE) : cycle urbain, extra-urbain, mixte : 5,0/4,2/4,3. Emissions de CO_2 (en cycle mixte) : 104g/km

Forme et santé

thermalisme

Les régions Picardie et Nord-Pas-de-Calais ne prétendent pas rivaliser sur ce plan avec les régions alpine ou auvergnate à la longue tradition thermale ; cependant, la station de **St-Amand-les-Eaux** (59230 St-Amand-les-Eaux, ☎ 03 27 48 25 00) traite avec succès les affections des voies respiratoires et les troubles articulaires.
Union nationale des établissements thermaux – 1 r. Cels - 75014 Paris - ☎ 01 53 91 05 75 - www.france-thermale.org
Chaîne thermale du Soleil/Maison du thermalisme – 32 av. de l'Opéra - 75002 Paris - ☎ 01 44 71 37 00 ou 0 800 050 532 (appel gratuit) - www.sante-eau.com
Le Guide Michelin France signale les dates officielles d'ouverture et de clôture de la saison thermale.

thalassothérapie

À la différence du thermalisme, la thalassothérapie n'est pas considérée comme un soin médical (le séjour n'est d'ailleurs pas remboursé par la Sécurité sociale), même si le patient a la possibilité d'être suivi par un médecin. L'eau de mer n'en possède pas moins certaines propriétés : stages de remise en forme, de beauté ; de séjours pour futures ou jeunes mamans ; de forfaits spécial dos, anti-stress et anti-tabac.
Berck, dont l'air est le plus iodé du Nord, possède de nombreuses structures prévues pour le traitement des maladies osseuses et des séquelles des accidents de la route.
Le Touquet est équipé d'un centre de thalassothérapie qui propose une large gamme de cures (santé, remise en forme postnatale, diététique, programmes personnalisés, etc.). *Voir les carnets pratiques de ces deux stations dans la partie « Villes et sites ».*
Fédération Mer et Santé – 8 r. de l'Isly - 75008 Paris - ☎ 01 44 70 07 57 - www.thalassofederation.com
Sur la carte des lieux de séjour *(p. 22)* sont localisés les stations thermales et les centres de thalassothérapie de la région couverte par ce guide. Le Guide Rouge Michelin France signale les dates officielles d'ouverture et de clôture de la saison de thalassothérapie.

Souvenirs

C'est un vrai plaisir de rapporter des souvenirs de la région tant le choix est grand et... gourmand !
Promenez-vous dans les centres-ville pour dénicher des petites boutiques de produits du terroir, faites les marchés, et si vous ne trouvez toujours pas votre bonheur, testez les adresses qui vous sont proposées dans les « carnets pratiques » de la partie « Villes et sites ».

pour les gourmands

Bières « spéciales » ou de garde
Faites halte chez les brasseurs : voilà une excellente idée cadeau, aussi bien pour le voisin qui relève le courrier et arrose les plantes durant votre absence, que pour le beau-père qui garde votre compagnon à quatre pattes. Une variante : la **bouteille de genièvre**.

Charcuterie
Dans les charcuteries d'Arras et Cambrai, l'**andouillette** est reine. Les amateurs d'**andouille** la choisiront plutôt à Aire-sur-la-Lys, petite ville entre Flandres et Artois. Il est possible d'acheter ces spécialités dans un emballage sous vide.
Les produits fins à base de canard ne sont plus l'apanage du Sud-Ouest : ici, le **foie gras** se décline en aspic... et même en charlotte. Quant à la **langue de Lucullus**, langue de bœuf fumée, coupée en tranches et recouverte de foie gras, c'est la spécialité de Valenciennes.

Fromages
En Flandre, pensez au **mont-des-Cats**, connu pour sa douceur. La Thiérache est le terroir des pâtes de caractère, comme le fameux **maroilles** (avec lequel vous pouvez confectionner une flamiche), le **vieux lille** (surnommé le « puant ») ou la **boulette d'Avesnes**, une variante épicée, saupoudrée de paprika. Si vous les transportez, pensez à les enfermer dans une boîte hermétique si vous ne voulez pas qu'ils embaument votre coffre de voiture.

PRODUITS DE LA MER

La **soupe de poissons** est une spécialité du Touquet : elle est vendue en bocaux chez de nombreux mareyeurs, épiciers et traiteurs. Vous y trouverez aussi (en boîte de conserve ou sous vide) les fameux **rollmops** (harengs marinés au vinaigre et oignons) et les harengs saurs du Nord de la Côte d'Opale.

BONBONS, SUCRERIES

Qui ne connaît les **bêtises** de Cambrai ? Ce bonbon parfumé à la menthe, de forme rectangulaire, conserve sa rayure jaune : c'est l'occasion de raconter son histoire, qui remonte au 19e s. Une autre histoire court sur les **chiques** de Bavay *(voir à Cambrai et Bavay)*. La petite ville de Ham est fière de ses **croquants**, à l'effigie du général Foy. À Lille, on savoure le **ryssel**, un feuilleté au praliné, enrobé de chocolat, qui porte le nom flamand de la ville. À Douai, on hésite entre les **boulets du Ch'ti**, présentés dans un sachet en jute, ou la **gayantine**, ainsi baptisée en référence au géant de la ville. Quant au **soissoulet**, sa forme évoque le fameux haricot de Soissons, sec et blanc. Mais que les enfants se rassurent : il s'agit bien d'un bonbon. Enfin, dans la gamme des sucres (le Nord et la Picardie sont des pays de betterave, ne l'oublions pas), on trouve une grande variété de produits : **cassonade** blonde ou brune, **sucres candis**, véritables pierres précieuses que l'on peut sucer comme des bonbons.

GÂTEAUX

Dans la région d'Abbeville, on ne se lasse pas du **gâteau battu**, sorte de brioche. Dans le Nord, on se régale de **gaufres** fourrées à la cassonade ou à la vanille. Avec cette fameuse cassonade, on fait d'excellentes **tartes au sucre**. Enfin, sachez que les gens du Nord confectionnent quelquefois des **cramiques** (pains au lait sucrés) et des **coquilles** (brioche) pour leurs repas du soir...

Le gâteau battu.

pour la maison

DENTELLES

Calais et **Caudry-en-Cambrésis** forment toujours le premier pôle « dentellier » de France : la dentelle, de type mécanique, fournit notamment les ateliers de haute couture. À **Bailleul**, les dentellières travaillent toujours à la main, selon la technique de la dentelle au fuseau.

FAÏENCE ET PORCELAINE

Desvres est réputé depuis le 18e s. pour ses carreaux de faïence bleus et blancs et ses copies de décors anciens : Delft, Strasbourg, Nevers, Rouen, Moustiers... L'un des artisans de la ville est même spécialisé dans les poêles de faïence ! Du côté des porcelaines, pensez au « bleu » d'**Arras**, un plat de service orné d'un délicat motif à la ronce.

POTERIE

À **Sars-Poteries**, le bien nommé, deux ateliers perpétuent encore la tradition : l'un crée des poteries vernissées, de toutes couleurs ; l'autre est resté fidèle au grès salé, de teinte marron.

VANNERIE

En Thiérache, le bourg d'**Origny** reste fidèle à cette tradition : c'est le moment de rapporter le panier d'osier dont on ne saurait se passer pour faire son marché... ou que l'on utilise comme sac à main décontracté.

VERRERIE

On ne présente plus la verrerie d'**Arques** (Arc International), une maison presque bicentenaire, née en 1825. Réputée pour ses verres de cristal, elle est également spécialisée dans les verres à four et la vitrocéramique.

MAGASINS D'USINE

L'**agglomération lilloise** conserve sa double vocation, commerçante et textile : les magasins d'usine, nombreux, sont une mine pour dénicher à bon compte des tissus d'ameublement, des vêtements dégriffés et du linge de maison. Parmi d'autres trouvailles...

pour les enfants sages

MARIONNETTES PICARDES

Pour éveiller le talent d'un marionnettiste ou gâter un collectionneur, entrez dans une boutique spécialisée du quartier St-Leu, à **Amiens** : Lafleur et son épouse Sandrine y font bon ménage, parmi d'autres figures locales. La confection soignée et le choix des vêtements font de chaque personnage une pièce unique...

S. Sauvignier/MICHELIN

Kiosque

ouvrages généraux

Histoire du Nord : Flandre, Artois, Hainaut, Picardie, P. Pierrard, Hachette, 1981.
Le Guide du Boulonnais et de la Côte d'Opale, D. Arnaud, La Manufacture, 1994.
Nord-Pas-de-Calais, Picardie : guide du tourisme industriel et technique, coll. « EDF-la France contemporaine », Solar, 1999.
Le Nord de la France, M. Barker et P. Atterbury, Nordéal, 1993.
Le Piéton à Lille, S. Bellet et T. Marcq, Balland.
Le Nord, Flandres, Artois, Picardie, A. Davesnes, Solar, 1989.
La Picardie, verdeur dans l'âme, coll. « France », Autremont.
Le Nord roman : Flandre, Artois, Picardie, Laonnois, Zodiaque, diff. Desclée de Brouwer.
Châteaux de la Somme, P. Seydoux, Nouvelles Éditions latines, 1973, 1975.
Châteaux de Flandre et du Hainaut-Cambrésis ; Châteaux d'Artois et du Boulonnais, P. Seydoux, La Morande, 1993.
Dictionnaire du français régional du Nord-Pas-de-Calais, F. Carton et D. Poulet, Bonneton, 1991.
Légendes et croyances en Flandre, B. Coussée, CEM, 1997.
Vols au-dessus de la terre du Nord, S. Bellet et T. Marcq, Du Quesne.
Jeux d'hier et d'avant-hier dans le Nord-Pas-de-Calais, L. Delporte, Presses d'Angrienne.
La Côte d'Opale, P. Thomas et C. Crespel, L'Ermitage.

gastronomie

La Flandre gourmande, G. Arabian, Albin Michel, 1995.
Flandre, Picardie, Artois, S. Girard, Time-Life, 1997.
Dictionnaire de la cuisine du Nord-Pas-de-Calais, Bonneton, 1993.
Cuisine et paysages du Nord-Pas-de-Calais, T. Marcq et B. Wartelot, Du Quesne, 1994.
Meilleures recettes du Nord-Pas-de-Calais, M. Nouet, Ouest-France, 1995.
Gastronomie des Flandres et d'Artois ; Gastronomie picarde, coll. « Delta », SAEP 2000.
Fromages des pays du Nord, P. Olivier, Jean-Pierre Taillandier, 1998.

littérature

Ces dames aux chapeaux verts, G. Acremant, Miroirs, 1991.
Journal d'un curé de campagne, G. Bernanos, Plon, 1987.
Les Peupliers de la Prétantaine, M. Blancpain, Denoël, 1975.
Les Croix de bois (guerre 1914-1918), R. Dorgelès, Albin Michel, 1996.
Œuvre romanesque (nombreux titres dont *La Maison dans la dune*) de Maxence Van der Meersch, Albin Michel.
Germinal (bassin houiller), É. Zola, Livre de Poche, 2000.
Mineur de fond (fosses de Lens), A. Viseux, Plon, 1991.
Maria Vandamme ; Catherine Courage : la fille de Maria Vandamme, J. Duquesne, Grasset, 1988.
La Poussière des corons, M.-P. Armand, Presses de la Cité, 1985.
Archives du Nord (Flandre), M. Yourcenar, Gallimard, 1987.
Caporal supérieur, D. Boulanger, Gallimard, 1997.
André et Violine, A. Stil, Grasset, 1994.
La Kermesse ; Le Cœur en Flandre ; L'Oubliée de Salperwick, A. Sanerot-Degroote, Presses de la Cité.

bandes dessinées

Humour/adultes

La Femme du magicien ; La Pédagogie du trottoir ; La Dérisoire Effervescence des comprimés ; Les Dents du recoin... Boucq, Casterman. Cet auteur lillois restitue avec surréalisme toute l'âme de la métropole.
Les six tomes de la série *Jean-Claude Tergal*, Audie-Fluide glacial, du malicieux Tronchet (né à Béthune), feront hurler de rire les amateurs d'humour corrosif. J.-C. Tergal, l'anti-héros parfait, évolue notamment entre Berck-Plage et le pays minier. À lire aussi les deux tomes d'*Houpeland*, toujours de Tronchet, Dupuis Air Libre.
Tintouin à Saint-Quentin, scénario de J.-P. Barbara et dessins de Serge Dutfoy, éd. Ville de St-Quentin. L'action se déroule dans la ville que l'on peut ainsi apprécier sous un jour nouveau.

Histoire
1914-1918. C'était la guerre des tranchées, Tardi, Casterman, 1993. Évocation magistrale de la Grande Guerre par une très grande pointure de la BD.

Classique
La série des *Bécassine*, E.-J. P. Pinchon (1871-1953). Les bédéphiles les plus avertis savent-ils que le dessinateur de la célèbre petite paysanne bretonne est amiénois ?

Cinéma, télévision

La Picardie, les Flandres et l'Artois ont souvent été choisis comme cadre de tournage. Voici quelques-uns des principaux films et téléfilms qui ont mis ces régions en scène.

Sauve-moi (2000), de Christian Vincent : Roubaix.
Karnaval (1999), de Thomas Vincent : Dunkerque (pendant le carnaval).
Le Masque de Fer (1998), avec Leonardo Di Caprio : château de Pierrefonds (Oise).
La Vie de Jésus (1996), de Bruno Dumont : Bailleul (Nord).
La Reine Margot (1994), de Patrice Chéreau, avec Isabelle Adjani : Compiègne (Oise) et St-Quentin (Aisne).
Les Visiteurs I et II (1993 et 1998), de Jean-Marie Poiré, avec Christian Clavier et Jean Réno : château de Pierrefonds (Oise).
Germinal (1992), de Claude Berri, avec Gérard Depardieu, Renaud, Miou-Miou : Arenberg et Paillencourt (Nord).
Les Équilibristes (1991), de Papatakis : cirque d'Amiens.
Maria Vandamme et **Catherine Courage** (1989 et 1993), adaptation télévisée des romans de Jacques Duquesne : Fourmies (Nord).
Roselyne et les lions (1989), de Jean-Jacques Beineix, avec Isabelle Pasco : cirque d'Amiens.
Camille Claudel (1988), de Bruno Nuytten, avec Isabelle Adjani et Gérard Depardieu : Villeneuve-sur-Fère (Aisne).
La vie est un long fleuve tranquille (1987), d'Étienne Chatilliez : Fort-Mahon, entre autres.
La Communion solennelle (1977), de René Féret : chronique familiale ayant pour cadre le Nord.
Les Clowns (1970), de Federico Fellini : cirque d'Amiens.
Le Bossu (1959), d'Hunnebelle, avec Jean Marais : château de Pierrefonds (Oise).
Journal d'un curé de campagne (1951), de Robert Bresson, d'après le roman de Georges Bernanos : Ambricourt (Pas-de-Calais).
Le Miracle des loups (1924), de R. Bernard : château de Pierrefonds (Oise).

Escapade dans le Kent

organiser son escapade

Vous trouverez toute la documentation nécessaire à la préparation de votre escapade auprès des représentants de la **BTA (British Tourist Authority)** ainsi qu'aux offices de tourisme locaux.
Office du tourisme de la Grande-Bretagne – BP 154-08 - 75363 Paris Cedex 08 - ☎ 01 58 36 50 50 - fax 01 58 36 50 51 - www.visitbritain.com/fr - tlj sf w.-end 10h-17h (fermé au public).

formalités d'entrée

Papiers d'identité – Les ressortissants de l'Union européenne doivent être munis d'un passeport ou d'une carte d'identité en cours de validité.
Animaux domestiques – Pour vous rendre sur le territoire britannique avec votre animal de compagnie, prévoyez six mois avant les vaccins nécessaires chez le vétérinaire.
Documents pour la voiture – Outre les papiers du véhicule, il est recommandé de se munir d'une carte verte internationale. À l'arrière du véhicule, la lettre signalant le pays d'origine est obligatoire.
Douanes – En règle générale, la législation en vigueur dans l'Union européenne est appliquée sur le territoire du Royaume-Uni.
Santé – Sur place, le numéro téléphonique de secours est le **999**. En cas d'accident ou de maladie en cours de séjour, les ressortissants de

l'Union européenne bénéficient de la gratuité des soins dès lors qu'ils se sont munis de la **carte européenne d'assurance maladie**. Comptez un délai d'au moins deux semaines avant le départ (pour la fabrication et l'acheminement par la Poste), pour obtenir la carte auprès de votre caisse d'assurance maladie. Nominative et individuelle, elle remplace depuis le 1er juin 2004 le formulaire E 111 ; chaque membre d'une même famille doit en posséder une, y compris les enfants de moins de 16 ans.

comment s'y rendre

Sur l'eau

Hover Speed – ☏ 00 800 1 211 1 211 (gratuit 7j/7) ou 03 21 46 14 00 (réserv. France) - fax 00 800 0908 0908 - www.hoverspeed.com - liaisons quotidiennes en ferry rapide (véhicules et piétons) : Calais-Douvres (1h) mars-déc.

Seafrance Sealink – ☏ 0 825 826 000 - www.seafrance.com - liaisons quotidiennes Calais-Douvres en ferry (1h30) pour voitures et passagers.

P&O-Stena Line – ☏ 0 825 120 156 - réservation possible au 41 pl. d'Armes, BP 888, 62225 Calais Cedex - liaisons quotidiennes Calais-Douvres en ferry (1h30) pour voitures et passagers.

Norfolkline – Terminal roulier du port Ouest - 59279 Loon-Plage - ☏ 03 28 28 95 50 - liaisons quotidiennes Dunkerque-Douvres (2h) pour passagers avec voiture - 10 dép.j.

Sous la mer

Depuis l'ouverture du tunnel sous la Manche en 1994, la région est désormais en liaison directe avec la Grande-Bretagne par le Shuttle (navette embarquant automobiles et autocars avec leurs passagers au départ de Calais) et l'Eurostar (train à grande vitesse pour passagers au départ de Paris). Le terminal du tunnel se trouve à Coquelles (3 km de la côte).

Shuttle – ☏ 09 90 35 35 35. Relie Calais à Folkestone, 24h/24, 7j/7. Le trajet dure 35mn, dont 28 dans le tunnel.

Eurostar – Circule tous les jours et met la gare de Londres-Waterloo à 3h de Paris-gare du Nord.

vie quotidienne

Banques – Les banques sont ouvertes du lundi au vendredi de 9h30 à 15h30.

Heure – De fin octobre à fin mars, c'est l'heure de Greenwich GMT qui prévaut en Grande-Bretagne. De fin mars à fin octobre, c'est l'heure GMT + 1 heure.

Jours fériés – Nouvel An ; Vendredi saint (Good Friday) ; lundi de Pâques (Easter Monday) ; 1er lundi de mai (May Day) ; dernier lundi de mai (Spring Bank Holiday) ; dernier lundi d'août ; Noël et le 26 décembre (Boxing Day, fête de St-Étienne).

Magasins – Les magasins sont généralement ouverts du lundi au samedi de 9h à 17h30 ou 18h, le dimanche de 10h ou 11h jusqu'à 16h.

Bureaux de poste – Ils sont ouverts du lundi au vendredi de 9h30 à 17h30 et le samedi matin de 9h30 à 12h30.

Téléphone – Du Royaume-Uni vers la France : 00 33 + le numéro à 10 chiffres sans le zéro initial. De la France vers le Royaume Uni : 00 44 + indicatif de la localité sans le zéro initial + numéro du correspondant.

TBWA\PARIS

SNCF

TGV
Prenez le temps d'aller vite

Et maintenant, choisissez la meilleure façon de voyager...

Avec TGV, partez à la découverte des régions de France en toute sérénité, et réservez à des conditions avantageuses votre voiture de location AVIS en même temps que votre billet de train. * * * * * * * * * * * * * * * * *Organisez votre voyage sur tgv.com*

Calendrier festif

De nombreuses associations adhèrent à la Fédération française des fêtes et spectacles historiques. Un guide est disponible sur le site www.loriflamme.com

festivals

Fin janvier

Jazz Manège : festival international de jazz, ☎ 03 27 65 15 00. www.lemanege.com — **Maubeuge**

Mars

Festival « Le blues autour du zinc » : têtes d'affiche internationales (une semaine à la mi-mars), ☎ 03 44 45 43 76. www.zincblues.com. — **Beauvais**
Festival international du film animalier, ☎ 03 22 75 16 42. www.fifa.com.fr — **Albert**
Festival du film d'action et d'aventures, ☎ 03 27 29 55 40. www.festival-valenciennes.com — **Valenciennes**
Festival d'Amiens, musique de jazz et d'ailleurs (dernière semaine du mois), ☎ 03 22 97 79 79. www.amiensjazzfestival.com. — **Amiens**

Mars-septembre

Balades musicales et artistiques, ☎ 03 22 29 62 33. — **Abbaye et jardins de Valloires**

Avril

Festival de l'oiseau : projections, expos, balades-découvertes, conférences, expositions, ☎ 03 22 24 02 02. www.festival-oiseau.asso.fr — **Abbeville et baie de Somme**

Mai

Rencontres d'ensembles de violoncelles : concerts (une semaine début mai), ☎ 03 44 06 36 06. — **Beauvais**
Fête de la fraise : concours et animations. — **Samer**

Juin

Jazz sur l'herbe (dernier dimanche du mois), ☎ 03 22 28 20 20. — **St-Riquier**
Les Folies : festival de musique, animations et théâtre de rue, ☎ 03 27 65 15 00. www.lemanege.com. — **Maubeuge**

Juin-juillet

Festival de de la Côte d'Opale (fin juin-fin juillet), ☎ 03 21 30 40 33. — **Boulogne-sur-Mer**
Festival de l'abbaye : musique ancienne et baroque, ☎ 03 23 58 23 74. — **St-Michel en Thiérache**

Juin-septembre

Festival de carillons, ☎ 03 27 88 26 79. — **Douai**

Juillet

Festival de musique, ☎ 03 21 30 40 33. — **Côte d'Opale**
Festival de musique classique (1e quinzaine du mois), ☎ 03 22 28 82 82. — **St-Riquier**
Festival des folklores du monde (une semaine autour du 14), ☎ 03 28 26 61 09. — **Bray-Dunes**

Juillet-août

Festival de musique classique, ☎ 03 21 83 51 02. — **Hardelot-Plage**

Août

Festival international de musique (1re quinzaine du mois), www.letouquet.com. — **Le Touquet**

Trophée du Hareng d'Or : festival national de chants, danses, musiques et traditions populaires (week-end autour du 15 août), ☎ 03 21 09 56 94.	**Étaples**
Festival « Les malins plaisirs » : opéra, théâtre et musique dans le goût français, ☎ 03 21 92 12 26.	**Montreuil-sur-Mer**

Septembre-octobre

Festival de Laon, ☎ 03 23 20 87 50.	**Laon**
Festival des cathédrales : musique classique, ☎ 03 22 22 44 94. www.festivaldescathedrales.com	**Picardie**

Octobre

Nuit du jazz (1er samedi du mois), ☎ 03 20 44 18 19.	**Armentières**
Festival international du cinéma, ☎ 03 44 45 90 00.	**Beauvais**

Novembre

Festival international du film d'Amiens (2e semaine du mois), ☎ 03 22 71 35 70.	**Amiens**
Tourcoing Jazz Festival Planètes : jazz, blues et musiques du monde, ☎ 03 20 28 96 99.	**Tourcoing**

carnavals, sorties de géants

Février-mars

Carnaval (dimanche précédant Mardi gras et Mardi gras).	**Dunkerque**
Carnaval (semaine de Mardi gras).	**Équihen-Plage**
Carnaval avec sortie du géant Gargantua (week-end précédant Mardi gras et Mardi gras).	**Bailleul**
Carnaval (dimanche suivant Mardi gras).	**Malo-les-Bains**
Carnaval - fête de St-Pansard (1er week-end de mars)	**Trélon**
Carnaval (2e dimanche du mois de mars).	**Béthune**

Ambiance folle au carnaval « Charivari » de Dunkerque.

Lundi de Pâques

Carnaval d'été avec sortie des géants Reuze-Papa et Reuze-Maman ☎ 03 28 40 52 55. www.ot-cassel.fr.	**Cassel**
Carnaval. ☎ 03 27 23 59 10. www.ville-denain.fr	**Denain**

Mai

Fêtes du bouffon (week-end de Pentecôte).	**St-Quentin**
Fête de Jean Mabuse : défilés de chars et de géants (dimanche après l'Ascension), ☎ 03 27 64 75 27.	**Maubeuge**
Sortie du géant Gilles Dindin (dim. de Pentecôte).	**Watten**

Juin

Sortie des géants Gédéon, Arthurine et Florentine (dimanche le plus proche de la Saint-Jean).	**Bourbourg**

Juillet

Carnaval d'été : défilé des géants Roland, Tisje, Tasje, Toria et Babe Tisje (1er week-end du mois).	**Hazebrouck**

Sortie de la famille Gayant (géants) : grand cortège (dimanche suivant le 5 juillet), ☎ 03 27 88 26 79.	**Douai**
Les joutes et les géants d'Arras (14 juillet).	**Arras**

Août

Cortège avec les géants Martin et Martine (15 août). ☎ 03 27 78 36 15. www.cambrai.officedetourisme.com	**Cambrai**

Septembre

Les Folies de Binbin (1er week-end du mois).	**Valenciennes**

Octobre

Fête des louches avec sortie des géants Grande Gueuloutte et P'tite Chorchire (2e dimanche du mois).	**Comines**

Pour en savoir plus sur les carnavals et les géants : www.geants-carnaval.org

fêtes gastronomiques

Juillet

Marché aux fruits rouges (1er dim. du mois).	**Noyon**
Fête de la groseille (week-end après le 14).	**Loison-sur-Créquoise**
Fête de la moule (dernier week-end du mois).	**Wimereux**

Août

Fête de la flamiche (2e dimanche du mois).	**Maroilles**
Foire à l'ail (dernier dimanche du mois).	**Locon**

Septembre

Foire à l'ail (1er week-end du mois). ☎ 03 27 92 25 13. www.arleux.com	**Arleux**
Fête de l'andouille (1er dim.), ☎ 03 21 95 40 40.	**Aire-sur-la-Lys**
Fête des nieulles - petits biscuits (2e week-end du mois).	**Armentières**

Octobre

Fête du houblon (1er week-end du mois), ☎ 03 28 49 77 77.	**Steenvoorde**
Fête du cidre (3e dimanche du mois).	**Sains-du-Nord**

Novembre

Fête du hareng roi (week-end autour du 11 novembre).	**Étaples**

Décembre

Fête de la dinde (2e week-end du mois).	**Licques**

Foire à l'ail de Locon.

Découvrez la France

Avec
Jean-Patrick Boutet
«Au cœur des régions»

Frédérick Gersal
«Routes de France»

france info

nouveau france info, prenez de l'avance

fêtes traditionnelles

Avril

Week-end de la faïence et des métiers d'art (dim. et lun. de Pâques), ☏ 03 21 83 57 75. — **Desvres**
Journée eurorégionale des villes fortifiées (dernier dim. du mois), ☏ 03 28 82 05 43. — **Villes fortifiées du Nord-Pas-de-Calais**

Mai

Montgolfiades. ☏ 03 20 05 40 62 — **Lille**
Les Euromédiévales de Laon : banquet, animations, marchés médiévaux, ☏ 03 23 20 28 62. — **Laon**
Bénédiction de la mer (jeu. de l'Ascension). — **Calais**
Franche Foire : marché médiéval, tournoi européen de chevalerie, cortèges, etc. (fin du mois), ☏ 03 20 28 13 20. — **Tourcoing**

Juin

Pèlerinage (lun. de Pentecôte), ☏ 03 23 22 20 21. — **Liesse-Notre-Dame**
Fête des roses (3e dim. du mois), ☏ 03 44 82 33 63. www.gerberoy.fr. — **Gerberoy**
Marché sur l'eau (3e dim. du mois). — **Amiens**
Journée nationale des moulins (3e dim. du mois), ☏ 03 20 05 49 34. — **Différents moulins**
Feux de la Saint-Jean (23 juin), ☏ 03 21 31 80 21. — **Long**
Fête Jeanne Hachette : fête médiévale, reconstitution du siège de l'assaut de 1472 (dernier week-end). — **Beauvais**
Grande parade musicale : (1er week-end du mois), Animations en centre-ville, groupes folkloriques, et défilés de musique : (dernier dim. du mois), ☏ 03 21 46 63 21. — **Calais**

Juillet

Pardon des bateliers : spectacle de rue, bateaux pavoisés, orchestres, joutes, messe sur le bateau-chapelle..., ☏ 03 44 96 33 00. — **Longueil-Annel**
Fête de l'épouvantail : défilé et embrasement des épouvantails, marché du terroir, jeux traditionnels (tous les 2 ans, prévu en 2005), dernier sam. du mois, ☏ 03 28 43 81 00. www.montsdeflandre.fr — **Bailleul**
Fête de la faïence ☏ 03 21 83 57 75. — **Desvres**
Fête des métiers (dernier dim. du mois). — **Buire-le-Sec**
Fêtes Guillaume : commémoration du départ de Guillaume le Conquérant pour la conquête de l'Angleterre ; fête médiévale, marché (1er week-end du mois). — **St-Valery-sur-Somme**
Cortège nautique (dernier dim. du mois). — **St-Omer**
Rencontres internationales de la dentelle (3e week-end du mois, tous les 3 ans - prochain en 2007) ☏ 03 28 43 81 00. www.montsdeflandre.fr — **Bailleul**

Juillet-août

Spectacle son et lumière « Les Misérables » (fin juil.-déb. août), ☏ 03 21 06 04 27. — **Montreuil**

Août

Fête de Bimberlot (1er week-end du mois). — **Le Quesnoy**
Grande procession à N.-D. Panetière (3e dim. du mois). — **Aire-sur-la-Lys**
Fête de la mer et bénédiction (15 août). — **Berck-sur-Mer**
Bénédiction de la mer (15 août). — **Dunkerque**
Fête du Flobart : fête autour de la pêche (dernier dim. du mois), ☏ 08 20 20 76 00. — **Wissant**
Fête du Courgain maritime (mi août). — **Calais**
Pèlerinage à N.-D. de-Boulogne : grande procession (dernier week-end du mois). — **Boulogne-sur-Mer**

Septembre

Fêtes d'Arras : embrasement du beffroi (déb. du mois). www.ville-arras.fr — **Arras**
Pèlerinage à N.-D. de Brébières (1re quinzaine). — **Albert**
Grande Braderie (1er week-end du mois). — **Lille**

Fête des Berlouffes : une des plus grandes foires à la brocante de France (2ᵉ dim. du mois).	**Wattrelos**
Procession à N.-D. du Cordon (2ᵉ dim. du mois).	**Valenciennes**
Fête des charitables : procession à Naviaux (dim. Qui suit. la Saint-Matthieu). www.bethune-ot.com.	**Béthune**

Octobre

Cucurbitades : fêtes de la courge et de la sorcellerie (1ᵉʳ dim. du mois). www.ot-marchiennes.fr	**Marchiennes**
Fête de la Saint-Hubert : fête des chasseurs, rallye équestre (3ᵉ dim. du mois), ☎ 03 20 09 76 22.	**Mont des Cats**

Décembre

Fête de Saint-Nicolas (1ᵉʳ sam. du mois).	**Boulogne-sur-Mer**
Fête des guénels - betteraves sculptées (24 déc.).	**Boulogne-sur-Mer**

manifestations sportives

Février

Enduro des sables : course de motos.	**Le Touquet**

Mars

Meeting international d'athlétisme.	**Liévin**

Avril

Rencontres internationales de cerfs-volants.	**Berck**
Course cycliste Paris-Roubaix (2ᵉ dim. du mois).	**Roubaix**

Mai

Course cycliste. www.4joursdedunkerque.org.	**Dunkerque**
Championnats de Flandre de montgolfières (week-end de la fête des mères).	**Hazebrouck**

Juin

Raid *speedsail* international (Pentecôte).	**Hardelot-Plage**

Fin septembre

La Route du poisson : course-relais d'attelages de chevaux (années impaires, dernier week-end de sept.).	**Boulogne-sur-Mer**
Rallye des routes du Nord : course d'orientation, randonnée touristique de régularité avec des voitures de collection.	**Maubeuge**

Fin octobre

Les Six Heures de char à voile, ☎ 03 21 09 50 00.	**Berck**

De drôles d'oiseaux survolent Berck en avril, à l'occasion des Rencontres internationales de cerfs-volants.

Une vie paisible au bord des canaux du marais audomarois.

*Invitation
au voyage*

Rien que pour vos yeux

Paysage du Boulonnais au printemps.

C'est décidé, la Picardie, l'Artois et les Flandres, qui ont bien davantage à offrir qu'un immense champ de betteraves, constitueront le décor de vos vacances. La moisson d'images s'annonce copieuse et contrastée, avec infiniment de brumes, mais l'œil en redemande ! Car il n'y a rien de plus beau qu'un beffroi, un moulin ou un clocher gothique enveloppé dans le brouillard, sinon un port ou une falaise, un terril ou le chevalement d'un ancien puits de mine.

Le Crotoy.

Pâturage dans l'Avesnois.

Raconte-moi un paysage

La Picardie, dont les roses ont fait les beaux jours de la chanson française, continue à enchanter les amoureux et à titiller les papilles des gourmets. S'il est bien vrai que la douce Samara – le fleuve Somme – a façonné la région comme le Nil l'Égypte, les pyramides ont tout à envier aux cathédrales. À l'intérieur, les vitraux distillent une demi-clarté vibrante, qui ajoute à l'harmonie secrète. Dans les contrées de l'Oise et de l'Aisne, les arts roman et gothique se sont épanouis avec la même intensité.

D'abbayes en cathédrales, de châteaux forts en palais impérial, de forêts en jardins romantiques, de préssalés en vallées tranquilles, de postes de guet en cabanes de pêcheurs... le dépaysement est là.

L'émotion l'emporte parfois sur la sérénité. Le long du Chemin des Dames, comme dans les secteurs des batailles de la Somme et d'Artois, les cimetières militaires essaiment en plein champ. Picardie, Nord et Pas-de-Calais se partagent quelques-uns des plus terribles épisodes des deux conflits mondiaux.

Brel a tout dit du paysage flamand, et sa chanson, *Ce plat pays*, enveloppe digues et dunes, houblonnières et marais, brasseries et beffrois.

Entre la Flandre et l'Artois, dans le pittoresque marais de Saint-Omer, les maisons de craie voisinent avec la brique jaune ou la brique rouge. On dit cette région toute plate, et voici qu'entre ciel et moulins surgit la chaîne des monts de Flandre, tandis qu'au loin se profilent les terrils. Pour rien au monde, ce pays n'échangerait sa présumée platitude !

Flamands, Artésiens, Cambrésiens, Hainuyers... – bref, ceux que l'on appelle les « Ch'timis » – ne ratent aucune occasion de s'amuser. Kermesses endiablées, ripailles à faire craquer Bruegel l'Ancien, brocantes, ducasses et jeux traditionnels animent le plat pays en attendant l'éveil des géants et les grands cortèges carnavalesques qui se tiennent notamment à la période de Mardi gras.

Sens de l'accueil, bonne humeur communicative, explosions de rires et de joie font oublier que le travail reste, depuis des générations, l'un des piliers de l'homme du Nord. Le secret, c'est que la fête donne goût au labeur et apporte toute sa consistance au quotidien, comme le houblon donne l'amertume à la bière. La contagion du bonheur se propage donc toute l'année, surtout dans les estaminets, âme de la Flandre vivante.

Lorsque le vent du Nord s'en mêle – « écoutez-le chanter » – ou que s'annonce l'orage, quel bonheur d'y trouver refuge, en compagnie de quelques blondes, brunes, rousses ou ambrées, de piqués du javelot et autres inconditionnels de la grenouille.

Cette convivialité se gagne et se mérite, car les Ch'timis ont ceci de commun avec les Picards : ce sont des gens entiers, qu'il faut ménager ! N'attendez donc aucune fausse politesse, et n'hésitez pas à engager la conversation ni à remettre la tournée de l'amitié... vous êtes déjà des leurs, paré pour la grande aventure.

Pour vivre pleinement cette expérience, ne vous bornez pas aux seules splendeurs du baroque flamand. Il faut se perdre dans les watergangs (canaux), se mettre au vert en bocage avesnois ou boulonnais, rouler sa bosse sur le mont des Cats, et relever des garnisons sur les remparts des citadelles. Il faut voir les silhouettes des ultimes chevalements et se frotter à la généreuse modestie des corons ; caresser les falaises sous les ciels vaporeux de la Côte d'Opale, prendre le vent, ou franchir le « pas ».

Héron cendré.

Ère quaternaire		Terrains gagnés sur la mer
Ère tertiaire		Terrains sédimentaires (1re et 2e phase)
Ère secondaire		Argile et craie d'époque crétacée
		Calcaire et marne d'époque jurassique
Ère primaire		Roches schisteuses

La Picardie

Les plateaux

Amples et plats, ils se couvrent d'un limon épais qu'apprécient la betterave à sucre et les céréales, dont les champs s'étendent à perte de vue sans aucune barrière.

À l'Est, le **Santerre** (*sana terra* : bonne terre) et le Vermandois sont le domaine des grandes exploitations agricoles, souvent complétées d'une sucrerie ou d'une distillerie. Ravagés en 1914-1918, les villages du **Santerre** ont été rebâtis en brique dans les années 1920. Les fermes ont pris de l'ampleur et des airs de forteresses ; leurs murailles s'animent de frises et de pilastres. Le limon a été parfois balayé, appauvrissant le sol, comme dans le **Ponthieu**, à l'habitat ouvert, présentant de longs murs aveugles en torchis. Au Sud-Ouest, dans le **Vimeu**, la craie décomposée en argile à silex et le sol froid et humide donnent un paysage bocager.

L'**Amiénois**, pays de grandes cultures, s'organise en « **village-tas** ». Centrés sur

Vallée de la Somme.

LE CONSERVATOIRE DU LITTORAL
Créé en 1975, il a pour but de sauvegarder l'espace littoral et de maintenir l'équilibre écologique. Aujourd'hui, 339 sites sont protégés, dont les dunes de Garennes-de-Lornel dans le Pas-de-Calais, premier espace à bénéficier de son intervention.
La région en compte 4 dans le Nord, 14 dans le Pas-de-Calais et 9 dans la Somme.

Affleurement de craie en pays de Bray.

l'église, ils sont bordés d'arbres jalonnant un « chemin de ronde ». Les fermes se lotissent derrière leurs « **courtils** » (jardin potager).

La « **carterie** », portail et abri sous toit, donne sur la cour fermée qui précède la maison d'habitation. Dans le portail, une porte pour piétons est ajourée en sa partie supérieure de motifs dans la charpente (arbres de vie, croix de Saint-André, soleils) dont la fonction était magique et protectrice. La cour est bordée de bâtiments (pigeonnier, écuries, étables) en torchis jaune beige. Au-dessus d'un soubassement en dur laissé apparent, le « **seulin** », le torchis recouvre les murs.

À l'Est et au Sud, le **Laonnois**, le **Soissonnais** et le **Noyonnais** font la transition avec l'Île-de-France et le Valois, parés d'épaisses forêts. Près de Beauvais, le plateau est incisé par la « boutonnière » du **pays de Bray**. Bocage y rime avec élevage, et l'habitat prend des airs normands.

Les vallées

La Picardie occidentale est coupée de rivières – Somme, Authie et Canche – au débit si lent qu'elles ont peine à se frayer un chemin, préférant se disperser en étangs poissonneux et marais giboyeux. Anciennes tourbières, rideaux de peupliers et prairies d'élevage alternent dans les fonds. Les villes sont nées le long de ces vallées. Aux environs d'Abbeville, Amiens, Péronne et Montdidier s'étendent les **hortillonnages**, jardins maraîchers délimités par des canaux.

Le littoral

La côte du Sud du Vimeu est spectaculaire, surtout près d'**Ault**, le « Balcon sur la mer ». Ici, le plateau picard s'achève dans la Manche en une falaise vive de craie blanche striée de silex, annonciatrice des escarpements normands.

Au Nord de la baie de Somme, la plaine du **Marquenterre** a été conquise sur la mer : les débris arrachés à la côte normande et poussés vers le Nord par les courants ont formé un cordon littoral. Seules la Somme, l'Authie et la Canche s'y fraient un passage. Cette situation explique l'absence de ports importants, alors que les stations balnéaires sont nombreuses près des dunes.

Entre les dunes et le littoral primitif, dont une falaise morte, très visible, indique le tracé, la plaine littorale drainée et asséchée juxtapose cultures de blé, champs d'avoine et élevage de moutons (prés-salés) sur les grèves appelées « **mollières** ».

Marquenterre et Ponthieu ont un habitat ouvert. Plus on se rapproche de la côte, plus il se disperse. Les fermes sont isolées par une haie percée d'un portillon en bois ; la maison se fait longue et ample. Les murs de torchis sont badigeonnés de chaux, et le rognon de silex noir s'emploie pour ses qualités d'étanchéité, en soubassements ou pour constituer, en damier avec de la brique ou de la craie, de splendides murs-pignons, voire des églises entières.

Les falaises d'Ault.

Les ports de St-Valery, Le Crotoy et Étaples n'abritent plus que des bateaux de pêche et de plaisance.

Le Nord-Pas-de-Calais

L'Artois
Il prolonge les plateaux picards et dessine un renflement Nord-Ouest-Sud-Est terminé par un escarpement d'une centaine de mètres. Très arrosées, les collines de l'Artois restent dépouillées au Sud-Est, dans le Ternois, alors qu'elles sont verdoyantes au Nord-Ouest. La brique tend à remplacer le torchis.

Le Boulonnais
Le haut Boulonnais forme un plateau crayeux dont l'altitude dépasse parfois 200 m. Dans les collines, d'imposantes fermes, ex-demeures seigneuriales, ont des allures de manoirs, avec tourelles et éléments de défense.

Le bocage du bas Boulonnais présente un habitat dispersé de fermes blanchies à la chaux. Les argiles sont à l'origine de belles prairies, où se pratique l'élevage du cheval « **boulonnais** », puissant animal de trait. Les massifs de Desvres et de Boulogne s'étendent sur ces zones argileuses, alors que la forêt d'Hardelot prend racine dans des terres sablonneuses.

Au Nord, sur le rebord du plateau calcaire, court la spectaculaire corniche de la Côte d'Opale, où alternent falaises, vallons, dunes, prés et champs, dans une luminosité subtile et changeante. La « terre des Deux-Caps » dévoile des vues grandioses sur la Manche et les côtes anglaises.

Les Flandres
Reine de la région, la brique est couleur sable dans la Flandre maritime ; là où elle n'est pas peinte, elle prend des nuances allant du rose au violacé ou au brun en Flandre intérieure.

La Flandre maritime – Le **Blootland** (Pays nu), humide, fouetté par le vent, a été gagné sur la mer à partir du Moyen Âge. Des ingénieurs, souvent hollandais, ont asséché la zone à grand renfort de digues, canaux et pompes, créant les moeres. De grosses fermes isolées parsèment la campagne ; aux beffrois, clochers et moulins répondent les grues et cheminées des ports de Dunkerque et Calais.

Pour se défendre des vents d'Ouest chargés de pluie, les maisons sont basses et allongées : on les appelle les « **pannes flamandes** ». Les murs blanchis à la chaux, égayés par les couleurs vives des portes et volets, reposent sur un soubassement goudronné.

La Flandre intérieure – Le **Houtland** (Pays au bois) – par contraste avec le Pays nu – s'entrecoupe de rangées de peupliers, saules ou ormes. Sur ce fond mouillé et verdoyant se détachent les « **censes** », grandes fermes aux murs blancs et aux toits de tuiles rouges. Elles s'ordonnent autour d'une cour que dessert une porte charretière

Site des Deux-Caps.

Ferme à Cense.

Paysage minier de la plaine d'Avion.

souvent surmontée d'un pigeonnier. La **chaîne des monts de Flandre** forme un chapelet de buttes qui se prolonge en Belgique. Entre la Lys et l'Escaut, l'agglomération de **Lille-Roubaix-Tourcoing** était un empire du textile ; de hautes cheminées d'usines en témoignent encore. La reine du Nord se pare ici de tonalités délicieuses. Ces villes connaissent un renouveau urbanistique, dont Lille est le meilleur exemple.

Le Hainaut et le Cambrésis
Ces deux régions se recouvrent d'un limon épais où règnent la betterave et le blé. Entre les deux plateaux se déploient de larges vallées, auxquelles les prairies fourragères et d'élevage donnent un aspect bocager. Les forêts de Raismes-Saint-Amand-Wallers et Mormal s'étendent sur les sols d'argile à silex. Les maisons du Hainaut sont massives, en brique, avec toits d'ardoises, soubassements et parements en pierre bleue.

Le **bassin minier** traverse l'Artois puis le Nord du Cambrésis et le Hainaut pour continuer vers la Belgique et la Ruhr. C'est le « pays noir », jalonné de terrils, de corons de brique et de chevalements d'anciens puits de mine.

La Thiérache et l'Avesnois
Ces deux pays accidentés et bien arrosés annoncent les Ardennes. La **Thiérache** associe forêts, prairies et bocages. Les constructions en torchis s'allient à la brique sous les toits d'ardoises. De nombreux pigeonniers subsistent. Les villages, proches les uns des autres, se resserrent autour de leur **église fortifiée**. L'**Avesnois** s'apparente à la Thiérache, avec un relief plus marqué.

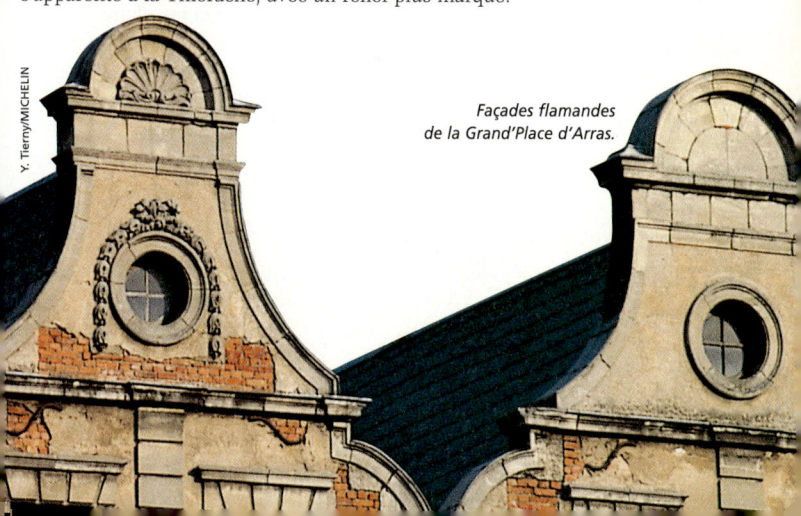

Façades flamandes de la Grand'Place d'Arras.

Savoir-faire d'hier et d'aujourd'hui

Flandres, Artois et Picardie illustrent les grandes étapes de l'histoire industrielle et technique, depuis l'ère des moulins à eau et à vent jusqu'à celle de l'électricité thermonucléaire, en passant par le temps des filatures, des houillères et de l'acier. Depuis l'époque où les terres se gagnaient sur la mer jusqu'à l'âge des autoroutes de l'information et des tunnels sous les mers. « Que peu de temps suffit pour changer toute chose », s'émerveillait Victor Hugo ; Jules Verne, l'Amiénois d'adoption, ne s'en serait sans doute pas étonné.

Les moulins

Naissance d'un système technique
Au Moyen Âge, l'expansion du moulin à eau, d'origine romaine, et du moulin à vent, d'origine orientale, procure une force motrice nouvelle, annonçant la mécanisation. Avec l'adoption du moulin à eau, qui fournit le travail de quinze hommes, on capte pour la première fois l'énergie mécanique en un point fixe. Roues dentées et engrenages transmettent l'énergie aux meules. Bientôt, le mouvement circulaire se transforme en mouvement alternatif, grâce aux arbres à cames adaptés au dispositif, et voilà les maillets, marteaux à foulons, soufflets de four... qui s'animent. De nouvelles industries peuvent fleurir : verrerie, papeterie et métallurgie.

Moulins à eau
Ils sont présents dans toute la région. La forme et la dimension de la roue, élément essentiel du moulin, varient selon le débit de l'eau et le relief du terrain. La diversité est grande, avec des édifices aux superbes barrages (ventelleries en pierre de

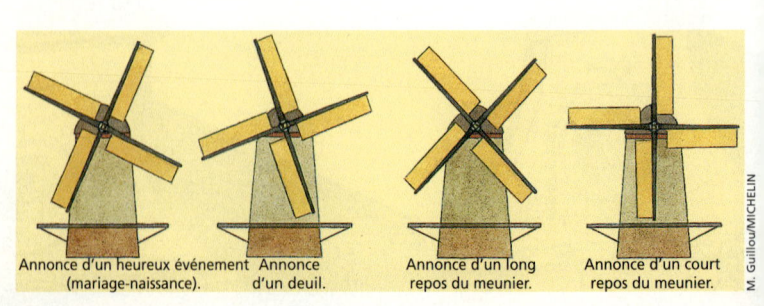

Annonce d'un heureux événement (mariage-naissance). | Annonce d'un deuil. | Annonce d'un long repos du meunier. | Annonce d'un court repos du meunier.

*Deux figures de Villeneuve-d'Ascq :
le moulin à farine et son voisin le moulin des Olieux.*

taille en Avesnois ou en bois dans le Ternois et l'Audomarois). Près du littoral et sur les grands cours d'eau, la roue des moulins est placée en dessous ou de côté. Dans les régions plus accidentées, comme l'Avesnois, la roue est au-dessus. De nombreux moulins fonctionnent aussi avec des turbines. La plupart sont propriétés privées, mais quelques-uns sont ouverts au public.

Moulins à vent

Flamands et Picards ont exploité le célèbre vent du Nord pour faire tourner les grandes ailes des moulins qui jalonnent la région depuis le 12e s. 700 ans plus tard, on comptait 830 moulins à farine et 400 moulins à huile dans le Nord, 630 moulins à farine et 200 à 250 moulins à huile dans le Pas-de-Calais et 800 moulins à farine dans la Somme. Il n'en subsiste plus que quelques dizaines, protégés et restaurés par l'Association régionale des amis des moulins du Nord-Pas-de-Calais. Chaque année voit renaître des moulins, tant ils sont chers au cœur des habitants du Nord.

Si l'eau coule toujours dans la même direction, Éole souffle de tous les côtés ; le moulin à vent en tient compte : les modèles sur pivot sont les plus répandus. Le corps entier de l'édifice repose et tourne autour d'un axe vertical, le pivot. À l'extérieur, du côté opposé aux ailes, une longue poutre, dite « queue », manœuvrée à la main ou au treuil, permet de faire pivoter le moulin pour le positionner face au vent dominant. Il en reste une quinzaine dans le département du Nord ; celui de Steenvoorde est flambant neuf. C'est le moulin type du Nord ; malgré sa plus grande fragilité, c'est celui qui subsiste en plus grand nombre. Lille en comptait une centaine.

Dans les moulins-tours, c'est la toiture, d'où émergent les ailes, qui pivote. Plus massifs, ils sont en brique, en pierre ou en bois et présentent des formes variées : cylindrique, tronconique, octogonale... Même les toitures sont diverses, en forme de bateau renversé, à la Mansart, en cône à deux pentes, contrairement au reste de la France où toutes les toitures sont coniques. Celui de Terdeghem, près de Steenvoorde, fonctionne encore, pour le plaisir, avec un vrai meunier.

Jargon moulinologique

Anche : conduit par lequel la farine s'écoule de la meule dans un sac.
Arbre-moteur : grand axe qui porte les ailes ou la roue et qui transmet le mouvement.
Bluterie : appareil qui sert à tamiser.
Éveillure : partie creuse d'une meule à farine.
Latte : barreau ou échelon de l'aile.
Lattis : ensemble des lattes de l'aile.
Maître-sommier : grosse poutre qui tourne sur le pivot et qui porte la cage.
Mannée : grain porté au moulin pour le moudre.
Queue : longue poutre destinée à orienter la cage ou la calotte du moulin à vent.
Trémie : bac pyramidal renversé d'où le grain s'écoule dans la meule.

Moulin à eau à Maintenay (Pas-de-Calais)

Le bassin minier

La découverte (1720) puis l'extraction massive du charbon (19e s.) ont conduit à l'implantation d'une industrie lourde, minière et métallurgique, entre Auchel et Condé-sur-Escaut, et dans le bassin de la Sambre.

Les puits, que recouvrent des « chevalements » ou des tours d'extraction, desservent les galeries du fond, horizontales (bowettes ou petites boves), qui traversent les veines de houille. À partir de ces veines, on creusait des « voies » qui « imitaient » les panneaux de houille à extraire. Le soutènement marchant, composé de vérins hydrauliques, se déplaçait en même temps que le front de taille où s'engageait le rabot ou la haveuse, énorme machine au bras muni de pics. Évacuée vers les puits par bandes transporteuses ou en berlines, la houille remontait au jour dans les « cages ».

En surface, on traitait la houille brute dans des lavoirs : les déchets étaient évacués sur les **terrils**, et les produits nobles calibrés pour expédition. Certaines « fines » partaient vers les usines d'agglomération d'où sortaient les « boulets ». La houille grasse, traitée dans les cokeries, assurait la production de coke sidérurgique ou de fonderie. Le déficit des houillères apparaît en 1959 ; une récession progressive s'engage alors, achevée en 1990 avec la fermeture du dernier puits d'extraction, le 10 d'Oignies. Le bassin minier a compté 329 terrils (plats ou coniques, rouges ou noirs).

Le renouveau du Nord-Pas-de-Calais

Par sa situation frontalière, la modestie de son relief et ses richesses agricoles, le Nord-Pas-de-Calais est, depuis le Moyen Âge, une région d'échanges, à forte densité de population. Très tôt enrichies par le textile et le commerce, les villes ont affirmé leur autonomie, symbolisée par les beffrois.

L'agriculture occupe encore près des trois quarts du territoire. Sur la façade maritime, Boulogne est le premier port de pêche français. Le « pas » de Calais, point le plus étroit entre le continent européen et la Grande-Bretagne, se trouve sur la voie maritime la plus fréquentée du monde.

Orientations du renouveau économique

L'industrie métallurgique a connu de nombreux bouleversements. Son principal critère de localisation était la proximité des matières premières. Depuis les années 1960, la mondialisation de l'économie et la baisse des coûts de transport, en permettant l'importation de matières premières plus riches en teneur, ont déplacé la métallurgie vers les ports.

Chevalement du centre minier de Lewarde.

Centre minier de Lewarde.

Agroalimentaire – C'est le premier secteur industriel de la région. Les productions régionales sont à l'origine des minoteries, biscuiteries, féculeries, brasseries, raffineries de chicorée... La betterave engendre une industrie active : râperies, sucreries, raffineries, distilleries. Les conserveries produisent

Coulée de fonte.

un tiers du total national pour les légumes et plats cuisinés, et la moitié pour les poissons (Boulogne).

Textile – Cette tradition remonte au Moyen Âge. Dans un contexte de crise, le Nord-Pas de-Calais reste la seule région d'Europe offrant une telle diversité, des matières premières jusqu'aux tissus artificiels et à la confection. Elle fournit l'essentiel de la production française de lin (vallée de la Lys) et de peignage, ainsi qu'une part importante du fil et du tissage (laine et coton). Elle produit aussi les célèbres dentelles de Calais et de Caudry.

L'activité la plus originale est la **vente par correspondance**. Parmi les dix plus importantes entreprises françaises, cinq se trouvent dans la région, La Redoute et les Trois Suisses occupant les deux premières places.

Autres activités – La **chimie organique**, l'industrie du verre et du **cristal** (Arques) et celle du **papier** et du **carton** connaissent un essor remarquable. Le **matériel ferroviaire** français, dont le VAL (métro automatique exporté dans le monde entier), est construit près de Valenciennes et Douai. L'**industrie automobile** est installée à Douai, Maubeuge, Douvrin, Houdain et, depuis peu, à Onnaing.

La Picardie

La Picardie est une région de tradition industrielle, même si les paysages témoignent d'une activité agricole intense et moderne.

Héritage du Moyen Âge, l'**industrie textile** subsiste à Amiens, St-Quentin, dans le Santerre, la vallée de la Nièvre et la moyenne vallée de la Somme.

La **métallurgie**, principale activité industrielle, se répartit dans les grandes villes et les campagnes (robinetterie-serrurerie du Vimeu, brosserie dans la vallée du Thérain).

L'industrie picarde se caractérise par sa diversité : verre de St-Gobain, équipement automobile, chimie, cosmétiques, parachimie, plastique-caoutchouc. Elle se classe première pour la conserverie de légumes, les légumes surgelés, le sucre et ses dérivés, et deuxième pour les plats cuisinés, la parachimie, le verre.

Usine textile.

Fêtes et traditions

« J'artourne al'ducasse. Te viens acan mi ? » Certes, le picard se fait discret. Mais on le surprend encore... jusque dans les villes, contrairement à bien d'autres patois. Tenace, comme le goût de la fête dans le Nord ! Le mot « ducasse » vient de « dédicace », jour de liesse traditionnellement voué à un saint. Et « kermesse » signifie « foire de l'église ». Mais aux processions, se sont ajoutés les stands de forains, les concours, et souvent, une braderie. Ici, le folklore se porte mieux que jamais, et il est rarement de pacotille...

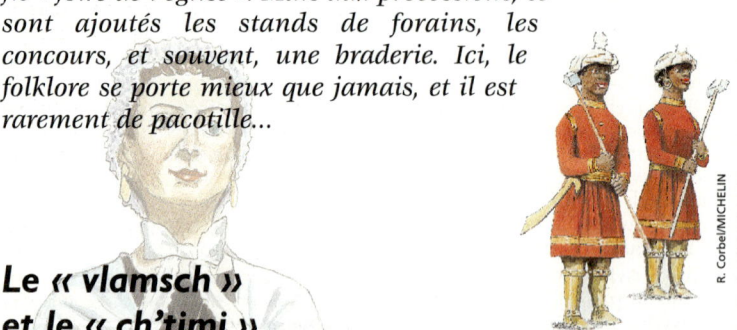

Le « vlamsch » et le « ch'timi »

Si le goth a donné le flamand, du latin est notamment née la langue d'oïl... mère du **picard**, entre autres. Au Nord d'une ligne – fort théorique – allant de Saint-Omer à Bailleul, on entend parfois les échappées du flamand. Quant au picard, il joue à saute-frontière : son bassin forme une courbe au Nord de Beauvais et Laon jusqu'au Hainaut, en Belgique. Ici, on appelle un chat un « cat » ! Pour autant, ce dialecte ne provient pas d'une simple déformation du français : une bonne moitié du vocabulaire picard, très riche, s'en distingue. Au-delà, tout est affaire d'accent : à l'oreille, le ch'timi de la région d'Armentières se distingue du rouchi de Valenciennes ou du patois de « Beteune »...

Les carnavals

Occasion de se déguiser et de suivre des défilés de chars, les carnavals se déroulent traditionnellement au moment de Mardi gras, comme à Dunkerque où la fête dure trois jours. Mais certains carnavals ont lieu à d'autres périodes de l'année... Ils possèdent un

Martin et Martine, Cambrai.

PETIT LEXIQUE
Achteure : maintenant
Afutiau : objet
Barète : chapeau en cuir du mineur
Briket : casse-croûte
Busier : réfléchir
Caïère : chaise
Cauches : chaussettes
Chiclet : bonbon
Chlaguer : aller vite
Dringuèle : pourboire
Éclète : gousse d'ail
Fuche ! : bah !
Funquer : fumer
Gaillète : morceau de charbon
Harnaker : mal habiller, accoutrer
Imberdouiller : salir
Macaron : tache
Mademoiselle : libellule
Niouque : zut !
Ouvrache : travail
Trifouïer : chercher
Vinguète ! : bon sang !
Wassingue : serpillière

Carnaval de Dunkerque.

Gayant et sa femme, Douai.

Les géants

On les nomme **gayants** en picard ou **reuzes** en flamand. Ils forment une famille prolifique – environ 200 personnages – et incarnent l'âme de toutes les fêtes. Ils se manifestent au son des fifres et des tambours, entourés de diables, gardes du corps, roue de la fortune... et de leur progéniture, souvent nombreuse. Un hymne leur est attaché, comme les reuzelieds à Dunkerque et à Cassel.

Les premiers géants sont apparus au 13ᵉ s. au Portugal, et au 16ᵉ s. dans le Nord. Longtemps suspectés par l'Église, ils sont revenus en force au début du 20ᵉ s.

Des légendes leur sont attachées, venues du fond des temps. Certains sont des **guerriers**, comme les Reuzes à Dunkerque et Cassel, d'origine scandinave, ou les **fondateurs** d'une cité, comme Lydéric et Phinaert à Lille. On rencontre des **personnages historiques** comme Guillaume le Conquérant à St-Valery-sur-Somme ; Roland d'Hazebrouck, croisé de Baudouin de Flandre ; Herbert (comte du Vermandois au 11ᵉ s.) et Éléonore (dernière comtesse du Vermandois – fin 12ᵉ s.) à St-Quentin ; la cabaretière Jeanne Maillotte, qui repoussa les « Hurlus » à Lille ; l'Électeur de Bergues, qui vota pour le député Lamartine. Certains géants forment des **couples célèbres**, dont Martin et Martine, les jaquemarts de Cambrai ; Colas et Jacqueline, maraîchers d'Arras ; Arlequin et Colombine, à Bruay-la-Buissière. Les **héros de légendes** abondent, tels Gargantua à Bailleul ; Gambrinus, célèbre roi de la bière, à Armentières ; Yan den Houtkapper, bûcheron qui tailla des bottes pour Charlemagne, à Steenvoorde ; Gayant de Douai, qui aurait délivré sa ville des brigands. On ne compte plus les **personnages populaires** comme Gédéon, le carillonneur de Bourbourg qui sauva les cloches du beffroi ; le colporteur Tisje Tasje d'Hazebrouck, symbole de l'esprit flamand avec sa femme Toria et sa fille Babe Tisje ; Ko Pierre, le tambour-major, à Aniche. Les **corps de métiers** sont bien représentés avec le maraîcher Baptistin à St-Omer, le mineur Cafougnette à Denain et le pêcheur Batisse à Boulogne-sur-Mer. Sans oublier un « petit géant » : l'espiègle Binbin, un **enfant** de Valenciennes.

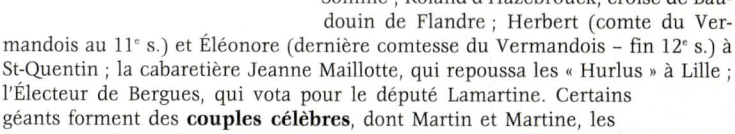

Jean le Bûcheron, Steenvoorde.

Carillons de Douai.

Les carillons

Enclos dans les clochers des églises ou au sommet des beffrois, les carillons rythment la vie de nombreuses villes. Ils possèdent à leur répertoire différentes mélodies selon qu'ils annoncent l'heure, le quart, la demie ou les trois quarts.
Le mot « carillon » viendrait de quadrillon, jeu de quatre petites cloches. Les premières horloges mécaniques du Moyen Âge s'équipèrent de cet instrument. Un bateleur frappait les cloches à l'aide d'un maillet ou d'un marteau. Au cours des siècles, l'ajout d'un mécanisme, d'un clavier manuel et d'un pédalier a permis d'augmenter le nombre des cloches – on en compte 62 à Douai – et d'enrichir les sonorités.
Des concerts de carillons sont régulièrement organisés dans certaines villes : c'est le cas à Douai, Seclin, St-Amand-les-Eaux, Maubeuge, St-Quentin ou encore Avesnes-sur-Helpe.

Les marionnettes

La Picardie et le Nord perpétuent la tradition des marionnettes de type mixte, c'est-à-dire maniées à l'aide d'une **tringle** et de **fils**. L'Amiénois **Lafleur**, célèbre cabotan picard, se reconnaît à sa livrée de velours rouge et à son franc-parler. Ce valet, qui personnifie le bon sens populaire, s'est répandu jusque dans le Borinage et le Hainaut, en Belgique. Sa devise est : « Bien boire, bien manger et ne rien faire » ; son épouse s'appelle **Sandrine**, et son ami **Tchiot Blaise**. Lille possède aussi sa marionnette : **Jacques**.

Jeux traditionnels

D'extérieur

Tir à l'arc – Au Moyen Âge, les archers faisaient l'orgueil des comtes de Flandre, qu'ils accompagnaient dans toutes leurs expéditions. Dès la fondation des communes, ils se regroupèrent en confréries ou ghildes, toujours actives. Ils se manifestent encore dans les cérémonies publiques, vêtus de costumes colorés, brandissant l'étendard de leur confrérie.
Aujourd'hui, le tir à l'arc se pratique de plusieurs façons, dont la plus typique est le tir à la verticale ou tir à la perche, qui consiste à abattre des oiseaux factices fixés sur des grilles, elles-mêmes attachées à une longue perche. Au sommet se trouve la cible la plus difficile à atteindre, le « **papegai** ». Le vainqueur est proclamé « roi de la perche ». En hiver, ce sport se pratique à l'intérieur : on tire à l'horizontale sur une grille légèrement oblique.
Le **tir à l'arbalète** est une autre tradition médiévale qui conserve ses adeptes, regroupés en confréries.

Baguage.

Boîtes à pigeons.

Le billon – C'est une bille de bois, lourde et allongée. Il faut placer sa partie effilée le plus près possible d'un poteau situé à 9 m, ou la faire passer à travers un râteau (3 trous) ou un arceau (1 trou).

D'estaminet

Le bouchon – Les équipes s'affrontent, abattant avec leurs palets de métal des bouchons de liège et de bois, sur lesquels on pose parfois des pièces de monnaie.

Le javelot – Petite flèche empennée de 30 à 60 cm, le javelot se lance sur un faisceau de paille très serrée qui sert de cible (même principe que pour le jeu de fléchettes).

La bourle – Très populaire dans la région de Lille-Roubaix-Tourcoing, ce jeu est composé d'une épaisse roue de bois, qu'on manie un peu comme à la pétanque, sur une « bourloire ». **« Trou-madame »** est une version miniature de la bourle. Les palets sont beaucoup plus légers et doivent être projetés dans l'un des neuf petits casiers d'un plateau de jeu.

Il faut, sinon du souffle, du moins une bonne poire pour jouer au **billard Nicolas** : autour d'un plateau rond, le jeu consiste à propulser la bille dans le camp adverse en comprimant des poires en caoutchouc pour faire du vent. La **grenouille** gobe les jetons des plus adroits.

Billard Nicolas.

Avec des animaux

Combats de coqs – Dans le « gallodrome » autour duquel s'amassent les parieurs, les coqs orgueilleux et vindicatifs, aux ergots munis de lames d'acier tranchant, bataillent jusqu'à ce que mort s'ensuive... sous l'œil inquiet de leurs éleveurs, les « coqueleux ». Ces combats d'un autre âge se perpétuent surtout dans la région de Jeumont, près d'Avesnes-sur-Helpe.

Chiens ratiers – Le jeu est tout aussi cruel : trois rats sont introduits dans une cage, le chien entre à la suite. On chronomètre alors le temps que ce dernier met pour tuer ses adversaires.

Colombophilie – Les concours de vitesse et de précision pour les pigeons voyageurs connaissent un grand succès et font l'objet de nombreux paris. Les « coulonneux », organisés en sociétés villageoises, dressent leurs pigeons à revenir au nid le plus vite possible. Convoyés dans des paniers spéciaux jusqu'à une distance pouvant atteindre 500 km, les pigeons doivent rejoindre leur colombier à une vitesse record.

Concours de pinsons – Autres volatiles entrant dans le folklore du Nord, les pinsons sont l'objet de concours de trilles. Certains en poussent jusqu'à 800 à l'heure.

À table !

L'homme du Nord sait apprécier les mérites d'une table généreuse, d'autant que les cuisines flamande et picarde offrent une grande variété de plats consistants et savoureux. Quelle n'est pas sa fierté lorsqu'il peut les faire découvrir aux gens venus d'ailleurs ! Les touristes ne s'y trompent pas ! Ils en redemandent, et ont bien raison : ils savent qu'ils auront droit à un second service. Souvent, ils repartent au pays avec quelques bonnes recettes.

Hochepot.

Cuisine flamande

Potages
Le long de la côte règnent sans partage la **soupe de poissons du Touquet**, la **caudière étaploise** et la **courquinoise calaisienne** (au crabe). Les légumes de l'Audomarois, venus du marais labellisé « territoire remarquable du goût », vous surprendront, notamment la **crème de chou-fleur aux moules**.

Entrées
Classique flamand, le **potje vleesch** est une terrine (veau, porc, lapin et poulet). La **flamiche au maroilles**, tarte onctueuse et parfumée, est une variante de la flamiche picarde (aux poireaux). Sur la côte, on se régale de maquereaux à la boulonnaise, de harengs saurs (gendarmes, kippers ou bouffis) ou frais, de **rollmops** et de **craquelots** dunkerquois, petits harengs fumés. L'**andouille** est la spécialité d'Aire-sur-la-Lys.

Plats
Arrosés de bière, ils s'accompagnent de pommes de terre, de chou rouge, d'une faluche (galette ronde de pain) ou d'endives braisées – les fameux **chicons**. Les grandes spécialités sont le **lapin aux pruneaux**, le coq à la bière et la **carbonade flamande**, bœuf braisé avec une sauce à la bière aromatisée d'oignons et d'épices. Le **hochepot** est une potée de bœuf, veau, agneau, porc, lard et légumes ; le **waterzooi**, un bouillon crémeux à base de poissons cuits ou de poule, avec des légumes.

La **langue Lucullus**, au foie gras, se déguste à Valenciennes. Les amateurs de volailles s'arrêteront à **Licques**. Pour l'andouillette, il faut faire halte à **Arras** et **Cambrai**.

Fromages
À l'exception du **mont-des-cats**, peu corsé et toujours fabriqué par les trappistes, les fromages du Nord sont forts. La plupart viennent de Thiérache et d'Avesnois, riches en

Moules frites.

Fromages et spécialités du Nord.

herbages. Le fleuron, c'est le **maroilles** (pâte molle, croûte lavée à la bière, corsé), créé au 10ᵉ s. par les moines de l'abbaye du même nom. On l'accompagnera volontiers de cidre. Les autres vedettes de la région en sont dérivés : **vieux-lille** (ou maroilles gris), **dauphin** (maroilles agrémenté d'épices et d'herbes), **cœur d'Avesnes** et **boulette d'Avesnes** (maroilles aux épices enrobé de paprika). D'autres fromages sont réputés, comme ceux de **Belval**, de **Bergues** et de **Béthune**, ainsi que le **vieux-boulogne** et la **mimolette du Nord**.

Desserts
De succulentes tartes sont servies au dessert, dont les **tartes au sucre**, sans oublier les voluptueuses tartes **à gros bord** ou **au Papin** dans le Boulonnais.
Un café léger, additionné de chicorée, que les gens du Nord consomment à toute heure, accompagne les sucreries. Le repas peut s'achever par un verre de genièvre ou une bistouille (café additionné d'alcool).

Cuisine picarde

Potages
Ils sont à l'honneur avec le velouté au potiron, la soupe aux carottes (potage Crécy) et la **soupe des hortillonnages**, composée de légumes (chou, poireau, laitue, oseille, pois, cerfeuil et pommes de terre), aux saveurs incomparables.

Endives.

Entrées
La Somme est riche en pâtés et terrines : **pâté de canard en croûte** à Amiens, de **bécassine** à Abbeville, d'**anguille** à Péronne. En guise de garniture, on découvre parfois un légume insolite : la **salicorne**, sorte de cornichon marin issu d'une plante du littoral. La **ficelle picarde**, création moderne, est une crêpe au jambon gratinée au four, avec une sauce Béchamel aux champignons.

Plats
Canards, **bécassines** et **vanneaux**, **lapins**, **anguilles** et **brochets** de la Somme composent de nombreux plats de résistance. L'**agneau de pré-salé** est une vedette du littoral. Aux **fruits de mer** – crevettes dites sauterelles, coques... – s'associent **soles**, turbots, harengs frais et cabillauds.

Desserts
Dans le Ponthieu et le Vimeu règne le savoureux **gâteau battu**. En été, dans les régions de Noyon et Laon, les **fruits rouges** envahissent la carte des desserts. Les **macarons** picards, à base de pâte d'amandes, de blancs d'œuf et d'une touche de miel, accompagnent le café.

PRODUCTIONS AGRICOLES
SPÉCIALITÉS GASTRONOMIQUES

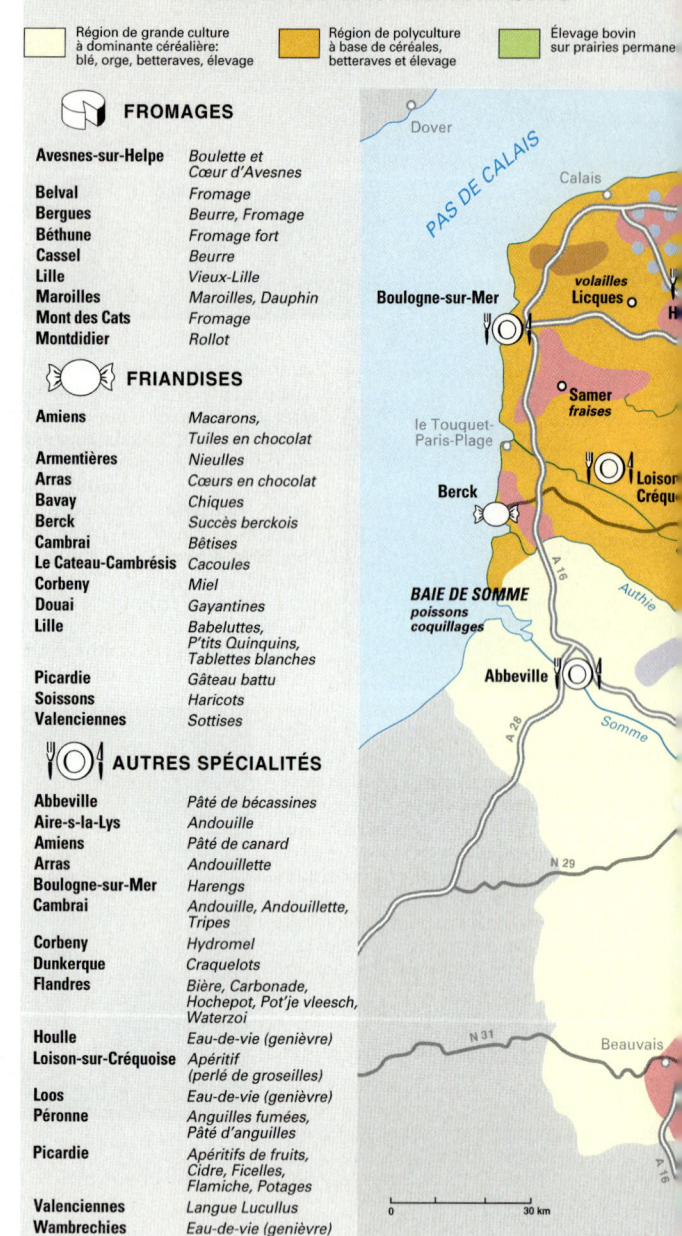

- ☐ Région de grande culture à dominante céréalière : blé, orge, betteraves, élevage
- ☐ Région de polyculture à base de céréales, betteraves et élevage
- ☐ Élevage bovin sur prairies permanentes

🧀 FROMAGES

Avesnes-sur-Helpe	Boulette et Cœur d'Avesnes
Belval	Fromage
Bergues	Beurre, Fromage
Béthune	Fromage fort
Cassel	Beurre
Lille	Vieux-Lille
Maroilles	Maroilles, Dauphin
Mont des Cats	Fromage
Montdidier	Rollot

🍬 FRIANDISES

Amiens	Macarons, Tuiles en chocolat
Armentières	Nieulles
Arras	Cœurs en chocolat
Bavay	Chiques
Berck	Succès berckois
Cambrai	Bêtises
Le Cateau-Cambrésis	Cacoules
Corbeny	Miel
Douai	Gayantines
Lille	Babeluttes, P'tits Quinquins, Tablettes blanches
Picardie	Gâteau battu
Soissons	Haricots
Valenciennes	Sottises

🍴 AUTRES SPÉCIALITÉS

Abbeville	Pâté de bécassines
Aire-s-la-Lys	Andouille
Amiens	Pâté de canard
Arras	Andouillette
Boulogne-sur-Mer	Harengs
Cambrai	Andouille, Andouillette, Tripes
Corbeny	Hydromel
Dunkerque	Craquelots
Flandres	Bière, Carbonade, Hochepot, Pot'je vleesch, Waterzoi
Houlle	Eau-de-vie (genièvre)
Loison-sur-Créquoise	Apéritif (perlé de groseilles)
Loos	Eau-de-vie (genièvre)
Péronne	Anguilles fumées, Pâté d'anguilles
Picardie	Apéritifs de fruits, Cidre, Ficelles, Flamiche, Potages
Valenciennes	Langue Lucullus
Wambrechies	Eau-de-vie (genièvre)

La bière

Le Nord de la France vit sous le sceptre joyeux du géant armentiérois Gambrinus, roi de la bière, et sous l'auréole débonnaire de saint Arnoul, patron des brasseurs. Une part importante des bières françaises vient du Nord-Pas-de-Calais, riche en eau, orge et houblon. Cultivé en Flandre, ce dernier est réputé pour son arôme. Les brasseries les plus actives se concentrent dans les régions de Lille-Roubaix, St-Omer, les vallées de la Scarpe et de l'Escaut.

Les différentes variétés de bières sont très nuancées : bière du Nord traditionnelle blonde (type « pils ») avec une légère amertume, bière de garde, bière brune régionale à la saveur relativement douce et fruitée, parfois caramélisée, bières ambrée, rousse, blanche, aux fruits... Quel choix !

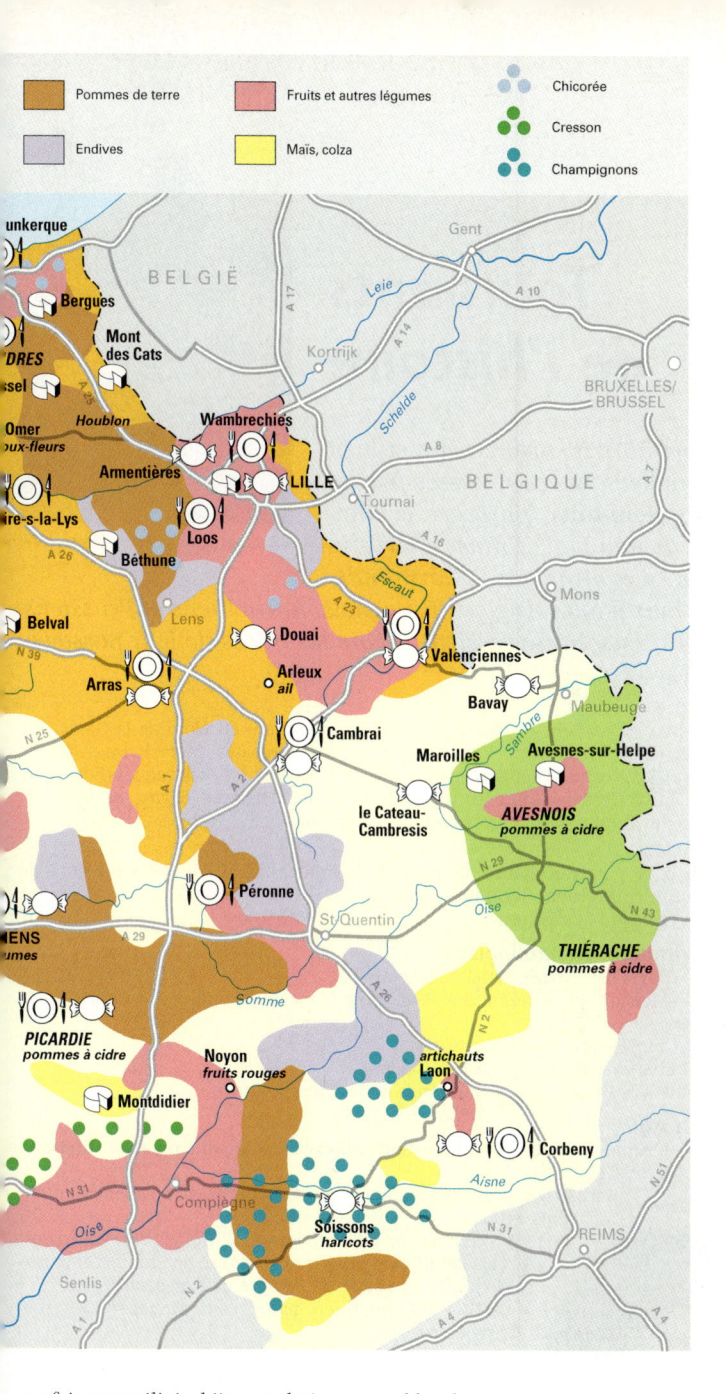

Le genièvre

Il est produit à partir de céréales transformées en farine qui, après cuisson, fermente grâce à l'action de la levure. Ce « vin de céréales » est ensuite distillé en alambics, dans lesquels on ajoute des baies de genévrier. Le genièvre présente alors ses arômes caractéristiques.
La fabrication de cette eau-de-vie se perpétue dans le Nord-Pas-de-Calais, notamment à Houlle, Wambrechies et Loos où, l'on produit également le chuchemourette, apéritif composé de crème de cassis et de genièvre.

Bouteille de genièvre.

Tournants de l'histoire

Bon nombre d'envahisseurs et bien des civilisateurs sont passés par là. Celtes, Romains, Barbares et Vandales de tout poil ; Francs, Mérovingiens, Carolingiens, Normands, puis, tour à tour, Anglais, Espagnols, Autrichiens et Prussiens. Chemin faisant, se révèlent encore les traces de leur passage.

« Bataille de Bouvines » d'Horace Vernet

Celtes et Romains

Avant J.-C.
- **Vers 300** – Des Celto-Germains, les Belges, s'emparent du Nord de la Gaule. Les diverses tribus sont : les Nerviens (Bavay), les Atrébates (Arras), les Ambiens (Amiens), les Morins (Thérouanne), les Ménapes (Cassel), les Bellovaques (Beauvais).
- **57** – Jules César soumet les tribus de la Gaule Belgique. Bavay, Boulogne et Amiens deviennent des centres romains importants.

Après J.-C.
- **1er au 3e s.** – **Paix romaine.** Le Nord de la France fait partie de la province de Belgique Seconde, dont la capitale est Reims.
- **406** – Invasion des Francs.

Mérovingiens et Carolingiens
- **486** – Clovis bat l'armée romaine à Soissons.
- **561** – Division du royaume des Francs. Le Nord de la France est rattaché à la Neustrie.
- **768** – Charlemagne, roi des Francs.
- **800** – Charlemagne, empereur d'Occident.
- **9e et 10e s.** – Invasions des Normands et des Hongrois.

Moyen Âge
- **1185** – L'Amiénois et le Vermandois sont annexés au domaine royal lors du traité d'Amiens.

Duc de Guise.

- **1223** – L'Artois est incorporé au domaine royal à l'avènement de Louis VIII.
- **13e s.** – Édification des cathédrales d'Amiens et de Beauvais.
- **1214** – **Bataille de Bouvines :** victoire de Philippe Auguste sur Otton IV, le comte de Flandre et Jean sans Terre.
- **1272** – Le Ponthieu passe sous l'autorité des rois d'Angleterre.
- **1314** – Philippe le Bel annexe la Flandre.
- **1337** – Début de la **guerre de Cent Ans**.
- **1346** – **Bataille de Crécy**. Édouard III d'Angleterre en sort victorieux.
- **1347** – Calais capitule devant les Anglais.
- **1369** – Mariage de Philippe le Hardi avec Marguerite de Flandre, qui apportera la Flandre aux Bourguignons à la mort de son père en 1384.
- **1415** – **Bataille d'Azincourt**, remportée par Henri V d'Angleterre.
- **1435** – Traité d'Arras : Picardie et Boulonnais sont cédés au duché de Bourgogne.
- **1468** – L'entrevue de Péronne réunit Charles le Téméraire et Louis XI.
- **1472** – Beauvais est assiégé par Charles le Téméraire (épisode de Jeanne Hachette).
- **1477** – Mort de Charles le Téméraire. Louis XI envahit la Picardie, l'Artois, le Boulonnais et le Hainaut. Marie de Bourgogne, fille du Téméraire, épouse Maximilien d'Autriche. La Flandre passe à la maison de Habsbourg.

Des Bourbons à la Révolution
- **16ᵉ s.** – Le Nord échappe de plus en plus à l'influence française. La Flandre fait partie de l'empire de Charles Quint.
- **1520** – **Camp du Drap d'Or à Guines :** François Iᵉʳ rencontre Henri VIII d'Angleterre.
- **1529** – **Paix des Dames** à Cambrai : François Iᵉʳ laisse l'Artois et la Flandre à Charles Quint.
- **1539** – Par l'ordonnance de Villers-Cotterêts, le français devient langue officielle.
- **1557** – Prise de St-Quentin par les Espagnols.
- **1558** – Le duc François de Guise reprend Calais aux Anglais.
- **1559** – Au **traité du Cateau-Cambrésis**, la France conserve Calais.
- **1562** – Début des **guerres de Religion**. Des foyers protestants se développent à Amiens, Douai, Valenciennes et Béthune.
- **1598** – **Édit de Nantes**.
- **1659** – Le traité des Pyrénées, entre l'Espagne et la France, fait passer l'Artois à cette dernière et décide du mariage de Louis XIV avec Marie-Thérèse.
- **1667-1668** – Par son mariage avec Marie-Thérèse d'Espagne, et suivant un droit de dévolution reconnu au Brabant, Louis XIV aurait dû hériter d'une partie des Pays-Bas. L'Espagne s'opposant à cette loi, Turenne entre en Flandre et conquiert 12 places. **Traité d'Aix-la-Chapelle**.
- **1677** – Prise de Cambrai par Louis XIV.
- **1678** – Au **traité de Nimègue**, Louis XIV annexe le Cambrésis et un certain nombre de villes du Nord.

De la Révolution à nos jours
- **1793** – Victoires d'Hondschoote et de Wattignies.
- **1803** – Bonaparte rassemble son armée au camp de Boulogne pour une tentative d'invasion de l'Angleterre.
- **1840** – Louis Napoléon (futur Napoléon III) essaie de soulever Boulogne pour renverser Louis-Philippe. C'est un échec, il est enfermé au fort de Ham.
- **1870-1871** – Guerre franco-allemande : batailles de Bapaume et de St-Quentin.
- **1909** – 1ʳᵉ traversée aérienne de la Manche par **Louis Blériot**.

Guerre de 1914-1918
- **1915** – Échec de l'offensive française en Artois.
- **1916** – Offensive sur la Somme de Joffre et Haig.
- **1917** – Échec du Chemin des Dames. Attaque anglaise dans les Flandres.
- **1918** – **21 mars :** offensive allemande en Picardie, qui menace Amiens.
  26 mars : Foch reçoit le commandement unique. Progression allemande enrayée.
  Juillet-novembre : Foch remporte la seconde bataille de la Marne.
  11 novembre : armistice signé à Rethondes en forêt de Compiègne.

Guerre de 1939-1945
- **1940** – « Drôle de guerre », offensive des Ardennes, batailles de Dunkerque et de la Somme. 22 juin : armistice franco-allemand signé à Rethondes.
- **Mai 1945** – La « poche de Dunkerque » est reprise par les Alliés.

Louis Blériot.

Ch. Moutarde/Musée de l'Armée, Paris

L'après-guerre et l'époque contemporaine
- **1968** – Création du 1er parc naturel régional en France, connu aujourd'hui sous le nom de Parc naturel régional Scarpe-Escaut.
- **1980** – Mise en service de la centrale nucléaire de Gravelines.
- **21 décembre 1990** – Fermeture du dernier puits d'extraction minier.
- **6 mai 1994** – Inauguration du **tunnel sous la Manche**.

Orages d'acier

Picardie et Nord-Pas-de-Calais ont été profondément touchés par les deux conflits mondiaux. Tout commence le 1er août 1914, un mois après l'attentat de **Sarajevo**. Autriche, Serbie et Russie sont mobilisent ; l'Allemagne et la France leur emboîtent le pas. À Berlin comme à Paris, le moral est au beau fixe : la guerre sera courte, on défile dans l'allégresse.
Les Allemands, entrés en Belgique et au Luxembourg, remportent la bataille des frontières sur l'axe Metz-Mons et poussent vers Paris, traversant le Nord-Pas-de-Calais. Le front se fige en un arc de cercle, de Dunkerque à la Meuse, qui mord l'Artois, la Picardie et la Marne. Joffre lance sa contre-offensive, et Helmuth Moltke bat en retraite : c'est la **victoire de la Marne**. Mais l'adversaire, replié sur les rives de l'Aisne, revient à la charge. Les mois passent, et l'enthousiasme d'hier fléchit : à la guerre de mouvement succède la guerre d'usure.
Les Alliés perdent une belle occasion de victoire en 1915 : **Foch** déclenche l'offensive d'Artois, et le 33e corps, que conduit **Pétain**, perce les lignes allemandes près de Souchez, puis prend la crête stratégique de Vimy. Averti par Pétain, Foch refuse d'y croire et n'envoie aucune troupe exploiter la brèche allemande, bientôt reconquise.
Pendant qu'on s'enlise à **Verdun**, l'offensive de la Somme est lancée, de juillet à octobre 1916. 35 nations y sont impliquées, 1 000 000 d'hommes y meurent. Dans le Nord-Pas-de-Calais, les villes d'Arras, Lens, Cambrai, Bailleul, Armentières sont détruites.
1917 voit la prise de Vimy par les Anglo-Canadiens, tandis que Nivelle, remplaçant Joffre, essuie une sévère défaite au **Chemin des Dames** : 150 000 Alliés tombent en quinze jours. Mi-avril, deux attaques sont lancées sur le front de l'Aisne, alors que les mutineries et cas de sédition se multiplient. Pétain, qui succède à Nivelle, met fin aux assauts inconsidérés. En juillet et septembre, les Canadiens livrent deux batailles à Vimy. Fin octobre, la Xe armée française remporte la victoire de la Malmaison (Chemin des Dames). L'opération minutieuse avait été décidée par Pétain pour rendre confiance à l'armée, démoralisée par l'échec subi en avril dans ce secteur.
Le 21 mars 1918, l'adversaire attaque entre Arras et La Fère, à la charnière des forces franco-britanniques, et d'emblée perce à St-Quentin, vers Amiens ; la bataille de Picardie fait rage. Pétain, soucieux de couvrir Paris, s'oppose à son homologue britannique Haig, qui protège sa ligne de communication vers les ports du Nord-Pas-de-Calais. Ce type de divergences pousse les Alliés à confier le commandement unique à Foch, le 26 mars, lors de la conférence de Doullens.
Fin mai, la progression allemande est fulgurante. La France essuie une nouvelle défaite au Chemin des Dames et cède Château-Thierry, mais l'avancée est stoppée au terme de la seconde bataille de la Marne.
La contre-attaque française en Champagne, le 18 juillet, puis l'offensive généralisée des forces alliées, dont celle du 8 août, sur Montdidier, contraignent l'Allemagne à demander l'armistice, signé le **11 novembre** à **Rethondes**, en forêt de Compiègne.
Plus de 65 millions de soldats se sont affrontés au cours de la Première Guerre Mondiale.

« Poste de secours, Champagne 1916 » de Louis Gillot.

L. Gillot/Musée de l'Armée, Paris

8,5 millions d'entre eux ont péri lors des combats. Quant aux civils, on estime à 10 millions le nombre de morts directement ou indirectement liées au conflit. Au cœur des offensives, les habitants du Nord de la France figurent parmi les plus touchés.

Mécaniques infernales

Après neuf mois de passivité – la **« drôle de guerre »** –, **Hitler** déclenche l'offensive des Ardennes, le 10 mai 1940. Les chars panzers, emmenés par Guderian, percent les

« La Guerre » de Marcel Gromaire.

défenses françaises à Sedan et traversent la Meuse, poursuivant leur route vers la Manche. Ils atteignent l'Oise le 16 mai. L'infanterie allemande déploie alors son bouclier le long de l'Aisne.
Hitler se rend bientôt maître de l'ensemble du Nord-Pas-de-Calais et de la haute Picardie. Abbeville se rend le 20 mai ; le lendemain, la contre-offensive britannique dans le secteur d'Arras se solde par un échec. Boulogne tombe le 22 mai, Calais le lendemain, puis Gravelines. La campagne de France se poursuit par la bataille de Dunkerque, du 25 mai au 4 juin 1940, où 338 000 Alliés sont évacués par la mer.
De Gaulle retarde l'avancée allemande près de Montcornet, mais les fronts de la Somme et de l'Aisne cèdent le 6 juin, et les panzers gagnent encore du terrain. Le 25 juin, ils ont atteint une ligne ondulant d'Angoulême à Grenoble. **Pétain** demande l'armistice à l'Allemagne, signé le 22 juin 1940, le lendemain de l'entrevue de Rethondes – parodie cynique de celle du 11 novembre 1918.
« La France a perdu une bataille, mais la France n'a pas perdu la guerre » : tel est le message que De Gaulle adresse le 18 juin 1940 aux Français depuis Londres. Son objectif est de rendre confiance aux troupes françaises, dont le moral est au plus bas.
La **Résistance** s'organise bientôt, alors que l'Organisation Todt poursuit son travail, notamment le long de la Côte d'Opale, en consolidant le **« Mur de l'Atlantique »**, ligne défensive jalonnée de blockhaus, de radars et d'importantes pièces d'artillerie.
En 1944, l'armée allemande est menacée sur tous les fronts. Hitler décide alors d'abattre ses dernières cartes : les bombes volantes V1 et les fusées supersoniques V2. Quelque 18 000 V1 et 3 000 V2 seront largués sur l'Angleterre et la Belgique, notamment depuis les bases de lancement du Nord-Pas-de-Calais.
L'attaque aérienne anglaise du 18 janvier 1944 sur la prison d'Amiens permet l'évasion de résistants condamnés à mort, et 60 agents de la Gestapo sont démasqués. Le 2 avril, les SS assassinent 86 civils à Ascq.
La libération de la région, par les Anglais et les Canadiens, débute à l'automne 1944 : Amiens (1er septembre), Lille (3 septembre), Maubeuge (4 septembre), Boulogne (21 septembre) et Calais (2 octobre).
En février 1945, la conférence de Yalta jette les bases d'une nouvelle organisation mondiale, dispositions précisées en juillet par la conférence de Potsdam : occupation du territoire allemand par les Alliés, jugement des criminels de guerre...
Hitler se suicide le 30 avril 1945, alors que sa capitale est une ville ouverte. Début mai, la « poche de Dunkerque » est reprise par les Alliés. Doenitz, qui succède au Führer à la tête de l'armée allemande, capitule à Reims le 7 mai, puis à Berlin le lendemain.
Ce second conflit mondial a mobilisé plus de 90 millions de soldats. L'estimation des pertes est très variable et va du simple au double (30 à 60 millions, civils et militaires confondus).

ABC d'architecture

Architecture religieuse

LILLERS
Plan de la collégiale St-Omer (12e s.)

La seule grande église romane subsistant dans le Nord possède un plan en croix latine à transept saillant et chœur allongé.

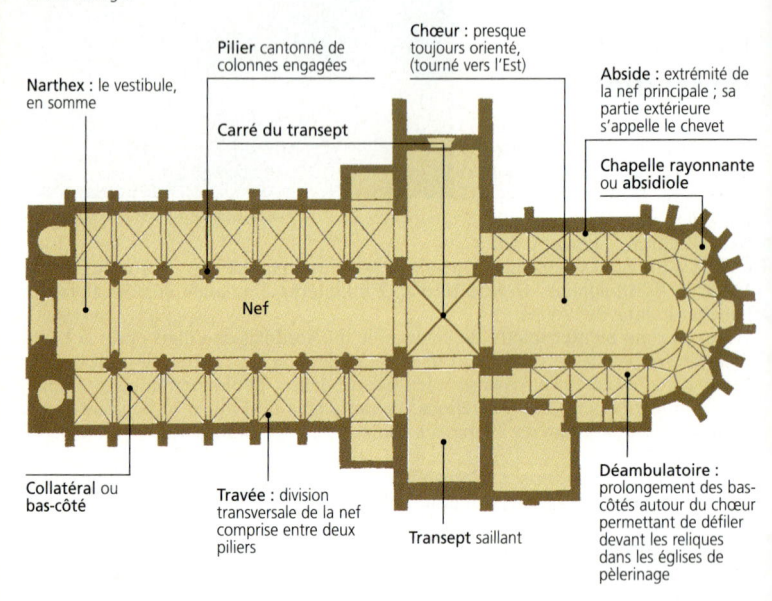

- **Narthex** : le vestibule, en somme
- **Pilier** cantonné de colonnes engagées
- **Carré du transept**
- **Chœur** : presque toujours orienté, (tourné vers l'Est)
- **Abside** : extrémité de la nef principale ; sa partie extérieure s'appelle le chevet
- **Chapelle rayonnante** ou **absidiole**
- **Collatéral** ou **bas-côté**
- **Travée** : division transversale de la nef comprise entre deux piliers
- **Transept** saillant
- **Déambulatoire** : prolongement des bas-côtés autour du chœur permettant de défiler devant les reliques dans les églises de pèlerinage

ST-OMER
Coupe transversale de la cathédrale (13e-15e s.)

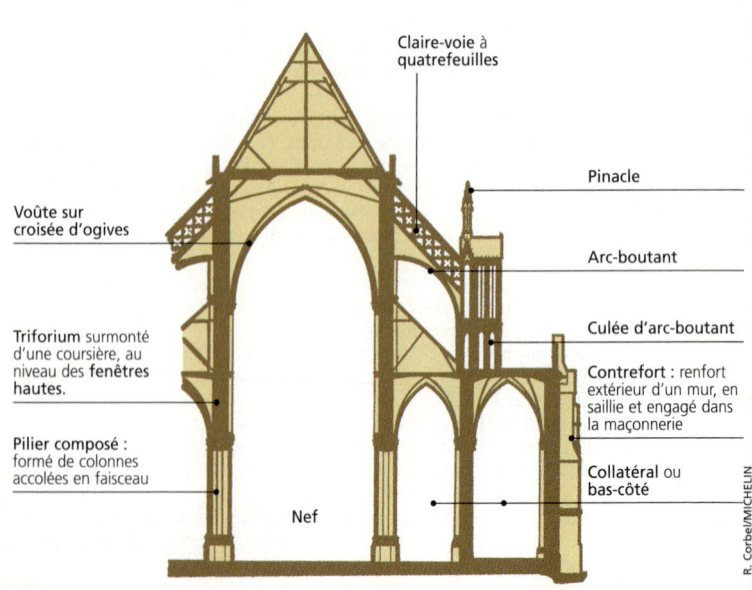

- **Claire-voie** à quatrefeuilles
- **Voûte sur croisée d'ogives**
- **Pinacle**
- **Arc-boutant**
- **Triforium** surmonté d'une coursière, au niveau des **fenêtres hautes**.
- **Culée d'arc-boutant**
- **Contrefort** : renfort extérieur d'un mur, en saillie et engagé dans la maçonnerie
- **Pilier composé** : formé de colonnes accolées en faisceau
- **Collatéral** ou **bas-côté**
- **Nef**

R. Corbel/MICHELIN

AMIENS
Façade de la cathédrale (13ᵉ s.)

La vaste cathédrale demeure l'édifice où l'architecture du gothique rayonnant est parvenue à son plein épanouissement.

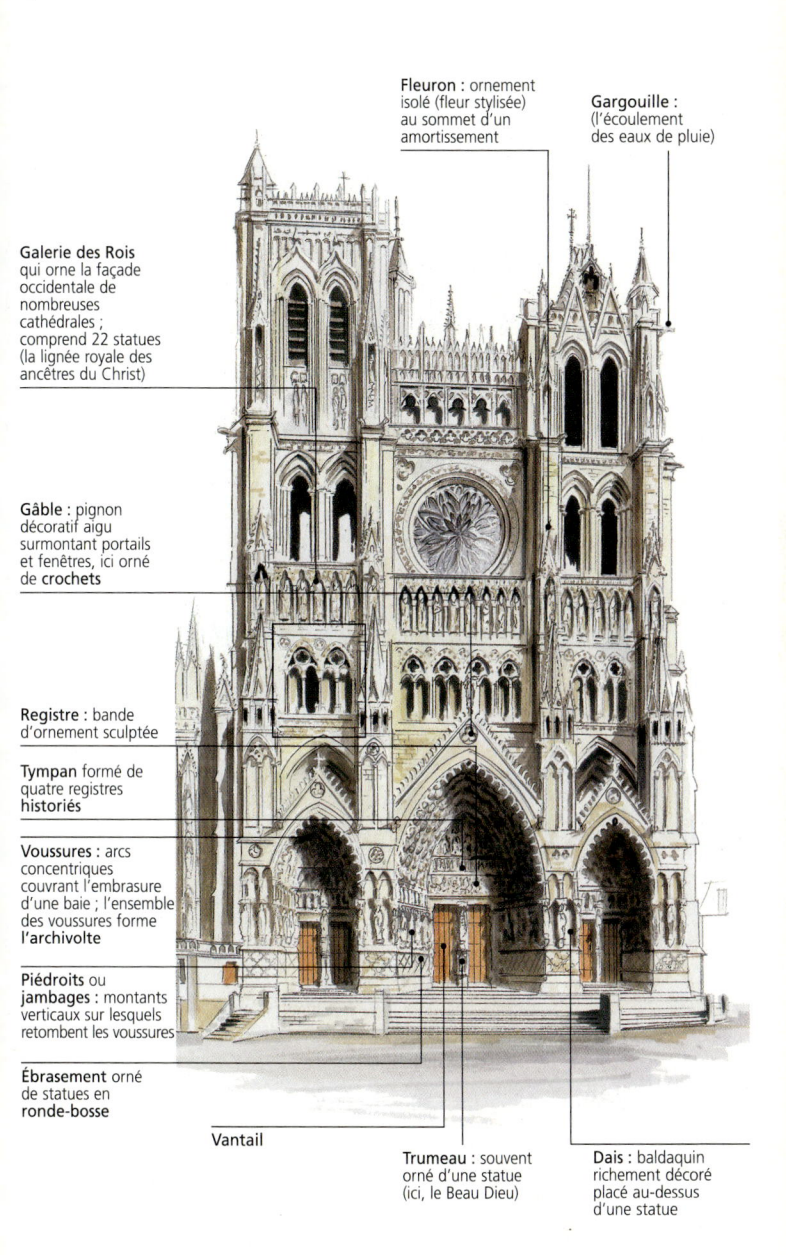

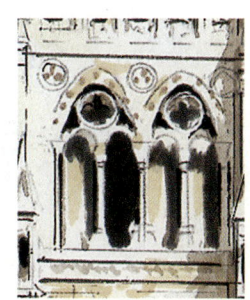

Fleuron : ornement isolé (fleur stylisée) au sommet d'un amortissement

Gargouille : (l'écoulement des eaux de pluie)

Galerie des Rois qui orne la façade occidentale de nombreuses cathédrales ; comprend 22 statues (la lignée royale des ancêtres du Christ)

Gâble : pignon décoratif aigu surmontant portails et fenêtres, ici orné de **crochets**

Registre : bande d'ornement sculptée

Tympan formé de quatre registres **historiés**

Voussures : arcs concentriques couvrant l'embrasure d'une baie ; l'ensemble des voussures forme **l'archivolte**

Piédroits ou **jambages :** montants verticaux sur lesquels retombent les voussures

Ébrasement orné de statues en **ronde-bosse**

Vantail

Trumeau : souvent orné d'une statue (ici, le Beau Dieu)

Dais : baldaquin richement décoré placé au-dessus d'une statue

Galerie ajourée aux **arcs tréflés** surmontés de baies en quadrilobes

BEAUVAIS
Chevet de la cathédrale (13ᵉ s.)

Malgré l'absence de flèche effondrée en 1573 et de nef (jamais construite faute d'argent), la cathédrale possède un magnifique chœur où la technique gothique atteint son apogée avec une hauteur sous voûte de 48 m.

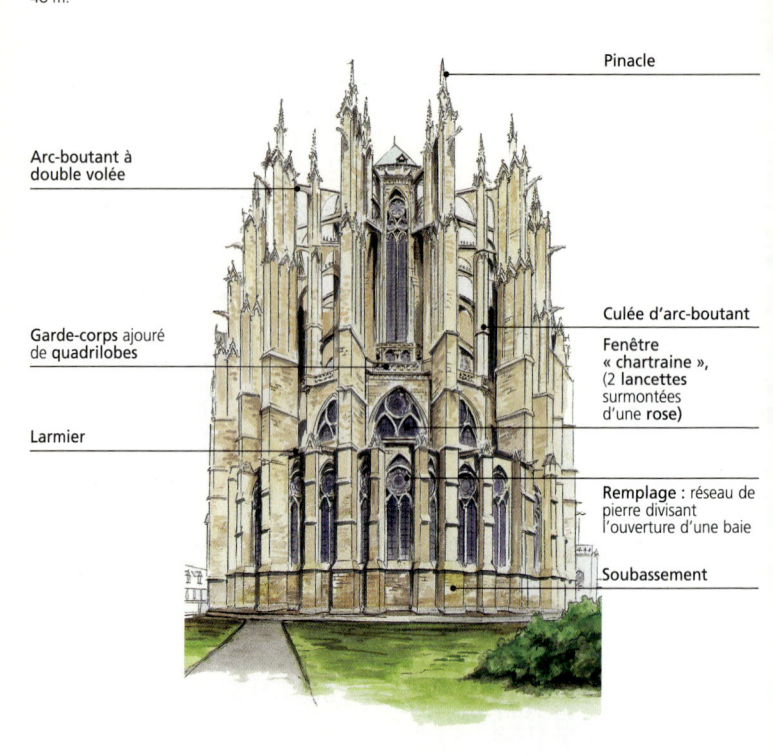

- **Pinacle**
- **Arc-boutant à double volée**
- **Culée d'arc-boutant**
- **Garde-corps** ajouré de **quadrilobes**
- **Fenêtre « chartraine »**, (2 **lancettes** surmontées d'une **rose**)
- **Larmier**
- **Remplage** : réseau de pierre divisant l'ouverture d'une baie
- **Soubassement**

LAON – Intérieur de la cathédrale (1155-1220)

L'architecture intérieure de la cathédrale frappe par son équilibre et sa clarté.

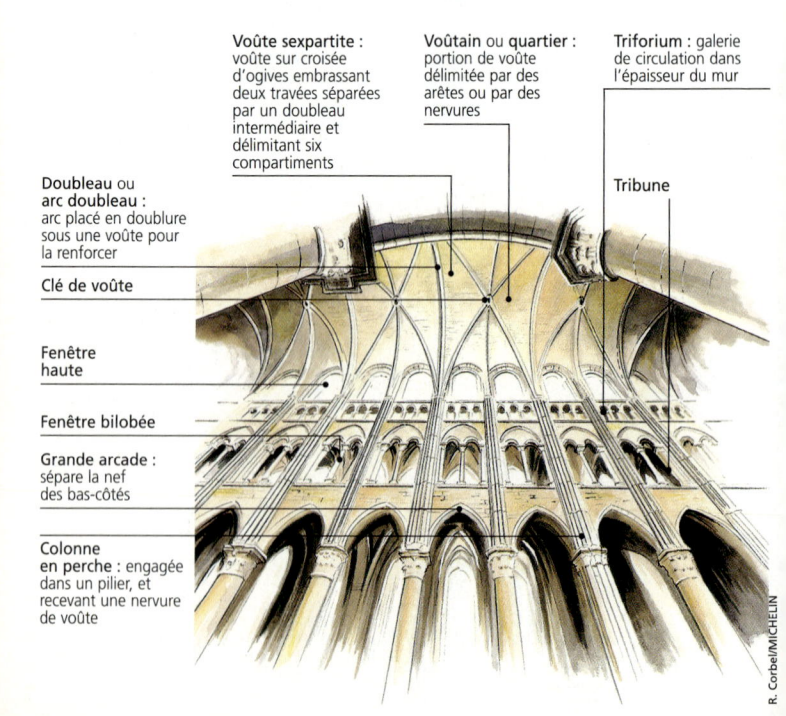

- **Voûte sexpartite** : voûte sur croisée d'ogives embrassant deux travées séparées par un doubleau intermédiaire et délimitant six compartiments
- **Voûtain** ou **quartier** : portion de voûte délimitée par des arêtes ou par des nervures
- **Triforium** : galerie de circulation dans l'épaisseur du mur
- **Doubleau** ou **arc doubleau** : arc placé en doublure sous une voûte pour la renforcer
- **Tribune**
- **Clé de voûte**
- **Fenêtre haute**
- **Fenêtre bilobée**
- **Grande arcade** : sépare la nef des bas-côtés
- **Colonne en perche** : engagée dans un pilier, et recevant une nervure de voûte

AIRE-SUR-LA-LYS
Orgues de la collégiale (1653)

Cet orgue richement sculpté provient de l'ancienne abbaye cistercienne de Clairmarais aux environs d'Aire-sur-la-Lys.

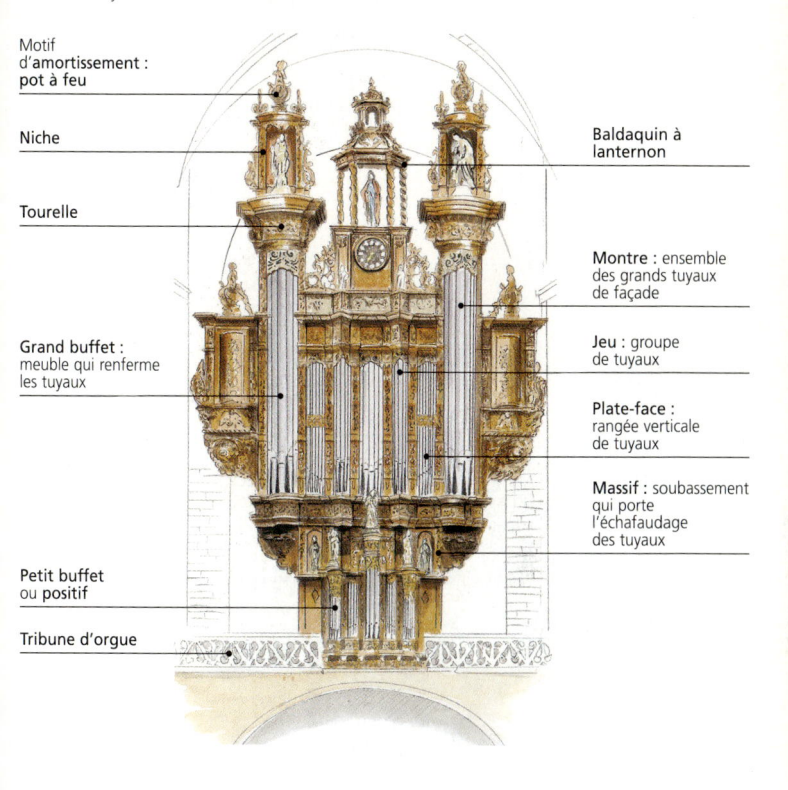

Motif d'amortissement : pot à feu

Niche

Tourelle

Grand buffet : meuble qui renferme les tuyaux

Petit buffet ou positif

Tribune d'orgue

Baldaquin à lanternon

Montre : ensemble des grands tuyaux de façade

Jeu : groupe de tuyaux

Plate-face : rangée verticale de tuyaux

Massif : soubassement qui porte l'échafaudage des tuyaux

QUAËDYPRE
Maître-autel et retable de l'église (fin 17ᵉ s.)

Le retable est aux 17ᵉ et 18ᵉ s. une composition architecturale dressée derrière la table d'autel. Il est destiné à orienter la dévotion des fidèles.

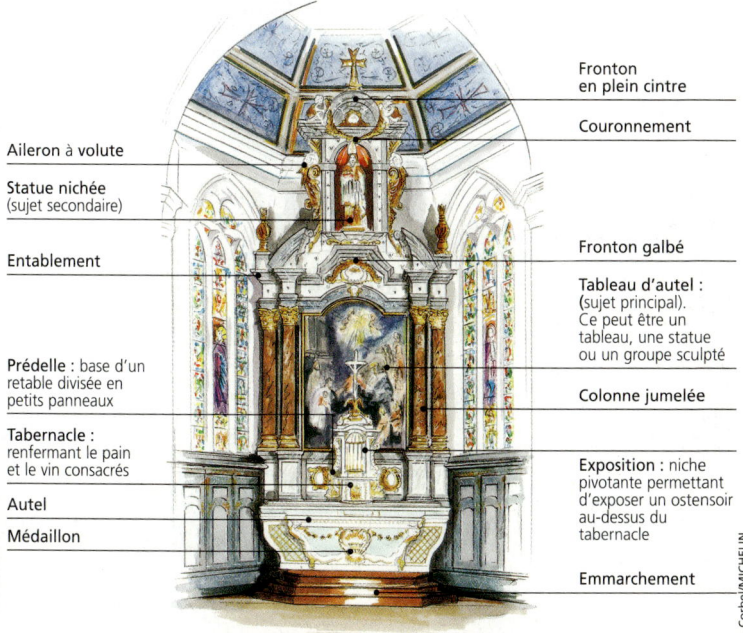

Aileron à volute

Statue nichée (sujet secondaire)

Entablement

Prédelle : base d'un retable divisée en petits panneaux

Tabernacle : renfermant le pain et le vin consacrés

Autel

Médaillon

Fronton en plein cintre

Couronnement

Fronton galbé

Tableau d'autel : (sujet principal). Ce peut être un tableau, une statue ou un groupe sculpté

Colonne jumelée

Exposition : niche pivotante permettant d'exposer un ostensoir au-dessus du tabernacle

Emmarchement

R. Corbel/MICHELIN

Architecture civile

ARRAS
Façades de la Grand'Place (15ᵉ et 17ᵉ s.)

À gauche l'hôtel des Trois Luppars (1467), la plus ancienne maison de la place, à droite maison datant de 1684.

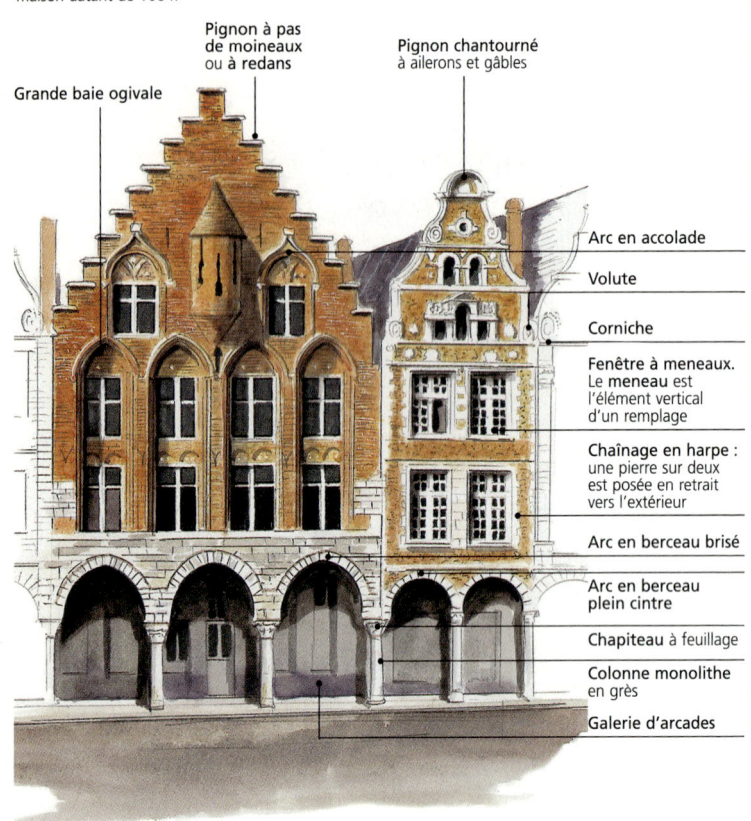

- **Grande baie ogivale**
- **Pignon à pas de moineaux ou à redans**
- **Pignon chantourné** à ailerons et gâbles
- **Arc en accolade**
- **Volute**
- **Corniche**
- **Fenêtre à meneaux.** Le meneau est l'élément vertical d'un remplage
- **Chaînage en harpe :** une pierre sur deux est posée en retrait vers l'extérieur
- **Arc en berceau brisé**
- **Arc en berceau plein cintre**
- **Chapiteau** à feuillage
- **Colonne monolithe** en grès
- **Galerie d'arcades**

LONG
Château (18ᵉ s.)

Ce château, construit en appareil de brique et bossage de pierre, fut surnommé la folie Bussy du nom de son premier propriétaire qui y dépensa sa fortune.

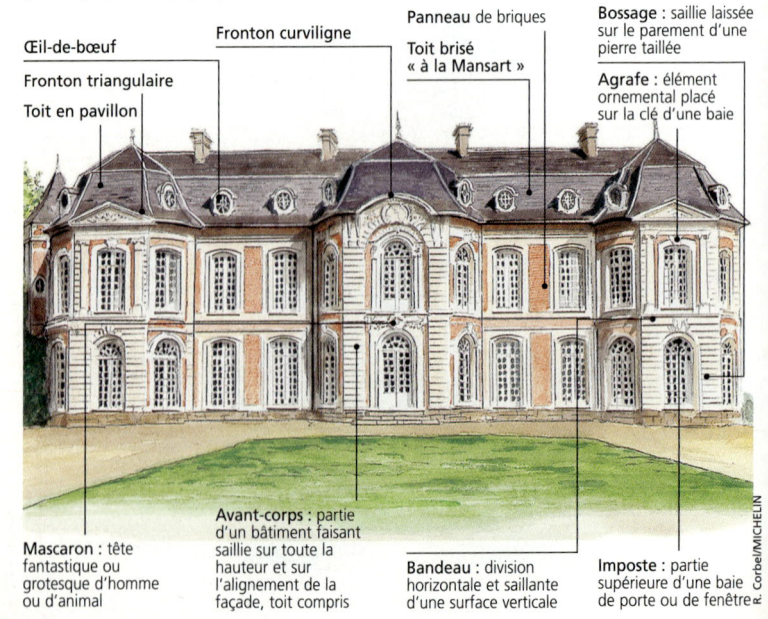

- **Œil-de-bœuf**
- **Fronton triangulaire**
- **Toit en pavillon**
- **Fronton curviligne**
- **Panneau** de briques
- **Toit brisé « à la Mansart »**
- **Bossage :** saillie laissée sur le parement d'une pierre taillée
- **Agrafe :** élément ornemental placé sur la clé d'une baie
- **Mascaron :** tête fantastique ou grotesque d'homme ou d'animal
- **Avant-corps :** partie d'un bâtiment faisant saillie sur toute la hauteur et sur l'alignement de la façade, toit compris
- **Bandeau :** division horizontale et saillante d'une surface verticale
- **Imposte :** partie supérieure d'une baie de porte ou de fenêtre

RUE – Beffroi (15ᵉ s.)
Symbole de la puissance communale, le beffroi, tour de guet, servait également de lieu de réunion des échevins.

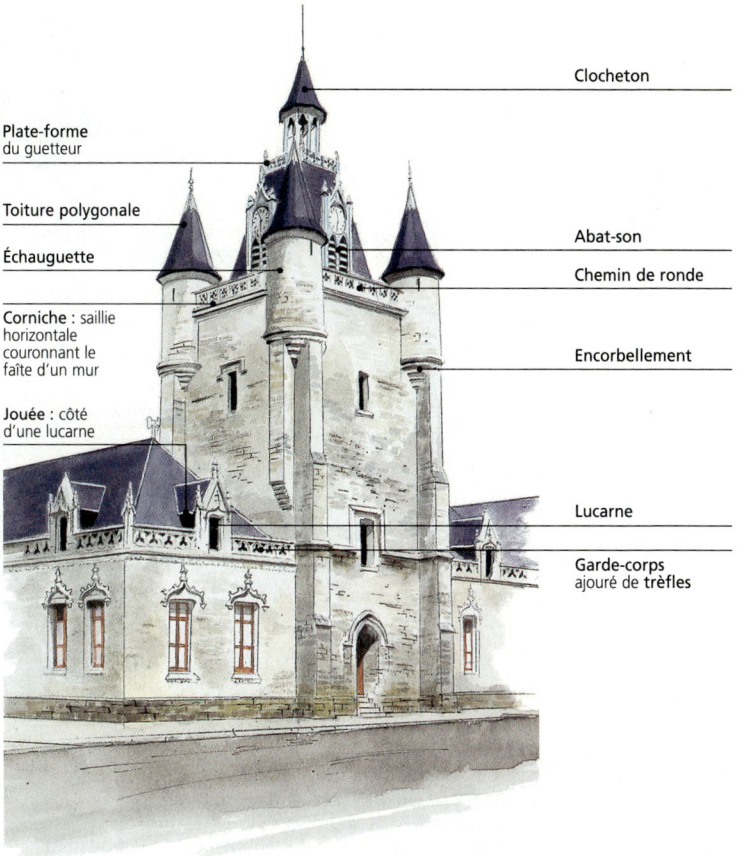

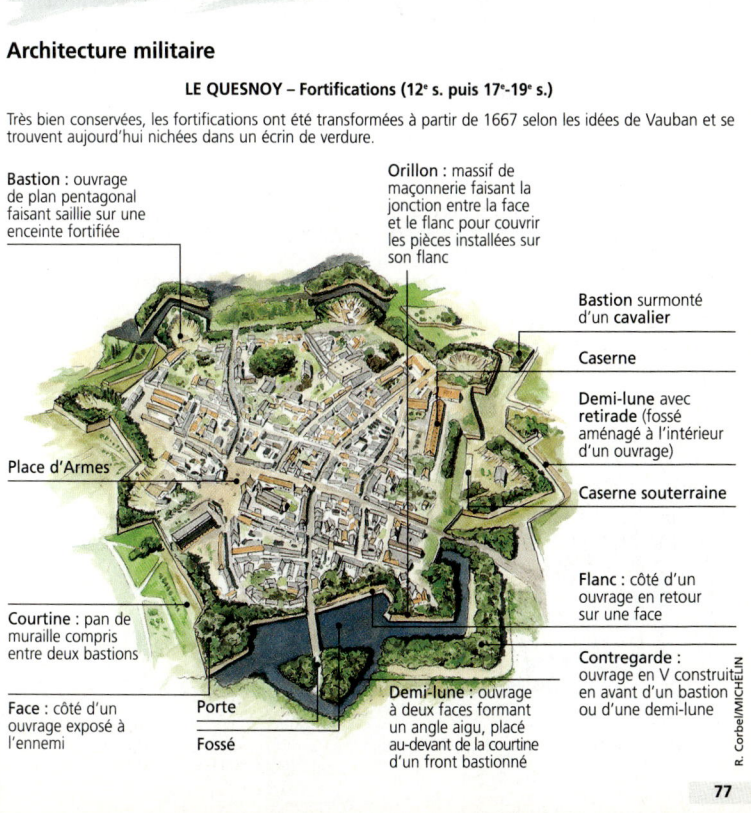

- Clocheton
- Plate-forme du guetteur
- Toiture polygonale
- Échauguette
- Abat-son
- Chemin de ronde
- **Corniche** : saillie horizontale couronnant le faîte d'un mur
- Encorbellement
- **Jouée** : côté d'une lucarne
- Lucarne
- **Garde-corps** ajouré de **trèfles**

Architecture militaire

LE QUESNOY – Fortifications (12ᵉ s. puis 17ᵉ-19ᵉ s.)

Très bien conservées, les fortifications ont été transformées à partir de 1667 selon les idées de Vauban et se trouvent aujourd'hui nichées dans un écrin de verdure.

- **Bastion** : ouvrage de plan pentagonal faisant saillie sur une enceinte fortifiée
- **Orillon** : massif de maçonnerie faisant la jonction entre la face et le flanc pour couvrir les pièces installées sur son flanc
- **Bastion** surmonté d'un **cavalier**
- Caserne
- **Demi-lune** avec **retirade** (fossé aménagé à l'intérieur d'un ouvrage)
- Place d'Armes
- Caserne souterraine
- **Flanc** : côté d'un ouvrage en retour sur une face
- **Courtine** : pan de muraille compris entre deux bastions
- **Contregarde** : ouvrage en V construit en avant d'un bastion ou d'une demi-lune
- **Face** : côté d'un ouvrage exposé à l'ennemi
- Porte
- Fossé
- **Demi-lune** : ouvrage à deux faces formant un angle aigu, placé au-devant de la courtine d'un front bastionné

L'art dans le Nord Pas-de-Calais et la Picardie

Malgré les révolutions, les guerres, les invasions, le Nord de la France conserve de nombreux témoignages artistiques du passé. L'art gallo-romain et l'art roman sont peu représentés, sauf à Bavay et à Lillers, mais les grandes cathédrales, joyaux de l'art gothique, rivalisent par l'audace de l'élévation et la beauté du décor sculpté, tandis que le gothique flamboyant s'épanouit pleinement en Picardie, et l'art baroque dans les Flandres.

Le gothique (12e-16e s.)

La voûte sur croisée d'ogives, l'arc brisé et l'arc-boutant sont les caractéristiques de l'art gothique, même si on en trouve les prémices dans l'art roman.

La voûte gothique a bouleversé la construction des églises. Désormais, l'architecte, maître des poussées de l'édifice, les dirige sur les quatre piliers par les ogives, les formerets (arcs lancés parallèlement à l'axe de la nef, le long du mur) et les doubleaux (arcs sous voûte disposés transversalement par rapport à l'axe de la nef). À l'extérieur de l'édifice, ces poussées sont contrebutées par les arcs-boutants qui retombent sur de hauts piliers dont la tête est souvent lestée d'un pinacle. Ces arcs-boutants, qui comportent parfois plusieurs volées, renforcent l'effet de verticalité propre au gothique.

Les murs sont amincis et font place, sur de plus grandes surfaces, à des baies garnies de vitraux. Ceux-ci dispensent une luminosité subtile, fluctuante selon l'intensité et la direction de l'éclairage extérieur. Cette clarté contraste avec des zones d'ombre, produisant d'admirables effets plastiques.

Le triforium situé au-dessus des grandes arcades, à l'origine aveugle, est aussi percé de baies, puis disparaît au profit d'immenses fenêtres hautes. Les colonnes, qui, à l'intérieur, suffisent à soutenir l'église, se transforment également. D'abord cylindriques et coiffées de chapiteaux, elles sont ensuite cantonnées de colonnes engagées, puis formées de faisceaux de colonnettes de même diamètre que les arcs reposant sur les chapiteaux. Finalement, les piliers sans chapiteau ne sont plus que le prolongement des arcs. C'est le cas du style flamboyant, où des arcs purement décoratifs, dits liernes et tiercerons, se surajoutent aux ogives.

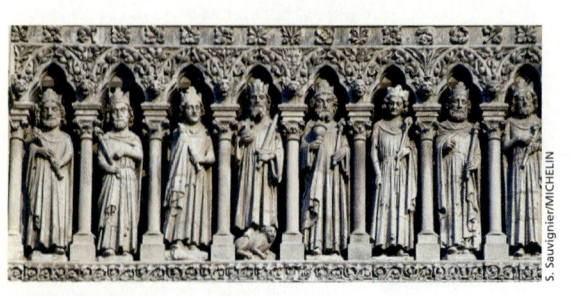

Cathédrale d'Amiens.
Détail de la galerie des Rois ornée de 22 statues.

Rosace de la cathédrale de Laon.

Abbaye Saint-Jean-des-Vignes à Soissons.

L'architecture religieuse gothique

Si l'art gothique naît en Île-de-France, il s'est développé parallèlement dans le Nord de la France, particulièrement en Picardie.

Les architectes – C'est seulement à l'époque gothique que l'on commence à connaître les noms des architectes des grands édifices religieux, soit par des textes, soit par des inscriptions gravées autour des « labyrinthes » tracés sur le sol des cathédrales. On sait ainsi que Robert de Luzarches donna les plans de celle d'Amiens. Mais le plus illustre maître d'œuvre du Nord de la France est sans doute Villard de Honnecourt, né dans un bourg proche de Cambrai. On lui attribue l'abbaye de Vaucelles, les tours de Laon, les chœurs de Cambrai (aujourd'hui disparu) et de St-Quentin. Ce grand voyageur a laissé un curieux carnet de notes, de recettes, de croquis, connu sous le nom d'*Album de Villard de Honnecourt*.

La naissance (12ᵉ-13ᵉ s.) – Alors que le premier emploi de la croisée d'ogives en France apparaît en 1125 dans l'abbatiale romane de Morienval (voûte qui couvre le déambulatoire), des réminiscences romanes – arcs en plein cintre – subsistent dans le style gothique primitif marqué par des monuments d'une grande sobriété. La cathédrale de Laon fournit un exemple typique de gothique primitif avec sa façade à arcatures imperceptiblement brisées, son chœur à chevet plat et ses sept tours analogues à celles de la cathédrale de Tournai. Des souvenirs de l'art roman tournaisien se retrouvent aussi à Soissons et à Noyon. L'élévation sur quatre étages (arcades, tribunes, triforium et fenêtres hautes) caractérise les édifices de cette période, ainsi que les transepts terminés par des hémicycles, comme le croisillon Sud de Soissons.

L'apogée (13ᵉ-14ᵉ s.) – C'est l'âge d'or des grandes cathédrales éclairées par de vastes baies ou des roses garnies de vitraux richement colorés. L'élévation sur trois étages (grandes arcades, triforium, fenêtres hautes) allège les nefs. Amiens en est l'exemple le plus remarquable, tandis que Beauvais, qui voulut la surpasser est le symbole de la démesure.

À Beauvais, la technique gothique atteint son apogée : les murs se réduisent au minimum, les fenêtres hautes ne laissent plus de place à la maçonnerie, et le mur du fond du triforium est percé et garni de vitraux.

Dans le Nord, les maîtres d'œuvre mettent l'accent sur l'équilibre et l'harmonie du plan et des élévations, comme en témoignent les deux admirables chœurs à déambulatoire et chapelles rayonnantes de St-Omer et St-Quentin.

Chœur de la cathédrale de Beauvais.

Hôtel de ville de Compiègne. Statue équestre de Louis XII (en haut, à droite).

Le déclin (15ᵉ-16ᵉ s.) – La décadence s'amorce avec l'apparition du style flamboyant où la surabondance du décor sculpté tend à masquer les lignes essentielles des monuments. Ce style, doit son nom à la forme de flammes tourmentées des meneaux des fenêtres. Les portails sont coiffés de gâbles ajourés, les balustrades surmontées de pinacles, les voûtes aux dessins compliqués convergent sur d'énormes clefs de voûte pendantes très ouvragées.

Cette période offre des réalisations spectaculaires, notamment en Picardie où la collégiale St-Vulfran d'Abbeville rivalise avec l'abbatiale de St-Riquier, les églises de La Neuville, Mailly-Maillet et Poix et la chapelle du St-Esprit à Rue, véritable dentelle de pierre.

En Flandre s'entrecroisent les courants germaniques discernables, dans les hallenkerken, églises-halles à trois ou cinq nefs d'égale hauteur (St-Maurice à Lille, églises d'Hondschoote, Esquelbecq et Hesdin), et les influences anglaises, que l'on reconnaît dans les hautes tours carrées de St-Omer et d'Aire, formant clochers-porches, couvertes d'un réseau d'arcatures et terminées par des plates-formes que cantonnent des pinacles.

La sculpture picarde à l'époque gothique

Servis par une pierre calcaire au grain très fin et facile à tailler, les sculpteurs du Nord et surtout ceux de Picardie ont exercé leur habileté et leur imagination tant dans la sculpture d'ornements que dans la représentation des « images », figures en ronde bosse.

Au 13ᵉ s., les « tailleurs d'ymaiges » d'Amiens et d'Arras manifestent déjà les qualités picardes spécifiques que l'on retrouvera au cours des siècles : leurs figures, d'une exécution poussée, sont empreintes d'un charme et d'une bonhomie que relève un accent de vie familière.

La fin du 15ᵉ s. et le début du 16ᵉ s. sont aussi des époques favorables pour la sculpture picarde, qui s'enorgueillit alors de « huchiers » (sculpteurs sur bois) renommés, auteurs notamment des remarquables stalles de la cathédrale d'Amiens et des vantaux des portes de la collégiale St-Vulfran d'Abbeville. Ces mêmes sculpteurs ont ciselé les cadres de bois délicats qui rehaussent les peintures du « Puy-Notre-Dame » en l'honneur de la Vierge, exposées aujourd'hui au musée de Picardie à Amiens.

Château de Bailleul à Condé-sur-l'Escaut.

L'architecture civile flamande à l'époque gothique

Dès la fin du 13ᵉ s., l'originalité de l'architecture gothique flamande se manifeste dans les édifices communaux, beffrois et hôtels de ville, élevés par les cités qui ont obtenu une charte urbaine garantissant leur indépendance.

Beffrois – Symbole de la puissance communale, le beffroi se dresse isolé (à Bergues, Béthune) ou englobé dans l'hôtel de ville (à Douai, Arras et Calais). Il est conçu comme un donjon avec échauguettes et mâchicoulis. Au-dessus des fondations qui abritaient la prison, des salles superposées avaient diverses fonctions comme la salle des gardes. Au sommet, la salle des cloches renferme le **carillon** qui égrène ses airs guillerets toutes les heures, demi-heures et quarts. La salle des cloches est entourée d'échauguettes d'où les guetteurs surveillaient les ennemis et les incendies. Enfin, couronnant l'ensemble, la girouette symbolise la cité : lion des Flandres à Arras, Bergues et Douai, élégante sirène à Bailleul, dragon à Béthune, etc.

Hôtels de ville – Souvent imposants, ils frappent par la richesse de la décoration de leur façade couverte de niches, statues, gâbles, pinacles. À l'intérieur, la grande salle du conseil ou des fêtes présente des murs couverts de fresques illustrant l'histoire de la ville.

Les plus beaux hôtels de ville (Douai, Arras, St-Quentin, Hondschoote, Compiègne) datent des 15ᵉ et 16ᵉ s. La plupart ont subi des dommages et des modifications ; d'autres ont été complètement reconstruits dans leur style d'origine, comme à Arras.

L'après-gothique

La Renaissance (16ᵉ s.)

Architecture – Sous l'influence de l'Italie, l'architecture suit une orientation nouvelle marquée par le retour aux formes antiques : colonnes et galeries superposées donnent de la grandeur aux monuments. Les façades sont sculptées de niches, de statues, de médaillons ; des pilastres encadrent les baies.

Dans le Nord, le style Renaissance trouve peu de résonance dans l'architecture religieuse : il se manifeste seulement dans le portail de Notre-Dame d'Hesdin. En revanche, de nombreux édifices civils portent sa marque, parmi lesquels on peut citer le bailliage d'Aire, la maison du Sagittaire à Amiens, l'hôtel de la Noble Cour à Cassel, l'hôtel de ville d'Hesdin.

Château de Villers-Cotterêts.

Le classicisme et le baroque (17ᵉ-18ᵉ s.)

Architecture – Au cours des 17ᵉ et 18ᵉ s., l'architecture montre deux visages, l'un baroque, dominé par l'irrégularité des formes et l'abondance des ornements, l'autre classique, placé sous le signe de la sobriété et l'observance des règles antiques. On trouve plutôt le style baroque dans la Flandre, le Hainaut et l'Artois, qui ont subi l'influence espagnole, et le style classique en Picardie.

Sous l'influence de la Contre-Réforme et de ses principaux artisans, les Jésuites, quantité d'édifices religieux sont bâtis au 17ᵉ s., comme les églises du Cateau-Cambrésis et d'Aire, les chapelles de St-Omer et de Cambrai.

Nombre de bâtiments civils baroques subsistent, souvent appareillés de briques et de pierres blanches. Caractérisée par des bossages et un riche décor sculpté, la Bourse de Lille a donné naissance au **baroque flamand**, que l'on retrouve dans la demeure de Gilles de La Boé à Lille, à l'hôpital de Seclin et au mont-de-piété de Bergues. Plus au Sud, l'art baroque s'atténue et comporte des éléments classiques dans l'admirable ensemble des maisons à arcades et volutes des places d'Arras.

En Picardie, baroque et classique s'allient au 18ᵉ s., tant dans les abbayes de Valloires et de Prémontré que dans les châteaux de Bertangles, d'Arry, de Long, de Cercamp et la délicieuse folie de Bagatelle. L'Artois et le Hainaut sont aussi riches en châteaux du 18ᵉ s., aux façades classiques décorées de frontons et presque « mangées » par les fenêtres : Colembert, Flers, Pont-de-Briques, Souverain-Moulin. Parmi les fleurons de cette architecture du 18ᵉ s. dans le Nord, le château de l'Hermitage construit par le duc de Croÿ près de Condé-sur-l'Escaut.

Vauban.

L'architecture militaire

Avant Vauban

Avec les derniers Valois, les ingénieurs militaires, instruits par l'exemple italien, adoptent le système des courtines défendues aux angles par des bastions saillants. Certains bastions, en forme d'as de pique, sont dits « à orillons » en raison de leurs renflements latéraux qui protègent du feu des assaillants les batteries couvrant la courtine. On peut voir ce genre d'ouvrages au Quesnoy.

Bastions et courtines, habituellement appareillés en pierres, sont couronnés de plates-formes portant les canons ; des tourelles suspendues surveillent fossés et alentours.

Au début du 17ᵉ s., Henri IV dispose d'un ingénieur spécialiste de la « castramétation », comme on dit alors : il s'agit de **Jean Errard** (1554-1610), de Bar-le-Duc, surnommé

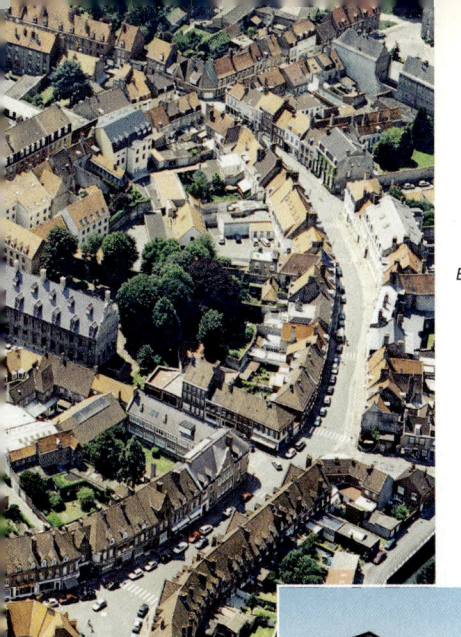

Bergues.

Porte de Cassel (17ᵉ s.) à Bergues.

« le père de la fortification française ». Dans le Nord, Errard fortifie Ham et Montreuil, construit les citadelles de Calais, Laon, Doullens et Amiens, toujours existantes.

Au temps de Vauban

Sébastien Le Prestre de Vauban (1633-1707) s'inspire de ses prédécesseurs pour établir son système caractérisé par des bastions que complètent des demi-lunes, le tout environné de profonds fossés. Profitant des obstacles naturels, utilisant les matériaux du pays, il donne une valeur esthétique aux ouvrages qu'il conçoit.
Sur la côte et sur la frontière de Flandre et du Hainaut, Vauban met en place le **« Pré carré »** : deux lignes de places fortes assez rapprochées les unes des autres pour empêcher le passage de l'ennemi et pour se secourir entre elles en cas d'attaque.
La première comporte 15 places : Dunkerque, Bergues, Furnes (Veurne), Knocke (Knokke), Ypres (Ieper), Menin (Menen), Lille, Tournai, Mortagne, Condé-sur-l'Escaut, Valenciennes, Le Quesnoy, Maubeuge, Philippeville et Dinant.
La seconde, un peu en arrière, en comprend 13 : Gravelines, St-Omer, Aire-sur-la-Lys, Béthune (puis St-Venant), Arras, Douai, Bouchain, Cambrai, Landrecies, Avesnes, Marienbourg, Rocroi et Mézières.
Les fortifications du Nord remplirent leur mission défensive jusqu'aux invasions de 1814 et 1815. Durant la campagne de France en 1940, celles du Quesnoy, de Lille, Bergues, Dunkerque, Gravelines et Calais ont servi de solides points d'appui, protégeant la retraite des armées franco-britanniques.

Architecture militaire récente

Les blockhaus du **Mur de l'Atlantique** qui jalonnent le littoral ont été mis en place par l'Organisation Todt dès 1940. On en dénombrait environ 10 000 sur l'ensemble de la côte française en 1944, surtout dans le Nord-Pas-de-Calais, considéré comme zone de guerre contre l'Angleterre.
Dans les profondes forêts d'Éperlecques et de Clairmarais, les Allemands ont construit d'énormes installations de béton pour le lancement des fusées V1 et V2 sur Londres. Les forteresses d'Éperlecques, de Mimoyecques et l'étonnante coupole d'Helfaut-Wizernes sont autant d'exemples impressionnants de la démesure de cette architecture de béton.

Fortifications au Quesnoy.

Personnalités du Nord

Les gens du Nord sont des hommes d'action, quelques forceurs du destin en témoignent : Condorcet, Robespierre, Camille Desmoulins, Saint-Just, Pétain, de Gaulle, Leclerc de Hauteclocque, Blériot, Dassault... Ils peuvent être aussi des créateurs délicats et discrets, comme Givenchy, des artistes sensibles et malicieux, tel le truculent Raymond Devos. À moins d'exprimer dans leur œuvre l'infini des paysages et la vivacité des habitants, comme Marguerite Yourcenar en littérature.

Écrivains

Au 13e s., les **trouvères** de langue picarde s'opposent aux troubadours de langue d'oc par une verve caustique et drue, présente chez les précurseurs du théâtre français : les Arrageois **Jean Bodel**, poète jongleur, et **Adam de La Halle**.
Aux conteurs succèdent les chroniqueurs des 14e et 15e s. Le Valenciennois **Froissart** décrit de manière vivante la guerre de Cent Ans, et **Philippe de Commynes** retrace les règnes de Louis XI et de Charles VIII dans ses *Mémoires*. Le réformateur **Calvin** naît à Noyon en 1509, et le tragédien **Jean Racine** à La Ferté-Milon en 1639.

Marguerite Yourcenar.

Traditionnellement frondeuses, la Picardie et l'Artois connaissent leur période faste au 18e s., époque des libertins, avec l'**abbé Prévost**, né à Hesdin, qui évoque dans *Manon Lescaut* sa passion fatale pour une aventurière, et avec l'Amiénois **Choderlos de Laclos**, auteur des *Liaisons dangereuses*, chef-d'œuvre de la littérature. Le Cotterézien **Alexandre Dumas** *(Les Trois Mousquetaires, Le Comte de Monte-Cristo...)* et le Péronnais **Pierre Mac Orlan** *(Quai des brumes)* nous ont laissé de grands romans. L'Amiénois **Roland Dorgelès** dépeint la vie des poilus de la Grande Guerre. En Flandre, **Marguerite Yourcenar**, première femme nommée à l'Académie française, évoque son enfance flamande près de Bailleul. Pour le Nouveau Roman, citons **Michel Butor** *(La Modification)*, qui est originaire de Mons-en-Barœul. À l'académicien lillois **Alain Decaux** on doit de nombreux ouvrages historiques et la création d'émissions radiophoniques et télévisées consacrées à l'histoire. Le journaliste et écrivain **Jacques Duquesne** est dunkerquois.

Peintres

Au 15e s., âge d'or de la peinture flamande, le Douaisien **Jean Bellegambe** exécute surtout des retables, dont le *Polyptyque d'Anchin*. Son style révèle une double influence flamande (souci du détail, choix de coloris) et française (décor architectural annonçant déjà la Renaissance).
Au 17e s., les trois frères **Le Nain**, élevés à Laon, se signalent par un style différent des grands peintres de l'époque. Le plus célèbre, **Louis**, fut l'un des maîtres du réalisme

Maison des Écrivains au Mont-Noir.

français avec ses scènes paysannes *(La Charrette, Repas des paysans)* évoquant la vie des villageois du Laonnois, leurs maisons, la douce campagne environnante. **Antoine** subit l'influence flamande dans ses scènes de genre, et **Mathieu** peint la bourgeoisie et des scènes mythologiques. Au 18ᵉ s., le Nord voit une floraison de peintres : le Valenciennois **Antoine Watteau** met tout son art de dessinateur et de coloriste à peindre ces fêtes galantes et campagnardes caractéristiques du siècle libertin. Il est suivi dans ce style par son élève **Jean-Baptiste Pater**.

Le Picard **Quentin de La Tour**, merveilleux pastelliste, ressuscite toute une époque à travers ses portraits très expressifs, échantillonnage de la société du 18ᵉ s. Sa ville natale, St-Quentin, possède une riche collection de ses œuvres (musée Antoine-Lécuyer).

Pendant la Révolution, le Consulat et l'Empire, **Louis Léopold Boilly** peint d'un pinceau alerte et vif des scènes de genre, parfois galantes, et des portraits de ses contemporains. Au 20ᵉ s., citons le Catésien **Matisse**, à qui sa ville natale a consacré un musée, et **Marcel Gromaire**, né à Noyelles-sur-Sambre, dont l'une des œuvres les plus célèbres est *La Guerre*.

« L'Embarquement pour Cythère » par Watteau.

Et aussi

BD – Bécassine, la plus connue des petites paysannes bretonnes, est née sous le crayon de l'Amiénois **Pinchon**. Le Lillois **François Bouck** *(La Dérisoire Effervescence des comprimés, Les Dents du recoin)* exprime avec humour et surréalisme l'univers de la métropole. Le Béthunois Didier Vasseur, dit **Tronchet**, au style très corrosif est l'un des chefs de file de l'« école » *Fluide glacial*.

Cinéma et théâtre – Les réalisateurs **Louis Malle** *(Au revoir les enfants)* et **Étienne Chatiliez** *(La vie est un long fleuve tranquille)*, et des comédiens tels que **Jean Piat**, **Philippe Noiret**, **Brigitte Fossey**, **Pierre Richard**, **Ronny Coutteure**, **Catherine Jacob** et **Jacques Bonnafé** sont autant d'enfants du Nord et du septième art.

Humour, musique, TV – Parmi les humoristes, **Raymond Devos** occupe une place privilégiée. Le chef d'orchestre **Jean-Claude Casadesus** est également de la région, tout comme **Line Renaud**, **Pierre Bachelet**, **Isabelle Aubret**. Le journaliste **Bruno Masure** peut aussi être classé dans la catégorie des humoristes.

Le beffroi, symbole du Nord. Ici, celui de Lille, derrière la Vieille Bourse.

Villes et sites

Abbeville

Reconstruite après-guerre, l'ancienne capitale du Ponthieu est une cité dynamique et commerçante, proche de la mer. Patrie de l'amiral Courbet et de l'archéologue Jacques Boucher de Perthes, elle a donné son nom à une période préhistorique : l'abbevillien.

La situation
Carte Michelin Local 301 E7 – Somme (80). De l'A 16, le centre se gagne par la N 1. L'animation se trouve autour de deux axes qui se croisent place de l'Hôtel-de-Ville.
🛈 *1 pl. Amiral-Courbet, 80100 Abbeville, ☎ 03 22 24 27 92.*

Le nom
Abbatis Villa, soit « maison de campagne de l'abbé ». Abbeville dépendait à l'origine de l'abbaye de St-Riquier.

Les gens
24 567 Abbevillois. Illustre amiral né à Abbeville, **Amédée Anatole Courbet** (1827-1885) fonda le protectorat français sur l'Annam, en 1883. Il est mort aux Pescadores, archipel du détroit de Taiwan, après avoir combattu les Chinois. Sa statue se dresse sur la place qui porte son nom.

LA RÉSISTANCE S'ORGANISE
Une importante chaîne d'évasion partait d'Abbeville vers la France libre. Sur 1 800 individus acheminés, on comptait 271 prisonniers de guerre et 41 soldats britanniques.

---

comprendre

13ᵉ-16ᵉ s. – La cité passe de mains en mains : anglaises, bourguignonnes, françaises, suivant les aléas des combats pour la possession de la vallée de la Somme. Elle est rendue à la France sous Louis XI. Et, en 1514, c'est ici qu'a lieu le mariage de la jeune Marie d'Angleterre avec Louis XII, âgé de 52 ans.

Manufacture royale – Pour libérer l'économie nationale de la tutelle étrangère, Colbert encourage la fabrication en France de produits jusqu'alors importés. En 1665, le drapier hollandais **Josse Van Robais** fonde à Abbeville la Manufacture royale des Rames. Prospère au 18ᵉ s. – il y a alors 2 500 ouvriers –, l'entreprise concentre toutes les étapes de la fabrication de draps fins : filage, tissage, foulage, apprêt, teinture. La porte d'entrée principale et le pigeonnier de l'usine, édifiée de 1709 à 1713, subsistent au n° 264 de la chaussée d'Hocquet.

Le père de la préhistoire – Directeur des douanes d'Abbeville, **Jacques Boucher de Perthes** (1788-1868) remarque, en vallée de Somme, que certaines pierres, apparemment anodines, ont été taillées par la main de l'homme. On dit qu'il paie 10 centimes chaque caillou de

---

PIERRE TAILLÉE
Au paléolithique inférieur, l'Abbevillois dégrossit des pierres, taille des bifaces ou « coups-de-poing ». La présence humaine dans la vallée est en effet attestée voici plus de 500 000 ans, au tout début de la pierre taillée. Les grandes périodes de la préhistoire que sont l'abbevillien (d'Abbeville) et l'acheuléen (de St-Acheul, un faubourg d'Amiens) font de la Somme un berceau de l'archéologie mondiale.

---

carnet pratique

SE LOGER
◉◉◉ **Hôtel de France** – *19 pl. du Pilori - ☎ 03 22 24 00 42 - h5440@accor.com - 69 ch. 84/87 € - ⚏ 8,90 € - restaurant 18/25 €.*
La bonne adresse de la ville : en plein centre, il accueille une clientèle d'affaires et de passage dans son décor moderne et fonctionnel. Les chambres rénovées sont bien équipées et insonorisées. Plusieurs menus dont un pour les enfants.

SE RESTAURER
◉◉ **L'Escale en Picardie** – *15 r. des Teinturiers - ☎ 03 22 24 21 51 - fermé vac. de fév., 17 août-4 sept., dim. soir, jeu. soir, lun. et soirs fériés - 20/30 €.*
Voilà l'escale idéale pour déguster poissons et fruits de mer ! Ici tout est bien frais, préparé avec soin et servi avec beaucoup de gentillesse. Au coin du feu, vous apprécierez cette petite halte gourmande avant de repartir sur les routes.

SPORTS & LOISIRS
Ludair – *Aérodrome d'Abbeville - 80132 Buigny-St-Maclou - ☎ 03 22 24 36 59 - www.ludair.com - 10h-12h, 15h-20h en sais. - fermé mer - 35 € (vol découverte).* Survol de la baie de Somme en ULM.

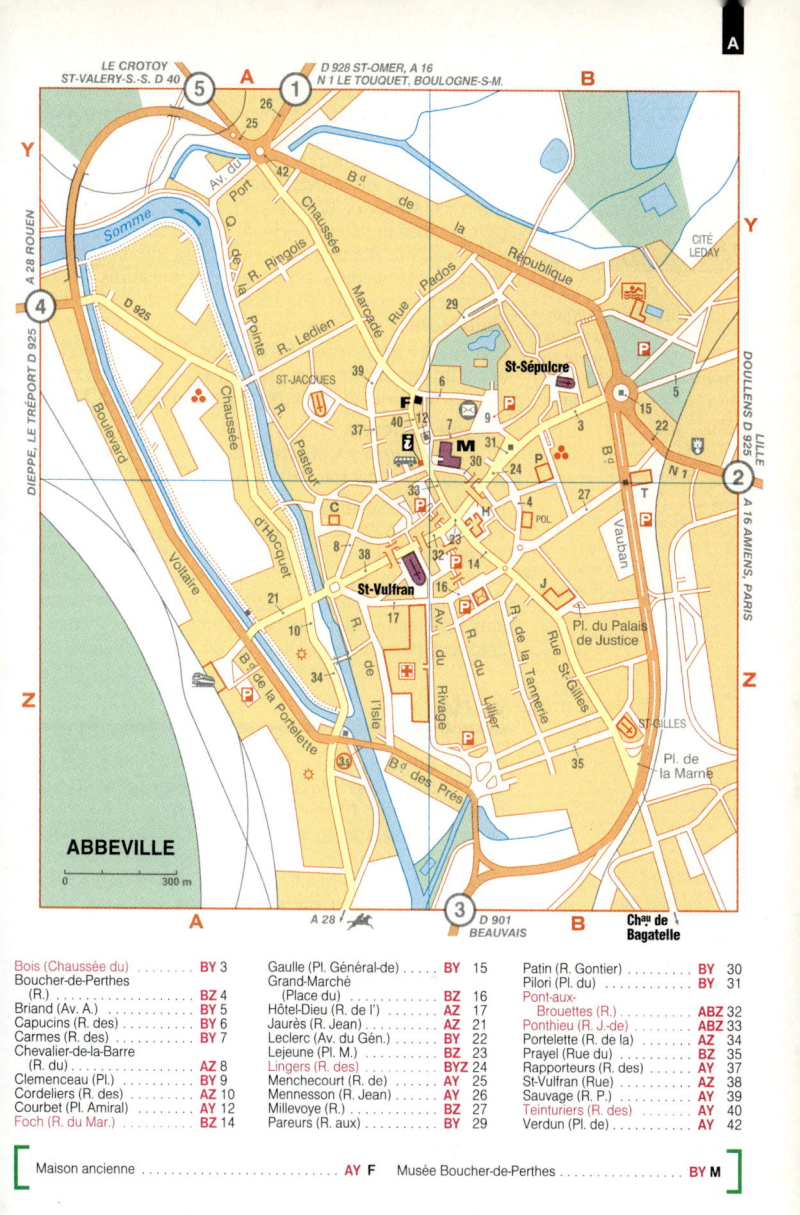

Bois (Chaussée du)	**BY** 3	Gaulle (Pl. Général-de)	**BY** 15	Patin (R. Gontier)	**BY** 30
Boucher-de-Perthes (R.)	**BZ** 4	Grand-Marché (Place du)	**BZ** 16	Pilori (Pl. du)	**BY** 31
Briand (Av. A.)	**BY** 5	Hôtel-Dieu (R. de l')	**AZ** 17	Pont-aux-Brouettes (R.)	**ABZ** 32
Capucins (R. des)	**BY** 6	Jaurès (R. Jean)	**AZ** 21	Ponthieu (R. J.-de)	**ABZ** 33
Carmes (R. des)	**BY** 7	Leclerc (Av. du Gén.)	**BY** 22	Portelette (R. de la)	**AZ** 34
Chevalier-de-la-Barre (R. du)	**AZ** 8	Lejeune (Pl. M.)	**BZ** 23	Prayel (Rue du)	**BZ** 35
Clemenceau (Pl.)	**BY** 9	Lingers (R. des)	**BYZ** 24	Rapporteurs (R. des)	**AY** 37
Cordeliers (R. des)	**AZ** 10	Menchecourt (R. de)	**AY** 25	St-Vulfran (Rue)	**AZ** 38
Courbet (Pl. Amiral)	**AY** 12	Mennesson (R. Jean)	**AY** 26	Sauvage (R. P.)	**AY** 39
Foch (R. du Mar.)	**BZ** 14	Millevoye (R.)	**BZ** 27	Teinturiers (R. des)	**AY** 40
		Pareurs (R. aux)	**BY** 29	Verdun (Pl. de)	**AY** 42

[Maison ancienne ..... **AY F**   Musée Boucher-de-Perthes ..... **BY M**]

forme curieuse ! Des tourbes bocagères, il extrait la matière d'un ouvrage sur les *Antiquités celtiques et antédiluviennes.*

Jours tragiques : mai-juin 1940 – Après la percée allemande à Sedan, Abbeville devient un point stratégique de la Résistance. Le centre est bombardé le 20 mai et tombe aux mains de l'adversaire. La 4ᵉ divison cuirassée, menée par le colonel de Gaulle, se lance alors à la reconquête des monts de Caubert.

> **ÉTÉ 1944**
> À l'Est d'Abbeville, le château de Ribeaucourt hébergeait l'état-major spécial des fusées V1, dont 2 400 atteignirent l'Angleterre durant l'été 1944.

se promener

De l'hôtel de ville rayonnent les rues commerçantes. La rue du Pont-aux-Brouettes rejoint St-Vulfran.

Collégiale St-Vulfran

☎ 03 22 24 27 92 - *de Pâques à la Toussaint et vac. scol. : tlj sf dim. 14h-17h - possibilité de visite reste de l'année sur demande à l'Office de tourisme.*

Commencée en 1488, sa construction s'arrêta en 1539, faute d'argent. Le chœur, de style gothique bâtard, ne fut achevé qu'au 17ᵉ s.

Abbeville

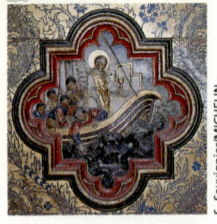

À l'intérieur de la collégiale St-Vulfran, des médaillons peints évoquent la vie de ce saint, qui fut archevêque de Sens.

> **À VOIR**
> Les vitraux★★ contemporains aux tonalités harmonieuses, *Passion et Résurrection du Christ*, sont l'œuvre d'Alfred Manessier.

Façade flamboyante★ – Sa richesse illustre une conception de la fin du 15e s. : l'architecture passe au service de la sculpture. Les deux tours, flanquées de tourelles de guet, s'élèvent à 55 m. Au 19e s., elles furent croquées à l'envi par les peintres romantiques et célébrées par Victor Hugo. Au portail central, statues d'évêques et superbes **vantaux** Renaissance offerts par Jehan Mourette, maître de la confrérie du Puy Notre-Dame d'Abbeville, captent l'attention. Au centre de la porte, les évangélistes et leurs symboles sont encadrés par saint Pierre et saint Paul. Au-dessus : frise de cavaliers. En haut : scènes de la vie de la Vierge.

Intérieur – Remarquez les retables de la Nativité (16e s.) et du Jugement dernier (17e s.), et, dans le chœur, les vitraux abstraits du peintre américain William Einstein.

Maison ancienne
29 r. des Capucins. Cette maison en encorbellement témoigne de l'habitat urbain des 15e et 16e s.

Église du St-Sépulcre
☏ *03 22 20 26 88 - se renseigner pour réservation auprès de la Direction culturelle.*
Érigée au 15e s., elle a été remaniée au 19e s. dans le style gothique flamboyant. De l'édifice primitif subsistent la tour du clocher, les piliers et archivoltes de la nef, les deux collatéraux et la chapelle du Saint-Sépulcre.

visiter

Musée Boucher-de-Perthes★
☏ *03 22 24 08 49 - tlj sf mar. 14h-18h - fermé 1er janv., 1er Mai, 14 Juil., 1er nov., 25 déc. - 1 €.*
Le musée occupe le beffroi (13e s.), un bâtiment du 15e s. – l'Argenterie – et un édifice récent. Outre les collections de Boucher de Perthes (bifaces du paléolithique, pierres polies du néolithique), on peut voir le produit d'autres fouilles effectuées autour d'Abbeville : tombes gauloises, villas gallo-romaines, habitat mérovingien... Parmi les sculptures médiévales, remarquez le retable de la chartreuse de Thuison. Céramiques et tapisseries, mobilier picard du 17e s, peintures du 16e au 18e s, et une très belle Vierge à l'Enfant en argent (1568). Dans la partie consacrée au 20e s, sculpture de Camille Claudel. Salle de documentation *(ouverte sur rendez-vous).*

> **LA DENT DE LA MER**
> Le musée expose une dent de mammouth découverte sur la plage d'Ault.

alentours

Château de Bagatelle★
133 rte de Paris (au Sud-Est de la ville).
Issu d'une famille de drapiers hollandais installés à Abbeville, Abraham Van Robais fit construire cette « folie » vers 1740, pour se reposer et y accueillir ses

Secrétaire perpétuel de l'Académie royale d'architecture, Sedaine disait en 1770 du château de Bagatelle qu'il « ferait plaisir aux dieux ; l'art moderne y paraît si beau qu'il semble sortir des mains de la nature ».

relations d'affaires. Au rez-de-chaussée d'origine ont été ajoutés un étage d'habitation en attique, percé d'œils-de-bœuf, puis un comble à la Mansart (1790). Malgré des campagnes successives, le château, dont Sedaine, Saint-Saëns et Voltaire furent les hôtes, présente une unité harmonieuse.

Intérieur – ☎ 03 22 24 02 69 - *visite guidée (45mn) de mi-juil. à fin août : tlj sf mar. 14h-18h - 8 €.*

Jardins★ – ☎ 03 22 24 02 69 - *www.chateaudebagatelle.com - de mi-juil. à fin août : tlj sf mar. 14h-18h ; de mi-mai à mi-juil. et de déb. sept. à mi-oct. : tlj sf w.-end 14h-16h30 (dernière entrée 16h30) - 4 €.*

Véritable symphonie de verdure ornée de statues, le **jardin à la française** a conservé sa vocation romantique à travers un parc botanique (2 ha) planté d'essences rares et variées, et agrémenté de bassins, de rangées de tilleuls et de parterres de buis et de rosiers. Dans son prolongement, un **parc à l'anglaise** (8 ha) s'enorgueillit d'érables de Montpellier, de houx, de magnolias et d'un ravissant hêtre à feuilles de plume.

Monts de Caubert

5 km à l'Ouest d'Abbeville. Au premier virage annonçant un carrefour, prendre à gauche la petite route qui suit la crête. Après 1,5 km : calvaire et **vue** sur la Somme, la ville et les plaines du Ponthieu.

Le Vimeu *(voir ce nom)*

Airaines

Ce petit centre industriel abritait le château des ducs de Luynes, dont les vestiges subsistent sur la colline. À flanc de coteau, l'église Notre-Dame se profile dans le paysage vallonné.

La situation

Carte Michelin Local 301 E8 – Somme (80). L'Airaines alimente la Somme. La D 901 traverse la ville du Nord au Sud, et la D 936 d'Est en Ouest.

🛈 *Pl. 53 R I C M S, 80270 Airaines,* ☎ *03 22 29 34 07.*

Le nom

Il viendrait du latin *arena*, « sable », « gravier », ou *arenae*, « arènes », « catacombes ». Pour les Celtes, Aa Ren signifiait « l'eau qui coule ». La ville est justement parcourue de trois petits cours d'eau ; la Somme, à deux pas, s'appelait d'ailleurs Samara, « grand cours d'eau ».

Les gens

2 099 Airainois. Le maréchal **Leclerc de Hauteclocque** (1902-1947) reste le plus illustre des enfants du pays.

visiter

Église Notre-Dame et prieuré

☎ *03 22 29 45 05 - juil.-août : 14h30-18h ; de mi-mai à fin juin et de déb. sept. à mi-sept. : w.-end et j. fériés 14h30-18h - 3 €.*

Cette ancienne chapelle (12ᵉ et 13ᵉ s.) d'un prieuré clunisien dépendait de l'abbaye St-Martin-des-Champs à Paris. Le dessin de sa façade romane est pur et dépouillé. En entrant, à gauche, on découvre une **cuve baptismale** romane conçue pour le baptême par immersion.

Le bâtiment du prieuré (16ᵉ s.) abrite un **Centre d'art et de culture** (expositions).

SE RESTAURER

😊😊 **Relais Forestier du Pont d'Hure** – *Rte d'Oisemont - 5 km à l'O d'Airaines -* ☎ *03 22 29 42 10 - fermé 2-17 janv., 26 juil.-13 août et mar. - 15/33 €.* Que diriez-vous d'une grillade ou d'une pièce rôtie au feu de bois ? Dans ce chalet en lisière de forêt, la cheminée crépite pour le bonheur des convives, qui apprécient l'atmposhère agreste de cette chaleureuse salle à manger.

Airaines

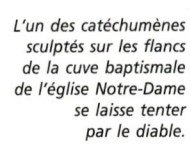

L'un des catéchumènes sculptés sur les flancs de la cuve baptismale de l'église Notre-Dame se laisse tenter par le diable.

Église St-Denis
☎ 03 22 29 34 07 - *sur demande au Syndicat d'initiative.* Précédée par un clocher-porche, l'église paroissiale (15e-16e s.) contient des œuvres d'art du 16e s. : *Mise au Tombeau (bas-côté gauche),* crucifix *(entrée du chœur),* statue de saint Denis portant sa tête dans ses mains *(bas-côté droit)* ; clefs pendantes et vitraux Renaissance *(chœur).*

alentours

Château de Tailly
4 km au Sud par la D 901. ☎ *03 22 29 41 63 - visite (avec exposition sur le mar. Leclerc de Hautecloque) sur demande auprès de M. Leclerc de Hautecloque - 16 août-2 oct. : 9h-12h30 - gratuit.*

À droite, au lieu dit Tailly-l'Arbre-à-Mouches, ce château (début du 18e s.) appartenait au maréchal **Leclerc** qui l'affectionnait particulièrement pour la chasse. Si bien qu'il donna le nom de *Tailly* à son char de commandement, celui-là même qui ouvrit le défilé de la victoire le 18 juin 1945, et à son avion, dans lequel il trouva la mort le 28 novembre 1947, à 45 ans, avec 11 compagnons. Dans un bâtiment voisin du château, une exposition d'une soixantaine de panneaux, réalisée par le fils aîné du maréchal (aujourd'hui propriétaire des lieux), retrace le parcours militaire de Philippe de Hautecloque, qui deviendra Leclerc dès son engagement aux côtés des Alliés. Il changea de nom afin de protéger sa famille, restée à Tailly, des représailles allemandes.

> **AMOUREUX DE SA RÉGION**
> Philippe de Hautecloque en s'installant à Tailly ne faisait que revenir en terre connue, puisqu'il était né non loin de là au château de Belloy-St-Léonard.

Aire-sur-la-Lys

◀ Marché agricole entre Flandres et Artois, l'ancienne place forte entourée de verdure se distingue par les hautes tours de son beffroi et de sa collégiale. Elle connut une grande prospérité sous la domination espagnole, aux 16e et 17e s.

La situation
Carte Michelin Local 301 H4 ou 236 pli 14 – Pas-de-Calais (62). La bourgade aligne ses façades au charme suranné. De l'A 26, prendre la direction de Lillers, puis la N 43 ou la D 188.
🛈 *Grande Place, 62120 Aire-sur-la-Lys,* ☎ *03 21 39 65 66.*

Le nom
Il fait référence au canal d'Aire (40 km) qui amène la Lys jusqu'à Bauvin. Née en Artois, cette rivière (214 km) traverse les Flandres pour rejoindre l'Escaut en Belgique.

> **PLAISIR DU PALAIS**
> Deux spécialités airoises : l'**andouille** (dans toutes les boucheries, charcuteries, triperies) et les **mastelles**, un biscuit proche du spéculoos et du sablé (un seul artisan, sur la Grand'Place, les fabrique encore).

carnet pratique

SE LOGER
⌾⌾ **Hostellerie des 3 Mousquetaires** – *Rte de Béthune (N 43) - ☎ 03 21 39 01 11 - phvenet@wanadoo.fr - fermé 20 déc.-20 janv. -* 🅿 *- 33 ch. 55/130 € - ⛿ 12 € - restaurant 21/41 €.*
Dans un parc, cette demeure cossue du 19ᵉ s. est une étape paisible. Vous apprécierez ses cheminées qui réchauffent les salons, ses chambres spacieuses parfois équipées de lits à baldaquin et la jolie vue sur la vallée de la Lys.

SE RESTAURER
⌾⌾ **Le Buffet** – *Gare d'Isbergues - 62330 Isbergues - ☎ 03 21 25 82 40 - fermé vac. de fév., 2 août-26 août, lun. (sf midis fériés) et dim. soir - 20/50 € - 5 ch. 50/55 € - ⛿ 10 €.*
Élégante mise en place, goûteuse cuisine régionale renouvelée régulièrement puisque le chef se laisse guider par les opportunités du marché : qui va penser que ce charmant restaurant abrita naguère un buffet de gare ? Ce n'est en tout cas plus ici - et peut-être même plus ailleurs - que vous trouverez les fameux « sandwichs SNCF » !

Les gens
9 661 Airois. Le fondateur d'Aire n'est rien moins qu'un géant appelé Lydéric et marié à la princesse écossaise Chrymilde ! Sachez sinon que Georges **Bernanos** a fait ses premières dictées au collège Ste-Marie.

se promener

Grand'Place
Ce vaste ensemble fut édifié entre 1720 et 1840 ; l'**hôtel de ville** comporte un balcon de proclamations et un fronton aux armes d'Aire. En retrait se dresse le **beffroi**, rebâti au 18ᵉ s. Dans l'angle Sud, le **bailliage**★ du début du 17ᵉ s. fut élevé dans le style Renaissance finissante. Sa galerie à arcades est surmontée d'une frise sculptée d'emblèmes et d'une bretèche rectangulaire en saillie. L'attique est décoré des Vertus et des Quatre Éléments.

La construction du bailliage fut rendue possible grâce à un impôt sur le vin et la bière.

Collégiale St-Pierre★
C'est l'un des plus importants exemples de style gothique flamboyant et Renaissance en Flandre.
À l'intérieur, le dessin des nervures des voûtes est reproduit au sol. Le chœur est clos d'un jubé ciselé par Boileau ; à gauche, statue dorée de **N.-D. Panetière**. Le **buffet d'orgues**, en chêne, provient de l'abbatiale de Clairmarais. Chœur et abside ont souffert d'un bombardement en 1944. Au fond, jolie Vierge à l'Enfant (15ᵉ s.).

La tour★ de la collégiale St-Pierre (62 m) rappelle celle de Notre-Dame de St-Omer.

Église St-Jacques
☎ *03 21 39 65 66 - juil.-août : tlj sf lun. 15h-18h ; Journées du patrimoine.*
C'est l'ancienne chapelle (fin du 17ᵉ s.) du collège Ste-Marie. Sa façade est de style « jésuite ». L'abondant décor sculpté est fidèle à la tradition flamande : colonnes et pilastres annelés, frontons brisés, ailerons en volutes.

AIRE-SUR-LA-LYS

Armes (Pl. d')	3
Arras (R. d')	4
Béguines (Pl. des)	6
Bourg (R. du)	7
Carnot (Av.)	8
Château (Pl. du)	10
Château (R. du)	12
Clemenceau (Bd)	13
Doyen (R. du)	16
Fort Gassion (R. du)	17
Gaulle (Bd de)	18
Grand'Place St-Omer (R. de)	28
Jehan-d'Aire (Pl.)	21
Leclerc (R. du Mar.)	23
Mardyck (R. de)	24
Notre-Dame (Pl.)	25
Paris (R. de)	26
St-Martin (R. de)	27
St-Pierre (Pl.)	29
St-Pierre (R.)	31
Tour-Blanche (R. de la)	33
Vauban (Av.)	35
Vignette (R.)	37

Bailliage	B
Hôtel de ville	H

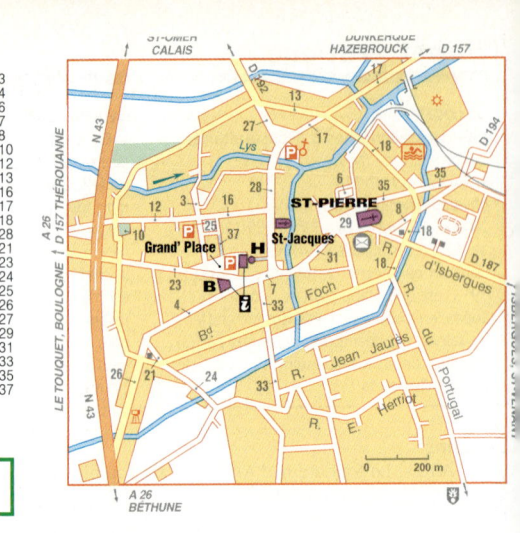

> **À SAVOIR**
> Le célèbre **Grand Dieu** qui ornait un des portails de la cathédrale de Thérouanne se trouve dans la cathédrale de St-Omer.

alentours

Isbergues
5 km au Sud-Est par la D 187. Isbergues, la sœur de Charlemagne, mourut ici. Canonisée, elle donna son nom au village. L'**église** de pèlerinage (15ᵉ s.) présente une tour imposante, analogue à celle de St-Pierre d'Aire, et recèle la châsse de la sainte. *En semaine.*

Thérouanne
10 km à l'Ouest par la D 157. Cette ville fortifiée formait au 16ᵉ s. une enclave française dans les territoires d'Empire : elle fut rasée par Charles Quint en 1553. Sur la colline, au Nord du bourg, subsistent les vestiges d'une cathédrale qui compterait parmi les premiers témoignages de l'architecture gothique en France.

circuit

DE LA HAUTE VALLÉE DE L'AA À DENNLYS PARC

Entre Wicquinghem et Remilly-Wirquin, l'Aa a creusé une vallée vouée à l'élevage. La rivière, bordée de peupliers et de saules, est ponctuée ici et là de moulins et de sites de pisciculture. Le parcours se termine par la visite de Dennlys parc.

Environ 1h15. Quitter Aire par la D 157. À Thérouanne, prendre vers l'Ouest la D 341, puis la D 225 à gauche le long de l'Aa.

Merck-St-Liévin
La tour de son **église** (16ᵉ-17ᵉ s.) est renforcée de contreforts à ressauts. À l'intérieur, sous le porche-narthex, fonts baptismaux du 16ᵉ s. protégés par un couvercle en bois sculpté (18ᵉ s.) ; châsse de saint Liévin à l'extrémité du bas-côté droit ; chœur à voûte en étoile.

Reprendre la D 225 vers Fauquembergues, au S.

Fauquembergues
Le bourg s'étage sur les pentes de la vallée. L'**église** (13ᵉ s.) possède une tour fortifiée portant bretèche sur mâchicoulis.

Prendre la D 129.

Renty
Son vieux moulin et son lac sont une invitation à la détente.

Continuer la D 129 et prendre la D 148 à gauche puis encore à gauche la D 126 vers Dennebrœucq.

Vallée de l'Aa vers Renty.

Dennlys parc
☎ *03 21 95 11 39 - www.dennlys-parc.com -* ♿ *- juil.-août : 10h-19h ; juin : 10h-18h ; mai : merc., w.-end et j. fériés 11h-18h ; vac. de Pâques : 11h-18h ; sept. : dim. 11h-18h - 10,50 € (enf. 8,50 €).*

Traversé par la Lys qui actionne la roue de son moulin, Dennlys est le parc d'attractions le plus familial de la région. Aux classiques – château hanté, grand huit... – s'ajoutent des inédits : les autos tamponneuses sur l'eau, la brouette magique, le voyage sur la Lune, etc. Pour les adolescents, vertiges et sensations au Furio !

Albert

Proche du front lors de la bataille de la Somme en 1916, puis lors de la bataille de Picardie en 1918, Albert fut rebâti après les terribles bombardements. Son architecture homogène – dont 250 façades dans le style Art déco – est typique de la reconstruction, tout comme celle des villages voisins.

La situation
Carte Michelin Local 301 I8 – Somme (80). La D 929 contourne la ville par le Sud, où l'Aérospatiale occupe les anciennes usines d'aviation Potez. L'Ancre traverse la ville du Nord au Sud.

🛈 *9 r. Gambetta, 80300 Albert,* ☎ *03 22 75 16 42. www.tourisme.albert.fr*

Le nom
D'abord nommée Ancre, comme la rivière qui l'arrose, la ville a été le siège d'un marquisat, présent de Marie de Médicis à son favori, Concino Concini, gouverneur de Péronne et lieutenant du roi en Picardie. Devenu trop puissant, il est assassiné en 1617 sur ordre de Louis XIII. La reine mère tombe alors en disgrâce, et le jeune roi offre la terre d'Ancre au duc Charles d'Albert de Luynes, qui lui donne son nom.

visiter

Basilique N.-D.-de-Brébières
Cet édifice néobyzantin en brique rouge, dont le clocher évoque un minaret, fut conçu par l'architecte amiénois Edmond Duthoit à la fin du 19ᵉ s. Détruit en 1915, il fut rebâti en 1929 par Louis Duthoit, son fils. Une jolie **Vierge à l'Enfant** dorée, du sculpteur Albert Roze, domine le clocher. À l'intérieur, Vierge miraculeuse (11ᵉ s.).

Musée des Abris « Somme 1916 »
Entrée près de la basilique. ☎ *03 22 75 16 17 - juin-sept. : 9h30-18h ; fév.-mai et de déb. oct. à mi-déc. : 9h-12h, 14h-18h - fermé de mi-déc. à fin janv. - 4 €.*
Ce souterrain (230 m de long à 10 m sous terre) fut aménagé en 1939 en abri antiaérien. Le musée relate la vie quotidienne des soldats durant la Grande Guerre. Effets sonores et visuels.

circuit

LES CHAMPS DE BATAILLE DE LA SOMME
34 km – 1h. À l'Est et au Nord d'Albert, le circuit du Souvenir évoque la mémoire des soldats britanniques et sud-africains de l'armée Douglas Haig, qui tombèrent lors de la bataille de la Somme, durant l'été 1916. Conçue par

---

UN AVION EN GARE !
La **gare** d'Albert expose un avion Potez 36, hommage au constructeur aéronautique originaire de la région.

SE RESTAURER
😋 La Taverne du Cochon Salé – *R. Albert - 80300 Authuille - 6 km au N d'Albert par D 50 et D 151 -* ☎ *03 22 75 46 14 - fermé 16 août-6 sept., 26 déc.-11 janv., dim. soir, lun. et mar. - 21/26 €.* On y mange, on y boit, on s'y plaît... Telle est la devise de cette maison rondement menée par un ancien charcutier. Avec cette enseigne, le cochon est à l'honneur, bien sûr, sous toutes ses formes, mais tentez aussi l'original gâteau battu au foie gras.

LA VIERGE PENCHÉE
Le 15 janvier 1915, un obus atteignit le pied du dôme de Notre-Dame. La statue de la Vierge s'inclina vers le sol et resta suspendue jusqu'au 16 avril 1918. Les communiqués du front la rendirent célèbre dans le monde entier sous le nom de « Vierge penchée ».

les états-majors alliés pour soulager Verdun, ce fut l'une des plus furieuses batailles de l'histoire. *Pour compléter vos connaissances sur la bataille, allez visiter l'Historial de la Grande Guerre à Péronne (voir ce nom).*

Prendre la D 929 vers Bapaume au Nord-Est.

À droite, on aperçoit le premier cimetière britannique.

La Boisselle

Un cratère de la « guerre des mines » – le seul qui soit accessible – rappelle la furie des combats que connut ce village le 1er juillet 1916 lorsque débuta la bataille. Ce Lochnagar Crater est aujourd'hui la propriété d'un Anglais, Richard Dunning.

Emprunter la D 20 vers l'Ouest, puis la D 151.

Mémorial de Thiepval

☎ *03 22 74 60 47 -* ♿ *- mai-oct. : 10h-18h ; reste de l'année : 9h-17h - fermé vac. de Noël - gratuit.*

Transformé en forteresse souterraine par les Allemands, ce village subit un long siège des Britanniques durant l'été 1916. Un arc de triomphe en brique rappelle le nom des communes détruites, et ceux de 73 367 disparus.

La **tour d'Ulster**, réplique de celle située près de Belfast, célèbre les soldats de la 36e division irlandaise. Elle abrite un centre d'accueil.

Prendre la D 73 à gauche, qui franchit l'Ancre.

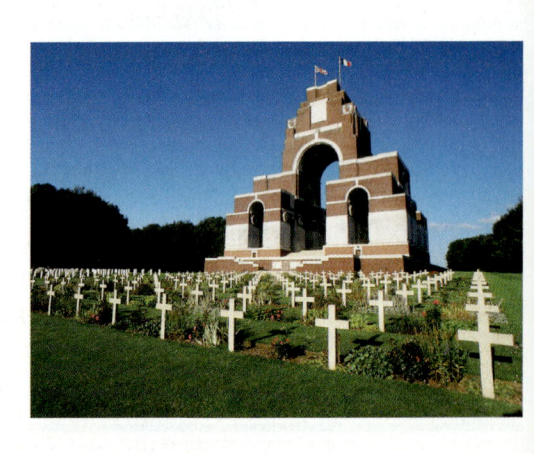

Le mémorial de Thiepval rappelle l'assaut livré, pendant 116 jours, par les soldats britanniques.

Parc-mémorial de Beaumont-Hamel★

Visites guidées en français et en anglais. Sur ce plateau battu par les vents, la division canadienne de Terre-Neuve perdit en juillet 1916 la plupart de ses hommes. Le site reste dans l'état où il se trouvait à la fin des hostilités : tranchées, avant-postes... Le monument, surmonté du caribou de Terre-Neuve, comporte un balcon d'orientation ; **vue** sur le champ de bataille.

Redescendre la vallée de l'Ancre et reprendre la D 73.

Mémorial de Pozières

Ce bourg était le verrou qu'il fallait faire sauter pour investir la colline de Thiepval : un objectif confié aux troupes d'Australie, relevées en septembre par celles du Canada. Sur le monument australien figurent les noms de 14 690 disparus.

> **PARRAIN**
> Le nom de Pozières est si renommé dans la mémoire australienne qu'il a été donné, après la guerre, à un village du Queensland.

Prendre la D 147, puis la D 20 sur la gauche.

Mémorial de Longueval

☎ *03 22 85 02 17 - de déb. avr. à mi-oct. : 10h-17h45 ; reste de l'année : 10h-15h45 - fermé 11-nov.-7 fév., lun. et j. fériés - gratuit.*

En juillet 1916, les positions des Sud-Africains furent attaquées par des obus lacrymogènes et asphyxiants. Après cinq jours, au prix de 90 000 tués et blessés, les Alliés reprirent le terrain, qu'ils surnommèrent Devil's Wood (« bois du Diable »).

Un **musée commémoratif** est installé dans une réplique réduite du château de Capetown.

Sur la place centrale du village, face au poilu du monument aux morts, se dresse la statue, haute de 4 m, d'un sonneur de cornemuse, dit **Piper**, gravissant le parapet d'une tranchée. Le muret qui l'entoure porte les 22 insignes des régiments ayant perdu un des leurs durant la Grande Guerre. Au-delà du souvenir, le monument constitue un symbole de réconciliation entre les peuples par l'intermédiaire d'une musique aujourd'hui universellement interprétée.

Continuer sur la D 20, vers l'Est.

Rancourt
Ce site a le triste privilège de regrouper trois cimetières : français, britannique et allemand. C'est aussi le haut lieu – et le seul – du souvenir de la participation française à la bataille de la Somme, avec sa nécropole de 8 566 soldats.

Revenir à Albert par la D 20 jusqu'à Ginchy, puis la D 64, ou finir le circuit par l'Historial de la Grande Guerre à Péronne (voir ce nom).

> **LES PIPERS**
> Parmi les nombreux soldats qui périrent dans les tranchées boueuses de la Première Guerre mondiale se trouvaient les Pipers. Sonnant la charge à la tête de leurs unités écossaises, canadiennes et irlandaises, ils payèrent le prix fort. Le département de la Somme rappelle leur présence à travers des commémorations ponctuées du son des cornemuses.

Amiens★★

Capitale de la Picardie, Amiens possède la plus vaste cathédrale gothique de France, deux fois plus grande que Notre Dame de Paris. Les hortillonnages, damier de jardins au cœur de la ville, de belles demeures anciennes et les spécialités gastronomiques font oublier les façades sans grâce des reconstructions d'après-guerre.

La situation
Carte Michelin Local 301 G8 – Somme (80). L'A 16 et l'A 29 sont les voies les plus directes. Venant de l'A 1, on est accueilli par les 104 m de la **tour** conçue par l'architecte **Auguste Perret** (1874-1954). *6 bis r. Dusevel, 80000 Amiens,* ☎ *03 22 71 60 50. www.amiens.com/tourisme*

Le nom
Pour rallier plus vite Boulogne, les Romains avaient construit Samarobriva, « le pont sur la Somme ». Amiens a oublié son nom romain et met à l'honneur les Ambiens, peuplade belge qui en fit sa capitale à l'époque gallo-romaine.

Les gens
160 815 Amiénois. Petite personnalité locale, bien connue des Picards, la marionnette Lafleur fait toujours rire les enfants *(voir p. 99).*

La quiétude du port d'Amont, où se mire la flèche de Notre-Dame.

comprendre

Le manteau de saint Martin – Amiens, important lieu de pèlerinage, est évangélisé au 4ᵉ s. par Firmin et ses compagnons. Saint Martin, cavalier de la légion romaine, y tient garnison. Un jour, croisant un mendiant transi de froid, il coupe son manteau avec son épée pour en donner la moitié au malheureux.

Le « chef » de Jean-Baptiste – Wallon de Sarton, chanoine de Picquigny, rapporte en 1206, de retour de la quatrième croisade, la « face » de saint Jean-Baptiste, qui avait baptisé le Christ dans le Jourdain et dont la tête fut présentée au roi Hérode sur un plat d'argent. En 1218, l'incendie du sanctuaire roman d'Amiens donne l'occasion à l'évêque Évrard de Fouilloy de construire un édifice digne de la précieuse relique. La construction de la cathédrale débute en 1220.

> **NÉS À AMIENS**
> Choderlos de Laclos (1741-1803), auteur du roman épistolaire *Les Liaisons dangereuses*. Les écrivains **Paul Bourget** (1852-1935) et **Roland Dorgelès** (1885-1973), auteur des *Croix de bois*. **Édouard Branly** (1844-1940), qui participe à l'invention de la TSF. Quant à **Jules Verne** (1828-1905), il a vécu à Amiens de 1871 à sa mort.

Amiens
carnet pratique

VISITE
Visites guidées de la ville – Amiens, qui porte le label Ville d'art et d'histoire, propose des visites-découvertes animées (1h30 à 2h) par des guides-conférenciers agréés par le ministère de la Culture - *de mi-juin à mi-sept. : visite guidée (merc. et dim.), balade historique (tlj sf dim. et merc.) 14h30 ; de mi-sept. à mi-juin : sam. 14h30 - 5,50 € (6-12 ans 3 €) - se renseigner à l'Office de tourisme ou sur www.amiens.com/tourisme*

SE LOGER
Hôtel Alsace-Lorraine – *18 r. de la Morlière -* ☎ *03 22 91 35 71 - alsace-lorraine.fr.st - fermé 25 déc.-1er janv. - 14 ch. 31/73 € -* 🍽 *6,50 €.* Vous ne serez pas déçu par le confort de cet aimable petit hôtel caché derrière une lourde porte cochère, à 5mn à pied du centre-ville et de la gare. Les chambres, égayées de tissus colorés, donnent sur la charmante cour intérieure, gage de calme absolu.

Victor Hugo – *2 r. de l'Oratoire -* ☎ *03 22 91 57 91 - 10 ch. 39/44 € -* 🍽 *6 €.* Petit hôtel familial à deux pas de la cathédrale gothique et de son célèbre Ange pleureur. Un vénérable escalier en bois mène à des chambres simples et bien tenues.

Chambre d'hôte du « Petit Château » – *2 r. Grimaux - 80480 Dury - 6 km au S d'Amiens par N 1 dir. Beauvais -* ☎ *03 22 95 29 52 - http://perso.wanadoo.fr/am.saguez -* ✉ *- 4 ch. 52/70 €* 🍽*.* À 10mn du centre d'Amiens, vous pourrez vivre la campagne à votre rythme dans le bâtiment annexe de cette demeure massive du 19e s. Les chambres, confortables, sont réservées aux non-fumeurs. Le propriétaire, passionné d'automobiles anciennes, se fera un plaisir de vous montrer sa collection.

Hôtel Carlton – *42 r. de Noyon -* ☎ *03 22 97 72 22 - lecarlton@free.fr - 23 ch. 71/100 € -* 🍽 *10 € - restaurant 15/25 €.* Ce bel immeuble cache derrière sa façade du 19e s. un décor moderne et agréablement cossu. Toutes ses chambres, aux meubles cirés, sont ornées de fresques murales. Son restaurant « Le Bistrot », plus simplement décoré, sert surtout des grillades.

SE RESTAURER
La Queue de Vache – *51 quai Bélu -* ☎ *03 22 91 38 91 - fermé 25 déc.-1er janv., dim. soir et lun. - 7,50/15,24 €.* Au rez-de-chaussée, un sympathique bar à vins et quelques tables. À l'étage, salle de restaurant chaleureusement décorée de publicités et d'affiches anciennes, et réchauffée l'hiver par un feu de cheminée. Terrasse au bord de la Somme. Restauration simple. Concert de jazz le 1er mardi de chaque mois.

Les Marissons – *Pont de la Dodane -* ☎ *03 22 92 96 66 - les-marissons@les-marissons.fr - fermé sam. midi, dim. et j. fériés - 18,50/49 €.* Inutile de chercher, l'adresse du quartier St-Leu, c'est là ! Un ancien atelier à bateaux aménagé en restaurant dans un minijardin fleuri qui se transforme en terrasse l'été... En hiver, on s'installe sous sa charpente pentue dans un décor sympathique aux belles poutres et tables rondes.

Le Bouchon – *10 r. Alexandre-Fatton -* ☎ *03 22 92 14 32 - fermé dim. soir de sept. à juin - 12 € déj. - 22/42 €.* C'est désormais dans un cadre résolument contemporain et de bon confort, égayé d'expositions d'œuvres d'art, que Laurent Lefèvre reçoit les gourmets. Escortée d'une belle carte de vins, son appétissante cuisine traditionnelle propose aussi bien des plats de type bistrot que des préparations plus inventives.

Au Relais des Orfèvres – *14 r. des Orfèvres -* ☎ *03 22 92 36 01 - fermé vac. de fév., août, sam. midi, dim. et lun. - 25/37 €.* Après avoir visité la superbe cathédrale, prenez place dans cette jolie salle à manger contemporaine de couleur bleue pour savourer une cuisine au goût du jour à prix doux.

La Bonne Auberge – *63 rte Nationale - 80480 Dury -* ☎ *03 22 95 03 33 - fermé 24 juil.-15 août, sam. midi, dim. soir et lun. sf j. fériés - 25/47 €.* Cette pimpante façade régionale est abondamment fleurie en été. Dans la salle à manger, récemment rajeunie, vous sera proposée une cuisine au goût du jour.

EN SOIRÉE
« Amiens, la cathédrale en couleurs » – Le créateur Skertzò restitue, par des jeux de lumière, les polychromies des portails de la façade occidentale de la cathédrale d'Amiens (sur la base de données scientifiques). Le spectacle qui en découle est saisissant ! Il a lieu de mi-juin à fin sept. à la tombée de la nuit, et de mi-déc. à déb. janv. à 20h sf 24 déc. 20h et 23h, 31 déc. 20h et minuit.

Comédie de Picardie – *62 r. des Jacobins -* ☎ *03 22 22 20 20 - www.comdepic.com - tlj sf dim. 13h-19h, sam. 13h-18h - fermé août, dim. sf si spectacle et j. fériés - 9 à 26 €.* Cet ancien hôtel particulier

Les portails de la cathédrale mis en lumière par Skertzò.

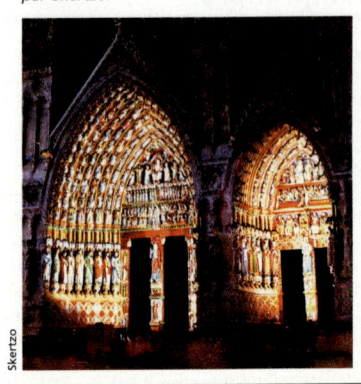

entièrement restauré abrite un très joli théâtre de 400 places. Au programme de ce pôle régional de création et de diffusion dramatique : une quinzaine de titres et 250 représentations par saison.

La Lune des Pirates – *17 quai Bélu, St-Leu - ☎ 03 22 97 88 01 - www.lalune.net - 20h30-1h les soirs de concert - fermé de mi-juil. à fin août - 5 à 13 €. Ancien café très connus des Amiénois, « La Lune » abrite aujourd'hui une salle de concerts dédiée aux musiques actuelles. Expositions et manifestations culturelles figurent également à l'affiche.*

Maison de la culture d'Amiens – *Pl. Léon-Gontier - ☎ 03 22 97 79 77 - acceuil@mca-amiens.com - 12h-19h, w.-end 14h-19h - fermé j. fériés. Deux salles de spectacle (1070 et 300 places), un cinéma d'art et d'essai et deux salles d'exposition. Cette maison de toutes les cultures propose chaque année une programmation étonnamment riche et éclectique. Programme à l'accueil.*

Théâtre de marionnettes - Chés Cabotans d'Amiens – ⌾ - *31 r. Édouard-David - quartier St-Leu - ☎ 03 22 22 30 90 - www.ches-cabotans-damiens.com - accueil expo avr.-août : tlj sf dim. mat. et lun. 10h-12h, 14h-18h ; de mi-oct. à fin mars : tlj sf lun. 14h-18h. Spectacles de mi-juil. à fin août : tlj sf lun. à 18h ; de mi-oct. à fin mars : dim. 15h ; vac. scol. : spectacles suppl. en semaine 14h30 - fermé sept., 1er-15 oct., 24 déc.-1er janv. et j. fériés - 10 € (enf. 5 €). L'acteur interprète, la marionnette vit. Chaque marionnette a une histoire et un langage qui lui est propre (le picard ou le français), et surtout un visage remarquablement expressif que l'on peut admirer dans l'exposition du rez-de-chaussée. Un spectacle fascinant pour tous, dans un véritable théâtre miniature au décor très soigné.*

Laurent-Devime – *80260 St-Gratien - ☎ 03 22 40 16 71 - laurent.devime@free.fr. Ce conteur organise plusieurs types de spectacles : veillées picardes, randonnées-contes à la campagne ou en ville, marionnettes et des animations inspirées par le kamishibaï, théâtre d'images japonais. Atelier autour des traditionnels jeux picards.*

QUE RAPPORTER

Marché sur l'eau – *Les maraîchers des hortillonnages, aussi appelé hortillons, vendent leurs produits chaque sam. matin, pl. Parmentier. Une fois par an, le 3e dim.*

de juin, le marché se déroule comme autrefois. Les hortillons, en costumes, arrivent dans leur barque traditionnelle à fond plat, pour déposer leurs fleurs et leurs légumes à quai.

Office culturel, Amiens

Lafleur et son épouse Sandrine sont les vedettes de la troupe du théâtre de marionnettes.

Le Petit Poucet – *52 r. des Trois-Cailloux - ☎ 03 22 91 42 32 – tlj sf lun. 8h-19h30 (dim. 19h) - fermé 10 juil.-10 août. Ce bel établissement à la devanture rose est fort connu des Amiénois qui viennent s'y restaurer d'une quiche, d'une ficelle picarde ou d'une assiette composée à midi, y déguster un merveilleux chocolat à l'heure du goûter, ou tout simplement y acheter une des divines pâtisseries maison.*

Jean Trogneux – *1 r. Delambre - ☎ 03 22 71 17 17 - www.trogneux.fr - tlj sf dim. 9h30-12h15, 13h45-19h, lun. 13h45-19h. Spécialité de la ville depuis le 16e s., le macaron d'Amiens, aux douces saveurs d'amande et de miel, connaît toujours autant de succès. La famille Trogneux, confiseur et chocolatier depuis cinq générations, en vend chaque année plus de... deux millions ! La boutique propose également une belle sélection de produits du terroir.*

Atelier de Jean-Pierre Facquier – *67 r. du Don - ☎ 03 22 92 49 52 ou 03 22 39 21 74 - tlj sf dim. 14h-18h30, sam. 10h-12h, 14h-18h - fermé 1 sem. en été. M. Facquier donne vie, devant vous, à des personnages traditionnels ou à des créations, faits de morceaux de bois, et joue parfois avec leurs formes. Habillée par sa femme dans des tissus choisis avec soin, chaque pièce, unique, est un bijou d'artisanat.*

Naissance de l'industrie textile – Affilié à la hanse de Londres, Amiens connaît la prospérité au Moyen Âge. La draperie, le trafic des vins, le port en font un lieu très fréquenté. On y traite la « guède » ou pastel, précieuse plante tinctoriale que l'on nomme localement *waide*. Broyée dans des moulins, elle produit toutes les nuances de bleu. À la fin du 15e s. se développe la fabrication des « sayettes », serges de laine mêlées de soie qui font la réputation des articles d'Amiens. Le règne de Louis XIV voit l'introduction des « velours d'Amiens ».

Orages d'acier – En 1914, la vallée de la Somme est, avec celle de l'Aisne, un obstacle majeur à l'envahisseur venu du Nord. Amiens, tête de pont, n'échappe pas aux assauts. En 1918, lors de la bataille de Picardie, la ville est l'objectif de Ludendorff et reçoit quelque 12 000 obus et « marmites ». Elle est incendiée en 1940 lors de la bataille de la Somme. En 1944, sa prison est l'objet d'une périlleuse attaque aérienne destinée à faciliter l'évasion de résistants incarcérés (opération Jéricho).

découvrir

LA CATHÉDRALE NOTRE-DAME★★★

☎ *03 22 71 60 50 - avr.-sept. : 8h30-18h30 ; oct.-mars : 8h30-17h30 (dernière entrée 15mn av. fermeture) - possibilité de visite guidée (1h30) se renseigner au ☎ 03 22 22 58 90.*

Ses plans furent confiés à **Robert de Luzarches** auquel succédèrent Thomas de Cormont, puis son fils Renaud.

La cathédrale fut rapidement construite, ce qui explique l'homogénéité de son architecture : le gros œuvre, entrepris en 1220, fut terminé en 1269 ; les chapelles latérales furent bâties en 1375, et il fallut néanmoins attendre le 15e s. pour achever le couronnement des tours. En 1849, Viollet-le-Duc restaura l'édifice. Classée au patrimoine mondial de l'Unesco depuis 1981, elle pourrait contenir deux fois Notre Dame de Paris.

Miraculeusement épargnée en 1940, la cathédrale d'Amiens présente une façade travaillée d'une grande légèreté.

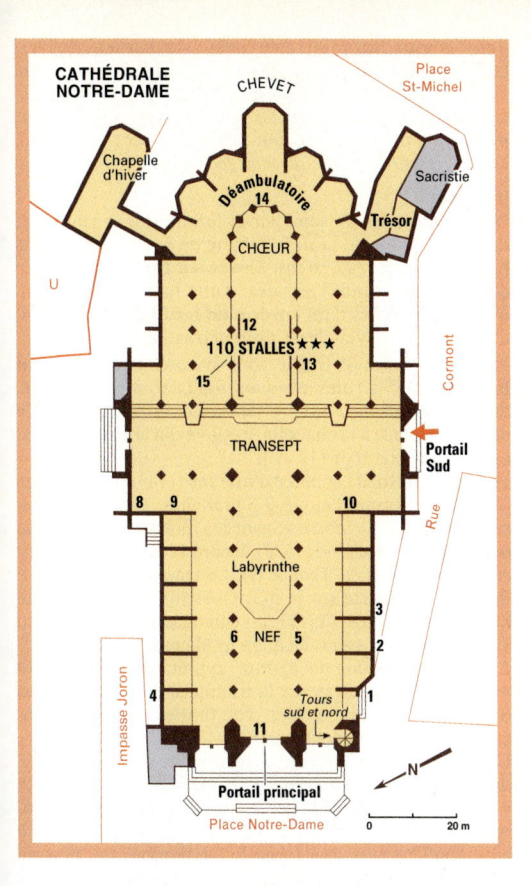

Extérieur

La **façade**, superbement restaurée en 1999, est rythmée par l'étagement que forment les trois porches, les deux galeries dont celle des Rois aux effigies colossales, la grande rose flamboyante refaite au 16ᵉ s., encadrée de baies géminées ouvertes sur le ciel, et la petite galerie des Sonneurs surmontée d'une arcature légère entre les tours. Au **portail principal**, les vierges sages et les vierges folles sur le chambranle, les apôtres et les prophètes sur les piédroits escortent le célèbre **Beau Dieu**, Christ au visage noble et serein foulant l'aspic et le basilic. Il est le point central de cette immense Bible sculptée. Le tympan représente le Jugement dernier présidé par un Dieu plus sévère et plus archaïque sous des voussures où se succèdent vierges, martyrs, anges ou damnés. Les soubassements comportent des bas-reliefs en quatre-feuilles, encadrant les vertus (femmes portant un écusson) et les vices.

S'avancer dans l'impasse Joron.

Une statue de Charles V **(4)** décore le côté Nord au contrefort (14ᵉ s.) épaulant la tour. Contournez l'édifice par la droite en passant devant un saint Christophe géant **(1)**, une Annonciation **(2)** et, entre les 3ᵉ et 4ᵉ chapelles, un couple de marchands de *waide* avec leur sac **(3)**.

Suivre la rue Cormont jusqu'à la place St-Michel.

Admirez l'élévation du **chevet** aux arcs-boutants ajourés et l'envolée de la flèche en châtaignier. Recouverte de feuilles de plomb, elle s'élève à 112,70 m.

Revenir sur ses pas et entrer par le portail Sud.

Le **portail Sud**, appelé portail de la Vierge dorée à cause de la statue qui ornait autrefois le trumeau, est consacré à saint Honoré, évêque de la ville. La montée dans la **tour Sud** permet d'atteindre, en passant par la galerie de la

> **PORTAILS LATÉRAUX**
>
> Le portail de gauche est dédié à **saint Firmin**, évangélisateur d'Amiens, et à la Picardie (dans les quatre-feuille, beau zodiaque et calendrier des travaux des mois). Le portail de droite est sous le vocable de la **Mère Dieu**. Au trumeau, la Vierge couronnée domine des scènes de la Genèse. Dans les ébrasements, scènes de la vie de la Vierge et de l'ancien testament.

Rose, la **tour Nord** (307 marches) : vue sur les combles, la flèche, la ville et les environs. *Visite guidée (40mn) juil.-août : 11h, 14h30-17h15 ; avr.-juin et sept. : 15h et 16h30, w.-end et j. fériés 14h30-17h15 ; reste de l'année : 15h30 - fermé mar., 1er janv., 1er Mai, 3e dim. de sept., 25 déc. - 2,50 € (enf. gratuit), gratuit 1er dim. du mois (oct.-mars).*

Intérieur

Dès l'entrée, on est saisi par la luminosité et l'ampleur des proportions de la **nef** : longue de 54 m, c'est la plus haute de France (42,50 m). Élevée sur trois niveaux, elle comporte de grandes arcades, d'une hauteur exceptionnelle, surmontées d'un **cordon de feuillage** très fouillé, d'un triforium aveugle et de fenêtres hautes.

Au niveau de la 3e travée sont disposés les **gisants en bronze★** (13e s.) des évêques fondateurs de la cathédrale : Évrard de Fouilloy **(5)** et Geoffroy d'Eu **(6)**. Ce dernier fait face à la chapelle St-Sauve qui abrite un Christ en longue robe d'or (12e s.).

Le **transept Nord** est percé d'une rose (14e s.) à remplage central, en forme d'étoile à 5 branches. La cuve baptismale **(8)** est une « pierre à laver les morts » de 1180. Une sculpture polychrome (1520) décore le mur Ouest : *Jésus et les marchands du Temple* **(9)**. Le **transept Sud**, à rose flamboyante, porte sur le mur Ouest un relief qui relate en quatre scènes (1511) la conversion du magicien Hermogène par saint Jacques le Majeur **(10)**.

En tournant le dos au chœur, appréciez l'élégance du vaisseau et la hardiesse de la tribune soutenant le **grand orgue (11)** aux arabesques d'or (buffet du 16e s.) que couronne la rose occidentale.

Une belle grille (18e s.) due à Jean Veyren ferme l'entrée du **chœur**. Les **110 stalles★★★ (12)** en chêne ont été sculptées de 1508 à 1522 par les huchiers Arnould Boulin, Antoine Avernier et Alexandre Huet. Sous la dentelle de bois, chef-d'œuvre de l'art gothique flamboyant, plus de 4 000 figures évoquent la Genèse et l'Exode, la vie de la Vierge, et des sujets de fantaisie : métiers, fabliaux, vices... ☎ 03 22 80 03 41 - *visite guidée (1h) tlj sf sam. (j. de célébration des mariages) 15h30 - fermé 1er janv., dernier dim. de sept., 25 déc. - gratuit.*

Dans le **déambulatoire**, à droite, sur la clôture du chœur, au-dessus de deux gisants, 8 groupes polychromes remarquables, taillés dans la pierre (1488), sont placés sous de fins dais gothiques : ils représentent la **vie de saint Firmin (13)**, son martyre et son exhumation par saint Sauve, trois siècles plus tard. Les personnages, très expressifs, portent les costumes du 15e s. : notables en somptueux atours, humbles pauvrement mis et bourreau en curieux hauts-de-chausses. Derrière le maître-autel, l'**Ange pleureur** (1628) **(14)**, dû à Nicolas Blasset, trône sur le tombeau du chanoine Lucas. La clôture Nord du chœur est sculptée de scènes (1531) relatant la **vie de saint Jean (15)** – à examiner de droite à gauche.

se promener

Garez votre voiture au pied de la cathédrale ou dans le parking souterrain St-Leu. Les amateurs de shopping trouveront leur bonheur rue du Hocquet et place du Don. Traversez la Somme pour découvrir les ruelles du quartier St-Leu.

Quartier St-Leu★

C'était, au Moyen Âge, le quartier où l'on fabriquait et teignait les tissus, notamment le velours qui fit la réputation d'Amiens. Traversée par de multiples bras de la Somme, cette « petite Venise du Nord » a fait l'objet d'une importante rénovation. Ses rues, bordées de petites maisons colorées à colombages ou à ossature de

---

TROUVEZ LA SORTIE
Autrefois, les fidèles qui ne pouvaient se rendre à Jérusalem ou à St-Jacques-de-Compostelle, parcouraient à genoux le **labyrinthe**, au centre de la nef. Les architectes de la cathédrale y ont inscrit leurs noms : Robert de Luzarches, Thomas et Renaud de Cormant.

SIGNÉ TURPIN
Sur une des stalles du chœur, un ouvrier s'est représenté maniant le maillet et a gravé son nom : Jehan Turpin.

L'« Ange pleureur » doit sa renommée aux soldats alliés qui, pendant la Première Guerre mondiale, envoyèrent à travers le monde des cartes postales à son effigie.

POUR CHINER
Le passage Bélu, sur le quai du même nom, mène à La Galerie des Antiquaires ouverte les lun., jeu. et vend. 15h-19h ; w.-end 10h30-12h30, 15h-19h. Deux grandes réderies (brocante, vide-grenier) sont organisées chaque année dans le centre ville : la réderie de printemps le dernier dim. d'avr. et celle d'automne le premier dim. d'oct.

Le charme pimpant des maisons du quartier St-Leu n'est pas sans rappeler les constructions des pays nordiques.

bois, accueillent artisans, antiquaires, cafés et restaurants. Du **pont de la Dodane**, belle vue sur la cathédrale.

Le temps de recevoir le salut de Lafleur, chef de file des marionnettes picardes, reconnaissable à sa livrée de velours rouge, place A.-Briand, on se dirige vers l'église-halle **St-Leu** (15ᵉ s.) au clocher flamboyant du 16ᵉ s.

Près du chevet de l'église, le **théâtre de marionnettes** est le repère des *cabotans* – les « marionnettes », en picard. ☎ *03 22 22 30 90 - www.ches-cabotans-damiens.com -* ♿ *- avr.-août : 10h-12h, 14h-18h, dim. 14h-18h ; de mi-oct. à fin mars : 14h-18h - spectacles : de mi-juil. à fin août : tlj sf lun. 18h ; vac. scol. (sf Noël) 14h30 ; janv.-avr. et de mi-oct.-23 déc. : dim. 15h - fermé lun., de déb. sept. à mi-oct., vac. de Noël et j. fériés - 10 € (-12 ans 5 €), gratuit exposition.*

Regagner le parvis de la cathédrale et la contourner par son flanc Sud, que l'on peut admirer depuis la rue piétonne qui rejoint la place Aguesseau.

À l'angle du palais de justice, un bas-relief de J. Samson (1830) rappelle l'histoire du manteau de saint Martin.

Maison du Sagittaire et Logis du Roi
La façade Renaissance de la **maison du Sagittaire** (1593) doit son nom au signe zodiacal qui orne les arches. À gauche, le Logis du Roi (1565) est le siège des **Rosati picards**, dont la devise est : « Tradition, Art et Littérature ». Sa porte en accolade s'orne d'une Vierge à la Rose.

Ancien théâtre
Cette **façade** de style Louis XVI, œuvre de Rousseau en 1780, abrite une banque. Trois immenses baies sont encadrées d'élégants bas-reliefs : guirlandes, médaillons, muses, etc.

En suivant la rue Delambre, on traverse la ville moderne et commerçante ; en point de mire, la nouvelle maison de la culture.

Bailliage
Sur une placette derrière l'hôtel de ville, la charmante façade restaurée est le seul témoin de l'édifice construit en 1541. Fenêtres à meneaux, gâbles flamboyants et médaillons Renaissance. À droite, remarquez un « fol » affublé d'un chaperon à grelots.

Beffroi
Sur la place au Fil, cet édifice massif comporte une base carrée (15ᵉ s.) et un clocher (18ᵉ s.) surmonté d'un dôme. Dans la perspective de la rue Chapeau-des-Violettes, vue sur l'église **St-Germain**, de style gothique flamboyant (15ᵉ s.), avec son clocher penché.

En regagnant la cathédrale, faites un arrêt devant l'horloge Dewailly et la statue de la *Marie sans chemise*, petite sirène due au sculpteur amiénois Albert Roze (1861-1952). On peut continuer la promenade jusqu'aux hortillonnages *(20mn à pied).*

> **BALADE EN BARQUE**
> Des visites en barque le long des canaux de St-Leu sont organisées de juin à octobre au départ du bd du Cange.
> ☎ *03.22.22.30.90.*

La maison du Sagittaire, ancienne demeure d'un drapier, jouxte le Logis du Roi.

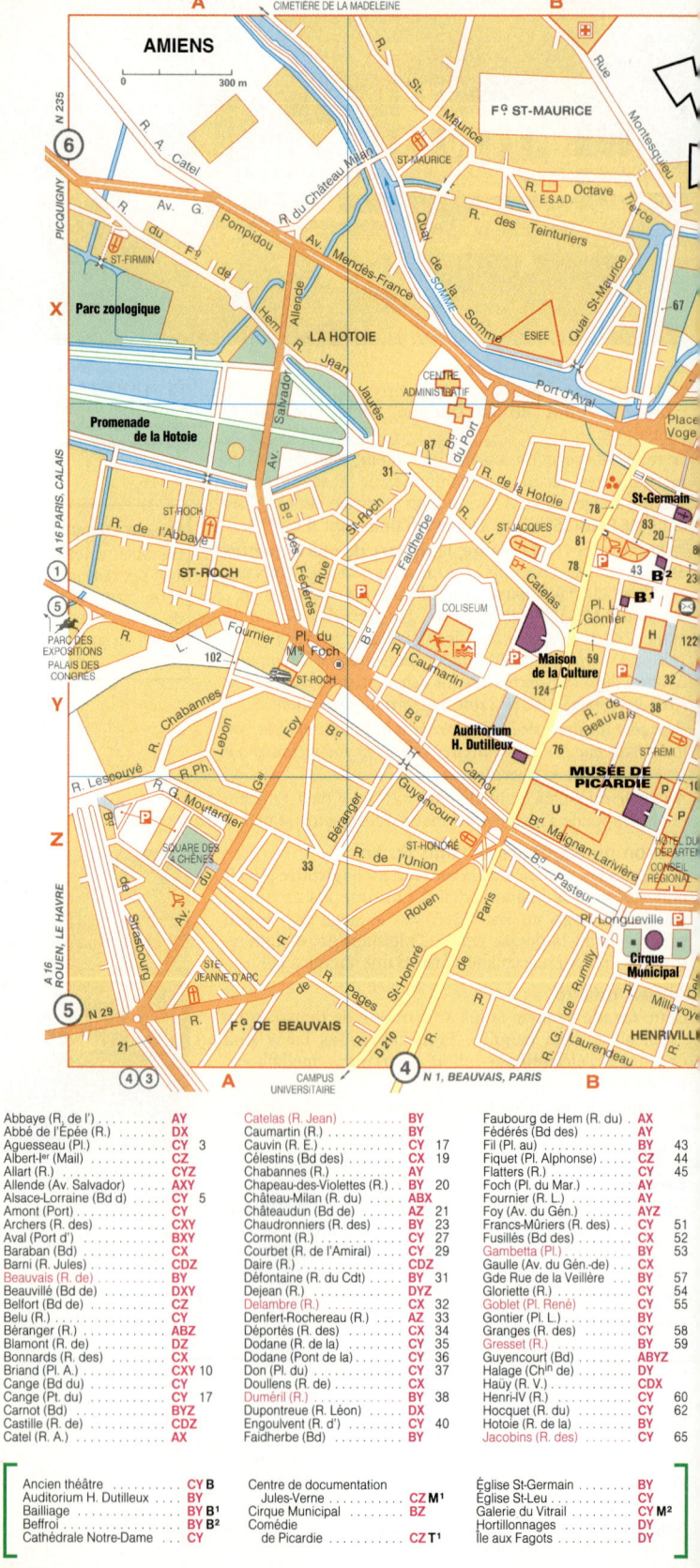

AMIENS

Abbaye (R. de l')	**AY**	Catelas (R. Jean)	**BY**	Faubourg de Hem (R. du)	**AX**
Abbé de l'Épée (R.)	**DX**	Caumartin (R.)	**BY**	Fédérés (Bd des)	**AY**
Aguesseau (Pl.)	**CY** 3	Cauvin (R. E.)	**CY** 17	Fil (Pl. au)	**BY** 43
Albert-Ier (Mail)	**CZ**	Célestins (Bd des)	**CX** 19	Fiquet (Pl. Alphonse)	**CZ** 44
Allart (R.)	**CYZ**	Chabannes (R.)	**AY**	Flatters (R.)	**CY** 45
Allende (Av. Salvador)	**AXY**	Chapeau-des-Violettes (R.)	**BY** 20	Foch (Pl. du Mar.)	**AY**
Alsace-Lorraine (Bd d)	**CY** 5	Château-Milan (R. du)	**ABX**	Fournier (R. L.)	**AY**
Amont (Port)	**CY**	Châteaudun (Bd de)	**AZ** 21	Foy (Av. du Gén.)	**AYZ**
Archers (R. des)	**CXY**	Chaudronniers (R. des)	**BY** 23	Francs-Mûriers (R. des)	**CY** 51
Aval (Port d')	**BXY**	Cormont (R.)	**CY** 27	Fusillés (Bd des)	**CX** 52
Baraban (Bd)	**CX**	Courbet (R. de l'Amiral)	**CY** 29	Gambetta (Pl.)	**BY** 53
Barni (R. Jules)	**CDZ**	Daire (R.)	**CDZ**	Gaulle (Av. du Gén. de)	**CX**
Beauvais (R. de)	**BY**	Défontaine (R. du Cdt)	**BY** 31	Gde Rue de la Veillère	**BY** 57
Beauvillé (Bd de)	**DXY**	Dejean (R.)	**DYZ**	Gloriette (R.)	**CY** 54
Belfort (Bd de)	**CZ**	Delambre (R.)	**CX** 32	Goblet (Pl. René)	**CY** 55
Belu (R.)	**CY**	Denfert-Rochereau (R.)	**AZ** 33	Gontier (Pl. L.)	**BY**
Béranger (R.)	**ABZ**	Déportés (R. des)	**CX** 34	Granges (R. des)	**CY** 58
Blamont (R. de)	**DZ**	Dodane (R. de la)	**CY** 35	Gresset (R.)	**BY** 59
Bonnards (R. des)	**CX**	Dodane (Pont de la)	**CY** 36	Guyencourt (Bd)	**ABYZ**
Briand (Pl. A.)	**CXY** 10	Don (Pl. du)	**CX** 37	Halage (Chin de)	**DY**
Cange (R. du)	**CY**	Doullens (R. de)	**CX**	Haüy (R. V.)	**CDX**
Cange (Pl. du)	**CY** 17	Duméril (R.)	**BY** 38	Henri-IV (R.)	**CY** 60
Carnot (Bd)	**BYZ**	Dupontreue (Léon)	**DX**	Hocquet (R. du)	**CY** 62
Castille (R. de)	**CDZ**	Engoulvent (R. d')	**CY** 40	Hotoie (R. de la)	**BY**
Catel (R. A.)	**AX**	Faidherbe (Bd)	**BY**	Jacobins (R. des)	**CY** 65

Ancien théâtre	**CY** B	Centre de documentation Jules-Verne	**CZ** M¹	Église St-Germain	**BY**
Auditorium H. Dutilleux	**BY**	Cirque Municipal	**BZ**	Église St-Leu	**CY**
Bailliage	**BY** B¹	Comédie de Picardie	**CZ** T¹	Galerie du Vitrail	**CY** M²
Beffroi	**BY** B²			Hortillonnages	**DY**
Cathédrale Notre-Dame	**CY**			Île aux Fagots	**DY**

Name	Ref	No
Jardin-des-Plantes (Bd)	BX	67
Jean-Jaurès (R.)	ABXY	
Joffre (Pl. du Mar.)	CZ	
Just-Hauy (R.)	DZ	
Lamarck (R.)	CYZ	
Lamartine (R.)	CY	
Lapostolle (R.)	DY	
Lattre-de-Tassigny (R. Mar.-de)	BY	76
Laurendeau (R.)	BZ	
Lebon (R. Ph)	AYZ	
Leclerc (R. du Gén.)	BY	78
Lefèvre (R. Adéodat)	CY	80
Legrand-Daussy (R.)	DYZ	
Leroux (R. Florimond)	BY	81
Lin (R. au)	BY	83
Longueville (Pl.)	BZ	
Maignan-Larivière (Bd)	BZ	
Majots (R. des)	CY	85
Marché-aux-Chevaux (R. du)	BY	87
Marché-de-Lanselles (R. du)	BY	88
Mendès-France (Av.)	ABX	
Millevoye (R.)	BZ	
Montesquieu (R.)	BX	
Morel (R. Éloi)	CDX	
Motte (R.)	CY	89
Moutardier (R. G.)	AZ	
Neuve-Dejean (R.)	DYZ	
Noyon (R. de)	CZ	91
Onfray (R.)	DX	
Oratoire de l' (R.)	CY	93
Otages (R. des)	CZ	94
Pages (R.)	ABZ	
Paris (R. de)	BZ	
Parmentiers (Pl.)	CY	96
Pasteur (Bd)	BZ	
Pinceau (R. du)	DZ	
Pompidou (Av. Georges)	AX	
Port (Bd du)	BY	
Prémontrées (R. des)	AY	102
République (R. de la)	BZ	105
Résistance (R. de la)	BX	106
Riolan (R.)	DZ	
Rouen (R. de)	ABZ	
Rumilly (R. G. de)	BZ	
St-Fuscien (R.)	CZ	108
St-Honoré (R.)	BZ	
St-Leu (R.)	CXY	
St-Maurice (Q.)	BX	
St-Maurice (R.)	BX	
St-Michel (Pl.)	CY	
St-Pierre (Chaussée)	CX	
St-Roch (R.)	ABY	
Sergents (R. des)	CY	115
Somme (Q. de la)	BX	
Strasbourg (Bd de)	AZ	
Teinturiers (R. des)	BX	
Tierce (R. Octave)	BX	
Trois-Cailloux (R. des)	CY	120
Union (R. de l')	ABZ	
Vallée (R. de la)	CDY	
Vanmarcke (R.)	CY	121
Vaquette (R.)	DZ	
Vascosan (R.)	CZ	
Vauban (R.)	CX	
Verdun (R. de)	DY	
Vergeaux (R. des)	BY	122
Verne (Bd J.)	CZ	
Victor-Hugo (R.)	CY	123
Vogel (Pl.)	BY	
Voiture (R.)	CZ	
Vulfran-Warme (R.)	CZ	
Zola (R. Emile)	CZ	
2e-D.-B. (R. de la)	BY	124

Jardin archéologique de St-Acheul	DZ	
Maison de la Culture	BY	
Maison des hortillonnages	DY	
Maison du Sagittaire et logis du Roi	CY	N
Musée de l'Hôtel de Berny	CY	M³
Musée de Picardie	BZ	
Parc zoologique	AX	
Promenade de la Hotoie	AY	
Théâtre des marionnettes - Maison du théâtre	CY	T²
Tour Perret	CYZ	

Amiens

Hortillonnages★

54 bd Beauvillé - ☎ 03 22 92 12 18 - avr.-oct. : visite guidée (45mn) en barque électrique tlj à partir de 14h - 5 € (enf. 2,50 €).

Ces jardins (300 ha) s'étendent dans un lacis de canaux, ou **rieux**, alimentés par les bras de la Somme et de l'Arve. Il s'agit d'anciens marais drainés par les Romains, qui furent les premiers à y faire pousser fruits et légumes. Il y a un siècle, un millier de maraîchers, les **hortillons** (du latin *hortus*, « jardin »), cultivaient encore leur parcelle, fournissant en primeurs les Amiénois. Aujourd'hui, dans ce site classé, arbres fruitiers et fleurs tendent à remplacer les légumes. Les cabanes des maraîchers deviennent des maisons de week-end. On peut encore y observer de nombreux oiseaux, comme les grèbes huppés, les hérons cendrés et les canards colverts.

On se promène **en barque**, en canoë ou à pied dans le parc Saint-Pierre, ce damier verdoyant qu'ombragent aulnes et saules.

◉ L'ancien **chemin de halage**, point de départ de petites randonnées *(topoguides en vente à l'Office de tourisme)*, longe l'étang de Rivery et l'**île aux Fagots**, équipée d'un aquarium et d'un insectarium, où l'on fait découvrir l'écologie aux enfants *(aires de pique-nique)*.

> **MARCHÉ SUR L'EAU**
>
> Les maraîchers des hortillonnages, aussi appelés hortillons, vendent leurs produits chaque sam. matin, pl. Parmentier. Une fois par an, le 3e dim. de juin, le marché se déroule comme autrefois. Les hortillons, en costumes, arrivent dans leur barque à cornet, barque traditionnelle à fond plat, pour déposer leurs fleurs et leurs légumes à quai.

Les hortillonnages : calme et plaisir de jardiner au bord de l'eau

visiter

Musée de Picardie★★

48 r. de la République. ♿ - tlj sf lun. 10h-12h30, 14h-18h - fermé 1er janv., 1er et 8 Mai, 14 Juil., 1er et 11 Nov., 25 déc. - 4 €, gratuit 1er dim. du mois.

◀ Ce bâtiment, construit entre 1855 et 1867 à l'initiative de la Société des antiquaires de Picardie, est un imposant témoin de l'architecture Napoléon III.

Archéologie – Au sous-sol, outre les antiquités égyptiennes et grecques, sont exposées les collections archéologiques provenant de fouilles régionales. **Samarobriva**, à l'époque gallo-romaine, s'étendait sur 200 ha et comptait près de 20 000 habitants au 2e s. Ont été découverts et identifiés des vestiges des thermes, du forum, de l'amphithéâtre, et des objets de la vie quotidienne (verrerie, céramiques).

Sculpture et objets d'art – Importante collection d'émaux et d'ivoires du **Moyen Âge**. Les sculptures viennent de la cathédrale ou des églises et des abbayes détruites dans la région. Outre les œuvres des Amiénois, Albert Roze *(Tête de vieille picarde)*, le musée possède de beaux bronzes animaliers du 19e s.

Peinture – Dans le Grand Salon sont réunies les toiles historiques des 18e et 19e s. (Maignan, Vernet, Vincent). Des compositions murales de Puvis de Chavannes ornent l'escalier d'honneur et les galeries du 1er étage.

> **RENDEZ-VOUS À LA ROTONDE**
>
> Dans la rotonde du musée, un dessin mural a été réalisé au lavis d'encre de Chine, en 1992, par l'artiste américain Sol LeWitt.

Le salon N.-D.-du-Puy et une partie de la galerie suivante rassemblent les chefs-d'œuvre de la **confrérie du Puy Notre-Dame d'Amiens**. Certaines de ces peintures sur bois conservent leur cadre sculpté par les artistes des stalles de la cathédrale. Un panneau à dais Renaissance (1518) est intitulé *Au juste pois, véritable balance* : on y reconnaît François Ier ; sous le dais gothique portant le *palinod* (voir encadré) *Terre d'où prit la vérité naissance* (1601) apparaît Henri IV. Dans son cadre de bois ajouré, la *Vierge au palmier* (1520) est entourée de saints, des donateurs et de leur famille, devant la cathédrale d'Amiens.

Dans la galerie Nieuwerkerke, peintures du 17e s. de l'école espagnole avec Ribera et le Greco, de l'école hollandaise avec F. Hals, et de l'école française avec Simon Vouet.

Les salles suivantes abritent des œuvres françaises du 18e s. – Oudry, Chardin, Fragonard, Quentin de La Tour, qui s'est représenté lui-même avec une certaine acuité – ainsi que les *Neuf chasses en pays étrangers*, exécutées par Parrocel, Pater, Boucher, Lancret, Van Loo et de Troy pour les petits appartements de Louis XV à Versailles. Quelques maîtres italiens, tels Guardi et Tiepolo, témoignent du charme de la peinture vénitienne.

La galerie Charles-Dufour est consacrée aux paysagistes français du 19e s., en particulier à l'école de Barbizon (Millet, Isabey, Corot, Rousseau). L'art du 20e s. est présent avec Bacon, Balthus, Dubuffet, Masson, Picabia, Picasso et Sutherland.

Musée de l'hôtel de Berny★

36 r. Victor-Hugo. Mai-sept. : jeu., vend. et w.-end 14h-18h ; oct.-avr. : dim. 10h-12h30, 14h-18h - fermé 1er janv., 1er et 8 Mai, 14 Juil., 1er et 11 Nov., 25 déc. - 2 €, gratuit 1er dim. du mois.

Édifié en 1633, l'ancien **hôtel des Trésoriers★** est un bel exemple de style Louis XIII, avec son appareillage de briques roses à chaînages de pierre. Son dernier propriétaire, Gérard de Berny (1880-1957), s'appliqua à le décorer, puis le légua à la ville d'Amiens.

Mobilier et boiseries proviennent des demeures de la région. La cheminée de la salle à manger est de J. Goujon, comme les boiseries (18e s.) qui décoraient le vestibule du château de la Grange-Bléneau. À l'étage, chambre dorée Louis XVI et boiseries de la bibliothèque de l'abbaye de Corbie. Toiles évoquant l'Amiens d'autrefois, portraits de personnalités picardes : Charles de Laclos, Jules Verne, Branly, Parmentier.

Centre international Jules-Verne

2 r. Charles-Dubois. ☎ 03 22 45 37 84 - de mi-avr. à mi-oct. : 10h-18h, w.-end et lun. 14h-18h ; reste de l'année : 10h-19h, w.-end et lun. 14h-19h - fermé 1er janv., 1er Mai, 25 déc. - 4,50 € (enf. 3 €).

Si Jules Verne (1828-1905) naquit à Nantes, il vint s'installer à Amiens en 1869, où il rédigea notamment *Le Tour du monde en 80 jours, Michel Strogoff, Le Rayon vert...* Il fut conseiller municipal de la ville. Sa demeure, dite « maison à la Tour », rassemble plus de 20 000 documents sur lui et son œuvre. Reconstitution de son bureau, objets personnels, maquette du *Nautilus*, portrait en hologramme.

Hôtel Bouctot-Vagniez

36 r. des Otages. ☎ 03 22 82 80 80 - 9h-12h, 14h-17h - fermé w.-end et j. fériés - gratuit.

Cette « maison-château » fut bâtie en 1912 pour André Bouctot et Marie-Louise Vagniez : elle constituait la dot de la jeune femme, issue d'une famille de commerçants en textile. Symbole de réussite bourgeoise, cette construction devait rivaliser avec les hôtels de l'aristocratie, massés autour de la cathédrale. La réalisation néogothique fut entièrement confiée à Louis Duthoit ; remarquez le « donjon » accolé à une aile, les hautes lucarnes et les décrochements de la toiture.

CONFRÉRIE DU PUY NOTRE-DAME

Cette association, à la fois littéraire et religieuse, vouée à la glorification de la Vierge, fut fondée à Amiens en 1389. Le maître de la confrérie, élu chaque année, récitait son « chant royal » sur un podium, le puy. Le refrain ou palinod avait la particularité de former un jeu de mot avec le nom du donateur. À partir de 1450, il devait offrir à la cathédrale un tableau votif sur le thème du palinod.

VISITE

Galerie du vitrail – *40 r. Victor-Hugo - ☎ 03 22 91 81 18 - visite guidée (1h) tlj sf dim. 15h - fermé j. fériés - pour les groupes, réserver.* Un maître verrier que l'on peut voir au travail présente sa collection de vitraux dont le plus ancien date du 13e s.

BESTIAIRE

Marie-Louise Vagniez avait une passion pour les animaux, comme en témoigne le décor des façades : singes et écureuils de pierre, mais également, au Sud, deux cigognes veillant sur leurs cigogneaux. Il s'agit peut-être d'une allusion nostalgique à l'Alsace, alors annexée par l'Allemagne.

On ne visite que le rez-de-chaussée de l'hôtel, propriété de la chambre de commerce : exubérant **décor Art nouveau★** d'inspiration florale (murs lambrissés de branches de pin, vitraux ornés de chardons, lampe d'albâtre agrémentée d'hortensias de verre et de bronze, roses taillées sur la cheminée de marbre...).

Jardin archéologique de St-Acheul

Deux accès : 10 r. R.-Gourdain (entrée principale, parking et parcours « Le fil du temps ») et r. J.-Prévert (qui donne directement sur le jardin). ☎ *03 22 47 82 57 - visite sur demande 48h av. - juil.-août et de mi-avr. à fin avr. : 10h-12h, 14h-19h, w.-end et j. fériés 14h-19h ; de déb. janv. à mi-avr., mai-juin et de déb. sept. aux vac. de Noël : 9h-12h30, 14h-17h30, w.-end et j. fériés 14h-17h30 - fermé vac. de Noël - 5,50 €.*

En 1859, le géologue Albert Gaudry effectue les premières fouilles dans la carrière Friville, près de l'ancien cimetière de St-Acheul, à l'Est de la ville. Depuis 1872, le site prête son nom à l'une des civilisations du paléolithique inférieur, l'**acheuléen**, caractérisée par l'utilisation de silex taillés ou **bifaces**, premier outil digne de ce nom. Le jardin occupe un cadre champêtre, qui respecte la nature du terrain d'origine.

> **À SAVOIR**
> Une passerelle mène à une **tour d'observation** (19 m) dévoilant un panorama sur le site, la vallée de la Somme et la ville d'Amiens. Des coupes et diagrammes y présentent les différentes étapes du creusement de la vallée.

Un long couloir jalonné de panneaux, « **le fil du temps** », répertorie à rebours les grandes dates de l'évolution humaine : de l'an 2000 jusqu'à 450 000 ans av. J.-C. À l'extrémité, une **coupe géologique** montre la succession de dépôts sédimentaires accumulés depuis 450 000 ans. Panneaux descriptifs, table d'orientation et tableau de lecture de la coupe permettent de comprendre l'histoire des lieux.

Parc zoologique

139 r. du Fbg-de-Hem. ♿ *- avr.-sept. : 10h-18h, dim. et j. fériés 10h-19h ; oct.-mars : merc. 14h-17h, w.-end et j. fériés 14h-17h ; vac. scol. : 14h-17h - fermé 1er janv., 25 déc. - 4 € (enf. 3 €), gratuit 14 Juil.*

Situé au bord de la promenade de la Hotoie (18e s.) et de son plan d'eau, le zoo a été réaménagé depuis peu, dans un parc agréable : les pelouses sont encerclées par les ramifications de la Selle où évoluent cygnes, pélicans, grues... Le zoo est impliqué dans la protection des espèces en voie de disparition. Parmi les 450 animaux, aucun n'a été capturé directement dans son milieu naturel.

alentours

Sains-en-Amiénois

8 km au Sud par la D 7. Dans l'**église**, gisants de saint Fuscien et de ses compagnons, Victoric et Gentien, martyrs au 4e s. Au-dessous, un bas-relief retrace la scène de leur décapitation. ☎ *03 22 09 51 15 - visite guidée sur demande à la mairie : dim. (4e du mois).*

Boves

9 km au Sud-Est par la D 116. Les **ruines** du château (12e s.) dominent la petite ville, siège d'un marquisat à partir de 1630. On accède à la bassecour herbue et à la motte portant les deux imposants pans de murs d'un fier donjon. Du sommet, **vue** étendue, au Sud sur les étangs de Fouencamps, au Nord vers Amiens.

Conty

22 km au Sud par la D 210 puis, à droite, la D 920. L'**Église St-Antoine**, de style flamboyant homogène des 15e et 16e s., aligne sur son côté droit une étrange perspective de gargouilles très saillantes. Coiffée d'un comble pyramidal, comme la collégiale de Picquigny, la tour porte des traces d'éclats de boulets datant du siège de Conty par la Ligue (1589). À l'angle, statue de saint Antoine ermite. À gauche de la façade, un escalier mène à la fontaine St-Antoine.
☎ *03 22 41 24 30 - visite sur demande.*

Parc Samara★ *(voir ce nom)*
Cité souterraine de Naours★ *(voir ce nom)*

Arras ★★

Capitale de l'Artois, Arras la discrète cache un véritable décor de théâtre : la Grand'Place et la place des Héros, héritages du style flamand. Le carnaval s'y tient en mars et, à la fin de l'été, une grande braderie est dédiée à « l'ami Bidasse », héros d'une chansonnette locale. Arras cultive le goût de la fête et de la gastronomie : andouillette, bière de l'Atrébate et pain d'épice en forme de cœur...

La situation
Carte Michelin Local 301 J6 – Pas-de-Calais (62). Depuis l'A 1, prendre la N 39 ou la N 50. La Grand'Place se trouve à l'Est du centre. Le nouveau quartier de la gare, très animé, occupe la pointe Sud-Est. Au Sud-Ouest, la ville basse s'ordonne autour de la place Victor-Hugo et unit le centre à la citadelle. Le Nord-Ouest correspond au cœur médiéval, où se trouve l'église St-Nicolas-en-Cité. ⏺ *Hôtel de ville, pl. des Héros, 62000 Arras,* ☎ *03 21 51 26 95. www.ot-arras.fr*

Le nom
Conquise par Jules César, la capitale des Atrébates prend au 4e s. le nom d'Atrebatum. Au 15e s., les tapisseries de haute lisse font la réputation d'Arras. En Italie, le nom *arazzi*, dérivé d'Arras, en témoigne : il s'applique à toutes les tapisseries anciennes.

Les gens
L'agglomération compte 100 000 Arrageois. En 1790, leur maire, Dubois de Fosseux, propose à l'Assemblée nationale d'instituer une fête de la Fédération à Paris. Impatient, il organise la première manifestation du genre à Arras, peu avant la capitale.

> **GUY MOLLET (1905-1975)**
> Résistant, ancien maire d'Arras, le secrétaire général de la SFIO est député du Pas-de-Calais de 1945 à 1975, et président du Conseil en 1956-1957. Son gouvernement initie des réformes sociales et fait intervenir la France lors du conflit entre Israël et l'Égypte. Ministre d'État en 1958 sous de Gaulle, il entre l'année suivante dans l'opposition.

La Grand'Place a été admirablement restaurée après avoir subi les ravages de la Première Guerre mondiale.

comprendre

Étoffes et tapisseries – Née au pied de la colline Baudimont, la cité se développe au Moyen Âge autour de l'abbaye St-Vaast, comme marché de grains et centre de tissage d'étoffes de laine. Sous l'impulsion de banquiers et de riches bourgeois, elle devient un foyer d'art. Avec le mécénat des ducs de Bourgogne, dès 1384, la fabrication des tapisseries de haute lisse et au savoureux réalisme fait la renommée d'Arras. À la Renaissance, cette activité régresse au profit des manufactures de Beauvais et d'Anvers.

Arras

carnet pratique

Visite

Visites guidées – Arras, qui porte le label Ville d'art, propose des visites-découvertes animées par des guides-conférenciers agréés par le ministère de la Culture et de la Communication - juil.-août - renseignements à l'Office de tourisme.

Historama – Au sous-sol du beffroi. Spectacle audiovisuel (20mn) retraçant l'histoire d'Arras et constituant une très bonne introduction à la visite de la ville. ☎ 03 21 51 26 95 - mai-sept. : 9h-18h30, dim. 10h-13h, 14h30-18h30 ; oct.-avr. : 9h-12h, 14h-18h, dim. 10h-12h30, 14h30-18h30, lun. 10h-12h, 14h-18h - 2,60 € (enf. 1,70 €).

Se loger

⊖ **Chambre d'hôte Château de Saulty** – 82 r. de la Gare - 62158 Saulty - 19 km au SO d'Arras dir. Doullens par N 25 - ☎ 03 21 48 24 76 - chateaudesaulty@nordnet.fr - fermé janv. - ⊅ - 4 ch. 40/50 € ⊋. Ce château de 1835 a fière allure dans son parc de 45 ha situé à l'entrée du village. Après une nuit douillette dans l'une des grandes chambres de caractère, le petit-déjeuner composé de confitures et de jus maison est une invitation à la promenade dans le verger.

⊖ **Chambre d'hôte Le Clos Grincourt** – 18 r. du Château - 62161 Duisans - 7 km à l'O d'Arras par N 39 puis D 56 - ☎ 03 21 48 68 33 - patrick.senlis@wanadoo.fr - fermé nov.-mars - ⊅ - réserv. obligatoire en hiver - 3 ch. 40/49 € ⊋. Une allée arborée mène à cette belle demeure bourgeoise dont la construction entamée sous Louis XIV ne s'est achevée qu'à l'époque de Napoléon III. Les chambres ressemblent à de petits appartements et donnent toutes sur le parc abondamment fleuri. Accueil attentionné.

⊖⊖ **Hôtel Diamant** – 5 pl. des Héros - ☎ 03 21 71 23 23 - www.arras-hotel-diamant.com - 🅿 - 12 ch. 50/68 € - ⊋ 8 €. Sur la place des Héros, au pied du beffroi, cet hôtel bénéficie d'un emplacement de choix. L'accueil y est très agréable et les chambres, un peu petites, sont impeccablement tenues.

⊖⊖ **Hôtel Le Manoir** – 35 rte Nationale - 62580 Gavrelle - 11 km au NE d'Arras par N 50 dir. Douai - ☎ 03 21 58 68 58 - lemanoir62.com - fermé 3 sem. en août, dernière sem. de déc. et dim. soir - 🅿 - 19 ch. 48/55 € - ⊋ 7 € - restaurant 16/25 €. Si l'idée d'ouvrir vos fenêtres face à la campagne verdoyante vous séduit, cette maison bourgeoise s'élevant au milieu d'un parc est pour vous. Chambres simples et nettes, aménagées dans les anciennes écuries. Cuisine traditionnelle au restaurant.

Se restaurer

⊖ **La Taverne de l'Écu** – 18-20 r. Wacquez-Glasson - ☎ 03 21 51 42 05 - 12,20/27,44 €. Carte brasserie traditionnelle et spécialités locales pour satisfaire les petites et les grosses faims ! Située dans une rue piétonne du centre-ville, cette taverne a un décor agréable. Goûtez à l'écuflette, une variante maison de la flammekueche.

⊖⊖ **Aux Grandes Arcades** – 8-12 Grand'Place - ☎ 03 21 23 30 89 - aux.grandes.arcades@wanadoo.fr - 15/45 € - 19 ch. 46/56 € - ⊋ 6 €. Cette grande maison située sur la splendide Grand'Place propose deux formules : une brasserie et un restaurant traditionnel. Ne manquez pas de jeter un coup d'œil à la magnifique cave voûtée du 15e s. L'établissement abrite également 19 chambres personnalisées.

⊖⊖ **Astoria** – 12 pl. Foch - ☎ 03 21 71 08 14 - contact@hotelcarnot.com - 17/40 €. Confortablement installé sur la terrasse-véranda ou dans la chaleureuse salle à manger d'esprit brasserie, vous vous régalerez d'un bon petit plat traditionnel ou d'une spécialité régionale.

⊖⊖⊖ **La Table du Troubadour** – 43 bd Carnot - ☎ 03 21 71 34 50 - fermé lun. soir et dim. - 27/38 €. La propriétaire a voulu que son restaurant ne ressemble à aucun autre. Pari réussi ! Le lieu est une véritable caverne d'Ali Baba : confiturier, clichés de Doisneau, vieux poêles en émail, tourne-disque, poupées, landau... Côté table, produits du marché de grande qualité au service d'une cuisine de grand-mère.

Faire une pause

Pâtisserie Sébastien Thibaut – 50 pl. des Héros - ☎ 03 21 71 53 20 - tlj sf lun. sf fériés 8h-19h30 - fermé 1 sem. en fév. et fin août. Depuis plus de cent ans, cette pâtisserie régale les gourmands avec le véritable Cœur d'Arras (friandise au pain d'épice), les Petits Rats d'Arras, les gaufres et autres savoureuses préparations maison. Le salon de thé propose, en plus des saveurs sucrées, quelques salades et tartes chaudes.

En soirée

Irish Pub – 7 pl. des Héros - ☎ 03 21 71 46 08 - lun. 15h-1h, mar.-jeu., dim. 11h-1h, vend.-sam. 11h-2h. L'enseigne dit l'essentiel : tables en bois, parquet patiné, bon choix de bières et musiques aux accents celtiques vous transportent au cœur de l'Irlande. Dès l'arrivée des beaux jours, vous pourrez lézarder en terrasse une chope à la main. Soirées à thème.

Théâtre d'Arras – 7 pl. du Théâtre - ☎ 03 21 71 66 16 - theatredarras@nordnet.fr - accueil : tlj sf dim. et lun. 14h-19h15 - fermé juil.-août. C'est un joli théâtre à l'italienne de 400 places classé monument historique. Toutes sortes de spectacles y sont programmés : musiques, chansons, pièces... Les grandes manifestations ont lieu au casino.

Que rapporter

Marché – Marché traditionnel le mercredi matin sur la place des Héros ; le samedi matin sur la Grand'Place, la place des Héros et la place de la Vacquerie.

À L'Andouillette d'Arras – Chez tous les artisans charcutiers de la région. Elle se prépare uniquement à base de fraise de veau, assaisonnée de persil, échalotes, épices, aromates et genièvre ; il faut la savourer avec une pointe de moutarde et un peu de crème fraîche.

Caudron – *15 pl. de la Vacquerie -* ☎ *03 21 71 14 23 - tlj sf dim. 9h-12h, 14h30-19h, lun. 14h-19h. - fermé 1 sem. en août.* Bien que cet artisan travaille sur de la porcelaine importée (la manufacture d'Arras fut fermée en 1790), sa cuisson à four très chaud permet à la couleur de se répartir élégamment sur la porcelaine, restituant ainsi le vrai bleu d'Arras. Vous y trouverez de très belles pièces inspirées des motifs traditionnels tels que le barbeau ou l'arbre de vie.

Visite technique

Moulin de la Tourelle – *Pl. Jean-Jaurès - 4 km au SE d'Arras - 62217 Achicourt -* ☎ *03 21 71 68 68 - www.ville-achicourt.fr - vend. 17h-19h, dim. 15h-18h - fermé 15 déc.-15 janv. - 1,60 € (enf. : 0,80 €).* Ce moulin à vent, de type flamand et artésien, avec ses ailes voilées et son toit tournant est l'un des derniers en activité en France. Il a été reconstruit en 1991-1994 sur le modèle d'un moulin de 1804. Découvrez ses rouages grâce aux visites commentées proposées par les meuniers-guides de l'association La Tourelle.

Sports & Loisirs

Stade d'eau vive - Base nautique Robert-Pecqueur – *R. Laurent-Gers - 2 km au NE d'Arras - 62223 St-Laurent-Blangy -* ☎ *03 21 73 74 93 - base.nautique.slb62@wanadoo.fr - 8h-12h, 14h-17h, w.-end sur réserv. - fermé de fin déc. à mi-janv.* Conçu à l'origine pour les Jeux olympiques de 2004, ce torrent artificiel de 300 m de long et 12 m de large a été creusé entre l'écluse de la Scarpe et son bras de décharge. Séances de kayak, raft et canoë à un prix très modéré. Également, tir à l'arc, course d'orientation et location de VTT.

La jeunesse de l'Incorruptible – Maximilien de **Robespierre** naît à Arras en 1758. Orphelin protégé par l'évêque, l'étudiant obtient une bourse pour un collège parisien. Revenu dans sa ville natale, il devient avocat, entre à l'académie d'Arras et dans le cercle poétique des Rosati (anagramme d'Artois). Il fréquente l'oratorien **Joseph Lebon** (1765-1795), maire d'Arras sous la Terreur. Celui-ci fit détruire nombre d'églises et alimenta la guillotine en aristocrates et « fermiers à grosses bottes ». Tous deux finirent guillotinés.

Les batailles d'Artois – Proche du front durant la Grande Guerre, Arras a souffert des bombardements. Après la bataille de la Marne, les Allemands s'établissent dans les collines du Nord et, à l'automne 1914, attaquent la ville. L'offensive est contenue au terme des combats d'Ablain-St-Nazaire, Carency et La Targette. En mai-juin 1915, **Foch** tente une percée. Les Français reprennent Neuville-St-Vaast et N.-D.-de-Lorette, mais échouent devant Vimy, reconquis seulement en 1917 par les Canadiens.

> **Robespierre poète**
> Pour une dame, il madrigalise : « Crois-moi, jeune et belle Ophélie/Quoi qu'en dise le monde et malgré ton miroir/Contente d'être belle et de n'en rien savoir/Garde toujours ta modestie... »

se promener

AU FIL DES PLACES

Grand'Place et place des Héros★★★

Se garer sur le parking de la Grand'Place. Compter 1h20.
Reliées par la rue de la Taillerie, ces places étaient destinées à accueillir les marchés qui contribuèrent à la prospérité de la ville. Les arcades sont toujours là, elles protégeaient jadis des intempéries marchands et chalands. Soucieux de sécurité et d'esthétique, l'échevinage imposa dès 1583 des constructions « en pierres ou en briques et sans aucune saillie ». Il en résulte un superbe ensemble d'une homogénéité exceptionnelle, de style baroque flamand, souvent remanié depuis le 11e s. : 155 maisons (17e et 18e s.) ornées de pilastres, chaînages, frontons curvilignes et pignons à volutes. La place des Héros, aux façades récemment restaurées, plus petite et plus animée, est dominée par le beffroi.

Rejoindre la rue Paul-Doumer par la rue D.-Delansorne située à l'angle gauche de la place des Héros (lorsqu'on fait face à l'hôtel de ville).

Au coin de la rue Paul-Doumer, qui se prolonge en rue E.-Legrelle, se trouve le **palais de justice**, ancien palais des États d'Artois (1710), à pilastres corinthiens, dont l'entrée latérale est ornée de coquilles Régence.

> **Ayez l'œil !**
> La maison la plus ancienne de la Grand'Place (15e s.) se trouve au n° 49 : c'est l'hôtel des Trois Luppars, avec son grand pignon à pas de moineaux. Sur la place des Héros, des enseignes sculptées évoquaient le commerce de leur propriétaire : chaudron, gerbes de blé...

ARRAS

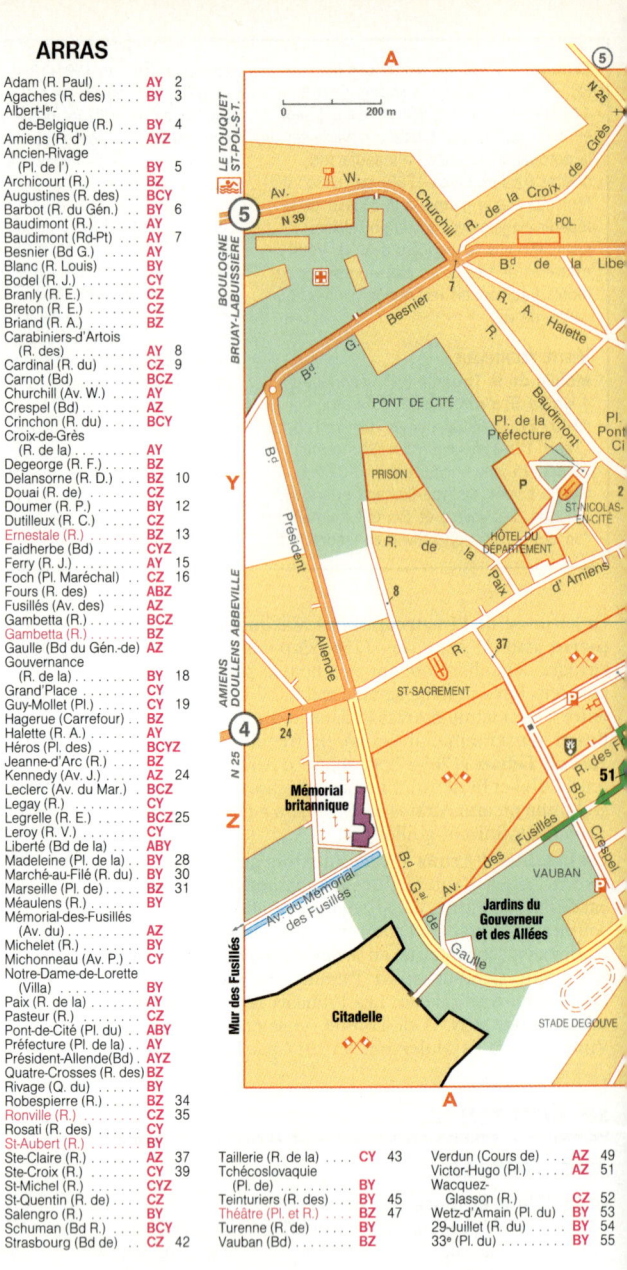

Adam (R. Paul)	AY	2
Agaches (R. des)	BY	3
Albert-Ier-de-Belgique (R.)	BY	4
Amiens (R. d')	AYZ	
Ancien-Rivage (Pl. de l')	BY	5
Archicourt (R.)	BZ	
Augustines (R. des)	BCY	
Barbot (R. du Gén.)	BY	6
Baudimont (R.)	AY	
Baudimont (Rd-Pt)	AY	7
Besnier (Bd G.)	AY	
Blanc (R. Louis)	BY	
Bodel (R. J.)	CY	
Branly (R. E.)	CZ	
Breton (R. E.)	CZ	
Briand (R. A.)	BZ	
Carabiniers-d'Artois (R. des)	AY	8
Cardinal (R. du)	CZ	9
Carnot (Bd)	BCZ	
Churchill (Av. W.)	AY	
Crespel (Bd)	AZ	
Crinchon (R. du)	BCY	
Croix-de-Grès (R. de la)	AY	
Degeorge (R. F.)	BZ	
Delansorne (R. D.)	BZ	10
Douai (R. de)	CZ	
Doumer (R. P.)	BY	12
Dutilleux (R. C.)	CZ	
Ernestale (R.)	BZ	13
Faidherbe (Bd)	CYZ	
Ferry (R. J.)	AY	15
Foch (Pl. Maréchal)	CZ	16
Fours (R. des)	ABZ	
Fusillés (Av. des)	AZ	
Gambetta (R.)	BCZ	
Gambetta (R.)	BZ	
Gaulle (Bd du Gén.-de)	AZ	
Gouvernance (R. de la)	BY	18
Grand'Place	CY	
Guy-Mollet (Pl.)	CY	19
Hagerue (Carrefour)	BZ	
Halette (R. A.)	AY	
Héros (Pl. des)	BCYZ	
Jeanne-d'Arc (R.)	BZ	
Kennedy (Av. J.)	AZ	24
Leclerc (Av. du Mar.)	BCZ	
Legay (R.)	CY	
Legrelle (R. E.)	BCZ	25
Leroy (R. V.)	CY	
Liberté (R. de la)	ABY	
Madeleine (Pl. de la)	BY	28
Marché-au-Filé (R. du)	BY	30
Marseille (Pl. de)	BZ	31
Méaulens (R.)	BY	
Mémorial-des-Fusillés (Av. du)	AZ	
Michelet (R.)	BY	
Michonneau (Av. P.)	CY	
Notre-Dame-de-Lorette (Villa)	BY	
Paix (R. de la)	AY	
Pasteur (R.)	CZ	
Pont-de-Cité (Pl. du)	ABY	
Préfecture (Pl. de la)	AY	
Président-Allende (Bd)	AYZ	
Quatre-Crosses (R. des)	BZ	
Rivage (Q. du)	BY	
Robespierre (R.)	BZ	34
Ronville (R.)	CZ	35
Rosati (R. des)	CY	
St-Aubert (R.)	BY	
Ste-Claire (R.)	AZ	37
Ste-Croix (R.)	CY	39
St-Michel (R.)	CYZ	
St-Quentin (R. de)	CZ	
Salengro (R.)	BCY	
Schuman (Bd R.)	BCY	
Strasbourg (Bd de)	CZ	42
Taillerie (R. de la)	CY	43
Tchécoslovaquie (Pl. de)	BY	
Teinturiers (R. des)	BY	45
Théâtre (Pl. et R.)	BZ	47
Turenne (R. de)	BY	
Vauban (Bd)	BZ	
Verdun (Cours de)	AZ	49
Victor-Hugo (Pl.)	AZ	51
Wacquez-Glasson (R.)	CZ	52
Wetz-d'Amain (Pl. du)	BY	53
29-Juillet (R. du)	BY	54
33e (Pl. du)	BY	55

Dans la rue Paul-Doumer, prendre la 2e ou la 3e ruelle à gauche.

Place du Théâtre

Aux heures sombres de la Révolution, la guillotine s'y dressait. Érigé à l'emplacement du marché aux poissons, le **théâtre** (1784) fait face à l'**Ostel des Poissonniers**, étroite maison baroque (1710) décorée de dieux marins et de sirènes.

Rue des Jongleurs s'élève le majestueux **hôtel de Guines** (18e s.).

Maison Robespierre

9 r. Maximilien-de-Robespierre. Robespierre habita de 1787 à 1789 dans cette maison, qui accueille aujourd'hui un **musée du Compagnonnage** : chefs-d'œuvre (charpente, ébénisterie...) des compagnons du tour de France.
☎ 03 21 51 26 95 - *mai-sept. : tlj sf lun. 14h-17h30, w.-end 14h30-18h30 ; oct.-avr. : mar., jeu. 14h-17h30, w.-end 15h30-18h30 - fermé 1er janv., 25 déc. - gratuit.*

Ancienne abbaye St-Vaast	**BY**	Hôtel de Guînes	**BY F**	Mur des Fusillés	**AZ**
Cathédrale	**BY**	Hôtel de ville et beffroi	**BY H**	Palais de justice	**BZ J**
Citadelle	**AZ**	Maison Robespierre	**BY E**	Jardins du Gouverneur	
Église Notre-Dame-		Mémorial		et des Allées	**AZ**
des-Ardents	**BZ**	britannique	**AZ**	Théâtre	**BZ T**

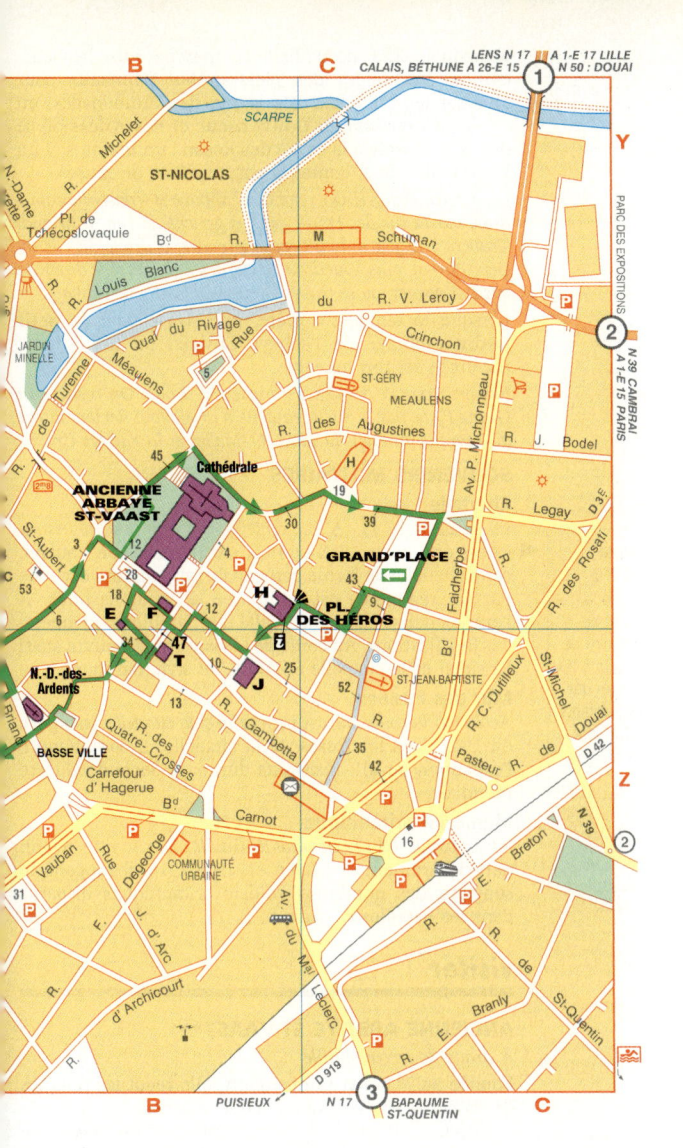

Traverser la place du Théâtre et la rue St-Aubert, bordée d'immeubles Art déco, pour prendre la rue des Capucins, puis, à droite, la rue des Pommettes et la rue St-Étienne.

Église N.-D.-des-Ardents

☎ 03 21 23 31 61 - *visite sur demande auprès de Mme Chantal Lefebvre - r. de l'Abbé-Halluin - 62000 Arras - tlj sf dim. 17h-18h30.*

Édifiée à la fin du 19e s. dans le style néomédiéval, elle conserve des vestiges de la sainte chandelle, cierge miraculeux confié au 12e s. par la Vierge, dit-on, à deux ménestrels pour guérir le mal des ardents.

Prendre la rue Rohart-Courtin pour rejoindre la place Victor-Hugo et la basse ville.

Basse ville

Entre le centre et la citadelle, ce quartier forme un réseau de larges rues. Il s'ordonne autour de la **place Victor-Hugo**, bâtie sur un marécage (1756) selon un plan

> **PRATIQUE**
>
> Le reliquaire de la sainte chandelle se trouve à gauche du maître-autel, dans une niche grillagée. Éclairage en bas, à droite.

octogonal. Elle accueillait le marché aux bestiaux, comme l'indiquent des plots munis d'anneaux pour attacher les animaux. Par la rue des Promenades, on rejoint les **jardins du Gouverneur et des Allées** où se dresse une **stèle** à la gloire des Rosati : un marquis et un homme du 20e s. contemplent un défilé de muses.

De la place Victor-Hugo, rejoindre l'abbaye St-Vaast et la cathédrale par la rue des Fours, puis, à gauche, la rue A.-Briand. Traverser la place du 33e pour prendre, à droite, la rue du Gén.-Barbot, puis, tout droit, la rue des Agaches et, à droite, la rue P.-Doumer, où se trouve l'entrée du jardin de l'abbaye.

Lorsque le temps s'y prête, une pause dans le **petit jardin** ombragé de l'abbaye St-Vaast ou une simple traversée est fort agréable.

Ressortir par la rue des Teinturiers à droite. On regagne la Grand'Place par la rue Méaulens à droite (qui devient la rue du Marché-au-Filé), la place G.-Mollet et la rue Ste-Croix.

SOUVENIRS MILITAIRES
Citadelle
☎ 03 21 51 26 95 - ও - *se renseigner à l'Office de tourisme.* Construite entre 1668 et 1672 sur les plans de Vauban, cette citadelle de forme octogonale (aujourd'hui occupée par un régiment) est composée de cinq bastions. À l'entrée, dans l'ancienne « salle des Familles », maquette des fortifications. Au cours de la visite, on découvre aussi l'arsenal et la chapelle St-Louis, de style baroque.

> **JOLI SURNOM**
> En ordonnant la construction de la citadelle, le but de Louis XIV était moins de protéger la cité contre les troupes espagnoles que de surveiller les habitants d'Arras : elle fut donc surnommée « la Belle Inutile ».

Mur des Fusillés
Accès par la route entre le mémorial et la citadelle. Inauguré en 1949 dans les fossés de la citadelle, il commémore l'exécution de 217 résistants durant la Seconde Guerre mondiale.

Mémorial britannique
Accès par le bd du Général-de-Gaulle. Dans cette région particulièrement éprouvée en 1914-1918, il rappelle le souvenir des nombreux soldats britanniques disparus dans les batailles d'Artois.

visiter

ANCIENNE ABBAYE ST-VAAST★★
À droite de la cathédrale.
Fondée au 7e s. par saint Aubert, elle reçut les reliques de saint Vaast, premier évêque d'Arras. En 1746, le **cardinal de Rohan** la fit reconstruire dans un style d'une grande sobriété. Désaffectée à la Révolution, elle a été restaurée après 1918. Le porche d'entrée, surmonté des armes de l'abbaye, ouvre sur une belle cour d'honneur.

Musée des Beaux-Arts★
22 r. Paul-Doumer, dans le corps central de l'abbaye. ☎ 03 21 71 26 43 - *tlj sf mar. 9h30-12h, 14h-17h30 - fermé 1er janv., 1er et 8 Mai, 14 Juil., 1er et 11 Nov. et 25 déc. - 4 €, gratuit 1er merc. et 1er dim. du mois.*
On y découvre les plus beaux témoignages de l'histoire d'Arras : archéologie, sculptures médiévales, tapisseries du 15e s., trésor de la cathédrale, porcelaines, peintures du 17e s. (française et hollandaise, grands formats religieux) et pré-impressionnistes.
Salon italien (1) – Décorée du premier **lion du beffroi** d'Arras (1554), cette salle abrite des collections archéologiques d'époque gallo-romaine **(2** et **3)**. La statue en porphyre d'Attis provient d'un sanctuaire d'Attis et de Cybèle (2e-3e s.) qui témoigne de la diffusion des cultes orientaux par l'entremise de l'armée et des marchands.
Autour de la cour du Puits (4) – Sculptures et peintures du Moyen Âge : masque funéraire de femme, *Vierge à l'Enfant* de Pépin de Huy, tapisseries d'Arras représentant la légende de saint Vaast. On remarque surtout les

Ce masque funéraire de femme, exposé dans le Salon italien, évoque toute la délicatesse de la sculpture du 14e s.

anges de Saudémont★ (13ᵉ s.) avec leurs cheveux délicatement bouclés, leurs yeux malicieux en amande et leur léger sourire. Du 16ᵉ s. : triptyque de **Bellegambe** *(Adoration de l'Enfant)* et *Mise au Tombeau* de Vermeyen. De Pieter Bruegel le Jeune (17ᵉ s.), remarquable *Dénombrement de Bethléem*★★, baigné par une lumière hivernale, habillé par la neige et peuplé de paysans, multipliant les petites scènes et les détails. Parmi quelques pièces relatant l'histoire d'Arras figure un plan-relief de la cité daté de 1716.

Réfectoire – Grande cheminée de marbre surmontée d'une tapisserie aux armes du cardinal de Rohan.

Grand cloître – Très spacieux. On y découvre des chapiteaux à guirlandes et rosaces sculptées.

Cage d'escalier – Toiles de Giovanni Baglioli (1571-1644).

1ᵉʳ étage – Peintures du 16ᵉ au 18ᵉ s. École française : Vignon, Largillière, Boullongne, Vien, Bouliar, Doncre... Surprenant trompe-l'œil de Le Motte et subtil *Céphale et Procris* de Louis Watteau. Écoles flamande et hollandaise : Adriaen Van Utrecht, Barent Fabritius (élève de Rembrandt), Egbert Van Heemskerck *(Intérieur de tabagie)*, Abel Grimmer *(Intérieur d'église* aux lignes géométriques), Jan Bruegel de Velours *(Le Paradis terrestre)* et Rubens *(Saint François d'Assise recevant les stigmates)*. Sculptures (17-18ᵉ s.), faïences de Delft.

La salle des **Mays de Notre-Dame de Paris** expose de grandes toiles religieuses (17ᵉ s.) peintes par Sébastien Bourdon, Louis de Boullongne, Philippe de Champaigne, Joseph Parrocel et Jean Jouvenet : outre les mays, ces œuvres proviennent de cycles commandés par Richelieu, Louis XIV ou l'abbaye St-Martin-des-Champs à Paris.

2ᵉ étage – Les salles de façade sont consacrées à la céramique du 16ᵉ au 19ᵉ s. : majoliques italiennes, poteries vernissées, porcelaine d'Arras et de Tournai aux fins motifs décoratifs. Le **service aux oiseaux de Buffon** est une commande du duc d'Orléans, futur Philippe-Égalité, en 1787, à la manufacture de Tournai. Sur le pourtour de la cour du Puits, école des paysagistes français du 19ᵉ s. (Barbizon, Lyon, Arras) avec, pour principaux représentants, Corot *(Le Vivier de Saint-Nicolas-lès-Arraz)* et Dutilleux *(Bords de Scarpe, Paysage de neige, Autoportrait)*.

> **LE JOLI MOIS DES MAYS**
> Ces toiles de très grand format furent offertes chaque printemps, de 1630 à 1707, à N.-D. de Paris par la corporation des orfèvres d'Arras. Les œuvres, tirées des Actes des Apôtres, étaient destinées à orner les piliers de la nef. La remise solennelle avait lieu le 1ᵉʳ mai, d'où le nom des toiles.

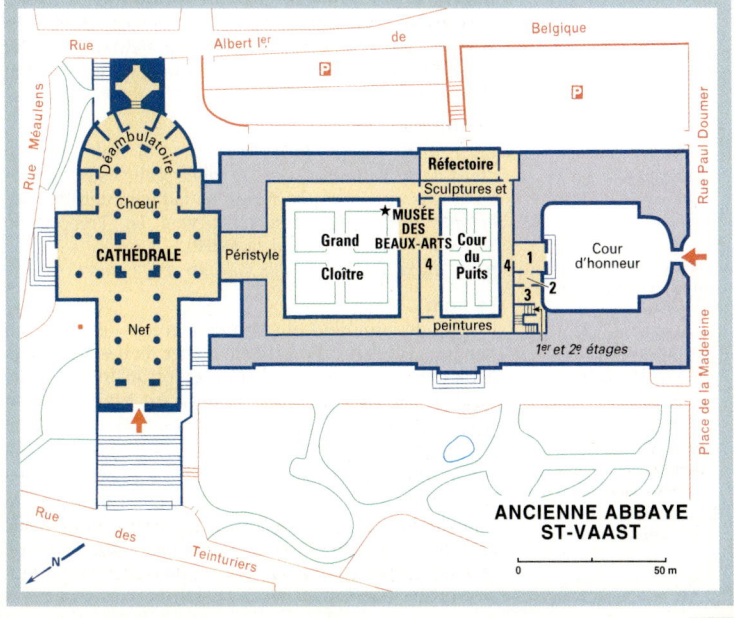

Dans une vaste pièce, on admire de grands formats dont les *Disciples et saintes femmes relevant le corps de saint Étienne* de **Delacroix**. Juste à côté, salle Louise-Weiss, petits formats du 19ᵉ s. : Monticelli, Ribot, Ravier.

Cathédrale

Entrée r. des Teinturiers. ☎ *03 21 51 26 95 - visite guidée sur demande à l'Office de tourisme - mai-oct. : dim. 10h-12h, 14h-17h30 ; reste de l'année : tlj sf dim. 14h30-17h30.*

L'abbatiale St-Vaast, terminée en 1833, a été érigée en cathédrale pour remplacer N.-D.-de-la-Cité. Un escalier monumental précède sa façade classique. L'intérieur est clair et d'une majesté antique. Des colonnes à chapiteaux corinthiens délimitent nef, transept et chœur. Les statues de saints (19ᵉ s.) viennent du Panthéon de Paris. Dans le transept droit : fresques (on remarque saint Vaast apprivoisant un ours). De part et d'autre de l'autel : *Nativité* et *Résurrection* (Desvallières).

HÔTEL DE VILLE ET BEFFROI★

À l'Ouest de la pl. des Héros. ☎ *03 21 51 26 95 - www.ot-arras.fr - visite guidée (30mn) juil.-août : merc. et dim. 15h - 2 €.*

Détruit en 1914 et reconstruit dans le style gothique et Renaissance, l'hôtel de ville possède une jolie façade aux arches inégales. Au sous-sol, spectacle audiovisuel, « L'histoire d'Arras ». La montée au beffroi, restauré en 2002, offre un panorama complet de la ville.

Circuit des souterrains

Départ de l'hôtel de ville. ☎ *03 21 51 26 95 - visite guidée (40mn) mai-sept. : 10h-12h, 14h-18h, dim. et j. fériés 10h-13h, 14h30-18h30 ; oct.-avr. : 10h-12h, 14h-18h, dim. et j. fériés 10h-12h30, 14h30-18h30 - fermé 1ᵉʳ janv., 25 déc. - 4,60 €.*

Dès le 10ᵉ s., des galeries (ou *boves*) furent creusées par les carriers dans le calcaire. Transformées au 15ᵉ s. en caves, en écuries, voire en logements, elles servirent d'abri durant les guerres, notamment en 1914-1918. Elles conservent admirablement le vin, dit-on. En effet, la température y est fraîche (11° C). Une manière insolite de découvrir les dessous d'Arras !

> **PANORAMA**
> Le **beffroi** de l'hôtel de ville (haut de 75 m) domine l'aile Renaissance du bâtiment. Il abrite un carillon de 40 cloches. Du haut de la première couronne (qu'on atteint par un ascenseur, puis 43 marches), vue sur les places environnantes et les monuments (repérés sur une table d'orientation). ☎ *03 21 51 26 95 - mai-sept. : 9h-18h30, dim. 10h-13h, 14h30-18h30 ; oct.-avr. : 9h-12h, 14h-18h, dim. 10h-12h30, 14h30-18h30, lun. 10h-12h, 14h-18h - 2,60 €.*

Ault★

Balayées par le vent, d'impressionnantes falaises tapissées de prairies dominent des plages tentatrices. Ne cherchez pas plus loin : la station balnéaire d'Ault possède tous ces petits riens qui font qu'on s'y sent vraiment « en vacances ».

La situation

Carte Michelin Local 301 B7 – Somme (80). Ault s'étire au creux d'une **valleuse** (sorte de vallée sèche « suspendue » au-dessus du rivage) au terme de laquelle une terrasse dévoile une belle perspective vers Le Tréport, au Sud-Sud-Ouest. Accès par la D 940.

🛈 *Pl. du Mar. Foch, 80460 Ault,* ☎ *03 22 60 57 15.*

Le nom

Il vient du latin *altus* qui signifie à la fois « en haut » et « en bas ». Lorsqu'on regarde le village du bas, au niveau de la mer, on le voit « en haut », et lorsqu'on le regarde du haut, sur la falaise, on le voit « en bas ». Ault est surnommé le « Balcon sur la mer ».

Les gens

2 070 Aultois. Dès le 9ᵉ s., la ville est un port de pêche actif au pied de la falaise. En 1066, Guillaume le Conquérant réunit 3 000 navires sur le littoral pour envahir l'Angleterre ; lors d'une tempête, une partie de sa flotte se réfugie dans le port et dans le Hâble d'Ault au Nord.

> **VU PAR HUGO**
> « Te figures-tu cela ? Vingt perches de terre pour base et l'océan posé au-dessus. Au rez-de-chaussée, des faucheurs, des glaneurs, de bons paysans tranquilles occupés à engerber leur blé, au premier étage, la mer, et tout en haut, sur le toit, une douzaine de bateaux-pêcheurs à l'ancre et jetant leurs filets. Je n'ai jamais vu de jeu de perspectives qui fût plus étrange. »
> Victor Hugo, 7 septembre 1837, *Lettre à Adèle*.

visiter

Église St-Pierre
Sur la place, l'église gothique (14e-15e s.), à clocher plat, présente un appareil en damier de pierre et de silex.

Phare d'Ault
Sur l'ultime escarpement de la falaise morte se dresse un très beau phare en céramique blanche et rouge. Du sommet, vue sur les bancs sableux de la baie de Somme.

Onival
À la jonction de la falaise de craie et des vastes étendues planes du **Hâble d'Ault**, Onival est une lagune marine, devenue marais, où se pratiquait la chasse à l'affût à la « hutte ». Ce site, protégé par une digue de galets, est converti en réserve naturelle. Quelque 200 espèces d'oiseaux peuvent y être observées. En juin et juillet, lors de la floraison du chou marin, des lotiers et du serpolet, tout le Hâble se pare de couleurs vives, mauves et jaunes.

> **LOISIRS**
> 3 plages. Possibilité de pêche à Ault et Onival. Base nautique Éric-Tabarly à la plage d'Onival. Promenades pédestres à Bois-de-Cise et dans les Bas Champs.

alentours

Bois-de-Cise
4 km au Sud-Ouest. De la D 940 se détache la route d'accès à Bois-de-Cise. Après 500 m, prenez à droite la « route panoramique » qui suit le versant Nord d'une valleuse aux pentes boisées. L'itinéraire passe près d'une chapelle (jolie **vue** sur la côte) avant de descendre au fond de l'échancrure où se disséminent les villas de cette station. En contrebas, la plage de galets se prolonge par un « platin » (récif) rocheux.

Mers-les-Bains
9 km au Sud-Ouest. Face au Tréport, cette station balnéaire devint à la mode avec l'arrivée du chemin de fer en 1872. Les villas cossues, construites à la Belle Époque, forment un bel ensemble architectural, déclaré « secteur sauvegardé ». L'éclectisme y règne, avec une prédominance de l'Art nouveau. Une grande fantaisie s'observe sur les façades : toits en auvents, tourelles et clochetons, bow-windows, loggias, balcons en fer forgé ou en bois, motifs en céramique...

> **SPORTS & LOISIRS**
> Base nautique –*Espl. du Gén.-Leclerc* - 80350 Mers-les-Bains - ☎ 02 35 50 17 89 - glissesensations @9online.fr - en sais. : 9h-12h30, 14h-18h. Des stages de planche à voile et de funboard sont proposés de Pâques à la Toussaint.

Plaisirs de la pêche à pied à Mers.

Vallée de l'**Authie**★

Sources, bocages, prairies, peupliers, saules têtards, marécages, coteaux, basses maisons chaulées... L'Authie a modelé une vallée bucolique dans le plateau crayeux. Les jardins de Valloires sont une invitation à la promenade et aux visites, tout comme le joli moulin de Maintenay, un village de vanniers et quelques bonnes auberges. L'Authie, c'est aussi le paradis de la truite, et donc des pêcheurs.

La situation
Carte Michelin Local C/H 5/7 – Somme (80) et Pas-de-Calais (62). Né dans les collines de l'Artois, l'Authie (100 km) rejoint la Manche par la baie d'Authie, au Sud de Berck. De Gennes-Ivergny à la côte (50 km), le fleuve marque la limite entre Somme et Pas-de-Calais.

Les gens
Le meilleur guide du coin demeure le « bleu picard ». Cet épagneul au poil bleuté, excellent pour la chasse au lièvre, au faisan et à la bécasse, servait autrefois de chien d'arrêt dans les vallées de la Somme, de l'Authie et de la Canche. Il se fait plus rare.

circuit

DE DOULLENS À FORT-MAHON-PLAGE
73 km – 1h1/2. Quitter Doullens (voir ce nom) par la D 925 puis la D 938.

carnet pratique

SE LOGER
◎ **Hostellerie de l'Abbaye de Valloires** – *80120 Argoules - A 16 sortie 24 et N 1 et à Vron D 175 - ☎ 03 22 29 62 33 - fermé 24 et 31 déc. - 18 ch. 41/90 € ⚃ 6 €.* L'hôtellerie, aménagée au sein même de l'abbaye cistercienne, offre le cadre d'une retraite aussi idéale qu'exceptionnelle. Selon le standing, les chambres donnent sur les splendides jardins ou sur le cloître (dans ce cas, douche privative mais W.-C. sur le palier).

◎◎ **Auberge du Gros Tilleul** – *Pl. du Château - 80120 Argoules - ☎ 03 22 29 91 00 - www.touquet.com - fermé 16 déc.-30 janv., dim. soir et lun. du 15 nov. au 31 mars -* **P** *- 16 ch. 58/92 € - ⚃ 8 € - restaurant 11/38 €.* Cette accueillante auberge blottie dans un jardin se trouve à proximité des plages et de l'abbaye de Valloires. Les chambres sont confortables et le restaurant agréable. Piscine chauffée (ouverte d'avril à octobre), practice de golf et salle de remise en forme.

◎◎ **Chambre d'hôte Le Prieuré** – *Imp. de l'Église - 62180 Tigny-Noyelle - RN 1 Nempont-St-Firmin et D 940 vers Tigny-Noyelle - ☎ 03 21 86 04 38 - www.leprieure-tigny.com - 5 ch. 52/92 € ⚃.* Quatre belles chambres et une suite ont été aménagées dans cette jolie maison aux volets verts nichée dans un petit parc arboré. Décoration intérieure réussie, notamment dans la salle des petits-déjeuners ornée d'objets d'antiquité et d'une superbe cheminée picarde.

SE RESTAURER
◎ **Le Moulin de Maintenay** – *25 r. du Moulin - 62870 Maintenay - 3 km de l'abbaye de Valloires par D 192 - ☎ 03 21 90 43 74 - moulindemaintenay@wanadoo.fr - fermé 1er janv.-1er mars - 11/16 €.* Accordez-vous un instant féerique sur les bords de l'Authie, où culture et gourmandise font bon ménage ! Dans ce moulin du 12e s. magnifiquement restauré, un musée amusera les curieux, et les « tartines du meunier » ou les crêpes combleront les gourmands.

QUE RAPPORTER
Vannerie Candas – *53 rte Nationale - 80150 Le Boisle - ☎ 03 22 29 65 66 - dim. et j. fériés 14h30-18h ; été : 10h30-18h30 - fermé 25 déc. et 1er janv.* Mobilier rotin, osier, idées déco et ameublement.

SPORTS & LOISIRS
Centre équestre L'Étrier – *1832 r. de l'Authie - 80120 Fort-Mahon-Plage - ☎ 03 22 27 45 58 - http://perso.wanadoo.fr/etrier.fort.mahon - tlj sf lun. 9h-12h, 14h-18h - fermé 25 déc. et janv.* Quels que soient votre âge et votre niveau, ce centre équestre vous propose de prendre un peu de hauteur pour découvrir d'une manière originale dunes, plages et marais de la côte picarde. Des cours traditionnels sur poneys et chevaux sont également proposés.

Eolia Marquenterre/Sillage SARL – *Bd Maritime-Nord - base nautique - autoroute A 16, sortie 24 en venant de Paris - 80120 Fort-Mahon-Plage - ☎ 03 22 23 42 60 - www.edia.info - 9h30-12h, 14h-18h.* Initiation et randonnées en char à voile et canoë-kayak. Balades nature avec un guide naturaliste. Location de matériel.

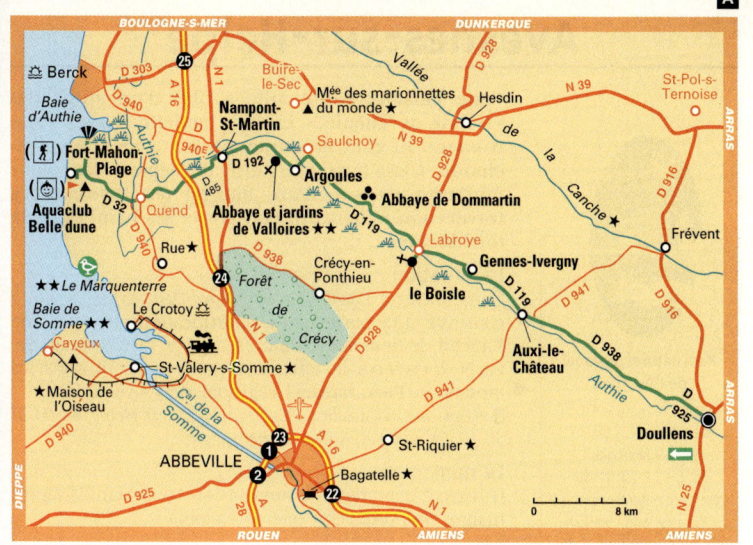

Auxi-le-Château
Au creux de la vallée de l'Authie, Auxi conserve des vestiges de son château. À mi-côte apparaît son imposante **église** gothique flamboyante (16e s.). ☎ 03 21 04 02 03 - été : 10h-18h ; hiver : 10h-17h.
Emprunter la D 224, sur la rive gauche de l'Authie.

Le Boisle
Village de vanniers. Une grande verrière moderne sur le thème de la Trinité décore l'intérieur de l'**église**.
Rejoindre la D 119, sur la rive droite de l'Authie.

Abbaye de Dommartin
Ruines d'une abbaye de prémontrés fondée au 12e s. La D 911 passe devant la porte d'entrée monumentale (17e s.) à pilastres ioniques et fronton triangulaire.
À Saulchoy, regagner la rive Sud par la D 137.

Argoules
Les maisons rustiques de ce charmant bourg sont disséminées dans la verdure. Manoir et petite église du 16e s. Un gros tilleul, qu'on dit daté de 400 ans ou de la Révolution française, se dresse sur la place.

Abbaye et jardins de Valloires★★ *(voir ce nom)*

Nampont-St-Martin
La marée montait encore jusque-là au 18e s. En contrebas de la D 485, jetez un coup d'œil sur la maison forte (15e-16e s.) cernée de fossés. De chaque côté de la porte, meurtrières à arquebuses. La propriété abrite aujourd'hui un club de golf.
Continuer vers l'Ouest par la D 485 et la D 32. À 4 km au Nord de Fort-Mahon, vue sur la baie d'Authie.

Fort-Mahon-Plage
Cette longue plage de sable, dotée d'un **club de voile**, est dominée par une digue-promenade.
Aquaclub de Belle Dune – ☎ 03 22 23 73 00 - www.aquaclubdebelledune.com - 28 Mai-4 sept. : 11h-19h - reste de l'année 14h-19h, w.-end et j. fériés 11h-19h - fermé 6-15 mars, de mi-nov. à mi-déc., 25 déc., jeu. hors sais., 1er janv., 25 déc. - 12,50 € (enf. 10 €).
Sur la promenade du Marquenterre, dans un site de dunes et de pins, l'architecture du complexe s'inspire du style balnéaire picard. Bassins intérieurs et extérieurs, piscine à vague, toboggan géant, jeux d'eau, sauna, hammam, golf 18 trous...

À VOIR
Les nervures et les clefs des voûtes du chœur de l'église d'Auxi sont particulièrement ouvragées. Près de l'entrée, remarquez le bénitier, ancienne mesure à sel.

Avesnes-sur-Helpe

Cette paisible petite ville a plus d'un atout. Ses « relais de gueule » et sa « boulette d'Avesnes », fromage au goût accentué, en font une étape alléchante. C'est aussi un point de départ idéal pour musarder dans le Parc naturel de l'Avesnois, à travers son patchwork bocager et ses hameaux aux toits bleutés.

La situation
Carte Michelin Local 302 L7 – Nord (59). Avesnes, qui a conservé une partie de ses fortifications inspirées de Vauban, se tient sur le flanc escarpé de l'Helpe-Majeure. La N 2 traverse la ville. L'Avesnois s'inscrit dans les limites du **Parc naturel régional de l'Avesnois**.
🛈 *41 pl. du Gén.-Leclerc, 59440 Avesnes-Sur-Helpe, ☎ 03 27 56 57 20. www.avesnes-sur-helpe.com*

Le nom
Il vient d'Avenatis castellum (1104). *Avena* signifie « terre maigre ne produisant que de l'avoine ».

Les gens
5 003 Avesnois. Au 17e s., l'un des fils du protestant Jessé de Forest, Isaac, émigra en Amérique : il laissa son nom à un quartier de Long Island, non loin de New York.

Parc naturel régional de l'Avesnois

Grange dîmière - 4 cour de l'Abbaye - BP 3 - 59550 Maroilles - ☎ 03 27 77 51 60 - www.parc-naturel-avesnois.fr - tlj sf w.-end. 9h-12h, 14h-17h ; mai-sept. : dim. 15h-19h - gratuit - la Maison du Parc fournit une abondante documentation sur les circuits de randonnée, le bocage, le patrimoine et la découverte de son espace exposition.

---

se promener

Grand'Place
Étroite et irrégulière, elle est bordée de maisons anciennes à hauts toits d'ardoises.

Église St-Nicolas
Érigée en collégiale par Louise d'Albret en 1534. Son clocher-porche se termine par un bulbe. Intérieur de type « halle » : la nef est pourvue de voûtes à croisées d'ogives, et le chœur d'une abside à trois pans. Les retables Louis XV recèlent des toiles de Louis Watteau.

Hôtel de ville
Cet édifice classique (18e s.) est bâti en pierre bleue de Tournai.
Contourner l'église et prendre la rue d'Albret.

Square de la Madeleine
Il couronne un des bastions des remparts. Vues plongeantes sur la vallée de l'Helpe.

Paisible campagne dans la vallée de l'Helpe.

alentours

Maroilles
12 km à l'Ouest par la D 962. Le bourg est célèbre pour ses fromages, maroilles et dauphin. Jadis, ils étaient fabriqués à l'abbaye bénédictine dont subsistent quelques bâtiments (17ᵉ s.). Joli moulin à eau. La **Maison du Parc naturel régional de l'Avesnois** est installée dans une belle grange dîmière en brique et pierre.

Cartignies
6 km au Sud-Ouest par la D 424. Le village regroupe une quarantaine d'**oratoires de pierre bleue**.

ORATOIRES DE PIERRE BLEUE
Ils jalonnent l'Avesnois et la Thiérache, disséminés au bord des routes et chemins, dans les bois, ou encastrés dans des murs. Ils furent édifiés pour solliciter une grâce, remercier le ciel pour un bienfait, affirmer une position sociale. Leur construction se perpétue depuis 1550. L'oratoire se compose souvent d'un fût étroit, surmonté d'une belle niche grillagée et d'un couronnement plus large. Des statues de bois polychromes occupaient autrefois les niches.

---

circuit

L'EST DE L'AVESNOIS★★
Au départ d'Avesnes-sur-Helpe. Compter une journée (100 km).

carnet pratique

SE LOGER
⊖ **Chambre d'hôte Les Prés de la Fagne** – *2 r. Principale - 59132 Baives - 1 km à l'E de Wallers-Trelon -* ☎ *03 27 57 02 69 - la.fagne@wanadoo.fr - fermé janv.-fév. -* ⊅ *- 5 ch. 37/52 €* ⊊ *- repas 23 €.*
Du vin nouveau dans une vieille amphore ! Cette grange du 17ᵉ s., habilement restaurée, marie avec élégance les styles modernes et anciens. Certaines chambres ont même une baignoire au pied de leur lit ! Promenades à cheval pour les cavaliers confirmés.

SE RESTAURER
⊖⊖ **Auberge du Châtelet** – *Les Haies-à-Charmes - RN 2 -* ☎ *03 27 61 06 70 - carlierchatelet@aol.com - fermé 16-31 août, dim. soir et soirs fériés - 25/51 €.*
La plaisante atmosphère champêtre de la salle à manger incite à s'attarder longuement autour de bons petits plats traditionnels aussi appétissants les uns que les autres. La boulette d'Avesnes - une variété de maroilles - vous donnera un aperçu des fromages forts du Nord !

QUE RAPPORTER
Bière – Plusieurs villages peuvent se prévaloir de fabriquer leur propre bière. Ainsi, Ohain a pour bière locale la Ohainaise, Wallers-Trélon la Wallersoise, et Fourmies la Fourmidable ! Vous pourrez découvrir et déguster ces différents breuvages chez tous les petits commerçants des villages concernés.

SPÉCIALITÉS
L'Avesnois est riche en fromages plus ou moins connus :
Maroilles (AOC) : pâte molle et croûte lavée, proche du pont-l'évêque ou du munster par son mode de fabrication.
Dauphin : maroilles épicé (estragon, poivre).
Boulette d'Avesnes : pâte de maroilles épicée, enrobée de paprika.
Cœur d'Avesnes ou « **rollot** » : pâte douce.
Andouille - Éts Blondiau – *86 chaussée Brunehaut - 59222 Croix-Caluyau -* ☎ *03 27 77 40 28.* Une conserverie entièrement artisanale qui propose les fameuses andouilles et andouillettes de Cambrai.

La pâte tendre du Maroilles

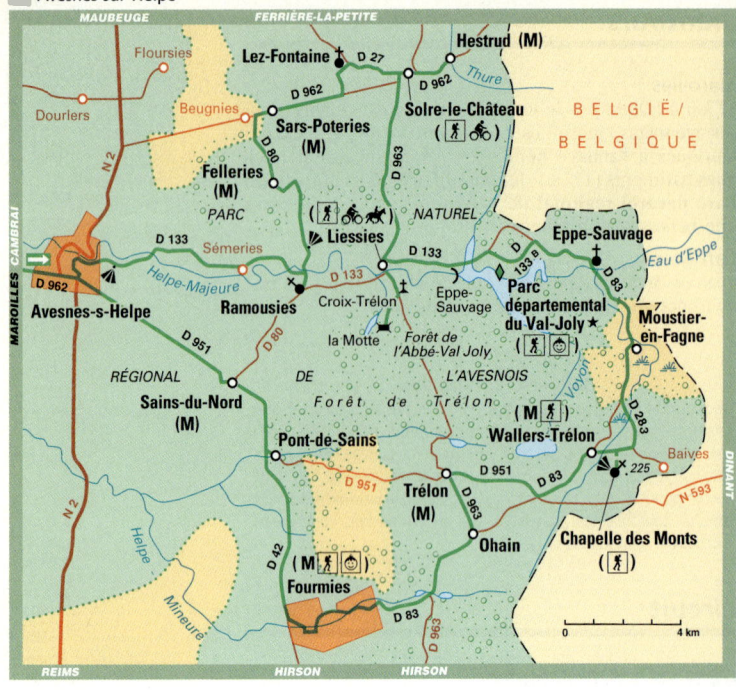

KIOSQUES À DANSER

Construits au 19ᵉ s. par les fonderies de la vallée de la Sambre, ces petits kiosques érigés sur les places accueillaient des musiciens chargés d'animer les fêtes villageoises. Une vingtaine de kiosques subsistent encore : les plus beaux sont visibles à Beugnies, Floursies, Marbaix, Solre-le-Château, Avesnes, Cartignies, Dourlers, Trélon.

◀ Au Sud de Maubeuge s'étend un pays vallonné de bocages, où alternent prairies, mares et vergers. L'Helpe-Majeure et la Mineure serpentent à travers les prés, arrosant des villages aux toits d'ardoises. Ces paysages ont été façonnés au Moyen Âge, à l'époque où les abbayes de Maroilles, Liessies et St-Michel dominaient la région, créant moulins et forges sur chaque cours d'eau. Des industries s'y développèrent aux 18ᵉ et 19ᵉ s. : verreries à Sars-Poteries et Trélon ; bois tournés à Felleries ; filatures à Fourmies... Réaménagés, ces anciens ateliers sont autant d'écomusées.

Quitter Avesnes par la D 133 vers Liessies.

Ramousies

Dans l'**église** (16ᵉ s.), deux beaux retables anversois de la Renaissance illustrent la vie de saint Sulpice et la Passion. Le Christ du 13ᵉ s. provient du plus ancien calvaire du Nord de la France.

De Ramousies, poursuivre sur la D 80 vers Felleries.

Felleries

L'art du « bois-joli » (bois tournés et boissellerie) fut une spécialité locale dès le 17ᵉ s. Il s'est développé parallèlement à l'industrie textile (fabrication de bobines et de fuseaux). Le **moulin des Bois-Jolis** (16ᵉ s.) regroupe différents objets en bois, façonnés à Felleries. ☎ 03 27 60 66 11 - 14h-18h, w.-end et j. fériés : 14h30-18h30 - fermé nov.-mars - 3,50 € (8-17 ans 2,80 €).

Prendre la D 80 vers le Nord, puis la D 962 en direction de Sars-Poteries.

Sars-Poteries *(voir ce nom)*
Prendre à l'Est la D 962. Après 3 km, tourner à gauche.

Lez-Fontaine

La voûte en bois de l'**église** (15ᵉ s.) est couverte de peintures datées de 1531.

Prendre la D 27 vers Solre-le-Château.

Solre-le-Château

Cette petite cité tranquille est le point de départ d'une excursion dans la vallée de la Thure, fraîche et sinueuse.

L'**hôtel de ville** est de style Renaissance, en pierre et brique rose. Une halle couverte se tenait au rez-de-chaussée. Des inscriptions gothiques, au-dessus des arcades, conseillent la probité aux marchands.

Franchir la voûte qui donne sur la place Verte. De style gothique (16e s.), l'**église** se distingue par son puissant **clocher★**, dont la flèche mauve est cantonnée d'échauguettes en fuseau et couronnée par un bulbe à lucarnes où se tenait le guetteur. À l'intérieur : double transept et double voûtement ; un buffet d'orgues (18e s.), des vitraux (16e s.) et des boiseries Renaissance. *En cas de fermeture, s'adresser à la mairie, juste à côté de l'église.*

Sur la place, belles demeures des 17e-18e s.

Emprunter la D 962 vers Grandrieu.

Hestrud

Le **musée de la Douane et des Frontières** est installé à l'emplacement de la douane, présente jusqu'en 1989 : histoire des frontières de l'Avesnois depuis 1659, objets de contrebande, tenues de douaniers. ☎ *03 27 59 28 48 - ♿ - tlj sf mar. 10h-19h - fermé 1re quinz. de sept., 20 déc.-5 janv. - 2 €.*

Revenir à Solre et prendre la D 963 vers Liessies.

Liessies

Le bourg est né d'une abbaye bénédictine fondée au 8e s. Très prospère aux 17e-18e s., le puissant monastère disparut avec la Révolution.

Dans l'**église St-Jean-et-Ste-Hiltrude**, à voir un bel ensemble de **statues de saints** (15e-18e s.), une **croix romane** ornée d'émaux et de pierreries, des toiles du 17e s. figurant la vie de sainte Hiltrude. ☎ *03 27 57 91 11 - été : 12h-16h ; hiver : 12h-18h - possibilité de visite guidée sur demande au Syndicat d'initiative.*

Le **parc de l'abbaye** *(près de l'église)* abrite le Conservatoire du patrimoine religieux (expositions), intégré à l'écomusée de la région de Fourmies-Trélon *(voir Fourmies).* Parcours de découverte : étang, faune, flore et bâtiments monastiques.

Et pour les amateurs de plantes, un petit tour à la **serre de Liessies** sera le bienvenu ! ☎ *03 27 61 81 66 - 9h-12h, 14h-19h, dim. 9h30-13h, 15h-19h - fermé dim. apr.-midi de mi-juil. à fin août et janv.-fév.*

De Liessies, suivre la D 133 et le val d'Helpe.

La route devient sinueuse ; les pentes se couvrent de bois.

Parc départemental du Val-Joly★

Le barrage d'Eppe-Sauvage, sur l'Helpe-Majeure, a créé une magnifique retenue d'eau, enchâssée entre les pentes de la vallée de l'Helpe et du Voyon, son affluent. Dans le parc, nombreuses activités : VTT, pêche, voile, barque, pédalo, tennis, minigolf, équitation, randonnée pédestre... L'aquarium peut s'enorgueillir de 22 bassins. Location de chalets, camping. Restauration et boutique du terroir.

Non ce n'est pas une illusion ! À Solre-le-Château, le clocher de l'église est bien penché.

> **UN PEU PLUS LOIN...**
> Liessies est le point de départ d'une excursion vers le **château de la Motte** (18e s.), aux murs de brique rose, et dans la forêt domaniale de l'**Abbé-Val Joly**.
> À l'Est du carrefour de la route de Trélon (D 963) et du chemin du château de la Motte se dresse le **calvaire de la Croix-Trélon** (18e s.). Vue sur la vallée de l'Helpe.

L'Avesnois, terre d'élevage, n'en est pas moins terre de loisirs de plein air : ici, sports nautiques sur le lac du Val-Joly ; autour, VTT ou encore marche à pied.

Ce bas-relief de style gothique couronne la porte du manoir de Moustier-en-Fagne.

Eppe-Sauvage
Ce village, proche de la frontière belge, se niche au creux d'un bassin formé par le confluent de l'Helpe et de l'Eau d'Eppe. Le chœur et le transept de l'**église St-Ursmar** sont du 16e s., comme ses deux triptyques.

Après Eppe-Sauvage, la vallée s'évase et devient moins boisée. Les fonds sont souvent occupés par des marais ou **fagnes**. On aperçoit un beau manoir-ferme.

Moustier-en-Fagne
D'accueillantes bénédictines olivétaines se livrent à la peinture d'icônes dans le prieuré dédié à saint Dodon. Cet ermite, qui vécut à Moustier, est invoqué pour soulager les maux de dos. À l'entrée du village, sur la gauche, beau **manoir** (1520) avec pignons à pas de moineaux.

Après 2 km, prendre à gauche (D 283), puis à droite.

Au sommet du mont (alt. 225 m), **vue** sur la haute vallée de l'Helpe et la **forêt de Trélon**.

Chapelle des Monts
1/4h à pied AR dans une lande sauvage. Cette chapelle (18e s.) se dresse au centre d'une esplanade, parmi des tilleuls centenaires. Carrières et four à chaux du 19e s.

Wallers-Trélon
Proche des carrières, ce village est entièrement construit en pierre bleue. Pour découvrir cette pierre sous toutes ses formes, faites un tour à l'exposition de la **Maison de la fagne**. ☎ 03 27 60 66 11 - *juil.-août : 14h-18h, w.-end et j. fériés 14h30-18h30 ; avr.-juin et sept.-oct. : w.-end et j. fériés 14h30-18h30 - 2,50 € (8-17 ans 1,60 €).*

Deux sentiers de découverte abordent les **monts de Baive** et leur flore particulière, due aux affleurements calcaires : le circuit de la pierre bleue (4,5 km, 1h30) au départ de la Maison de la fagne et le circuit des monts de Baive (2,5 km, 50mn) au départ de l'église de Baives (à l'Est de Wallers). *Se renseigner auprès de la Maison de la fagne.*

Prendre la D 83 puis à droite la D 951 vers Trélon.

Trélon

> **LA VERRERIE PARANT**
> Fondée en 1823, elle produisit des bouteilles jusqu'en 1914, puis des flacons à partir de 1918. Son activité cessa en 1977.

Reconnu autrefois pour son industrie verrière, c'est aujourd'hui le siège de l'**atelier-musée du Verre**, antenne de l'écomusée de la région de Fourmies-Trélon. Dans un bâtiment du 19e s. comportant deux fours, exposition et démonstration des techniques de fabrication. ☎ 03 27 60 66 11 - ♿ - *9h-12h, 14h-18h, w.-end et j. fériés 14h30-18h30 - fermé nov.-mars - 5 € (-8 ans 2,80 €), gratuit dernier dim. d'août.*

Prendre la D 963 puis la D 83 vers Fourmies.

Fourmies *(voir ce nom)*
Prendre la D 42 puis la D 951 vers Trélon.

Pont-de-Sains
Joli site. Le château appartient à Talleyrand puis à sa nièce, la duchesse de Dino.

Reprendre la D 951 en sens inverse, vers Sains-du-Nord.

Sains-du-Nord
La **Maison du bocage**, antenne de l'écomusée de la région de Fourmies-Trélon, est installée dans une ancienne maison de maître (19e s.) et ses bâtiments agricoles. Elle décrit la vie et les activités dans le bocage avesnois, de l'étable à la laiterie, en passant par le travail des artisans, sabotier, menuisier et apiculteur. Machines d'hier, animaux de la ferme et forge en activité. ☎ 03 27 60 66 11 - *14h-18h, w.-end et j. fériés 14h30-18h30 - fermé nov.-mars - 3,50 €, gratuit 3e dim. oct.*

Regagner Avesnes par la D 951.

Azincourt

Le nom de ce village, dans les collines de l'Artois, évoque un célèbre épisode de la guerre de Cent Ans : ici, le 25 octobre 1415, l'armée anglaise écrasa une armée française quatre fois plus nombreuse. Le Centre historique médiéval évoque cette bataille, ressentie comme une humiliation cuisante de ce côté-ci de la Manche. Et comme un morceau de bravoure et d'ingéniosité nationale du côté anglais...

La situation
Carte Michelin Local 301 F5 – Pas-de-Calais (62). 35 km de Montreuil, 17 km de St-Pol-sur-Ternoise, 12 km d'Hesdin. Accès : D 928 puis D 71.
🛈 *2 r. Charles-VI, 62310 Azincourt,* ☎ *03 21 04 41 12. www.azincourt-medieval.com*

Le nom
Il tire son origine de *Askion Curtis,* « ferme d'Askio », nom d'un personnage germanique. Le lieu porta le nom de Carogne jusqu'en 1734.

Les gens
273 Azincourtois. Il faut imaginer ce petit village et ses environs le 13 août 1415, lorsque se pressaient plus de 30 000 combattants lors de la fameuse bataille.

Arbalétrier en train de tendre la corde de son arme.

Musée de Traditions populaires

LA BATAILLE D'AZINCOURT

Le 13 août 1415, Henry V d'Angleterre débarque dans l'estuaire de la Seine. Cherchant à gagner Calais, il remonte le long de la côte et parvient à Azincourt. La bataille oppose 25 000 Français à 6 000 Anglais. Ceux-ci ont recours à leur tactique habituelle : les hommes d'armes, à pied, sont flanqués par des archers. Les chevaliers français s'élancent vers l'ennemi, mais les Anglais ripostent par une pluie de flèches. Affolés, les chevaux s'enlisent dans le terrain détrempé... Contraints de lutter à pied dans leur lourde armure, les chevaliers sont assaillis par l'infanterie anglaise, armée de haches et de massues. C'est l'une des plus sanglantes défaites de la noblesse française qui perd 10 000 des siens. Du côté anglais, Azincourt suscite l'éveil du sentiment national. La victoire favorisera les prétentions de Henri V d'Angleterre au trône de France. En 1599, Shakespeare magnifiera ce fait d'armes, faisant d' Henry V un héros théâtral détenteur des valeurs patriotiques.

---

visiter

Centre historique médiéval
R. Charles-VI. ☎ *03 21 47 27 53 - www.azincourt-medieval.com -* ♿ *- avr.-oct. : 10h-18h ; reste de l'année : tlj sf mar. 10h-17h (dernière entrée 30mn av. fermeture) - 6,50 € (enf. 5 €).*
Ce musée (800 m²) est logé dans un bâtiment dont la silhouette évoque un arc. Le parcours, en 40 panneaux, évoque de façon détaillée la guerre de Cent Ans et ses origines. Par le biais de mannequins parlants, Henry V et le connétable d'Albret, commandant l'armée française, s'interpellent à la veille de la bataille d'Azincourt. Une maquette animée relate les péripéties du combat. Deux scénographies audiovisuelles évoquent le souvenir durable qu'il laissa dans l'histoire. Des bornes vidéo restituent l'état d'esprit et l'équipement des combattants, dont on peut toucher les cottes de mailles et les armes : arcs et arbalètes, flèches, épées, dagues, piques... Expositions temporaires sur le Moyen Âge, librairie, boutique.

> **LE SITE DE LA BATAILLE**
> Pour le découvrir, un plan-guide est remis à l'issue de la visite *(circuit de 4 km en voiture).* Des vitrines et une table d'orientation précisent l'emplacement des deux armées. Au croisement de la D 104 et du chemin d'accès à Maisoncelle, un menhir bordé de sapins commémore la bataille.

Azincourt

carnet pratique

SE RESTAURER

⊖ **Le Charles VI** – 12 r. Charles-VI - ☎ 03 21 41 53 00 - restaurantcharles6@wanadoo.fr - fermé 23 fév.-8 mars, dim. soir et merc. - 13/31 €. Après le champ de bataille, passez à table dans cette grande salle lumineuse agrémentée d'un plafond lambrissé de bois. En cuisine, le chef vous démontrera que fraîcheur des produits rime avec prix raisonnables (l'un des menus donne accès au musée). Terrasse.

⊖ **Auberge La Ferme du Sire de Créquy** – Rte de Fruges - 62310 Créquy - 5 km au N de Fressin par D 155 - ☎ 03 21 90 60 24 - siredecrequy@wanadoo.fr - fermé dim. soir et soir hors sais. - réserv. conseillée - 9,60/23 €. Connaissez-vous le rollot ? Ce fromage au lait de vache du haut pays d'Artois est fabriqué à la ferme. L'atelier et les caves se visitent après un repas bien ancré dans le terroir servi dans une salle rustique et colorée. De multiples raisons de venir à la campagne...

alentours

Verchin

7 km au Nord-Est. Dans les paysages vallonnés de l'Artois, Verchin se distingue par la flèche tordue de son église, déformation due à l'utilisation d'un bois trop vert.

Église St-Omer – ☎ 03 21 47 37 07 - w.-end, vac. scol. et j. fériés 8h30-18h.
Cette église du début du 17e s. présente pourtant les traits du gothique flamboyant : voûtes à liernes et tiercerons, clefs pendantes. Dans un enfeu, une Mise au Tombeau du 17e s. montre les personnages à mi-corps.

Château – Le corps principal (18e s.) en brique et pierre, couvert d'un toit à la Mansart, a été nanti au 19e s. d'un pavillon surmonté d'un haut toit à la française. L'ensemble se mire dans une pièce d'eau alimentée par la Lys.

Fressin

21 km au Sud-Ouest. Bernanos passa une partie de sa jeunesse dans ce bourg de la vallée de la Planquette, et l'évoque dans son roman *Sous le soleil de Satan*.

Vestiges du château – Un parcours audiophone permet d'imaginer cette forteresse, dont subsistent des souterrains. Elle fut élevée au 15e s. par Jean V de Créquy, chevalier de la Toison d'or et chambellan de Philippe le Bon. Un jardin médiéval a été créé sur le site.

Église – Cet édifice (13e s.-16e s.) de style gothique flamboyant conserve une belle chapelle seigneuriale, avec ses baies découpées en « soufflets et mouchettes ».

Bailleul

CALENDRIER
Le carnaval du mardi gras, présidé par le géant Gargantua, est l'occasion pour le docteur Piccolissimo de lancer des tripes à la foule. Autre rendez-vous important : le concours de Potje vleesch. Il se déroule tous les deux ans, le dimanche précédant Pâques (2006, 2008...). Le même jour se tient le salon « Terroir et saveurs de Flandre ».

Cette ville, qui a souffert en 1918 lors de la dernière offensive allemande, a été reconstruite dans le plus pur style flamand. C'est la région des monts de Flandre, chère à Marguerite Yourcenar : un opulent pays de bocage que l'on retrouve de l'autre côté de la frontière, en Belgique, avec ses haies vives, ses ruisseaux ou « bergues » et les étendues bleutées des plantations de lin.

La situation

Carte Michelin Local 302 E3 – Nord (59). Accès par l'A 25 ou la N 42 puis la D 944. Bailleul est le point de départ de nombreuses randonnées dans les monts de Flandre (*se renseigner à l'office de tourisme*).
🛈 *3 Grand'Place, 59270 Bailleul,* ☎ 03 28 43 81 00.

Le nom

Bailleul, nom d'origine flamande, signifierait « belle ».

carnet pratique

SE LOGER

😊😊 **Auberge du Vert Mont** – *1318 r. du Mont-Noir - 59299 Bœschepe - ☎ 03 28 49 41 26 - aubergevertmont@aol.com - fermé lun. midi hors sais. - 7 ch. 60/78 € - ⊇ 6,50 € - restaurant 23/32 €*. Étape pleine de charme que cette auberge en brique rouge juchée sur les hauteurs du village. Chambres coquettes donnant sur la vallée. Plaisante salle à manger champêtre décorée de sabots, tonnelets, roues en bois... Jeux pour les enfants et petit parc animalier.

SE RESTAURER

😊 **Estaminet De Vierpot** – *125 complexe Joseph-Decanter - 59299 Bœschepe - 12 km au N de Bailleul par D 10 - ☎ 03 28 49 46 37 - ouv. w.-end et j. fériés ; fermé lun. et mar. d'avr. à juin et sept. ; juil.-août : lun.-vend. - 7/10 P*. Retrouvez toute l'ambiance du Nord dans ce chaleureux estaminet sis au pied d'un joli moulin restauré. Décor typique datant des années 1900, avec vieux poêle et bancs en bois. Restauration à base de planches flamandes, tartes, crêpes et carte offrant un choix de plus de 50 bières.

FAIRE UNE PAUSE

Ferme-brasserie Beck – *Eckelstraete - ☎ 03 28 49 03 90 - sam. à partir de 19h, dim. à partir de 17h ; tlj sur RV pour groupe - fermé déc.-fév*. Visite guidée de la ferme-brasserie et dégustation.

Les gens

14 146 Bailleulois. Citadins attachés à leur campagne, ils célèbrent chaque année (l'avant-dernier ou le dernier samedi de juillet) un vieux culte agraire : la fête des épouvantails. Au terme du défilé, les créatures sont brûlées et le bal est ouvert.

se promener

Grand'Place

Huit fois détruite, elle a toujours retrouvé son charme, avec son hôtel de ville de style néoflamand qui abritait au Moyen Âge la halle aux draps. Avant de déguster une bière « 3 Monts » dans un estaminet, admirez la façade de brique aux encoignures de pierre et l'élégante bretèche, qui servait pour les proclamations.

Briques ocre, façades à pignon à redans, fenêtres gothiques, telle est la maison flamande.

Église St-Vaast

Derrière l'hôtel de ville. Édifice de style romano-byzantin. Belle collection de vitraux évoquant l'histoire de la cité.

Rue du Musée

Jolies façades, en particulier celle du n° 3 (centre culturel : salle Marguerite-Yourcenar).

Présidial

Ancien palais de justice, cet édifice classique (1776) est le plus vieux de la ville.

visiter

Beffroi
☎ 03 28 43 81 00 - www.montsdeflandre.fr - *visite guidée (1h15) de déb. juil. à mi-sept. : mar. 16h, merc. 11h et vend. 16h ; avr.-juin et de mi-sept. à fin sept. : sam. 15h, dim. 11h - fermé nov.-mars. - 2,50 €.*

Édifié au 12e s., il a été reconstruit entre 1924 et 1932. À sa base, une salle gothique du 13e s. Au sommet, depuis le chemin de ronde, **panorama**★ sur la plaine et les monts de Flandre au Nord, sur les terrils du bassin minier au Sud. Par temps clair, on distingue Lille. Le carillon (35 cloches) égrène de vieux airs de Flandre tous les quarts d'heure. Perchée au sommet de la flèche du beffroi, une élégante sirène dorée se coiffe en se regardant dans un miroir.

Musée Benoît-De-Puydt
☎ 03 28 49 12 70 - www.musenor.com - *tlj sf mar. 14h-17h30 - fermé 24 déc.-1er janv., 1er Mai, dim. et lun. précédant mardi gras - 3,40 € (-18 ans gratuit), gratuit 1er dim. du mois.*

> **À VOIR**
> Vierge allaitant, de Gérard David, *Extraction de la pierre de folie*, d'Henri de Blès, *L'Adoration des Mages*, de Pieter Bruegel, dit Bruegel d'Enfer.

Cette maison bourgeoise accueille ce qu'il reste de la collection assemblée au 19e s. par Benoît De Puydt. Elle fait la part belle à l'art flamand : faïences de Delft et du Nord de la France, meubles et objets d'art (16e-18e s.), toiles des écoles flamande, française et hollandaise, dont Pieter Bruegel le Jeune et Gérard David. Porcelaines de Chine et du Japon, tapisserie des États de Flandre (18e s.) et portraits du 19e s.

Maison de la dentelle
6 r. du Collège. ☎ 03 28 41 25 72 - ♿ - *visite sur demande à l'Office de tourisme - tlj sf dim. et j. fériés 13h30-17h - fermé vac. de Noël - 1 €.*

Sur le fronton de cette maison de style néo-flamand, on distingue une dentellière et un rouet. Plus de 100 élèves apprennent la technique de la dentelle au fuseau, dite « torchon ». On visite l'atelier de fabrication, et on peut s'initier lors de stages.

> **HONNEUR AUX DENTELLIÈRES**
> La dentelle apparaît dans les foyers de Bailleul au 17e s. et prend une importance croissante dans la vie quotidienne des femmes. La première école est fondée en 1664. Au 19e s., on compte 800 dentellières dans la région. Le déclin s'amorce avec l'arrivée des machines. Aujourd'hui, ce savoir-faire se perpétue. Tous les trois ans, en juillet, se déroulent les Rencontres internationales de la dentelle : à l'occasion de la Sainte-Anne, patronne du métier, une centaine de dentellières de tous pays réalisent des œuvres en public.

> **À DÉCOUVRIR**
> La fritillaire pintade, superbe plante aux clochettes pourpres à damier blanc. Elle se plaît dans les prés humides des vallées inondables, mais se fait très rare dans le Nord de la France.

Conservatoire botanique national de Bailleul
Hameau d'Haendries. ☎ 03 28 49 00 83 - *lun.-jeu. 8h30-12h, 13h30-18h, vend. 8h30-12h, 13h30-17h - possibilité de visite guidée (2h) - fermé oct.-mars, w.-end et j. fériés - 3 € (-12 ans 3 €), visite guidée 5 €.*

Installé sur le domaine (30 ha) d'une ferme flamande restaurée, ce conservatoire botanique national est spécialisé dans les espèces végétales du Nord de la France. Le jardin médicinal abrite quelque 700 plantes, et le jardin botanique protège plus de 600 espèces en voie de disparition. Le GR 128, sentier de grande randonnée qui parcourt les monts de Flandre, traverse le domaine. Tables de pique-nique, table d'orientation, sorties « nature ».

circuit

LES « SOMMETS » DU NORD
Cet itinéraire *(1/2 journée)* chemine dans la campagne flamande et se termine en Belgique. Au programme : côtes, moulins, jeux d'estaminets, bières spéciales et fromages moelleux... un concentré de l'âme du Nord.

Prendre la D 23 au Nord, puis à gauche la D 223.

Couronné par son hostellerie, le **Kemmelberg**, (sur la droite) en Belgique, a servi de décor tragique à une scène du *Grand Troupeau*, un roman de Jean Giono, qui combattit sur cette terre de Flandres durant la Première Guerre mondiale. Le **mont Rouge** (Rodeberg) est situé plus près, du même côté.

Tourner à gauche sur la D 318.

Mont Noir
Recouvert d'une sombre forêt, il fait partie de la chaîne des monts de Flandre (alt. : 170 m). Un sentier mène à la **grotte** artificielle (1875) dédiée à N.-D. de la Salette.

Saint-Jans-Cappel
Le village, dans une vallée baignée par la Becque, est situé au pied du mont Noir. La branche paternelle de Marguerite Yourcenar (anagramme de son nom « Crayencour ») y possédait un château. « C'est le premier logis dont je me souviendrai », écrit-elle dans *Archives du Nord*, deuxième volume de son autobiographie familiale *Le Labyrinthe du monde*. On peut aujourd'hui visiter le **parc Marguerite-Yourcenar**★, où *t'Meisje van't Kasteel* (« la petite fille du château », comme on l'appelait ici) passa ses dix premiers étés. La vue se porte sur Ypres, le mont Rouge et le mont des Cats, surmonté de son abbaye. Par temps clair, on distingue la mer et les collines d'Artois.
☎ *03 28 43 83 06 - accès libre - gratuit.*

Au cœur du parc, une demeure des années 1920, la **villa Mont-Noir**, a été transformée par le conseil général du Nord en Centre départemental de résidence d'écrivains européens. Elle accueille des auteurs qui y trouvent un lieu propice à l'écriture. À la mi-juin, le festival « Par monts et par mots » est l'occasion d'une rencontre littéraire avec tous les lauréats de la villa Mont-Noir.

Pour approfondir votre connaissance de la femme de lettres, rendez-vous au **musée Marguerite-Yourcenar** : textes, photographies, vidéo sur sa vie et son œuvre, collection complète de ses publications, œuvres d'artistes locaux, qui expriment la beauté de la région. ☎ *03 28 42 20 20 - avr.-sept. : w.-end 15h30-17h30 ; reste de l'année : sur RV à l'Office de tourisme lun.-sam. - fermé janv., j. fériés (sf quand dim. en saison) - 2 €, gratuit Printemps des musées. Prendre la D 10 vers le Nord, tourner à gauche à Berthen.*

Mont des Cats
Cette colline (alt. 158 m) domine un agréable paysage, avec ses tiges de houblon, ses toits rouges et ses champs où paissent les vaches de race holstein-friesan et rouge flamande. Les moines de l'abbaye produisent depuis le 19ᵉ s. un fromage réputé pour sa fine saveur.

Abbaye Notre-Dame-du-Mont – Cette abbaye de trappistes, de style néogothique, fut fondée en 1826. Elle comprend une fromagerie, une brasserie, une forge et une ferme. L'**église paroissiale St-Bernard** *(à droite de l'entrée du monastère)* comporte d'intéressants vitraux de Michel Gigon (1965) : *Feu et ténèbres, Mort et résurrection*.

Le **centre d'accueil C.-Grimminck** regroupe boutique de produits monastiques et espace audiovisuel sur la vie des moines. ☎ *03 28 43 83 70 - ♿ - tlj sf mar. 10h-12h, 14h30-18h, dim. et lun. 14h30-18h - fermé Vend. saint, Pâques, Pentecôte, 1ᵉʳ nov. - gratuit.*
Faire demi-tour et reprendre la D 10 vers Boeschepe.

Boeschepe
On admire un superbe moulin restauré, sur pivot : l'**Ondankmeulen**, « moulin de l'Ingratitude » (1802) où l'on moud encore le grain. ☎ *03 28 42 50 70 - visite guidée (30mn) sur demande auprès de M. Heyman Noël (par écrit 15 J. av.) - 171 r. de la Gare - 59299 Boeschepe - juil.-août : 15h-18h ; avr.-juin et de déb. sept. à mi-oct. : dim. et j. fériés 15h-18h - 1,50 € (enf. 1 €).*

> **SENTIER DES JACINTHES**
> 🚶 En 1977, un habitant de St-Jans-Cappel envoya à Marguerite Yourcenar, qui résidait aux États-Unis depuis 1938, une poignée de terre du mont Noir et des bulbes de jacinthes sauvages, qui fleurissent en mai dans les bois. Aujourd'hui, le « sentier des jacinthes » *(2h1/2)*, émaillé de citations de l'écrivain, parcourt les pentes du mont Noir.

> **ANIMATIONS LITTÉRAIRES**
> Chaque mois : soirée Mont-Noir à la Villa, en rapport avec l'œuvre de l'écrivain à résidence. L'été, animations littéraires et spectacles vivants, à l'occasion du festival Par Monts et Par Mots, un w.-end de juin. Programmation de contes et chansons en juillet-août : « Les beaux dimanches du Mont Noir ».

Le fromage du mont des Cats est produit et affiné à l'abbaye.

Bailleul

À côté, l'**estaminet De Vierpot** (*voir carnet pratique*), « pot à braise », propose une cinquantaine de sortes de bières. On peut s'initier ici au tir à la grenouille. *Juil.-août : mar., merc., jeu. 11h-18h30, vend. et w.-end 11h-21h (20h dim.) ; avr.-juin et sept. : merc., jeu. 11h-18h30, vend. et w.-end 11h-21h (20h dim.) ; oct.-mars : w.-end 11h-21h (20h dim.).*

Prendre la D 139 ; après la frontière belge, continuer vers Poperinge.

Poperinge
Ses habitants portent le surnom de *Keikoppen*, les « Têtes dures ». Une pierre de 1 650 kg, sur la Grand'Place, en est le symbole. La cathédrale St-Bertinus, église-halle flamande, illustre la transition romano-gothique.

Quitter Poperinge par la N 308 vers Dunkerque, puis tourner à gauche en direction de Watou, toujours en Belgique.

Watou
Ce village permet de s'initier aux jeux d'estaminets. Au *Nouveau St-Éloi (4 Gemenestraat)*, on joue notamment à trou-madame, à la grenouille et au javelot, en savourant les bières locales.

On retourne à Bailleul par la D 10.

Bavay★

Cette petite ville aux maisons basses est très connue pour ses vestiges gallo-romains. Elle l'est aussi pour ses « chiques », délicieuses friandises à base de sucre candi et d'arôme naturel de menthe, dont on se régale depuis 1875.

La situation
Carte Michelin Local 302 K6 – Nord (59). Accès par la N 49. ☐ *Maison du Patrimoine, r. Saint-Maur, 59570 Bavay,* ☎ *03 27 39 81 65. www.mairie-bavay.fr*

Le nom
Au temps d'Auguste, Bagacum était une importante cité de la Belgique romaine, à la fois centre administratif et judiciaire, place militaire et pôle de ravitaillement.

Les gens
3581 Bavaisiens. Au 2e s., ils allaient aux thermes publics alimentés par un système d'aqueducs et se réunissaient sur le vaste forum pour s'adonner au culte impérial ou acheter vases et statuettes de bronze aux nombreux artisans de la ville !

visiter

> **TRACES**
> Au début de l'ère chrétienne, Bagacum constituait le nœud de sept « chaussées » : vers Utrecht, Boulogne, Cambrai, Soissons, Reims, Trèves et Cologne. Leur tracé rectiligne se reconnaît encore dans le réseau routier, et des traces d'ornières creusées par le passage des charrois subsistent sur le forum.

Grand'Place
Son beffroi (17e s.) à appareillage de briques contraste avec le granit de l'hôtel de ville (18e s.). Sur la place se dresse la statue de Brunehaut (543-613), reine d'Austrasie. La légende veut qu'elle fit restaurer en trois jours et trois nuits les sept voies romaines à la jonction desquelles se dresse aujourd'hui son effigie.

Vestiges de la cité romaine
Cet ensemble monumental a été mis au jour par le chanoine Bièvelet en 1942, sur un terrain dégagé par les bombardements de 1940. D'Est en Ouest, le long d'un même axe, sont visibles la basilique civile, le forum, un cryptoportique (galerie souterraine) en fer à cheval et une salle sur cave profonde. Au Sud de l'enceinte (3e s.) ont été exhumées quelques habitations.

carnet pratique

QUE RAPPORTER
La Romaine – *30 pl. Charles-de-Gaulle - ☎ 03 27 63 10 06 - tlj sf lun. 7h-19h - fermé 15 juil.-15 août.* Cette maison détient la recette secrète des fameuses « chiques de Bavay » ; elle les aromatise aujourd'hui à la pomme, au café et à la cerise...
Leur invention reviendrait aux femmes des grognards qui, sous l'Empire, chiquaient du tabac pour recracher le plomb qu'ils avalaient en déchiran t avec leurs dents les charges de poudre avant de remplir leur fusil. Leurs épouses, donc, auraient inventé des bonbons pour éviter à leur mari de chiquer du tabac.
Brasserie Au Baron – *59570 Gussignies - ☎ 03 27 66 88 61 - 11h-0h - fermé 25 déc. et 1er janv.* Visite de la micro-brasserie.

Musée archéologique

☎ 03 27 63 13 95 - janv.-sept. : 9h-18h ; reste de l'année : 9h-12h, 14h-17h30, w.-end et j. fériés 10h30-12h30, 14h-18h - fermé mar., 1er janv, 1er Mai, 1er et 11 Nov., 25 déc. - 7 €, gratuit 1er dim. du mois.

Dans ce vaste édifice moderne, un spectacle audiovisuel évoque la vie au temps de Bagacum, qui comptait parmi les plus importants centres de fabrication de poteries. Dans les vitrines sont exposés de la vaisselle, des verres et des vases ornés de bustes de divinités. Une vitrine est consacrée aux superbes figurines de bronze découvertes dans la cachette d'un artisan bavaisien.

alentours

Bellignies
3 km au Nord par la D 24. Du 19e s. à 1940, ce bourg de la vallée de l'Hogneau a vécu de l'industrie marbrière. Les hommes découpaient et les femmes polissaient. Le **musée du Marbre et de la Pierre bleue** est le témoin de cette activité : outils traditionnels pour le travail du marbre, objets représentatifs de la production des ateliers. *Tlj sf lun. 14h-18h - fermé déc.-fév. - 2 €.*

Statue de Jupiter (Musée archéologique de Bavay).

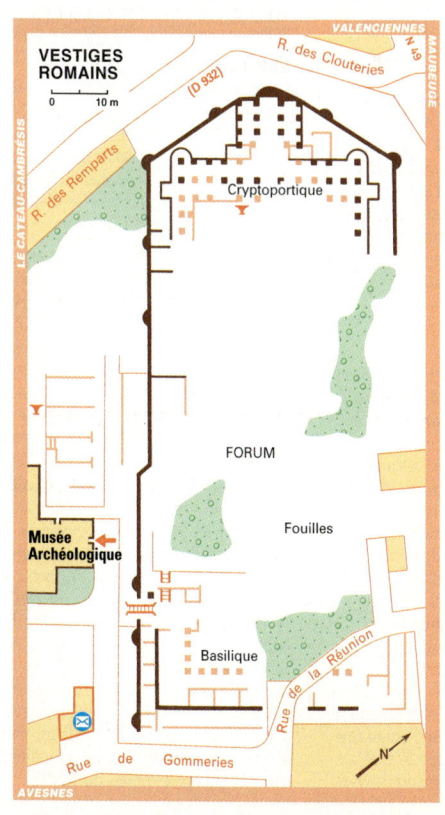

Beauvais★★

> **JEANNE HACHETTE**
> 27 juin 1472 : durant le siège de Beauvais par Charles le Téméraire, la petite Jeanne Laisné voit surgir un assaillant. Elle lui arrache sa bannière, lui assène un coup de hachette puis le pousse dans le vide. Son exemple exalte le courage des habitants. La résistance s'organise alors jusqu'à l'arrivée des renforts. Le duc de Bourgogne lève le siège le 22 juillet. Aujourd'hui, fin juin, Beauvais célèbre son héroïne.

Pour découvrir un beau point de vue sur Beauvais, il faut arriver par le pont de Paris : la masse puissante de la cathédrale, épaulée par sa forêt d'arcs-boutants, surgit alors des toits. Ce chef-d'œuvre de l'art gothique est resté inachevé, mais son chœur (48 m de hauteur sous voûte) est vertigineux.

La situation
Carte Michelin Local 305 D4 – Oise (60). Accès par l'A 16 ou la N 31-E 46. Une ceinture de boulevards longe le cours du Thérain au Sud et à l'Ouest. Nombreux parkings. ᴅ *1 r. Beauregard, 60000 Beauvais,* ☎ *03 44 15 30 30.*

Le nom
La peuplade des Bellovaques s'installa dans un oppidum celtique, Caesaromagus. Au 3e s., la capitale gallo-romaine fut entourée d'une enceinte de 1 370 m.

Les gens
Agglomération de 59 003 Beauvaisiens. Des personnalités s'y sont croisées : le couturier Givenchy, l'avionneur et député Marcel Dassault, Jean-Claude Decaux et ses Abribus...

carnet pratique

VISITE
Visites guidées – Beauvais, propose des visites guidées (2h et plus) du centre et des alentours par des guides-conférenciers agréés par le ministère de la Culture et de la Communication. Découvrez la cathédrale St-Pierre et son horloge astronomique, la Manufacture nationale de tapisserie, Beauvais au fil de l'eau, etc. - *de mi-avr. à fin sept. : dim. 15h - 4 € - renseignements à l'Office de tourisme -* ☎ *03 44 15 30 30 - www.beauvaisistourisme.fr.*

SE LOGER
⊖⊖ **Hostellerie St-Vincent** – *R. de Clermont -* ☎ *03 44 05 49 99 - h.st.vincent@wanadoo.fr -* ᴘ *- 48 ch. 62/72 € -* ⊇ *7,50 € - restaurant 15/30 €.* Ce bâtiment récent proche d'axes routiers dispose de chambres spacieuses, pratiques et bien insonorisées. Le restaurant, moderne et clair, occupe une construction pyramidale où l'on sert une cuisine traditionnelle.

SE RESTAURER
⊖⊖ **La Baie d'Halong** – *32 r. de Clermont -* ☎ *03 44 45 39 83 - fermé 14 juil.-15 août, 20 déc.-2 janv., merc. midi, sam. midi, dim. et lun. - 16/30 €.* Dans son restaurant situé à la périphérie de la ville, Monsieur Ta Kim-Huong fait partager les traditions culinaires de son pays au travers de délicieuses recettes traditionnelles : soupes parfumées, poulet grillé aux cinq parfums, pavé de thon au curry-curcuma ou encore lamelles de Saint-Jacques marinées (en saison).
⊖⊖ **Les Canards de la Landelle** – *1 r. des Sablons - 60850 Lalandelle -* ☎ *03 44 81 63 39 - www.lalandelle.com - ouv. tous les midis du 14 juil. à fin août, sam. soir et dim. midi - 17,90/29,90 €.* Cette grange du 18e s., typique du pays de Bray, abrite une auberge dédiée au canard, que le chef cuisine à toutes les modes : magret, civet, confit, cassoulet.... L'hiver, on s'attable au coin du feu, l'été sur la terrasse à l'ombre d'un noyer centenaire.

EN SOIRÉE
Théâtre du Beauvaisis – *Pl. Georges-Brassens -* ☎ *03 44 06 08 20 - theatre-du-beauvaisis@wanadoo.fr - tlj sf dim. et lun. 13h-19h - fermé de mi-juil. à déb. sept. et j. fériés.* Pièces de théâtre classiques et modernes, danse, cirque, one-man-show, musique, humour, expositions... Programmation disponible à l'office de tourisme.

QUE RAPPORTER
Les Canards de la Landelle – *1 r. des Sablons - 60850 Lalandelle -* ☎ *03 44 81 63 39 - www.lalandelle.com - ouv. tous les midis du 14 juil. à fin août, sam. soir de sept. à juin et dim. midi.* Foie gras du pays de Bray. (voir rubrique « Restauration » ci-contre).

SPORTS & LOISIRS
Parc Saint-Paul – ⊚ *- N 31 - 8 km à l'O de Beauvais par N 31 - 60650 St-Paul -* ☎ *03 44 82 20 16 - www.parcsaintpaul.com - mars-oct. 10h-18h - 13,50 € (enf. : 11,50 €).* Parc d'attraction installé sur 15 ha de verdure et de plan d'eau. Toute la famille pourra s'amuser avec les 33 attractions (les plus téméraires choisiront la Tour Descente Extrême ou le Wild Train) et les 2 spectacles proposés. Plusieurs points de restauration sur place.
Plan d'eau du Canada- Base nautique municipale – *R. de la Mie-au-Roy -* ☎ *03 44 45 33 93 - www.beauvais.fr - 27 mars-15 mai : 8h-20h30 ; 16 mai-15 sept. : 8h-22h ; 16 sept.-30 oct. : 8h-20h30 ; 31 oct.-26 mars : 8h-18h30 - fermé baignade de sept. à juin ; location bateaux d'oct. à mai.* Ce site de 45 ha comprenant un plan d'eau de 36 ha et de nombreux espaces verts est très apprécié des Beauvaisiens. Location d'Optimists, dériveurs, canoës, kayaks, pédalos, planches à voile... On peut également y pratiquer la marche, la course à pied ou le VTT.

comprendre

Évêques et bourgeois – Très tôt, la cité devient un important siège épiscopal. Dès le 11e s., elle a pour seigneur un évêque souvent en conflit avec les bourgeois, jaloux de leurs franchises.

Les tapisseries de Beauvais – Louis XIV fonde la Manufacture royale de tapisserie en 1664, sur le conseil de **Colbert**. On y produit, sur des métiers horizontaux, dits de basse lisse, des œuvres très fines en laine et soie. Elle devient manufacture d'État en 1804. Les ateliers, transférés à Aubusson en 1939, ne peuvent rejoindre Beauvais à cause de la destruction des bâtiments en 1940. Regroupés à Paris dans l'enclos des Gobelins, ils ont repris le chemin de Beauvais en... 1989.

Céramiques et vitraux – La poterie est présente au pays de Bray depuis l'époque gallo-romaine. D'abord utilitaire (récipients), elle devient un produit de qualité. Les terres vernissées et les grès fabriqués dès le 15e s. font de la région l'un des grands centres français de céramique. Vers 1850, les potiers de Lhéraule, Lachapelle-aux-Pots, Savignies disparaissent au profit des faïenceries, puis des tuileries. Des potiers d'art s'installent près de ces usines. Beauvais fut également célèbre pour ses vitraux au 16e s.

> **TRISTE CÉLÉBRITÉ**
>
> Un des évêques beauvaisiens, Pierre Cauchon, se rallie aux Anglais alors que la ville veut se donner à Charles VII. Chassé de Beauvais en 1429 par les bourgeois, il se réfugie à Rouen où il envoie Jeanne d'Arc au bûcher le 30 mai 1431.

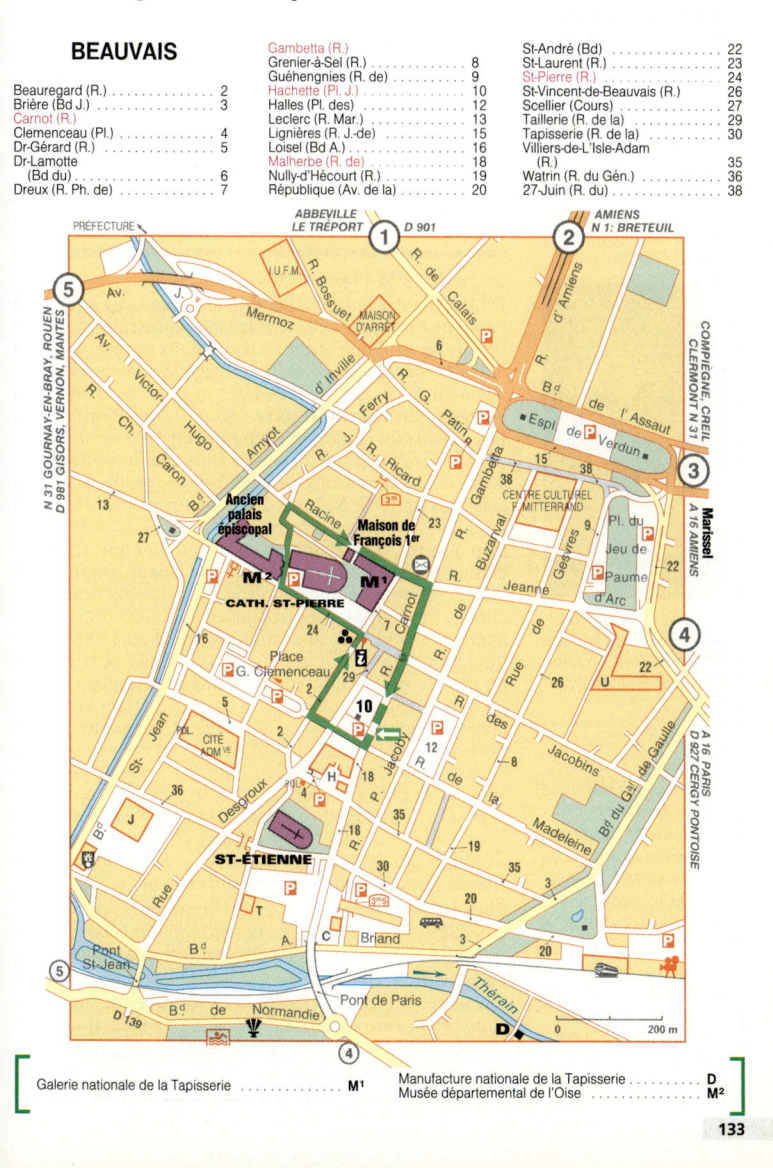

BEAUVAIS

Rue	N°
Beauregard (R.)	2
Brière (Bd J.)	3
Carnot (R.)	
Clemenceau (Pl.)	4
Dr-Gérard (R.)	5
Dr-Lamotte (Bd du)	6
Dreux (R. Ph. de)	7
Gambetta (R.)	
Grenier-à-Sel (R.)	8
Guéhengnies (R. de)	9
Hachette (Pl. J.)	10
Halles (Pl. des)	12
Leclerc (R. Mar.)	13
Lignières (R. J.-de)	15
Loisel (Bd A.)	16
Malherbe (R. de)	18
Nully-d'Hécourt (R.)	19
République (Av. de la)	20
St-André (Bd)	22
St-Laurent (R.)	23
St-Pierre (R.)	24
St-Vincent-de-Beauvais (R.)	26
Scellier (Cours)	27
Taillerie (R. de la)	29
Tapisserie (R. de la)	30
Villiers-de-L'Isle-Adam (R.)	35
Watrin (R. du Gén.)	36
27-Juin (R. du)	38

Galerie nationale de la Tapisserie .... M¹
Manufacture nationale de la Tapisserie .... D
Musée départemental de l'Oise .... M²

se promener

L'ENSEMBLE ÉPISCOPAL ET SES ALENTOURS
Environ 45mn. Se garer dans le centre (pl. J.-Hachette, pl. des Halles...).

Place Jeanne-Hachette
Jolie statue de l'illustre Beauvaisienne en face de l'hôtel de ville, dont la façade (18ᵉ s.) restaurée est mise en valeur, la nuit tombée, par un bel éclairage.
Prendre la courte rue de la Frette, puis à droite la rue Beauregard. Tourner à gauche dans la rue St-Pierre.

Vestiges
Au coin subsistent des vestiges de la **collégiale St-Barthélemy** et, en face, derrière la Galerie nationale de la tapisserie, les ruines de **remparts gallo-romains**.
Dans la rue Saint-Pierre qui longe la cathédrale, prendre à droite la rue du Musée, puis celle de l'Abbé-Gelée.

Ancien palais épiscopal
La porte fortifiée (14ᵉ s.) est flanquée de deux grosses tours à toits en poivrière. Au fond de la cour se dresse le corps central du palais. Incendié en 1472 par les bourguignons, il fut reconstruit vers 1500 et conserve aujourd'hui sa façade Renaissance. Les bâtiments abritent le musée départemental de l'Oise.

Maisons anciennes
La plus vieille maison de Beauvais, la **maison François Iᵉʳ** (15ᵉ s.), a été démontée de la rue Oudry et reconstruite rue de l'Abbé-Gelée, qui longe la cathédrale.
Prendre à droite la rue J.-Racine et encore à droite la rue Carnot pour rejoindre la place J.-Hachette.

La charmante façade joliment découpée de l'ancien palais épiscopal.

visiter

Cathédrale St-Pierre★★★
De la cathédrale originelle, dite la **Basse-Œuvre**, bâtie à l'époque carolingienne, ne subsistent que trois travées de la nef. En 949, une autre cathédrale est édifiée, qui sera détruite par deux incendies. L'évêque et le chapitre décident alors, en 1225, d'ériger la plus vaste église de l'époque, un **Nouvel-Œuvre** dédié à saint Pierre.
Les travaux du chœur, qui débutent en 1238, sont un défi pour les architectes. La hauteur sous clef de voûte est de 48 m, ce qui donne aux combles une élévation de 68 m – celle des tours de N.-D. de Paris... à un mètre près. Mais les piliers sont trop espacés, les culées des contreforts trop légères. Un éboulement se produit en 1284. Le chœur est sauvé au prix de 40 ans de labeur. On renforce les culées et les grandes arcades des travées droites du chœur, on multiplie les arcs-boutants. Interrompu par la guerre de Cent Ans, le chantier reprend en 1500 sous la direction de Martin Chambiges. Les fonds proviennent en grande partie du commerce des indulgences.
Le transept est achevé en 1550. Au lieu d'ériger la nef, on élève une tour à la croisée du transept, surmontée d'une flèche. Sa croix, posée en 1569, se trouve à 153 m au-dessus du sol. Mais la nef fait défaut pour contrebuter les poussées, et les piliers cèdent en 1573, le jour de l'Ascension, alors qu'une procession vient de quitter l'église. Les efforts et sacrifices du clergé et des habitants ne permettent de restaurer que le chœur et le transept. La cathédrale inachevée fait une croix sur sa flèche et sa nef !
Chevet★ – Le chœur (13ᵉ s.) est contrebuté, comme les croisillons flamboyants, par des arcs-boutants portant sur de hautes culées qui s'élèvent jusqu'aux combles.
Façade du croisillon Sud – Riche décor. Le **portail St-Pierre**, flanqué de deux hautes tourelles et surmonté d'une belle rose est orné de niches aux dais ajourés.
◀ **Intérieur★★★** – Le vertige gagne en pénétrant sous ces voûtes d'une hauteur prodigieuse (48 m). Le transept mesure 58 m de long. Chœur très élégant.

À l'intérieur de la cathédrale, l'horloge astronomique est un bijou qu'animent 50 automates.

À VOIR

Les **vitraux★★** éclairent magnifiquement le transept. Le Père éternel préside le médaillon central de la rose Sud (1551). En dessous et sur deux registres, dix prophètes et dix apôtres. En face *(croisillon Nord)*, dix sibylles répondent aux prophètes (1537).

Le triforium est à claire-voie, et les fenêtres font 18 m de haut. Sept chapelles s'ouvrent sur le déambulatoire.

L'**horloge astronomique**★, réalisée entre 1865 et 1868 par l'ingénieur Louis-Auguste Vérité, comporte 90 000 pièces. La partie inférieure ressemble à une forteresse aux multiples fenêtres : 52 cadrans indiquent la longueur des jours et des nuits, les saisons, l'heure du méridien de Paris... La scène du Jugement dernier se déroule cinq fois par jour dans la partie supérieure de l'horloge. ☎ 03 44 48 11 60 - &. - *cathédrale : juil.-août : 9h-18h15 ; avr.-juin et sept.-oct. : 9h-12h15, 14h-17h30 ; nov.-mars : 9h-12h15, 14h-18h15 ; visite audioguidée son et lumière (25mn) été : 10h40, 11h40, 14h40, 15h40, 16h40 ; hiver 11h40, 14h40, 15h40 - fermé 1er janv. - 4 € (enf. 1 €).*
À droite de l'horloge astronomique, une ancienne horloge du 14e s. carillonne des cantiques correspondant aux différentes époques de l'année.

Basse-Œuvre – Vestige de la cathédrale du 10e s., elle a été bâtie en moellons gallo-romains de récupération. Elle servit d'église paroissiale jusqu'en 1789.

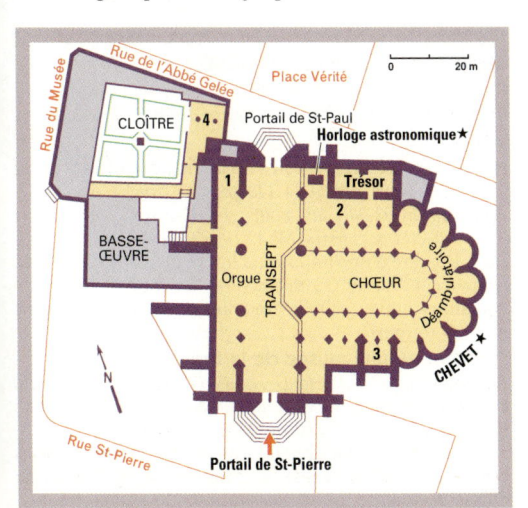

La physionomie particulière de la cathédrale tient autant aux difficultés techniques de sa construction qu'au manque de fonds nécessaires à son achèvement.

CATHÉDRALE ST-PIERRE
1. Vitrail de « Roncherolles » (1522)
2. Horloge du 14e s.
3. Retable du 16e s.
4. Salle du chapitre

Détail de l'**Arbre de Jessé**★★★, chef-d'œuvre d'Engrand (dans l'église St-Étienne).

À NE PAS MANQUER
Paris, le vieux pont St-Michel et *La Vasque de l'Académie de France à Rome*, de Camille Corot.

Église St-Étienne★

Nef et transept romans, dont la sobriété est atténuée par les corniches à modillons dites « beauvaisiennes ». Le chœur (début du 16e s.) est de style gothique flamboyant épuré. La tour qui flanque la façade fut érigée de 1583 à 1674 : elle servait de beffroi municipal. Sur le bas-côté gauche, voyez le portail roman au tympan et aux voussures finement ciselés. Une roue de fortune dans la rose symbolise l'instabilité des choses humaines *(façade croisillon Nord)*. Magnifiques **vitraux**★★ Renaissance dans le chœur, dont on admire le dessin et les coloris.

Musée départemental de l'Oise★

☎ *03 44 11 43 83 - www.cg60.fr - juil.-sept. : 10h-18h ; reste de l'année : 10h-12h, 14h-18h - fermé mar., 1er janv., lun. Pâques, lun. Pentecôte, 1er et 11 Nov., 25 déc. - 2 €, gratuit 1er dim. du mois.*

À chaque niveau sa collection : Moyen Âge (sculptures sur bois provenant d'églises et d'abbayes, fragments sculptés de maisons à pans de bois, fresques) dans les tours d'entrée ; archéologie régionale dans les caves (12e et 16e s.). Parmi les œuvres les plus anciennes : le beau guerrier gaulois de St-Maur, une statuette en tôle de laiton (1er s.) et la stèle du Mercure barbu (3e s.).

Dans les étages, on trouve essentiellement des peintures du 16e au 20e s. École française du 16e s., écoles française et italienne des 17e et 18e s. Paysagistes français du 19e s., dont **Corot** et **Huet**. Voyez la *Vierge en buste*, rare étude sur le modèle réalisée par **Ingres** (1860). Tapisseries de Beauvais et mobilier Art nouveau restituent la Belle Époque et les Années folles. Importante collection de céramiques du Beauvaisis sous la belle **charpente** du 16e s.

Galerie nationale de la tapisserie

☎ *03 44 15 39 10 - avr.-sept. : 9h30-12h30, 14h-18h ; oct.-mars : 10h-12h30, 14h-17h - fermé lun., 1er janv., 1er Mai, 25 déc. - gratuit.*

Dans un bâtiment au chevet de la cathédrale, la galerie présente des expositions temporaires, à partir des collections de meubles et de tapisseries du Mobilier national.

Manufacture nationale de la tapisserie

☎ *03 44 14 41 90 - ♿ - visite guidée (1h) mar.-jeu. et Journées du patrimoine 14h-16h30 - fermé j. fériés - 3,20 € (enf. 1.10 €).*

Installée dans les anciens abattoirs, elle abrite une dizaine de métiers horizontaux. Les lissiers œuvrent à la lumière naturelle d'après le carton de l'artiste, sur l'envers de la tapisserie, surveillant leur ouvrage au moyen d'un miroir. Toute la production actuelle est destinée aux grandes institutions de la République.

découvrir

MUSÉES DES PAYS DE L'OISE

Plusieurs musées du Beauvaisis s'attachent à promouvoir le patrimoine régional en faisant revivre les activités rurales.

Hétomesnil : conservatoire de la Vie agricole et rurale

25 km au Nord par la D 149 puis, à gauche, la D 151. ☎ *03 44 46 92 98 - juil.-août : 14h30-18h30 ; mai-juin et sept. : w.-end et j. fériés 14h30-18h30 - 5 €.*

Dans le cadre d'une imposante ferme (1852) qui servit de ferme-école au 19e s., découverte du monde agricole : machines-outils, cabane mobile de berger, anciens métiers du bois...

St-Félix : moulin-musée de la Brosserie

19 km au Sud-Est par la D 12. ☎ *03 44 07 99 50 - visite guidée (1h15) avr.-oct. : tlj sf mar. 14h30-18h30, dép. 14h30, 15h45 et 17h (dernière entrée 17h) - 6 € (enf. 3 €).*

À l'intérieur du moulin de l'ancienne brosserie dont l'activité a cessé depuis 1979, on suit la fabrication d'une brosse de toilette, qui nécessite plus de 40 opérations.

Des dominos d'ivoire, des boutons de nacre, des éventails : un artisanat dont Méru se fit la spécialité dès le 17e s.

Méru : musée de la Nacre et de la Tabletterie
25 km au Sud par la D 927. ☎ 03 44 22 61 74 - www.musee-nacre.com - ₠ - visite guidée (45mn) tlj sf mar. 14h30-18h30 - fermé 1ère sem. en janv. - 6 €.
Le bouton et le domino de A à Z (reconstitution d'ateliers de fabrication). Exposition ludique d'objets de tabletterie, dont une belle **collection d'éventails**.

> **RIEN NE SE PERD**
> En marchant sur les trottoirs de Méru, vous verrez sans doute des éclats scintiller au soleil : ce sont les restes des coquilles de nacre inutilisables pour la fabrication des boutons.

alentours

Église de Marissel
1,5 km à l'Est. R. de Clermont et r. de Marissel, en biais, à droite. ☎ 03 44 05 46 43 - possibilité de visite sur demande auprès de Mme Cozette au ☎ 06 81 52 04 38 - 1er dim. du mois 14h-16h.
L'église de ce village, devenu faubourg de Beauvais, s'élève sur un terre-plein d'où la cathédrale apparaît à 2 km. La façade du 16e s. possède un portail de style gothique flamboyant, tandis que le chevet comporte une absidiole romane, placée entre le chœur et le transept gothiques.

> **SUJET D'INSPIRATION**
> Corot immortalisa l'église de Marissel en 1866. La toile est aujourd'hui exposée au Louvre.

Château de Troissereux
8 km au Nord-Ouest par la D. 901. ☎ 03 44 79 00 00 - www.chateau-troissereux.com - visite guidée (50mn) de déb. avr. à mi-nov. : 14h-17h ; reste de l'année : w.-end et j. fériés 14h-17h (visite-conférence de l'horloge médiévale 40mn) - fermé déc.-janv. et 1er dim. d'avr. - 8 €, 4 € supp. horloge.
Paré de briques rouges, de pierres et d'ardoises, ce château Renaissance (15e-16e s.) fut construit sur les ruines d'un premier édifice, bâti sur pilotis et dévasté lors de la guerre de Cent Ans. Il appartint notamment au protestant Jean de L'Isle Marivaux, gouverneur de Paris, proche de Charles IX et de François Ier. Remanié au 18e s., l'élégant décor intérieur recèle un mobilier néoclassique d'époque. Dans le parc français paysager ancien, attribué à Bernard Palissy, évoluent des oiseaux sauvages au milieu des canaux : canards, oies, hérons, paons...

> **À VOIR**
> Dans le pavillon de la cour d'honneur, la tour dédiée au temps comporte l'une des plus anciennes **horloges mécaniques** en France, sans doute antérieure au 14e s, et une girouette astrale Renaissance. Tous les jours de visite, à 14h30, une conférence est proposée sur la mesure du temps au Moyen Âge.

> **BERNARD PALISSY (1510-1589)**
> À la fois artiste et savant, Bernard Palissy est connu notamment pour avoir percé le secret des émaux. Jouissant, malgré son protestantisme non dissimulé, de la protection de Catherine de Médicis il travailla à l'élaboration du jardin des Tuileries. Selon Franck Rolland, chercheur strasbourgeois passionné par Troissereux, « le jardin dessiné par Palissy à Troissereux est une œuvre symbolique qui renvoie à la Genèse et aux préoccupations de ses commanditaires calvinistes ».

Gerberoy★★ *(voir ce nom)*
Forêt de Hez-Froidmont
16 km à l'Est par la N 31. Ce massif accidenté retombe au Nord sur la plaine de Picardie, au Sud sur la vallée du Thérain. Essences variées et belles futaies de hêtres et de chênes.

Paysage caractéristique du pays de Bray.

Agnetz
20 km à l'Est, à droite, avant Clermont. L'**église** dépendait d'un prieuré de l'abbaye de St-Germer-de-Fly, d'où ses dimensions. Le puissant clocher (14e s.) est allégé sur chaque face par trois baies gothiques géminées, de style rayonnant. L'abside flamboyante est un ajout du 16e s. *Ne se visite pas, sf Journées du patrimoine.*

Clermont
22 km à l'Est par la N 31, après Agnetz. Laisser la voiture rue du Châtellier et descendre en ville par la rue de la Porte-de-Nointel en passant sous un arc. Ce comté fut rattaché à la couronne de France par Philippe Auguste en 1218. Le sixième fils de saint Louis, Robert, le reçut en apanage et épousa Béatrice de Bourbon, héritière de cette ancienne famille. Leur descendance prit alors le nom de Bourbon.

Un beffroi fluet surmonte le pignon de l'**ancien hôtel de ville**. Trois statues (Saint Louis, Robert de Clermont, Charles IV le Bel) évoquent les attaches royales de la ville.

> **DYNASTIE**
> La lignée des Bourbons s'interrompt lorsque Suzanne de Bourbon et Charles III meurent sans héritiers. Une branche cadette de la dynastie se perpétue cependant, avec Charles de Bourbon. Son fils Antoine, marié à Jeanne d'Albret, reçoit la couronne de Navarre qu'il transmet à son fils Henri, futur Henri IV.

circuit

LE PAYS DE BRAY
58 km – environ 2h.

Incisés comme une boutonnière dans la craie du Bassin parisien, le pays de Bray et ses hautes côtes séduisent par leurs larges panoramas : bocages plantés de pommiers, vallons aux courbes légères. Le pays de Bray est également connu pour avoir vu naître le célèbre « petit-suisse » de Charles Gervais.

Quitter Beauvais par l'avenue J.-Mermoz, tourner à gauche vers Gisors (D 981). 5 km au-delà d'Auneuil, tourner à droite (D 129). Traverser Le Vauroux. À Lalandelle, suivre les panneaux « Table d'orientation ».

De la **table d'orientation des Neuf-Frênes** (cassée), panorama sur la dépression du Bray.

Prendre à droite la D 22 au début de la descente.

Dans le premier tournant à droite, vue à gauche sur une coupe géologique où la stratification de la craie est bien visible.

Revenir sur ses pas et poursuivre tout droit au croisement avec la D 574.

On traverse le long village-rue du Coudray-St-Germer, puis on descend vers le fond du Bray. **Vue**★ étendue sur Gournay : l'église de St-Germer-de-Fly se dresse au premier plan.

> **SE LOGER**
> ⌂ **Chambre d'hôte La Ferme du Colombier** – *14 r. du Four-Jean-Legros - 60650 Savignies - 10 km au NO de Beauvais dir. Rouen puis D 1 -* ☎ *03 44 82 18 49 - ferme.colombier.free.fr - ✉ - réserv. obligatoire - 5 ch. 34/42 € ⌧ - repas 15/20 €.* Un séjour à la ferme ! Ici, vos voisins seront les moutons de l'élevage des propriétaires. Les chambres, confortables et spacieuses, sont installées dans un bâtiment annexe. Cuisines à disposition. Renseignez-vous sur les randonnées organisées par vos hôtes.

St-Germer-de-Fly
Saint Germer fonda ici une abbaye au 7ᵉ s. L'immense **église★**, construite entre 1150 et 1175, écrase de sa masse les demeures groupées à ses pieds. Dans une chapelle rayonnante, autel roman orné d'arcatures. Un couloir voûté conduit à une élégante Ste-Chapelle (13ᵉ s.), sur le modèle du célèbre sanctuaire parisien. ☎ 03 44 82 62 74 - *avr.-sept. : 8h30-19h30 ; reste de l'année : clé disponible à l'Office de tourisme en face sur la place.*

Faire demi-tour. À la bifurcation de Fla, prendre la D 109 vers Cuigy-en-Bray et Espaubourg. La petite route longe le pied de l'abrupt du Bray. À St-Aubin-en-Bray, tourner à gauche. Traverser la nationale aux Fontainettes.

Les Fontainettes
Fabrication de poteries de jardin et de tuyaux de grès. Cette région très accidentée et boisée est le berceau de la céramique et de la poterie de Beauvais.

Lachapelle-aux-Pots
Le **musée de la Poterie** évoque la spécialité du village : exposition de grès, œuvres de potiers locaux, Delaherche et Klingsor. ☎ 03 44 04 50 72 - ♿ - *avr.-oct. : tlj sf lun. 14h-18h, w.-end et j. fériés 14h30-18h30 - fermé nov.-mars et lun. de j. fériés - 2 €.*

Savignies
Ce charmant village, fief de la poterie, fut supplanté au 19ᵉ s. par Lachapelle, favorisé par sa ligne ferroviaire. L'habitat porte encore les traces de cette activité (cheminées en grès, murs à pots), et quelques artistes perpétuent la tradition.

Forêt du Parc-St-Quentin
Belles futaies de chênes. À la sortie de la forêt apparaît la masse de la cathédrale de Beauvais.

ART GOTHIQUE
L'ancienne abbatiale de St-Germer est remarquable exemple de style gothique primitif. Le **chœur** est la partie la plus intéressante, avec ses tribunes à baies en plein cintre et son triforium à baies rectangulaires.

Berck

Cette station de la Côte d'Opale, familiale et climatique, déploie son interminable plage de sable fin (12 km) jusqu'à l'embouchure de la Canche. Voilà un paradis pour les chars à voile, les cerfs-volants et les « flysurfs ». L'enfant également y est roi, grâce au label « Station Kid », et l'air est le plus iodé du Pas-de-Calais.

La situation
Carte Michelin Local 301 C5 – Pas-de-Calais (62). Accès par la D 940 ou l'A 16 puis la D 303.
🛈 *5 av. F.-Tattegrain, 62600 Berck-sur-Mer,* ☎ *03 21 09 50 00. www.opale-sud.com*

ÉCUSSON
Longtemps, Berck ne fut qu'un bourg de pêcheurs. Sur l'écusson de la ville, on distingue une couronne et des poissons.

La plage de Berck permet de donner libre cours à l'art de manier le cerf-volant.

Berck

carnet pratique

SE LOGER

Chambre d'hôte La Chaumière – 19 r. du Bihen - 62180 Verton - 4 km à l'E de Berck par D 303 - ☎ 03 21 84 27 10 - www.alachaumiere.com - ✉ - 4 ch. 50/57 € ☲. Une jolie maison au toit de chaume dans un jardin fleuri. Toutes ses chambres, réservées aux non-fumeurs, ont un charme particulier. En restant plusieurs jours, vous pourrez prendre votre petit déjeuner dans un service différent chaque matin, grâce à la belle collection de la maîtresse des lieux...

L'Impératrice – 43 r. de la Div.-Leclerc - ☎ 03 21 09 01 09 - hotel.limperatrice @nordnet.fr - fermé dim. soir - 12 ch. 60/80 € - ☲ 8 € - restaurant 25/55 €. Cet hôtel occupe une place de choix au cœur de la station et à proximité de la plage. Chambres à choisir selon le style que vous préférez : Napoléon au 1er étage ou Louis-Philippe au 2e. De son côté, le restaurant propose une attrayante carte régionale et d'appétissants plateaux de fruits de mer.

SE RESTAURER

Auberge Le Fiacre – À Routhiauville - 80120 Fort-Mahon-Plage - 21 km au SE de Berck-sur-Mer par D 940, D 532 puis D 32 - ☎ 03 22 23 47 30 - fermé 3 janv. -3 fév., 13-26 déc., mar. midi et et merc. midi - 20/41 € - 11 ch. 79 € - ☲ 10,50 €. Installée dans une ancienne ferme, cette auberge ouvre sur un joli jardin où l'on déjeune en été. Sa salle à manger avec ses nappes blanches, ses rideaux fleuris et ses belles poutres est très charmante, tout comme ses quelques chambres, plus récentes.

La Verrière – Pl. du 18-Juin, à Berck-Plage - ☎ 03 21 84 27 25 - casino-62berck@wanadoo.fr - 20/50 €. Cet élégant restaurant a pris ses quartiers dans l'ancienne gare routière de la ville. Avec ses baies vitrées et sa cuisine ouverte, il joue la transparence. Sa carte au goût du jour vous permettra de découvrir de nouvelles saveurs. En sortant, les joueurs pourront aller au casino.

QUE RAPPORTER

Le Succès Berckois – 31 r. Carnot - ☎ 03 21 09 61 30 - www.succesberckois.com - tlj sf lun. en hiver 9h30-12h30, 14h30-19h ; nocturnes en juil.-août. Nouvelle boutique pour cette maison familiale qui fabrique toujours artisanalement friandises, sucettes et autres berlingots. Également, un espace de découverte pour tout savoir sur le sucre : fabrication devant le client, vidéo, expositions thématiques, présentation de sculptures en sucre, documentation, etc.

SPORTS & LOISIRS

Agora - L'Archipel des Loisirs – Espl. Parmentier, front de mer - ☎ 03 21 89 87 00 - www.agora-berck.com - sur réserv. - fermé janv., oct., 25 déc., 1er janv. et lun. sf vac. scol. Vaste centre de loisirs (6 500 m²) situé sur le front de mer. À l'intérieur, piscine à vagues dotée d'un toboggan, bowling et espace de jeux. En plein air, char à voile, équitation, pilotage et construction de cerfs-volants. Brasserie et glacier.

Association Sternes – Chemin Raisins - ☎ 03 21 84 43 48. Cette association a pour objectif de faire connaître la pêche en mer et organise des sorties à bord de ses bateaux.

UNE STATION DE CURE

Berck est réputé pour le traitement des maladies osseuses et des séquelles d'accidents de la route. Orientée ouest, la ville est balayée de vents maritimes réguliers et bénéficie d'une présence exceptionnelle d'ozone et de rayonnement ultraviolet, idéal pour les maladies du squelette. Son centre de cure est né du dévouement de Marianne Brillard, surnommée « Marianne toute seule » parce qu'elle avait perdu son mari et ses quatre enfants. Elle recevait, vers 1850, les petits souffreteux, scrofuleux ou malingres. L'air iodé leur faisait du bien, et l'Assistance publique s'intéressa à Berck. Le premier Hôpital maritime, créé en 1869, fut inauguré par l'impératrice Eugénie.

Le nom

Ce nom vient de barquette (« petite barque ») ou encore de birk (« petit chêne »), de bergue (« marais » en flamand) ou de berg (« grande dune » en langue germanique).

Les gens

14 378 Berckois. Leur plage sert de décor aux aventures désopilantes de Jean-Claude Tergal, héros d'une BD de Tronchet.

séjourner

Plage

« Station Kid », Berck propose de nombreuses activités de plage aux enfants, le long de ses 1 400 ha de sable fin tassé par l'eau. Face à la mer, l'Esplanade se partage entre une piscine à vagues, des toboggans, des billards, un bowling...

Phare

Reconstruit après la guerre, au-delà de l'Hôpital maritime, il culmine à 40 m de hauteur.

Musée

60 r. de l'Impératrice. ☎ *03 21 84 07 80 - www.opalesus.com -* ♿ *- juil.-août : 10h-12h, 14h-19h ; reste de l'année : 10h-12h, 15h-18h, lun. 15h-18h - fermé mar., 1er janv., 1er Mai, 25 déc. - 3 €, gratuit 1er dim. du mois.*

Installé dans l'ancienne gendarmerie, entièrement réaménagée, et éclairé par de larges fenêtres, il rassemble une grande collection d'artistes locaux (Eugène Chigot,

Eugène Trigoulet). Impressionnante série de 92 portraits miniatures de marins et de femmes, pensionnaires de l'Asile maritime. Reconstitution d'un intérieur berckois traditionnel, maquettes de bateaux, outils de pêcheurs. Au 1er étage, expositions temporaires et résultat des fouilles subaquatiques réalisées dans le Nord : bijoux du 6e s., mobilier des tombes à incinération, pièces du sanctuaire de Dompierre-sur-Authie et panoplie militaire de l'époque mérovingienne.

Église Saint-Jean-Baptiste
272 r. Quettier. L'originalité de l'église de Berck-Ville réside dans son clocher, ancien phare médiéval ou « foier » datant du 14e s. Bâtie en grès de Marquise, la tour mesure 8 m de haut et 6,5 m de côté. À son sommet, on entretenait la nuit un feu au moyen de charbon de bois et de fagots.

Église Notre-Dame-des-Sables
R. Cazin. Construite en 1882, l'église de Berck-Plage a conservé intacte son étonnante charpente en pitchpin, réalisée par les charpentiers de marine. Sa **nef** rappelle une coque de navire.

Parc d'attractions de Bagatelle★
5 km par la D 940 vers Le Touquet. ☎ *03 21 89 09 91 - www.bagatelle.fr - juil.-août : 10h-19h ; sept. : w.-end 10h-18h30 - fermé avr.-juin (sauf certains j. : se renseigner) et de déb. oct. à mi-avr. - tarif non communiqué.*
◉ 26 ha de plaisir en famille : zoo, spectacles et multiples attractions comme le petit train, le minigolf, la grande roue, un immense toboggan, la Mine d'or engloutie et le Ciné Dynamik.

Bergues★★

Son canal intérieur lui a valu le surnom de « petite Bruges du Nord ». On y retrouve l'atmosphère de la cité flamande, ses rues sinueuses, ses vastes places et ses quais silencieux. Ancienne rivale de Dunkerque, la ville fut très endommagée en 1940. Brillamment reconstruite, avec ses demeures de briques ocre jaune, ses petites chapelles et ses tuiles rouges, elle conserve son caractère sobre et harmonieux.

La situation
Carte Michelin Local 302 C2 – Nord (59). Située à 10 km de Dunkerque, la ville est entourée de remparts et de canaux. Accès par l'A 16 ou l'A 25.
🛈 *Pl. de la République, 59380 Bergues,* ☎ *03 28 68 71 06. www.bergues.fr*

Le nom
Il vient de Groenberg, allusion au « mont Vert », foyer de peuplement initial. Évangélisée par saint Winoc, la ville porta le nom de Bergues-Saint-Winoc jusqu'en 1789.

Ici devant l'Hôtel de ville, le « géant » de la ville, coiffé d'un haut-de-forme, symbolise la bourgeoisie locale qui favorisa au 19e s. l'élection de Lamartine, député de Bergues.

carnet pratique

SE LOGER

⊖ **Au Tonnelier** – *4 r. du Mont-Piété - ☎ 03 28 68 70 05 - fermé 22 août-2 sept., 24 déc.-4 janv., lun. midi, mar. midi, vend. midi et dim. soir - P - 12 ch. 39/62 € - ☕ 7 € - restaurant 17,50/28 €.* Proche de l'église, cette maison de village fleurit ses fenêtres en été. Entrez par l'ancienne salle de café avec son comptoir de bois avant de passer dans la coquette salle à manger. Chambres au mobilier simple.

SE RESTAURER

⊖ **Taverne Le Bruegel** – *1 r. du Marché-aux-Fromages - ☎ 03 28 68 19 19 - www.lebruegel.com - fermé 24-30 déc. - 8,70/40 €.* Dans l'atmosphère conviviale et typique de cet estaminet établi dans une vieille bâtisse de 1597, vous pourrez découvrir la carbonnade, le potje vleesch et autres spécialités flamandes. Son décor chaleureux, avec ses murs de brique et ses meubles de bois, contribue à son succès.

⊖⊖⊖ **Le Cornet d'Or** – *26 r. de l'Espagnole - ☎ 03 28 68 66 27 - fermé dim. soir et lun. - 31/51 €.* Ne vous fiez pas à la façade un peu austère de ce restaurant, sa table traditionnelle sagement modernisée a une belle réputation dans la région. La salle à manger aux poutres apparentes et aux tables fleuries est cossue et l'atmosphère y est feutrée.

EN SOIRÉE

La Nuit du Miroir aux Alouettes, Anno 1585 – Spectacle nocturne interactif (2h) historique, dans la ville fortifiée. Fin avril et début octobre, le week-end. Réserver à l'Office de tourisme.

Brasseurs de France

VISITE TECHNIQUE

Brasserie Thiriez – *22 r. de Wormhout - 59470 Esquelbecq - ☎ 03 28 62 88 44 - brasserie.thiriez@wanadoo.fr - visite (1h) sur RV. Dégustation et vente 10h-19h, dim. et j. fériés sur RV - fermé 1er-20 janv.*

SPORTS & LOISIRS

Tramway touristique – *De mi-mai à fin sept. : 15h, 15h45, w.-end et j. fériés 15h45 et 16h30* - circuit commenté (30mn) au dép. du beffroi - *4 € (-14 ans 2 €).*

CALENDRIER

Sur la place du Marché-aux-Bestiaux, près de la rue M.-Cornette, une fête agricole se tient en **avril**, le dimanche des Rameaux.

Les gens

4 209 Berguois. En 1833, **Lamartine** devient député de Bergues. Il séjourne à l'hôtel de la Tête d'Or, place de la République. Son buste trône sur la façade de l'hôtel de ville.

découvrir

LA VILLE FORTIFIÉE

Environ 2h1/2 au départ du beffroi, place Henri-Billiaert.

L'enceinte fortifiée, percée de quatre portes, est cernée de douves. Certains éléments remontent au Moyen Âge ; d'autres sont du 17e s., aménagés par Vauban.

Beffroi

10h-12h, 14h-18h, w.-end et j. fériés 10h-13h, 15h-18h (dernière entrée 30mn av. fermeture) - fermé dim. (nov.-fév.), 1er janv., 1er Mai, 25 déc. - 2,20 €, gratuit pendant les Journées des villes fortifiées.

Ce monument du 16e s. fut dynamité par les Allemands en 1944. Paul Gélis dirigea sa reconstruction (1958-1961) tout en conservant les grandes lignes initiales. Son appareillage est en briques jaunes (« briques de sable »). Il est surmonté du lion de Flandre et possède un **carillon** de 50 cloches. Deux salles d'expositions temporaires ont été aménagées au rez-de-chaussée. En haut du beffroi, exposition de cloches et de carillons. *Concert de carillons : lun. 11h-12h - enseignements à l'Office de tourisme.*

Rejoindre la porte de Cassel par la rue M.-Cornette.

Y. Tierny/MICHELIN

Du sommet du beffroi, on domine toute la plaine de Flandre.

Anglaise (R.) 2	Lamartine (R.) 6	Marché-aux-Poissons (Pl. et R.) . . 10
Arsenal (R. de l') 3	Marché-aux-Bestiaux	Nationale (R.) 12
Collège (R. du) 4	(Pl.) 7	République (Pl. de la) 15
Faidherbe (R.) 5	Marché-aux-Chevaux (R.) 8	St-Jean (R.) 16

Porte de Cassel
Édifiée au 17e s. avec un **pont-levis**, elle est ornée d'un fronton triangulaire portant un soleil sculpté, emblème de Louis XIV. Du côté extérieur, perspective à droite sur la **courtine médiévale** montant en direction des tours St-Winoc.

Rempart Ouest
Après la **poudrière du moulin**, on accède à la **tour Neckerstor**, étonnante porte d'eau héritée des ducs de Bourgogne. Le rempart, construit en 1585, se prolonge ensuite vers la **porte de Bierne** (15e s.) et son pont-levis. Vues sur les **ruines d'une tour médiévale** et sur d'**anciennes écluses**.

Monter sur le rempart Nord par l'escalier, à droite de la porte du Quai.

Rempart Nord
Il relie la **porte de Dunkerque**, qui domine l'entrée du canal intérieur, la **tour Guy-de-Dampierre** (1286), 22e comte de Flandre, et la première **porte d'Hondschoote**.

Quitter l'enceinte par la porte d'Hondschoote et l'avenue Vauban.

Couronne d'Hondschoote★
Vauban s'est servi des bras de la Colme pour édifier ce système de bastions et de demi-lunes *(voir la partie « architecture militaire » dans « Invitation au voyage » en début de guide)*. Le dispositif tient son nom de son plan en couronne. À partir de la seconde **porte d'Hondschoote**, la promenade à l'intérieur de la couronne longe le **canal du Roy**.

Revenir sur ses pas et remonter sur le rempart.

> **À SAVOIR**
> Les deux demi-lunes, entourées de profonds fossés où nagent sandres, tanches et crevettes, servent de réserve ornithologique.

Couronne et abbaye St-Winoc
La couronne St-Winoc protégeait l'abbaye du même nom. Elle comprend trois puissants **bastions** (1672-1692) : celui de St-Winoc, celui du Roi *(pl. C.-de-Crocq)* et celui de St-Pierre (casemate). De la couronne, on rejoint le site de l'**abbaye** en traversant l'avenue du Gén.-de-Gaulle. Cet

établissement bénédictin a été détruit en 1789, sauf la porte d'entrée en marbre (18e s.), la Tour pointue (refaite en 1815) marquant l'emplacement de la façade de l'abbatiale, et la Tour carrée (12e-13e s.) de croisée de transept.

Reprendre la promenade des remparts au niveau du 3e bastion (St-Pierre) de la couronne St-Winoc.

Rempart Sud

Trois petites tours rondes du 15 s. précèdent celle des Faux-Monnayeurs puis celle des Couleuvriniers. Sur les anciens jardins ouvriers, le rempart a été réaménagé de telle sorte que soit mise en évidence une demi-lune.

À la porte de Cassel, remonter la rue M.-Cornette et prendre à gauche la rue Carnot qui se prolonge en rue Faidherbe.

Rues Carnot et Faidherbe

Parmi la succession de jolies façades (18e s.) des beaux hôtels particuliers se distingue celle de l'**hôtel de Hau de Staplande**, 22 rue Carnot.

Dans la rue Faidherbe, prendre à droite la rue du Mont-de-Piété.

Mont-de-piété

Élégant bâtiment de brique et pierre blanche, dont le pignon baroque présente une ingénieuse composition d'éléments décoratifs : pilastres, niches, cartouches, frontons. Le mont-de-piété de Bergues fut inauguré en 1633, et son activité se poursuivit jusqu'en 1848. Il abrite le Musée municipal depuis 1953.

On retrouve le beffroi en contournant l'église face au mont-de-piété et en prenant la rue de la Gare.

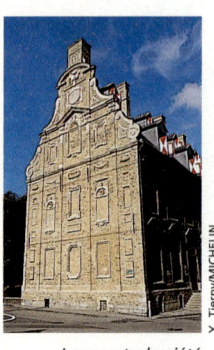

Les monts-de-piété devaient réprimer les abus commis par les établissements de prêts que tenaient les Lombards.

visiter

Musée municipal

☎ 03 28 68 13 30 - *tlj sf mar. 10h-12h, 14h-17h. 3,50 € (-14 ans 1,10 €).*

Le joyau est sans aucun doute le *Joueur de vielle*, œuvre diurne de **Georges de La Tour** (1593-1652), datant des années 1625 *(à l'étage)*. Mais il faut citer aussi un ensemble de peintures flamandes (16e-17e s.), hollandaises, françaises et italiennes, à voir une esquisse de Rubens, des portraits de Van Dyck, Cossiers et Simon De Vos. Une section d'histoire naturelle est présentée au 2e étage (oiseaux et papillons). Les dessins (15e-19e s.) sont exposés par roulement (Poussin, Lebrun, Tiepolo, etc.).

alentours

Quaëdypre

5 km au Sud-Est par la D 916 puis la D 37. Situé sur une légère éminence, ce village possède une **église-halle** à trois nefs égales. L'intérieur est orné de boiseries sculptées (17e s.) ; sur le maître-autel, une toile anversoise de Goubau, maître de Largillière. ☎ 03 28 68 66 03 - *visite guidée sur demande à la mairie - 1er dim. de juil. apr.-midi, lors des Journées du patrimoine.*

West-Cappel

10 km au Sud-Est par la D 110 puis la D 4. L'**église St-Sylvestre** a été reconstruite au 16e s. en « briques de sable ». *Fermé pour travaux.*

Moulin Den Leeuw

8 km au Sud par la D 916 puis, à droite, la D 110. ☎ *03 28 62 10 90 - visite guidée (30mn) sur demande à la mairie avr.-sept. : 3e dim. du mois 15h-19h.*

Sur la commune de **Pitgam**, ce moulin à farine en bois, sur pivot, date de 1776. Il a été récemment restauré.

PROVENANCE

La table de communion, la chaire et les confessionnaux proviennent de l'église des Dominicains de Bergues, tandis que le buffet d'orgues et les stalles se trouvaient à St-Winoc de Bergues.

Esquelbecq

8 km au Sud puis, à droite, la D 916 et la D 417. 🛈 *Maison du Westhoek,* ☎ *03 28 62 88 57 -* ♿ *- tlj sf lun. 10h-12h, 14h-18h -possibilité de visite guidée pour exposition permanente -fermé 25 déc.-1er janv. - gratuit.*

Situé au cœur du Westhoek français (Flandre occidentale), ce bourg traversé par l'Yser est typiquement flamand avec sa **Grand'Place★**, bordée de maisons en brique des 17e et 18e s., et sa vaste église. On y brasse la blonde et l'ambrée d'Esquelbecq. Dans la plaine du Bois, située aux abords du village *(r. de Dunkirk-Vétérans)*, une grange, aujourd'hui reconstituée, a été le théâtre, le 28 mai 1940, du massacre de 70 soldats britanniques par la garde personnelle de Hitler.

L'**église-halle** (16e s.) arbore une façade de briques dessinant des losanges sous trois pignons pointus correspondant aux nefs. Au pinacle central, statue de saint Folquin, évêque de Thérouanne. Son incendie en 1976 a donné lieu à une superbe restauration, qui laisse à l'intérieur les briques apparentes et le clocher accessible par un étroit escalier en colimaçon (75 marches), sculpté dans un pilier du 12e s. Au premier niveau, juste au-dessous de la voûte étoilée de 12 m de haut, reconstruite par les compagnons charpentiers de Paris, projection d'un film sur l'incendie (7mn) et exposition d'objets liturgiques. Trois petites fenêtres s'ouvrent sur les vitraux travaillés. Du sommet, belle vue sur les cloches et le carillon, ainsi que sur la plaine alentour. ☎ *03 28 62 88 57 - 9h-17h, dim. 9h-12h - possibilité de visite guidée sur demande à l'Office de tourisme, mar.-dim.*

Restauré en 1606, le **château★** *(on ne visite pas)*, d'aspect féodal, avec son colombier (1606), sa conciergerie, sa ferme (qui abrite la Maison du Westhoek) et son hôtel du baillage (1615), n'a presque pas changé depuis le temps où Sanderus le croquait dans une estampe de sa *Flandria illustrata* (1641). Seule sa tour de guet s'est effondrée en 1984. Les pignons à redans et les tours coiffées de toits en poivrière se reflètent dans les douves alimentées par l'Yser. Pour en voir plus, longez les douves du château et la conciergerie, prolongée par les écuries, par le chemin situé derrière la Maison du Westhoek. *Tables de pique-nique et panneaux d'information.*

> **ORIGINAL**
> Dans l'église d'Esqueslbecq, voyez le tableau en céramique de St-Omer illustrant la Crucifixion (17e s.).

> **BALADE**
> Derrière la Maison du Westhoek, un sentier de randonnée permet de découvrir la paisible nature flamande. Compter 2h à pied pour la petite boucle (7 km) et 3h40 pour le grand huit (11 km). Topoguide disponible à la Maison du Westhoek.

Château de **Bertangles**

Cet imposant château, de pur style Régence, est enchâssé dans un parc bien ordonnancé où s'étire une allée de tilleuls. On y découvre un vaste pigeonnier et un curieux « tourniquet à eau ».

La situation
Carte Michelin Local G8 – Somme (80). À 10 km au Nord d'Amiens. Accès par la N 25.

Les gens
Sur la route des invasions, Bertangles fut incendié et détruit à maintes reprises. L'édifice actuel a été érigé par Louis-Joseph de Clermont-Tonnerre, comte de Thoury, au 18e s. Il demeure la propriété de la famille.

visiter

☎ *03 22 93 68 36 -* ♿ *- visite guidée (45mn) 3 juil.-22 août : à 17h30 ; sept. : 14h-18h (visite ttes les 30mn) - 4 €, 3 € visite guidée de sept.*

L'édifice en pierres de taille, aux ailes saillantes, forme un ensemble harmonieux avec ses façades décorées de sculptures qui symbolisent la paix : les Trois Grâces, les Quatre Saisons, masques de la comédie italienne, instruments de musique...

Château de Bertangles

Intérieur – L'escalier, bel exemple de stéréotomie (c'est-à-dire la taille et la coupe des pierres), comporte une jolie rampe en fer forgé. Les salons sont revêtus de boiseries en chêne. Une tapisserie d'Aubusson dans la salle à manger figure le triomphe d'Alexandre à Babylone.

La grille d'honneur, ode à la chasse, est un chef-d'œuvre de Jean Veyren, dit « le Vivarais », serrurier à Corbie.

Cour de ferme attenante – On peut y voir un grand pigeonnier (1 800 boulins) et un tourniquet à eau, réplique d'une noria espagnole qui permettait de puiser l'eau située à 70 m de profondeur.

alentours

Villers-Bocage
4 km au Nord par la D 97. L'**église** (13e-16e s.) recèle une Mise au Tombeau du 16e s. On remarque l'expressivité des personnages et les vêtements féminins aux riches ajustements, typiques de la Renaissance. ☎ *03 22 93 70 24 - visite guidée en sem. 14h-17h.*

Béthune

Gambrinus, le roi de la bière, tel est le nom du géant de Béthune. Cette ancienne place forte à la Vauban, située dans une plaine fertile de l'ancien pays minier, est également un important port fluvial, relié à la Lys et à la Deûle par le canal d'Aire.

La situation
Carte Michelin Local 301 I4 – Pas-de-Calais (62). Par l'A 26, accès par le Sud de la ville. De Lille, suivre la N 41.
🛈 *Le Beffroi, Grand'Place, 62400 Béthune,* ☎ *03 21 57 25 47.*

Le nom
Béthune viendrait de la conjonction de deux mots celtes : *bey*, « près de » et *thune* ou *thun*, qui désigne une « haie », un « buisson », voire une « maison », une « ferme » ou un « village ».

Les gens
Agglomération de 259 198 Béthunois. Les premiers habitants, retirés dans la forêt, vivaient de la chasse. Les deux gaillards barbus et munis de leur gourdin qui figurent sur les armes de la ville symbolisent cet état primitif.

CALENDRIER
En mai, quand le géant Gambrinus est de sortie, la bière coule à flots. À quoi le reconnaît-on ? Il est couronné, ventripotent et arbore une bonne bouille souriante. Vêtu d'une chasuble verte et d'un manteau d'hermine, il brandit une chope de bière... évidemment !

carnet pratique

SE LOGER
Hôtel La Chartreuse du Val St-Esprit – *62199 Gosnay - 5 km au SO de Béthune par N 41 puis D 181 - ☎ 03 21 62 80 00 - lachartreuse @gofornet.com -* 🅿 *- 64 ch. 85/196 € - ⊇ 12 €.* Derrière ce majestueux portail, vous serez accueilli dans un petit château construit au 18e s. sur le site d'une ancienne chartreuse. Séjour paisible garanti dans des chambres personnalisées qui donnent sur un beau parc ombragé.

SE RESTAURER
Au Départ – *7 pl. de la Gare - ☎ 03 21 57 18 04 - restaurantaudepart@free.fr - fermé 1er-23 août, dim. soir et lun. - 19/59 €.* Ne vous fiez pas à la devanture un peu austère de ce restaurant situé face à la gare : l'intérieur (briques du pays) s'avère chaleureux et la cuisine au goût du jour soignée.

se promener

Grand'Place et beffroi
Entourés de jolies maisons rebâties après 1918, ils témoignent d'un style purement flamand. Au centre de la grand'place, le **beffroi** de grès (30 m) date du 14e s., avec ses échauguettes d'angle et son campanile surmonté d'une loge de guetteur et d'une girouette représentant un dragon. Il comporte trois étages et abrite un joli carillon. La tour de brique de l'église St-Vaast complète le décor.

La tour de l'église St-Vaast domine les maisons de la Grand'Place.

alentours

Hesdigneul-lès-Béthune
4 km au Sud-Ouest. L'**église**, avec son clocher-porche, possède une belle voûte de chœur (15e s.) en étoile dont le dessin est original.

CHARITABLES BÉTHUNOIS
Au 12e s., alors que la peste dévaste la région et que les fossoyeurs manquent, deux maréchaux-ferrants de Béthune et de Beuvry, Gauthier et Germon, fondent une confrérie de Charitables qui se charge des sépultures. Aujourd'hui, ses membres assurent bénévolement le transport des cercueils vers l'église et le cimetière. À la chapelle St-Éloi de Quinty *(1 km à l'Est de Béthune, sur la N 41)* se déroule chaque année, au mois de septembre, la procession à Naviaux, où se rencontrent les prévôts de Béthune et de Beuvry, ainsi que 38 autres confréries.

Blérancourt

> **SE LOGER ET SE RESTAURER**
> ⌂ **Hostellerie Le Griffon** – *22 pl. du Gén.-Leclerc* - ☎ *03 23 39 23 39 - www.hostellerie legriffon.com - fermé dim. soir et lun. - 11 ch. 40/50 € - ⊇ 6 € - restaurant 13/37 €.* Cet établissement, récemment ouvert, jouit d'un emplacement idéal dans un des pavillons du château. Chambres neuves, souvent spacieuses, à choisir de préférence côté parc. Belle salle à manger parquetée, avec mur en pierres apparentes et toile de Jouy sur le thème « hommage de l'Amérique à la France ».

Encadré par deux pavillons, le château a été bâti de 1612 à 1619 par Salomon de Brosse. De 1917 à 1924, il a servi de siège à une organisation humanitaire américaine, sous la houlette d'une riche héritière, Anne Morgan. Celle-ci est à l'origine du musée de la Coopération franco-américaine, installé dans le château.

La situation
Carte Michelin Local 306 A5– Aisne (02). Accès par l'A 1. Entre Noyon et Soissons, par la D 934 ou la D 6.
🛈 *2 r. de la Chouette, 02300 Blérancourt,* ☎ *03 23 39 72 17. www.blerancourt.com*

Les gens
1 193 Blérancourtois. Le duc de Gesvres, secrétaire d'État d'Henri IV, eut ici son fief. Abandonné durant la Révolution, le château trouve une seconde vie en 1917, sous l'impulsion d'Anne Morgan. Avec un groupe d'Américaines, elle se consacre aux populations civiles et à la reconstruction de la Picardie.

visiter

Maison de Saint-Just
☎ *03 23 39 72 17 -* ♿ *- mar., merc. et jeu. 9h-12h, 14h-18h, lun. et sam. 14h-17h, vend. 9h-12h, 14h-17h, dim. 14h30-17h30 (juin.-sept.) - fermé dim. (sf juin-sept.) et j. fériés - gratuit.*

Louis Antoine de Saint-Just (1767-1794) arrive à Blérancourt en 1776 et habite cette demeure avec sa famille. Il ne quittera le bourg que pour siéger à la Convention, après son élection en 1792. À la Révolution, il rejoint le groupe des Montagnards fondé par Robespierre et demande la mort du roi. Membre du Comité de salut public en 1793, il devient le théoricien de la Terreur avant d'être lui-même guillotiné en 1794. Sa maison abrite une exposition évoquant sa vie.

Musée national de la Coopération franco-américaine
Fermé pour travaux, réouverture probable au printemps 2007.
Deux portes monumentales donnent sur la cour d'honneur, cernée de douves. Dans le pavillon Gould, le musée aborde les relations franco-américaines depuis le 18e s. : photos évoquant l'escadrille La Fayette, le service automobile américain aux armées françaises, l'aide humanitaire, la reconstruction du village. Peintures et sculptures exécutées entre 1800 et 1945 par des artistes français installés aux États-Unis et par des Américains en France (portrait de *Peggy Guggenheim* par Alfred Courmes, 1926 ; *Nature morte* dépouillée de J.-F. Peto, vers 1900). Dessins et carnets de guerre de Jean Hugo (1894-1984), traducteur de l'armée américaine durant la Grande Guerre.
Les **jardins du Nouveau Monde** évoquent la nature américaine au fil des saisons.

« Coiffure à l'Indépendance ou le Triomphe de la liberté. »

Boulogne-sur-Mer ★★

Ville rude mais attachante, Boulogne est le plus grand centre européen de transformation et d'échange des produits de la mer. Ses embruns iodés, ses rues festives et sa criée matinale s'apprécient en toute saison. Une escale obligée : Nausicaä.

La situation
Carte Michelin Local 301 C3 – Pas-de-Calais (62). Au débouché de la vallée de la Liane, de hautes collines enserrent la ville. Prendre l'A 16.
🛈 *24 quai Gambetta, BP 187, 62203 Boulogne-Sur-Mer, ☎ 03 21 10 88 10. www.tourisme-boulognesurmer.com*

Le nom
Il dériverait de Bononia, oppidum celtique voisin du port primitif.

Les gens
Agglomération de 92 704 Boulonnais. Parmi les natifs de Boulogne : **Frédéric Sauvage** (1786-1857) qui appliqua l'hélice à la navigation à vapeur, l'écrivain **Sainte-Beuve** (1804-1869) et l'égyptologue **Auguste Mariette** (1821-1881). Le peintre **Georges Mathieu** est également né ici, en 1921, ainsi que le footballeur **Jean-Pierre Papin**.

Juché sur une pyramide, le « pacha » Auguste Mariette, en tenue égyptienne, contemple la ville qui l'a vu naître.

Y. Tierny/MICHELIN

comprendre

Le miracle de Notre-Dame – En 636, un vaisseau sans voilure ni équipage aborde sur la grève, portant une statue de la Vierge. Au même instant, dans la chapelle située à l'emplacement de l'actuelle basilique, des fidèles sont avertis de l'événement par une apparition de Notre-Dame. Ce miracle est à l'origine du **pèlerinage** qu'accomplirent 14 rois de France et 5 rois d'Angleterre.

Le camp de Boulogne – En 1803, Bonaparte rassemble ses troupes **pour envahir** l'Angleterre. Le 26 août 1805, il renonce à ce projet et lance la Grande Armée contre l'Autriche. En 1840, le futur Napoléon III tente de soulever les Boulonnais contre Louis-Philippe, mais échoue, ce qui lui vaut d'être enfermé au fort de Ham.

Père de l'égyptologie – En 1850, Auguste Mariette, attaché au Louvre, part au Caire en quête de manuscrits coptes. À défaut de manuscrits, il découvre le Serapeum de Memphis, ancienne capitale des pharaons. Pendant trente ans, il sillonne l'Égypte et ouvre des chantiers de fouilles. Il crée le musée de Boulaq, ancêtre du Musée égyptien du Caire, et institue le service des Antiquités de l'Égypte. Il reçut le titre de pacha en 1879.

> **RÉCUPÉRATION POLITIQUE**
> Louis XI utilise le prestige de N.-D. de Boulogne pour s'emparer du comté, alors propriété des ducs de Bourgogne. Se proclamant vassal de la Madone, vraie « Dame » de Boulogne, le roi justifie alors sa mainmise sur la ville.

découvrir

Nausicaä ★★★
En bordure de la plage, face à la gare maritime. Visite : 3h30. ☎ *03 21 30 99 99 - www.nausicaa.fr - ♿ - juil.-déc. : 9h30-19h30 ; reste de l'année : 9h30-18h30 - fermé 3 sem. en janv., 1ᵉʳ janv. (matin), 25 déc. - 16 € (enf. 11,30 €).*

Le **Centre national de la mer** est le plus grand complexe européen consacré à la connaissance des océans. Son but : sensibiliser le public à une meilleure gestion de la mer. Sa recette : un voyage initiatique au centre de la mer, dans une pénombre bleutée, et un bain de musiques aquatiques. 36 aquariums et grands bassins, avec plus de 10 000 animaux marins de toutes les mers du monde. Mis en situation dans des décors grandioses, le visiteur découvre l'action de l'homme sur le milieu marin.

> **QUELQUES NOMS**
> *Nausicaä* fait référence à l'une des héroïnes de *L'Odyssée* d'Homère. Sa conception est l'œuvre de l'architecte **Jacques Rougerie**, spécialiste des réalisations ayant trait à la mer, et de **Christian Le Conte** pour la partie muséographique.

Boulogne-sur-Mer
carnet pratique

VISITE
Visites guidées – Boulogne-sur-Mer, qui porte le label Ville d'art et d'histoire, propose des visites-découvertes animées (1h30) par des guides-conférenciers agréés par le ministère de la Culture et de la Communication - *juil.-août : tlj sf mar. - une visite thématique différente chaque jour, à 15h - 6 € - renseignements à l'Office de tourisme.*

SE LOGER
○ **Chambre d'hôte Le Clos d'Esch** – *126 r. de l'Église - 62360 Echinghen - 4 km à l'E de Boulogne par D 940 dir. St-Léonard et D 234 dir. Echingen - ☎ 03 21 91 14 34 - jp-boussemaere@wanadoo.fr - fermé du 23 déc. à fin janv. - - 4 ch. 35/50 € .* Si vous préférez la quiétude de la campagne aux bruits de la ville, voici l'adresse qu'il vous faut. Au cœur d'un petit village, cette ferme rénovée vous accueillera dans un cadre bucolique. Les chambres à l'étage sont charmantes !

○○ **H. de la Plage** – *168 bd Ste-Beuve - ☎ 03 21 32 15 15 - 42 ch. 45/60 € - 5,50 €.* Enseigne vérité : l'hôtel est situé sur le front de mer. Chambres fonctionnelles à choisir sur l'arrière pour le calme ou en façade, à partir du 3e étage, pour la vue.

○○ **Hôtel Faidherbe** – *12 r. Faidherbe - ☎ 03 21 31 60 93 - www.hotelfaidherbe.fr - fermé 20 déc.-10 janv. - 33 ch. 50/62 € - 7 €.* Cet hôtel douillet et cossu occupe une place de choix à mi-chemin du centre-ville et du port. Ses chambres, rénovées, offrent chacune une ambiance personnalisée (africaine, romantique, marine...). Accueil sans faille des propriétaires et de Victor... le mainate, mascotte de la maison.

○○ **Hôtel Métropole** – *51 r. Thiers - ☎ 03 21 31 54 30 - hotel.metropol@wanadoo.fr - fermé 19 déc.-5 janv. - 25 ch. 63/97 € - 8,50 €.* Hôtel pratique situé au centre de Boulogne. Chambres récemment rénovées, toutes climatisées, confortables et bien insonorisées. Coquette salle des petits déjeuners ouverte sur un jardin.

○○ **Hôtel de la Ferme du Vert** – *62720 Wierre-Effroy - ☎ 03 21 87 67 00 - ferme.du.vert@wanadoo.fr - fermé 15 déc.-20 janv. et dim. d'oct. à mars - P - 16 ch. 53/90 € - 9 € - restaurant 22/39 €.* Calme et détente dans cette ancienne ferme bâtie au 19e s. Toutes différentes, les chambres ont pourtant un dénominateur commun : la simplicité et l'élégance dans l'agencement et la décoration. Le restaurant et la fromagerie raviront les gourmands !

SE RESTAURER
○ **Le Doyen** – *11 r. du Doyen - ☎ 03 21 30 13 08 - fermé 2 sem. en janv. et dim. sf j. fériés - 9/22 €.* Voici une adresse discrète comme on aimerait en dénicher plus souvent. Intérieur tout petit mais coquettement décoré dans des couleurs pastel, accueil convivial et cuisine recherchée mettant à l'honneur les produits de la mer.

○ **Ferme-auberge du Blaisel** – *Chemin de la Lombarderie - 62240 Wirwignes - 12 km au SE de Boulogne par D 341 dir. Desvres - ☎ 03 21 32 91 98 - www.fermeaubergedublaisel.com - fermé 23 déc.-5 janv., dim. soir et merc. - réserv. le w.-end - 10/22 € - 3 ch. 35/45 € .* Vous pourrez redécouvrir le bon goût des produits frais et de saison le temps d'une halte à la ferme du Blaisel. Et si une légère torpeur vous envahit au terme du repas, réservez l'une des chambres d'hôte de la maison.

○○ **Chez Jules** – *8-10 pl. Dalton - ☎ 03 21 31 54 12 - fermé 15 j. fin sept., 23 déc.-15 janv. et dim. soir sf juil.-août - 15/60 €.* Si vous souhaitez une ambiance chaleureuse ou tout simplement vous régaler d'une cuisine de brasserie sans prétention mais bien réalisée, cette adresse est faite pour vous. Recettes de type moules-frites, crêpes, pâtes fraîches et pizzas dans la salle du rez-de-chaussée ou petits plats traditionnels soignés à l'étage.

○○ **Restaurant de Nausicaä** – *Bd Ste-Beuve - ☎ 03 21 33 24 24 - fermé lun. soir - 20/33 €.* De ce vaste restaurant à deux niveaux, implanté dans le Centre national de la mer, vous pourrez admirer la vue panoramique sur la plage et l'entrée du port. Plats copieux de coquillages et poissons.

○○ **La Raterie** – *1744 hameau de la Maloterie - 62720 Wierre-Effroy - 12 km au NE de Boulogne-sur-Mer par D 238 - ☎ 03 21 92 80 90 - www.ferm-auberge-laraterie.com - fermé dim. soir et lun. - 20/48 € - 20 ch. 45/95 € - 9,30 €.* Cette jolie ferme du 18e s. est le lieu rêvé pour découvrir le bocage boulonnais. Ses vastes chambres donnent sur le jardin. L'auberge, décorée de meubles d'époque, d'une cheminée et d'un superbe poêle en faïence, vous invite à goûter les produits du terroir.

QUE RAPPORTER
Ferme du Puits du Sart – *62132 Hermelinghen - ☎ 03 21 85 00 79.* Producteur de foie gras de canard. Visite et cocktail de dégustation des différents produits.

SPÉCIALITÉ
Le Craquelin – Cette douceur locale, riche en beurre, dessine un huit et se consomme traditionnellement à Noël, après la messe de minuit, accompagné d'une tasse de « roustintin » (chocolat chaud parfumé au kirsch).

SPORTS & LOISIRS
Club de la Côte d'Opale – *272 bd Ste-Beuve - ☎ 03 21 83 25 48 - www.cvcco.com - 8h30-18h.* Le CVCCO possède le plus grand parc européen de chars à voile (130). De fait, vous ne serez pas tout seul à rouler les cheveux au vent, mais les plages sont immenses. L'encadrement est idéal pour les débutants (le club encadré par des moniteurs brevetés est habitué à former les collèges, lycées, etc.). Vous prenez un cours, compris dans le forfait, ensuite c'est la grande sensation de liberté, et ceci à partir de l'âge de 5 ans.

Les Marsouins – *62224 Equihen-Plage - ☎ 03 21 80 90 05.* Pêche en mer.

BOULOGNE-SUR-MER

Alsace (R. d')	Z
Aumont (R. d')	XVZ 7
Beaucerf (Bd)	Z 8
Bomarsund (R. de)	Y
Boucher-de-Perthes (R.)	Z
Boucher-de-Perthes (R.)	X 12
Bouillon (Pl. G.-de)	X
Branly (R. E.)	Z
Bras-d'or (R. du)	Z 13
Camp-de-Droite (R. du)	Y
Cazin (R.)	Z
Chanzy (Bd)	Z
Château (R. du)	V 15
Clocheville (Bd de)	Y
Cloître (R. du)	V 16
Comte (Bd A.)	Z
Daunou (Bd)	Z
Diderot (Bd)	Z
Dutertre (R.)	VY 20
Entente-Cordiale (Pont de l')	Z 23
Eurvin (Bd)	YZ
Faidherbe (R.)	Y
Farjon (R. F.)	Z
Flahaut (R.)	V
Folkestone (R. de)	Y
Gambetta (Quai)	Y
Gaulle (Av. Ch.-de)	Y
Grande-Rue	Z
Guyale (R.)	X 24
Hédouin (R.)	Z
Joinville (R.)	X
Lampe (R. de la)	Z 32
Lattre-de-Tassigny (Av. de)	Z 33
Lille (R. de)	XV
Lille (R. de)	Y 37
Marguet (pont)	Z 38
Mariette (Bd A.)	Y
Mitterrand (Bd F.)	Z 40
Nationale (R.)	Z
Navarin (Pl.)	Y
Oratoire (R. de l')	X
Paix (R. de la)	Y
Perrochel (R. de)	Z 48
Picardie (Pl. de)	V
Pipots (R. des)	Z
Porte-Gayole (R. de la)	Z
Porte-Neuve (R.)	VY 49
Pressy (R. de)	V 51
Prince-Albert (Bd du)	Z
Providence (R. de la)	V 52
Puits-d'Amour (R.)	Z 53
Résistance (Pl.)	VY 55
St-Jean (R.)	V
St-Louis (R.)	Y 56
Ste-Beuve (Bd)	Z 59
Sauvage (Pl. F.)	Z
Thiers (R. A.)	YZ 60
Tour-d'Ordre (R. de la)	Y
Tour-Notre-Dame (R.)	VY 61
Victoires (R. des)	Y 63
Victor-Hugo (R.)	YZ
Vivier (R. du)	Y
Voltaire (Bd)	Z

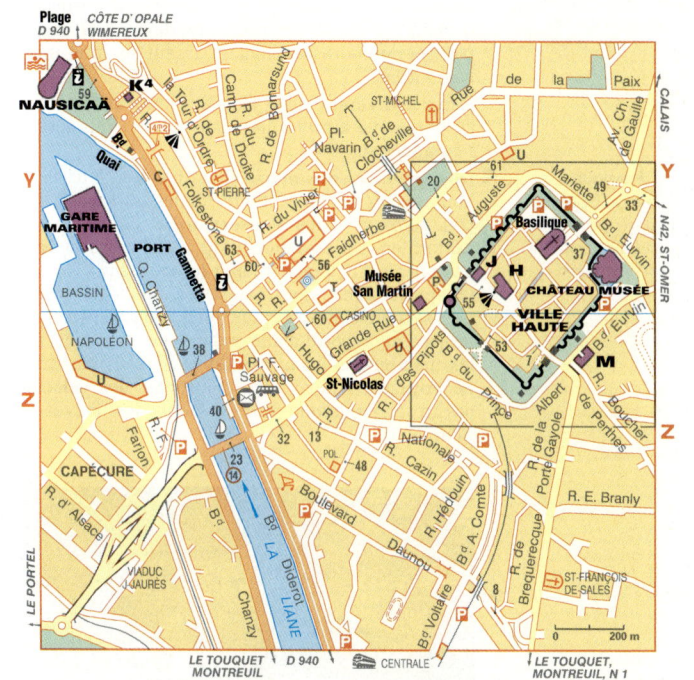

Basilique Notre-Dame	V
Beffroi	X
Bibliothèque	X
Château-musée	V
Église St-Nicolas	Z
Gare maritime	Y
Hôtel Desandrouin	X K[1]
Hôtel de ville	VX H
Maison ancienne	V K[2]
Maison de la Beurière	Y K[4]
Monument à Mariette	V K[3]
Musée d'Histoire naturelle	X M
Musée San Martin	X
Nausicaä	Y
Palais de Justice	V J
Plage	Y
Port	Y
Porte des Degrés	X
Tour Gayette	X R

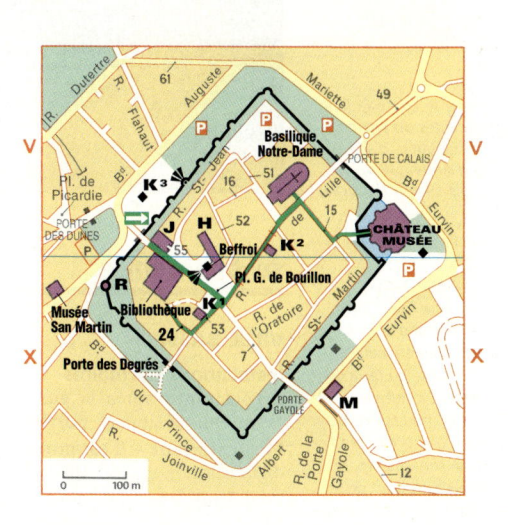

151

Boulogne-sur-Mer

Mondes de la mer – Dès l'entrée, confrontation avec le monde du plancton. De jolies méduses évoluent dans une éprouvette géante. Les espèces suivantes proviennent des mers tropicales et méditerranéennes. Parmi leurs caractéristiques : mimétisme, organisation en banc, territorialité... Des bornes interactives renseignent sur leurs sens. Découverte de la faune des abysses. Rencontre avec le « **diamant des thons** », impressionnant aquarium en pyramide inversée, où nage un banc de sérioles.

> **IFREMER**
> Nausicaä, c'est aussi un centre de recherche scientifique doté d'un bassin d'essais de 40 m de long qui permet de simuler le fonctionnement des engins de pêche hydrodynamiques.

Mer des hommes – Un long couloir circulaire illustre les rapports qu'entretiennent l'homme et la mer depuis des milliers d'années. Sous la **coupole céleste**, on découvre toutes les formes d'exploitation des ressources marines et les menaces qui pèsent sur le littoral.

Tropical Lagoon Village – Île paradisiaque baignée par ses **eaux turquoises**. Du ponton, parmi la mangrove et les coraux, on observe des poissons de formes et de couleurs variées. Pour les admirer du dessous, comme en plongée, prendre l'escalier s'ouvrant sur une immense baie vitrée.

Gérer la diversité de la vie – Spectacle audiovisuel *(film en relief – emprunter les lunettes spéciales)* sur la gestion des ressources marines.

> **PRATIQUE**
> À Nausicaä : cinéma (130 places), boutiques, médiathèque, restaurant, bar et brasserie.

Observatoire sous-marin – On fait face à de facétieux lions de mer nés en captivité, affalés sur les rochers, que l'on retrouve dans l'**observatoire aérien** au décor californien. Un escalator mène au « **bassin tactile** » où des raies câlines recherchent les caresses.

On entre dans une mini-ferme aquacole puis dans une section consacrée aux techniques de pêche. Une projection à bord d'une cabine de chalutier montre les manœuvres nocturnes du chalut en mer du Nord. Le voyage s'achève par « **l'anneau des sélaciens** », bassin panoramique où évoluent des fauves de la mer.

Le mérou se croise le long des côtes de Provence, d'Espagne, d'Afrique et d'Amérique du Sud, mais aussi à Nausicaä.

se promener

VILLE BASSE

Installations portuaires

Reconstruites après la guerre, elles s'étirent jusqu'au Portel, où se situe le **port de commerce**.

Port extérieur – Il est protégé par deux digues, dont la digue Carnot, qui atteint 3 250 m de long.

Port intérieur – Il comprend un avant-port dont le bassin de marée est réservé aux voyageurs, petits chalutiers et plaisanciers. Les bassins Napoléon et Loubet sont réservés aux grandes unités de pêche.

> **GRAND ANGLE**
> La rue de la Tour-d'Ordre porte le nom d'un phare romain qui s'effondra au 17e s. à cause du recul de la falaise. Ici même, le calvaire et la chapelle des marins ont récemment subi un sort similaire. Ils ont été rebâtis un peu plus loin... Par temps clair, belle **vue**★ sur les côtes anglaises.

Boulogne-sur-Mer se hisse au premier rang des ports de pêche français.

Gare maritime – Dans les halles réfrigérées, le long du bassin Loubet, le tri de la pêche industrielle et artisanale se pratique de nuit.

Quai Gambetta – Il est très animé lorsque les chalutiers débarquent leur pêche, en partie vendue sur place. La criée, qui commercialise 60 000 tonnes de poisson par an, est la première de France.

Digue-promenade – Statue équestre du général San Martín, qui mourut à Boulogne.

Plage
En vogue dès le Second Empire, elle vaut à Boulogne le label « Station Kid », avec ses installations pour les enfants et ses animations estivales. On y pratique voile, char à voile, *speedsail*.

WALL STREET EUROPÉEN DU POISSON

Les chalutiers industriels débarquent leur poisson vers minuit alors que les pêcheurs artisanaux et côtiers arrivent, eux, au petit matin. Triée par espèces et par tailles, la production est présentée aux mareyeurs, puis réfrigérée durant la **criée**, qui débute entre 6h et 7h. Les lots partent ensuite vers les ateliers de préparation et de transformation. Le conditionnement s'achève vers 11h. Les colis prennent alors le chemin de la gare de marée (112 sas de déchargement, 24 entreprises de transport frigorifique) pour diverses destinations : Paris/Rungis, Strasbourg, Lyon, Marseille, Bordeaux... et l'étranger. Ils arrivent le soir même ou le lendemain matin, en parfait état de fraîcheur.

Église St-Nicolas
Pl. Dalton. Élevée de 1220 à 1250, c'est la plus ancienne église de Boulogne. Remaniée aux 16e et 18e s., elle présente une façade classique et un maître-autel à colonnes torses (17e s.). *La Flagellation*, belle toile de Lehmann, élève d'Ingres.

VILLE HAUTE★★
Dominée par la basilique Notre-Dame, elle occupe le site du *castrum* romain. Très animée en été, elle incite à la flânerie, notamment sur les remparts aménagés pour la promenade.

Remparts
Édifiés au début du 13e s. sur les bases d'une muraille gallo-romaine par le comte Philippe Hurepel, dit le Hérissé, ils ont été consolidés aux 16e-17e s. Ce rectangle, renforcé à l'Est par le **château**, est percé de quatre portes flanquées de tours seulement ouvertes aux piétons : les portes Gayole, des Dunes, de Calais, et des **Degrés**. Du chemin de ronde, accessible par chaque porte, **vue**★ sur la ville et le port.

La Porte des Degrés et ses rassurantes rondeurs médiévales.

Au coin Ouest, la **tour Gayette** est une ancienne geôle, où l'on put voir en 1785 l'envol en ballon de Pilâtre de Rozier et Romain, qui tentaient la traversée de la Manche. Ils devaient s'écraser, hélas, près de Wimille.

Accéder à la ville haute par la porte des Dunes qui s'ouvre à l'Ouest sur les places de la Résistance et Godefroy-de-Bouillon.

Bibliothèque
Elle est logée dans l'ancien couvent des annonciades. Les bâtiments du 17e s. et le cloître abritent des salles d'études et d'expositions. Dans la chapelle du 18e s., grande salle de lecture et beau plafond à caissons.

Palais de justice
Sa façade néoclassique (1852) est ornée des statues de Charlemagne et de Napoléon Ier.

On accède au beffroi par l'hôtel de ville.

Beffroi
☎ *03 21 10 88 10 - visite guidée du RDC : 8h-18h, sam. 8h-12h, Journées des villes fortifiées et Journées du Patrimoine - fermé dim. et j. fériés - gratuit.*

À l'origine donjon du château des comtes de Boulogne, la construction remonte au 12e s. ; la partie octogonale du sommet date du 18e s. Le beffroi renferme un **musée lapidaire** : statues gallo-romaines, mobilier ancien et beau vitrail de Godefroy de Bouillon, chef de la première croisade, qui appartenait à la maison de Boulogne. Du haut des 183 marches, **vue★** sur Boulogne et ses environs.

Hôtel de ville
Sa façade de brique rose à parements de pierre (18e s.) contraste avec le rude beffroi gothique. Sous le toit, on distingue le blason millénaire de la ville : un cygne et trois tourteaux, de grosses boules en relief.

Sur la droite en sortant de la mairie.

Hôtel Desandrouin
Entre 1803 et 1811, Napoléon séjourna plusieurs fois dans cet édifice de style Louis XVI.

Prendre la rue du Puits-d'Amour, le long de l'hôtel Desandrouin, et tourner à droite.

> **PROCESSION**
> Notre-Dame de Boulogne est portée en procession chaque année (dernier week-end d'août). Dans le cortège, on voit encore des Boulonnaises portant la coiffe « en soleil » et des Porteloises avec leur strict bonnet et leur grand châle des Indes.

Rue Guyale
On y découvre la halle de la guilde des marchands, l'arrière du couvent des Annonciades et des façades en pierres nues de maisons anciennes.

De la place Godefroy-de-Bouillon, prendre la rue de Lille. Au n° 58 se dresse la plus vieille **maison** de la ville (12e s.). La basilique Notre-Dame est située à gauche. À droite, la rue du Château mène à l'ex-demeure des comtes de Boulogne.

Basilique Notre-Dame
Accès par le transept Sud. Siège du pèlerinage de la Vierge, cette église colossale dominée par un immense dôme a été édifiée de 1827 à 1866 sur le site de la cathédrale détruite après la Révolution. Elle conserve sa crypte romane.

À l'intérieur, puissante colonnade corinthienne. Derrière le chœur, la **coupole★** est ornée de grandes statues. Dans la chapelle centrale de la rotonde, la statuette en bois de Notre-Dame de Boulogne est couronnée de gemmes.

Crypte – ☎ *03 21 30 22 70 - tlj sf lun. 14h-17h - fermé 1er janv., 25 déc. - 2 €.*

Un réseau de souterrains reliant 14 salles se déploie sous la basilique. L'une abrite le **trésor★** : statues et objets cultuels dont le reliquaire du saint Sang, offert par Philippe le Bel à N.-D. de Boulogne. La belle **crypte aux piliers peints** (11e s.) fut découverte lors de la construction de la basilique.

La coupole de la basilique Notre-Dame.

visiter

Château-musée★
Dans la ville haute. ☎ 03 21 10 02 20 - www.ville-boulogne-sur-merc.fr - tlj sf mar. 10h-12h30, 14h-17h, dim. et j. fériés 10h-12h30, 14h30-17h30 - fermé 1er janv., 25 déc. - 1 €, gratuit 1er dim. du mois.

Bâti au début du 13e s. par Philippe Hurepel, fils du roi Philippe Auguste, longtemps résidence des comtes de Boulogne, il est isolé des remparts par un fossé, où un pont-levis a été réinstallé. Ses tours rondes protégeaient la partie sensible des remparts, vers le plateau. Un bastion « en pas de cheval » fut ajouté au 16e s., lui donnant fière allure.

Le **musée** aborde l'archéologie du bassin méditerranéen par une section d'égyptologie remarquablement présentée (momies, sarcophages, statuettes et bijoux) et la plus importante collection en France (après celle du Louvre) de céramiques grecques et italiques. Nombreux **vases grecs**★★ des 6e et 5e s. av. J.-C. Au 2e étage, faïences françaises et étrangères (Delft, Rouen, Nevers), belles porcelaines (Lille, Chantilly, Vincennes). Verrerie contemporaine représentée par des pièces d'Émile Gallé et de René Lalique. Évocations de Napoléon et du camp de Boulogne. Toiles de peintres de la Côte d'Opale (19e s.). Collections ethnographiques. Trois salles sont consacrées à la peinture du 17e au 19e s : eaux-fortes de Rembrandt, portrait de Mme Récamier par David, pastel de Boucher. Parmi les plus belles œuvres figurent *Le Pressoir de Domfront* de Corot, la *Liberté* de Fantin-Latour, *Le Pont de Moret* de Sisley et les *Régates* de Boudin. Sculptures de Rodin (dont *l'Enfant prodigue* et *Glaucus*), Pompon et Carpeaux. Dans la grande salle des gardes, collections médiévales et Renaissance : dinanderie, sculptures, mobilier et boiseries gothiques, épi de faîtage, peintures, monnaies... Au sous-sol, un « voyage au centre de la pierre », de Caligula à Philippe le Bel, invite à descendre jusqu'aux souterrains★ du château, ponctués de sculptures, de stèles, d'épitaphes et de sarcophages.

> **À VOIR**
> Amphore à figures noires représentant le suicide d'Ajax. Masques inuits et aléoutes★★ rapportés par l'anthropologue Pinart lors d'un voyage en Amérique du Nord. Objets océaniens, dont une pirogue de guerre maorie (Nouvelle-Zélande).

Flanqué de tours rondes, le château-musée de Boulogne est le premier édifice d'Europe occidentale à avoir renoncé au donjon traditionnel.

Maison de la Beurière★
☎ 03 21 30 14 52 - visite guidée (1h30) de mi-juin à mi-sept. : tlj sf lun. 10h-12h, 15h-18h ; de mi-sept. à mi-juin : w.-end 10h-12h, 14h-17h - fermé 25 déc. - 2 €.

De l'ancien quartier des marins, appelé à l'époque « la Beurière », aujourd'hui St-Pierre, qui comptait 4 000 âmes, soit le tiers de la population boulonnaise, il ne reste qu'une seule ruelle en escalier, celle du Mâchicoulis, typique, et cinq à six maisons. Les autres ont été détruites par les bombardements alliés pendant la Seconde Guerre mondiale. C'est ici, dans une des dernières demeures encore en l'état, datée de 1870, qu'un **écomusée** présente l'habitat d'une famille de marin vers 1900, soit une quinzaine de personnes dans 30 m² !

Au **rez-de-chaussée**, pièce d'apparat avec meubles flamands, poêle « à grosse gueule » et objets religieux, pièce à vivre et courette avec sanitaires, matériel de pêche.

Au **1er étage**, exposition (gravures, photos, objets et costumes) consacrée au quotidien, au patois et aux coutumes du marin et de la matelote, ainsi qu'à la pêche boulonnaise. Remarquez la chapelle de bord et la collection de coiffes, appelées « en soleil ».

Au **2e étage**, une médiathèque propose une balade virtuelle dans le Boulogne du début du siècle, à travers une collection de superbes photos réalisées par des artistes et des locaux.

Musée du Libertador San Martin

Dans la ville basse, 113 Grande-Rue. ☎ 03 21 31 54 65 - tlj sf dim. et lun. 10h-12h, 14h-18h (dernière entrée 17h45) -fermé Pâques, 1er et 25 Mai, 9 et 14 Juil., 25 déc. - gratuit.

Cette maison fut occupée de 1848 à 1850 par le général argentin José de San Martin qui libéra son pays (1816), le Chili (1817) et le Pérou (1821) de la domination espagnole. Il mourut dans sa chambre au deuxième étage. Souvenirs de l'illustre soldat.

alentours

Colonne de la Grande Armée★

3 km au Nord. ☎ 03 21 80 43 69 - fermé pour travaux - se renseigner.

Élevée par l'architecte **Éloi Labarre** de 1804 à 1841, cette colonne de 54 m de haut commémore le camp de Boulogne. Sur le socle, un des bas-reliefs en bronze montre le maréchal Soult offrant à l'Empereur les plans de la colonne. Un escalier de 263 marches mène à la plate-forme carrée (190 m au-dessus du niveau de la mer).

> **À VOIR**
> Panorama★★ sur la campagne boulonnaise et par temps clair, les falaises anglaises. Nord : cap Gris-Nez. Ouest et Sud : port de Boulogne, rochers du Portel, phare du cap d'Alprech et ville haute.

Monument de la Légion d'honneur

2 km au Nord par D 940 puis un chemin à droite.
L'obélisque marque l'emplacement du trône de **Napoléon Ier**, le 16 août 1804, lors de la deuxième distribution des décorations de la Légion d'honneur (la première se déroula le 14 juillet 1804 aux Invalides, à Paris). Déployés en arc de cercle, 2 000 hommes y reçurent leurs croix, disposées dans les boucliers et les casques de Du Guesclin et Bayard.

Château de Pont-de-Briques

5 km au Sud par N 1. Ce modeste château du 18e s. doit sa célébrité aux séjours qu'y fit Napoléon lors du camp de Boulogne (1803-1805). Dans le salon, il dicta d'un trait à Daru le plan génial de campagne contre l'Autriche qui aboutit à Austerlitz.

Point de vue de St-Étienne-au-Mont★

5 km au Sud par la D 52. Du cimetière près de l'église, **vue★** sur la vallée de la Liane. En aval, Boulogne et la coupole de la basilique Notre-Dame. La forêt se détache vers l'intérieur des terres.

Le Portel

5 km au Sud-Ouest. La commune fait face à l'îlot du **fort de l'Heurt**, construit par Napoléon (1804).

Elle a obtenu le label « Station Kid » pour l'accueil réservé aux enfants, avec sa **plage** de sable entrecoupée de rochers. Une statue de N.-D. de Boulogne se dresse sur la jetée de l'Épi. Au Sud, au **cap d'Alprech**, se trouve le **phare**.

Forêt de Boulogne

10 km à l'Est par la D 341. La route gravit le **mont Lambert** (189 m). La forêt (2 000 ha) est aménagée : routes forestières, parking, piste cavalière, aires de pique-nique. La vallée de la Liane la limite à l'Est et au Sud. Le village de **Questrecques** occupe un site séduisant.

circuits

LE BOULONNAIS★

75 km – environ 3h.

La région doit son relief complexe à la juxtaposition de terroirs divers : marbre de Marquise, grès d'Outreau, craie de Desvres ou de Neufchâtel recouverte d'argile et qui dépasse parfois 200 m d'altitude. Entre Guînes et l'Aa, le plateau dénudé ou parsemé de bouquets d'arbres s'ouvre sur des horizons immenses. De grandes fermes y cultivent céréales et betteraves.

Les vallées du Wimereux, de la Liane, de la Hem et de la Slack sont tapissées de pommiers à cidre et de prairies. Des villages d'éleveurs aux maisons basses, à murs de pierres chaulées, s'égrènent autour de manoirs qui furent le repaire de royalistes pendant la Révolution.

Quitter Boulogne par la N 42 vers l'Est et, à 3 km de la sortie de la ville, prendre à l'échangeur la D 232 vers le Nord.

La route bordée d'arbres descend vers le **vallon de Wimereux**, couvert de prairies et de bosquets.

> **RACES LOCALES**
> Vaches : bleue du Nord et rouge flamande. Moutons et chevaux boulonnais : ces derniers, puissants animaux de trait, à robe grise, peuvent atteindre le poids d'une tonne.

Le Boulonnais fait partie du Parc naturel régional des Caps et Marais d'Opale, qui regroupe les Parcs du Boulonnais et de l'Audomarois.

Souverain-Moulin

Le château, ses communs et surtout son cadre de frondaisons sont particulièrement agréables.

Prendre la D 233 vers l'Est jusqu'à Belle, puis à gauche la D 238 ; encore à droite la D 251, puis emprunter à droite la D 127.

Le Wast

Dans ce charmant village, le portail de l'**église** romane est orné de festons à la mode orientale. Les arcades en plein cintre retombent sur des chapiteaux où des feuilles d'eau sont recourbées en volutes. Sainte Ide, mère de Godefroy de Bouillon et fondatrice du prieuré, y fut ensevelie au 12e s. ☎ *03 21 33 34 78 - visite sur demande auprès de M. Fleury, Hôtel du Château des Tourelles - 9h-12h, 14h-18h.*

Le **manoir du Huisbois**, belle demeure du 17e s., abrite la **Maison du Parc naturel régional des Caps et Marais d'Opale** : bibliothèque, vidéothèque et expositions sur la région. Circuit-découverte du bocage. ☎ *03 21 87 90 90 - tlj sf w.-end et j. fériés 8h30-12h, 13h30-18h - fermé 25 déc.-1er janv. - gratuit.*

De la N 42 vers St-Omer, prendre à gauche la D 224 vers Licques.

> **QUE RAPPORTER**
>
> **Licques Volailles** –777 r. de l'Abbé-Pruvost - 62850 Licques - ☎ 03 21 35 80 03 - licques-volailles @wanadoo.fr - tlj sf lun. 8h-17h, sam. 8h-12h.
> – M. Saint-Maxent. Les volailles de Licques, don des moines, sont réputées dans toute la France.

Licques

L'ancienne abbaye de prémontrés (12e s.) fut reconstruite au 18e s. Subsistent la haute nef et quelques bâtiments du 18e s. occupés par le presbytère, la mairie et l'école. Par la route d'Ardres (D 224) au Nord, on atteint à 2 km un beau **point de vue** sur Licques et le bassin de la Hem.

De Licques, suivre la D 191 vers Hermelinghen.

Après Le Ventus, la route s'élève, dominant toute la région. Belles **vues★** sur les paysages vallonnés et verdoyants du Boulonnais. À Hardinghen, prendre la D 127 et la D 127ES vers Rety.

Rety

La petite **église** flamboyante (fin 15e s. ; tour du 12e s.) présente des motifs en chaînage et damiers. ☎ 03 21 92 89 75 - *se renseigner aux h. d'ouverture de la mairie 9h30-11h30, 14h-17h.*

À la sortie de Rety, prendre à gauche la D 232 et, après la traversée de la D 127ES, à droite vers Hydrequent.

Hydrequent

À la **Maison du marbre et de la géologie**, on apprend qu'à l'époque primaire le Boulonnais était couvert d'une forêt luxuriante. Sont exposés un moulage du squelette d'un pliosaure (animal préhistorique) découvert à Uzelot, des collections de minéraux et la description de la formation du marbre et du charbon. Audiovisuel sur l'extraction dans les carrières, telle celle de marbre du **bassin carrier de Marquise**. ☎ 03 21 83 19 10 - *de mi-avr. à déb. sept. tlj sf lun. 14h-18h (dernière entrée 45mn av. fermeture) - fermé j. fériés - 3,80 €.*

> **LE MARBRE DE MARQUISE**
> Il fut utilisé pour la construction de nombreux édifices, comme la cathédrale de Canterbury et les voussoirs du tunnel sous la Manche.

Revenir pour reprendre à droite la D 232.

Presque aussitôt, à gauche, joli moulin sur la Slack.

À Wierre-Effroy, prendre la D 234 jusqu'à Conteville-lès-Boulogne, puis à droite la D 233 qui suit le Wimereux.

Wimille

Le cimetière abrite les tombes des aéronautes Pilâtre de Rozier et Romain.

Rejoindre Boulogne.

ESCAPADE DANS LE KENT

Pour organiser votre voyage, reportez-vous au chapitre « Escapade dans le Kent », dans la partie Informations pratiques, en début de guide.

Dover *(voir Calais)*

Folkestone *(voir Calais)*

Canterbury★★★ *(voir Calais)*

Calais

La proximité des côtes anglaises a présidé à la destinée de Calais. Située sur le « pas » (détroit) auquel elle a donné son nom, la ville est le premier port de France et le deuxième au monde pour le trafic des voyageurs. C'est le point de départ idéal pour rayonner sur la Côte d'Opale jusqu'au Touquet, ou pour s'offrir une escapade anglaise à Canterbury, par Folkestone ou Douvres.

La situation

Carte Michelin Local 301 E2 – Pas-de-Calais (62). Accès par la D 940 ou l'A 26 et l'A 16. Le TGV et l'Eurostar mettent Calais à 1h30 de Londres et de Paris et à 1h de Bruxelles. Calais Sud est la ville administrative et industrielle, Calais Nord la ville maritime. À l'entrée du port, plage et digue-promenade. ₿ *12 bd Clemenceau, 62100 Calais,* ☎ *03 21 96 62 40. www.ot-calais.fr*

carnet pratique

SE LOGER

⊖ **Hôtel Victoria** – *8 r. du Cdt-Bonningue - Au pied du phare -* ☎ *03 21 34 38 32 - hotel-victoria-calais.activehotels.com - 14 ch. 28/50 € -* ⊇ *5 €.* Ce petit établissement sans prétention mais d'une tenue irréprochable vaut par sa situation face au phare et à seulement 3mn à pied du terminal Transmanche. Ses chambres, au confort simple, sont toutes conçues sur le même modèle.

⊖ **Chambre d'hôte Le Manoir du Meldick** – *2528 av. du Gén.-de-Gaulle, Fort-Vert - 62730 Marck - A 16 sortie 48 et D 119 -* ☎ *03 21 85 74 34 - www.manoir-du-meldick.com - fermé 23 déc.-6 janv. -* ⊭ *- 5 ch. 50/60 €* ⊇*.* À quelques minutes du port de Calais et pourtant si loin de ses bruits, Le Manoir du Meldick est une adresse comme on les aime ! Subtil mélange de raffinement et d'élégance, les chambres sont spacieuses et confortables. Accueil charmant.

SE RESTAURER

⊖ **La Boudinière** – *2691 rte de Waldam - 62215 Oye-Plage - 14 km à l'E de Calais par D 119 -* ☎ *03 21 85 93 14 - boudinerie@wanadoo.fr - fermé 2 sem. en fév., 2 sem. en sept. et merc. d'oct. à juin - 13/30 €.* Ce petit restaurant perdu en pleine campagne vous invite à savourer une cuisine traditionnelle de qualité. Ici, la viande est délicieuse grâce au choix judicieux du patron qui débite lui-même les morceaux. Accueil souriant et salle à manger au calme.

⊖⊜ **Au Côte d'Argent** – *1 digue Gaston-Berthe - fermé 16 août-7 sept., 24 déc.-4 janv., 7-22 fév., merc. soir de sept. à avril, dim. soir et lun. -* ☎ *03 21 34 68 07 - lefebvre@cotedargent.com - 17/36 €.* Le cadre maritime de ce restaurant est très réussi, en particulier la décoration de sa salle à manger inspirée des cabines de bateau (rampes d'accès en bois, cloisons lambrissées, cuivres astiqués). La cuisine est bien entendu vouée à Neptune mais une petite place sur la carte est réservée aux plats de la terre ferme.

⊖⊜ **La Sole Meunière** – *1 bd de la Résistance -* ☎ *03 21 34 43 01 - www.solemeuniere.com - fermé dim. soir et lun. -17/45 €.* L'enseigne dit vrai : la spécialité maison est la sole que le chef accommode de cinq façons différentes. Vous la dégusterez de préférence près des baies vitrées afin de profiter de la vue sur le port. Également, fruits de mer, fromages régionaux, chariot de pâtisseries et belle sélection de vins.

⊖⊜ **Le Channel** – *3 bd de la Résistance -* ☎ *03 21 34 42 30 - fermé 26 juil.-9 août, 23 déc.-18 janv., dim. soir et mar. - 18/60 €.* Testez cette dernière bonne adresse avant de traverser le « channel », de celles qui vous font presque hésiter à quitter l'Hexagone pour la Grande-Bretagne ! C'est de l'humour français, bien sûr, car la panse de mouton farcie, le « steak and pie » ou la « jelly » à la menthe sont également délicieux.

QUE RAPPORTER

Le Bar à Vins – *52 pl. d'Armes -* ☎ *03 21 96 96 31 - www.aubaravins.com - tlj sf merc. 9h-19h, dim. et j. fériés 10h-15h - fermé vac. de fév.* Une cave exceptionnelle. Vous y trouverez des vins rares et bon marché sélectionnés sur place par un maître ès dégustations dont la devise est : « Ne buvez pas des étiquettes ! » Un marchand sympathique et loquace qui n'a pas de clients mais seulement des amis !

Tunnelier à Coquelles, petite commune où se trouve le terminal d'Eurotunnel.

Calais

> **NÉS À CALAIS**
> L'ancienne première dame de France, **Mme de Gaulle**, le chanteur de variétés **Pierre Bachelet** et le jazzman **Didier Lockwood** ont fait leurs premiers pas dans la ville.

Le nom
Sa plus ancienne trace figure dans une charte de 1181. La ville fut surnommée « l'auberge des rois » et la « clef de France ». Ses symboles : le tunnel sous la Manche et le puissant beffroi de l'hôtel de ville.

Les gens
Agglomération de 104 852 Calaisiens. Ils voient chaque année défiler quelque 20 millions de voyageurs entre l'Angleterre, les îles Anglo-Normandes et le continent.

comprendre

LE TUNNEL SOUS LA MANCHE

De l'utopie à la réalité – En un peu plus de deux siècles, 27 projets sont nés, dont le plus ancien remonte à 1750. Le géologue Nicolas Desmarets voulait rétablir le lien préexistant (le pas de Calais se traversait autrefois à pied sec) par un pont ou une digue. Dès 1834, Aimé Thomé de Gamond, le « père du tunnel », propose des solutions crédibles : tunnel immergé, voûte sous-marine bétonnée.

Les premières tentatives – Côté français, 1 840 m de galeries sont creusés en 1880 sur le site du « puits des Anciens », et 2 000 m côté anglais. Mais les travaux sont arrêtés... Des essais sont réalisés en 1922 à Folkestone avec la machine Whitaker, en vain. Les progrès techniques des années 1960 donnent un nouvel élan aux projets de lien fixe transmanche. Le forage d'un tunnel commence, mais ne dépasse pas 400 m.

> **LE TUNNEL EN CHIFFRES**
> À 40 m sous la mer, d'énormes tunneliers ont taillé 1 km de roche par mois. Le **lien transmanche** comporte deux tunnels ferroviaires de 7,60 m de diamètre, reliés tous les 375 m à une galerie centrale destinée à la ventilation, la sécurité et la maintenance. Les tunnels, à une seule voie et à sens unique, courent sur 50 km de long (dont 38 sous la Manche).

Naissance d'Eurotunnel – Le sommet franco-britannique de 1981 (Thatcher-Mitterrand) relance l'idée du tunnel. Suite à un concours international, quatre propositions sont sélectionnées. Le projet Eurotunnel l'emporte en 1986. Un traité franco-britannique est signé dans la cathédrale de Canterbury. Le 1er décembre 1990 naît la première jonction entre la France et l'Angleterre (galerie de service). Le 6 mai 1994 a lieu l'inauguration officielle du tunnel et des services de navette (Shuttle).

CALAIS ET LES ANGLAIS

Les bourgeois de Calais – Après la victoire anglaise de Crécy, **Édouard III**, qui veut s'assurer une base puissante, entame le siège de la place de Calais le 3 septembre 1346. Huit mois plus tard, le gouverneur résiste toujours. Affamés, les assiégés sont néanmoins obligés de capituler. Le roi d'Angleterre accepte de laisser la vie sauve aux Calaisiens à condition que six bourgeois se sacrifient et se livrent « les chefs nus, les pieds déchaux, la hart [corde] au col, les clefs de la ville en leurs mains ». Menés au bourreau par **Eustache de Saint-Pierre**, en chemise, les héros se présentent devant le roi. La reine pâlit : « Ah, gentil sire, depuis que j'ay passé la mer en grand péril, je ne vous ay rien demandé ; si vous prye et requier à jointes mains, que pour l'amour du filz de Nostre Dame vous veuilliez avoir merci d'eulx. » Les six notables repartent saufs... mais humiliés.

« Les Bourgeois de Calais » est la seule œuvre de Rodin qui fut exposée de son vivant.

Le cœur de Marie Tudor – En 1558, après 210 ans de domination britannique, Calais est reconquis par le duc de Guise. C'est un coup mortel pour la reine d'Angleterre, Marie Tudor, qui déclare : « Si l'on ouvrait mon cœur, on y trouverait gravé le nom de Calais. »

La dentelle de Calais – Introduit en contrebande (1816) par trois tullistes de Nottingham, le métier à tulle se perfectionne vers 1830 grâce au Lyonnais Jacquard et aux Anglais Martyn et Fergusson. 350 métiers occupent encore 2 000 salariés. La dentelle de Calais s'exporte aujourd'hui à 75 % dans quelque 140 pays. Principaux débouchés : la lingerie et la robe.

La plage à Calais, ses cabines et le lent va-et-vient des ferries.

se promener

Du théâtre, remonter le boulevard Jacquard, voie commerçante et animée, jusqu'à la place du Soldat-Inconnu, entre l'hôtel de ville et le parc St-Pierre.

Monument des Bourgeois de Calais★★

Cette œuvre a été inaugurée en juin 1895 en présence de Félix Faure, président de la République, sur l'emplacement des anciennes fortifications. Ces six effigies de bronze grandeur nature, frémissantes de vie et d'émotion, hautaines et tendues, veines et muscles gonflés, sont l'aboutissement de dix années d'études et de recherches de **Rodin**. Ce groupe exprime la noblesse héroïque de ces hommes, contraints à s'humilier devant le roi d'Angleterre.

Hôtel de ville

Bel édifice en brique rouge et pierre du début 20ᵉ s., dessiné par Louis Debrouwer dans le style Renaissance flamande du 15ᵉ s. Son puissant **beffroi** culmine à 75 m. Le **vitrail** qui éclaire l'escalier d'honneur évoque le départ des Anglais. Il est doté d'un carillon électronique depuis 1961.

Reprendre le boulevard. Après le pont, continuer dans la même direction. Le boulevard Clemenceau longe l'office de tourisme et le parc Richelieu où l'on tourne à droite.

Église Notre-Dame

Elle fut édifiée aux 13ᵉ et 14ᵉ s. On relève l'influence anglaise dans la tour, le chœur et le transept, proche du gothique perpendiculaire. Le mariage du capitaine de Gaulle avec une Calaisienne y fut célébré en 1921.

Prendre la rue de la Paix. Sur la droite : l'ancienne tour du Guet et la place d'Armes.

Place d'Armes

Elle se situe au cœur du Calais médiéval, détruit pendant la guerre. Culminant à 38 m au-dessus du niveau de la mer, la **tour du Guet** (13ᵉ s.) permettait de surveiller les

---

HOMMAGE

Face au théâtre se dresse la statue de Jacquard (1752-1834), inventeur du métier à tisser du même nom. Équipé d'un système de cartes perforées, ce métier permet la reproduction des motifs décoratifs dans les textiles.

Le beffroi de l'hôtel de ville abrite un joli carillon.

CALAIS

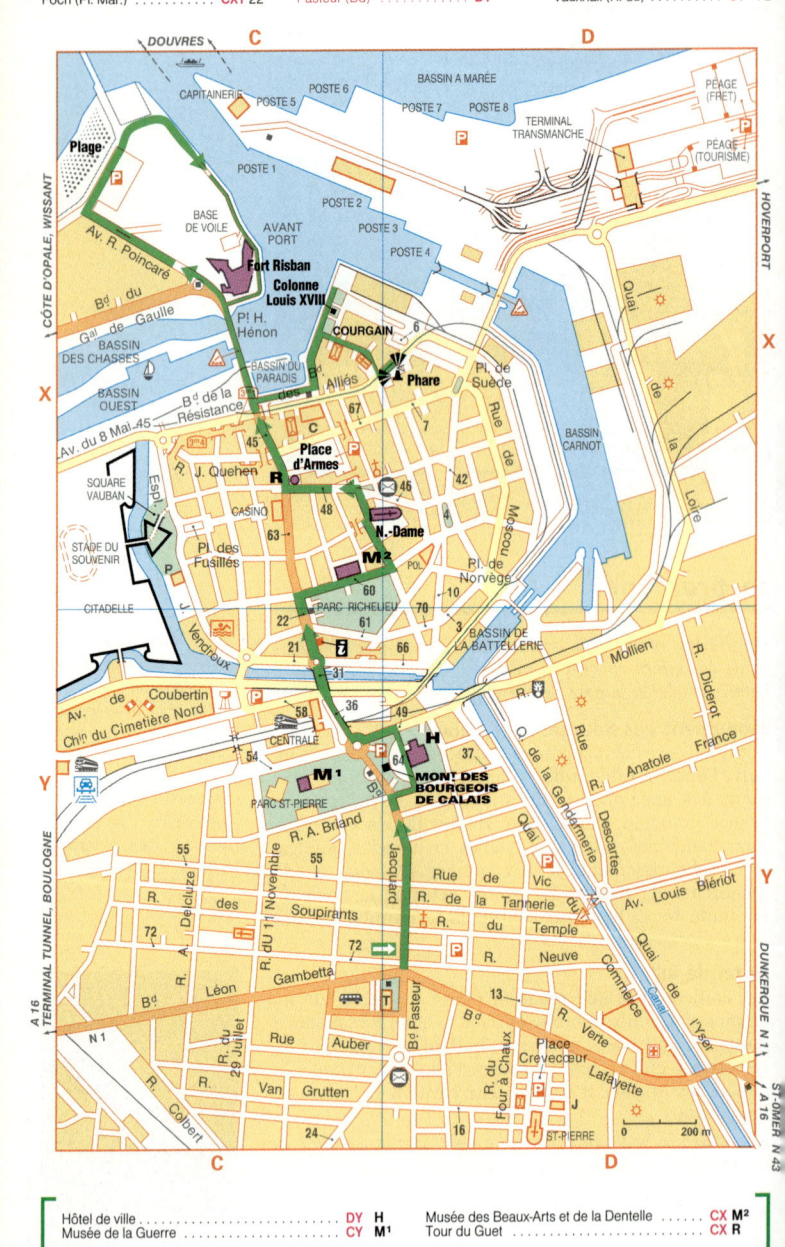

Amsterdam (R. d') . . . . DXY 3	Fontinettes (R. des) . . . . CDY 24	Paul-Bert (R.) . . . . CDY 49
Angleterre (Pl. d') . . . . DX 4	Gambetta (Bd Léon) . . . . . . CY	Prés.-Wilson (Av. du) . . . . . CY 54
Barbusse (Pl. Henri) . . . . . . DX 6	George-V (Pont) . . . . CY 31	Quatre-Coins (R. des) . . . . . CY 55
Bonnigue (R. du Cdt) . . . . . DX 7	Jacquard (Bd) . . . . CDY	Rhin (Quai du) . . . . CY 58
Bruxelles (R. de) . . . . DX 10	Jacquard (Pont) . . . . CY 36	Richelieu (R.) . . . . CX 60
Chanzy (R. du Gén.) . . . . . . DY 13	Jean-Jaurès (R.) . . . . DY 37	Rome (R. de) . . . . CX 61
Commune-de-Paris (R. de la) . CDY 16	Lafayette (Bd) . . . . DY	Royale (R.) . . . . CX 63
Escaut (Quai de l') . . . . CY 21	Londres (R. de) . . . . DX 42	Soldat-Inconnu (Pl. du) . . . . CY 64
Foch (Pl. Mar.) . . . . CXY 22	Mer (R. de la) . . . . CX 45	Tamise (Quai de la) . . . . . . CDY 66
	Notre-Dame (R.) . . . . CDX 46	Thermes (R. des) . . . . CX 67
	Paix (R. de la) . . . . CX 48	Varsovie (R. de) . . . . DY 70
	Pasteur (Bd) . . . . DY	Vauxhall (R. du) . . . . DY 72

Hôtel de ville . . . . DY **H**	Musée des Beaux-Arts et de la Dentelle . . . . . . CX **M²**
Musée de la Guerre . . . . CY **M¹**	Tour du Guet . . . . CX **R**

menaces ennemies et de guetter les incendies. Elle servit de phare au 19e s, et fut successivement support au télégraphe Chappe, poste de télégraphe optique pour le génie et colombier militaire. La cloche posée au sol date de 1770.

Prendre la rue de la Mer. Franchir les ponts H.-Hénon et continuer tout droit jusqu'à la plage.

Le bassin Ouest à gauche, et le bassin du Paradis, à droite, servent à la navigation de plaisance.

Plage et jetée Ouest

Une digue-promenade longe cette belle plage de sable fin, dotée du label « Station Kid ». De la jetée Ouest, vue sur le port. Le trafic n'a pas faibli depuis l'ouverture du tunnel sous la Manche. Au loin : le cap Blanc-Nez *(côté droit)* et les falaises britanniques.

De la jetée, rejoindre l'arrière-port par le chemin de ronde qui longe le bassin et contourne le fort Risban.

Construit au 16e s. à l'emplacement d'une tour anglaise, le **fort Risban** défendait l'accès au port.

Franchir de nouveau les ponts H.-Hénon puis tourner à gauche, longer le quai et continuer vers le quartier du Courgain.

Arrière-port

Après la **colonne Louis-XVIII**, qui évoque le débarquement du roi après la chute de Napoléon (1814), un monument d'Édouard Lormier célèbre l'héroïsme des sauveteurs calaisiens et le souvenir de tous les disparus en mer. Plus en avant, sur le quai Auguste-Delpierre, le **Courgain**, charmant quartier peuplé de marins, a été reconstruit après-guerre. En retrait, le **phare** *(57 m ; 271 marches)*, érigé en 1848 pour remplacer la lanterne de la tour du Guet. ☎ 03 21 34 33 34 - *visite guidée (30mn) juin-sept. : 14h-18h30, w.-end, j. fériés 10h-12h, 14h-18h30 ; reste de l'année : merc. 14h-17h30, vac. scol. zone B 14h-17h30, w.-end et j. fériés 10h-12h, 14h-17h30 - fermé janv. - 4 € (enf. 2 €).*

> **À VOIR**
> Au sommet du phare, **panorama**★★ sur le Calaisis, le port, la citadelle, la place d'Armes et l'église Notre-Dame.

visiter

Musée des Beaux-Arts et de la Dentelle★

☎ *03 21 46 48 40 - & - 10h-12h, 14h-17h30, sam. 10h-12h, 14h-18h30, dim. 14h-18h30 - possibilité de visite accompagnée pdt expos temporaires - fermé mar., j. fériés - 3 €, gratuit merc.*

Sculpture des 19e et 20e s. – Les sculptures sont rassemblées en une grande salle vitrée donnant sur le parc Richelieu. *Jardinière soutenue par deux putti* de Carrier-Belleuse, *Buste de Gounod* de Carpeaux, œuvres de Bourdelle et de Maillol. De **Rodin**, des maquettes préparatoires, en bronze et en plâtre, pour le monument des *Bourgeois de Calais* où la modernité s'exprime avec force. Également un buste de *Monsieur Dewavrin*, l'*Homme au nez cassé* et un exceptionnel buste représentant Camille Claudel, ***Camille au bonnet*★**.

Peinture du 17e au 20e s. – Au 1er étage se mêlent harmonieusement des œuvres des Écoles flamande et d'Europe du Nord et d'art contemporain : *Joyeux buveur* de Jacob Cuyp, dessin de Maillol, *Tête de femme* de Derain, photomontages de Molinier. De Jean Dubuffet, *Paysage du Pas-de-Calais II, Site aléatoire avec quatre personnages)* ; de Félix Del Marle, *Construction-couleur)* ; de Picasso, *Le Vieil Homme* et *Visage de femme*. Également une robe de mariée de Messager, des œuvres de Fautrier, Lipchitz, Arp...

Dentelle du 17e au 20e s. – Importante section consacrée à la dentelle à la main et à la dentelle mécanique (400 000 échantillons). Histoire des techniques de la dentelle de Calais. Dioramas, modèles réduits de machines à vapeur. Parmi les plus belles pièces figurent un volant brodé en dentelle de Burano (1570) et une barbe de bonnet réalisée à Malines (1740). Dentelles et lingeries du 17e s. à nos jours (chemises de nuit, corsets, escarpins, bustier, pèlerine), robes de haute couture, de Balmain à Issey Miyaké. Plan en relief de Calais réalisé pour l'Exposition universelle de 1900.

Cette évocation de la traversée de la Manche par Blériot est un bel exemple de dentelle de Calais exposé au musée.

Musée de la Guerre

Au milieu du parc St-Pierre situé en face de l'hôtel de ville. ☎ 03 21 34 21 57 - ♿ - mai-août : 10h-18h ; avr. et sept. : 11h-17h30 ; de déb. oct. à mi-nov. : tlj sf mar. 12h-17h. ; fév.-mars : tlj sf mar. 11h-17h (dernière entrée 45mn av. fermeture) - 6 €.

Dans un blockhaus qui servit de central téléphonique aux Allemands de 1940 à 1945, exposition d'objets, d'affiches, de souvenirs et de lettres évoquant l'occupation de Calais, la bataille d'Angleterre et la Résistance.

circuit

ESCAPADE DANS LE KENT

Pour organiser votre voyage, reportez-vous au chapitre « Escapade dans le Kent » dans la partie Informations pratiques, en début de guide. Pour plus de précisions sur les sites, voir Le Guide Vert Grande-Bretagne.

Dover (Douvres)

Flanqué de ses falaises blanches, Douvres accueille des bateaux et des aéroglisseurs, mais la plupart subissent la concurrence du tunnel sous la Manche.

La ville, très endommagée durant la Seconde Guerre mondiale, conserve une église romane, **St Mary**, dans Biggin Street la **Maison-Dieu** (14e s.) et la **Maison-Dieu House** (17e s.), et **Waterloo Crescent** de style Regency. La reconstruction de l'après-guerre a révélé l'importance archéologique du port antique. La **Roman Painted House** possède de superbes décors muraux. Le **musée** présente l'histoire de la ville et conserve, entre autres, une partie d'un bateau vieux de trois mille ans.

Du **château**★★ *(Castle Hill Road)*, surnommé la « Clef de l'Angleterre », Churchill surveilla le déroulement de la bataille d'Angleterre. Les Romains avaient érigé un phare qui se dresse toujours dans l'enceinte, et les Saxons une église. Les fortifications ont été renforcées par Guillaume le Conquérant puis par Henri II Plantagenêt. La tour du Connétable, **Constable's Tower**, date du début du 13e s. Sous le château, voyez les **Secret Wartime Tunnels**, tunnels et chambres secrètes qui servirent de QG lors de l'évacuation des troupes britanniques depuis Dunkerque (1940). Effets sonores et accessoires parfois macabres renforcent l'atmosphère lugubre des souterrains.

> **ILS ONT TOUT PRÉVU**
> Ces souterrains ont été choisis pour devenir le siège du gouvernement national en cas de conflit nucléaire.

Le **mémorial Blériot** marque l'endroit précis où se posa l'aviateur lors de la première traversée aérienne de la Manche (1909). Un sentier longe les **falaises de Langdon** jusqu'au **phare de South Foreland**, où Marconi réalisa la première transmission radio internationale.

Folkestone

13 km à l'Ouest de Douvres par l'A 20. Cette station balnéaire, au pied des North Downs, a hébergé Dickens, O. Wilde, H. G. Wells et Turner. Ce fut longtemps le deuxième port de traversée de la Manche, après Douvres. Au sommet de la falaise, une promenade longe une esplanade fleurie, **The Leas**★ (les « grasses pâtures »). Un **ascenseur hydraulique victorien** mène à la plage et au parc côtier.

> **QUE RAPPORTER**
> Antiquités et galeries d'art sur Sandgate Road ; marché jeudi et samedi sur Guildhall Street et le dimanche sur la plage.

On flâne dans le port, avec ses étals de fruits de mer et ses pubs. L'**Old High Street**, ruelle pavée, longe le quartier historique, **The Bayle**, où un vieux château jouxte les églises St Mary et St Eanswyth (12e s.).

L'accès au tunnel sous la Manche se trouve à la sortie Nord de la ville, tandis qu'au Nord-Ouest l'**Eurotunnel Exhibition Center** évoque les travaux réalisés.

La bataille d'Angleterre, qui fit rage pendant l'été 1940, est commémorée par le **Battle of Britain Memorial** *(à Capel, sortir de l'A 20 entre Folkestone et Douvres)* et par le **Kent Battle of Britain Museum** *(à Hawkinge, 5 km au Nord de Folkestone par l'A 260)*.

> **PROMENADE DU FRONT DE MER**
> Sculptures modernes et statues de Charles Ross, pionnier de l'aviation, ainsi que du capitaine Mathew Webb, qui réalisa la deuxième traversée de la Manche à la nage (1875).

Western Heights
10 km à l'Ouest de Folkestone. Sur cette côte, la menace d'une invasion par les troupes de Napoléon fut prise très au sérieux : 73 solides **Martello Towers**, fortins circulaires en brique, jalonnent l'axe Folkestone-Eastbourne ; une voie d'eau, le **canal militaire royal**, a été creusée pour relier Hythe et Rye.

Canterbury★★★
Depuis Douvres, prendre l'A 2.

L'histoire de cette cité, où règne encore une atmosphère médiévale, commence avec les conquêtes de l'empereur Claude (43 après J.-C.). En 597, saint Augustin y est dépêché par Rome pour convertir les païens au christianisme. La ville devient le cœur de l'Église d'Angleterre, et Augustin est consacré premier archevêque.
La **ville** est ceinte de remparts médiévaux – City Walls. Du sommet du Dane John Mound, joli coup d'œil sur le monument à la mémoire de **Christopher Marlowe**, le célèbre dramaturge de Canterbury.
Le long de la rivière Stour, des demeures de style Tudor forment le quartier des **Canterbury Weavers**, nom des tisserands huguenots qui s'y établirent.

Cathédrale★★★ – L'église, incendiée en 1067, fut rebâtie par **Lanfranc**, premier archevêque normand, et consacrée en 1130. Lors d'un nouvel incendie, en 1174, la crypte et la nef furent sauvées. La cathédrale, reconstruite en hommage au martyr Thomas Becket dans le style gothique primitif anglais, devint le centre de pèlerinage le plus important en Europe du Nord.
La nef et le cloître sont de style gothique perpendiculaire du 14e s. Le transept et les tours furent achevés au 15e s., ainsi que la Bell Harry Tower, qui couronne le bâtiment.
Derrière le chevet, à 250 m, St Augustine's Abbey.

> **CENTRE-VILLE**
> Longtemps ouverte aux influences du continent, la ville s'est développée le long de **Walting Street**, grande voie romaine reliant Londres au port de Douvres.

> **À VOIR**
> Les jubés ouvragés de la chapelle Notre-Dame-de-la-Crypte ; la chapelle funéraire du Prince Noir ; la tour centrale, Bell Harry Tower ; le jubé orné des statues de six rois ; la tombe d'Henri IV en albâtre, seul roi anglais enterré dans la cathédrale.

LE MARTYRE DU « GÊNEUR EN SOUTANE »
En 1170, l'archevêque **Thomas Becket** est assassiné dans le transept Nord par quatre chevaliers d'Henri II Plantagenêt. Ils avaient interprété au pied de la lettre le désir de leur souverain de se débarrasser de ce « gêneur en soutane ». Thomas est canonisé deux ans plus tard. Sa tombe attire aussitôt une foule de pèlerins dont nombre d'histoires sont relatées dans les *Contes de Canterbury* de **Chaucer**.

St Augustine's Abbey★★ – Cette abbaye fut fondée en 597. À l'Est, l'église **St Pancras** était un temple païen, converti par les chrétiens (7e s.). Le monastère fut dissous en 1538, et l'église démolie. Aborder les ruines par le côté Sud *(Longport)*. Descendre dans la crypte et la chapelle de l'abbé Wulfric, et gagner St Pancras *(Church Street)* : murs en briques romaines.

Cambrai★

Dominée par les tours du beffroi, de la cathédrale et de l'église St-Géry, l'ancienne cité militaire et archiépiscopale s'habille de calcaire blanc. Peu à peu, des boulevards se sont substitués aux remparts. Ses andouillettes, ses tripes et ses friandises à la menthe, les fameuses « bêtises », en font aussi le rendez-vous des gourmands.

La situation
Carte Michelin Local 302 H6 – Nord (59). Cambrai se trouve au centre d'une riche région céréalière et betteravière. Accès par l'A 26 ou l'A 2.
🛈 *48 r. de Noyon, 59400 Cambrai,* ☎ *03 27 78 36 15. www.cambraiofficedetourisme.comr*

Cambrai
carnet pratique

Visite
Visites guidées – Cambrai, qui porte le label Ville d'art et d'histoire, propose des visites-découvertes animées (1h30) par des guides-conférenciers agréés par le ministère de la Culture et de la Communication - *juin-sept. : horaire variable selon les mois - visite des souterrains : dim. 16h - se renseigner à l'Office de tourisme.*

Se loger
⌂ **Chambre d'hôte Delcambre** – *Ferme de Bonavis - 59266 Banteux - 11 km au S de Cambrai par N 44 -* ☎ *03 27 78 55 08 - www.bonavis.fr -* ⌧ *- 3 ch. 40/62 €* ⌸. Vous serez impressionné par les beaux volumes intérieurs de cet ancien relais de poste reconverti en ferme (toujours en activité) après la Seconde Guerre mondiale. Les chambres, hautes sous plafond et parquetées, sont sobrement décorées et bien insonorisées.

Se restaurer
⌂ **Brasserie Boulonnaise Chez Dan** – *18 r. des Liniers -* ☎ *03 27 81 39 77 - fermé mar. - 7/15,24 €.* L'hospitalité traditionnelle des gens du Nord et l'ambiance chaleureuse vous donneront envie de revenir dans cette brasserie décorée sur le thème de la mer. Vous y dégusterez une cuisine simple à prix doux et bien sûr les célèbres moules-frites.
⌂⌂ **Le Bouchon** – *31 r. des Rôtisseurs -* ☎ *03 27 78 44 55 - fermé 3 sem. en août, lun. soir, mar. soir, merc. soir et dim. - 15/25 €.* Cachée derrière une façade en briques rouges, halte bon marché et rassasiante où l'on mange au coude à coude dans une ambiance jeune et conviviale. Cuisine de bistrot et un « ch'ti menu » pour goûter aux spécialités du terroir.
⌂⌂ **La Taverne de Lutèce** – *68 av. de la Victoire -* ☎ *03 27 78 54 34 - fermé le midi - 15/25 €.* Une cuisine traditionnelle, des spécialités régionales et un bon choix de viande vous attendent dans cette taverne au décor simple et rustique. L'ambiance celte et rock rend l'endroit convivial et plutôt animé.

Que rapporter
Confiserie Afchain – *ZI de Cantinpré -* ☎ *03 27 81 25 49 - www.betises-de-cambrai.tm.fr - tlj sf w.-end 9h-12h, 14h-17h - fermé 3 sem. en août, 2 sem. à Noël.* La maison Afchain, fondée en 1830, revendique la paternité des bêtises... de Cambrai ! Un petit musée y retrace l'histoire de cette drôle d'invention. La visite gratuite et commentée de la confiserie permet de découvrir les différentes étapes de la fabrication du célèbre bonbon. Réservation indispensable.
Confiserie Despinoy – *Rte Nationale - 59400 Fontaine-Notre-Dame -* ☎ *03 27 83 57 57 - tlj sf w.-end 9h-15h30 - fermé août, 25 déc. et 1er janv.* Cette confiserie spécialisée dans la fabrication des bêtises de Cambrai organise la visite gratuite de ses ateliers sur simple rendez-vous.

S. Sauvignier/MICHELIN

Loisirs
Balades au fil de l'eau – La vallée de la Sensée est très prisée par les adeptes du tourisme fluvial. Ce sont là, en effet, de petites croisières filant doucement le long de villages pittoresques. Une autre façon de découvrir la faune et la flore de la région. *Au départ de Bouchain ou de Cambrai, renseignements et réservation* ☎ *03 27 25 34 57.*

Louis Blériot
(1872-1936)
Né à Calais, il fut le premier aviateur à traverser la Manche en 1909. C'est aussi l'inventeur du char à voile.

Le nom
Il dériverait de Camaracum, l'oppidum des Nerviens qui devint une importante cité à l'époque romaine.

Les gens
◄ 33 738 Cambrésiens. D'après la légende, les géants Martin et Martine, des forgerons, auraient assommé le tyran de la région. À l'hôtel de ville, ces jaquemarts en bronze (1512) frappent la cloche communale. Hauts de 2 m, ils sont vêtus comme des Maures.

comprendre

Le « Cygne de Cambrai » – En 1695, François de Salignac de La Mothe-Fénelon (1651-1715), grand seigneur, homme d'Église et écrivain célèbre, est investi de l'archevêché de Cambrai. Vénéré par ses ouailles pour sa douceur et sa charité, **Fénelon** y reçoit la nouvelle de la

CAMBRAI

Street	Ref
Albert-I{er} (Av.)	BY 2
Alsace-Lorraine (R. d')	BYZ 4
Berlaimont (Bd de)	BZ 5
Briand (Pl. A.)	AYZ 6
Cantimpré (R. de)	AY 7
Capucins (R. des)	AY 8
Chât.-de-Selles (R. du)	AY 10
Clefs (R. des)	AY 12
Épée (R. de l')	AZ 13
Fénelon (Gde-Rue)	AY 15
Fénelon (Pl.)	AY 16
Feutriers (R. des)	AY 17
Gaulle (R. Gén.-de)	BZ 18
Grand-Séminaire (R. du)	AZ 19
Lattre-de-Tassigny (R. du Mar.-de)	BZ 21
Leclerc (Pl. du Mar.)	BZ 22
Lille (R. de)	BY 23
Liniers (R. des)	AZ 24
Moulin (Pl. J.)	AZ 25
Nice (R. de)	AY 27
Pasteur (R.)	AY 29
Porte-Notre-Dame (R.)	BY 31
Porte-de-Paris (Pl. de la)	AZ 32
Râtelots (R. des)	AZ 33
Sadi-Carnot (R.)	AY 35
St-Aubert (R.)	AY 36
St-Géry (R.)	AY 37
St-Ladre (R.)	BZ 39
St-Martin (Mail)	AZ 40
St-Sépulcre (Pl.)	AZ 41
Selles (R. de)	AY 43
Vaucelette (R.)	AZ 45
Victoire (Av. de la)	AZ 46
Watteau (R.)	BZ 47
9-Octobre (Pl. du)	AY 48

Beffroi	AZ B	Hôtel de ville	AY H	Musée des Beaux-Arts	AZ M
Chapelle du Grand Séminaire	AZ D	Maison espagnole	AZ K		

condamnation par Rome de son ouvrage *Explication des maximes des saints*, dans lequel il défend le quiétisme, doctrine exaltant le pur amour de Dieu. L'ancien précepteur du duc de Bourgogne monte alors en chaire, prêchant l'obéissance aux décisions de l'Église, puis se soumet par un mandement d'une admirable humilité.

La bêtise de Cambrai – Ce bonbon parfumé à la menthe est rectangulaire, avec une rayure jaune de chaque côté. Son histoire remonte au 19e s. : un apprenti confiseur se trompa en réalisant une recette. Sa mère lui dit alors : « Tu es bon à rien, tu as encore fait des bêtises ! » Mais ces bonbons furent néanmoins appréciés pour leurs qualités digestives et rafraîchissantes. La bêtise de Cambrai était née.

Cambrai

Une légende raconte que les hommes se rendaient au grand marché de Cambrai, le 24 de chaque mois. Ils s'y attardaient pour y commettre quelques « bêtises », parmi lesquelles des dépenses superflues comme l'achat de bonbons fabriqués sous leurs regards.

se promener

Vieille ville

Porte de Paris
Cette porte monumentale (1390) est encadrée par deux tours circulaires.
Emprunter l'avenue de la Victoire menant à l'hôtel de ville qu'on aperçoit au loin. On arrive à la place du St-Sépulcre.

Cathédrale Notre-Dame
Fermé dim. apr.-midi oct. à Pâques. L'ancienne abbatiale du St-Sépulcre a été érigée en cathédrale après la Révolution. Cet édifice du 18e s. a subi plusieurs remaniements. Sa tour date de 1876. À droite, le bâtiment conventuel est du 18e s.
Dans les chapelles arrondies qui terminent les bras du transept, grandes **grisailles** en trompe l'œil (1760) de l'Anversois Martin Geeraerts. La chapelle absidiale abrite le tombeau de Fénelon, sculpté par David d'Angers (1826). Le prélat, à demi étendu, se tourne vers les cieux dans un élan romantique ; les mains sont d'un traitement admirable. À gauche de la cathédrale, statue de Fénelon.

Chapelle du Grand Séminaire
L'ancienne chapelle (1692) du collège des Jésuites est située en retrait d'un square. Sur la façade baroque théâtrale et mouvementée, l'ordonnance des baies, pilastres, ailerons à volutes et pots à feu reste symétrique. Beau décor sculpté dominé par un haut-relief de l'Assomption.
Fermée pour travaux.

Maison espagnole
Siège de l'office de tourisme. Cette belle maison de bois (fin 16e s.) comporte un pignon couvert d'ardoises. Voyez les caves médiévales et, au 1er étage, les sculptures en chêne qui ornaient la façade.
Le long des rues du Grand-Séminaire, de l'Épée et Vaucelette, parmi les **hôtels des 17e et 18e s.**, celui qui abrite le musée des Beaux-Arts a été bâti pour le comte de Francqueville, en 1719-1720.
En traversant la place Jean-Moulin, remarquez le chevet arrondi de la chapelle de l'ancien hôpital St-Julien.

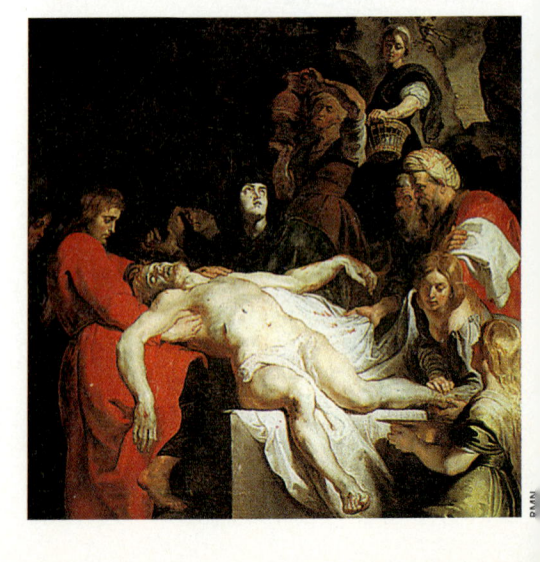

LES BÉGUINAGES
Dans ces petites maisons, accolées les unes aux autres, formant un enclos, des femmes, célibataires ou veuves, s'y rassemblaient pour mener une vie de dévotion et de charité. On comptait 11 béguinages à Cambrai. Celui de St-Vaast (1354) a été transféré en 1545 au 24 rue des Anglaises. Sa cour est la dernière qui subsiste en France.

Le bras gauche du transept de l'église St-Géry abrite cette magnifique « Mise au Tombeau »★★ *par Rubens (détail).*

Place Fénelon
Elle s'étend à l'emplacement de la cathédrale gothique, démolie après la Révolution. Remarquez le portique d'entrée (17e s.) du **palais archiépiscopal** où vécut Fénelon.

Église St-Géry
Lun.-sam. 10h-12h, 15h-18h ; dim. 8h15-12h, 17h30-19h30.
Dominée par la tour St-Géry, l'ancienne abbatiale St-Aubert a été édifiée de 1698 à 1745.
Un baldaquin, posé sur de puissantes colonnes baroques, précède le chœur à déambulatoire et chapelles rayonnantes. La chaire monumentale (1850) est l'œuvre d'artisans cambrésiens. Un mobilier du 18e s. orne le chœur : autel et boiseries à médaillons contant l'histoire de saint Augustin et de saint Aubert. Transept droit : la **statue** d'évêque (14e s.) a été découverte en 1982 dans la crypte.

Traverser la place du 9-Octobre et gagner la place Aristide-Briand.

Place Aristide-Briand
Située dans le quartier commerçant, la place a été entièrement reconstruite après sa destruction en 1917. L'**hôtel de ville** brûla pendant la Première Guerre. Sa restauration dans les années 1920 a respecté la façade à péristyle de style Louis XVI, due à l'architecte Antoine.
À l'angle Sud-Ouest de la place, le **mail St-Martin**, offre une belle perspective sur le **beffroi**, ancienne tour St-Martin (15e-18e s.) : haute de 70 m, c'est le seul vestige de l'église du même nom.

Porte Notre-Dame
Vestige des fortifications (17e s.), baroque, elle comporte un bel appareil de pierres en pointes de diamant et des colonnes cannelées. Au fronton, le soleil, symbole du roi, fut ajouté après la conquête de Cambrai par les troupes de Louis XIV en 1677. Sur la face extérieure, statue de la Vierge.

> **BAROQUE**
> Le **jubé** (1632), déplacé en bas de la nef, a été sculpté par Gaspard Marsy. Remarquez le contraste des marbres rouge et noir et le décor mouvementé : putti voletant, hauts-reliefs relatant les miracles du Christ, statues d'albâtre.

> **À OBSERVER**
> Les deux jaquemarts, Martin et Martine, encadrent le campanile à colonnes qui surmonte l'hôtel de ville.

visiter

Musée des Beaux-Arts
☎ 03 27 82 27 90 - *www.villedecambrai.com* - & - *tlj sf lun. et mar. 10h-12h, 14h-18h - possibilité de visite guidée gratuite 1er dim. du mois 15h30 - fermé 1er janv., 1er et 8 Mai, 15 août, 1er et 11 Nov., 25 déc. - 3 €, gratuit 1er w.-end du mois.*

Archéologie – Les collections sont présentées dans les caves voûtées. Époques gallo-romaine (céramique, habitat et inhumation) et mérovingienne (objets funéraires provenant des environs de Cambrai). La section d'ostéo-archéologie présente les conditions de vie de l'homme du haut Moyen Âge à travers lesdifférentes causes de décès.

Patrimoine de Cambrai – À voir : plan-relief de la ville ; œuvres romanes de l'abbaye St-Géry au Mont-des-Bœufs ; **jubé★** (16e s.) de la chapelle de l'hôpital St-Julien ; **char de procession (17e s.) des chanoinesses de Ste-Aldegonde de Maubeuge★** ; statues en albâtre de l'ancienne cathédrale. Une toile de Van der Meulen dépeint avec précision la prise de Cambrai par Louis XIV.

Département des beaux-arts – Peintures des Pays-Bas (16e-17e s.), dont quelques natures mortes de Van Veerendael. École française du 18e s. (Berthelemy, Wille). Ne pas manquer les *Joueurs de cartes*, de Théodore Rombouts. Les portraits et les paysages prédominent aux 19e et 20e s. avec Ingres, Boudin, Utrillo, Marquet... Sculptures de Rodin, Camille Claudel, Bourdelle, Zadkine (*Il penseroso*, 1951), Guyot et Jeanclos.

Cette Vierge Marie, fragment d'une Annonciation, a échappé à la destruction de l'église qui l'abritait. Elle est aujourd'hui exposée au musée des Beaux-Arts de Cambrai.

Vallée de la Canche★

La Canche est une rivière dont le cours paresseux entraîne difficilement les eaux qui sourdent des flancs de sa vallée et s'épanchent en marais. C'est un site encore sauvage où, l'été venu, toutes les couleurs de la nature se déclinent.

La situation
Carte Michelin Local 301 C/H 4/6 – Pas-de-Calais (62). La vallée verdoyante s'évase en pentes molles parsemées de longues maisons aux murs chaulés. Les prés alternent avec les bois, sur les pentes.

Le nom
Canche provient du bas latin *quantia* qui signifie « caillouteuse ». La rivière, longue de 97 km, prend sa source près de St-Pol-sur-Ternoise et se jette dans la Manche au Nord du Touquet.

Les habitants
Peupliers des zones marécageuses et « saules têtards » des bocages abritent une faune variée : pics-verts, mésanges boréales, bleues ou charbonnières, chouettes, hiboux...

circuits

Du Touquet-Paris-Plage à Hesdin
43 km – environ 2h1/2. Quitter Le Touquet-Paris-Plage par la N 39. À Beutin, prendre à droite la D 146, puis à gauche la D 139.

On passe dans des villages aux maisons basses à toits de tuiles et devant des manoirs sous des frondaisons ou au bord de l'eau. Avant d'arriver à La Madelaine, échappées sur les remparts de Montreuil.

Montreuil★ *(voir ce nom)*
Quitter Montreuil au Nord-Est vers Neuville en franchissant la Canche et prendre à droite la D 113.

Chartreuse N.-D.-des-Prés
Fondée au 14e s. et ruinée après 1789, elle fut reconstruite en 1872 par des chartreux, puis convertie en hospice (1903).

Entre Neuville et Marles, jolies vues sur les remparts de Montreuil, roses avec un liséré blanc. *Franchir la Canche.* La route longe des étangs poissonneux.

carnet pratique

SE LOGER
Chambre d'hôte Le Moulin – *16 r. de St-Pol - 62770 Fillièvres - 7 km au SE de Vieil-Hesdin par D 340 -* ☎ *03 21 41 13 20 - http://aufildeleau.free.fr -* ⌨ *- 5 ch. 42/52 € - restauration (soir seult) 19 €.* Situé sur la route du Camp du drap d'or, ce moulin du 18e s. bien restauré abrite de vastes chambres meublées d'ancien, où seul le murmure de la Canche coulant sous leurs fenêtres pourra vous réveiller. Son magnifique parc possède un étang réservé à la pêche.

SE RESTAURER
Crêperie et boutique La Maison du Perlé de Groseille – *50 r. Principale - 62990 Loison-sur-Créquoise -* ☎ *03 21 81 30 85 - www.perledegroseille.com - 1er oct.-31 mars : tlj sf w.-end ; 1er avr.-30 sept. : tlj sf dim. mat. : juil.-août : tlj - 8/11,50 €.* Le « perlé de groseille » est un vieil apéritif régional à découvrir chez ce producteur lors d'une dégustation gratuite. En été, une crêperie est installée dans une petite cabane posée sur le gazon ; découvrez sa recette phare au coulis de framboise et chantilly maison réalisée avec une pâte à la bière. Boutique de produits locaux.

Auberge de la Haute-Estrée – *11 rte de St-Pol - 62810 Estrée-Wamin - A 13 km de St-Pol-sur-Ternoise -* ☎ *03 21 55 01 41 - perso.wanadoo.fr/auberge.haute-estree - fermé dim. soir et lun. - réserv. obligatoire - 17/21 €.* Murs en brique rouge et poutres participent au cadre rustique de cette auberge spécialisée dans l'élevage d'escargots et de volailles. Les tables près des baies vitrées donnent sur le jardin où s'ébattent les animaux de la ferme.

Brimeux

Centre de pêche et de chasse à proximité d'un vaste étang. L'**église** possède un élégant chœur flamboyant et un clocher à la silhouette étrange.

Suivre la D 349 jusqu'à Aubin-St-Vaast, puis prendre à droite la D 136^{E2}, en montée.

Au sommet de la côte, **vue** étendue sur la vallée que surmonte la forêt d'Hesdin, forêt de hêtres, interrompue à gauche par le vallon de la Planquette.

Suivre à gauche la D 138, qui offre des vues sur la forêt et Hesdin.

D'HESDIN À FRÉVENT

38 km – environ 1h. Quitter Hesdin à l'Est par la D 110.

Vieil-Hesdin

Il rappelle le souvenir de la cité, rasée par les troupes de Charles Quint en 1553.

L'itinéraire emprunte la rive gauche de la Canche et suit la D 340, « **route des Villages fleuris** », avec de jolies perspectives sur les prairies.

À Conchy-sur-Canche prendre à gauche la D 102.

Château de Flers

Ce bâtiment Louis XVI, à courtes ailes en retour, est bâti en brique avec parements de pierre, selon la formule locale. Sur le côté droit de l'église fait saillie la **chapelle seigneuriale** (15e s.). *Ne se visite pas.*

Revenir à la D 340 qui rejoint, après Boubers-sur-Canche, la D 941 menant à Frévent.

Frévent

Petite ville active sur les bords de la Canche, avec un agréable jardin public.

L'**église St-Hilaire**, du 16e s., a été restaurée au 19e s. Imposant clocher-porche à l'entrée : à l'intérieur, voûtes en berceau à pendentifs. Parmi les tableaux, une *Sainte Famille* du 16e s. ☎ 03 21 03 60 21 ou 03 21 47 18 55 - *visite sur demande à la mairie.*

Entre la Canche et le ruisseau des Ayres, le moulin à blé des comtes de St-Pol accueille maintenant le **musée Wintenberger** *(pl. du Château)*, dédié au labeur des paysans et ouvriers du Ternois *(vidéo de 25mn)*. La filature fut ici prospère, ainsi que les fonderies Wintenberger (1837-1967), dont les machines agricoles sont exposées : moissonneuses, batteuses... Collection d'outils au temps du cheval : araires, écrémeuses, souleveuse à pois, semoir à fèves, laiterie... ☎ 03 21 41 31 26 - *juil.-août : tlj sf lun. 14h-18h ; de mi-mars à fin juin et sept.-nov. : vend. et w.-end 14h-18h - 5 €.*

Au **musée d'Art Ducatel** *(12 r. Wilson)*, on verra des toiles de Louis Ducatel, natif de Frévent, qui fut candidat en 1969 à la présidence de la République. Également des pièces d'archéologie et des costumes de musiciens. ☎ 03 21 47 18 55 - *de mi-mars à fin nov. : 8h30-12h, 14h-18h, dim. 9h-12h, 14h-18h, reste de l'année : tlj sf dim. 8h30-18h - fermé j. fériés sf 14 Juil. et 15 août - 3,10 €.*

Quitter Frévent par la D 339.

Château de Cercamp

Il abrite des vestiges d'un monastère cistercien du 12e s. bâti par les comtes de St-Pol et détruit en 1789. Le château actuel a été édifié au 18e s. par R. Coigniard, qui dessina aussi les plans de l'abbaye de Valloires. Il comporte un seul corps de bâtiment, avec un avant-corps central et des pavillons latéraux en légère saillie. *Ne se visite pas.*

LES MERVEILLES D'HESDIN

Le château d'Hesdin était au Moyen Âge la résidence favorite des comtes d'Artois. À la fin du 13e s., Robert d'Artois fit aménager un jardin contenant toutes sortes de divertissements extraordinaires, « les merveilles d'Hesdin » : pièges hydrauliques, mannequins animés, pavillons truqués...

EN DIRECT

Le moulin-musée Wintenberger propose des animations régulières (battage de blé à l'ancienne, mouture du blé dans le moulin à meules) et des animations ponctuelles, comme fête du cidre (broyage et pressage de pommes à cidre), fête du goût et fête du pain. À ne manquer sous aucun prétexte !

RÉSISTANCE ACTIVE

Pendant la « drôle de guerre », les résistants de Frévent facilitaient les évasions par le réseau « Bordeaux-Loupiac » et organisaient des parachutages en liaison avec le BOA. Ils envoyèrent à Londres, aidés par un pilote abattu de la RAF, des renseignements importants sur la station de radioguidage de Bryas (Pas-de-Calais), les installations de la Luftwaffe, le gros dépôt de carburant dans la forêt de Lucheux (Somme), ainsi que le plan dérobé des rampes de V1 de Beauvoir-Bonnières, etc.

La Capelle

> **QUE RAPPORTER**
> Comté de Lalouzy –
> *Le Petit Château -
> rte de Guise - 02170
> Le Nouvion-en-Thiérache
> -* ☎ *03 23 98 97 02 -
> tlj sf lun. - fermé août
> et j. fériés.* Vente de
> spécialités à base de
> canard (foie gras,
> magrets, cassoulets,
> terrines, pâtés, etc.).

La Capelle reçut les plénipotentiaires allemands venus de Spa pour signer l'armistice, le 7 novembre 1918. Ce gros bourg est aussi connu pour son hippodrome et son industrie du pinceau.

La situation
Carte Michelin Local 306 F3 – Aisne (02). Ville de Thiérache, au Nord-Est de l'Aisne. Accès par la N 43, la N 2 ou la N 29.
🛈 *41 av. du Gén.-de-Gaulle, 02260 La Capelle,* ☎ *03 23 97 35 55.*

Les gens
2 149 Capellois. On y croise des jockeys et des passionnés de chevaux. Le champ de courses, créé en 1874, possède un des plus long anneaux de vitesse d'Europe (1 609 m).

> **VIE ET MORT D'UN PRÉTENDANT AU TRÔNE**
> C'est au Nouvion-en-Thiérache que naît, en 1908, **Henri d'Orléans**, fils du duc de Guise. Il devient en 1926 chef de la famille de France. Cette succession, qui vaut au jeune prince le titre de **comte de Paris**, contraint les siens à l'exil. Belgique, Maroc et Portugal voient naître et grandir ses onze enfants. Un court passage dans la Légion étrangère (1940), une tentative pour obtenir un poste à Alger (1942), le retour en France (1950) après l'abrogation de la loi d'exil n'apportent pas à l'héritier du trône de Louis-Philippe le rôle de premier plan dont il rêvait, illusion dans laquelle l'avait entretenu le général de Gaulle, auquel il s'était rallié (1958) en approuvant l'instauration de la Ve République. Le comte de Paris est décédé le 19 juin 1999 en Eure-et-Loir.

comprendre

Prélude à l'armistice – 7 novembre 1918, 21h. Un brouillard tapisse la campagne. La délégation de plénipotentiaires allemands, conduite par le général von Winterfeldt et le secrétaire d'État Erzberger, franchit les avant-postes français à Haudroy. Elle arrive à la villa Pasques *(17 r. de l'Armistice)*, où elle est reçue par le commandant de Bourbon-Busset, membre de l'état-major de Foch. Le convoi se dirige alors vers le QG de Debeney, commandant la Ire armée, près de St-Quentin. Puis ce sera Rethondes...

visiter

Église Ste-Grimonie
Elle est due à **Charles Garnier**, mais on ne peut dire que l'architecte de l'Opéra de Paris ait réalisé ici un chef-d'œuvre.

Pierre d'Haudroy
3 km au Nord-Est par la D 285. Au bord de la route, sur une légère éminence, le **monument de l'Armistice**, nommé « Pierre d'Haudroy », marque l'endroit où les plénipotentiaires allemands se présentèrent devant nos lignes et où le clairon **Sellier**, un Comtois du 171e RI, sonna le cessez-le-feu.

Cassel★

Cette petite ville est l'une des plus charmantes de la région, avec sa Grand'Place aux pavés inégaux, ses rues étroites et tortueuses et ses maisons basses chaulées. Au sommet du mont Cassel, où tournaient jadis une vingtaine de moulins, l'un d'eux produit toujours de la farine et de l'huile de lin.

La situation
Carte Michelin Local 302 C3 – Nord (59). Accès : A 25 puis D 948 ou D 916, D 933. C'est le point culminant de la Flandre (176 m d'alt.). « De Cassel, affirme le dicton, on voit cinq royaumes, la France, la Belgique, la Hollande, l'Angleterre et, au-dessus des nuées, le royaume de Dieu. »
🅱 *Grand'Place, 59670 Cassel, ☎ 03 28 40 52 55. www.ot-cassel.fr*

Le nom
Cassel doit son nom à la place forte *(castellum)* que bâtirent les Romains en ce site, le plus élevé de Flandre. Il fut l'objet de maintes batailles avec la France, qui obtint l'annexion de Cassel et de la Flandre maritime lors du traité de Nimègue, en 1678.

Les gens
2 290 Casselois. Ils dérogent rarement à leurs traditions : ducasse, tir à l'arc, carnaval, cortège des géants dits Reuzes... et discussions à l'estaminet, entre amis, autour d'une bière ambrée.

Lundi de Pâques, c'est le jour du carnaval : Reuze-Maman est de sortie avec Reuze-Papa. Cette famille de géants serait originaire de Scandinavie.

comprendre

Les deux guerres mondiales – D'octobre 1914 à avril 1915, le **général Foch** établit son QG à Cassel. Logé à l'hôtel de Schœbecque, au n° 32 de l'actuelle rue du Maréchal-Foch, il suit les batailles de l'Yser et d'Ypres. En mai 1940, une partie du corps expéditionnaire britannique résiste durant trois jours aux troupes allemandes (opération Dynamo), permettant ainsi aux troupes alliées d'embarquer à Dunkerque.

se promener

Jardin public
Au sommet de la butte, un jardin a été dessiné à l'emplacement du château féodal : celui-ci englobait une collégiale dont on a retrouvé la crypte. Au centre se dresse la statue équestre de Foch. Beau **panorama★** depuis l'esplanade : les vieux toits de Cassel ; au-delà, les monts de Flandre, la Manche et le beffroi de Bruges.

Castel-Meulen
☎ *03 28 40 52 55 - www.ot-cassel.fr - visite guidée (40mn) avr.-oct. : 10h-18h, dim. 14h-18h30 ; reste de l'année et vac. scol. : sam. 14h-18h, dim. 10h-18h - fermé déc. - 2,80 €.*
Ce moulin du 18e s. en bois, sur pivot, provient d'Arneke. Il a été remonté à la place du moulin du château, qui avait brûlé en 1911. Un tordoir – pilon qui sert à écraser les graines oléagineuses – permet de produire de l'huile de lin. Fête du moulin, le 14 juillet.

Grand'Place
Bosselée de pavés, elle s'étire sur le flanc du mont, près de la collégiale. Côté Sud, bel ensemble de logis anciens (16e-18e s.).

LE CADEAU DU MEUNIER
Le moulin de Castel-Meulen produit de la farine et de l'huile de lin dans la cavette. À la fin de la visite, un petit sachet est offert aux visiteurs. Sur réservation, on peut aussi emporter un livre de recettes, ainsi qu'un pain biologique, fabriqué dans la boulangerie du moulin.

Cassel

carnet pratique

SE RESTAURER

😊 **La Taverne Flamande** – *34 Grand'Place - ☎ 03 28 42 42 59 - fermé vac. de fév., fin août, fin oct., mar. soir et merc. - réserv. conseillée - 11/16 €.* En rendant visite à Reuze-Papa, le héros local dignement représenté ici, ne manquez pas les spécialités flamandes de cette taverne de la Grand'Place. Et avant de vous asseoir à la terrasse d'été qui donne sur la vallée, jetez un œil sur le magnifique comptoir.

😊 **Au Roi du Potje Vleesch** – *31 r. du Mont-des-Cats - 59270 Godewaersvelde - 12 km à l'E de Cassel par D 948 puis D 18 - ☎ 03 28 42 52 56 - fermé janv. et lun. - réserv. le w.-end - 8,50/22 €.* Entrez dans cette charcuterie et laissez-vous guider jusqu'à l'ancien abattoir transformé en estaminet. Dans un décor rustique flamand, découvrez la cuisine régionale, le fameux potje vleesch et la bière Henri le Douanier (géant du village). Avant de partir, remplissez votre panier à provisions.

😊 **Het Blauwershof** – *9 r. d'Eecke - 59270 Godewaersvelde - 12 km à l'E de Cassel par D 948 et D 18 - ☎ 03 28 49 45 11 - fermé 1 sem. en janv. et 2 sem. en juil. - 10,70 €.* Un véritable estaminet flamand dont l'enseigne signifie « la maison du fraudeur ». Décor typique du début du 20ᵉ s. dans toutes les salles : mobilier ancien, vieux poêles, piano mécanique et jeux traditionnels régionaux. Spécialités culinaires et boissons locales.

😊😊 **'T Kasteelhof** – *8 r. St-Nicolas - ☎ 03 28 40 59 29 - fermé 3 sem. en janv. ; première sem. de juil. ; 2 sem. en oct. ; lun.-merc., 25 déc. et 1ᵉʳ janv. - réserv. conseillée le w.-end - 15,24/22,87 €.* C'est l'estaminet le plus haut de la Flandre française ! Vous pourrez y déguster des spécialités régionales dans un cadre typique et acheter quelques produits locaux dans la boutique attenante. Le samedi soir et le dimanche midi, des légendes flamandes vous sont contées au cours du repas.

Hôtel de la Noble Cour

Sous la haute toiture aux lucarnes aveugles, la façade en pierre (rare dans le Nord) est percée de baies à frontons, triangulaires et curvilignes. Le portail Renaissance est encadré de colonnes de marbre gris et décoré de Renommées, de sirènes et de rinceaux.

À l'intérieur, le **musée de Flandre** abrite la reconstitution d'une cuisine flamande, des boiseries Louis XV, du mobilier, des faïences et porcelaines du Nord, etc. Le bureau de Foch est conservé dans l'état où il se trouvait en 1915. Dans l'attente de la réouverture, des expositions temporaires présentent une partie des collections.

Fermé pour travaux de rénovation.

Collégiale Notre-Dame

Cette église gothique flamande comporte trois pignons, trois nefs, trois absides, et un clocher carré à la croisée du transept. Foch vint souvent y prier et méditer.

Ancienne chapelle des Jésuites

Harmonieuse façade du 17ᵉ s., en brique et pierre.

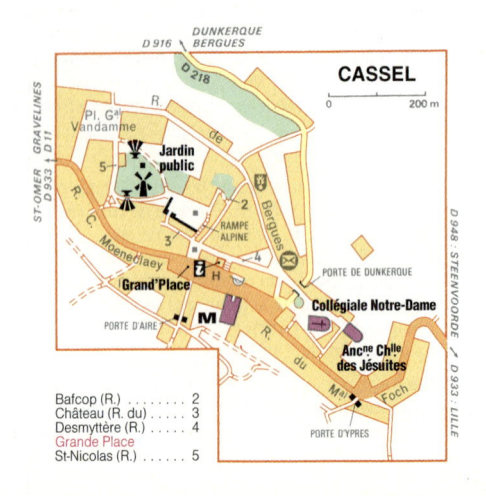

Bafcop (R.) 2
Château (R. du) 3
Desmyttère (R.) 4
Grande Place
St-Nicolas (R.) 5

alentours

Steenvoorde
8 km à l'Est par la D 948. Cette petite ville flamande, avec ses maisons peintes et ses toits de tuiles rouges, fut célèbre pour ses draps. Elle possède l'une des plus grandes laiteries du pays.

À proximité, trois moulins à vent sont bien conservés : le **Drievenmeulen** *(sur la D 948 à l'Ouest)* est en bois sur pivot, (1776). Sa silhouette allongée est caractéristique des moulins à huile. ☎ *03 28 42 97 98 - visite guidée (1h30) sur demande au Syndicat d'initiative (1 sem. av.) - 2 € (enf. 1 €).*

Le **Noordmeulen** *(sur la D 18 au Nord-Ouest)* est un moulin à blé (1576 ; mécanisme du 18e s.). ☎ *03 28 42 97 98 - visite guidée (1h30) sur demande au Syndicat d'initiative (1 sem. av.) - fermé nov.-mars - 2 €.*

À Terdeghem, le **Steenmeulen** *(au Sud sur la D 947)* est un moulin tronconique en brique, toujours en activité (1864). ☎ *03 28 48 16 10 - www.steenmeulen.com - visite guidée (1h30) de déb. avr. à mi-oct. et vac. scol. : tlj sf vend. 9h-12h, 14h-18h ; reste de l'année sur RV - 3,50 € (enf. 1,75 €).*

Wormhout
10 km au Nord par les D 218 et 916.

Moulin Deschodt – ☎ *03 28 62 81 23 - visite guidée (1h) 1er et 3e dim. de juin, 2e dim. de juil., 1er et 2e dim. d'août 15h-18h - 2 €.*

À mi-chemin se dresse ce moulin sur pivot, en bois, le dernier des 11 moulins à vent que comptait la commune en 1780.

Musée Jeanne-Devos – ☎ *03 28 62 81 23 - tlj sf merc. visite guidée (1h) 14h-17h, 2 premiers dim. du mois 15h-18h - fermé 25 déc.-1er janv. et j. fériés - 2 €.*

La première femme photographe de Flandre vécut, jusqu'à sa mort, en 1989, dans ce presbytère (18e s.) flanqué d'un pigeonnier. Photos et objets instaurent une ambiance d'intérieur typiquement locale : mobilier bien ciré, aquarelles, peintures, céramiques, sculptures...

LE GÉANT DE STEENVOORDE
Yan den Houtkapper, bûcheron de son état, fabriqua des chaussures inusables pour Charlemagne. Reconnaissant, celui-ci lui offrit la cuirasse qu'il porte toujours lors des défilés dont il est le héros.

Les moulins sur pivot sont les plus répandus. Ils tournent autour d'un axe vertical.

Le Cateau-Cambrésis

Étagé sur la rive droite de la Selle, au contact du Cambrésis agricole et de la Thiérache herbagère, Le Cateau-Cambrésis est la cité natale d'Henri Matisse. Il fonda là son musée, organisant lui-même, en partie, la présentation de ses œuvres. Aujourd'hui réaménagé, ce musée rend hommage aux multiples activités de l'artiste – peintre, sculpteur, graveur, illustrateur... – et présente la troisième collection Matisse de France.

La situation
Carte Michelin Local 302 J7 – Nord (59). Le Cateau-Cambrésis se trouve à 22 km au Sud-Est de Cambrai et à 35 km au Sud de Valenciennes. Accès par la N 43 ou la D 932.
8 *Hôtel de ville, 9 pl. du Gén.-de-Gaulle, 59360 Le Cateau-Cambrésis,* ☎ *03 27 04 10 94.*

Le nom
Il vient de Chastel-en-Cambrésis, entité née de la fusion de deux vieux villages : Péronne-sur-Seine et Vendelgies.

Les gens
7 460 Catésiens. Natif du Cateau, **Adolphe Mortier** (1768-1835) fut l'un des maréchaux estimés de Napoléon. Il périt victime de la « machine infernale » de Fieschi, en couvrant le roi Louis-Philippe de sa stature gigantesque au moment de l'attentat qui fit 18 victimes.

SE RESTAURER
😋 *Le Florida* – *54 r. Théophile-Boyer - 59360 Le Cateau-Cambrésis -* ☎ *03 27 84 01 07 - www.hotel-leflorida.com - fermé dim. soir - 12/23 € - 8 ch. 43/48 € - ☐ 6 €.* Après un séjour au Mexique, le patron accueille les voyageurs dans une salle à manger aux allures bourgeoises. La cuisine y joue une partition classique. À l'étage, quelques chambres anciennes. Une étape familiale, en toute simplicité.

Le Cateau-Cambrésis

comprendre

Le traité du Cateau-Cambrésis – Ici fut signé le 3 avril 1559, entre la France et l'Espagne, le traité mettant fin aux guerres d'Italie. Henri II restituait le Piémont, le Milanais, le Montferrat et la Corse, mais conservait Calais et les Trois Évêchés – Metz, Toul et Verdun. Le souverain mourut trois mois plus tard à Paris, à l'hôtel des Tournelles, d'un coup de lance reçu lors d'un tournoi.

> **SUR LES PAS DE MATISSE**
> Le circuit « Sur les pas de Matisse » vous emmène sur les traces du maître au Cateau-Cambrésis, à Bohain, Saint-Quentin et Lesquielles-Saint-Germain. Renseignements au comité départemental du tourisme du Nord.
> ☎ 03 20 57 59 59.

Le Nord selon Matisse – Fils d'un marchand de grains, Henri Matisse (1869-1954) naît au Cateau-Cambrésis, au nº 3 de la place du Capitaine-Vignol. Il passe son enfance à **Bohain**, petite ville tournée vers le textile de grande qualité : des tissus somptueux, destinés aux « nouveautés de Paris ». Leur contemplation jouera un rôle essentiel dans son œuvre. Pour l'heure, cet enfant discret, émerveillé par les carnavals du Nord, les chevaux de bois et les acrobates dans leur baraque ambulante, ne songe qu'à devenir clown dans un cirque...

En 1888, Matisse est clerc d'avoué à **St-Quentin** quand il découvre le plaisir de peindre. Il s'inscrit alors à l'école de dessin Quentin-de-la-Tour, puis entre en 1891 dans l'atelier de Gustave Moreau à Paris. Beaucoup plus tard, le 8 novembre 1952, il donne à l'hôtel de ville du **Cateau** 82 œuvres qu'il expose selon un agencement auquel il a méticuleusement réfléchi. Et il offre à l'école maternelle un vitrail, *Les Abeilles*, que l'on peut apercevoir depuis la cour de l'établissement. À cette occasion, le maître témoigne de sa joie d'avoir consacré sa vie à « révéler un peu de la fraîche beauté du monde ».

se promener

Place Anatole-France
La statue du maréchal Mortier, œuvre du sculpteur douaisien Bra, inspecte la Grand'Place, longue et déclive, qui s'achève par l'**hôtel de ville** (16e s.) et son **beffroi** (18e s.)

Église St-Martin
L'ancienne abbatiale bénédictine St-André fut bâtie en 1634 sur les plans du jésuite Du Blocq, avec la collaboration du sculpteur cambraisien Gaspar Marsy. Clocher bulbeux et belle façade, d'un baroque mesuré. Sa rigueur symétrique contraste avec l'exubérance du décor sculpté : volutes, pots à feu, niches, cartouches, séraphins, guirlandes...
L'intérieur comprend un chœur des moines très développé et un déambulatoire.

> **À OBSERVER**
> Sur la façade de l'église, les emblèmes bourguignons – croix de St-André et briquets – évoquent l'époque où les Espagnols tenaient leurs possessions du Nord grâce à l'héritage bourguignon.

visiter

Musée Matisse★★
☎ 03 27 84 64 50 - *tlj sf mar. 10h-18h - fermé 1er janv., 22 sept., 1er nov., 25 déc. - 4,50 €, 7 € expo Matisse, gratuit 1er dim. du mois.*

Les œuvres cédées par l'artiste ont d'abord trouvé place dans le salon d'honneur de l'hôtel de ville. En 1982, la municipalité transfère le musée dans l'ancien **palais des archevêques de Cambrai** (18e s.), qui dispose d'un remarquable parc. Après trois ans de travaux sous la houlette de deux architectes nancéens, Laurent et Emmanuelle Beaudoin, le musée Matisse a rouvert ses portes fin 2002. Mêlant classique et contemporain, il a conservé les **murs extérieurs** du petit palais et s'est agrandi d'un bâtiment de brique et de verre, qui laisse davantage pénétrer la lumière.

> **LE PALAIS FÉNELON**
> Ce palais appartenait aux princes-archevêques de Cambrai, suzerains du Cateau. On l'appelle « palais Fénelon », bien qu'il ait été bâti après le passage du prélat. Fénelon (1651-1715) connut le jardin, où il venait méditer.

Des legs de la famille Matisse (toiles, études à l'encre et dessins) et d'importants dépôts de l'État sont venus compléter le don originel. Le musée présente ainsi quelque 170 œuvres, exposées avantageusement, qui témoignent du parcours d'un artiste touche-à-tout et hors du commun. Parmi les récentes acquisitions, on peut contempler *Marguerite au chapeau de cuir* et deux sculptures, *Henriette I* et *Jeannette II*.

Le pays natal – Évocation des premières années dans le Nord. Cahiers d'échantillons de tissus réalisés à Bohain, et encres de chine.

Dans l'atelier de Moreau – Après l'École nationale des arts décoratifs de Paris, Matisse apprend, aux côtés de Gustave Moreau, à interpréter plus librement les œuvres des maîtres. Premières sculptures inspirées de Rodin, différentes copies d'après Chardin.

L'invention du fauvisme – À l'occasion d'un voyage en Corse, il découvre la couleur. Sa palette ne sera plus jamais la même. Les ocres et les bruns cèdent la place aux couleurs solaires, comme en témoigne la *Première nature morte à l'orange* (1898). Après une initiation au divisionnisme (juxtaposition de points de couleurs), il se libère des contraintes du dessin et du réalisme avec de la couleur pure. Matisse est le chef de file des Fauves. Remarquez *Rue du Soleil à Collioure*, *Portrait de Marguerite* (marqué par l'art nègre dont l'artiste utilise la valeur expressive), *Marguerite au chapeau de cuir*, les panneaux de fleurs exécutés au Maroc, les petites têtes expressives dont la première *Jeannette*.

De Nice à Tahiti – De 1918 à 1939, période de maturité, plusieurs natures mortes se mêlent à l'exaltation de la femme, souvent vêtue à l'orientale. Remarquez *Fenêtre à Tahiti*★★★, *Autoportrait*, *Le Buffet vert*, sculpture du *Grand nu assis*. Série de têtes de son modèle préféré : Henriette.

Les années 1940 – Ce sont les années de plénitude, marquées par l'accord du dessin et de la couleur. De l'atelier de Vence sortent des bouquets de fleurs, des plantes luxuriantes, des intérieurs ensoleillés, des femmes à la sereine sensualité, cependant que les formes s'épurent. Remarquable, la **Femme à la gandoura bleue**★★★ est la dernière peinture de l'artiste (1951).

Les gouaches découpées – Pendant les dix dernières années de sa vie, à travers de larges gouaches découpées, Matisse se fait tailleur de lumière. Ses œuvres, telles qu'*Océanie, le ciel*★★★ et *Océanie, la mer*★★★, offrent un mélange de ciel et de mer qui se joue de la ligne d'horizon.

Les bas-reliefs – Il s'agit des plâtres originaux des quatre bas-reliefs sculptés par Matisse en 1909, 1913, 1916/1917 et 1930, sur le thème de la femme nue de dos.

La chapelle de Vence – De 1948 à 1951, Matisse conçoit et décore à Vence, dans le Sud, une chapelle pour les sœurs dominicaines. On peut voir certaines des études réalisées pour cette œuvre : un dessin de la *Tête de saint Dominique*, de la *Vierge à l'Enfant*, des maquettes en papier gouaché et découpé pour la chasuble noire et pour la chasuble blanche et or.

Le cabinet des dessins★★★ – C'est la plus belle collection existante de dessins de Matisse, disposée selon ses indications. À travers une centaine d'œuvres (gravures et dessins) se découvre toute la diversité graphique de l'artiste, depuis ses approches du nu académique et les noirs somptueux des Odalisques des années 1920, jusqu'à sa quête inlassable de perfection formelle et spirituelle dans l'épure des portraits empreints de lumière et de grâce. Parmi les plus belles pièces figurent un *Autoportrait* au fusain daté de 1900, l'*Odalisque à la culotte de satin rouge*, des études de torsion du corps et un *Nu accroupi*.

LE PLAFOND DE MATISSE

Transféré de la Côte d'Azur au Cateau, il représente les trois petits-enfants de l'artiste en visite à Nice à l'occasion de ses 80 ans. Sur le plafond de sa chambre de l'hôtel Régina, Matisse les a dessinés depuis son lit à l'aide d'un fusain attaché au bout d'une canne à pêche !

LE PROCÉDÉ DES GOUACHES

Matisse fait couvrir de gouache, dans une trentaine de couleurs, de larges feuilles de papier. De grands ciseaux lui servent alors à révéler les formes, réunissant dans un seul geste la couleur et le dessin.

Autres artistes – Le musée abrite également 65 œuvres d'Auguste Herbin (1882-1960), maître de l'abstraction géométrique, qui fit un important don de son œuvre à la ville en 1956 (toiles figuratives, œuvres abstraites, sculptures, piano à décor géométrique, tabouret, relief polychrome, vitrail).

À ses côtés figure une dizaine d'œuvres de son unique élève, Geneviève Claisse (don de l'artiste à la ville en 1982). Tous deux étaient originaires de Quiévy, près du Cateau.

Le musée s'est en outre enrichi de la collection **Tériade**★★ (l'un des principaux éditeurs d'art du 20e s.), constituée de 26 numéros de la fameuse revue *Verve*, de 27 livres de peintres et de 500 gravures tirées de ces ouvrages, réalisées par les plus grands artistes de la première moitié du 20e s. (Chagall, Léger, Rouault, Picasso, Miro, Giacometti, etc.). Enfin, la collection Henri Cartier-**Bresson**★ rassemble une trentaine de photographies.

Le musée Matisse a trouvé place dans l'ancien palais des archevêques de Cambrai.

alentours

Caudry-en-Cambrésis

8 km à l'Ouest par la N 43. En 1823, le métier à tulle apparaît à Caudry. Trente cinq ans plus tard, un autre métier, de type mécanique, est mis au point dans le Cambrésis. Un « empire » se développe alors à Caudry, jusqu'en 1914. La ville reste, avec Calais, le premier pôle dentellier français. Elle produit surtout des dentelles pour les maisons de couture.

Dans une ancienne tullerie, le **musée de la Dentelle de Caudry** retrace l'histoire de la dentelle mécanique. Collection d'échantillons, d'accessoires de mode, de robes et de parures. Pour comprendre la technique dentellière, un atelier reconstitué s'active sous vos yeux.

☎ *03 27 76 29 77 - www.museedentelle-caudry.fr.tc - ♿ - tlj sf mar. 9h-12h, 14h-17h, w.-end et j. fériés 14h30-18h - fermé 24-27 et 31 déc., 1er-3 janv., 1er Mai, 1er nov. - 3 €, gratuit j. de la Fête des tullistes 17-18 juil.*

Chemin des Dames

Théâtre de combats très meurtriers au cours de la Première Guerre mondiale, le Chemin des Dames conserve les traces émouvantes du désespoir des poilus.

La situation
Carte Michelin Local 306 C/F6 – Aisne (02). L'itinéraire suit d'Ouest en Est la crête d'une falaise séparant la vallée de l'Aisne de celle de l'Ailette. Les versants abrupts sont percés de galeries qui donnent sur des carrières souterraines.

Le nom
Cet itinéraire tient son nom des filles de Louis XV, Mesdames, qui l'empruntaient pour gagner le château de La Bove, propriété de leur amie et ancienne gouvernante, la duchesse de Narbonne.

Les gens
Sur certaines parois souterraines, quelques bas-reliefs et graffitis poignants, laissés par des poilus de toutes nationalités, traduisent l'angoisse de ces hommes, mais aussi leurs rêves et leurs espoirs.

comprendre

L'offensive Nivelle – En 1914, après la bataille de la Marne, les Allemands en retraite s'arrêtent sur cette position défensive qu'ils fortifient en utilisant les carrières, *boves* ou *creuttes*, creusées dans la falaise. Le général **Nivelle**, ayant pris le commandement des armées françaises en décembre 1916, cherche la rupture du front sur le Chemin des Dames. Malgré la nature difficile du terrain, il lance l'armée Mangin à l'assaut des positions allemandes, le 16 avril 1917. Les troupes françaises occupent les crêtes dans un premier élan, mais les Allemands s'accrochent sur le versant de l'Ailette.

> **DÉMORALISATION**
> Des pertes terribles et l'échec de l'assaut engendrent une crise morale. Les mutineries qui en résultent s'étendent à une partie de l'armée.

carnet pratique

SE LOGER
Chambre d'hôte Le Clos – *02860 Chérêt - 8 km au S de Laon par D 967 - ☎ 03 23 24 80 64 - www.lecloscheret.com - fermé 15 oct.-15 mars - 4 ch. 40/50 € - repas 20 €.* Ce vendangeoir, dont l'origine remonte au 16e s., est une invitation au repos et à la détente. Il a le charme suranné des vieilles maisons, et vous pourrez y poser votre sac pour souffler un peu. Ses chambres spacieuses sont décorées de jolis meubles anciens. Étang de pêche.

SE RESTAURER
L'Auberge du Moulin Bertrand – *02860 Martigny-Courpierre - 4 km de Cerny-en-Laonnois par D 967 et D 88 - ☎ 03 23 24 71 73 - auberge.moulinbertrand@wanadoo.fr - fermé 1 sem. en fév., dim. soir et merc. - réserv. obligatoire - 15/40 €.* Avec sa cuisine savoureuse à base de produits frais, ce restaurant saura satisfaire vos envies gourmandes. Après le repas, laissez-vous tenter par une promenade sur les bords verdoyants des étangs. En hiver, vous profiterez de la cheminée et, en été, de la plaisante terrasse.

SPORTS & LOISIRS
Base de loisirs de l'Ailette – *02860 Chamouille - ☎ 03 23 24 66 85 - avr. et sept. : 9h-18h ; mai : 9h-19h ; juin : 9h-20h ; juil.-août : 9h-22h - fermé d'oct. au 1er avr.* Base de loisirs proposant une multitude d'activités : pédalo, tennis, minigolf, canoë-kayak, planche à voile, catamaran, aire de jeux pour enfants, plage et baignade surveillées en été, sentiers de randonnée et pêche. De quoi combler les attentes de toute la famille !

Circuits balisés – *02860 Chamouille.* Circuits pédestres : circuit « St-Victor » de 11 km (3h) au départ de l'abbaye de Vauclair ; micro-balades pour mieux comprendre l'histoire du Chemin des Dames : « le belvédère du plateau de Californie » (2,5 km), au départ du plateau de Californie, et « le vieux Craonne » (0,6 km), au départ de l'arboretum.

Chemin des Dames

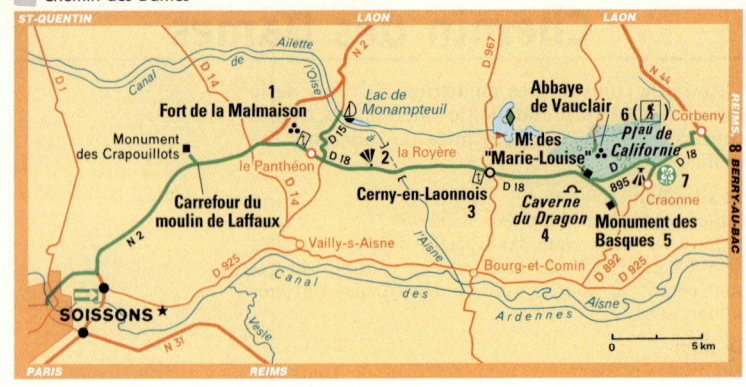

Le désespoir des poilus – Fin avril, un climat insurrectionnel gagne une grande partie de l'armée. Les généraux Nivelle et Mangin sont limogés. Le général Pétain prend le commandement et mate ces tentatives de révolte. Des voix s'élèvent aujourd'hui pour accorder le pardon à ces « mutins », soldats désespérés par l'horreur des combats.

circuit

DE SOISSONS À BERRY-AU-BAC
57 km – environ 3h1/2. Quitter Soissons au Nord et prendre la N 2 vers Laon.

Carrefour du moulin de Laffaux
Sur cette butte (169 m) qui marque l'extrémité Ouest des hauteurs du Chemin des Dames se dresse le monument aux morts des Crapouillots *(derrière le restaurant)*. Le moulin de Laffaux s'élevait autrefois à cet emplacement.

Traverser la D 14 ; 1 km plus loin, prendre à droite la D 18.

Fort de la Malmaison
Fortifications du début du 20e s. Enlevé par les coloniaux de la 38e DI sur la Garde prussienne en 1917. Au cimetière, tombes allemandes (1939-1945).

Cerny-en-Laonnois
Près du carrefour de la D 967, le mémorial du Chemin des Dames, la chapelle et le cimetière militaire français jouxtent un cimetière allemand. La lanterne des morts a été édifiée de manière à être vue depuis les cathédrales de Soissons, Laon et Reims.

Caverne du Dragon
☎ 03 23 25 14 18 - visite guidée (1h30) juil.-août : 10h-19h ; mai-juin et sept. : 10h-18h ; oct.-avr. : tlj sf lun. (sf si j. férié) 10h-18h (dernière entrée 1h30 av. fermeture) - fermé 18 déc.-31 janv. - 5 €, gratuit Printemps des musées.
Surnommée ainsi par les Allemands, cette galerie fut creusée au Moyen Âge par les carriers pour extraire la pierre qui servit à bâtir l'abbaye de Vauclair. En 1915, les unités allemandes la transforment en caserne, avec postes de tir et de commandement. Convertie en **musée du Souvenir**, elle retrace la vie des soldats (mises en scène efficaces, objets, visuels). Un film et une maquette animée présentent les épisodes marquants du conflit et l'importance stratégique du site. Panorama sur la vallée de l'Aisne.

La caverne du Dragon a été réaménagée en musée du Souvenir.

La D 18 suit l'« isthme d'Hurtebise », qui s'épanouit au Nord-Est sur le plateau de Craonne, formé par les plateaux de Vauclair et de Californie.

Monument des « Marie-Louise »

En mars 1814, la ferme d'Hurtebise fut l'enjeu de la **bataille de Craonne** que Napoléon, venu de Corbeny, remporta sur Blücher. Face à la ferme, ce mémorial associe les jeunes fantassins de l'Empereur, appelés les « Marie-Louise », aux poilus de la Grande Guerre.

La D 886, à gauche, descend dans la vallée de l'Ailette.

Abbaye de Vauclair

&. *8h-20h. Gratuit.* ☎ *03 23 22 40 87.*

Cette abbaye, fondée en 1134 par saint Bernard, a été très endommagée par les bombardements de 1917. Les bâtiments les mieux conservés sont le cellier, le réfectoire des frères convers, la salle capitulaire et la salle des moines. On distingue les bases de l'abbatiale et de l'hostellerie. Une galerie d'exposition se trouve à côté du jardin de plantes médicinales.

Autour, la **forêt** monastique de Vauclair couvre 1 000 ha.

Revenir au Chemin des Dames et suivre la D 18 sur 2 km.

Monument des Basques

Cent ans après Craonne (1814), la ferme d'Hurtebise fut à nouveau l'objet de furieux combats, où s'illustrèrent les Basques de la 36ᵉ DI. Monument commémoratif.

Revenir sur ses pas et prendre à droite la D 895.

À droite, on longe l'observatoire d'où Napoléon dirigea la bataille de Craonne (statue de l'Empereur).

Plateau de Californie

À partir du parking, promenade pédestre en lisière de forêt *(3/4h)* jalonnée de panneaux illustrant la vie du soldat. Une étrange sculpture de Haïm Kern évoque la dureté des combats. Vue sur la vallée.

Arboretum de Craonne

Là où l'on rejoint la D 18, un arboretum a remplacé le vieux village de Craonne, qui a été reconstruit en contrebas. Le terrain, ravagé par les obus, exprime l'âpreté des combats qui s'y livrèrent.

Rejoindre la N 44 par La Ville-aux-Bois et tourner à droite.

Berry-au-Bac

Avant l'arrivée à Berry, à l'intersection de la N 44 et de la D 925, monument des chars d'assaut.

ÉTAPES

Huit sites historiques sont reliés par un itinéraire balisé (se reporter aux numéros sur le plan) :
1. Fort de la Malmaison
2. Panorama de la Royère : troupes coloniales
3. Cerny-en-Laonnois
4. Caverne du Dragon
5. Monument des Basques
6. Plateau de Californie
7. Arboretum et village de Craonne
8. Monument national des chars d'assaut à Berry-au-Bac.

SCULPTURE

Figés dans le bronze, les visages des poilus rejaillissent « de la terre à la lumière », enchevêtrés dans une structure qui évoque un amas de fils barbelés.

Yves Gibeau (1916-1994), auteur de romans, dont *Allons z'enfants* adapté au cinéma par Yves Boisset, est enterré dans le cimetière du Vieux Craonne.

Compiègne ★★★

Compiègne fut résidence royale avant d'être le témoin des réceptions fastueuses du Second Empire. Les uns aimeront revivre ce passé en visitant le château. Les autres, amoureux de la nature, suivront l'un des nombreux itinéraires de la forêt où furent signés les deux armistices, le 11 novembre 1918 et le 22 juin 1940.

La situation
Carte Michelin Local 305 H4 – Oise (60). De Paris, accès par l'A 1 du Nord, A 1/A 2.
🛈 *Pl. de l'Hôtel-de-Ville, 60200 Compiègne,* ☎ *03 44 40 01 00. www.mairie.compiegne.fr*

Le nom
Il dérive de *compendium*, « raccourci », et ferait allusion à un gué sur l'Oise qui permettait d'éviter Senlis, entre Soissons et Reims. À la Révolution, Compiègne devint Marat-sur-Oise.

Les gens
Agglomération de 69 903 Compiégnois. La forêt domaniale, peuplée de hardes de cervidés, est le paradis des randonneurs. Trois équipages de chasse à courre animent encore l'ancienne terre de chasse des rois.

comprendre

Aux origines – Le palais bâti par Charles le Chauve sur le modèle de celui de Charlemagne à Aix-la-Chapelle revint à son frère Louis lors du partage de l'Empire carolingien, au traité de Verdun (843). La ville grandit alors autour de la résidence des Carolingiens et de l'abbaye fondée par Charles le Chauve, abbaye (dont seul le cloître du 14e s. subsiste) qui détint, à partir du 10e s., les reliques de saint Corneille et qui précède St-Denis en tant que nécropole royale et foyer de culture. Au 13e s., la cité est entourée de remparts. Charles V les renforce et leur ajoute, en 1374, un château qui est à l'origine du palais.

Jeanne d'Arc prisonnière – En mai 1430, Anglais et bourguignons campent sous les murs de Compiègne. Jeanne d'Arc examine la situation et, le 23 mai, franchit l'Oise, chasse les avant-gardes bourguignonnes, mais

> **JEANNE**
> La capture de la Pucelle s'est déroulée vers l'actuelle place du 54e-Régiment-d'Infanterie, où a été érigée sa **statue équestre**, conçue par Frémiet.

Un fronton porté par d'imposantes colonnes ioniques donne une certaine majesté à la rigoureuse façade du palais.

carnet pratique

VISITES
Visite guidée de la ville – Compiègne, Ville d'art, propose des visites-découvertes ainsi que des visites à thème, animées par des guides-conférenciers agréés par le ministère de la Culture et de la Communication - *de mi-mai à mi-juil. et de mi-août à mi-oct. : w.-end et j. fériés 15h30 (dép. Office de tourisme) - 5 € (-12 ans gratuit)* - ☎ 03 44 40 01 00 - www.compiegne.fr

SE LOGER
◓◓ **Hôtel Les Beaux-Arts** – *33 cours Guynemer* - ☎ *03 44 92 26 26* - *hotel@bw-lesbeauxarts.com* - *35 ch. 65/74 € - ☐ 10 €.* Sur les quais de l'Oise, hôtel de construction récente dont les chambres, modernes, sont meublées en teck et agrémentées de couleurs ensoleillées. Quelques-unes, plus spacieuses, disposent d'une cuisinette. Bons petits-déjeuners servis sous forme de buffets.

◓◓ **Auberge de la Vieille Ferme** – *60880 Meux* - ☎ *03 44 41 58 54* - *auberge.vieille.ferme@wanadoo.fr* - *fermé 2-23 août, 20 déc.-5 janv., dim. soir et lun.* - 🅿 - *14 ch. 55/70,50 € - ☐ 9,50 €* - *restaurant 20/38,50 €.* Ancienne ferme en brique rouge de la vallée de l'Oise abritant des chambres simples, mais fonctionnelles et bien tenues. Au restaurant, poutres apparentes, mobilier rustique, sol carrelé et cuivres rutilants. Carte traditionnelle et régionale.

SE RESTAURER
◓◓ **Le Bistrot des Arts** – *35 cours Guynemer* - ☎ *03 44 20 10 10* - *fermé sam. midi et dim.* - *18/24 €.* Au rez-de-chaussée de l'hôtel Les Beaux-Arts, le charme d'un vrai bistrot avec ses tables en bois, ses banquettes et ses murs couverts de tableaux, gravures et affiches en tous genres. Aux fourneaux, le chef mitonne une bonne petite cuisine assortie de suggestions du jour présentées sur ardoise.

◓◓ **Le Palais Gourmand** – *8 r. Dahomey* - ☎ *03 44 40 13 13* - *fermé 24-30 avr., 7-27 août, 24-28 déc., dim. soir et lun.* - *18/21 €.* Cette pimpante maison (1890) abrite une enfilade de salons et une jolie véranda où tons chauds, tableaux mauresques et mosaïques créent un cadre agréable. Plats traditionnels.

◓◓ **Le Nord** – *Pl de la Gare* - ☎ *03 44 83 22 30* - *fermé 24 juil.-15 août, sam. midi et dim. soir* - *23/45 €.* Adresse devenue une « institution locale » pour ses spécialités de produits de la mer. Salle à manger moderne et claire, d'où l'on peut observer le spectacle des cuisines.

◓◓◓ **Auberge du Buissonnet** – *825 r. Vineux* - *60750 Choisy-au-Bac* - *5 km au NE de Compiègne par N 31 et D 66* - ☎ *03 44 40 17 41* - *fermé dim. soir, mar. soir et lun.* - *30/45 €.* Derrière l'auberge, il y a un étang ; canards et cygnes glissent paisiblement sur l'eau, puis s'ébrouent et partent dans le jardin en se dandinant... Attablez-vous près des baies vitrées ou sur la terrasse ombragée pour profiter de cet environnement verdoyant. Cuisine traditionnelle.

---

des renforts accourent. Les Français sont pris à revers par les Anglais et doivent se replier. La Pucelle couvre la retraite avec une poignée d'hommes. Ils arrivent devant les fossés. Trop tard ! Le pont-levis vient d'être redressé sur ordre du gouverneur qui craignait de voir les ennemis se glisser dans la place avec les derniers combattants. Alors une mêlée s'engage, un archer picard désarçonne Jeanne, qui est mise hors de combat et capturée.

Grands travaux – Les rois se plaisent à Compiègne. Pourtant, avec ses quatre corps de logis entourant, de guingois, une cour centrale, le château d'origine n'a rien d'une demeure de plaisance. Louis XIV fait donc construire de nouveaux appartements face à la forêt. Ses 75 séjours s'accompagnent de fêtes fastueuses et de grands camps militaires, comme celui de 1698, lors de sa dernière visite à Compiègne. Louis XV, quant à lui, ordonne, en 1738, la reconstruction totale du palais afin de pouvoir y résider avec sa cour et ses ministres. Son « grand plan », établi en 1751, est arrêté par la guerre de Sept Ans. Louis XVI le reprend et fait exécuter de grands travaux, bien qu'incomplets. En 1785, il occupe le nouvel appartement royal, qui reviendra à Napoléon Ier. Devant la façade du palais donnant sur le parc, une grande terrasse est aménagée, reliée aux jardins par un perron central ; elle remplace le fossé de l'enceinte de Charles V. En 1795, le mobilier est dispersé lors de ventes aux enchères.

> **LOUIS XIV MÉCONTENT**
> « À Versailles, je suis logé en roi, à Fontainebleau en prince, à Compiègne en paysan. »

Compiègne

Aménagements divers – Après la Révolution, le palais est affecté à un prytanée militaire, puis à une école d'arts et métiers. En 1806, il devient maison impériale : Napoléon Ier le fait restaurer par l'architecte Berthaut, les frères Dubois et Redouté, décorateurs, et le peintre Girodet.

Le château des mariages – Le 14 mai 1770, c'est en forêt de Compiègne qu'est organisée la rencontre du dauphin, futur Louis XVI, et de Marie-Antoinette d'Autriche. Le 27 mars 1810, Marie-Louise, qui a épousé Napoléon Ier par procuration, arrive à Compiègne. L'Empereur, impatient, emmène sa compagne dîner à Compiègne ; les cérémonies nuptiales à St-Cloud et à Paris consacreront l'union imposée à Vienne. En 1832, Louis-Philippe, qui a converti le jeu de paume en théâtre, marie sa fille Louise-Marie au premier roi des Belges, Léopold de Saxe-Cobourg.

> **LA DICTÉE DE MÉRIMÉE**
> Un après-midi pluvieux, pour distraire le couple impérial et ses invités, Mérimée compose sa célèbre *Dictée*, où il accumule les difficultés. L'impératrice commet le maximum de fautes, 62 ; Pauline Sandoz, belle-fille de Metternich, n'en fait que trois.

Les « séries » du Second Empire – Compiègne est la résidence préférée de Napoléon III et de l'impératrice Eugénie. Ils viennent pour les chasses d'automne et pour recevoir, outre les rois et princes d'Europe, les célébrités de l'époque en cinq « séries » de 80 personnes. Le logement des invités pose de grands problèmes ; certains doivent se contenter de chambres situées dans les combles. Chasses, bals, soirées théâtrales, intrigues amoureuses et politiques s'entremêlent. Un luxe et une légèreté sans limite grisent les courtisans. 1870 interrompt cette vie joyeuse et les travaux du nouveau théâtre. Conséquence de ces séjours : le mobilier du Premier Empire est en grande partie renouvelé.

Les deux guerres mondiales – En 1917-1918, le palais est le QG de Nivelle, puis de Pétain. Un incendie ravage une partie des appartements royaux en 1919. Au cours de la Seconde Guerre mondiale, Compiègne est très éprouvé par les bombardements. **Royallieu**, faubourg Sud, sert entre 1941 et 1944 de centre de triage vers les camps de concentration nazis. Des monuments commémoratifs rappellent cela devant l'entrée du camp militaire et en gare de Compiègne.

découvrir

PALAIS★★★

Vu de la place, c'est, paradoxalement, « un château Louis XV presque totalement élevé de 1751 à 1789 ». Le palais, qui couvre un vaste triangle de plus de 2 ha, est d'une sévérité classique, d'ordonnance régulière. Mais la décoration intérieure (tapisseries, ameublement du 18e s. et du Premier Empire) mérite une visite approfondie. Parmi les détails décoratifs donnant une certaine unité aux appartements, voyez les dessus-de-porte de Sauvage (1744-1818).

> **UN THÉÂTRE VIVANT**
> Construit en 1867 à la demande de Napoléon III, le théâtre, dont les travaux furent interrompus en 1870, ouvrit ses portes en 1991. Une saison musicale s'y déroule depuis. L'architecture intérieure s'inspire de celle de l'opéra de Versailles.

Appartements historiques★★

☎ 03 44 38 47 00 - www.musee-chateau-compiegne.fr - *visite guidée découverte (1h), visite conférence (1h30) - mars-oct. : 10h-18h ; nov.-fév. : 10h-15h45 (dernière entrée 45mn av. fermeture) - fermé mar., 1er janv., 1er Mai, 25 déc. - 4,50 € (-18 ans gratuit), supplément pour visite conférence, gratuit 1er dim. du mois.*

Après les salles d'attente, on passe au pied du grand degré de la Reine ou escalier d'Apollon pour gagner la galerie des Colonnes. Elle précède l'escalier d'honneur **(1)** avec sa belle rampe en fer forgé (18e s.). Sur le palier : sarcophage gallo-romain qui servit de cuve baptismale dans l'abbatiale St-Corneille. 1er étage : salle des Gardes du roi **(2)**. L'antichambre ou salon des Huissiers **(3)** qui fait suite commandait l'accès à l'appartement du Roi *(à gauche)* et de la Reine *(à droite)*.

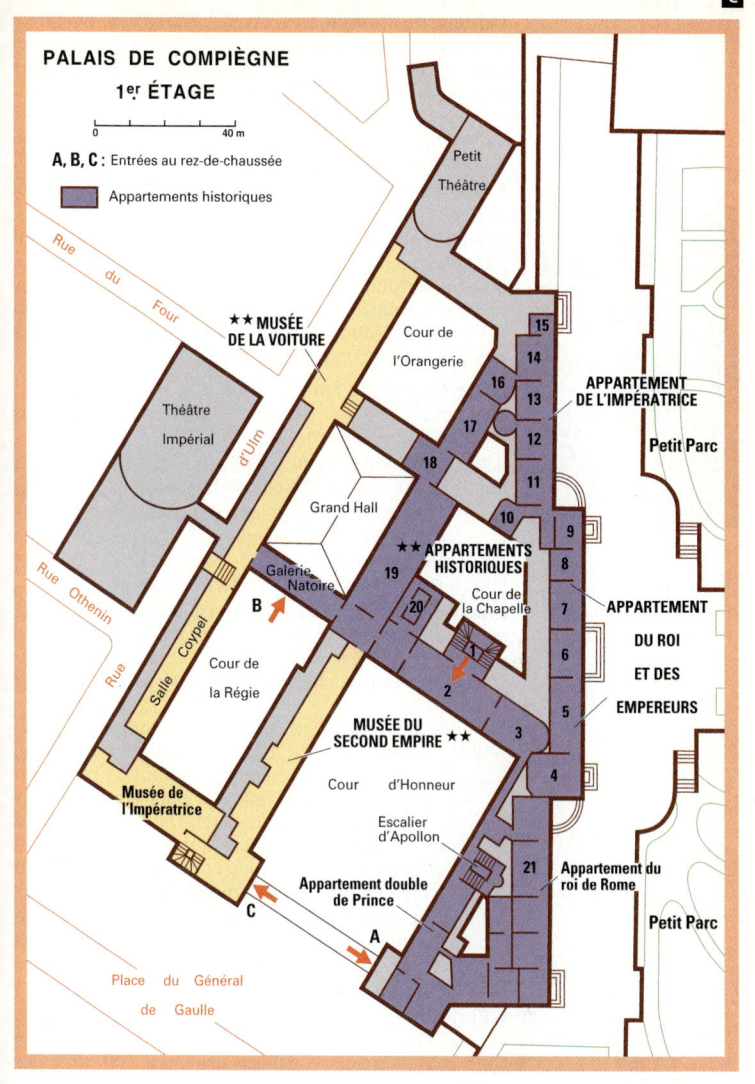

Appartement du Roi et des Empereurs

Salle à manger de l'Empereur (4) – Décor et mobilier Premier Empire. Murs en faux marbre et faux onyx ; portes surmontées de grisailles peintes par Sauvage, à qui l'on doit aussi le grand trompe-l'œil figurant Anacréon. Le 1er mai 1814, Louis XVIII reçut ici le tsar Alexandre qui hésitait à replacer les Bourbons sur le trône de France. Sous le Second Empire, le théâtre intime y était dressé, et les familiers de l'impératrice y jouaient revues et charades.

Salon des Cartes (5) – Antichambre des Nobles sous Louis XVI, puis salon des Grands Officiers sous Napoléon Ier, cette pièce fut désignée comme salon des Aides de camp ou salon des Cartes sous Napoléon III. Mobilier du Premier Empire (chaises couvertes de tapisseries de Beauvais) et du Second Empire. Remarquez les jeux : palet, billard japonais.

Salon de Famille (6) – Ancienne chambre à coucher de Louis XVI. **Vue★** sur le parc, tout au long de la perspective des Beaux Monts. Le mobilier rappelle le penchant de l'impératrice Eugénie pour les mélanges de styles : fauteuils Louis XV, sièges de fantaisie à deux places (« confidents ») et à trois places (« indiscrets »)...

La chambre de l'Empereur a été restituée telle qu'elle était sous le Premier Empire.

Cabinet du Conseil (7) – Avec Versailles et Fontainebleau, Compiègne était le troisième château où le roi tenait conseil. Les représentants de la République de Gênes et de la France y signèrent deux traités (1756 et 1764) accordant aux troupes françaises le droit de tenir garnison dans les places maritimes de la Corse. Une tapisserie montre le passage du Rhin par Louis XIV.

Chambre à coucher de l'Empereur (8) – Frise représentant des aigles et mobilier de Jacob Desmalter.

Bibliothèque (9) – Cette pièce a été aménagée en bibliothèque sous le Premier Empire. La bibliothèque, le bureau mécanique et le mobilier proviennent de l'atelier de Jacob Desmalter. Au plafond : *Minerve entre Apollon et Mercure* de Girodet. Une porte cachée par de faux livres donnait accès à l'appartement de l'Impératrice.

Appartement de l'Impératrice

Le premier appartement de la Reine est le seul dans lequel Marie-Antoinette séjourna.

Salon du Déjeuner (10) – Ravissant salon installé pour Marie-Louise, tendu de soieries bleu clair et jonquille.

Salon de Musique (11) – L'une des pièces préférées de l'impératrice Eugénie. Mobilier de l'appartement de Marie-Antoinette à St-Cloud. L'impératrice Eugénie entretenait le souvenir de l'infortunée reine.

Chambre de l'Impératrice (12) – Lit à baldaquin, rideaux de soie blanche et de mousseline brodée d'or. Peintures de Girodet *(Les Saisons* et *L'Étoile du matin)*. Le boudoir rond, ouvert sur la chambre, servait de salle d'atours et de bains.

Les trois derniers salons composent un ensemble décoratif du Premier Empire. Dans le **Grand Salon (13)**, on a disposé les sièges « à l'étiquette » autour d'un canapé. Le **salon des Fleurs (14)** doit son nom aux panneaux peints de liliacées, d'après Redouté. Dans le **Salon bleu (15)**, contraste entre le bleu des murs et des sièges et les marbres rouges de la cheminée et des consoles. À la fin du Second Empire, c'était le domaine du prince impérial.

Salle à manger de l'Impératrice (16) – Dimensions modestes, murs revêtus de stuc imitant le marbre. C'est ici que se déroula le premier repas de l'archiduchesse Marie-Louise en compagnie de l'Empereur.

Galerie des Chasses de Louis XV (17) – Tentures tissées aux Gobelins dès 1735 d'après les cartons d'Oudry. La série continue dans la **galerie des Cerfs (18)**, salle des Gardes de la reine, puis de l'Impératrice.

Galerie de Bal (19) – Construite pour l'arrivée de Marie-Louise ; deux étages de petits appartements ont déjà été éventrés. Les peintures du plafond glorifient les victoires de l'Empereur. En bout de salle, scènes mythologiques dues à Girodet. Sous le Second Empire, la galerie servit de salle à manger lors des « séries ».

Galerie Natoire et salle Coypel – Édifiées sous Napoléon III pour mener au théâtre (inachevé). Leur décoration évoque l'histoire de Don Quichotte, **cartons de tapisseries★** de Natoire (1700-1777).

Chapelle (20) – La grande chapelle prévue n'ayant jamais été construite, celle-ci (œuvre du Premier Empire) est étonnamment petite pour un si vaste château. Ici eut lieu le 9 août 1832, dans l'émotion d'une famille très unie, le mariage de la princesse Louise-Marie, fille aînée de Louis-Philippe, avec Léopold Ier, roi des Belges. La princesse Marie d'Orléans, deuxième fille du roi des Français, donna le dessin du vitrail.

Appartement double de Prince et appartement du roi de Rome

Appartement double de Prince – Destiné par Napoléon Ier à loger un couple de souverains étrangers. Bel exemple d'ameublement Empire : une salle à manger, quatre salons et une grande chambre à coucher.

> **À VOIR**
> L'une des tapisseries représente une chasse au bord de l'Oise avec les silhouettes de Compiègne et de l'ancienne abbaye de Royallieu.

Appartement du roi de Rome – Appartement du fils de Napoléon Ier qui y passa un mois en 1811. Restitué tel qu'il se trouvait à l'époque, avec son mobilier d'origine : salon-boudoir, salle de bains, boudoir, chambre à coucher, premier salon. Au milieu de l'appartement, le salon de jeux de la reine Marie-Antoinette **(21)**.

Musée du Second Empire★★

☎ 03 44 38 47 00 - www.musee-chateau-compiegne.fr - tlj sf mar. 10h-18h (dernière entrée 45mn av. fermeture) - fermé 1er janv., 1er Mai, 25 déc. - 4,50 € (-18 ans gratuit), gratuit 1er dim. du mois.

Dans l'ambiance feutrée d'une suite de petits salons, le musée donne de nombreuses images de la cour, de la vie mondaine et des arts sous le Second Empire.

À la suite de la première salle, consacrée aux dessins humoristiques d'Honoré Daumier, les collections font place aux « beautés » de l'époque. La princesse Mathilde (1820-1904), l'une des grandes figures du règne, y est à l'honneur. Cette cousine, proche de Louis Napoléon, lui avait été un moment fiancée. Après son mariage espagnol, elle se consacra à son salon de la rue de Courcelles, fréquenté par de nombreux écrivains et artistes – même hostiles au pouvoir – et à son château de St-Gratien.

> **À VOIR**
> Le fameux **tableau de Winterhalter** représentant l'impératrice et sa corolle de dames d'honneur (1855). Parmi les nombreuses sculptures de **Carpeaux** présentées dans les dernières salles, le **buste de Napoléon**, vieilli après la chute de l'Empire, et la statue du prince impérial avec son chien.

Musée de l'Impératrice – Cette collection léguée par M. et Mme Ferrand recrée l'atmosphère nostalgique de l'exil anglais que la chute de l'Empire imposa aux souverains. Des vitrines rassemblent les objets les plus émouvants de l'impératrice Eugénie et de son fils, le prince impérial, massacré par les Zoulous (1879).

Musée de la Voiture et du Tourisme★★

☎ 03 44 38 47 00 - www.musee-chateau-compiegne.fr - visite guidée découverte (1h) ou visite conférence (1h30) tlj sf mar. 10h-18h (dernière entrée 45mn av. fermeture) - fermé 1er janv., 1er Mai, 25 déc. - 4 € (-18 ans gratuit), supplément pour visite conférence, gratuit 1er dim. du mois.

Ouvert en 1927 sur l'initiative du Touring-Club de France, il présente une collection de voitures anciennes, notamment des berlines (voitures montées sur train à deux brancards, plus sûres que l'attelage à flèche unique) de voyage ou d'apparat.

Grand hall – L'ancienne cour des cuisines accueille une berline de voyage des rois d'Espagne (vers 1740) ainsi qu'une berline papale et celle avec laquelle Bonaparte fit son entrée dans la ville en 1796. Voitures et coupés de voyage (18e-19e s.), mail-coach, char à bancs, omnibus Madeleine-Bastille, coupés d'Orsay et berlines de gala.

> **EN VOITURE !**
> La voiture du charlatan Sorino, la voiture à vapeur de De Dion et Trépardoux, l'autochenille Citroën de la Croisière noire (1924) sont parmi les plus beaux véhicules exposés.

Cuisines et dépendances – Évolution des deux-roues depuis les pesantes draisiennes (1817) lancées à force de coups de pied. Les pédales apparaissent avec le vélocipède Michaux (1861). Le grand bi, en tubes de fer, agrandit démesurément la roue avant pour accroître la vitesse vers 1880. Avec la transmission à chaîne, qui équipe le tricycle anglais, le « développement » rend

La « Jamais-Contente » (1899), automobile électrique montée sur pneus Michelin. Elle atteignit, la première, la vitesse de 100 km/h.

Compiègne

> **« PREMIERS PAS » DE L'AUTOMOBILE**
>
> La Panhard n° 2, première voiture équipée d'un moteur Daimler 4 temps, le vis-à-vis de Bollée fils (1895) de la course Paris-Marseille (en Beauvaisis), la série des De Dion-Bouton, le break automobile (1897) de la duchesse d'Uzès, première conductrice, la 4 CV Renault de 1900, première conduite intérieure. Moteurs à vapeur, à explosion, électriques sont témoins de l'opiniâtreté des créateurs de l'industrie automobile.

inutile cette disproportion. La bicyclette se développe (1890). L'armée met alors au point le vélocipède pliant (1914).

1er étage – Voitures étrangères : cabriolets hollandais et italiens, charrette sicilienne, palanquin, traîneaux, etc.

PETIT PARC

L'Empereur avait donné la consigne de « lier, le plus tôt possible, le château avec la forêt, qui est le véritable jardin et qui constitue tout l'agrément de cette résidence ». Le mur de clôture qui fermait la perspective fut donc abattu et remplacé par une grille. Au-delà, la trouée des Beaux Monts trace une perspective de 4 km.

COMPIÈGNE

Austerlitz (R. d')	AZ 2
Boucheries (R. des)	AZ 3
Capucins (R. des)	AZ 4
Change (Pl. du)	AZ 5
Clemenceau (Av. G.)	BY 6
Harlay (R. de)	AY 8
Hôtel-de-Ville (Pl. de l')	AZ 10
Lombards (R. des)	BZ 13
Magenta (R.)	BZ 14
Notre-Dame-de-Bon-Secours (R.)	AZ 15
Noyon (R. de)	AY 16
Paris (R. de)	AZ 17
Pierrefonds (R. de)	BZ 18
St-Antoine (R.)	AZ 19
St-Corneille (R.)	AZ 20
St-Jacques (Pl.)	BZ 22
Soissons (R. de)	BY 24
Solferino (R.)	AYZ 25
Sorel (R. du Prés.)	AZ 26
Sous-Préfecture (R. de la)	BZ 27
5e-Dragons (Pl. du)	BY 28
54e-Rgt-d'Infanterie (Pl.)	AY 30

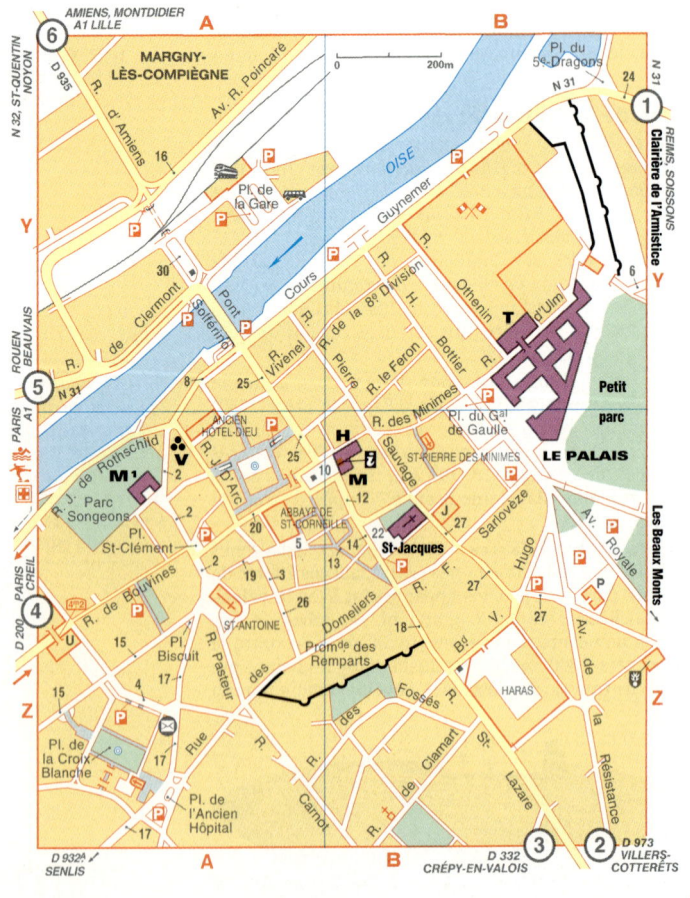

Hôtel de ville	BZ H
Musée de la Figurine historique	BZ M
Musée Antoine Vivenel	AZ M^1
Théâtre Impérial	BY T
Tour de Beauregard	AZ V

Afin d'accéder à la forêt sans passer par la ville, Napoléon Ier fit aménager une rampe entre la terrasse et le parc, au prix de la destruction du perron de Gabriel. Dès lors, le Petit Parc, replanté à l'anglaise par Berthault, perdit de son importance. Sa physionomie actuelle date du Second Empire.

visiter

Hôtel de ville
Édifice de style gothique finissant, bâti sous Louis XII et restauré au 19e s. En façade, de part et d'autre de la statue équestre de Louis XII *(de gauche à droite)*, on voit saint Denis, Louis IX, Charles le Chauve, Jeanne d'Arc, le cardinal Pierre d'Ailly, né à Compiègne, et Charlemagne. Le beffroi, à deux étages, abrite la Bancloque, une cloche de 1303. Sous la flèche d'ardoises flanquée de quatre clochetons, les Picantins rythment les heures.

Musée de la Figurine historique★
☎ 03 44 20 26 04 - ♿ - *mars-oct. : 9h-12h, 14h-18h, dim. et j. fériés 14h-18h ; nov.-fév. : 9h-12h, 14h-17h, dim. et j. fériés 14h-17h - fermé lun., 1er janv., 1er Mai, 14 Juil., 1er nov., 25 déc. - 2 € (-18 ans gratuit), gratuit 1er dim. du mois.*

Dans l'hôtel de la Cloche, à côté de l'hôtel de ville, ce musée présente 100 000 figurines en étain, plomb, bois, plastique et carton ; les dioramas mettent en scènes défilés, batailles et pans de vie, insistant sur les événements liés à Compiègne (Jeanne d'Arc, chasses royales, l'armée française défilant devant le tsar et le président Émile Loubet...), les guerres napoléoniennes et le conflit de 1914-1918. Rétrospective de l'évolution du costume, évocation des faits historiques.

Église St-Jacques
Sa tour du 15e s. est la plus haute de la ville. C'est l'ancienne paroisse du roi et de la cour, d'où les dépenses faites au 18e s. pour habiller le chœur de marbre et gainer de boiseries les bases des piliers de la nef. Le chœur et le transept (13e s.), bien que doublés par un déambulatoire du 16e s. conservent l'harmonie du gothique au temps de Saint Louis. Dans le croisillon gauche, Notre-Dame aux pieds d'argent (13e s.) fait l'objet d'une grande vénération. Chapelle du bas-côté gauche : statues en bois polychrome (15e s.).

De la place St-Jacques, traverser la rue Magenta pour gagner, sur la droite, la rue des Lombards. Jolies maisons dont une du 15e s., à pans de bois : la **Vieille Cassine**, où vivaient les maîtres du Pont, pilotes de batellerie.

Tour de Beauregard
À l'emplacement du palais de Charles le Chauve, le donjon royal ou « tour du Gouverneur », effondré, est un témoin de la funeste sortie de Jeanne d'Arc par le vieux pont St-Louis, le 23 mai 1430.

Musée Antoine-Vivenel
☎ 03 44 20 26 04 - *mars-oct. : 9h-12h, 14h-18h, dim. 14h-18h ; nov.-fév. : 9h-12h, 14h-17h, dim. 14h-17h - fermé lun., 1er janv., 1er Mai, 14 Juil., 1er nov., 25 déc. - 2 € (-18 ans gratuit), gratuit 1er dim du mois.*

L'hôtel de Songeons-Bicquilley (18e s.) est une agréable demeure dont le jardin est devenu parc public. Il abrite des antiquités picardes et méditerranéennes : trois casques en tôle de bronze (600 av. J.-C.) ; marbres et bronzes grecs et romains ; parmi les céramiques, un ensemble de **vases grecs★★**.

Les salons et cabinets *(1er étage)* conservent leurs lambris Directoire : on y découvre des peintures (grand retable de la Passion, dû à Wolgemut, maître de Dürer), des céramiques (grès des Flandres), des ivoires et des émaux.

L'hôtel de ville.

À VOIR

Les rois et reines de France depuis Mérovée ; *La Revue des troupes françaises à Bétheny* (1901) devant le tsar de Russie et le président Loubet (12 000 pièces) ; *La Bataille de Waterloo*.

Les vases grecs du musée Vivenel ont été mis au jour en Étrurie et en Italie du Sud.

Compiègne

Au printemps, le sous-bois de l'allée des Ours permet de goûter la fraîcheur d'un tapis de fleurs.

> **A VÉLO**
> Une piste cyclable s'étire entre Compiègne et Pierrefonds. Départ du carrefour Royal, sur la route Tournante, à l'Est de la ville : on y trouve un stand de location de vélos.

circuits

FORÊT DE COMPIÈGNE★★

Vestige de l'immense forêt de Cuise qui s'étendait des lisières du pays de France à l'Ardenne, la forêt domaniale de Compiègne (14 500 ha) séduit par ses hautes futaies, ses vallons, ses étangs et ses villages. Le massif occupe une sorte de cuvette ouverte sur les vallées de l'Oise et de l'Aisne. Au Nord, à l'Est et au Sud, une série de buttes et promontoires dessine un croissant aux pentes abruptes. Ces hauteurs dominent de 80 m en moyenne les fonds où courent de nombreux rus. Celui de Berne, le plus important, traverse un chapelet d'étangs.

🚶 1 500 km de routes et de chemins, carrossables ou non, sillonnent la forêt : accès aux principaux sites à pied ; à vélo ou en voiture. François Ier fit ouvrir les premières grandes percées, Louis XIV et Louis XV ont contribué à la création du réseau, permettant de suivre aisément les chasses. *Des sorties nature sont animées par l'Office national des forêts de déb. mai à fin oct. sur inscription préalable -renseignements et tarif à l'Office du tourisme de Compiègne -☏ 03 44 40 01 00.*

> **LE HÊTRE, LE CHÊNE ET LE CHARME**
> Ce sont les principales essences de la forêt de Compiègne. Le hêtre dresse des futaies sur le plateau Sud et son glacis, ainsi qu'au voisinage immédiat de Compiègne. Le chêne, très anciennement planté, prospère sur les sols argileux bien drainés et sur les Beaux Monts. Le pin sylvestre, acclimaté depuis 1830, et d'autres résineux s'accommodent des zones de sable pauvres.

Les Beaux Monts★★ [1]

18 km – environ 1h. Quitter Compiègne par l'avenue Royale. Au carrefour Royal, prendre à gauche la route Tournante. Au carrefour du Renard, prendre à droite la route Eugénie.

Carrefour Eugénie

Aux abords du carrefour, quelques **chênes★**, doyens de la forêt. Les plus vieux dateraient de François Ier.

Prendre à gauche la route grimpant aux Beaux Monts.

Beaux Monts★★

Le sommet de la côte, près du « poteau du point de vue des Beaux Monts », est le terme de la **perspective★** aménagée à travers bois depuis le château, à 5 km.

Au carrefour suivant, prendre à droite (point de vue).

Point de vue du Précipice

Vue★ sur les étendues forestières de la vallée du ru de Berne et du mont St-Marc.

Revenir au carrefour du Précipice et quitter les Beaux Monts, à droite.

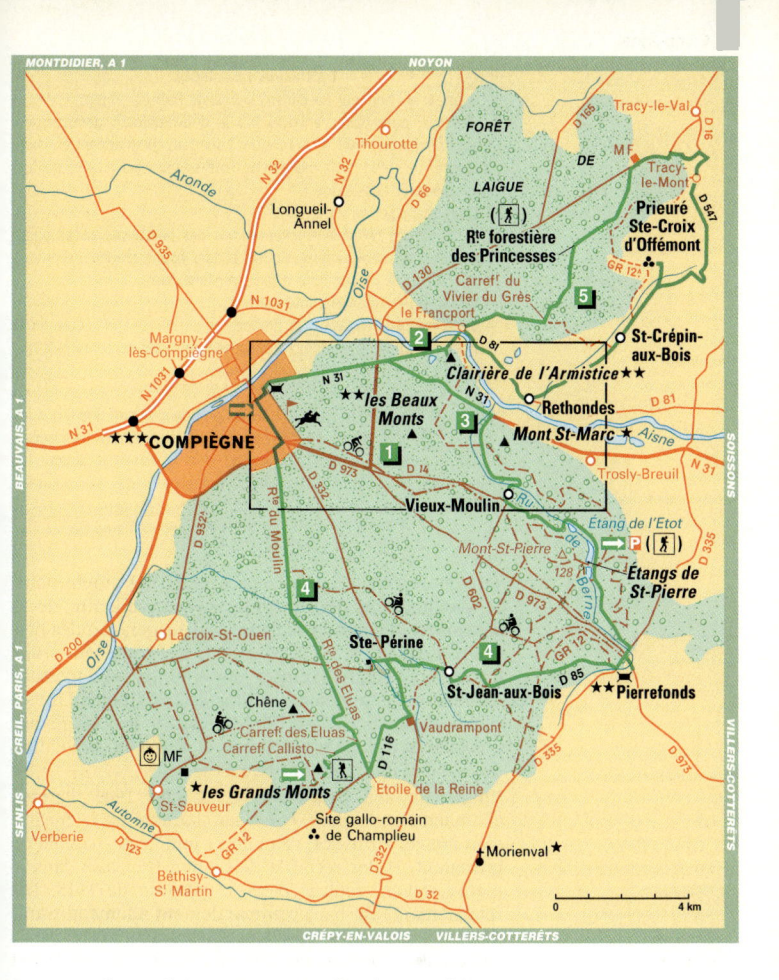

La route descend à travers une jolie futaie (chênes, hêtres) et rejoint une route rectiligne que l'on prend à droite.

Couper la route Eugénie et prendre la 1re route à droite.

Chapelle St-Corneille-aux-Bois

Fondée en 1164, la chapelle échut à l'abbaye St-Corneille de Compiègne. François Ier y adjoignit un pavillon de chasse dont l'aspect actuel date de Viollet-le-Duc. La construction gothique de la chapelle (13e s.) subsiste, intacte.

Retour par la D 14 (Vieux-Moulin-Compiègne).

Clairière de l'Armistice★★ 2

6 km – 1h. Quitter Compiègne à l'Est par la N 31. Au carrefour d'Aumont, continuer tout droit (D 546). Au carrefour du Francport, gagner les parkings.

Cette clairière est aménagée sur l'épi de voies, construit pour l'évolution de pièces d'artillerie de gros calibre, qu'empruntèrent le train du maréchal Foch, commandant en chef des forces alliées, et celui des plénipotentiaires allemands. Les voies étaient greffées sur la ligne Compiègne-Soissons à partir de la gare de **Rethondes**. Des rails et des dalles marquent l'emplacement des rames.

Le train particulier du maréchal **Foch** arrive le 7 novembre 1918, et celui des négociateurs allemands, partis de Tergnier, le lendemain matin. À 9h, ils sont reçus dans le wagon-bureau de Foch. Les Allemands prennent place. Le général Weygand, chef d'état-major, va chercher le maréchal, qui arrive et salue. **Weygand** donne alors lecture des conditions, une heure durant. Tous l'écoutent sans mot dire...

> **LE WAGON-BUREAU DE FOCH**
>
> En 1921, le wagon est exposé dans la cour de l'hôtel des Invalides à Paris. En 1927, on l'installe à Compiègne, dans un abri construit dans la clairière. Transporté à Berlin comme trophée en 1940, il est détruit en forêt de Thuringe, en avril 1945... et remplacé, en 1950, par une voiture d'une série voisine.

191

Compiègne

> **L'ENTREVUE HISTORIQUE**
> – À qui ai-je l'honneur de parler ? demande Foch.
> – Aux plénipotentiaires envoyés par le gouvernement germanique, répond Erzberger, chef de la mission. Il tend au commandant en chef les lettres de crédit de la délégation. Foch se retire pour les examiner puis revient et questionne :
> – Quel est l'objet de votre visite ?
> – Nous venons recevoir les propositions des puissances alliées pour arriver à un armistice sur terre, sur mer et dans les airs, répond Erzberger.
> – Je n'ai pas de propositions à faire, réplique Foch.
> Oberndorff, le diplomate, intervient :
> – Si Monsieur le Maréchal le préfère, nous pourrons dire que nous venons demander les conditions auxquelles les Alliés consentiraient un armistice.
> – Je n'ai pas de conditions !
> Erzberger lit alors le texte de la note du président Wilson disant que le maréchal Foch est autorisé à faire connaître les conditions de l'armistice.
> – Demandez-vous l'armistice ? reprend alors le maréchal. Si vous le demandez, je puis vous faire connaître à quelles conditions il pourrait être obtenu.
> Oberndorff et Erzberger déclarent qu'ils demandent l'armistice.

Trois jours sont accordés pour l'examen des propositions. Le général **von Winterfeldt**, le seul militaire de la délégation allemande, sollicite une suspension des hostilités pendant le délai consacré à l'étude du projet d'armistice. Foch la refuse. Le 10 au soir, un message radiophonique allemand autorise les plénipotentiaires à signer l'armistice. Vers 2h du matin, les Allemands reprennent place dans le wagon. À 5h1/4, la convention est signée ; elle prend effet à 11h.

Vingt-deux ans plus tard, le 14 juin 1940, l'armée allemande entre dans Paris. La clairière est le théâtre d'un nouvel armistice, celui du 21 juin, triste parodie du précédent. Hitler reçoit la délégation française dans le même wagon, replacé dans sa position de 1918. Les représentants du haut commandement allemand transmettent à leurs interlocuteurs le document arrêté par le vainqueur de la bataille. La convention d'armistice est signée le 22 juin.

Wagon du maréchal Foch

L'intérieur est reconstitué comme en 1918 : emplacement des plénipotentiaires, objets utilisés par les délégués... Une salle est consacrée aux deux armistices : cartes du front, photos, journaux. ☎ *03 44 85 14 18 - de déb. avr. à mi-oct. : 10h-12h15, 14h-18h ; de mi-oct. à fin*

À VOIR
Quelques stéréoscopes montrent en trois dimensions de saisissants clichés de la Grande Guerre.

Le château de Compiègne se dessine au terme de la perspective des Beaux Monts.

mars : 10h-12h, 14h-17h - possibilité de visite guidée (1h30) - fermé janv.-fév. (le matin), mar., 1er janv., 25 déc. -3 € (7-13 ans 1,50 €).

Le mont St-Marc et les étangs★ ③

26 km – environ 1h1/2. Quitter Compiègne par l'Est (N 31).

Pont de Berne

C'est là que se déroula la présentation du Dauphin, futur Louis XVI, à Marie-Antoinette, arrivant de Vienne.

Tourner à droite vers Pierrefonds (D 547). Au hameau de Vivier-Frère-Robert, prendre à gauche la route du Geai.

Mont St-Marc★

Ses pentes sont couvertes de superbes hêtres. Une fois sur le plateau, prenez à gauche la route forestière qui en longe le bord : vues sur les vallées du ru de Berne et de l'Aisne, sur Rethondes et la forêt de Laigue. La route contourne le promontoire Nord du mont. 2,5 km plus loin, halte au **carrefour Lambin** : **vue** agréable sur la vallée de l'Aisne.

Revenir en arrière et bifurquer sur la 1re route à gauche, prendre la route du Geai et continuer vers Pierrefonds. Tourner à droite et suivre la rue principale de Vieux-Moulin.

Vieux-Moulin

Cet ancien village de bûcherons était naguère une villégiature cossue. L'église au clocher en chapeau chinois a été rebâtie en 1860 aux frais de Napoléon III.

Tourner à gauche au carrefour du monument aux morts et rejoindre la route Eugénie avant l'étang de l'Étot.

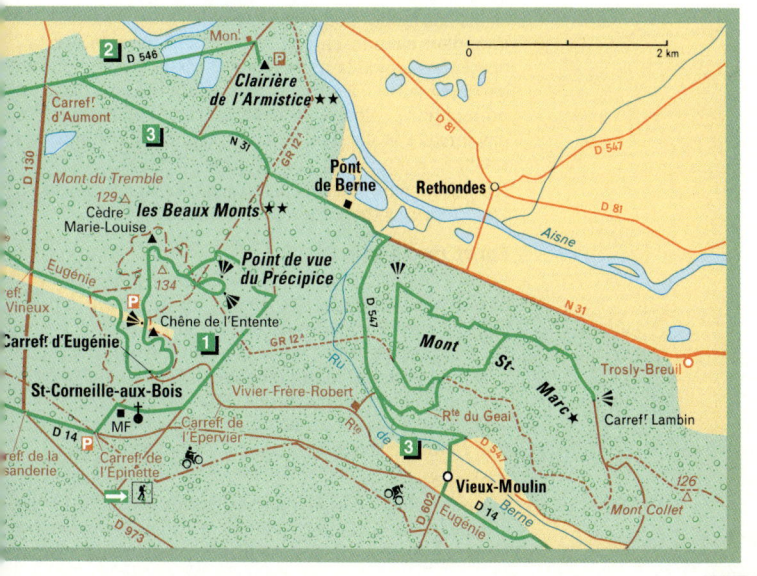

Étangs de St-Pierre

Étangs creusés, comme viviers, par les religieux célestins du prieuré du Mont-St-Pierre, à l'Ouest. Le chalet de l'impératrice Eugénie a été reconverti en maison forestière.

1 km après le dernier étang, prendre à gauche la route secondaire vers les quartiers hauts de Pierrefonds.

Les Grands Monts★ 4

27 km – environ 1h1/2. Sortir de Pierrefonds (voir ce nom) par l'Ouest, D 85.

La route s'élève sur un plateau boisé puis descend dans la clairière de St-Jean-aux-Bois.

St-Jean-aux-Bois

Village qui fut surnommé « la Solitude » en 1794. Son noyau, une cité monastique du 12e s., est cerné sur la moitié de son périmètre par un fossé en eau. La forêt n'étant plus sûre, les bénédictines quittent l'abbaye en 1634 pour Royallieu, laissant la place à des chanoines augustins. En 1761, la vie conventuelle cesse à St-Jean.

Par l'ancienne porte fortifiée, gagnez l'esplanade où se dresse l'église, seul vestige de l'abbaye avec la salle capitulaire et la porte de la « petite Cour ».

L'**église**★ (13e s.) est remarquable par sa pureté architecturale. Les grisailles rappellent l'ambiance lumineuse du vaisseau, au 13e s. *Avr.-oct. : tlj sf mar. 10h-18h ; nov.-mars : tlj sf mar. 10h-16h.*

Au côté Sud, la **salle capitulaire** est la partie la plus ancienne (vers 1150). Elle sert de chapelle annexe (ouverte pour le culte).

> **ÉGLISE DE ST-JEAN-AUX-BOIS**
> À l'intérieur, la sobriété et l'harmonie du transept et du chœur produisent une impression de grandeur. De sveltes colonnes séparent chaque bras du transept en deux travées. Cette disposition du 16e s. est unique à cette époque dans la région.

Ste-Périne

L'étang cerné de platanes et de peupliers et l'ancien prieuré (maison forestière) forment un site poétique. Les religieuses de Ste-Périne (déformation de Pétronille) ont occupé l'ermitage de 1285 à 1626. L'insécurité les ramena à Compiègne, puis à Paris.

Faire demi-tour ; tourner à droite la grand-route de Crépy-en-Valois que l'on quitte à la bifurcation de Vaudrampont pour gagner, à droite, l'étoile de la Reine.

Prendre à droite la route des Éluas, puis à gauche, au carrefour des Éluas, la route, non revêtue, aboutissant au carrefour Callisto. Se garer.

Grands Monts★

Ce secteur Sud de la forêt est partagé entre le plateau et les bas-fonds. Courte promenade *(1/2h à pied AR)* le long d'un chemin en balcon, sous la futaie de hêtres : descendez à pied la route des Princesses ; juste après la barrière, suivez à gauche le chemin contournant un promontoire, jalonné de traits jaunes. Revenez sur vos pas lorsque le chemin, moins frayé, atteint le fond du ravin.

Faire demi-tour ; suivre la descente de la route des Éluas, en lacet. Retour à Compiègne par la route du Moulin.

Forêt de Laigue 5

31 km – environ 1h30. Quitter Compiègne par la route de la Clairière-de-l'Armistice. Poursuivre, en traversant l'Aisne, jusqu'au carrefour du Francport. Prendre à droite.

Séparée de Compiègne par le cours de l'Aisne, la forêt de Laigue, quatre fois moins étendue (3 800 ha) que la forêt de Compiègne, présente des sites plus sauvages que celle-ci. Le sous-sol argileux et les rus y entretiennent une humidité marquée.

Rethondes

Commune liée au souvenir de l'armistice de 1918. Le dimanche 10 novembre, Foch et Weygand assistèrent à la messe dans la modeste **église** : à l'extérieur, plaque commémorative ; à l'intérieur, portrait des deux chefs dans le vitrail central de l'abside.

Poursuivre vers le Nord-Est par la D 547.

St-Crépin-aux-Bois

L'**église** paroissiale illustre, par sa majesté, la faveur des prieurs de Ste-Croix et des seigneurs du château d'Offémont. L'édifice marque la transition entre le gothique, pour l'architecture, et la Renaissance, pour la décoration. Au-dessus d'un bénitier, au revers de la façade, le bas-relief en marbre représente les armes des Célestins. Le S et la croix entrelacés ont trait au lieu de la fondation : Sulmona, en Italie.

> **À VOIR**
> Le mobilier★ compte des vestiges du prieuré Ste-Croix : retable du chœur, 2 Vierges dont une polychrome à gauche (17e s.). Sur le mur de droite, épitaphe dédiée à Madeleine de Thou (17e s.) par son mari.

Poursuivre sur la D 547 qui mène à Tracy-le-Mont. À Tracy-le-Val, tourner à gauche vers Ollencourt ; suivre la D 130, qui traverse la forêt de Laigue. Après la maison forestière d'Ollencourt, prendre à gauche la route des Princesses.

Route forestière des Princesses

C'est l'axe touristique du massif de Laigue : départ de circuits pédestres dans la « zone de silence du mont des Singes ».

Retour à Compiègne par le carrefour du Vivier-du-Grès (tourner à droite), l'étang du même nom et Le Francport.

Corbie

Entre la Somme et l'Ancre, entre falaises et étangs, Corbie a grandi près de son abbaye bénédictine, dont les tours se repèrent depuis les crêtes des deux vallées. Dans la cité, qui a vu défiler six saints, les puissants abbés portaient le titre de comte et battaient monnaie.

La situation

Carte Michelin Local 301 I8 – Somme (80). Au cœur des vallées de l'Ancre, de la Somme et de l'Hallue. Depuis Amiens ou Péronne, accès par la D 1 ; depuis Albert D 52 ou D 120.

🛈 *Pl. de la République, 80800 Corbie, ☎ 03 22 96 95 76. www.bocage3vallees.com*

Le nom

Corbie dérive de Corbe ou Corbée, ancien nom de la rivière Ancre qui traverse la ville.

Les gens

6 317 Corbéens. Parmi les célébrités locales, le premier pilote de l'aviation civile, **Eugène Lefebvre**, qui périt lors d'un essai à bord de l'appareil des frères Wright en 1909.

> **SE RESTAURER**
> ⊜⊜ **L'Abbatiale** – Pl. Jean-Catelas - ☎ 03 22 48 40 48 - fermé dim. - 12,50/23 €. - 7 ch. 52/58 € - ⊐ 5 € Face à l'église St-Pierre, cette maison familiale sans prétention accueille ses hôtes avec gentillesse et simplicité. Choisissez entre la petite carte brasserie ou le restaurant plus classique. Quelques chambres pour la nuit. Une adresse à prix modestes.

L'ÉNIGME DES « PUITS TOURNANTS »

Autour de Corbie, dans certaines zones aquatiques comme à Daours, Pont-Noyelles et Fréchencourt, on observe d'étranges « puits tournants » : le jaillissement de sources a creusé le sol de puits profonds où l'eau semble traversée d'une lumière bleue. Des légendes farfelues évoquent ce mystérieux phénomène, mais il existe une explication plus rationnelle, liée aux caractéristiques des couches liquides supérieures : leur pouvoir d'absorption de la lumière bleue est très fort.

comprendre

Une pépinière de saints – Fondé en 657 par sainte Bathilde, épouse de Clovis II, le monastère de Corbie devient un foyer de civilisation chrétienne sous saint Adalard, cousin de Charlemagne. Plus de 300 moines y assurent la louange perpétuelle au Seigneur. L'activité apostolique se développe et sous l'impulsion de saint Anschaire, né à Corbie en 801, l'abbaye essaime à Corvey (Westphalie), centre d'évangélisation de l'Europe duNord. Au 11e s., saint Gérard, moine de Corbie, se retire, fondant le monastère de la Sauve-Majeure. Sainte Colette (1381-1447), fille d'un charpentier corbéen, vit en recluse et a des visions. Elle sort de sa retraite et fonde plusieurs monastères de clarisses.

visiter

Musée
De mi-juin à mi-sept. : tlj sf dim. et lun. 14h30-17h30 - fermé reste de l'année - gratuit.

Histoire de l'abbaye, poteries carolingiennes, monnaies (16e s.), plan en relief du siège de Corbie (1636).

De la place de la République, franchir la **porte monumentale** (18e s.) de l'abbaye, dont le cloître et les bâtiments conventuels ont été rasés sous la Révolution.

Abbatiale St-Pierre
☎ 03 22 96 95 76 - *visite guidée sur demande à l'Office de tourisme - juil.-août : 9h30-12h, 14h30-18h ; avr.-juin et sept. : tlj sf lun. et dim. 9h30-12h, 14h30-18h ; oct.-mars : tlj sf lun. et dim. 10h-12h, 14h-17h30 – 2,50 €.*

De l'ancienne abbaye, seule subsiste l'église (16e-18e s.), qui a perdu son transept et son chœur : menaçant ruine, ils ont été abattus en 1815.

Les architectes avaient continué à employer le style gothique dans un édifice bâti à la Renaissance et à l'époque classique ; il reste trois vaisseaux à voûtes d'ogives et une façade à trois portails en arc brisé, une rosace et des tours jumelles percées de baies géminées. Une partie du décor est de style classique (cartouches sur les voussures des porches).

L'intérieur ne compte que 36 m de long, contre 117 auparavant. Le trésor de l'abbatiale comprenait jadis 113 reliquaires, fréquemment vénérés par les rois de France, et dont certains sont conservés.

> **À VOIR**
> Statue de **N.-D. de la Porte** (15e s.) *(pilier du bas-côté droit).*
> Statue de **sainte Bathilde** (14e s.) *(à droite de l'autel, bas-côté droit).*
> **Tête de saint Pierre** (13e s.) *(sur un pilier du bas-côté gauche).*
> Tombe (15e s.) de l'abbé **Raoul de Roye**, tuteur de sainte Colette *(fond du bas-côté gauche).*

Chapelle Ste-Colette
Achevée en 1959, sur l'emplacement de la maison natale de sainte Colette. Sa statue (16e s.) trône à l'intérieur.

alentours

Église de La Neuville
2 km à l'Ouest sur la rive droite de l'Ancre. Cette église Renaissance fut bâtie à la fin du 15e s. (tour du clocher) et achevée au 16e s. Au-dessus du portail, un **haut-relief★** aux détails pittoresques représente l'entrée du Christ à Jérusalem le jour des Rameaux.

> **À SCRUTER**
> Sur le haut-relief du portail, remarquez les détails naïfs : spectateurs perchés dans les arbres, à l'arrière-plan, un meunier à la fenêtre de son moulin.

Mémorial australien
3 km au Sud par la D 1 puis la D 23. Lors de l'offensive allemande de Picardie, en 1918, Allemands et Australiens se disputèrent les collines de **Villers-Bretonneux**. Mémorial et cimetière militaire rappellent le sacrifice de 10 000 Australiens. **Vue** étendue sur la Somme et Amiens.

La Côte d'Opale★

Depuis la baie de Somme jusqu'à la frontière belge s'étend un paysage étonnant, encore sauvage. La Côte d'Opale dessine un chapelet de dunes, de vallées crantées et de falaises escarpées qui dominent le pas de Calais. La partie la plus spectaculaire, entre ciel et mer, est la corniche de la Côte d'Opale, qui forme le rebord des collines du Boulonnais.

La situation
Carte Michelin Local 301 C/D 2/3 – Pas-de-Calais (62). La Côte d'Opale se caractérise par ses promontoires séparés de « **crans** », vallées sèches. Un courant marin Sud-Nord mine la base des promontoires, provoquant des éboulements. On estime que la falaise recule de 25 m par siècle. La D 940 longe toute la côte.

Le nom
Le terme Côte d'Opale, allusion aux couleurs irisées de la pierre d'opale, fut utilisé pour la première fois en 1911 par le peintre Édouard Lévêque, du Touquet.

Les gens
Victor Hugo a célébré ces paysages qui ont inspiré les peintres Camille Corot, Adrien Demont et Jules Breton. ▶

La Côte d'Opale est située dans la partie occidentale du **Parc naturel régional des Caps et Marais d'Opale**. La partie orientale comprend la région de St-Omer *(voir ce nom)*.

circuit

DE BOULOGNE-SUR-MER À CALAIS★
49 km – environ 2h1/2. Sortir de Boulogne-sur-Mer par la D 940. Des parkings sont aménagés le long de la route.
La D 940 traverse des paysages dénudés ou couverts de prairies, offrant des échappées sur la mer, les ports et les plages. Au Nord du « cran » d'Escalles, on franchit un col d'aspect montagnard (114m).

carnet pratique

SE LOGER
Chambre d'hôte La Grand'Maison – *Hameau de la Haute-Escalles - 62179 Escallles - 2 km à l'E du cap Blanc-Nez par D 243 -* ☎ *03 21 85 27 75 - lagrandmaison.chez@tiscali.fr - 6 ch. 38/55 €.* Randonneurs, cavaliers et véliplanchistes apprécient cette ravissante ferme fleurie du 18e s. située à mi-chemin des deux caps, entre mer et campagne. Les chambres « prestige », avec TV, sont plus confortables. Quatre gîtes disponibles et boxes pour chevaux.

La Goélette – *13 digue de Mer - 62930 Wimereux -* ☎ *03 21 32 62 44 - www.lagoelette.com - 4 ch. 77/110 €.* Nul ne saurait résister au charme de cette villa 1900 idéalement située sur la digue-promenade. Les chambres, rénovées, ont retrouvé leur éclat originel (moulures, décor de pin maritime…) ; la bleue et la jaune offrent une vue saisissante sur la mer.

SE RESTAURER
La Sirène – *62179 Audinghen -* ☎ *03 21 32 95 97 - fermé 15 déc.- 25 janv., le soir sf sam. de sept. à Pâques, dim. soir et lun. - 20,80/37,90 €.* Sur la plage du cap Gris-Nez, ce restaurant offre une magnifique vue sur la mer.

Dans l'une de ses deux salles ouvertes par de grandes baies vitrées, vous pourrez déguster des homards grillés, la spécialité de la maison, ou d'autres produits de la mer.

La Liégeoise et Atlantic Hôtel – *Digue de mer - 62930 Wimereux -* ☎ *03 21 32 41 01 - Alain.delpierre@wanadoo.fr - fermé fév., dim. soir et lun. midi - 33/61 € - 18 ch. 70/117 € - 11 €.* Ici, vous pourrez déguster des fruits de mer en vous installant au grand bar, sur la promenade du front de mer, ou vous attabler tranquillement dans la salle panoramique, au 1er étage. Côté hôtel, préférez les chambres qui donnent sur la mer.

VISITE
Éden 62 – *BP 113 - 2 r. Claude - 62240 Desvres -* ☎ *03 21 32 13 74 - www.eden62.fr - Toute l'année, visites guidées sur les Espaces naturels sensibles du Pas-de-Calais - programme sur simple demande.*

Le circuit du mont de la Louve – *Départ face à la mairie de Wissant (sur la D 940) - circuit balisé pour les VTT, en bordure du littoral. Se renseigner auprès de l'office de Tourisme de Wissant* ☎ *03 21 82 48 00.*

Station Kid
- 62930 Wimereux - ☎ *03 21 83 27 17.* La plage des enfants, située sur la digue de Wimereux, est équipée de nombreux jeux adaptés aux différents âges. Des activités (ateliers, spectacles...) sont également proposées par le Dig'enfants.

Wimereux

Nichée au creux de la baie St-Jean, cette station balnéaire familiale a obtenu le label « Station Kid ». Elle est dotée de clubs de voile, d'équitation, de tennis et d'un golf.

La **digue-promenade** réserve de belles vues sur le pas de Calais, la colonne de la Grande Armée et le port de Boulogne. Dans son prolongement, s'amorce un sentier vers la **pointe aux Oies** *(10 km, facile, compter 2h1/2, départ de l'office de tourisme)* : le futur Napoléon III y débarqua le 6 août 1840, pour tenter de soulever la garnison de Boulogne.

Entre Wimereux et Ambleteuse, on longe de hautes dunes et le paysage devient plus accidenté.

Ambleteuse

Situé au-dessus de l'embouchure de la rivière Slack, ce village bâti à flanc de coteau forme une station familiale agréablement animée. Port militaire, Ambleteuse était autrefois protégé par un **fort**, construit au 17e s. par Vauban. En 1689, le port, déjà ensablé, vit débarquer le roi d'Angleterre Jacques II Stuart, chassé par ses sujets. Lors du camp de Boulogne, Napoléon y basa une partie de sa flottille. De la plage, vue sur l'entrée du port de Boulogne et, par temps clair, sur les falaises anglaises. ☎ *03 20 54 61 54 - juil.-août : w.-end 15h-19h ; reste de l'année : dim. 15h-19h (dernière entrée 1h av. fermeture) - fermé nov.-avr. -3 €.*

Musée historique de la Seconde Guerre mondiale – *À la sortie d'Ambleteuse.* ☎ *03 21 87 33 01 - www.musee3945.com - ♿ - juil.-août : 9h30-19h, w.-end et j. fériés 10h-19h ; de déb. avr. à fin juin et de déb. sept. à mi-oct. : 9h30-18h, w.-end et j. fériés 10h-18h ; de mi-oct à fin mars : w.-end et j. fériés 10h-18h - fermé déc.-fév. - 6 € (7-14 ans 4,30 €).*

Il retrace le conflit depuis la conquête de la Pologne jusqu'à la Libération, à travers une exposition d'uniformes, d'équipements, de véhicules, d'armes, etc.

3 km après Audresselles, emprunter à gauche la D 191.

Musée du Mur de l'Atlantique – *Juin-sept. : 9h-19h ; reste de l'année : 9h-12h, 13h30-18h -fermé de mi-déc. à fin fév. - 5,50 €.*

Il est installé dans la **batterie Todt** (blockhaus de la Seconde Guerre mondiale), qui servait de base de lancement aux Allemands. Ces derniers tiraient des obus de 2 m sur l'Angleterre. À l'intérieur, collections d'uniformes et d'armes, dont la pièce principale est un canon allemand d'artillerie marine, construit par Krupp en 1942 en 25 exemplaires. Il s'agit d'un des rares retrouvés dans le monde.

Cap Gris-Nez★★

Au sommet de la falaise du cap Gris-Nez, **vue★** sur les côtes anglaises. On aperçoit également le cap Blanc-Nez *(à droite)* et le port de Boulogne *(à gauche)*... ainsi que des

Entre Wissant et Ambleteuse, le cap Gris-Nez surplombe la mer de 45 m.

oiseaux migrateurs à l'automne et au printemps. Au bout de la presqu'île parsemée de blockhaus allemands se dresse un phare haut de 28 m et d'une portée de 45 km, reconstruit après 1945. Une base souterraine abrite le Centre régional d'opérations de surveillance et de sauvetage, organisme chargé de surveiller ce détroit où le trafic maritime est très dense. Une stèle commémorative rappelle le sacrifice du capitaine de corvette Ducuing et de ses marins, tombés le 25 mai 1940 en défendant le sémaphore contre les blindés de Guderian.

> ### LE FLOBART DE WISSANT
> Ce bateau d'échouage (il n'a pas besoin de port pour accoster) s'utilise depuis le 17ᵉ s. sur toute la Côte d'Opale pour la pêche côtière. Construit en bois, il ressemble à une demi-coquille de noix de 5 m de long et 2 m de large. Son fond plat et son faible tirant d'eau le rendent peu sensible au mouvement des vagues. Depuis 1950, les moteurs remplacent les voiles, et la mise à l'eau se fait à l'aide d'un tracteur. Le flobart à voile se fait rare, et seuls quelques vieux loups de mer perpétuent la tradition, pour le plaisir.

Wissant

Cette plage de sable fin est dotée du label « Station Kid ». Protégée des courants et des vents, elle forme une ample courbe entre les caps Gris-Nez et Blanc-Nez. Les villas étagées dans les dunes dominent le rivage.

Au **musée du Moulin**, la minoterie, actionnée par la force hydraulique, conserve ses machines en bois de pin, ses roues en fonte et son monte-charge par courroie à godets. ☎ *03 21 35 91 87 - 14h-18h - fermé janv. - 2,50 € (enf. 1,50 €), gratuit Journée des moulins.*

Petites promenades thématiques – *Renseignements auprès de l'Office de tourisme.* ☎ *03 21 82 48 00.*

> **LOISIRS-DÉTENTE**
> Association AWPE – R. Arlette-Davids - 62179 Wissant - ☎ 03 21 85 86 78. Char à voile.

Le terme flobart signifierait « apte à flotter » en vieux saxon.

Cap Blanc-Nez★★

Le spectacle est vertigineux : la masse verticale de la falaise, à 134 m de haut, surplombe le « pas » et son trafic incessant de navires. **Vue**★ étendue sur les falaises anglaises et la côte, de Calais au cap Gris-Nez. Belles promenades pédestres balisées, souvent bien ventées.

Du cap Blanc-Nez au cap Gris-Nez – Une des plus belles promenades de la côte consiste à suivre (à pied ou en VTT) le GR 121. Les panoramas, entre dunes, plages, landes et falaises, sont grandioses. Pour parcourir la boucle entière de 22 km AR (il faut être bon marcheur), entièrement balisée, prenez une petite journée et un copieux pique-nique. Si vous préférez faire plus court, il est possible de suivre une partie de la boucle et de revenir sur ses pas... Par temps très clair, vous apercevrez les côtes anglaises (Douvres) ! *Départ de l'un des deux caps ou de la mairie de Wissant.* ☎ *0 820 207 600 - topoguide conseillé (environ 2 €), à retirer à l'Office de tourisme de La Terre des 2 Caps à Wissant et dans ses annexes de Marquise et d'Ambleteuse.*

Revenir sur ses pas et s'arrêter au mont d'Hubert.

> **À GUETTER**
> Quelque 300 espèces d'oiseaux peuvent être observées : goélands, mouettes rieuses, pétrels...

Maison du Transmanche – ☎ 03 21 85 57 42 - *de mi-avr. à mi-nov. : tlj sf lun. 14h-18h (dernière entrée 45mn av. fermeture) - fermé de mi-nov. à mi-avr., 1er et 11 Nov., j. fériés - 3,80 €.*

Dans une ambiance amusante, il retrace l'histoire du détroit et évoque les multiples projets qu'il suscita pour relier la France aux îles Britanniques (tunnel ferroviaire flottant entre deux eaux, voûte sous-marine en béton, pont mobile et même bicyclette volante...), bien avant Eurotunnel.

En contrebas, près de la D 940, monument à **Latham** (1883-1912), aviateur qui tenta, sans succès, la traversée de la Manche en même temps que Blériot.

Entre Sangatte et Blériot-Plage, des bungalows sont disséminés sur la dune. L'Eurotunnel passe à cet endroit.

> **L'AVENTURE COMMENCE EN 1751**
> Nicolas Desmarets est le premier à imaginer une liaison avec les îles Britanniques. Plus tard, Aimé Thomé de Gamond propose un tunnel composé de tubes métalliques, une voûte sous-marine en béton, un bac flottant, un isthme artificiel, un pont mobile, un pont-viaduc. Il n'hésite pas à plonger pour rassembler des échantillons géologiques. Des traversées mémorables sont réalisées en ballon (Blanchard), en avion (Blériot), en bateau à vapeur (1re ligne régulière en 1816), mais aussi en radeau, etc.

Blériot-Plage

Sa belle plage s'étend jusqu'au cap Blanc-Nez. Aux Baraques, près de la D 940, un monument commémore la traversée de la Manche par **Blériot** (1872-1936) qui, le 25 juillet 1909, posa son avion dans une échancrure des falaises de Douvres, au terme d'un vol d'une demi-heure.

Coucy-le-Château-Auffrique★

> **SE LOGER ET SE RESTAURER**
> ⊖ **Le Belle Vue** – *Ville haute - 02380 Coucy-le-Château -* ☎ *03 23 52 69 70 - hotel.restaurant.belle.vue @wanadoo.fr - fermé 1 sem. à Noël -* 🅿 *- 8 ch. 35/44 € -* ⊇ *6 € - restaurant 11/33 €. Cet hôtel au décor simple est bien situé dans la ville haute. Préférez une des chambres du 2e étage offrant une vue imprenable sur la plaine et le château. Salle à manger un brin rétro et cuisine traditionnelle.*

« Roy ne suis, ne Prince, ne Duc, ne Comte aussi. Je suis le Sire de Coucy », telle était la fière devise du constructeur de cette imposante forteresse. Dominant les vallées de l'Oise et de l'Ailette, Coucy-le-Château vous plonge en plein Moyen Âge.

La situation
Carte Michelin Local 306 B5– Aisne (02). Dans son enceinte médiévale, Coucy s'étire sur un promontoire dominant la vallée de l'Ailette, dans un **site★** défensif impressionnant. Accès par la D 1, la D 934 ou la D 13.
🛈 *8 r. des Vivants, 02380 Coucy-Le-Château-Auffrique,* ☎ *03 23 52 44 55. www.coucy-le-chateau.com*

Le nom
Il dériverait de Cuise, ancien massif forestier ; de *cociacus* ou de *cotia*, « clairière » ou « éclaircie » pratiquée dans un bois. Auffrique était un village au pied de Coucy, avec lequel il fusionna en 1921.

Les gens
995 Coucysiens. Après un combat à Bouvines, Enguerrand III (1192-1242), sire de Coucy, convoita le trône de France sous la régence de Blanche de Castille.

visiter

Château
☎ *03 23 52 71 28 - ♿ - 2 Mai-4 sept. : 10h-13h, 14h-18h30 ; 5 sept.-30 avr. : 10h-13h, 14h-17h30 - fermé 1er janv., 1er Mai, 25 déc. - 5 € (enf. gratuit).*

COUCY-LE-CHÂTEAU

Château (R. du) 2
Gouverneur (R. du) 3
Hôtel-de-Ville (Pl. de) 4
Laon (R. de) 5
Longue-Paume (R. de la) 6
Marché (Pl. du) 7
Pot-d'Étain (R. du) 8
Traversière (R.) 9
Truande (R.) 10
Vivants (R. des) 12

> **CALENDRIER**
> Spectacle médiéval
> « Coucy la Merveille » -
> ☎ 03 23 52 01 53 -
> www.coucyalamerveille
> .com - juil. : vend. et
> sam. soir.

Rachetée par Louis-Philippe, classée sous Napoléon III, la cité médiévale occupait 12 ha. Subsistent aujourd'hui d'impressionnants pans de mur, des soubassements et des souterrains.

La basse-cour précède le château. À droite, une salle des gardes renferme une maquette et des documents sur Coucy. En avançant, on voit les bases d'une chapelle romane. Les grosses tours qui flanquaient le château, coiffées de hourds, dépassaient 30 m de haut. En 1917, les Allemands firent sauter le donjon, dont les murs de pierre atteignaient 7 m d'épaisseur, 31 m de diamètre et 54 m de hauteur, à l'aide de 28 tonnes d'explosifs !

> Les bâtiments d'habitation ont été reconstruits à la fin du 14e s. par Enguerrand VII, puis complétés au début du 15e s. par Louis d'Orléans, qui avait acheté Coucy à la fille d'Enguerrand VII. Il subsiste des vestiges de la salle des Preuses et de celle des Preux, sous laquelle s'étend un cellier.

Porte de Soissons
Datant du 13e s, elle est renforcée par la tour de Coucy et abrite le **Musée historique** : maquette de la ville et du château, gravures et photos, figurines. De la plate-forme, vue sur la vallée de l'Ailette. ☎ 03 23 52 44 55/22 22 - juin-sept. : 10h-19h ; mars-mai et oct. : 14h-18h ; nov.-fév. : sur demande - gratuit.

Église St-Sauveur
☎ 03 23 52 44 55 ou 03 23 52 22 22 - visite guidée sur demande à l'Office de tourisme.
Au bord des remparts, cet édifice à façade romane et nefs gothiques (12e et 14e s.) a été presque totalement reconstruit après la guerre de 1914-1918.

Porte de Laon
Du 13e s. À la base du promontoire et d'accès facile, son rôle défensif était capital. Deux grosses tours rondes aux murs épais l'encadraient.

Domaine de la Grangère
Ce jardin dépendait de la maison du Gouverneur, où naquit, en 1594, César, duc de Vendôme, bâtard d'Henri IV et de Gabrielle d'Estrées, duchesse de Beaufort.

alentours

BASSE FORÊT DE COUCY
Quitter Coucy par la porte de Chauny ; au carrefour situé au pied du promontoire, prendre à gauche, vers Noyon, la D 934 traversant le bois du Montoir.

Bois du Montoir
Dans ce bois était camouflé un obusier de 380 mm qui, en 1918, a tiré plusieurs fois sur Paris.

Folembray
Chenil du Rallye-Nomade, équipage de chasse à courre. François Ier aimait séjourner au château avec sa favorite Françoise de Foix, comtesse de Châteaubriant.

> **À QUELQUES TOURS DE ROUE...**
> ... le circuit d'essai de Folembray, géré par Henri Pescarolo, vétéran de la course automobile.

Crécy-en-Ponthieu

Ce bourg paisible du beau pays de Ponthieu campe à deux pas de la forêt de Crécy. Il a été le théâtre d'une terrible bataille durant la guerre de Cent Ans : son issue tragique pour la noblesse française serait due à une étourderie des arbalétriers génois...

La situation
Carte Michelin Local 301 E6 – Somme (80). Crécy s'étage sur les bords d'un bassin cultivé. Accès depuis Abbeville par la D 928 et la D 12.
🛈 *32 r. Mar.-Leclercq-de-Hauteclocque, 80150 Crécy-en-Ponthieu,* ☎ *03 22 23 93 84.*

Le nom
Crécy, nom usité depuis les Mérovingiens, trouve son origine dans le mot « croissant ». Les armes crécéennes sont d'ailleurs composées de trois croissants d'or entrelacés, sur champ d'azur.

Les gens
1 611 Crécéens. Que de monde lors de la bataille ! Côté anglais : 3 900 chevaliers, 11 000 archers et 5 000 coutiliers gallois ; côté français : 1 200 chevaliers, 6 000 archers génois et 20 000 fantassins ; et parmi les victimes : 11 princes, 1 542 chevaliers et 10 000 soldats.

comprendre

La bataille de Crécy – Le 26 août 1346, au début de la guerre de Cent Ans, Philippe VI de France subit ici une sévère défaite devant Édouard III d'Angleterre. Ce dernier, ayant débarqué en Normandie et remontant vers les Flandres, établit son camp près de Crécy. C'est alors qu'il est attaqué, avec une fougue irréfléchie, par Philippe VI et la chevalerie française. Leur assaut se brise sur les lignes d'archers anglais, soutenus, pour la première fois dans l'histoire européenne, par des bombardes (canons primitifs tirant des boulets de pierre).

L'erreur fatale des Génois – Méticuleux et prévoyants, les archers anglais ont protégé leurs arcs de la pluie, ce que n'ont pas fait les Génois. Éblouies par le soleil, noyées par un orage qui a détendu les cordes des arcs, les troupes sont décimées. Édouard III fait tirer les canons. Les coutiliers gallois poignardent les chevaux français, puis leurs cavaliers désarçonnés. Atteignant le soir même le château de La Broye, Philippe VI hèle les sentinelles : « Ouvrez, c'est l'infortuné roi de France ! » Une phrase célèbre, consignée par le chroniqueur Froissart.

visiter

Église
À l'intérieur, les grandes toiles de l'atelier de Poussin, provenant de l'abbaye de Dommartin, illustrent la vie de Moïse.

Croix du Bourg
◄ Dressée au bas de la place vers le 12ᵉ s., cette **lanterne des morts** serait le témoin d'un mouvement communal qui déferla alors en Ponthieu. La partie supérieure ne peut être antérieure au 17ᵉ s.

Moulin Édouard-III
1 km au Nord par la D 111. Le tertre marque l'emplacement du moulin d'où le roi d'Angleterre aurait assisté à la bataille. Du sommet, **vue** sur la plaine ondulée (table d'orientation).

QUI SAIT ?
La croix du Bourg est peut-être dédiée à Aliénor de Castille, reine d'Angleterre et comtesse de Ponthieu, qui avait épousé Édouard Iᵉʳ en 1254.

Croix de Bohême
Sur la D 56, au Sud-Est. Elle honore la mémoire de Jean l'Aveugle, roi de Bohême et allié de Philippe VI, qui périt au cœur du combat, alors qu'il se faisait porter près de son fils grièvement blessé. Elle est érigée à l'endroit même où il tomba.

circuit

FORÊT DE CRÉCY
29 km – environ 1h.

Le massif forestier (4 300 ha) couvre le plateau situé au Sud de la Maye. Peuplé de chênes, de hêtres et de charmes, il est giboyeux. Parmi les arbres remarquables, voyez le chêne des Ramolleux qui aurait été planté après la bataille de Crécy.

De Crécy, suivre au Sud-Ouest la D 111 jusqu'au carrefour du Monument, puis à droite la route de Forest-Montiers. La route longe de belles futaies de hêtres et de chênes.

Continuer jusqu'au poteau de Nouvion, prendre à droite la route forestière du Chevreuil jusqu'au carrefour de la Hutte-des-Grands-Hêtres.

Hutte-des-Grands-Hêtres
La futaie est ici remarquable. On peut emprunter à pied le sentier des Deux-Huttes.

Revenir au poteau de Nouvion et prendre à droite vers Forest-Montiers.

Forest-Montiers
Saint Riquier y établit son ermitage, et le fils de François Ier, Charles, y mourut de la peste à 23 ans.

Prendre la N 1 vers le Nord.

Bernay-en-Ponthieu
Sur le versant Sud de la vallée de la Maye, Bernay conserve sa vieille **maison de poste**, face à l'église. La façade sur rue du **relais-auberge** date du 15e s. : l'étage en encorbellement a pour base une poutre sculptée de guirlandes et de têtes grotesques.

Autour de Bernay, la Maye s'épand en étangs.

Prendre à droite la D 938 qui rejoint Crécy-en-Ponthieu.

On surplombe la **vallée de la Maye** où alternent cultures, prairies et bosquets. La forêt couronne le versant Sud.

> **UN RELAIS-AUBERGE BIEN CONNU**
> « Il est situé au point précis où la diligence qui arrive de Paris a faim pour déjeuner, et la diligence qui arrive de Calais a faim pour dîner… » (V. Hugo)

Desvres

Petite cité industrielle connue depuis le 18e s. pour ses faïences, Desvres s'est spécialisé dans la copie de décors anciens : Delft, Strasbourg, Nevers, Rouen, Moustiers… Ici, les plaques des maisons, ainsi que les panneaux de rue, sont en faïence. Et plusieurs fabriques perpétuent la tradition.

La situation
Carte Michelin Local 301 E3 – Pas-de-Calais (62). La ville s'étend d'Est en Ouest dans un paysage vallonné et verdoyant. La Maison de la faïence se trouve à l'entrée d'un parc. Accès par la D 341 ou la D 127.

🛈 *R. J.-Macé, 62240 Desvres,* ☎ *03 21 87 69 23. www.desvresmuseum.org*

> **INFO OU INTOX ?**
> Autre trésor du coin : la tarte au papin. Son nom viendrait de la colle à papier peint dont la consistance rappelle la crème pâtissière qui couvre cette spécialité aux pruneaux. Non moulée, cette tarte est dite « à gros bords » : ceux-ci sont roulés pour retenir la crème.

Le nom
Il apparaît vers le 12e s. et proviendrait de Divernia, qui remonte à l'époque romaine. Depuis le 19e s., Desvres désigne aussi la production des faïenceries locales.

carnet pratique

QUE RAPPORTER

Desvres Tradition – 1 r. du Louvre - ☎ 03 21 92 39 43 - 8h-12h30, 13h30-19h, dim. et j. fériés 10h-12h30. Faïencerie d'art artisanale.

Faïencerie d'art de Desvres – 114 r. Jean-Jaurès - ☎ 03 21 91 65 55 - fayencerie.art.desvres@wanadoo.fr - 10h-12h, 14h-18h, dim. et j. fériés 14h-18h - fermé 25 déc. et 1er janv. Faïences façonnées et peintes à la main. Visite possible des ateliers sur réservation au 03 21 91 49 80.

Les Artistes Faïenciers – 39 r. Rodolphe-Mingurt - ☎ 03 21 92 39 94 - tlj sf dim. mat. 10h-12h, 14h-18h - fermé 25 déc. et 1er janv. Magasin d'usine. Démonstration de décor à la main.

Céramiques moderne ANI-C – 108 chaussée Brunehaut - 62240 Longfosse - ☎ 03 21 91 49 94 - tlj sf dim. mat. et lun. mat. 9h-12h, 14h-19h. Faïence de Desvres.

Masse-Fourmaintraux – 114 r. Jean-Jaurès - ☎ 03 21 91 63 99 - 10h-12h, 14h-18h, dim. et j. fériés 14h-18h - fermé 1er janv. et 25 déc. Faïencerie de Desvres.

L'emblème

6 413 Desvrois. Ils ont offert à leur ville un bel emblème : son nom se détache sur fond bleu, en caractères stylisés blancs. La lettre D suggère une demi-soucoupe de faïence, tandis que le feuillage du R fait référence à la forêt, toute proche.

visiter

Maison de la faïence

R. J.-Macé. ☎ *03 21 83 23 23 - www.desvresmuseum.org - ♿ - juil.-août : 9h30-12h30, 14h-18h30 ; avr.-juin et sept. : tlj sf lun. 9h30-12h30, 14h-18h30, dim. et j. fériés 14h-18h30 ; oct.-mars : tlj sf lun. 14h-17h30 - fermé 1er janv., 24, 25 et 31 déc. - 4,60 € (6-18 ans 3,90 €).*

Son architecture étonnante est formée de panneaux de carreaux de faïence bleus et blancs, un décor courant à Desvres. On y découvre l'histoire et le développement industriel de la faïence, ses procédés de fabrication à partir de l'eau de la terre et du feu. La salle d'expositions temporaires fait la part belle aux créations contemporaines.

Place Léon-Blum

Quelques façades, comme celle du n° 15, sont ornées de carreaux bleutés et de frises polychromes du 19e s. Dans le café *Le Parisiana*, trois panneaux en faïence cloisonnée ont été réalisés en 1930 par Jean Louwerse, et dans la brasserie *L'Agriculture*, des scènes rurales sont l'œuvre de Georges Avril (1939).

alentours

Forêt de Desvres

Au Nord de la ville s'étend une forêt domaniale vallonnée et plantée d'essences variées. On peut la sillonner par les D 253, D 127 et D 238 : jolies vues sur le massif et la vallée de la Liane. Parcours sportif et pêche : **étang de Menneville** (accès par la route de Menneville et la rue Monsigny). À l'Ouest, **Crémarest** est un charmant village avec son église des 15e-16e s.

La Maison de la faïence expose de remarquables pièces, dont cette jardinière (fin du 19e s.).

Douai★

Ancien cœur du bassin minier, Douai conserve des maisons du 18e s. et cette allure aristocratique qu'évoqua Balzac dans « La Recherche de l'absolu ». Les quais silencieux de la Scarpe invitent à la promenade, comme les rues pavées et pentues des vieux quartiers. Gayant, le célèbre géant, les parcourt début juillet au son du tambour.

La situation
Carte Michelin Local 302 G5 – Nord (59). Un périphérique dessert Douai que l'on peut rejoindre par la N 43 et la N 421, la N 50 ou l'A 21.
🛈 *70 pl. d'Armes, 59500 Douai, ☎ 03 27 88 26 79. www.ville-douai.fr*

Les gens
Agglomération de 137 607 Douaisiens, dont cinq géants : Gayant père (8,50 m pour 370 kg), le plus vieux (1530) et le plus populaire du Nord ; sa femme, Marie Cagenon (6,25 m pour seulement 250 kg), et leurs enfants, Jacquot, Fillon et Binbin. Les Douaisiens se disent eux-mêmes « enfants de Gayant ».

> **DING DONG !**
> La ville possède deux carillons, l'un au beffroi (62 cloches) et l'autre ambulant (50 cloches) qui sillonne les routes de France. Une école française de carillon est installée à Douai, fondée et animée par Stefano Colletti.

Les fontaines de la place d'armes de Douai avec à l'arrière-plan le beffroi.

comprendre

Un centre industriel et judiciaire – Deuxième port fluvial de France, l'agglomération regroupe d'importantes industries (métallurgie, chimie, alimentaire), un établissement de l'Imprimerie nationale et une Bourse d'affrètement fluvial. La cour d'appel de Douai est l'héritière du parlement de Flandre qui siégea ici de 1714 à la Révolution. De nombreux établissements ont succédé à l'université, fondée en 1562 et transférée à Lille en 1887.

Une ville de géants – Le 16 juin 1479, Douai, aux mains du comte de Flandres, Maximilien d'Autriche, manque d'être pris par les Français : les habitants attribuent leur

---

JEAN BELLEGAMBE (1470-1534)
Cet artiste, qui semble avoir passé sa vie à Douai, révèle une personnalité attachante et multiple. Son œuvre relie la tradition gothique (sujets religieux traités avec le souci du détail vrai et du coloris harmonieux) et l'italianisme de la Renaissance (décor de colonnes, pilastres, coquilles et guirlandes). Elle associe également le réalisme flamand, objectif et familier, à l'intellectualisme de l'école française. Bellegambe a peint pour les abbayes de la vallée de la Scarpe. On reconnaît dans ses œuvres les sites et monuments de la région : beffroi, portes de Douai, tours de l'abbatiale d'Anchin, bois de Flines, paysages de la Scarpe et de la Sensée.

Douai
carnet pratique

VISITE
Promenade en barque sur la Scarpe – *Juil.-août : jeu., vend., w.-end et j. fériés 14h-20h ; mai-juin et sept. : w.-end et j. fériés 15h-19h (dép. embarcadère du palais de justice) - 4,50 € (enf. 3 €).*

Visites guidées – Douai, qui porte le label Ville d'art, propose des visites-découvertes animées (2h) par des guides-conférenciers agréés par le ministère de la Culture et de la Communication - *avr.-sept. : dim. 15h30 - 4,50 € (enf. 2,50 €) se renseigner à l'Office de tourisme ou sur www.vpah.culture.fr*

SE LOGER
⊖⊖ **Hôtel de la Terrasse** – *36 terrasse St-Pierre -* ☎ *03 27 88 70 04 - contact@laterrasse.fr -* 🅿 *- 24 ch. 50/100 € -* ⊆ *9 € - restaurant 18,50/71 €.* Hostellerie traditionnelle nichée dans une ruelle située derrière l'église St-Pierre. Les chambres, sobrement fonctionnelles, sont bien insonorisées. De nombreux tableaux égayent les deux salles à manger où l'on sert une cuisine classique. Superbe carte des vins avec pas moins de 800 appellations.

SE RESTAURER
⊖ **Le Storez** – *116 r. Storez -* ☎ *03 27 98 88 80 - fermé sam. midi, dim. soir et lun. - 13,50/28 €.* Face à la porte d'Arras, vestige des anciennes fortifications de la ville, cette maison de brique tient commerce depuis 1896. Aujourd'hui, on y sert une cuisine aux accents du terroir dans un décor tendance rétro.

⊖⊖ **Au Turbotin** – *9 r. de la Massue -* ☎ *03 27 87 04 16 - fermé 7-20 fév., août, sam. midi, dim. soir et lun. - 17,50/43 €.* Cette ancienne graineterie réhabilitée en une petite salle à manger aux teintes lumineuses, accueille toute l'année une clientèle de gens de robe qui, sans autres effets de manche que ceux liés au va-et-vient des fourchettes, vient déguster les copieuses recettes de poisson du chef. Alors, tendez un peu l'oreille pour vous inspirer de leur discours, mais n'oubliez surtout pas de vous régaler !

⊖⊖⊖ **Le Chat Botté** – *Château de Bernicourt - 59286 Roost-Warendin - 10 km au NE de Douai par D 917 et D 8 -* ☎ *03 27 80 24 44 - fermé 2 sem. en août, dim. soir et lun. - 26/49 €.* Ce restaurant occupe l'une des dépendances du château de Bernicourt, au milieu d'un parc ombragé. La salle à manger, agrémentée de chaises en rotin coloré et de tableaux, est complétée par une agréable terrasse ouverte sur la nature. Cuisine classique et beau choix de vins.

EN SOIRÉE
Aux Grès – *2 pl. St-Amé -* ☎ *03 27 86 83 53 - auxgres@free.fr - mar.-jeu. 18h-1h, vend. 18h-2h, sam. 20h-3h.* Auvent garni de tuiles au-dessus du bar, troncs sciés en guise de tables, vieille cheminée allumée dès les premiers frimas et murs de brique composent le décor de ce sympathique pub. Jeux de fléchettes et d'échecs.

L'Hippodrome – *Pl. du Barlet -* ☎ *03 27 99 66 66 - www.hippodromedouai.com - tlj sf dim. et lun. 15h30-19h - fermé vac. scol. et j. fériés - 7 à 20 €.* Cette scène nationale de forme dodécagonale se module selon les spectacles (c'est aussi un cinéma d'art et essai). Des pièces classiques aux nuits techno, la programmation audacieuse de ce théâtre en fait un lieu vivant fréquenté par tous. Un festival, « Les Météores », accueille chaque année, en mars, des artistes du monde entier.

QUE RAPPORTER
Aux Délices – *68 r. de la Mairie -* ☎ *03 27 88 69 19 - tlj sf dim. 9h-12h30, 14h-19h, lun. 14h-19h - fermé 1er-21 août.* Cette boutique officie depuis 1910 face au magnifique beffroi de Douai. Vous y trouverez de délicieuses confiseries locales comme la gayantine, caramel parfumé à la vanille et enrobé de sucre au caramel, les Tuiles du Nord, aux fèves de cacao du Venezuela, ou les Boulets du Ch'ti, fourrés de praliné et amandes.

> **NAISSANCE D'UNE FAMILLE**
> Les manneliers, fabricants d'objets d'osier, ont créé en 1530 un Gayant (« géant », en picard). L'année suivante, les fruitiers lui ont donné une épouse. Les enfants ont suivi...

succès à la protection de saint Maurand, patron de la ville. En remerciement, ils instituent une procession annuelle en son honneur. En 1530, la paix ayant été signée avec la France, Douai organise une procession plus solennelle. Chaque corporation fournit un char, garni de personnages symboliques.

Les avatars de Gayant – En 1770, l'évêque d'Arras interdit la procession, qui glorifiait une défaite française, et la remplace par une autre, qui célèbre l'entrée des Français à Douai le 6 juillet 1667. Les géants ressuscitent en 1778, mais la Révolution les balaie de nouveau... Ils réapparaissent en 1801 et reçoivent vingt ans plus tard leurs costumes actuels. Détruits en 1918 et en 1944, ils sont à chaque fois reconstitués avec le même soin.

Armes (Pl. d')	BY 2	Dubois (R. P.)	BX 18	Orchies (R. d')	BX 34
Bellain (R. de)	BY 3	Faidherbe (Bd)	BY 19	Paris (R. de)	BZ
Bellegambe (R. J.)	BY 4	Foulons (R. des)	AZ 20	Phalempin (Bd Paul)	BY 35
Boutique (R. A.)	BX 7	Gambetta (R. L.)	BY 21	Pont St-Vaast (R. du)	BX 36
Brebières (R. de)	AZ 8	Gouvernement (R. du)	BY 23	Raches (R. de)	BX 37
Canteleu (R. du)	BY 9	Leclerc (Av. Mar.)	BY 24	St-Christophe (R.)	BY 39
Carnot (Pl.)	BY	Madeleine (R. de la)	BY 25	St-Jacques (R.)	BY 40
Chartreux		Mairie (R. de la)	BY 26	St-Michel (R.)	BX 41
(R. des)	AX 10	Malvaux (R. des)	BX 27	St-Samson (R.)	AY 44
Cloche (R. de la)	AY 13	Marceline (R.)	BX 28	St-Sulpice (R.)	BX 45
Clocher-St-Pierre (R. du)	BY 14	Massue (R. de la)	AY 29	Université (R. de l')	BZ 46
Cloris (R. de)	AY 15	Merlin-de-Douai (R.)	BY 30	Valenciennes (R. de)	BZ 49
Comédie (R. de la)	AZ 17	Orcre (R. d')	AX 33	Victor-Hugo (R.)	BY 50

Beffroi	BY D	Hôtel de la Tramerie	AZ F³	Mont-de-piété	BZ K²
Hôpital général	BY F¹	Hôtel de ville	BY H	Palais de justice	AY J
Hôtel d'Aoust	ABZ F²	Hôtel du Dauphin	BZ K¹	Théâtre	BZ T

se promener

Partir de la **porte de Valenciennes**, gothique sur une face (15ᵉ s.) et classique sur l'autre (18ᵉ s.), pour rejoindre la place d'Armes, en partie piétonnière, avec ses terrasses de cafés et ses jeux d'eau. L'**hôtel du Dauphin**, seule maison du 18ᵉ s. subsistant sur la place, abrite l'office de tourisme. Sa façade est ornée de trophées.
Prendre la rue de la mairie.

▶ Juste à côté de la porte de Valenciennes se dresse l'**Hôpital général** (18ᵉ s.) bâti sous Louis XV.

Hôtel de ville★ et beffroi

☎ 03 27 88 26 79 - www.ville-douai.fr - *visite guidée (1h) juil.-août : 10h-11h, 14h-18h ; reste de l'année : 11h, 15h-17h, lun. 15h-17h (ttes les h.) - fermé 1ᵉʳ janv., 25 déc. - 3,50 €.*
La construction de cet ensemble gothique, dominé par la sombre tour du beffroi, débuta en 1380. Elle reprit plusieurs fois, de 1471 à 1873.

Douai

À l'intérieur de l'hôtel de ville, on parcourt la halle aux Draps, la salle gothique du Conseil et la chapelle devenue vestibule d'honneur (15e s.), le salon Blanc avec ses boiseries du 18e s. et la salle des fêtes. La visite continue avec la montée au beffroi ; achevé en 1410, il mesure 64 m de haut et 40 m au niveau de la plate-forme. Son couronnement, hérissé de tourelles, de lucarnes, de pinacles, de girouettes, s'achève par un lion des Flandres. Au 4e étage, l'actuel **carillon** (62 cloches) remplace celui qui fut détruit par les Allemands en 1917. Aux heures, il joue l'air des *Puritains d'Écosse*, aux demi-heures une barcarolle, aux quarts et trois quarts quelques mesures de l'air de Gayant. *Chaque samedi (hors vac. scol.) entre 10h45-11h30, les carillonneurs de la ville interprètent des concerts.*

Par le passage voûté et la cour de l'hôtel de ville, gagner la rue de l'Université. Cette rue conduit au **théâtre** (18e s.), dont la façade a été remaniée au 19e s.

Rue de la Comédie
À droite, l'**hôtel d'Aoust** est un bel édifice Louis XV dont la porte possède un décor rocaille. La façade sur cour est ornée de statues allégoriques évoquant les quatre saisons.

Rue des Foulons
Le nom de cette rue rappelle l'activité des drapiers au Moyen Âge. Sur la gauche s'alignent des maisons du 18e s. Au n° 132, l'**hôtel de la Tramerie** est de style Louis XIII.
Prendre la rue de la Mairie à droite, puis la rue L.-Gambetta que prolonge la rue Bellegambe.

Rue Bellegambe
À gauche, on découvre une devanture de boutique Modern Style, ornée de tournesols, et, au n° 5, la maison natale du peintre H.-E. Cross (1856-1910).
Prendre la rue en sens inverse, puis à gauche vers l'hôtel de ville.

visiter

Musée de la Chartreuse★★
130 r. des Chartreux. Visite : 2h. ☎ 03 27 71 38 80 - tlj sf mar. 10h-12h, 14h-18h - possibilité de visite guidée - fermé 1er janv., 1er Mai, Ascension, 14 Juil., 15 août, 1er et 11 Nov., 25 déc. - 3 €, gratuit 1er dim. du mois.

L'ancienne chartreuse forme un bel ensemble de constructions du 16e au 18e s. Édifié par Jacques d'Abancourt dans le style Renaissance en pierre et brique, l'hôtel

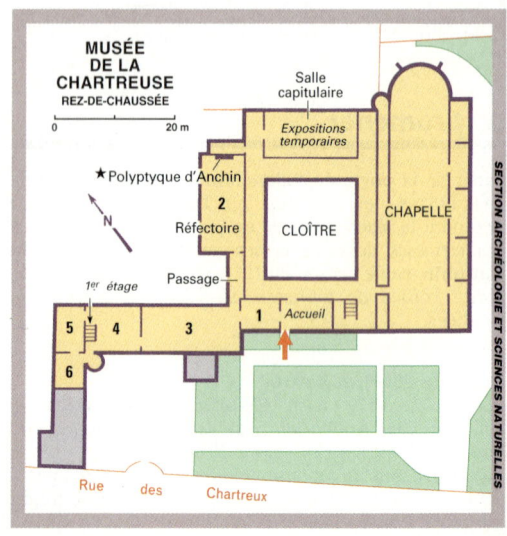

Toutes les dimensions y sont ! Le carillon du beffroi de Douai peut jouer...

d'Abancourt (1559), à gauche, avec sa tour ronde, fut agrandi en 1608 par Jean de Montmorency qui construisit en équerre un bâtiment dans le même style dominé par une tour carrée. Des chartreux s'y installèrent au 17ᵉ s. et construisirent le petit cloître, le réfectoire, la salle capitulaire, le bâtiment dit du Prieur et la chapelle. Le grand cloître et les cellules des moines furent démolis au 19ᵉ s. Après plusieurs campagnes de travaux, la restauration s'est achevée par le portail d'entrée et la chapelle.

Section beaux-arts – Dans les **salles 1 à 3** : primitifs flamands et hollandais (Maître de la Manne et Maître de Flemalle), italiens (le *Jardin d'amour* avec au verso du plateau un échiquier) et espagnols (*Jardin de la Vierge*) ; *Montée au calvaire*, foisonnante de personnages, attribuée à Kunst ; *Pietà* de Vasari. Les grands retables du 16ᵉ s. proviennent des abbayes de Marchiennes, d'Anchin et de Flines. Le polyptyque de Marchiennes, œuvres de Van Scorel (école d'Utrecht, 16ᵉ s.), est dédié à saint Jacques et saint Étienne. Une statue de bronze, la *Vénus de Castello*, évoque l'art de Jean de Bologne, sculpteur et architecte né à Douai en 1529, qui fit l'essentiel de sa carrière à Rome et à Florence.

Dans les **salles 4 à 6** : plan en relief de Douai (1709) ; maniéristes flamands et hollandais (16ᵉ s.) : œuvres de Jan Madyn (les *Épreuves de Job*, évoquant les malheurs de Job sur son tas de fumier), de Roland Savery, des Anversois Jean Matsys (fils de Quentin) et Frans Floris, des Hollandais Van Hemessen, Van Reymerswaele (*Saint Jérôme méditant sur une bible*), Goltzius, Cornelis Van Haarlem, etc.

Par l'escalier de la salle 4, on monte au 1ᵉʳ étage.

Dans les **salles 7, 8, 9 et 10** : œuvres de Rubens *(Cérès et Pan)* et Jordaens *(Tête d'étude)* ; paysages de Ruysdael, Momper et Govaerts ; *Scène de sorcellerie* de David Teniers. ; intéressante série de petits maîtres hollandais du 17ᵉ s., dont un *Cortège grotesque* de Van de Venne et une *Scène de beuverie* de Brouwer.

Dans la **salle 11**, l'école française des 17ᵉ et 18ᵉ s. est représentée notamment par Le Brun *(Portrait équestre de Louis XIV)*, Chardin *(Nature morte)*, Nattier, Largillière, Boilly, et David *(Mme Tallien)*.

Dans la **salle 12** est exposée une série de chefs-d'œuvre méconnus. *Prise du Tréport* de Constant Dutilleux (natif de Douai), *Impression d'Italie* et *Château de Wagnonville* de Corot, *Moulin de Hollande* de Boudin et *Vue d'Overshie* de Jongkind. Quelques impressionnistes – Renoir (*Portrait de femme*), Sisley, Pissarro (*la Sente du chou*)... – voisinent avec des post-impressionnistes (Bonnard, Maurice Denis).

Dans les **salles 13-14**, artistes douaisiens des 19ᵉ et 20ᵉ s.

Redescendre au rez-de-chaussée.

Construit en plein classicisme (1663) mais voûté d'ogives, le **cloître** marie harmonieusement l'appareil de briques roses avec la pierre blanche des nervures et des encadrements sculptés de motifs baroques. La **chapelle**, entièrement rénovée, présente la collection de sculptures : terres cuites de Calot, buste de Rubens par Carrier-Belleuse, l'*Enfant prodigue* de Rodin, *Jean de Bologne* par Bra.

Bâtie à la même date et dans le même style que le cloître, la **salle capitulaire** accueille des expositions temporaires.

Section archéologie, sciences naturelles, aquarium municipal et photothèque – *Prendre à gauche en sortant de la chartreuse, puis tourner à gauche dans la rue St-Albin.* Dans cette annexe, qui couvre la période du paléolithique jusqu'à 400 apr. J.-C., est exposé le crâne de l'homme de Biache, découvert à Biache-St-Vaast (250 000 ans av. J.-C.). Des statuettes mises au jour à Bavay et des

---

À VOIR

Salle 2 – Le *Polyptyque d'Anchin*★ de Bellegambe. Selon que les volets sont ouverts ou fermés, on y voit l'*Adoration de la Croix* ou l'*Adoration de la sainte Trinité*.

Salle 3 – Deux chefs-d'œuvre de la Renaissance italienne : *Portrait d'une Vénitienne* de Véronèse et *Flagellation du Christ* de Louis Carrache, œuvre d'une rare intensité dans un jeu de clair-obscur.

BESTIAIRE

L'annexe du musée comporte 20 aquariums où nagent notamment des poissons d'eau douce et d'eau de mer : cichlidés des lacs africains, poissons-clowns des mers tropicales... Une collection rassemble des papillons exotiques et des oiseaux naturalisés de la région.

bustes de Lewarde datent de la période gallo-romaine. Maquettes du village mérovingien de Brébières et de la nécropole d'Hordain. **Photothèque** ☎ 03 27 71 38 80 - tlj sf mar. et dim. 14h-17h - fermé août, j. fériés - gratuit.

Palais de justice

Juil.-août : visite guidée de la Grande Chambre du Parlement sam. 15h30, visite des cellules dans le cadre des promenades en barque jeu., ven., w.-end et j. fériés 14h-20h ; mai-juin et sept. : w.-end et j. fériés 15h-18h. 3,50€ (visite guidée), tarif des promenades en barque : se renseigner à l'office de tourisme (visite des cellules : gratuit).

Édifié au 16e s. et rebâti au 18e s., ce fut le refuge des moines de l'abbaye de Marchiennes, puis, en 1714, le siège du parlement de Flandre. La façade d'entrée et son portail austère ont été remaniés sous Louis XVI par le Lillois Lequeux.

Les prisons d'où s'échappa Vidocq *(accès par le quai)* accueillent aujourd'hui des maquettes : histoire de la ville et du palais de justice. Au 1er étage, la **grande chambre du Parlement** (1762) est décorée d'une cheminée de marbre, de boiseries sculptées Louis XV, du portrait de Louis XIV et de toiles allégoriques de Nicolas Brenet (1769).

Les arcs brisés du palais de justice se reflétant dans la Scarpe sont les vestige du refuge de l'abbaye de Marchiennes.

Collégiale St-Pierre

☎ 03 27 88 26 79 - tlj sf lun. 10h-11h30, 15h-16h30, dim. et j. fériés 15h-17h.

Cette ancienne collégiale est l'une des plus vastes églises du Nord de la France. Placez-vous sur le côté gauche pour en discerner les parties principales : clocher de pierre (16e-17e s.), nef et chœur en brique à parements de pierre, chapelle absidiale coiffée d'un bulbe (18e s.).

Aussi long que la nef, le **chœur** était réservé aux chanoines et aux membres du parlement. On remarque le buffet d'orgues (18e s.) provenant de l'abbaye d'Anchin et, dans le bras droit du transept, trois toiles (18e s.) dues à Deshayes et à Ménageot.

Église Notre-Dame

☎ 03 27 88 26 79 - tlj sf lun. 9h-12h, 14h-17h.

Jadis adossée au rempart, elle a été mêlée à toute l'histoire de Douai. La nef en grès et brique est du 13e s. Le chœur gothique (14e s.) est couvert de cinq travées de voûtes d'ogives à nervures de pierre et voûtains de brique. L'abside à cinq pans est percée de hautes baies à lancettes. Au chevet, la statue de la poétesse élégiaque douaisienne **Marceline Desbordes-Valmore** (1786-1859) est l'œuvre du sculpteur douaisien A. Bouquillon.

alentours

Flines-lez-Raches
11 km au Nord-Est par les D 917 et D 938. La curieuse **église** comporte un clocher-porche en grès et brique très ancien (certains le datent de 800). Les poutres de charpente des deux premières chapelles, à droite, sont ornées de corbeaux historiés portant les armoiries de Philippine Torck, abbesse de Flines de 1561 à 1571.

Orchies
18 km au Nord-Est par la D 917, puis à droite par la D 938.
Maison de la chicorée – ☏ *03 20 64 83 70 - www.lamaisondelachicoree.org -* ♿ *- visite guidée + dégustation (1h15) - tlj sf w.-end 9h-12h, 14h-17h - fermé j. fériés, 25 déc.-1er janv. - 6 € (enf. 3,50 €).*
Si les usines Leroux sont situées en bordure de la petite ville, la Maison de la chicorée s'est installée dans la demeure même du fondateur, Alphonse Leroux (1866-1947). En 1998, un bâtiment contemporain, entièrement vitré, donnant sur un très beau parc, a été ajouté à la maison familiale. Un parcours de visite retrace l'aventure de la chicorée, de l'Égypte ancienne à aujourd'hui. Plus de 10 000 pièces sont réunies : paquetages et prospectus du 19e s., photographies, affiches et étiquettes, boîtes métalliques, majoliques italiennes et faïences d'apothicaires servant à protéger et à transporter les divers remèdes à base de chicorée. Au sous-sol, expositions temporaires et salle de conférences.

Étangs de la Sensée
12 km au Sud par la N 43 et la D 47 ou la D 14^{E4}. Cet affluent de l'Escaut sépare le Cambrésis et la Flandre. Il a donné son nom au canal qui emprunte une partie de son cours, joint le bassin de l'Escaut à celui de la Scarpe et reçoit, près d'Arleux, le canal du Nord.
De Lécluse à Wasnes-au-Bac, plus à l'Ouest, la rivière forme un chapelet de jolis étangs entourés de hautes herbes et de peupliers.
Les localités les plus fréquentées sont **Lécluse** (étang), **Hamel** (centre équestre), **Féchain**, **Arleux** (culture d'aulx), **Brunémont** (belle vue sur le lac depuis la D 247, base de voile) et surtout **Aubigny-au-Bac**, où une base de loisirs (baignade, pêche, pédalo, voile, ski nautique, karting, petit train) a été aménagée. ♿ *De mi-avr. à fin sept. : 10h-20h. Tarif non communiqué.* ☏ *03 27 89 24 24.*

Centre historique minier de Lewarde★★ *(voir ce nom)*

Marchiennes *(voir ce nom)*

> **LOISIRS-DÉTENTE**
> Nombreux circuits de randonnée pédestre balisés : plaquettes disponibles à l'Office de tourisme, *r. de la Plage, Aubigny-au-Bac*,
> ☏ *03 27 80 91 40* ou *03 27 89 24 24* et au *S.I.R.A 34 r. du Bias, 59151 Arleux*, ☏ *03 27 89 04 53.*

> **VESTIGES DE CULTES PAGANISTES ?**
> La vallée de la Sensée, à un jet de pierre de Douai, est réputée pour ses mystérieux menhirs et dolmens : pierres de Lécluse ou d'Aubigny-au-Bac, gros caillou d'Oisy-le-Verger... La plupart de ces monolithes témoignent d'une religion primitive. Aujourd'hui, les légendes resurgissent, les langues se délient et les mythes ont encore de beaux jours devant eux. Interrogez donc les villageois. Chacun ira de sa version personnelle, plus piquante, que celle du voisin : fées, géants, moulin maudit, farfadets facétieux, pactes avec le diable...

Doullens

Doullens a su préserver son caractère picard, avec ses maisons de brique et de pierre à lucarnes saillantes. Devenue prison d'État, sa citadelle a logé des personnages célèbres : Blanqui, Raspail et Albertine Sarrazin.

La situation
Carte Michelin Local 301 H7 – Somme (80). Doullens, dominé par sa citadelle, se trouve au Nord du département de la Somme. On peut y accéder par la N 25, la D 916 ou la D 925 (d'Abbeville).
₿ *Le Beffroi, 80600 Doullens,* ☎ *03 22 32 54 52. www.otsidoullens.fr.st*

Le nom
C'est une déformation de Dourlans, d'origine germanique, appellation médiévale de la ville. Le nom désigne aussi une spécialité locale, sorte de mille-feuille.

> **FAIRE UNE PAUSE**
> Boulangerie-pâtisserie
> François – *78 r. du Bourg - ☎ 03 22 77 12 02.* Vous trouverez dans cette boulangerie-pâtisserie le Mexicain, le Doullennais et les macarons picards.

> **UNE SIMPLE PETITE PHRASE**
> Fin mars 1918... L'offensive de Ludendorff vers la mer menace de faire sauter la charnière entre les armées française et anglaise. Des problèmes de commandement aggravent la situation. Le 26 mars, à l'hôtel de ville de Doullens, une conférence réunit, dans la salle du conseil, lord Milner, le maréchal Douglas Haig et le général Wilson d'une part, Poincaré, Clemenceau, Foch et Pétain d'autre part. Au cours des débats, Douglas Haig déclare : « Si le général Foch consentait à me donner ses avis, je les écouterais bien volontiers. » Le principe du commandement unique est adopté ; Foch conduit les armées alliées à la victoire.

visiter

Hôtel de ville
☎ *03 22 77 00 07 - www.mairie-doullens.fr - tlj sf dim. et j. fériés 8h-12h, 14h-18h (vend. 17h), sam. 10h-12h - fermé j. fériés - gratuit.*
C'est dans la salle dite « du commandement unique » que le général Foch fut désigné, le 26 mars 1918, pour diriger les forces françaises et britanniques. Photographies, documents, bustes et vitrail de Gérard Ansart rappellent cet événement, décisif pour la victoire.

Église Notre-Dame
Sur demande préalable uniquement. ☎ *03 22 32 42 15.*

*La salle basse de l'église Notre-Dame (bras droit du transept) abrite une **Mise au Tombeau**★ (1583) que ses personnages grandeur nature rendent particulièrement saisissante.*

Du 13ᵉ s. mais presque entièrement reconstruite aux 15ᵉ et 16ᵉ s. Le chœur à chevet plat et le transept sont voûtés d'ogives.

Musée Lombart
En cours de restauration - se renseigner, ☎ *03 22 77 02 55.*
Dans l'ancien couvent des Dames de Louvencourt. Collections : archéologie, folklore et peinture.

Citadelle
☎ *03 22 77 34 93 ou 06 70 48 27 75 - visite guidée (1h30) juil.-août : tlj sf lun. 15h et 16h30 ; mai-juin et sept. : w.-end et j. fériés 15h et 16h30 - 3 € (enf. 1,50 €).*
Ville frontière entre 1435 et 1679, longtemps disputé entre la France et l'Espagne qui occupait l'Artois, Doullens fut doté par François Iᵉʳ d'une citadelle à bastions et demi-lunes. Modernisée par Henri IV et Louis XIII, celle-ci comprend des éléments du 16ᵉ s. en pierre, et du 17ᵉ s. en brique. Une promenade dans les fossés permet de découvrir cinq demi-lunes intactes.

alentours

Lucheux
6 km au Nord-Est par la D 5. Ce village est agréablement situé dans un vallon boisé.

Château – *Visite guidée (1h) - juil.-août : 15h ; juin et sept. : w.-end 15h - 3 € - sur demande préalable au château,* ☎ *03 22 32 31 00 ou 03 22 32 54 52 (Office de tourisme).*
À l'orée de la forêt de Lucheux, les ruines de cette forteresse (12ᵉ-16ᵉ s.) dominent le bourg. Accès par la porte du Bourg encadrée par deux tours rondes coiffées de poivrières. La façade du corps de logis, à gauche, serait due à Bullant, frère aîné de l'architecte d'Écouen. Du 13ᵉ s. il reste la grande salle à baies géminées s'ouvrant sous des arcatures en tiers-point, et une curieuse console à trois têtes ; le donjon roman de plan carré, édifié sur une motte, est doté de tourelles d'angle cylindriques.

> **HÔTES CÉLÈBRES**
> Les puissants comtes de St-Pol y séjournaient au Moyen Âge, et Jeanne d'Arc, prisonnière des Anglais, y passa quelques jours avant d'être transférée à St-Valery puis à Rouen.

Église – ☎ *03 22 32 54 52 - visite guidée sur demande à l'Office de tourisme - juil.-août : tlj apr.-midi dép. 15h pl. du 8-Mai-1945 ; juin et sept. : w.-end 15h - 4 €.*
Du 12ᵉ s. Croisée du transept et chœur présentent des chapiteaux romans historiés. Ceux du chœur évoquent les péchés capitaux : l'avarice est symbolisée par un Judas, la colère par un Goliath à qui deux hommes tirent les moustaches. Le chœur conserve ses voûtes d'ogives primitives, décorées de motifs sculptés.

Beffroi – Ancienne porte de ville datant des 12ᵉ et 14ᵉ s.

St-Amand
18 km à l'Est par la N 25 puis la D 23. Aux confins de l'Artois et de la Picardie, St-Amand abrite, dans la **chapelle** de son cimetière (belle voûte en carène), une grande **Vierge à l'Enfant★**, en pierre, de la fin du 13ᵉ s. Remarquez ses yeux en amande, malicieux, sous les sourcils épilés suivant la mode de l'époque. ☎ *03 21 48 25 66 - sur demande auprès de M. Bray Gérard.*

Maizicourt
20 km au Nord-Ouest par la D 938 et la D 117.
Ce charmant petit village est dominé par son **château** *(ne se visite pas)* en brique et pierre, construit dans la première moitié du 18ᵉ s. pour Louis-François de La Houssoye, page du roi.

> **À COMPARER**
> La Vierge à l'Enfant de St-Amand affiche une grande noblesse dans son attitude. L'élégant drapé de sa tunique et la finesse de ses traits ne sont pas sans rappeler la Vierge dorée de la cathédrale d'Amiens.

Les jardins – ☎ *03 22 32 69 64 - www.jardinsdemaizicourt.com -* ♿ *-juin-sept. : 14h-18h ; mai, juil.-août et oct. : tlj sf w.-end 14h-18h - fermé nov.-avr. - 10 € (-12 ans gratuit).*
Les jardins, réaménagés à partir de 1989 dans l'esprit de l'époque, s'étendent sur plus de 10 ha autour du château. Grange du 18ᵉ s. (restaurée au 19ᵉ) transformée en orangerie, pigeonnier, vergers, plantes aquatiques, potager, etc.

Dunkerque

Reconstruit après la guerre, Dunkerque a connu une expansion rapide, liée au prodigieux développement de son port. Récemment, le projet Neptune a remodelé son centre. Dans cette ville de « joyeux drilles », avec son célèbre carnaval, de beaux musées vous attendent, et pourquoi pas une initiation au char à voile sur la côte des Dunes ?

La situation
Carte Michelin Local 302 C1 – Nord (59). Dunkerque se trouve à 50 km de la sortie du tunnel sous la Manche et à 13 km de la Belgique. Deux voies d'eau s'y croisent (l'exutoire des Warteringues et le canal de Furnes) et délimitent le centre. Accès par l'A 16/E 40, par l'A 25 (de Lille) ou par la route côtière D 940. En TVG, le trajet Paris-Dunkerque dure entre 1h30 et 2h.
🛈 *Beffroi, r. de l'Amiral-Ronarc'h, 59140 Dunkerque,* ☎ *03 28 66 79 21. www.ot-dunkerque.fr*

Le nom
D'origine flamande, il signifie « église des dunes » et apparaît en 1067 pour désigner le port primitif, fondé vers 800.

Les gens
Agglomération de 191 173 Dunkerquois. Pour vous mêler aux bandes de « carnavaleux », durant Mardi gras, prévoyez un accoutrement loufoque et, en guise d'accessoire, une longue canne surmontée d'un parapluie bariolé.

LE CARNAVAL DE DUNKERQUE
Il remonte à la fin du 19e s. Avant de partir pour de longs mois de pêche à la morue vers les mers glacées d'Islande, les *visscherbende* (« bandes de pêcheurs », en flamand) s'offraient une fête de tous les diables aux frais des armateurs. Venaient ensuite les adieux pathétiques, puis le départ des hommes. C'est aujourd'hui l'un des carnavals les plus populaires du Nord. Cinq semaines de folie collective : cortèges surexcités qui serpentent au rythme des fifres et des tambours, danses au coude à coude et longue succession de bals (bal des Corsaires, Nuit des acharnés...), bien arrosés comme il se doit.

---

comprendre

Un port convoité – Créé vers 800, Dunkerque n'est d'abord qu'un bourg flamand de pêcheurs. Jusqu'à la fin du 17e s., défendu par une mauvaise enceinte, il suscite les convoitises des Espagnols, des Français, des Anglais et des Hollandais. Turenne s'en empare en 1658 après la bataille des Dunes, Louis XIV l'achète à Charles II d'Angleterre en 1662, et **Vauban** fortifie la place peu après.

Jean Bart, « pirate officiel du roi » – Par opposition au pirate, hors-la-loi attaquant tous les navires et massacrant l'équipage, le corsaire reçoit du roi des « lettres de course » qui lui permettent de traquer les navires de guerre ou marchands. Sous le règne de Louis XIV, ceux de Dunkerque détruisent ou capturent 3 000 navires, font 30 000 prisonniers et anéantissent le commerce hollandais.
Jean Bart est un virtuose de la guerre de course en mer du Nord. En 1694, durant la bataille du Texel, il sauve le royaume de la famine en capturant 130 navires de blé. Multipliant les exploits, il est élevé au grade de chef d'escadre en 1697. On raconte que Louis XIV en personne lui annonça sa nomination : « Jean Bart, je vous ai fait

Jean Bart (1650-1702) fut le plus intrépide des corsaires dunkerquois.

carnet pratique

SE LOGER

Welcome – 37 r. Raymond-Poincaré - ☎ 03 28 59 20 70 - contact@hotel-welcome.fr - 40 ch. 64/75 € - ☐ 10,30 €. Cet hôtel du centre-ville a bénéficié d'une cure de jouvence. Chambres fonctionnelles au décor actuel et gai ; bar moderne agrémenté d'un billard. Pimpant cadre contemporain dans la salle de l'Écume Bleue où trône le buffet de hors-d'œuvre et de desserts.

Chambre d'hôte Le Withof – Chemin du Château - 59630 Bourbourg - 14 km au SO de Dunkerque par A 16 dir. Calais (sortie 23 b), suivre fléchage gîte de France N° 1123 - ☎ 03 28 62 32 50 - 5 ch. 41/52 € ☐. Loin des bruits de la ville, cette ferme fortifiée du 16e s. qui semble flotter sur les douves invite au calme et à la détente. Vous profiterez de sa quiétude dans l'une de ses chambres réservées aux non-fumeurs et, si le cœur vous en dit, vous pourrez taquiner le poisson dans les douves.

SE RESTAURER

L'Hirondelle – 46 av. Faidherbe - ☎ 03 28 63 17 65 - info@hotelhirondelle.com - 15,50/46 €. L'immeuble est au cœur de la petite station balnéaire bordée d'une vaste plage de sable fin. Chambres bien tenues, équipées d'un mobilier pratique. Produits de la mer, cuisine classique et vins du Languedoc-Roussillon proposés dans un cadre contemporain.

Le Corsaire – 6 quai de la Citadelle - ☎ 03 28 59 03 61 - corsairedk@free.fr - fermé dim. soir et merc. - 23,50/37,50 €. Couscous de la mer, espadon aux poivrons, courgettes et beurre d'estragon, filets de sole soufflés au saumon fumé et sauce champagne ou encore filet de bœuf aux saveurs du Nord, le chef fait preuve d'une inventivité qui ne peut que retenir l'attention des gourmets. À déguster sur la terrasse équipée d'un vélum ou dans la salle à manger joliment colorée.

Soubise – 49 rte de Bergues - 59210 Coudekerque-Branche - 4 km au S de Dunkerque par D 916 - ☎ 03 28 64 66 00 - restaurant.soubise@wanadoo.fr - fermé 19-28 avr., 22 juil.-17 août, 16 déc.-5 janv. et w.-end - 23/45 €. Cet ancien relais de poste du 18e s. bâti en briques du pays et bordant le canal abrite aujourd'hui un restaurant. Confortable salle à manger bourgeoise égayée de nombreux tableaux. La savoureuse cuisine panache recettes du terroir et plats traditionnels.

EN SOIRÉE

Les 4 Écluses – R. de la Cunette - ☎ 03 28 63 82 40 - www.4ecluses.com - jeu.-sam. 20h30-2h - fermé 15 juil.-15 sept. Ce café organise des concerts de rock, fusion, blues, pop, folk, électro, métal, hardcore, soul, chansons et quelques bœufs ouverts à tous, amateurs et professionnels... Cette scène dédiée aux musiques actuelles est avant tout un lieu de métissage des cultures.

L'Estaminet – 6 r. des Fusiliers-Marins - ☎ 03 28 66 98 35 - tlj sf dim. 11h-15h, 18h-23h, sam. 18h-2h. Un véritable estaminet flamand superbement décoré de sorcières et de vieux objets insolites dénichés dans les brocantes. Tout en dégustant l'une des nombreuses bières flamandes, nature ou flambée, vous découvrirez des jeux de société traditionnels, comme la grenouille ou le billard Nicolas.

Le Bateau Feu-Scène nationale – Pl. du Gén.-de-Gaulle - ☎ 03 28 51 40 40 - billetterie@lebateaufeu.com - selon le calendrier des manifestations. Location : tlj sf dim. et lun. 14h-19h - fermé août - 14 à 17 €. La programmation de cette scène nationale est un savant dosage entre plaisir et vocation culturelle : théâtre, danse, cirque, musique et opéra. Deux salles : 760 places pour l'une et 150 pour l'autre.

---

chef d'escadre... ». Ce à quoi le marin aurait répondu : « Sire, vous avez bien fait. » L'année suivante, chargé de conduire le prince de Conti en Pologne, il échappe à neuf vaisseaux. Le danger passé, le prince lui dit : « Attaqués, nous étions pris. » Bart rétorqua : « Jamais ! Nous aurions tous sauté, car mon fils était dans la soute à munitions avec ordre de mettre le feu à un tonneau de poudre, au premier signal. »

Opération « Dynamo » – Du 25 mai au 4 juin 1940, une partie des Forces alliées, coupées de leurs bases après la percée allemande de Sedan en direction de la mer, rembarquent à Dunkerque, enjeu d'une sanglante bataille. Le port ainsi que les plages de Malo-les-Bains à Bray-Dunes abritaient les bateaux qui faisaient la navette entre les côtes françaises et anglaises. Dernière ville libérée, le 10 mai 1945, Dunkerque est détruit à 80 %.

> **TOUS À BORD !**
> Malgré les mines magnétiques, les torpilles, les bombardements et le pilonnage de l'artillerie lourde allemande, près de 350 000 hommes, dont deux tiers d'Anglais, furent embarqués.

Dunkerque

SPORTS & LOISIRS

Mer et Rencontre – 4 digue Nicolas-II - ☏ 03 28 29 13 80 - meretrencontres @wanadoo.fr - activités sur réserv. et selon marée - fermé 17 déc.- 3 janv. Kayak de mer, char à voile, VTC et cerf-volant ; possibilité d'hébergement.

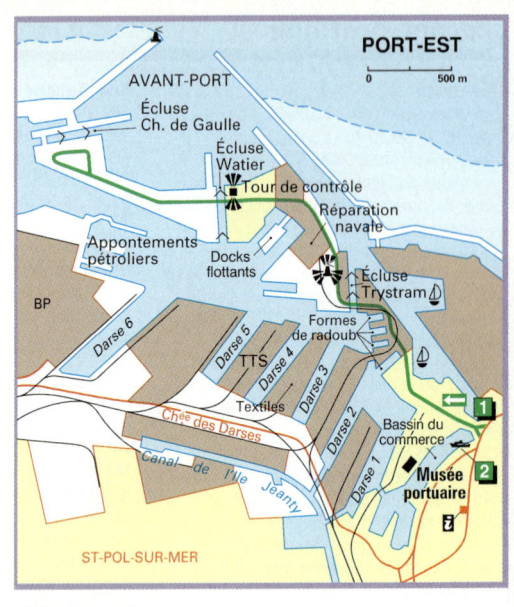

La darse du bassin maritime.

découvrir

LE PORT★★

L'activité portuaire de Dunkerque dépend en grande partie du complexe industriel, basé sur la sidérurgie, le pétrole et la pétrochimie. Depuis 1987, les ports Est ou Ouest sont reliés au Pas-de-Calais par un **canal à grand gabarit** qui se prolonge vers la Belgique et le Bassin parisien. L'ensemble des installations portuaires s'étend sur 15 km. Les Ateliers et Chantiers de France, qui ont cessé leur activité en 1987, ont produit ici plus de 300 navires.

Port Est

Il est desservi par un avant-port (80 ha) et trois **écluses** dont la plus grande, dénommée Charles-de-Gaulle (365 m sur 50 m), accueille des navires de 115 000 t. Le **bassin maritime** (6 km de long) se divise en six darses et en bassins industriels spécialisés, auxquels s'ajoutent les installations de stockage. Équipé pour la réparation navale, il compte quatre formes de radoub et un dock flottant. Du Nord de la darse 6 jusqu'à l'entrée du canal à grand gabarit s'étendent des **quais**, équipés pour les trafics céréaliers et d'aciers.

Visite à pied 1

Environ 1h. Départ place du Minck où l'on vend le poisson à la criée. Traverser le quartier de l'ancienne citadelle. À droite se trouve le chenal avec le port de plaisance. Franchir l'écluse Trystram et prendre à droite la direction du phare.

Phare

☏ 03 28 63 33 39 - *visite guidée juil.-août : merc. 16h45, dim. 15h-18h ; reste de l'année : visite guidée certains dim., se renseigner au musée portuaire - 2,50 € (7-12 ans 2 €).*
Construit entre 1838 et 1843, il s'élève à 63 m. D'une puissance de 6 000 W, il porte à 48 km. Du sommet, **panorama** sur le port, Malo-les-Bains et l'arrière-pays.

Après les docks flottants, on atteint l'écluse Watier. À l'entrée et à droite sur le blockhaus : tour de contrôle du port Est ; sur la terrasse, **vue** sur le port et l'avant-port, que borde à l'Est la longue jetée où les troupes françaises s'embarquèrent en 1940.

Visite en bateau 2

Découvrez le 3e port de France lors d'une croisière à bord de la Bazenne - juil.-août : tlj sf lun. à 10h30, 14h30, 16h30, w.-end et j. fériés à 11h, 15h et 17h ; mars-juin et sept.-oct. - se renseigner au ☏ 03 28 59 11 14 (embarcadère) ou 03 28 66 79 21 (Office de tourisme).

Partant du bassin du Commerce, le plus grand des trois anciens bassins, la vedette parcourt tout le port. On longe les remorqueurs, les ateliers, les écluses, darses et zones de stockage, le transterminal sucrier, la raffinerie BP et les appontements pétroliers, la centrale EDF, etc.

Port Ouest
Il bénéficie de la profondeur (20,50 m) de son avant-port, doté à l'entrée d'un appontement pour pétroliers. L'arrière-port sert au transit rapide : accessible sans écluse, pourvu de 2 km de quais et d'un puissant matériel de levage, il peut accueillir les plus gros navires porte-conteneurs.

se promener

Beffroi
☎ 03 28 66 79 21 - www.ot-dunkerque.fr - *visite guidée (30mn) juil.-août : dim. et j. fériés 11h, 14h et 15h ; avr.-juin et sept.-oct. : 10h, 11h, 14h, 15h, 16h et 17h ; reste de l'année : sur demande à l'Office de tourisme - 2,50 €.*
Construit au 13e s., il servit de clocher à l'église St-Éloi, incendiée par les Espagnols en 1558. Rebâti en 1562, haut de 58 m, il abrite un carillon (48 cloches) qui joue la *Cantate de Jean Bart* aux heures, et d'autres airs populaires aux quarts. Sous l'arche, devant l'église St-Éloi, monument aux morts.

Église St-Éloi
☎ 03 28 26 27 28 - *visite guidée sam. 16h - visite guidée ou libre tlj sf dim. 10h-11h30, 14h-17h.*
Reconstruite également après l'incendie de 1558, elle a été remaniée aux 18e et 19e s. Elle présente une façade néogothique, une toiture en pyramides alignées sur les bas-côtés et l'abside. Ses proportions sont curieuses (68 m sur 53 m) depuis la suppression du transept. Remarquez l'ampleur des nefs dont les voûtes croisées d'ogives sont soutenues par d'élégants piliers, et l'abside à chapelles rayonnantes. À l'entrée sur la gauche, se dresse le « tronc pour le rachat des esclaves », en forme de captif enchaîné. Les offrandes permettaient le rachat des prisonniers. *9h-11h45, 14h-17h45, dim. matin av. office 12h.* ☎ 03 28 29 07 74.

> **À VOIR**
> Les fenestrages en ogive, restaurés, mettent en valeur les vitraux du maître verrier Gaudin. Sur le côté Nord du chœur, une dalle en marbre blanc indique le **tombeau de Jean Bart**.

Place Jean-Bart
Sur cette place commerçante, au cœur de la cité, s'élève la statue du corsaire, œuvre de David d'Angers (1845).

Hôtel de ville
Bâti dans le style néoflamand en 1901 par l'architecte régional Louis Cordonnier, il possède un beffroi de 75 m de haut. Le vitrail de Félix Gaudin illustre le retour de Jean Bart après sa victoire du Texel, en 1694.

Du haut de ses 65 m, le beffroi de Dunkerque domine le bassin du Commerce.

DUNKERQUE

Albert-Ier (R.)	CZ	2
Alexandre-III (Bd)	CZ	3
Arbres (R. des)	CDY	6
Asseman (Pl. P.)	DY	7
Bergues (R. du Canal de)	CZ	9
Bollaert (Pl. Émile)	CZ	12
Calonne (Pl.)	DZ	16
Carnot (Bd)	DY	18
Carton Lurat (Av.)	DZ	19
Clemenceau (R.)	CZ	21
Digue de Mer	DY	
Écluse de Bergues (R.)	CZ	26
Faidherbe (Av.)	DY	
Fusiliers-Marins (R.)	CZ	30
Gare (Pl. de la)	CZ	32
Gaulle (Pl. du Gén.-de)	CZ	33
Geeraert (Av. Adolphe)	DY	
Hermite (R. l')	CY	35
Hollandais (Quai des)	CZ	36
Hôtel-de-Ville (R. de l')	DY	37
Jardins (Quai des)	CZ	38
Jean-Bart (Pl.)	CZ	41
Jean-Jaurès (R.)	CZ	40
Jeu-de-Paume (R. du)	CZ	42
Leclerc (R. du Mar.)	CY	43
Leughenaer (R. du)	CY	44
Lille (R. de)	CZ	45
Magasin-Général (R.)	CZ	
Malo (Av. Gaspard)	DY	
Mar.-de-France (Av. des)	DY	
Minck (Pl. du)	CY	
Paris (R. de)	CZ	
Prés.-Poincaré (R. du)	CZ	
Prés.-Wilson (R. du)	CZ	
Quatre-Écluses (Quai)	CZ	
Thiers (R.)	CZ	
Turenne (Pl.)	DY	
Valentin (Pl. C.)	CZ	
Verley (Bd Paul)	DY	
Victoire (Pl. et R. de la)	CDY	
Victor-Hugo (Bd)	CZ	

Hôtel de ville	CZ	H
Leughenaer	CY	K
Musée aquariophile	DY	M¹
Musée des Beaux-Arts	CZ	M²
Musée portuaire	CZ	M³

Leughenaer

C'est le plus vieux monument de Dunkerque, vestige de la muraille bourguignonne, dotée de 28 tours, qui entourait la cité au 14e s. Son nom flamand signifie « tour du Menteur » : allusion probable aux faux signaux qu'on émettait depuis cette tour pour tromper les navires qui venaient s'échouer sur les bancs de sable.

Chapelle N.-D.-des-Dunes
☎ *03 28 63 76 41 - 10h-12h, 14h30-16h30.*
Reconstruite au 19ᵉ s., elle abrite une statue en bois de N-D. des Dunes, vénérée par les marins depuis 1403. Ex-voto.

Quartier Excentric
Dans le quartier résidentiel de Rosendaël, à partir de l'av. E.-Dumez, entre les rues André-Chenier et Martin-Luther-King.
Ce petit quartier en forme de U est l'œuvre de François Reynaert, né à Rosendaël en 1887. Maçon, artiste décorateur, inventeur, médaillé d'or à l'Exposition des arts décoratifs de 1925, Reynaert s'improvise architecte en 1927 : avec pour devise, « Tout est matière à tout. » Il achète un terrain maraîcher et y construit progressivement trois rues, dessinant les maisons en fonction du nom choisi par le propriétaire. La première bâtie est l'Escargot. Au fil des commandes, il conçoit 35 maisons, dont Suzette, le Baldaquin, les Disques, les Volutes ou l'Excentric Moulin, dancing aujourd'hui abandonné. Autant de maisons privées qui ne se visitent pas mais que l'on contemple à l'envi.

visiter

Musée portuaire★
☎ *03 28 63 33 39 - www.museeportuaire.fr - musée à quai : juil.-août : 10h-18h ; reste de l'année : tlj sf mar. 10h-12h45, 13h30-18h - fermé 1ᵉʳ janv., veille Mardi gras, 1ᵉʳ Mai, 25 déc. - 4 € (7-12 ans 3 €).*
Aménagé dans un bel entrepôt des tabacs du 19ᵉ s., au cœur du port historique, il est le lieu de mémoire maritime.
Au **rez-de-chaussée**, la salle de gauche accueille des expositions temporaires ; à droite, la collection permanente retrace l'histoire de Dunkerque et de son port, jadis consacré à la pêche et au commerce, avant de devenir, dans les années 1960, un grand site industriel. Dioramas, lettres et carnets de bords, figures de proue, plans, cartes marines, peintures, gravures et outils de dockers. Évocations du corsaire Jean Bart et nombreuses maquettes de navires. Reconstitution de scènes de quai : déchargement, caisses, outils, et photographies de dockers.
Au **1ᵉʳ étage**, plusieurs pièces évoquent l'essor du port commercial après l'anéantissement de 1945. Photographies et affiches des métiers et des activités (capitaine, conducteur, mécanicien, grutier). Espace bibliothèque pour les enfants.
Au **2ᵉ étage**, à côté d'un centre de documentation (ouvert au public), sont exposées plus de 30 maquettes représentant une impressionnante galerie navale (goélette, trois-mâts, gréement, etc.).

Le magnifique trois-mâts « Duchesse-Anne » est amarré devant le Musée portuaire.

Parallèlement au Musée portuaire (*visite couplée ou indépendante de fin mars à fin sept.*), sur le quai, on peut monter à bord du bateau-feu le **Sandettie** (1949), de la péniche **Guilde** (1929) et, surtout, du **Duchesse-Anne** (1901). Superbe trois-mâts, cet ancien navire-école de la marine marchande allemande, entièrement restauré, a été classé monument historique. Visite du pont, des entreponts et des espaces intérieurs, des cabines d'officiers et des salles de cartes ; évocation de l'histoire du bateau, de la voile au long cours et de la vie à bord.

Musée des Beaux-Arts★

☎ 03 28 59 21 65 - tlj sf mar. 10h-12h15, 13h45-18h - fermé 1er janv., dim. précédent le Mardi gras, 1er Mai, 15 août, 1er nov., 25 déc. - 3,05 €, gratuit 1er dim. du mois.

> **HISTOIRE**
> Dans le hall d'entrée, un panneau de 540 carreaux de Delft représente le bombardement du port en 1695.

Riche collection de peintures du 16e au 19e s. exposées en un vaste espace particulièrement lumineux.

École flamande (16e et 17e s.) – Peintures de Snyders, Pourbus, Schoubroeck (La *Tentation de saint Antoine*), Van Dyck, Van Cleef (*Les Feux de la Saint-Jean*), Teniers le Jeune...

Écoles hollandaise et italienne – Portraits de femmes par Morelse, Aert De Gelder et Bylert, natures mortes par Van der Poel, Claez. Peintres italiens (18e s.) dont Giordano et Magnasco. Vaisselle de Delft, objets religieux (ostensoir, calice, chandelier, boîte aux saintes huiles).

École française du 17e au 19e s. – Œuvres de Largillière, Vignon, Rigaud, Lesueur (*Allégorie d'un ministre parfait*), La Fosse, Hubert Robert, Vernet, Carrier-Belleuse. Paysages de Corot, portrait de Le Sidaner par Duhem et délicieuse *Plage de Trouville* de Boudin.

Au sous-sol, section d'**histoire naturelle**. Reptiles, fauves, coquillages, papillons, oiseaux de jardins, de plaine, de montagne, de forêt et de plage.

Lieu d'Art et Action Contemporaine (LAAC)★

☎ 03 28 29 56 00 - de mi-mai à mi-sept. : tlj sf lun. 14h-18h30, w.-end 10h-12h30, 14h-18h30 ; reste de l'année : tlj sf lun. 14h-17h30, w.-end 10h-12h30, 14h-17h30 ; tte l'année : jeu. 14h-20h30 - fermé 1er janv., dim. précédent Mardi gras, 1er Mai, 1er nov., 25 déc. - tarif non communiqué.

Le musée a réouvert en 2005 à la suite d'une grande entreprise de rénovation. Le lieu offre un large panel, dans un cheminement pourtant intime, de la période 1950-1980, en grande partie dû aux collections de Gilbert Delaine : œuvres de CoBrA, César, Soulages, Warhol, Télémaque. Les architectes Grafteau et Klein ont respecté l'esprit années 1970 des collections et du bâtiment, habillé de grès céramique blanc et précédé d'un beau portique en azobé (bois d'Afrique). L'intérieur se divise en trois espaces : un forum, lieu de vie et de création qui accueille ponctuellement des manifestations d'art vivant, des salles d'exposition claires, et un cabinet d'art graphique et de documentation.

Des sentiers parcourent croupes et vallons du **jardin des Sculptures**★, laissant apparaître les grandes pierres du sculpteur Dodeigne, les structures métalliques de Féraud ou les compositions de Viseux, Arman et Zvenijorovsky, avec la mer du Nord pour toile de fond. *Juin-août : 9h-20h ; avr.-mai et sept.-oct. : 9h30-18h30 ; nov.-mars : 9h30-17h30.*

Mémorial du souvenir – Centre historique de Dunkerque et de Flandre – *Entre la citadelle et la plage, rue des Chantiers de France-Courtiers du Bastion 32. mai-sept. Horaires de visites et autres périodes, renseignements à l'office de tourisme.*

Exposition consacrée à mai-juin 1940. Histoire de la bataille de Dunkerque et de l'opération *Dynamo*. Nombreux documents commentés, collection d'armes et d'uniformes.

La splendide étendue des « Dunes de Flandre » ou sable et oyats à perte de vue.

alentours

EN FRANCE

Malo-les-Bains

Fondée avant 1870 par un armateur dunkerquois nommé Malo, cette station balnéaire est devenue le quartier résidentiel de Dunkerque. Nombre de **maisons Art nouveau** sont nées de l'imagination débridée de quelques architectes décorateurs rivalisant d'audace. Parmi les plus belles demeures, on relève la Quo Vadis (n° 76) et les Pingouins (n° 92), le long de la digue remontant vers l'Est, la villa Isabelle au n° 20 de l'avenue Foch, la villa Jean-Germaine au n° 34 de la rue de Flandre, les villas Magrite (n° 3b) sur trois étages, et Cécile (n° 23) de la Belle Rade, ou encore la villa Ringot (n° 51) de la rue Lemaire, classée monument historique. La **plage** de sable fin, en pente douce, s'étend à l'Est du port. Elle est longée par une digue-promenade où se dresse le casino.

Aquarium – *45 av. du Casino.* ☎ *03 28 59 19 18 - & - tlj sf mar. 10h-12h, 14h-18h - fermé 1ᵉʳ janv., 1ᵉʳ Mai, 25 déc. - 2 €, gratuit dim. et j. fériés.*

Ses 21 bassins accueillent 1 000 poissons de 150 espèces différentes, provenant de la mer du Nord, d'Amérique du Sud, d'Afrique et d'Océanie. Animations diverses pour les groupes scolaires et centres aérés sur demande.

Église St-Jean-Baptiste – ☎ *03 28 63 52 19 - sept.-juin : 9h30-11h30, 14h30-17h30 (vend. 17h) ; juil.-août : 9h30-11h30 (vend. 17h).*

Cette église de briques (1962) en forme de proue de navire est isolée de son clocher en bois, qui se dresse tel un mât.

Les « Dunes de Flandre »

À l'Est de Dunkerque, bordée par 700 ha de dunes classées réserve naturelle, une plage de 15 km court jusqu'à La Panne, en Belgique. Dotée de cabines qu'on appelle ici les « kiosques », elle fait le bonheur des enfants et des plus grands, avec ses équipements distingués par les labels « Station Kid » et « Station Voile » : jardin des mers, stages de dériveur, etc.

Zuydcoote – Cette localité a connu la renommée littéraire avec le roman de Robert Merle *Week-end à Zuydcoote*, qui évoque les durs épisodes du rembarquement de 1940. Henri Verneuil en tira un film qui se déroule autour du sanatorium.

Bray-Dunes – Sur la **digue-promenade**, une stèle commémore le sacrifice des soldats de la 12ᵉ division d'infanterie motorisée qui combattirent « pour l'honneur » jusqu'au 4 juin 1940.

LOISIRS

Les Dunes de Flandres sont le terrain des amateurs de sports de glisse : voile, dériveur, flysurf, planche à voile, kayak de mer, char à voile... ☎ 03 28 58 10 10.

Écomusée Ferme du Bommelaers-Wall★ – *20, rte de Furnes (en face de l'usine des Dunes). 12 km au Nord-Est par la N 1. ♿ Avr.-oct. : lun.-sam. 10h-18h, dim. et j. fériés 14h-18h. Visite guidée 1er dim. du mois ; nov.-mars et vac. scol. : tlj sf dim. 10h-18h, ☏ 03 28 20 11 03. 4 € (enf. : 2,50 €).*
Au milieu des champs, les superbes écuries, étables et grange de la ferme en activité de Bernard et Christine Carette-Six ont été aménagées depuis 1994 en un lieu d'exposition sur les us et coutumes de la région au début du 20e s. Elle présente la torréfaction de la chicorée, les moyens de transport (avec notamment une rutilante Packard 1931 et une collection de vieux chariots), l'école, les jeux et jouets traditionnels, la sorcellerie en Flandre (avec instruments de torture !) et le braconnage. Boutique produits du terroir (avec notamment la chicorette, apéritif fabriqué artisanalement dans la ferme).

> **Dépaysement !**
> Attention, en passant la frontière, les paysages sont absolument identiques, mais ne vous laissez pas surprendre : ici on parle le néerlandais !

◀ **EN BELGIQUE**

La Panne⚓
Du côté belge, cette station balnéaire est particulièrement appréciée des touristes français et des chars à voile pour sa **plage**, dépourvue de brise-lames, qui peut atteindre jusqu'à 250 m à marée basse.
À l'Ouest de la station, le **Westhoek**, classé réserve naturelle, étend ses dunes sur 340 km, appelant à la promenade entre oyats et saules rampant, argousiers et sureaux noirs... Au Sud-Est, c'est dans la réserve naturelle communale d'**Oosthoek**, sur 61 ha de dunes et de bois, qu'on peut flâner. Pour les enfants, ne manquez pas le parc à thèmes **Plopsaland** à Adinkerke *(3 km au Sud)*.

Koksijde⚓
Cette petite ville contient à elle seule deux stations balnéaires, Koksijde-Bad et St-Idesbald, et la plus haute dune du littoral belge, qui s'élève à 33 m au-dessus du niveau de la mer.

Duinenabdij (abbaye des Dunes) – *Koninklijke Prinslaan nº 8.* Fondée en 1107 par les bénédictins, l'abbaye devint, vers 1300, une des plus importantes d'Europe occidentale, sous la conduite de l'abbé Elias Van Koksijde. Puis elle déclina, jusqu'à être détruite par les calvinistes en 1566. Menées depuis 1949, des fouilles ont permis de mettre au jour les lignes majestueuses de l'abbatiale et de constituer un **musée**, consacré également à l'histoire, la faune et la flore de la région (dioramas). En sortant, remarquez un moulin à vent (Zuid-Abdijmolen) en bois, à pivot, datant de 1773.

Museum Paul-Delvaux – *Delvauxlaan 42, à St-Idesbald.* À travers les peintures, aquarelles, dessins, gravures et les esquisses de l'artiste, on suit son évolution depuis ses œuvres postimpressionnistes, puis expressionnistes, jusqu'aux peintures surréalistes. Paul Delvaux a su développer un style très personnel empreint d'onirisme et de poésie. Reconstitution de son atelier à Watermael-Boitsfort et exposition d'objets personnels.

Oostduinkerke⚓
4,5 km à l'Est de Koksijde sur la N 34.
À marée basse, les pêcheurs volent la vedette aux chars à voile et aux *flysurfs* ! Ils pratiquent encore la pêche aux crevettes à cheval, laissant traîner derrière l'animal, qui s'enfonce dans l'eau jusqu'au poitrail, un lourd chalut. La tradition est vivace : le dernier week-end de juin est consacré la fête de la crevette.

Nationaal Visserijmuseum (Musée national de la pêche) – *Pastoor Schmitzstraat 5.* Ce musée moderne présente une belle collection de maquettes de bateaux, d'instruments de marine et de peintures d'artistes travaillant dans la région vers 1900. Reconstitution d'une maison typique de pêcheur et d'une taverne de 1920.

Folklore Museum – *Koksijdesteenweg 24.* Dans cet écomusée ont été reconstitués un intérieur régional, des ateliers, des boutiques, une chapelle et une petite école.

Blockhaus d'Éperlecques ★

Montagne de béton émergeant de la forêt d'Éperlecques, ce blockhaus haut de 22 m était prévu pour le lancement des V2 destinés à détruire Londres. À quelques encablures, rendez-vous avec une machine plus humaine et agréable : le moulin de Watten, qui produit encore de la farine en été, si le vent est de la partie.

La situation
Carte Michelin Local 301 F3 – Pas-de-Calais (62). Le blockhaus se trouve à 15 km au Nord-Ouest de St-Omer par la N 43 puis la D 300 et la D 205.
🛈 *4 r. de la Mairie, 62910 Blockhaus d'Éperlecques,* ☎ *03 21 95 66 25.*

Le nom
La ville tient son nom de sa topographie. Il provient de *Sperleka*, qui signifierait « spacieux vallon ».

Les gens
Entre 1943 et 1944, plus de 35 000 prisonniers participèrent à la construction du blockhaus.

visiter

Blockhaus
☎ *03 21 88 44 22 - mai-sept. : 10h-19h ; avr. et oct. : 10h-12h, 14h15-18h ; mars : 14h15-18h ; nov. : 14h15-17h - 7 € (enf. 4,50 €).*
La dalle supérieure, épaisse de 5 m, fut montée au fur et à mesure de la construction par un système de vérins qui permettait de protéger des bombardements ceux qui y travaillaient. Le 27 août 1943, 185 « forteresses volantes » venues d'Angleterre déversent des tonnes de bombes sur le blockhaus, le mettant hors d'usage... au prix de la vie de nombreux déportés qui y travaillaient. Après cet épisode, le blockhaus fut agrandi pour devenir une usine d'oxygène liquide.
Un circuit avec points sonorisés donne un aperçu des terrifiantes « armes secrètes » du IIIe Reich. Sur la courtine Sud, remarquez la partie inférieure de la tour de contrôle. De la plate-forme située au sommet du mur Nord inachevé, on constate l'impact de la bombe Tallboy lancée le 25 juillet 1944. Dans le blockhaus, où l'on pénètre par une porte blindée (2 m d'épaisseur !), l'immensité des halls et les structures déchiquetées créent une atmosphère oppressante.

alentours

Mont de Watten
Le long de l'Aa, près du carrefour de la D 207 et de la D 213. Il termine la chaîne des monts de Flandre à l'Ouest, dominant (72 m) la vallée de l'Aa et la plaine flamande. Turenne utilisa cet observatoire avant la bataille des Dunes, ainsi que, bien plus tard, le général allemand Guderian, tacticien de la « guerre éclair » (1940).
Le **moulin** qui domine Watten a été construit au 18e s. à l'emplacement d'un bastion. Il est restauré, et ses ailes tournent à nouveau, l'été venu. Toujours sur le mont, on peut contempler les vestiges d'une abbaye *(propriété privée)* à tour carrée gothique. De l'esplanade en face de l'entrée de l'abbaye, **vue** sur la coupure formée par l'Aa (canal, voie ferrée) et sur la **forêt domaniale d'Éperlecques**. De Watten, on rejoint les écluses de Wattendam en suivant les berges de l'Aa.

SE LOGER
😊😊 **Chambre d'hôte Château de St-Pierre-Brouck** – *287 rte de la Bistade - 59630 St-Pierre-Brouck - 8 km au N de la forêt domaniale d'Éperlecques par D 1 -* ☎ *03 28 27 50 05 - www.lechateau.net - ✉ - réserv. obligatoire - 5 ch. 56/70 € ⌑ - repas 25 €.* Impossible de se sentir à l'étroit dans les charmantes chambres de cet ancien hôtel particulier très plaisamment rénové. Décor châtelain avec lit à baldaquin et superbe armoire dans chacune d'elles. Belle véranda ouverte sur le jardin pour les petits déjeuners.

JULES-VERNE LE TERRIBLE
En mai 1940, l'hydravion *Jules-Verne* venait chaque nuit lâcher une bombe d'une tonne sur la forêt d'Éperlecques, puis regagnait sa base de Rochefort en Charente-Maritime. Ce même appareil bombarda Berlin en juin.

Blockhaus d'Éperlecques

Millam et le point de vue de Merckeghem

12 km au Nord-Est, D 226. De la route qui longe la crête, vue sur les monts de Flandre *(à droite)* et sur la Flandre maritime *(à gauche)*. On franchit un vallon où se cache la **chapelle Ste-Mildrède** (18e s. ; commune de Millam). À l'intérieur, six toiles (1780) du Dunkerquois Pieters retracent la vie de la sainte.

Millam séduit par son habitat traditionnel : maisons aux pignons de brique jaune, toits couverts de « pannes » rouges. Avant Merckeghem, **vue** sur la plaine flamande jusqu'à la mer. À l'horizon, on distingue Dunkerque.

Étaples

Aux confins de la Manche et de la mer du Nord, Étaples est un port de pêche côtière (soles, carrelets, merlans, crevettes) et hauturière actif. Ses gros chalutiers opèrent surtout à partir de Boulogne-sur-Mer, à cause de l'ensablement de la Canche. Mais les équipages restent attachés à leur port d'origine : le Centre de la pêche artisanale et le musée de la Marine invitent à mieux comprendre leur vie quotidienne et les risques du métier.

La situation
Carte Michelin Local 301 C4 – Pas-de-Calais (62). Accès par l'A 16/E 402, la N 39 ou la D 940.
🛈 *Bd Bigot-Descelers, 62630 Étaples,* ☎ *03 21 09 56 94.*

Les gens
12 000 Étaplois dont beaucoup vivent de la pêche. La ville est d'ailleurs surnommée la « cité des pêcheurs ».

Chalutier amarré dans le port d'Étaples.

> **Une date clé**
> Lors du traité d'Étaples, le 11 mars 1492, l'Angleterre, qui assiégeait Boulogne, accepte de se retirer contre 745 000 écus, payables en dix ans.

comprendre

◀ **L'artisanat de la mer** – Au milieu du 19e s., un habitant sur cinq est marin. Plus de 40 bateaux sont rattachés au port, pour une population de 2 300 habitants. Sans compter les ouvriers des chantiers navals, et ceux de la corderie où l'on fabrique les filets... Les femmes

carnet pratique

Se restaurer
Aux Pêcheurs d'Étaples – *Quai de la Canche - 3 km à l'E du Touquet-Paris-Plage par N 39 -* ☎ *03 21 94 06 90 - fermé 3 sem. en janv., dim. soir d'oct. à avr. - 13/36 €.* Au rez-de-chaussée, une belle poissonnerie bien approvisionnée. À l'étage, le restaurant dont le décor - tons bleu et blanc, ancre, filets de pêche... - est en parfait accord avec l'assiette garnie de spécialités iodées. Préférez les tables donnant sur le quai de la Canche.

Sports & Loisirs
La Corderie – *Bd Bigot-Descelers -* ☎ *03 21 09 56 94 - www.etaples-tourisme.com - mars-oct. : selon les horaires des marées - fermé nov.-fév.* Croisière (45mn) et pêche (12h) en mer à bord du bateau Ville-d'Étaples. Location de matériel pour la pêche.

Circuits pédestres
🚶 À partir de l'estuaire bordé de dunes, où se mêlent eau douce et eau salée, la baie de Canche est un point de départ idéal pour des balades à travers plus de 500 ha d'espaces naturels. De petits observatoires dominant les prés-salés permettent d'observer les nombreux oiseaux migrateurs. Topoguides disponibles à l'office de tourisme.

pêchent la crevette, recueillent des vers et vendent le poisson. Aujourd'hui, plusieurs centaines de familles vivent encore de la pêche, mais la plupart des bateaux restent basés à Boulogne. La tradition la plus vivace est liée au hareng. Il se consomme sous toutes ses formes : salé, saur, bouffi, gendarme, mariné au vinaigre...

visiter

Maréis - Au cœur de la vie des marins-pêcheurs★
Bd Bigot-Descelers. Visite 1h30. ☏ *03 21 09 04 00 - www.mareis.fr - ♿ - avr.-août : 9h30-13h, 14h-19h ; reste de l'année : tlj sf lun. 9h30-13h, 14h-18h - fermé 1re quinz. janv., 25 déc. - 8 € (enf. 5,50 €).*

Inaugurée en 2001, dans une ancienne corderie qui a conservé ses pavés d'asphalte et ses charpentes métalliques, une exposition-spectacle (2 000 m^2) évoque la pêche d'aujourd'hui, avec une mise en scène inventive et concrète : film en 3D, bornes interactives, bassin où l'on peut toucher des poissons... Sur un quai reconstitué, un circuit « **à terre** » aborde la construction d'un chalutier, la formation du marin, la vie des femmes... On peut réaliser des nœuds de marine, piloter un bateau sur un écran de simulation, avant de monter « **à bord** » d'un chalutier (24 m) doté d'équipements de pointe : radars, traceurs de route informatique, sondeurs, etc. Des bancs de poissons évoluent dans 7 aquariums. Des effets spéciaux restituent l'environnement du pêcheur – vibrations du moteur, sensations de tangage, « coup de vent ». Autant d'animations qui font efficacement percevoir les tensions du métier.

Musée de la Marine
Halle à la Criée, bd de l'Impératrice. ☏ *03 21 09 77 21 - de mai à déb. sept. : 9h-12h, 14h-19h, dim. 14h-19h ; de mi-sept. à fin avr. : tlj sf mar. 10h-12h, 15h-18h, dim. 15h-18h - fermé janv., 25 et 31 déc. 2 € (enf. 1 €).*

Plus traditionnel, ce musée (600 m^2) présente l'évolution des bateaux de pêche : navires de taille réelle et maquettes. Il revient sur leur construction, le tannage des filets et des voiles, la sécurité en mer, et présente quelques surprises remontées dans les filets, comme une dent de mammouth ou une vertèbre de bison. Tableaux d'artistes de la fin du 19e s. Reconstitution d'un intérieur de marin dans les années 1950. Voyez aussi les **balouettes**, signes de reconnaissance placés en tête de mât des navires d'Étaples.

Musée Quentovic
8 pl. du Gén.-de-Gaulle. ☏ *03 21 94 02 47 - juil.-août : 10h-12h, 14h30-19h ; sept.-juin : 14h30-18h - fermé lun., Noël-1er janv., 1er Mai et pdt la Ducasse (déb. oct.) - 2 €.*

Deux bâtiments du 18e s. accueillent ce musée, consacré à l'archéologie de la région : fossiles, silex taillés et pointes de flèche du paléolithique au néolithique, et, pour la période gallo-romaine, fibules, monnaies et céramiques. Évocation de l'ossuaire du port mérovingien et carolingien de Quentovic.

> **LES FILETS**
> Le chalut est un filet traîné par deux bateaux. Des diabolos (poids) maintiennent le chalut au fond. Le filet fixe s'installe sur le sable à marée basse et se lève à marée montante. Les filets dérivants s'utilisent pour le hareng, d'octobre à décembre.

Fère-en-Tardenois

Dans la capitale du Tardenois, rafraîchie par l'Ourcq qui prend sa source à quelques kilomètres, le château et son impressionnant pont-galerie constituent un moment fort de la visite. Fère fut très disputé en 1918 au cours de la seconde bataille de la Marne : le grand cimetière américain en témoigne.

La situation
Carte Michelin Local 306 D7 – Aisne (02). Aux confins de l'Île-de-France et de la Champagne, Fère est proche de Soissons, Reims, Épernay, Château-Thierry. De Paris (100 km) ou Reims (50 km), on atteint Fère par l'A 4.
🛈 *18 r. Moreau-Nélaton, 02130 Fère-en-Tardenois, ☎ 03 23 82 31 57. www.fere-en-tardenois.com02.com*

Les gens
3 356 Férois. Ville natale du sculpteur **Camille Claudel** (1864-1943), sœur aînée de Paul Claudel, compagne et inspiratrice de Rodin.

> **DÉTENTE**
> Au Nord de la ville, un parc boisé de 110 ha offre repos et loisirs autour de 2 plans d'eau (sentiers pédestres et équestres, VTT, pêche, planche à voile, pique-nique et baignade surveillée en juillet-août) - *Mairie,* ☎ *03 23 82 20 44.*

se promener

Halles
Construites en 1540 sous le règne du connétable Anne de Montmorency, elles abritaient le marché au blé. Belle charpente en châtaignier ; de gros piliers cylindriques en pierre la soutiennent.

Église Ste-Macre
Elle fut rebâtie au 16e s. L'abside est éclairée par des vitraux modernes de Simon, qui évoquent le sacrifice dans l'Ancien et le Nouveau Testament. Dans le collatéral gauche, une châsse abrite une relique de sainte Macre, vierge martyrisée en 303. Au maître-autel : toile de Vignon figurant l'Adoration des Mages.

> **MUSIQUE**
> L'**orgue**, reconstruit en 1990, sert pour des concerts et des enregistrements discographiques.

circuits

L'EST DU TARDENOIS
16 km – environ 2h. Quitter Fère-en-Tardenois au Nord par la D 967. La route traverse les bois de Saponay.

Château de Fère★
Un château fort, élevé au début du 13e s. sur une terre appartenant à une branche cadette de la famille royale, est à l'origine de cette construction. En 1528, François Ier l'offrit à Anne de Montmorency (1493-1567) qui le transforma en demeure de plaisance ; c'est lui qui fit jeter sur le fossé un pont monumental, couvert d'une galerie Renaissance. Après la condamnation à mort d'Henri II de

carnet pratique

SE LOGER ET SE RESTAURER

☏ **Le Val Chrétien** – *Ancienne abbaye du Val-Chrétien - 02130 Bruyères-sur-Fère - 8 km à l'O de Fère-en-Tardenois par la D 310 -* ☎ *03 23 71 66 71 - http://perso.wanadoo.fr/valchretien/ -* ✉ *- 5 ch. 40/64 €* ⌑. Cette demeure jouit d'une situation assez exceptionnelle, au bord de l'Ourcq et au cœur des vestiges de l'abbaye du Val-Chrétien. Chambres sobrement décorées, sauf une, dotée d'un lit à baldaquin et habillée de velours rouge. Tennis.

☏☏ **Manoir de la Semoigne** – *Chemin de la Ferme, manoir de la Semoigne -02130 Villers-Agron - 25 km à l'O de Reims -* ☎ *03 23 71 60 45 - http://manoirdelasemoigne.online.fr -* ✉ *- réserv. obligatoire - 4 ch. 63/88 €* ⌑ *- restauration (soir seult) 37 €.* Très agréable adresse que cette demeure du 18e s., dont le parc traversé par une petite rivière se prolonge d'un joli parcours de golf. Les chambres, spacieuses et calmes, portent chacune le nom d'une couleur. À table, produits de la ferme.

Vue aérienne sur le site du château de Fère.

Montmorency en 1632, le château, confisqué par Louis XIII, passa au prince de Condé et revint à Philippe Égalité, qui le fit démolir en partie.

Face à la motte, confortée de pavés de grès, se trouve la sépulture de Raymond de La Tramerie, propriétaire du château de 1971 à 1984, date à laquelle il en fit don au conseil général du département. La notion de motte féodale prend ici tout son sens, le magnifique pont-galerie venant adoucir l'aspect encore martial de la forteresse ruinée. Gagnez la pile Est du pont monumental et prenez l'escalier aménagé dans cette pile.

Édifié, selon la tradition, par Jean Bullant sur les ordres du Grand Connétable, le **pont-galerie**★★ repose sur cinq arches en plein cintre. Donnant accès au château, il n'était ouvert qu'aux piétons. Une galerie d'agrément, en partie démolie, le surmonte.

Une porte encadrée de deux petites tours à bec ouvre sur l'ancienne cour. Observez les sept tours rondes, soigneusement appareillées, dont les assises présentent un curieux dispositif en dents d'engrenage.

Poursuivre la D 967 jusqu'à Mareuil-en-Dôle, puis prendre à droite la D 79.

Château de Nesles

☎ 03 23 82 90 93 - de mi-mars à mi-oct. : sam. 10h30-19h ; reste de l'année : 10h30-17h ; tte l'année sur demande en sem. - fermé 24 déc.-2 janv. - 3 €. Cette forteresse de plaine (13e s.) a conservé la base de ses courtines et de ses huit tours, et, dans un angle, à l'extérieur de l'enceinte, un donjon cylindrique de 55 m de périmètre. Le corps de logis date du 15e s.

Prendre la D 2.

Cimetière américain Oise-Aisne

☎ 03 23 82 21 81 - www.abmc.gov - 9h-17h - fermé 1er janv., 25 déc. - gratuit.

Parmi les cimetières américains de la Première Guerre mondiale en Europe, c'est le deuxième par son importance (plus de 6 000 tombes). Il marque l'un des terrains les plus disputés lors de la grande offensive franco-américaine de juillet 1918. La colonnade du mémorial est calée sur deux piles abritant une chapelle et un musée.

Revenir à Fère-en-Tardenois par la D 2.

À L'OUEST DE FÈRE-EN-TARDENOIS

25 km – environ 3h. Quitter Fère, au Sud, par la D 967 vers Beuvardes. À Villemoyenne, prendre à droite la D 79 vers Villeneuve.

Villeneuve-sur-Fère

C'est dans le presbytère au chevet de l'église St-Georges qu'est né Paul Claudel (1868-1955), diplomate et écrivain français. La maison familiale, encore habitée par des descendants, se trouve à droite de l'église.

> **COMBATS ACHARNÉS**
> La 42e division « Rainbow » (arc-en-ciel), qui progressait de l'Ourcq vers la Vesle, y refoula, au cours d'une semaine sanglante (28 juillet-3 août), des troupes d'élite allemandes, notamment la 4e division de la Garde prussienne.

Fère-en-Tardenois

Poursuivre sur la D 79, puis prendre à gauche la D 310 vers Coincy.

La Hottée du Diable
Dans la forêt de Coincy, un sentier sablonneux mène à un énorme chaos gréseux aux rochers sculptés par l'érosion ; au sommet de la butte, se découvre un joli panorama sur le chaos ruiniforme et la forêt qui l'entoure.

La route serpente sur les mélancoliques plateaux labourés du Tardenois. À Coincy, traversez le ruisseau pittoresque dénommé l'**Ordrimouille** et prenez tout de suite à droite la D 80 en direction d'Armentières.

> **L'Ordrimouille**
> Ce ruisseau doit son nom aux moines du prieuré St-Pierre-et-St-Paul (vestiges) qui y lavaient leur linge.

Château d'Armentières-sur-Ourcq
Les ruines de cet ensemble fortifié du 13e s. sont complétées par une tour-poterne du 15e s. et quelques éléments architecturaux de la Renaissance. Il a subi de lourds dommages lors de la bataille de la Marne en 1918.

Prendre la route d'Oulchy, puis à droite la D 473 vers Cugny-lès-Crouttes et, à l'entrée de Wallée, la D 229 à gauche.

Monument de la butte de Chalmont
Au flanc de cette butte, dominant toute la plaine du Tardenois, s'élève un monument en granit, en deux parties, dû au ciseau de Landowski. Il fut érigé en 1934 pour commémorer la seconde bataille de la Marne.

Au premier plan, en bordure de la route reliant Beugneux à Wallée, une statue de femme, haute de 8 m, symbolise la France tournée vers l'Est. Par quatre paliers successifs, figurant les quatre années de guerre, on atteint, à environ 200 m, le groupe *Les Fantômes*. Il représente huit soldats de différentes armes, les yeux clos, sur deux rangées. Ce sobre monument impressionne par sa puissance et son **site**★ solitaire.

> **Qui sont ces Fantômes ?**
> 1re rangée : la jeune recrue, le sapeur, le mitrailleur, le grenadier.
> 2e rangée : le colonial, le spectre de la Mort, le fantassin, l'aviateur.

Revenir à Wallée et prendre à gauche. Abris troglodytiques habités dès la préhistoire.

Tourner à droite vers Trugny. La route traverse l'Ourcq. Prendre la D 796 à droite, tourner à gauche, puis encore à gauche sur la D 310.

À 250 m sur la droite, au bout d'une allée, en plein champ, on aperçoit la **ferme de Bellefontaine**, ancienne propriété de la famille Claudel. C'est à la **ferme de Combernon** *(800 m sur la droite)* que se déroule une grande partie de *L'Annonce faite à Marie* de P. Claudel.

La Ferté-Milon★

Agréable petite « ville à la campagne », surmontée d'une puissante forteresse, La Ferté-Milon vous propose de partir à la rencontre de Jean Racine, l'enfant du pays.

> **Conseil**
> Lors de la visite du château, une paire de jumelles vous sera des plus utiles pour scruter les détails de son architecture.

La situation
Carte Michelin local 306 A7 – Aisne (02). En lisière de l'Oise et de la Seine-et-Marne, à 35 km de Soissons et Compiègne. La ville s'étage sur une colline dominant l'Ourcq et le canal.

31 r. de la Chaussée, 02460 La Ferté-Milon, ☎ 03 23 96 77 42.

Le nom
Ferté fait allusion aux « fortifications » qui se dressent ici depuis le 8e s. C'était alors le fief d'un certain Milon.

Les gens
2 109 Fertois. Ils ont eu le plaisir de voir leur cité illustrer les anciens billets de cinquante francs. Une consécration !

comprendre

De Milon à Louis d'Orléans – L'un des premiers seigneurs, Milon, érige ici une forteresse. Au 14e s., Charles VI donne cette seigneurie à son frère, Louis d'Orléans. Ce grand bâtisseur, qui a fait reconstruire le château de Pierrefonds, ordonne de rebâtir celui de La Ferté-Milon. Quand le roi est atteint de folie, le duc devient le maître du royaume. En 1407, il est assassiné par les hommes de Jean sans Peur. Et l'édifice ne sera jamais terminé... Les Ligueurs l'occupent en 1588 et y résistent six ans devant l'armée royale. Henri IV le reprend et ordonne le démantèlement des remparts. Les toits du château sont démontés, et les murs intérieurs démolis, comme la tour carrée qui dominait la vallée.

découvrir

RACINE ET LA FONTAINE
2h. Partir du parking aménagé dans l'île de l'Ourcq.
Traversez le bras du moulin (il conserve sa grande roue) vers la ville ancienne sur le coteau autour de l'église Notre-Dame. *Prendre à gauche, après le pont, la rue de Reims.*

Musée Jean-Racine
&. *Avr.-oct. : w.-end et j. fériés 10h-12h30, 15h-17h30. 4 €. ☎ 03 23 96 77 42.*
C'était la maison de sa grand-mère paternelle, où il passa son enfance. Documents sur le dramaturge, son œuvre et l'histoire de la ville. Statue à l'antique de Racine par David d'Angers (1822).
Tourner à droite dans la rue Racine, vieille rue pavée.
Au n° 1, belle maison où vécut Marie Rivière, sœur de Racine. La rue conduit au chevet de l'église et au château.

> **L'ENFANCE DE RACINE**
> Né à La Ferté-Milon, le 21 décembre 1639 d'une famille fraîchement anoblie, Jean Racine est orphelin de mère à deux ans, de père à quatre. Il est recueilli par sa grand-mère paternelle, dont une fille et deux sœurs sont religieuses à Port-Royal. Devenue veuve en 1649, elle les rejoint à l'abbaye et envoie alors son petit-fils, pour ses « humanités », au collège de Beauvais. Racine y reste jusqu'à l'âge de 16 ans puis entre aux Petites Écoles des Granges. Il y découvre sa vocation de poète, que désapprouvent ses maîtres. Après l'année de philosophie au collège d'Harcourt, l'actuel lycée St-Louis à Paris, Racine fait son entrée dans le monde où il connaît vite le succès. C'est entre 1667 et 1677 que le dramaturge écrit la plupart de ses chefs-d'œuvre : *Andromaque*, *Les Plaideurs*, *Britannicus*, *Bérénice*, *Bajazet*, *Mithridate*, *Iphigénie* et *Phèdre*.

« Racine » peint par Mignard.

Église Notre-Dame
Fermé pour travaux.
C'est ici que Jean de La Fontaine, à 26 ans, épousa Marie Héricart, âgée seulement de 14 ans. Cette église (12e s.), souvent remaniée, possède un chevet demi-circulaire édifié et décoré par Philibert de L'Orme à la demande de Catherine de Médicis. Vitraux du 16e s.

Château★
L'esplanade rectangulaire était l'ancienne cour intérieure de la forteresse. Elle se termine en terrasse au-dessus de la vallée.
En découvrant de l'intérieur la « coque » du château, on remarque que les arrachements datant du démantèlement de 1594 ne sont que peu de chose, comparés aux pierres d'attente appelant une extension, jamais réalisée. Passez la porte de Bourneville, découronnée, et prenez du recul sur la prairie pour admirer la façade. Percée de

La Ferté-Milon

La section de base des tours de la forteresse a été dessinée en amande.

À VOIR
Un des bas-reliefs s'orne d'un **Couronnement de la Vierge**★ *(entre les 2 tours centrales de l'entrée).* Sous cette scène, 3 anges soutiennent les armes de France. La traverse horizontale (ou lambel) désigne une branche cadette : les Orléans.

trois étages de fenêtres, défendue par des mâchicoulis et trois grosses tours à bec, la forteresse se termine par le donjon rectangulaire éventré en 1594. Au sommet des tours, voyez les magnifiques **bas-reliefs**★ (15e s.) inscrits dans des niches en anse de panier : effigies décapitées de « preuses ».

Par la rue des Bouchers et la rue de Reims, gagner à droite la place du Port-au-Blé. Franchir la passerelle.

Bords de l'Ourcq
Jolie vue. En aval : tour d'enceinte et jardin de la propriété Héricart, où La Fontaine courtisa sa fiancée. En amont, le « grenier sur l'eau » : le bâti en avancée abritait les poulies de la grue qui descendait les sacs de blé dans les « flûtes » de l'Ourcq.

Église St-Nicolas
R. de la Chaussée. Cet édifice du 15e s. recèle un très bel ensemble de **vitraux** du 16e s. : vision de l'Apocalypse et scènes de la vie du Christ.

Folleville

Les vestiges du château, sur une butte qui domine la vallée de la Noye, rappellent que Folleville fut jadis le fief d'une grande lignée de seigneurs. L'église du village, au décor finement sculpté, recèle quelques-uns de leurs tombeaux, inspirés par la Renaissance italienne.

L'ANCÊTRE DE ROOSEVELT
En 1621, un bateau d'émigrants, fuyant les persécutions liées aux guerres de Religion, débarqua à Plymouth, en Amérique du Nord. Parmi les colons, un certain Philippe de Lannoy, descendant des seigneurs de Folleville... et ancêtre d'un futur président américain. De son nom aurait dérivé plus tard celui de Delano.

La situation
Carte Michelin Local 301 H9 – Somme (80). Le village, sur une butte en retrait de la vallée de la Noye, se trouve à 24 km au Sud d'Amiens par la D 116 ou la D 7, puis la D 193 et la D 14 depuis Paillart.
Ass. de la promotion du site, 2 r. St-Vincent-de-Paul, 80250 Folleville, ☎ *03 22 41 49 52.*

Les gens
72 Follevillois habitent ce bourg, ancien fief des seigneurs de Lannoy et de Gondi. **Franklin Delano Roosevelt**, qui fut président des États-Unis de 1933 jusqu'à sa mort, en 1945, serait un descendant de la famille de Lannoy, qui se rallia au 16e s. au protestantisme.

comprendre

Un preux – Chambellan et conseiller de Louis XI, Charles VIII et Louis XII, **Raoul de Lannoy** se couvre de gloire au siège du Quesnoy (1477). Louis XI lui passe au cou une **chaîne d'or** en disant : « Pasques Dieu, mon amy, vous estes trop furieux en un combat, il vous faut enchaîner pour modérer votre ardeur, car je ne vous veux point perdre... » Raoul de Lannoy mourut en 1513 ; on peut voir son gisant ainsi que celui de son épouse dans l'église.

La première « mission » de Monsieur Vincent – Janvier 1617. Un humble prêtre parcourt les terres de Françoise de Gondi, héritière par sa mère, Marie de Lannoy, du fief de Folleville. Les campagnes sont dans un état avancé de déchristianisation. Bouleversé, Vincent de Paul monte en chaire et parle au peuple de façon si éloquente qu'une confession générale s'ensuit. Vincent de Paul fonde, en 1625, la congrégation des Prêtres de la Mission, connus aussi sous le nom de lazaristes.

À SAVOIR
La chaîne d'or que Louis XI passa au cou de Raoul de Lannoy est représentée sur une vasque, dans la nef de l'église de Folleville, et dans le chœur, sur son gisant.

visiter

Église et vestiges du château
Visite : 1h30. ☎ *03 22 41 49 52 - de mi-mars à mi-oct. : 10h-12h, 14h-19h ; de mi-oct. à mi-mars : tlj sf dim. 10h-12h, 14h-17h, visite sur demande le matin - fermé lun. et mar., janv. et j. fériés - 2,30 €.*

Cette église des 15e et 16e s. est ornée, à l'extérieur, d'une statue de saint Jacques *(angle de la façade)* et d'une Vierge à l'Enfant *(contrefort)*.

Nef – De style gothique rural, elle comporte, près de l'entrée, des fonts baptismaux Renaissance, dont la vasque en marbre de Carrare est sculptée de la chaîne symbolique aux armes des Lannoy. Dans la nef à droite, la chaire est celle où Vincent de Paul prêcha.

Chœur★ – L'architecture de style gothique flamboyant comporte une décoration Renaissance ; observez les voûtes aux nervures finement découpées. Le premier **tombeau**★★ à gauche est celui de Raoul de Lannoy et de sa femme, Jeanne de Poix. Le sarcophage de marbre blanc a été réalisé en 1507 par le Milanais Antonio Della Porta. Sur la base du tombeau, les armes des familles et l'épitaphe, flanquées d'enfants pleureurs. L'enfeu est un pur chef-d'œuvre par la délicatesse de ses sculptures.

Le second **tombeau**★ montre l'évolution de l'art funéraire, passé en cinquante ans des gisants aux priants de pierre. Ceux-ci figurent François de Lannoy, fils de Raoul, mort en 1548, et sa femme, Marie d'Hangest. L'encadrement de marbre blanc est orné des effigies des vertus cardinales.

Enfeu et piscine – Derrière l'autel s'ouvre un grand enfeu à arc découpé en festons et surmonté d'une accolade. Le Christ y apparaît à Madeleine. Sur les côtés, des anges portent les attributs de la Passion. À droite, une jolie piscine ornée de statuettes figurant saint François et saint Jean-Baptiste, patrons de François de Lannoy et de Jeanne de Poix.

À REMARQUER
Le fond du tombeau est semé de guirlandes de fleurs de pois, allusion au nom de la dame du lieu. Une double accolade couronne l'enfeu, encadrant une gracieuse Vierge à l'Enfant sortie d'une fleur de lys.

alentours

Montdidier
18 km à l'Est par la D 109 puis la D 26. Bâtie sur le flanc d'un coteau crayeux, à l'extrémité du plateau de Santerre, la cité de **Parmentier** conserve l'**église du St-Sépulcre**, de style gothique flamboyant (1510), et l'**église St-Pierre** (14e s.), a été reconstruite après les dommages de 1914-1918 : à l'intérieur, fonts baptismaux romano-byzantins du 11e s.

Derrière l'ancien palais de justice, la promenade dans les allées ombragées mène à une table d'orientation d'où la **vue** s'étend sur la ville, ses clochers et son beffroi (1930).

LE PÈRE DE LA POMME DE TERRE
Connu depuis le 16e s. en Europe, ce tubercule est encore boudé en France lorsqu'Antoine Augustin Parmentier (1737-1813) vulgarisa sa culture à partir de 1786. Agronome et apothicaire, il a découvert ses qualités lors de sa captivité à Hanovre. La petite histoire précise – mais c'est pure fiction – qu'il fit garder son champ par des soldats afin d'attiser la curiosité pour ce légume !

Fourmies

Se loger

⊜ **L'Arbre Vert** – *70 rte de Fourmies - 02500 Mondrepuis - 5,8 km au S de Fourmies par D 288 dir. Hirson, La Capelle -* ☎ *03 23 58 14 25 - ⇌ - 5 ch. 33/46 € ⌂ - repas 16 €.*
Cette belle grange en brique, typique de l'architecture du Nord, abrite des chambres d'hôte mansardées ; leur double vitrage efficace fait vite oublier la proximité de la route. Accueil parfait.

Cette petite ville est cernée par de vastes forêts et un chapelet d'étangs créés par les moines de Liessies, d'où le nom d'étangs des Moines pour les trois principaux. La cité développa une puissante industrie textile au 19e s.

La situation
Carte Michelin Local 302 M7 – Nord (59). Fourmies se trouve à 15 km au Sud-Est d'Avesnes par la D 951 puis la D 42, 10 km au Nord d'Hirson par la D 963 puis la D 964, et à 20 km à l'Ouest de Chimay par la N 593 puis la D 95 et la D 83.

🛈 *20 r. Jean-Jaurès, 59610 Fourmies,* ☎ *03 27 59 69 97. www.mairie-fourmies.fr*

Le nom
Il dérive du latin *fourmiæ*, « fosse d'eau » ou « rade », allusion aux vallées sillonnées de rivières et parsemées d'étangs en bordure desquels la ville s'est développée.

Les gens
13 867 Fourmisiens. Des générations d'hommes, de femmes et d'enfants ont fait de Fourmies une capitale de la filature de laine peignée.

LA FUSILLADE DU 1ER MAI 1891
Une tradition toujours vivace veut que le 1er mai les jeunes aillent couper pour leur fiancée une branche d'aubépine en fleur. Ce jour-là, en 1891, devant le mépris des directeurs d'entreprise face aux revendications des ouvriers, ces derniers se mettent en grève. Un rassemblement se forme devant une usine ouverte. Les gendarmes arrêtent quelques bagarreurs. L'après-midi, la manifestation s'amplifie. La foule afflue sur la place de la mairie, dans le but de libérer les camarades incarcérés. Un des officiers, voyant sa troupe plier sous la poussée de la foule, fait ouvrir le feu. Des coups partent. En quelques minutes, c'est l'effroi et la débandade. Neuf morts et de nombreux blessés sont allongés sur le pavé. Un monument au cimetière et un visuel, au musée du Textile et de la Vie sociale, rappellent cet épisode douloureux des luttes ouvrières.

---

visiter

Écomusée de la région de Fourmies-Trélon
Il regroupe une série d'antennes et de musées associés, créés avec le concours des habitants pour faire découvrir les activités de ce pays de bocage et d'usines. Son but : promouvoir les différents aspects économiques et culturels de la région. ☎ *03 27 60 66 11 - circuits balisés au dép. de la salle des fêtes.*

Musée du Textile et de la Vie sociale★★
☎ *03 27 60 66 11 - ♿ - fév.-nov. : 9h-12h, 14h-18h, w.-end et j. fériés 14h30-18h30 - possibilité de visite guidée (45mn) - fermé déc.-janv. - 5 €.*

Reconstitution d'une boutique au musée du Textile et de la Vie sociale de Fourmies.

Installé dans une ancienne filature, le musée présente une intéressante collection de machines textiles du 19ᵉ s. à nos jours, en état de marche, ainsi que des photographies et les reconstitutions d'un atelier de bonneterie, d'un intérieur ouvrier, d'une salle de classe, d'une rue avec ses boutiques et son estaminet...

alentours

LES ÉTANGS
Étangs des Moines
Au Sud-Est. Situés en bordure de la forêt de Fourmies, essentiellement plantée de chênes, ils servaient de réservoir d'eau pour alimenter les moulins. Ils sont aménagés pour la pêche, le canotage et la baignade.

Étang de la Galoperie★
9 km à l'Est. Alimenté par le ruisseau des Anorelles, qui arrose Anor et se jette dans l'Oise à Hirson, ce vaste étang s'étire au creux de la forêt, à quelques pas de la Belgique.

▶ *(3/4h à pied AR)* Le sentier de la rive Nord-Ouest, après de belles échappées sur l'étang, aboutit à une casemate en béton (1938). Cet élément du système défensif, dit « de la trouée de Trélon », pouvait recevoir une mitrailleuse et un canon antichar.

> **ACTIVITÉS**
> Autour des étangs des Moines : circuits de randonnée (pédestre, équestre et VTT) balisés, sentiers de découverte. Mai-sept. : pédalo, surfbike, canoë-kayak, minigolf...
> ☎ 03 27 57 69 83

Gerberoy★★

Cette minuscule place forte médiévale, dont l'histoire est millénaire, est l'un des « plus beaux villages de France ». Des centaines de rosiers s'accrochent à ses demeures à colombages des 17ᵉ s. et 18ᵉ s. Le torchis se mêle à la brique rouge et aux poutres peintes de couleurs pastel.

La situation
Carte Michelin Local 305 C3 – Oise (60). Village fortifié sur une motte naturelle à 20 km au Nord-Ouest de Beauvais, d'où l'on a une belle vue sur le val d'Arondel et le bois de Caumont. Accès par la D 901 puis la D 133 après Troissereux.

Les gens
136 Gerboréens. Le village fut redécouvert par le peintre **Henri Le Sidaner** (1862-1939), qui s'y fixa et y créa un merveilleux jardin à l'italienne.

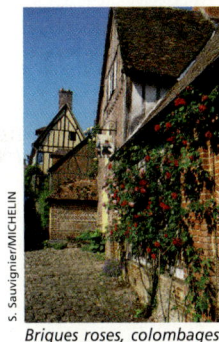

Briques roses, colombages et rosiers grimpants : un bel ensemble de touches colorées.

carnet pratique

SE LOGER
⌾ **Chambre d'hôte M. et Mme Bruandet** – 13 hameau de Bellefontaine - 60650 Hannaches - 5 km au SO de Gerberoy par D 930 puis C 10 dir. Bellefontaine - ☎ 03 44 82 46 63 - http://bellefontaine.free.fr - fermé janv. - ⌿ - 3 ch. 45/50 € ⌾. L'originalité de cette ferme picarde réside dans le mobilier contemporain des chambres et les sculptures de la cour carrée. Tout est le fruit de l'imagination et du talent du propriétaire, sculpteur de son état. Renseignez-vous sur les circuits de randonnée.

SE RESTAURER
⌾⌾ **Hostellerie du Vieux Logis** – 25 r. du Logis-du-Roy - ☎ 03 44 82 71 66 - levieuxlogis@worldonline.fr - fermé vac. de fév., vac. de Noël, lun. soir au vend. de nov. à fév., mar. soir, dim. soir et merc. en sais. - 23/46 €. Cette maison à colombages cadre bien avec le décor de ce pittoresque village de Gerberoy. Salle à manger à charpente avec son imposante cheminée en brique. Essayez le menu sucré ou le « barbecue médiéval ». Salon de thé l'après-midi, en terrasse l'été.

Gerberoy

Gerberoy, un ravissant village qui sut inspirer le pinceau d'Henri Le Sidaner.

se promener

Remparts
De ce point de vue, à la hauteur du château d'eau, admirez les **jardins en terrasses** aménagés par le peintre sur les ruines de la forteresse. Par la porte qui desservait le château, montez à la collégiale en longeant d'anciennes maisons de chanoines.

Musée Le Sidaner
☎ *03 44 82 33 63 - www.gerberoy.fr - avr.-sept. : 14h30-18h30 - fermé reste de l'année - gratuit.*
Situé au 1er étage de l'hôtel de ville (18e s.), il retrace le passé de la commune : céramiques, livres anciens, statuettes, gravures, toiles d'Henri Le Sidaner.

Collégiale St-Pierre
Cette église du 15e s. possède des stalles ornées de miséricordes sculptées (1460) et des tapisseries d'Aubusson (17e s.).
Derrière l'édifice, dans la rue du Château, jolie vue sur la Maison bleue, au coin (1691) : une poterne surplombe des murs envahis par la verdure. Agréable promenade bordée d'arbres aménagée sur les anciens fossés.

> **CALENDRIER**
> S'il y a bien une manifestation annuelle à ne pas manquer, c'est la fête des Roses, le 3e dimanche de juin (sf élections).

Gravelines

Paré de toits rouges, tracé au sabre, Gravelines se protège derrière son enceinte de brique et de pierre. Quatre bastions et deux demi-lunes restent intacts, la verdure y a pris ses aises. Le port formé par l'Aa canalisé abrite des voiliers de plaisance.

La situation
Carte Michelin Local 302 A2 - Nord (59). Gravelines se trouve à 40 km du tunnel sous la Manche et à 30 km de la Belgique. La station sert d'avant-port à St-Omer. Accès par l'A 16/E 40 ou la D 940 ou la N 1.
🛈 *11 r. de la République, 59820 Gravelines,* ☎ *03 28 51 94 00. www.tourisme.fr/gravelines*

Le nom
Il vient de Graveningis ou Graveningen, « pays des grèves ». À l'origine, la cité émergeant des marais se nommait Nieuwpoort, « nouveau port ».

carnet pratique

Se restaurer
Le Turbot – 26 r. de Dunkerque - ☎ 03 28 23 08 54 - www.leturbot.com - fermé dim. soir, lun. soir, mar. soir et jeu. soir - réserv. conseillée - 16/24 €. Si vous n'avez jamais goûté à la coquille St-Jacques, une des spécialités de la maison, c'est le moment de pousser la porte de ce restaurant au décor simple. Entre cuisine traditionnelle et cuisine régionale, vous trouverez de quoi mettre vos papilles en émoi.

Faire une pause
Saurisserie Nathalie-Dutriaux – 29 r. Félix-Faure - 59153 Grand-Fort-Philippe - ☎ 03 28 65 34 05 - mar.-sam. 9h-12h, 14h-18h - fermé 3-17 janv. et 3 sem. juil - visite et dégustation : 3 € (adultes), 2 € (enfants). Dans cette saurisserie, les poissons sont fumés à la sciure de bois dans des cheminées. Vous pourrez déguster et acheter saumon, flétan, hareng, etc.

Sports & Loisirs
Le Christ Roi – Réserv. à l'Office du tourisme des Rives de l'Aa - ☎ 03 28 51 94 00 - Toute l'année. « Le Christ Roi », dernier crevettier à voile, permet de découvrir les paysages côtiers de la mer du Nord mais également d'en savoir plus sur la pêche et la navigation traditionnelle à Gravelines.

La station – Dotée du label « Station Kid », elle offre diverses activités aux enfants et familles. S'adresser à l'Office de tourisme.

Les gens
12 430 Gravelinois. Les militaires redoutaient une mutation à Gravelines et caricaturaient ainsi l'austérité des lieux : « De la peste, de la famine, Des garnisons de Bergues et de Gravelines, Préservez-nous Seigneur ! » Aujourd'hui, les habitants s'en moquent encore...

découvrir

Remparts, contregardes et demi-lunes
Les remparts, dont on peut faire le tour, sont bien conservés ; l'arsenal de Charles Quint les renforce du côté de l'Aa *(Ouest)*. Chaque bastion d'angle est couvert par un système de demi-lunes, de fossés en eau et de contregardes, destiné à retarder l'avancée de l'ennemi.

Pour découvrir ce réseau défensif, prenez la rue de Calais qui traverse le fossé et devient le boulevard Salomé. À gauche, après le pont, longez le sentier et empruntez un pont. Dirigez-vous à gauche vers une première contregarde pour atteindre, vers la droite, une demi-lune boisée. Traversez un pont à droite vers une seconde contregarde que vous longez jusqu'au pont qui mène vers la caserne Varenne et la rue de Dunkerque.

La porte de Dunkerque se reflétant dans l'Aa.

visiter

Musée du Dessin et de l'Estampe originale
7 r. André-Vanderghote. ☎ 03 28 24 99 70 - juil.-août : 14h-18h, w.-end et j. fériés 10h-12h, 15h-18h ; sept-juin : 14h-17h, w.-end et j. fériés 15h-18h - fermé mar., 1er déc. -1er janv., 1er Mai - 2 € (enf. gratuit), gratuit 1er dim. du mois.

Il est installé dans la **poudrière**, bâtie en 1742. Le rez-de-chaussée est consacré à l'histoire et aux techniques de l'estampe et de la gravure, illustrées par Dürer et Léger. Au sous-sol, expositions temporaires sur le patrimoine historique de la ville. Une belle copie à l'identique du plan-relief (1756) de Gravelines.

L'autre partie du musée occupe la casemate souterraine (1693), ancienne salle d'armes intégrée aux fortifications. La salle dite « du Pilier » – son pilier central s'ouvre sur quatre voûtes en plein cintre – abrite des expo-

Animation
Présentation vivante et ludique du plan-relief : un spectacle son et lumière de 20mn animé par diaporama vous plonge au temps de Vauban. Deux soldats de l'époque évoquent à travers leurs pérégrinations l'histoire de la petite ville fortifiée.

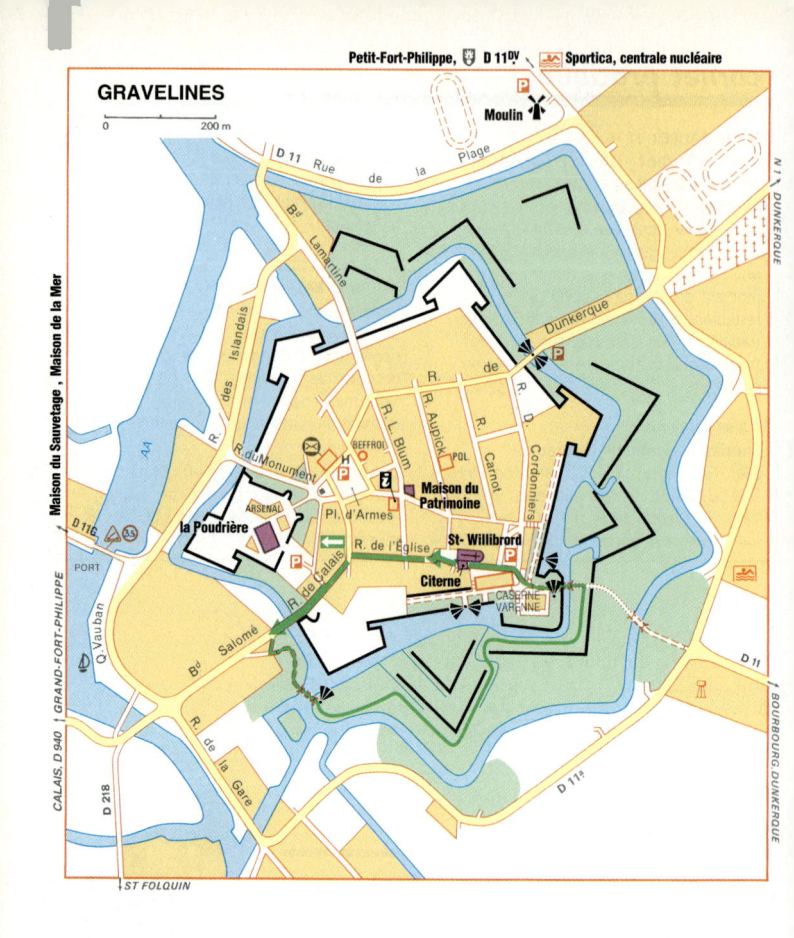

sitions temporaires d'estampes, gravures et dessins. Des œuvres de Gromaire, Leroy, Dodin... sont régulièrement présentées.

L'ensemble est ceint d'agréables jardins. Belles sculptures de Charles Gadenne : *La Conversation* et *La Vigie*.

Église St-Willibrord

☎ 03 28 23 00 15 - *vend. 9h30-11h30.*

> **À VOIR**
> Le portrait en médaillon, très expressif, du gouverneur de Gravelines, tué au siège de St-Venant en 1657.

De style gothique flamboyant, à l'exception du portail fin Renaissance, cette église est dédiée à l'apôtre des Pays-Bas au 7e s. Les murs de la nef sont revêtus de belles boiseries du 17e s. Parmi le mobilier, voyez les confessionnaux, le buffet d'orgues et plusieurs monuments funéraires, dont le cénotaphe de Claude Berbier Su Metz, sculpté par Girardon *(bas-côté gauche)*.

La citerne, reliée à l'église par une arcade, date du 18e s. ; ses pompes ont des embouts sculptés en forme de dauphins.

Maison du patrimoine

2 r. Léon-Blum. ☎ *03 28 51 94 00 -* & *- de fin avr. à fin sept. : tlj sf lun. 14h-17h, w.-end et j. fériés 15h-18h - fermé 1er Mai - gratuit.*

Très active, elle organise des expositions de peintures d'artistes locaux, des stages « nature » à destination du jeune public et d'autres animations pour découvrir la région.

Moulin du Polder

Rte de Petit-Fort-Philippe. Ce tout petit moulin sur pivot en pitchpin (bois de différentes espèces de pins d'Amérique du Nord) a été bâti en 1925.

alentours

Petit-Fort-Philippe
2 km par la D 11. Reconstruit dans le style flamand après la guerre, Petit-Fort-Philippe doit son nom au roi d'Espagne Philippe II. C'est un port de pêche, où l'on peut déguster d'excellents poissons frais, et une station balnéaire. Jolie vue sur le canal animé par les chalutiers et sur Grand-Fort-Philippe.

Grand-Fort-Philippe
2 km par la D 11^G. Son activité principale a longtemps été liée aux métiers de la pêche (corderie, saurisserie, construction navale). Deux musées en retracent le souvenir.

Maison de la mer – *28 bd Carnot.* ☎ *03 28 51 94 00 - 3 avr.-18 sept. : tlj sf mar. 14h-17h, dim. et j. fériés 15h-18h - fermé 1er Mai - 2 € (enf. gratuit) ; billet combiné avec la Maison du sauvetage.*

Elle évoque l'histoire du port et de la construction navale, les techniques de pêche, la vie quotidienne des marins...

Maison du sauvetage – *Bd de la République.* ☎ *03 28 51 94 00 - 3 avr.-18 sept. : tlj sf mar. 14h-17h, dim. et j. fériés 15h-18h - fermé 1er Mai - 2 € (enf. gratuit) ; billet combiné avec la Maison de la merc.*

Ancien abri à canots, elle a été convertie en musée à la gloire du sauvetage en mer. Maquettes de canots, archives retraçant les grandes heures du sauvetage, canot restauré...

Le port de Petit-Fort-Philippe.

Centrale nucléaire
Les visites guidées, suspendues en raison de l'application du plan Vigipirate sont remplacées par des conférences à thème. Mission Information communication - ☎ *03 28 68 42 36.* Construite dans les années 1970 en lisière du port Ouest de Dunkerque, cette centrale compte parmi les plus puissantes d'Europe. Elle renferme six réacteurs à eau. Une partie de l'eau de mer réchauffée à la sortie des condenseurs alimente une ferme aquacole.

> **À SAVOIR**
> La centrale fournit 35 milliards de kWh par an, soit 10 % de la production nationale d'électricité.

Guînes

Campé dans un paysage verdoyant, entre forêts et marais, Guînes promet de mémorables ripailles et de jolies balades à travers les « Trois Pays ». La petite ville fut le siège d'un puissant comté, vassal de la couronne d'Angleterre de 1352 à 1558.

La situation
Carte Michelin Local 301 E2 – Pas-de-Calais (62). Guînes se trouve à 8 km au Sud de Calais et du tunnel sous la Manche. Accès par la D 231 ou la D 127.
🛈 *14 r. Clemenceau, 62340 Guînes,* ☎ *03 21 35 73 73. www.tourisme3pays.com*

Le nom
Un acte de donation de 807 porte la mention de Gisna, qui dériverait de Ghisnervlet, nom de la rivière primitive.

Les gens
5 221 Guînois bons vivants, en témoignent quelques spécialités du coin : sauté de cerf, foie gras, hydromel...

Guînes

« Le Camp du Drap d'or » (vu par F. Bouterwek) : célèbre rencontre entre François Ier et Henri VIII d'Angleterre.

LE CAMP DU DRAP D'OR
Près de Guînes, sur la route d'Ardres, **François Ier** de France et **Henri VIII d'Angleterre** se rencontrent le 7 juin 1520 pour débattre d'une hypothétique entente. Tous deux sont accompagnés d'une cour nombreuse. Le premier loge à Ardres, le second au château de Guînes. Le camp s'étend autour de lices destinées aux joutes. Le roi d'Angleterre occupe un « palais de cristal », François Ier une tente brochée d'or, décorée par le peintre Jean Bourdichon. Mais le pavillon anglais résiste difficilement aux vents, et Henri VIII est terrassé par son royal adversaire au cours d'une partie de lutte. Battu et vexé, il regagne Gravelines et fait alliance avec Charles Quint.

visiter

La Tour de l'Horloge
☎ *03 21 19 59 00 - www.tour-horloge-guines.com - visite guidée (1h15) juil.-août : 10h30-18h30 ; avr.-juin et de déb. sept. à mi-sept. : 14h-18h (dernière entrée 1h av. fermeture) - 6 € (enf. 3,50 €).*

Elle coiffe la motte féodale depuis 1763. À ses pieds un musée interactif évoque le passé de Guînes : arrivée des vikings, visite de Thomas Becket, entrevue du Camp du Drap d'Or... *(animation, mannequins, diaporama, maquettes).*

PANORAMA
Du haut de la motte, sur 360° large vue sur Calais et la Côte d'Opale, la plaine de Flandre et le bocage boulonnais.

Écomusée St-Joseph Village
☎ *03 21 35 64 05 - 10h-18h, dim., j. fériés et juil.-août 10h-20h - 10 € (7-16 ans 5 €).*
Au Marais de Guînes. De l'école à l'épicerie, en passant par le moulin, cet écomusée est une reconstitution d'un village des années 1900-1950.

Musée municipal E.-Villez
Fermé pour travaux - se renseigner, ☎ *03 21 35 73 73.*
Vestiges archéologiques, objets, cartes (atlas de Mercator, 1609), gravures et tableaux présentent l'histoire de Guînes. *9h-12h, 14h-17h.* ☎ *03 21 00 82 32.*

alentours

Forêt de Guînes
Au Sud de Guînes, une route goudronnée traverse la forêt qui longe le rebord Nord des collines du Boulonnais. 785 ha de chênes, hêtres, charmes et bouleaux. La voie mène à la **clairière du Ballon**. À gauche, en retrait, la **colonne Blanchard** marque l'endroit où atterrit, le 7 janvier 1785, le ballon monté par Blanchard – l'inventeur du parachute – et Jeffries, les premiers à franchir la Manche par voie aérienne.

carnet pratique

SE LOGER
● **Auberge du Colombier** – *La Bien-Assise* - ☎ 03 21 36 93 00 - www.bien-assise.com - fermé 23 déc.-31 janv. - 🅿 - 7 ch. 40/58 € - ⊑ 6 € - restaurant 13/48 €. Belle propriété du 18e s. située en pleine campagne. Les chambres, calmes et bien tenues, sont aménagées dans une bâtisse ancienne rénovée, auprès d'un pigeonnier. Piscine couverte, camping, petits chalets (en saison) et restaurant sur le domaine.

SE RESTAURER
● **Le Grand Air** – *132 r. Henry-Hamy - 62132 Le Mont-de-Fiennes - 8 km au SO de Guînes par D 127* - ☎ 03 21 35 01 60 - www.legrandair.com - 13/45 € - 5 ch. 58/68 € - ⊑ 6 €. Juchée sur le mont de Fiennes, cette ancienne ferme offre un joli panorama sur Calais. Vous apprécierez l'ambiance feutrée de sa salle à manger décorée d'objets de la ferme ainsi que ses chambres, spacieuses et bien tenues. Cuisine du terroir et produits de la mer. Accueil souriant.

EN SOIRÉE
Le Camp du Drap d'or – En oct., un repas-spectacle, les « Ripailles du Camp du Drap d'Or », reprend ce thème. ☎ 03 21 35 73 73.

Forteresse de Mimoyecques

10 km à l'Ouest-Sud-Ouest par la D 231 et, après Landrethun-le-Nord, la D 249. ☎ 03 21 87 10 34 - www.baseV3-mimoyecques.com - &. -juil.-août : 10h-19h ; avr.-juin et de déb. sept. au 11 nov. : 11h-18h - fermé du 12 nov. à fin mars - 5,50 € (enf. 4 €).

Mimoyecques était destiné à devenir une base de lancement de V3. Cette arme aurait alors servi à anéantir Londres. Pour lancer ces obus, les Allemands avaient conçu des canons de 130 m de long. Le chantier débuta en septembre 1943 ; des milliers de prisonniers participèrent au creusement du tunnel ferroviaire (600 m de long sous 30 m de craie) et au percement des puits pour recevoir les canons. Les Alliés bombardèrent Mimoyecques dès l'hiver 1943. En juillet 1944, une bombe Tallboy percuta la couche de béton, provoquant une inondation qui mit fin au sinistre projet.

Ardres

8 km à l'Est, D 231. Jadis fortifié, Ardres est un marché agricole à la croisée de la plaine maritime et des collines de l'Artois. Convoitée par les Anglais et les Espagnols aux 15e et 16e s., la ville frontière accueillit François Ier lors de l'**entrevue du Camp du Drap d'or**.

Triangulaire et pavée, la **Grand'Place** (ou place d'Armes) est bordée de vieilles maisons aux toits aigus. L'ancienne chapelle (17e s.) des Carmes fait face au chevet de l'église (14e-15e s.).

LOISIRS-DÉTENTE
Un lac est aménagé sur d'anciennes tourbières. Baignade, pêche, planche à voile (au Nord d'Ardres). 62610 Ardres.

Guise

Aux portes de la Thiérache, Guise est une charmante petite ville, calme et verdoyante. Résolument moderne, elle conserve pourtant son vieux quartier, près de l'église, et le familistère Godin, témoignage d'une aventure ouvrière exceptionnelle. Trois tonalités s'y disputent : le rouge et le blanc des maisons, et le vert des massifs arborés et fleuris.

La situation
Carte Michelin Local 306 D3 – Aisne (02). Dominé par les ruines du château, Guise est rafraîchi par l'Oise. Accès par la N 29, la D 967 (de Laon), la D 934 (de Valenciennes) ; la D 960 (de Cambrai ou Vervins).
🛈 *2 r. Chantraine, 02120 Guise,* ☎ 03 23 60 45 71. http://office.tourismeguise.free.fr

QUE RAPPORTER
Brasserie de Bernoville – 34 r. Pierre-de-Martimprey - 02110 Aisonville-et-Bernoville - ☎ 03 23 66 00 40 - tlj sf dim. 9h-20h. Vente directe de bière artisanale.

Le nom
Il se prononce Gu-ize et provient de la contraction de « gué » (endroit peu profond d'une rivière où l'on peut traverser à pied) et d'« Ise », ancien nom de l'Oise.

Guise

> **Un illustre Guisard**
> Camille Desmoulins (1760-1794) est né à Guise. Fils d'un lieutenant au bailliage, le jeune révolutionnaire est guillotiné en même temps que Danton. Pour avoir protesté auprès de Robespierre, sa femme connut le même sort.

Les gens

5 901 Guisards. Érigé en duché par François Ier, Guise donna son nom à une branche de la maison de Lorraine. **François de Guise** (1519-1563) défendit Metz contre Charles Quint et reprit Calais aux Anglais. **Henri de Guise** (1550-1588), chef de la Ligue, fut assassiné à Blois lors des guerres de Religion, sur ordre de Henri III.

visiter

Familistère Godin★

☏ 03 23 61 35 36 - *www.familistere.com - visite guidée (1h30) juil.-août : 10h15 ; avr.-oct. : 14h30 et 16h30 ; nov.-mars : 14h30 et 16h - fermé lun., 1er janv., 25 déc. - 4 € (-12 ans gratuit)*
À la fois projet social inédit et réalisation industrielle, cette cité de 2 000 âmes fut élevée par **Jean-Baptiste André Godin** (1817-1888), fondateur des usines fabriquant des appareils de chauffage et de cuisson. Les trois pavillons d'habitation formant le « Palais social » furent construits chacun autour d'une vaste cour vitrée à charpente en bois ou métallique, à proximité de l'usine, entre 1859 et 1883. Ils abritent 500 logements au confort moderne (eau courante, grilles d'aération, toilettes et vide-ordures à chaque étage dans un souci d'hygiène permanent), mais aussi des équipements complémentaires : une école, laïque et mixte, un théâtre à l'italienne, lieu de débats, de rencontres et de fêtes, une bibliothèque, un kiosque à musique, un lavoir, une piscine, un jardin, une caisse de mutualité et des magasins d'approvisionnement (économats). À chaque étage, une galerie ou coursive permet une circulation continue sur l'ensemble des bâtiments, où s'échafaude la vie du « petit peuple des balcons ».

Dans l'aile droite, appartement de l'administrateur-gérant (exposition d'une grande maquette en bois du site datée de 1931) et logement de 1877 reconstitué. Au théâtre, restauré à l'identique, est présenté un nouveau spectacle multimédia de 20mn sur la « vie familistérienne », ainsi qu'une petite salle d'expositions réunissant photographies, affiches, images d'archives et lectures. Sur l'autre rive de l'Oise, le jardin d'agrément (mausolée de Godin), réhabilité, est en accès libre.

Jean-Baptiste André Godin, le génial inventeur du familistère.

> **Silence, on tourne !**
> *L'Assassinat du duc de Guise*, tourné en 1908 par André Calmettes, est le premier film d'art de l'histoire du cinéma.

Château fort des ducs de Guise★

Accessible depuis Guise, au-delà de l'église St-Pierre. 03 23 61 11 76 - www.chateaudeguise.free.fr - visite guidée (1h15) de juin à mi-oct. : 10h-12h, 14h-18h (17h de mi-oct. à mi-mars et 17h30 de mi-mars à mai) - fermé de mi-déc. à mi-janv. - 5 € (8-14 ans 1,60 €).
Bâtie en grès des Ardennes au 11e s., ce fut l'une des premières forteresses bastionnées de France au 16e s., sous l'impulsion des ducs de Guise Claude et

> **Un chef d'entreprise visionnaire et audacieux**
> Fils d'artisan serrurier, Jean-Baptiste André Godin achève son compagnonnage à travers la France en 1837. À son retour, il imagine un poêle tout en fonte dont la chaleur serait plus constante et la fabrication plus rapide. Il dépose son brevet d'inventeur en 1840 et crée sa propre fonderie en 1846. Installée à Guise, l'entreprise grossit au rythme de ses inventions, des améliorations techniques et des commandes, devenant un véritable empire industriel. Pour concrétiser ses idées sur l'épanouissement de l'individu, le partage des richesses et la solidarité entre les hommes, Godin fait construire un « Palais social », calqué sur les thèses de Charles Fourier, une « utopie réaliste » reposant sur la participation des employés de l'usine et de leur famille. En 1880, Godin crée l'Association coopérative du capital et du travail, et la propriété du Palais social et de l'usine passe peu à peu aux mains du personnel. Si l'association a cessé d'exister, les usines Godin fonctionnent toujours. Le familistère est aujourd'hui habité par des copropriétaires indépendants.

Quatre étages ceinturés de galeries autour d'une cour vitrée : l'architecture novatrice du familistère Godin.

François. Au 17ᵉ s, Vauban la renforce pour résister aux invasions de la vallée de l'Oise. Cible de l'artillerie en 1914-1918, elle tombe peu à peu en ruine. Dans les années 1950, le Club du vieux manoir entreprend son sauvetage. Aujourd'hui, ce sont plus de 50 000 bénévoles qui ont participé aux travaux de fouilles et de restauration.

Franchissez la porte ducale (16ᵉ s.), située côté ville. Du bastion de la Haute-Ville, un passage médiéval donne sur l'allée voûtée de l'entrée des carrosses pour atteindre le bâtiment des prisons et le cellier qui servait de garnison à 3 000 hommes en temps de siège. L'allée voûtée du Gouverneur conduit aux vestiges du palais et au donjon. On voit les soubassements de la collégiale St-Gervais-St-Protais et les bastions de la Charbonnière et de l'Alouette. Les salles des gardes, converties en musée, présentent les objets découverts lors des fouilles. Par une suite de souterrains, on retrouve le bastion de la Haute-Ville et la galerie dite des Lépreux.

Ham

Ville industrielle et port fluvial actif, cette ancienne place forte située dans la vallée marécageuse de la Somme est connue pour sa prison, dont le futur Napoléon III s'évada en 1846.

La situation
Carte Michelin Local 301 L9 – Somme (80). C'est ici que la Somme entre dans le département du même nom. Ham se trouve à l'Est d'Amiens et à 18 km au Sud-Ouest de St-Quentin. Accès par la D 930 au départ de St-Quentin ou, au départ d'Amiens, par la D 934 puis la D 930 que l'on prend à Roye.
🛈 *R. André-Audinot, 80400 Ham,* ☎ *03 23 81 30 00. www.ot-payshamois.com*

Le nom
Plusieurs interprétations coexistent. Ham proviendrait de *han* ou *hen*, appellation pré celtique désignant une habitation sur un ensemble de buttes entre Somme et marais. On peut aussi y voir un mot d'origine germanique, *Heim*, qui signifierait « maison » ou « foyer ».

Les gens
5 532 Hamois. Prisonnier au château de Ham, Louis Napoléon Bonaparte y passa six ans à écrire et... à filer le parfait amour avec la fille de son geôlier !

L'ancienne forteresse de Ham.

Ham

carnet pratique

QUE RAPPORTER
Les Canards de la Germaine –
3 r. de l'Église - 3 km au NO de Ham par
D 937 - 80400 Sancourt -
☏ 03 21 81 01 57 - www.sancourt.com -
boutique : 9h-12h30, 14h-19h. Cette ferme
familiale est spécialisée dans l'élevage de
canards et produit foies gras, confits,
magrets, pâtés et rillettes de canard. Elle
propose également des volailles (poulets,
coqs, pintades, canes), des lapins et des
œufs.

SPORTS & LOISIRS
Canoë-kayak Club – 80400 Estouilly -
☏ 06 77 28 77 99. Base nautique.
Domaine des Îles – 9 r. du Moulin - 6 km
au NO de Ham - 80400 Offoy -
☏ 03 23 81 10 55 -
www.domaine-des-iles.com - fermé
1er déc.-1er mars. Parc de 35 ha dont
18 d'étangs et 5 km de canaux : ce
domaine est dédié aux plaisirs de la pêche
en eau douce. Chalets de pêche loués en
formules week-end, « mid-week » ou à la
semaine. Brochet, carpe, silure ou gardon
sont au bout de l'hameçon !

comprendre

FRIANDISES HISTORIQUES
L'hamoise est un bonbon qui rappelle l'évasion de Louis Napoléon, tandis que les croquants du général Foy sont à l'effigie de cet officier napoléonien né à Ham en 1775.

Une prison d'État – Le château de Ham, détruit en 1917 par les Allemands, était une forteresse aux murs épais de 11 m par endroits. Sa construction commencée au 13e s., avait été achevée au 15e s. Utilisé dès son origine comme prison politique, Ham reçut à ce titre, au 18e s., le corsaire Cassard et Mirabeau, puis, après la Révolution de 1830, les ministres de Charles X. Le plus illustre détenu reste Louis-Napoléon Bonaparte, emprisonné ici après son débarquement manqué à Boulogne. Le futur **Napoléon III** s'évada le 25 mai 1846, déguisé en maçon. Il franchit le poste de garde et passa en Angleterre.

visiter

Église Notre-Dame
En bordure de l'enceinte, cette ancienne abbatiale est de style romano-gothique (12e-13e s.). Les parties hautes de la nef ont été refaites au 17e s. dans un style s'accordant avec la construction primitive. La façade à portail roman et le transept sont percés d'un triplet (trois baies associées). L'intérieur, en dehors du transept et du chœur, a été rhabillé au 17e s. La belle **crypte** abrite les gisants d'Odon IV, seigneur de Ham, et de sa femme (13e s.). ☏ 03 23 81 30 00 - visite guidée sur demande à l'Office de tourisme, 10h-12h, 14h-17h.

Sur la droite, bâtiments de l'**ancienne abbaye** (1701).

Hardelot-Plage

Cette élégante station de la Côte d'Opale, dotée du label « Station Kid » pour l'accueil qu'elle réserve aux enfants, déroule sur 10 km sa plage de sable fin où s'alignent les cabines bleues et blanches. Des villas modernes se nichent dans la forêt de pins, de frênes et de bouleaux qui couvre ses larges dunes.

La situation
Carte Michelin Local 301 C4 – Pas-de-Calais (62). Entre Boulogne et Le Touquet. Accès par la D 940 ou l'A 16.
🛈 476 av. François-1er, 62152 Hardelot-Plage, ☏ 03 21 83 51 02. www.hardelot-tourisme.com

Le nom
Hardelot dérive du terme saxon *hard lob*, mentionné en 596, qui désigne une place forte. Ce hameau est détaché de la commune de Neufchâtel-Hardelot.

carnet pratique

SE LOGER
◎◎◎◎ **Hôtel du Parc** –
111 av. Francois-1ᵉʳ - ☎ 03 21 33 22 11 - parc.hotel@najeti.com - 🅿 *- 80 ch. 119/139 € -* ☐ *12 € - restaurant 26/55 €.*
Au milieu des arbres, cet hôtel moderne est un havre de paix. Ses chambres, décorées de meubles en bois peints et de tissus discrets, sont spacieuses et ouvrent pour la plupart sur la nature. Jeux d'enfants dans le jardin. Pour les sportifs : piscines et tennis.

SE RESTAURER
◎◎ **Brasserie L'Océan** –
100 bd de la Mer - ☎ 03 21 83 17 98 - l.ocean@wanadoo.fr - 16,50/32,90 €.
Cette vaste brasserie bâtie face à la plage offre un beau panorama sur la mer. Décor moderne d'esprit bateau et agréable terrasse d'été. Cuisine honnête, axée sur les produits de l'océan, bien sûr...

Les gens
Sur la plage de sable fin, **Louis Blériot**, prépara son premier survol de la Manche en solitaire. Il s'entraîna en aéro-plage, l'ancêtre du char à voile.

séjourner

Plage
À marée basse, c'est un lieu de prédilection pour les amateurs de *speedsail*, une planche à voile sur roulettes où l'on s'installe debout : un raid international se déroule à la Pentecôte. Sur la base nautique, initiation au **char à voile** : mini-chars pour les 6-12 ans, biplaces... Et une **école de cerf-volant** propose des ateliers de fabrication pour les petits et des cours de pilotage pour tous.

Sports
🅘 Des sentiers pédestres et équestres sont balisés dans la forêt domaniale. À vélo, on pédale au Nord jusqu'aux **dunes d'Ecault**, un site classé, et jusqu'au mont St-Frieux, au Sud (alt. : 152 m).
La station possède deux golfs (18 trous), des courts de tennis et un centre équestre.

visiter

Château
Sur la commune de Condette, il fait face au lac des Miroirs et conserve des vestiges de ses fortifications du 13ᵉ s. Sir John Hare le fit reconstruire au 19ᵉ s. en s'inspirant du château de Windsor. Le propriétaire suivant, John Whitley, le convertit en centre d'attractions. Puis une congrégation religieuse s'y installa. Il appartient aujourd'hui à la commune.

Le sable fin et le léger dénivelé de la plage font d'Hardelot le paradis des amateurs de char à voile.

Hazebrouck

CALENDRIER
Le championnat de Flandre de montgolfière se déroule à Hazebrouck, le dernier w.-end de mai.

Ville active au cœur de la Flandre, Hazebrouck s'est développé au 19e s. en devenant un important nœud ferroviaire. Les lapins s'y cuisinent encore aux pruneaux, mais ils ont dû se trouver d'autres garennes et regrettent bien leur ancien marais. Pour saisir une part de l'âme flamande, tâchez de vous y rendre lors du carnaval d'été (juillet), pour le défilé des trois géants.

La situation
Carte Michelin Local 302 D3 – Nord (59). À mi-chemin de Lille et Dunkerque et de Bailleul et St-Omer (22 km). Accès par la N 42 qui relie ces deux dernières villes en contournant Hazebrouck par le Nord. De Steenvoorde, prendre la D 916.

Le nom
Il est formé de *haze*, le « lièvre », et de *broeck*, le « marais » en flamand.

Les gens
21 396 Hazebrouckois. Blessé en 1914-1918, L.-F. Céline reçoit des soins au lycée St-Jacques. Cette expérience marque l'auteur du *Voyage au bout de la nuit*.

visiter

L'ancien couvent des Augustins abrite le musée municipal.

Musée municipal
Place Georges-Degroote. ☎ *03 28 43 44 46 - &. - merc., jeu., sam. 10h-12h, 14h-17h, dim. 10h-12h, 15h-18h - fermé j. fériés - 2,15 €, gratuit 1er dim. du mois.*
Dans l'ancien couvent des Augustins (17e s.) orné de beaux pignons de la Renaissance flamande sont exposés les **géants** de la ville : Roland, preux chevalier qui rejoignit le comte de Flandre, Baudouin, lors de la quatrième croisade, sa femme Toria et sa fille Babe-Tisje. À voir aussi, la reconstitution d'une cuisine flamande et l'évocation du passé de la ville. Dans les galeries du cloître : peintures flamandes et hollandaises (16e-17e s.) – Rubens, Van Dyck, Teniers –, d'objets d'art sacré et tableaux des 19e et 20e s., œuvres d'Isabey, Théodore Rousseau, Bouguereau, Bastien-Lepage, Émile Lévy...

Église St-Éloi
Ce bel édifice à trois nefs en brique et pierre renferme des boiseries du 17e s. La flèche a été détruite lors de la Seconde Guerre mondiale ; elle ne l'a retrouvée qu'en 1994.

carnet pratique

ACHATS
Le Marais du Livre – *15 r. de l'Église - Entre la grand' place et l'Église St-Eloi -* ☎ *03 28 41 08 20 - www.maraisdulivre.com - tlj sf lun. 9h-12h30, 14h-19h - fermé lun. et j. fériés.* Cette librairie fondée en 1994 est souvent décrite comme l'une des meilleures de la région. Vous y trouverez assurément l'excellent polar de ce romancier paraguyen connu... de vous seul, ainsi que le dernier « tube » à la mode puisqu'un espace est également dédié aux disques.

Coupole d'**Helfaut-Wizernes**★★

Cette gigantesque base de lancement de fusées V2 compte parmi les plus imposants vestiges de la Seconde Guerre mondiale. Symbole de la folie et de la démesure nazies, le site a été converti en Centre d'histoire de la guerre et des fusées, un lieu de mémoire et d'éducation.

La situation
Carte Michelin Local 301 G3 – Pas-de-Calais (62). La coupole se trouve sur les hauteurs d'Helfaut et de Wizernes, à 5 km au Sud de St-Omer par la D 928. Accès par l'A 26. Des autobus assurent la liaison entre la gare de St-Omer et la coupole.

Les gens
Auguste Moro, qui vécut l'enfer du percement des galeries, se souvient : « On travaillait 12h/24, une semaine de jour, une semaine de nuit. Le chantier prenait des proportions hors du commun... le béton coulait sans cesse. »

Haut de 14 m, le V2 est un assemblage de 22 000 pièces. Il peut atteindre une vitesse de 5 800 km/h, sa portée est de 300 km.

comprendre

Un projet démesuré – Après la destruction du blockhaus d'Éperlecques en août 1943, Hitler fait construire un nouveau bunker. Dans une carrière de craie, l'Organisation Todt aménage un dôme de protection en béton de 72 m de diamètre et de 5 m d'épaisseur, des tunnels ferroviaires pour transporter les fusées et des galeries souterraines pour les stocker.

Tallboy contre V2 – Malgré les bombardements de mars à septembre 1944, dont certains avec des bombes Tallboy de 5 t, la coupole reste intacte. Suite à la percée des Alliés, les Allemands abandonnent le projet en juillet 1944, notamment la zone de tir. Des V2 meurtriers seront tirés ultérieurement, à partir de bases mobiles, sur Londres et Anvers.

Course à l'espace – À la fin de la guerre, von Braun se rallie aux Américains et devient l'un des pères d'Apollo. Commence alors une formidable compétition spatiale entre les États-Unis et l'ex-URSS.

> **Première fusée stratosphérique**
> Mises au point dans le centre secret dirigé par Wernher von Braun sur une île de la Baltique, les fusées V2 étaient fabriquées par les déportés du camp de concentration de Dora-Nordhausen. Ce terrible engin inaugura la conquête spatiale.

visiter

La coupole
☎ 03 21 93 27 27 - *www.lacoupole.com* - ♿ - juil.-août : 10h-19h ; reste de l'année : 9h-18h - fermé vac. de Noël - 9 € (enf. 6 €).

Masquée en partie par la verdure, la coupole et son entrée.

Après un parcours dans le tunnel ferroviaire puis les galeries souterraines destinées au stockage des fusées, on parvient sous l'énorme coupole (55 000 t). Deux expositions présentent les armes secrètes allemandes (bombes volantes V1 et fusées V2) et la vie des populations dans le Nord de la France de 1940 à 1944 (affiches d'époque, graffitis). Un espace consacré aux fusées fait découvrir la conquête de l'espace de 1945 à 1969, avec les maquettes de Titan, Soyouz, Saturn, Ariane et un film *(20mn) : De la Terre à la Lune*. Une maquette animée montre le site de tir tel qu'il aurait dû être, une bombe volante V1 et une authentique fusée V2 pesant 12 t.

La grande salle octogonale, restée inachevée, servait à préparer les fusées au tir (chargement en oxygène liquide et mise en place de la charge explosive). Elles passaient ensuite par deux tunnels communiquant avec deux aires de lancement extérieures.

> **MOMENT D'ÉMOTION**
> La lettre d'adieu d'un jeune résistant s'imprime sur une reconstitution du mur des Fusillés de la citadelle de Lille.

Hesdin

Au creux d'un bassin verdoyant formé par le confluent de la Canche et de la Ternoise, Hesdin a le charme d'une ville à la campagne. Alentours, s'étendent les paysages agricoles du pays des Sept Vallées, sillonné par la Lys, l'Authie, la Canche et ses quatre affluents.

La situation
Carte Michelin Local 301 F5 – Pas-de-Calais (62). La Canche, qu'enjambent sept ponts, se glisse entre les maisons de la ville. Accès Nord-Sud par la D 928, à l'Ouest par la D 439 qui suit la vallée depuis Montreuil, et à l'Est par la N 39.
🛈 *Pl. d'Armes, 62140 Hesdin, ☎ 03 21 86 19 19.*

Les gens
2 686 Hesdinois. La cité, fondée par Charles Quint, vit la naissance en 1697 de l'abbé Prévost. À côté, Fressin abrita la jeunesse d'un autre écrivain, Georges Bernanos.

> **SE RESTAURER**
> ☺☺ **L'Écurie** –
> *17 av. Jacquemont -
> ☎ 03 21 86 86 86 -
> fermé 24 fév.-3 mars,
> 3-24 juil., lun. et mar. -
> 15/30 €.* À deux pas de la place d'Armes, au centre-ville, vous pourrez vous attabler dans ce restaurant. Dans son décor simple et clair, vous goûterez une cuisine traditionnelle qui change au gré des arrivages. Plusieurs menus.

se promener

Hôtel de ville
Se renseigner - ☎ 03 21 86 07 37.
Cet élégant édifice de brique et pierre (16ᵉ s.) servit de palais à Marie de Hongrie, sœur de Charles Quint. Sur la bretèche, au centre, figurent Philippe IV d'Espagne et Isabelle de Bourbon entourés des sept vertus. Elle date de la transformation du palais en hôtel de ville (1629) ; son couronnement fut ajouté en 1702.
On visite le musée (souvenirs locaux), la salle des Tapisseries aux tentures du 18ᵉ s. et la salle de bal de Marie de Hongrie, transformée en théâtre. Du sommet du beffroi (1876), vue sur la ville.
Prendre la rue de la Paroisse et traverser la Canche.

Église Notre-Dame
Son beau portail formant arc de triomphe est typique de la fin de la Renaissance ; voyez l'arc en plein cintre à caissons sculptés et les pilastres cannelés d'ordre corinthien. L'intérieur, de style « église-halle », a été enrichi au 18ᵉ s. d'un mobilier baroque. Au bout de la nef centrale, une gloire encadrant l'Assomption de la Vierge,

La bretèche de l'hôtel de ville est ornée d'écussons sculptés et de niches garnies de statues des vertus.

un baldaquin auquel est suspendu la colombe du St-Esprit. Au fond de la nef gauche, bel autel sculpté d'anges, de fruits et de fleurs.

Contourner l'église par la gauche et gagner le chevet.

Du pont sur la Canche, **vue** sur la rivière bordée de maisons de brique à toits de tuiles, et sur une placette servant de marché aux poissons.

Revenir par la rue Daniel-Lereuil.

La maison natale de l'**abbé Prévost** se trouve au n° 11.

alentours

Forêt d'Hesdin
Par la D 928 au Nord. Ses 1 020 ha couvrent le plateau au Nord de la Canche : futaies de chênes et de hêtres, vallons retirés. Du carrefour du Commandeur, où se dresse le chêne de la Vierge, on peut emprunter sur 15 km les routes forestières. Un sentier de grande randonnée traverse la forêt sur 5 km.

circuit

44 km – environ 1h. Quitter Hesdin par la N 39 à l'Est et prendre à gauche la D 94 vers la vallée de la Ternoise.

La route sillonne une campagne luxuriante, ponctuée de maisons paysannes typiques, basses et chaulées.

Auchy-lès-Hesdin
Cette localité industrielle conserve son **abbatiale St-Georges** (13e-17e s.), dont le chœur est décoré de boiseries et des stalles de l'abbé et du prieur, marquées d'un Christ et d'une Vierge.

Continuer sur la D 94. À Blangy prendre à gauche la D 104, puis à droite vers Ambricourt.

À REMARQUER
À l'entrée de l'abbatiale, une plaque rappelle le nom des chefs de l'armée française tués à la bataille d'Azincourt, et qui furent inhumés ici.

Ambricourt
C'est le cadre du *Journal d'un curé de campagne*, roman de **Georges-Bernanos** (1888-1948). « Que c'est petit un village », murmura le curé en le découvrant.

Tramecourt
Une « allée royale » mène au château de brique à parements de pierre (17e s.). Il avoisine l'église dont l'intérieur est orné de plaques funéraires de la famille Tramecourt. Trois membres de cette famille sont morts en déportation en 1945 (monument face au château).

Azincourt *(voir ce nom)*
Prendre à gauche la D 928 et, à droite, la D 155. On gagne Fressin.

Fressin *(voir Azincourt)*
La D 154 suit au Sud le vallon de la Planquette jusqu'à la Canche. *On retrouve Hesdin par la D 349.*

Hirson

Entre Thiérache et Avesnois, la « ville des hérissons » est un point de départ pour découvrir ces deux régions. La forêt de St-Michel et ses étangs, à deux pas, incitent à quelques balades rafraîchissantes.

La situation
Carte Michelin Local 306 G3 – Aisne (02). Sur une courbe de l'Oise au Nord-Est du département de l'Aisne. Accès : N 43/E 44 ou D 1050/D 963.
🛈 *Pl. Victor-Hugo, 02500 Hirson,* ☎ *03 23 58 03 91. www.hirson.net*

Le nom
Des archives indiquent que la ville tire son nom de la quantité de hérissons qu'on y trouvait. Ce sympathique insectivore se cache toujours en forêt.

Les gens
10 337 Hirsonnais. Le cheval Bayard des quatre fils Aymon, cheval au pas pesant, fit trembler le pays et laissa son empreinte dans la forêt.

> **ARTISANAT**
> Dans la région d'Origny (à 11,5 km au Sud-Ouest d'Hirson par la D 963), en Thiérache, les oseraies ont permis le développement de la vannerie.

se promener

LES ÉTANGS
Reliés par l'Oise, ils s'égrènent dans la forêt d'Hirson. Chaque étang possédait sa forge, dont les marteaux actionnés par le courant travaillaient le fer issu des gisements de Féron, Glageon, Trélon et Olhain.

Étang de Blangy
2 km au Nord par la N 43. Face au cimetière, prendre à droite la rue qui traverse l'Oise, puis un chemin à gauche. Vallon boisé et encaissé. Après le viaduc du chemin de fer, on parvient à l'étang et à sa cascade.

Étang du Pas-Bayard
6 km au Nord par la N 43. Prendre à droite la D 963, puis le chemin du Pas-Bayard. Le cheval Bayard aurait laissé la profonde empreinte où se niche l'étang. La « route Verte » pénètre en **forêt d'Hirson** (domaine privé), aux imposantes futaies de chênes.

alentours

Abbaye de St-Michel
4 km à l'Est par la D 31. ☎ *03 23 58 87 20 - www.abbaye-saintmichel.com - ♿ - avr.-oct. : visite guidée (1h30 sur demande préalable 1 mois à l'avance) 14h-18h, w.-end et j. fériés 14h30-18h30 - 4 € (13-18 ans 2,50 €).*

carnet pratique

SE LOGER ET SE RESTAURER
⌂ Le Cheval Blanc – *124 r. Charles-de-Gaulle -* ☎ *03 23 58 27 86 - fermé dim. soir - 9 ch. 36/42 € - ☐ 6 € - restaurant 12,50/23 €.* Voici une adresse sans prétention mais d'une excellente tenue. Les chambres, peu spacieuses mais efficacement insonorisées, sont très bien équipées. Au restaurant, cuisine franco-orientale avec une spécialité : le couscous.

SPORTS & LOISIRS
Thiérache Sport Nature – *Blangy -* ☎ *03 23 58 34 41 - www.thierache-sport-nature.com - bureau : 9h-12h, 13h30-17h - ouv. tte l'année.* Cette base de loisirs propose de nombreuses activités : escalade sur les rochers du Pas Bayard, randonnées en VTT dans la forêt d'Hirson, descente de l'Oise en canoë-kayak...

AGENDA
Un festival de musique ancienne et baroque (voix, orgue et ensembles instrumentaux) se déroule pdt 5 dim. en juin et juil., avec 2 ou 3 concerts chaque j. dans le cadre de l'abbatiale ; solistes et ensembles instrumentaux de qualité. *Réservations d'avr. à juin,* ☎ *03 23 58 23 74 - www.festival-saint-michel.com*

En lisière de la forêt du même nom, l'abbaye bénédictine de St-Michel est aujourd'hui connue pour son festival de musique sacrée.

Elle a été fondée en 945 par des moines irlandais sur un site de pèlerinage existant depuis le 7e s. L'abbatiale est vaste. Chœur, transept et cloître témoignent de l'abbaye gothique édifiée fin 12^{e}s.-début 13e s. La nef qui s'était effondrée au 16e s. fut reconstruite vers 1700 par l'abbé de Mornat qui fit élever une façade baroque à l'italienne inspirée du Gesù de Rome. L'orgue de Boizard (1714) a gardé sa tuyauterie d'origine. Le transept est éclairé par une grande **rose**★ à douze rayons. Les bâtiments monastiques, en brique et pierre, s'ordonnent autour de la galerie du cloître. Dans la galerie Nord, des **peintures murales** du 16e s. évoquent la légende de saint Benoît. Un **musée de la Vie rurale et forestière** occupe les dépendances agricoles (élevage, exploitation du bois, fonderie, vannerie).

Forêt de St-Michel

Ses 3 000 ha vallonnés, plantés de chênes, hêtres, charmes et résineux, s'étendent entre l'abbaye de St-Michel et la Belgique. Vous verrez de nombreuses rivières à truites où viennent s'abreuver les chevreuils. Des oiseaux migrateurs, comme la cigogne noire, font leur nid dans les frondaisons.

Comme un livre d'images, les peintures murales de l'abbaye de St-Michel racontent la vie de saint Benoît.

Hondschoote

Cette petite cité rurale, de langue flamande, recèle deux moulins et de belles maisons anciennes, dont quelques-unes à pignon. Jusqu'au 17e s., Hondschoote s'est développé grâce au tissage de la sayette.

La situation

Carte Michelin Local 302 D2 – Nord (59). À 1 km de la Belgique, dans la plaine flamande. Accès par la D 947 ou la D 110.

🛈 *2 r. des Moëres, 59122 Hondschoote,* ☎ *03 28 62 53 00.*

Le nom

En flamand, Hondschoote signifie « enclos des chiens ». Une interprétation fantaisiste fait dériver ce nom d'Hunschoote, « enclos de Huns », en référence à un camp mystérieux établi par Attila. Prononcez « hondchotte ».

Les gens

3 815 Hondschootois. Pour le bicentenaire de la défaite anglaise qui permit à la France de garder Dunkerque (1793), ils ont reconstruit leur moulin à farine, le Spinnewijn *(rue de Bergues)*.

LA SAYETTE
Au 17e s. le tissage de la sayette, étoffe de laine légère, occupa jusqu'à 3 000 ateliers de la ville qui comptait alors 28 000 âmes.

visiter

Hôtel de ville

Visite libre de la salle des mariages (sf si manifestations) et du hall de l'hôtel de ville tlj sf w.-end et j. fériés 9h-12h, 14h-18h, vend. 9h-12h, 14h-17h - ☎ *03 28 62 53 00.*

De style gothique-Renaissance (1558), il présente vers la Grand-Place une façade en pierre rythmée par de hautes baies à meneaux que relient de délicates moulures. La façade arrière en brique et pierre a une tourelle aiguë coiffée d'un bulbe. Au rez-de-chaussée, des inscriptions évoquent les liens de Lamartine avec les Coppens d'Hondschoote.

PEINTURES
Dans l'hôtel de ville, voyez le tableau de la bataille d'Hondschoote en 1793, les 10 tableaux du 17e s. figurant *Les Neuf Preuses et Jeanne d'Arc*, et les toiles de l'école hollandaise.

Hondschoote

Les ailes du Nord-Meulen ont cessé de tourner en 1959.

Église St-Vaast
Cette église-halle est typique de la Flandre maritime. Seule la tour du 16e s. (82 m) est le seul vestige a réchappé de l'incendie d'Hondschoote en 1582. Les nefs ont été rebâties au début du 17e s. À l'intérieur, le buffet d'orgues en forme de lyre et la chaire de vérité de style baroque datent du 18e s. On peut entendre, tous les quarts d'heure, le carillon de l'église composé de 60 cloches. La maison en face (Caisse d'épargne) est l'ancien manoir des Coppens, seigneurs d'Hondschoote.

Moulin Spinnewijn
☎ 03 28 62 54 20 - *visite guidée sur demande préalable auprès de Mme Elisabeth Beddeleem - 1,50 € (enf. 1 €).*
Ce moulin à vent en bois a été reconstruit pour le bicentenaire de la bataille d'Hondschoote (8 sept. 1793).

Moulin Noord-Meulen
À 500 m au Nord. Fondé en 1127, il compte parmi les plus vieux d'Europe. Sa cabine de bois repose sur un pivot également en bois et une base en brique.

Moeres
Inondés de 1645 à 1746, puis en 1940, les moeres sont des polders fertiles, entrecoupés de canaux poissonneux (tanches, brèmes, brochets) et parsemés de fermes. Ils se prolongent en Belgique jusqu'à Furnes, sous le niveau de la mer. À l'horizon se profilent le beffroi et les usines de Dunkerque.
Quitter Hondschoote par la D 947 et tourner à gauche dans la D 3 vers Bergues ; puis prendre à droite la D 79 et la route menant aux moeres. Revenir par la D 947.

> **DIGUES ET CANAUX**
> Cette lagune fut asséchée au 17e s. par Coebergher au moyen de digues, de canaux et de 20 moulins à vent munis de vis d'Archimède pour le pompage des eaux.

Laon★★

Aux confins de la Picardie, de l'Île-de-France et de la Champagne, Laon surplombe la plaine, perché sur son rocher haut de plus de 100 m. La vieille cité carolingienne a tout pour plaire : sa splendide cathédrale gothique, ses demeures anciennes, ses remparts médiévaux et son festival de musique française. C'est aussi le pays des artichauts.

> **LAON VU PAR**
> « Tout est beau à Laon, les églises, les maisons, les environs, tout ! », s'exclamait Victor Hugo.

La situation
Carte Michelin Local 306 D5 – Aisne (02). Accès par l'A 26 ; de Paris (130 km) ou Bruxelles (160 km) par la N 2 ; de Reims (50 km) par la N 44. La ville haute comprend deux quartiers : la **Cité**, noyau primitif autour de la cathédrale, et le **Bourg**. *Pl. du Parvis-Gautier-de-Mortagne, 02000 Laon,* ☎ *03 23 20 28 62. wwwtourisme-paysdelaon.com*

Le nom
Il dérive de Laudunum ou Lugidunum. Dun, peut-être d'origine celte, signifierait « place forte » ; certains y voient une « montagne ».

Les gens
26 265 Laonnois. Le jésuite **Louis Cotte** (1740-1815) jeta les bases de la météorologie moderne. Nés près d'ici, les **frères Le Nain** (17e s.) ont évoqué le Laonnois dans leurs peintures.

comprendre

Un « îlot tertiaire » – À la lisière Nord-Est du Bassin parisien se dresse un abrupt calcaire nommé par les géologues « falaise de l'Île-de-France ». La butte qui porte Laon est une sorte d'îlot, d'époque tertiaire, travaillé par l'érosion. Jadis couverte de vignes, elle reste creusée de grottes naturelles, les *creuttes*.

carnet pratique

Visite

Visite guidée de la cité médiévale – Laon, qui porte le label Ville d'art et d'histoire, propose des visites-découvertes animées (1h30) par des guides-conférenciers agréés par le ministère Vde la Culture et de la Communication - *de déb. avr. à la Toussaint : w.-end et j. fériés - 5 €* - retrouver toutes les autres visites en contactant l'Office de tourisme ou sur www.tourisme-paysdelaon.com

Bon à savoir

Mini-métro – Circulation difficile et places de parking limitées dans la ville haute. Il est donc préférable de laisser son véhicule dans la ville basse et rejoindre la ville haute par le mini-métro à traction par câble, le Poma. Départ de la station toutes les 2mn30 ; arrivée à l'hôtel de ville en 3mn30 - lun.-sam. 7h-20h (juil.-août : dim. 14h30-19h) - fermé j. fériés - 1 € AR - un « pass' touristique » disponible à l'Office du tourisme de Laon inclut un « pass'découverte » donnant droit à 1 AR sur le Poma et 10 voyages sur la navette du Plateau - *renseignements : accueil station gare*, ☎ 03 23 79 07 59 - www.tul-laon.net

Se loger

⌂ **Hôtel du Commerce** – *11 pl. des Droits-de-l'Homme* - ☎ *03 23 79 57 16* - *hotel.commerce.laon@wanadoo.fr* - 🅿 - *24 ch. 28/38 € -* ☲ *5 €*. Situé à deux pas de la gare et du funiculaire, cet établissement est très pratique pour ceux qui voyagent en train. Les automobilistes apprécieront quant à eux le garage de l'hôtel. Ses chambres, meublées simplement et bien tenues, offrent une vue sur la cathédrale.

⌂ **Hôtel Les Chevaliers** – *3 r. Sérurier* - ☎ *03 23 27 17 50* - *hotelchevaliers@aol.com* - *fermé 15 nov.-15 avr.* - *14 ch. 30/60 €* ☲. Cette maison d'origine médiévale, habilement restaurée, a retrouvé un second souffle en devenant hôtel. Ses pierres, ses briques, ses poutres apparentes, son décor intime et l'accueil convivial évoquent l'atmosphère des chambres d'hôte dont il a gardé le charme et l'esprit.

Se restaurer

⌂ **Bistrot Le Saint-Amour** – *45 bd Brossolette* - ☎ *03 23 23 31 01* - *w.marc.zorn@wanadoo.fr* - *fermé 23-29 fév., 21-28 avr., 4-17 août, sam. midi, lun. soir et dim. sf j. fériés* - 🚭 - *13,20/15,90 €*. Un petit bistrot d'amour, tout simple et qui vous séduira si vous n'avez pas peur de jouer des coudes. Formule express et cuisine « bistrotière » dans l'air du temps.

Les premiers rois – Berthe au grand pied, mère de Charlemagne, naît à Samoussy, entre Laon et Liesse. À l'époque carolingienne, Charles le Chauve, Charles le Simple, Louis IV d'Outremer, Lothaire, Louis V résident sur le « mont Laon » dans un palais près de la porte d'Ardon. Laudunum devient la capitale du royaume de Louis IV d'Outremer (10e s.). Hugues Capet s'empare de Laon par traîtrise et boute dehors la descendance de Charlemagne.

Laon, cité épiscopale – Saint Remi, né à Laon, fonde le premier évêché au 5e s. Sous Hugues Capet, les évêques, devenus ducs et pairs, ont le privilège d'assister le roi lors du sacre à Reims. Au 12e s., l'évêque Gautier de Mortagne fait édifier la cathédrale. Au 13e s., la cité s'entoure de nouveaux remparts. À partir du 16e s., elle devient une place militaire qui subit plusieurs sièges. La poudrière saute en 1870, faisant plus de 500 victimes.

> **Matière grise**
> Au 9e s., les irlandais Jean Scot Érigène et Martin Scot font de Laon un centre religieux et intellectuel. Aux 11e et 12e s., l'école de Laon fleurit sous les auspices d'Anselme et de Raoul de Laon.

se promener

DE LA CITÉ AU BOURG

Palais épiscopal

Devenu palais de justice, il est précédé par une cour d'où l'on a une vue sur le chevet de la cathédrale. Le bâtiment de gauche (13e s.) repose sur une galerie à arcs brisés retombant sur des chapiteaux à décor végétal. À l'étage, la grande salle du Duché (plus de 30 m) sert de cour d'assises. Le bâtiment du fond (17e s.) abritait les appartements de l'évêque qui communiquaient avec une chapelle du 12e s. à deux étages. La partie basse était réservée aux serviteurs, tandis que la chapelle haute, en forme de croix grecque, revenait à l'évêque.

> **Voir plus**
> Au n° 53 de la rue Sérurier, beau portail du 15e s. Au n° 33 bis, porte de l'ancien hôtel de ville (18e s.). Aux n°s 7-11 de la rue au Change, l'ancienne hôtellerie du Dauphin (16e-17e s.) conserve sa belle galerie en bois.

LAON

Ardon (Rampe d')		CZ
Arquebuse (R. de l')		CZ 2
Aubry (Pl.)		CZ 3
Bert (R. P.)		AZ
Berthelot (R. Marcelin)		AZ 5
Bourg (R. du)		BCZ 8
Briand (Av. A.)		CZ
Ceccaldi (R. P.)		CZ
Change (R. au)		CZ 9
Châtelaine (R.)		CZ 13
Chenizelles (R. des)		BCZ
Churchill (R. Winston)		DZ
Citadelle (Prom^{de} de la)		DZ
Cloître (R. du)		CZ 15
Combattants-d'Afrique-du-Nord (Pl. des)		DZ 16
Cordeliers (R. des)		CZ 18
Couloure (Prom^{de} de la)		CDZ
Devisme (R.)		BZ
Doumer (R. Paul)		CZ 19
Ermant (R. Georges)		CZ 21
Gambetta (Av.)		CDZ
Glatigny (R. Jacques-François)		AZ
Jur (prom. Barthélémy de)		CZ 23
Kennedy (R. J.-F.)		BZ
Le Nain (R.)		CY
Libération (R. de la)		BZ 25
Marquette (R. Père)		BZ 27
Martin (R. H.)		AZ
Martinot (Allée Jean)		DZ 28
Michelet (Bd)		BZ
Mortagne (Pl. Gautier de)		CZ 29
Nord (Prom^{de} du)		CDZ
Pasteur (R.)		DZ
Rabin (Promenade Yitzhak)		CZ 30
République (Av. de la)		BZ

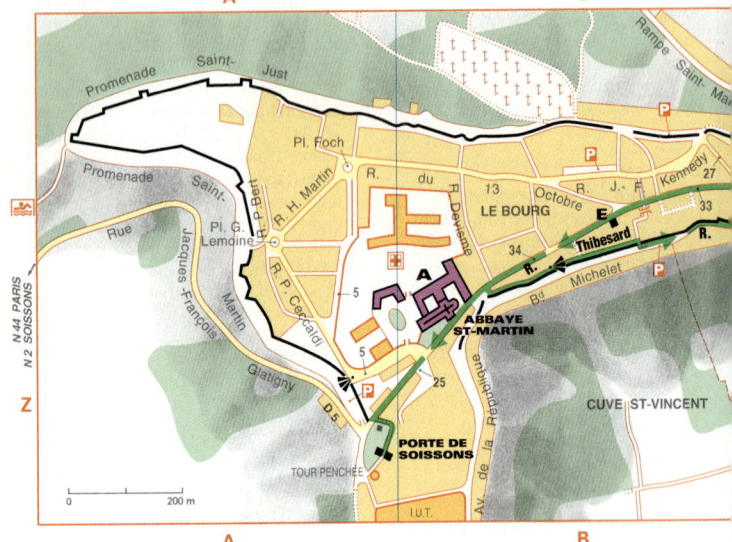

Face au palais, la **Maison des arts et loisirs** (1971) occupe l'emplacement du troisième hôpital fondé au 13ᵉ s. Ce théâtre municipal accueille dans son hall des expositions d'art contemporain... ☏ 03 23 26 30 30 - ♿ - tlj sf dim. et lun. 13h-19h (sam. 18h) - fermé de mi-juil. à fin août, vac. de Noël, j. fériés - tarif non communiqué.

Cathédrale Notre-Dame★★

Commencée dans la seconde moitié du 12ᵉ s., achevée vers 1230, c'est l'une des plus anciennes cathédrales gothiques de France. Elle comptait sept tours : deux en façade, une sur la croisée du transept et quatre sur les croisillons. Deux de ces dernières ont perdu leur flèche en 1789.

Très homogène, la façade comporte trois porches profonds ornés d'une majestueuse statuaire (refaite au 19ᵉ s.) et surtout d'illustres tours (56 m) attribuées à **Villard de Honnecourt**. Imposantes mais légères, elles sont ajourées par de longues baies et encadrées par de graciles tourelles. Elles portent aux angles de grands bœufs. Les deux tours des croisillons, bâties sur le même modèle, culminent à 60 m et à 75 m.

◄ **Intérieur** – 110 m de long, 30 m de large, 24 m de haut (N.-D. de Paris : 130 m, 45 m, 35 m).

Couverte de voûtes sexpartites, la **nef★★★** offre une magnifique élévation à quatre étages : grandes arcades, tribunes, triforium aveugle, fenêtres hautes. Elle se prolonge par un chœur, très développé, que termine un chevet plat comme dans les églises cisterciennes. À la croisée du transept, admirez la perspective sur la nef, le chœur, les croisillons et la tour-lanterne d'influence normande haute de 40 m. Voyez aussi la grille du chœur et les orgues du 17ᵉ s. Dans le croisillon gauche, l'icône de la Sainte Face de Laon, originaire des pays slaves, est vénérée depuis le milieu du 13ᵉ s.

Quittez la cathédrale par le croisillon Sud et longez le mur extérieur du cloître, que souligne une frise sculptée de rinceaux ; à l'angle, ange au cadran solaire.

VITRAUX

Du 13ᵉ s. Ils garnissent les baies lancéolées et la rose de l'abside consacrée à la glorification de l'Église. Ceux de la rose du croisillon Nord illustrent les arts libéraux.

Roosevelt (R. Franklin)	CZ	31	
St-Jean (R.)	BZ	33	
St-Martin (R.)	BZ	34	
St-Just (Promenade)	AZ		
St-Marcel (Rampe)	BY		
St-Martin (Promenade)	AZ		
Scheffer (R.)	DZ		
Sérurier (R.)	CZ		
Signier (R. de)	CZ	36	
Thibesard (R.)	BZ		
Timbaud (R. P.)	DZ		
Valise (R. de la)	DZ		
Vinchon (R.)	CZ	40	
13-Octobre (R. du)	ABZ		

Abbaye St-Martin	BZ		Musée	CZ
Bâtiments abbatiaux	ABZ	A	Palais épiscopal	CZ J
Chapelle des Templiers	CZ		Porte d'Ardon	CZ
Citadelle	DZ		Porte des Chenizelles	CZ
Cloître	CZ	B	Porte de Soissons	AZ
Église Notre-Dame	CZ		Prieuré du Val des Écoliers et Refuge de l'Abbaye du Val-St-Pierre	CZ K
Hôtel-Dieu	CZ			
Hôtel du Petit St-Vincent	BZ	E	Rempart du midi	CZ
Maison des Arts	CZ			

Hôtel-Dieu

Situé sur le flanc droit de la cathédrale, il est bâti sur deux niveaux. L'ancien hôpital (12e s.) s'ouvrait par des baies et des arcades en tiers-point, aujourd'hui murées. La grande salle des malades à trois nefs, gothique et souterraine, et la salle basse, dite des Passants, sont préservées.

Par la rue Châtelaine puis une des deux ruelles à gauche s'engager dans la rue des Cordeliers. Traverser la place des Frères-Le-Nain et continuer dans la rue G.-Ermant.

Chapelle des Templiers★

☎ 03 23 20 19 87 - juin-sept. : 9h-18h, w.-end et j. fériés 11h-18h ; oct.-mai : 9h-18h, w.-end et j. fériés 14h-18h - fermé lun., 1er janv., 1er Mai, 14 Juil., 25 déc. - tarif non communiqué.

Villard de Honnecourt vantait son œuvre en ces termes : « J'ai été en beaucoup de terres, nulle part n'ai vu plus belles tours qu'à Laon. »

Laon

La commanderie du Temple fondée ici au 12ᵉ s. passa aux chevaliers de St-Jean de Jérusalem après la suppression de l'ordre. Un jardin remplace le cimetière des templiers, mais la chapelle romane a été conservée, avec son clocher-pignon et son chœur qui s'achève par une abside en cul-de-four. Le porche et la tribune sont des ajouts des 13ᵉ-14ᵉ s. À l'intérieur, voyez les deux statues-colonnes de prophètes provenant de la façade de la cathédrale ainsi que le transi de **Guillaume de Harcigny** (14ᵉ s.).

> **AVANT LA PSY**
> Le médecin de Charles VI, Guillaume de Harcigny, né à Laon et initié par des médecins arabes en Syrie, fut le précurseur de la psychanalyse en France.

Reprendre à droite la rue G.-Ermant, puis suivre la rue Vinchon.

Au nº 44, le prieuré du Val-des-Écoliers est du 13ᵉ s. (chapelle du 15ᵉ s., portail du 18ᵉ s.). Au nº 40, le refuge de l'abbaye du Val-St-Pierre fut bâti aux 15ᵉ-16ᵉ s.

Rempart du Midi et porte d'Ardon★

En bordure du rempart du Midi, la porte d'Ardon (13ᵉ s.) est flanquée d'échauguettes en poivrière. Elle surplombe un vieux lavoir-abreuvoir. Du rempart du Midi qui mène à la **citadelle** édifiée sur ordre d'Henri IV par Jean Errard, vues agréables. On contourne la citadelle à pied par la promenade qui mène au rempart du Nord.

Continuer jusqu'au rempart St-Remi, prendre à gauche et rejoindre la place du Gén.-Leclerc. Suivre les rues du Bourg, St-Jean puis St-Martin.

La porte d'Ardon du rempart du Midi est aussi connue sous le nom de Porte royée, c'est-à-dire qui appartient au roi.

Hôtel du Petit St-Vincent

Il fut édifié au 16ᵉ s. comme refuge de l'abbaye St-Vincent, sise hors des remparts. Le bâtiment sur rue, gothique, possède un corps de logis encadré de tourelles, flanqué d'une voûte d'entrée surmontée d'une chapelle. Sur cour, l'aile perpendiculaire est plus tardive.

Abbaye St-Martin★

☎ 03 23 20 28 62 - *juil.-août : 14h-18h - en cas de fermeture clé disponible sur demande au presbytère* - ☎ 03 23 20 26 54.

Bel ensemble gothique primitif, l'ancienne abbatiale des prémontrés (12ᵉ-13ᵉ s.) a été restaurée après l'incendie de 1944. Du terre-plein, appréciez la longueur de la nef d'aspect roman, les hautes tours (35 m) à l'angle de la nef et du transept (influences rhénanes), l'élévation du croisillon Sud avec sa rosace surmontée d'arcatures. Sur la façade principale, la grande baie est surmontée par un pignon orné d'un haut-relief figurant saint Martin partageant son manteau.

> **À SCRUTER**
> Sur les tympans des portes latérales : la Décollation de saint Jean-Baptiste *(à droite)* et le Martyre de saint Laurent sur son gril *(à gauche).*

Intérieur – Le chœur et les chapelles sont à chevet plat, suivant la mode cistercienne. Remarquez les gisants de Raoul de Coucy, chevalier laonnois (fin 12ᵉ s.), et de Jeanne de Flandre, abbesse du Sauvoir-sous-Laon (14ᵉ s.) ; les boiseries Louis XV *(nef)* et Louis XIII *(chœur)* ; à droite dans la chapelle Saint-Éloi, Christ de pitié du 16ᵉ s.

Bâtiments abbatiaux – La partie du 18ᵉ s. se découvre en traversant le cloître. Elle abrite la bibliothèque municipale. Bel escalier elliptique de pierre.

Porte de Soissons★
Construite au 13ᵉ s. en moellons, renforcée de tours rondes, la porte est reliée par une courtine à la grosse tour de Damet, dite Tour penchée en raison d'un glissement de terrain.

La **rue Thibesard** suit le chemin de ronde du rempart : **vues**★ sur la cathédrale. Ses tours émergent des vieux toits d'ardoises à cheminées de briques roses. Par le rempart et la **rue des Chenizelles**, gagnez la **porte des Chenizelles** (13ᵉ s.) à deux tours, qui délimite un passage vers la rue du Bourg.

> **HOMMAGE**
> Dans le jardin près de la porte de Soissons, un monument rappelle que **Jacques Marquette** (1637-1675), missionnaire jésuite né à Laon, découvrit le Mississippi.

visiter

Musée de Laon★
☎ 03 23 20 19 87 - http://perso.wanadoo.fr/musee.laon - *juin-sept. : 11h-18h ; reste de l'année : 14h-18h - fermé lun., 1ᵉʳ janv., 1ᵉʳ Mai, 14 Juil., 25 déc. - 3,30 €, gratuit dim. (oct.-mars).*

Dans la section d'archéologie méditerranéenne se trouve une riche collection d'art grec, qui comprend quelque 1 700 vases, figurines de terre cuite et sculptures (tête d'Alexandre le Grand). Dans la section d'archéologie régionale sont présentés des outils, des bijoux, des armes, des figurines et de la vaisselle gallo-romains et mérovingiens. Parmi les peintures du 15ᵉ au 19ᵉ s., voyez les œuvres du Maître des Heures de Rohan, des frères **Le Nain**, de Desportes et de Berthélemy (18ᵉ s.).

De nombreux objets exposés au musée de Laon, parmi lesquels cette paire de fibules mérovingiennes, proviennent de fouilles régionales.

circuit

LE LAONNOIS★
31 km – environ 2h. Quitter la ville basse par l'Ouest et la route de Chauny (D 7). Avant Molinchart, prendre à gauche la D 65.

On chemine en plaine, puis la route grimpe dans la « **montagne de Laon** » qui culmine à 180 m d'altitude.

Mons-en-Laonnois
Ce bourg possède une **église** en croix grecque des 13ᵉ (chœur) et 14ᵉ s. (nef). On remarque une échauguette à l'angle du croisillon gauche. *Sur demande à Mme Cadieu,* ☎ *03 23 23 03 41.*

Au bas de la place principale de Mons-en-Laonnois, suivre la direction « panorama des Creuttes ».

Une route se détache de la D 65 et gravit les pentes d'un chemin creux, jadis couvertes de vignes, où l'on voit des **creuttes**, ou grottes troglodytiques Au sommet, **vues**★ sur la « montagne couronnée » de Laon et, au premier plan, l'église de Mons.

Revenir à la D 65.

Bourguignon
Village classé aux belles demeures de pierre. Les Le Nain y possédaient une maison et la ferme de la Jumelle.

Royaucourt-et-Chailvet
La fine silhouette de l'**église** (13ᵉ-14ᵉ s.) de Royaucourt est épaulée par des arcs-boutants. Des abords, vue sur un terroir paisible, représenté par les frères Le Nain.

La D 65 rejoint la N 2 qu'on franchit pour gagner la D 25.

On longe les collines séparant la plaine de Laon de la vallée de l'Ailette. De charmants villages s'égrènent au milieu des vergers qui coexistaient autrefois avec les vignes.

Nouvion-le-Vineux
Dans l'**église** (12ᵉ s.), la nef est couverte de voûtes gothiques primitives qui retombent sur des chapiteaux romans historiés ou à décor de feuilles d'acanthe. Remarquez les fonts baptismaux romans, en pierre de Tournai.

> **POUR LES YEUX**
> De la colline derrière l'église, on profite du recul nécessaire pour avoir une jolie vue sur le clocher.

Laon

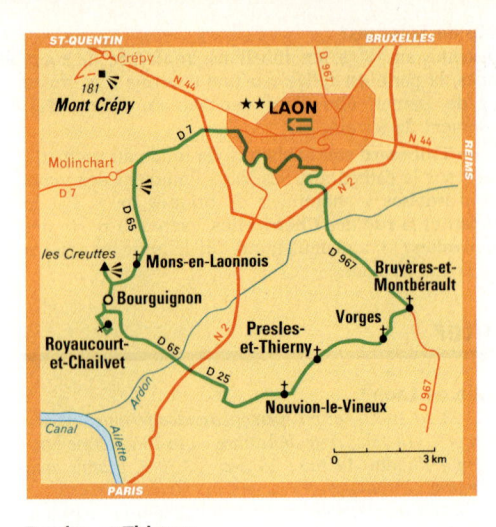

Presles-et-Thierny
La modeste **église** romane de Presles possède un beau porche et un chevet fortifié à meurtrières étroites. Sur la colline, les **ruines du château** sont incorporées dans une ferme. On en distingue quelques parties crénelées.

Vorges
L'**église** gothique (13e s.) a été fortifiée pendant la guerre de Cent Ans. Une tour percée de baies géminées surmonte le transept. Sur la façade, la rose à colonnettes est décorative. Des fouilles ont mis au jour des sarcophages mérovingiens (7e s.). Le résultat des découvertes effectuées au 19e s. a été déposé au musée des Antiquités nationales de St-Germain-en-Laye.

Bruyères-et-Montbérault
L'**église** romano-gothique (12e-13e s.) s'illustre par l'ampleur de son plan. Les parties hautes du transept Ouest furent refaites au 15e s. Une tour carrée domine le chevet à abside et absidioles voûtées en cul-de-four où l'on note les modillons et les chapiteaux romans sculptés.
Retour par la D 967 ; belle perspective sur la ville.

> **UN DÉTAIL**
> Les frises de l'abside représentent des animaux, des végétaux, ainsi que les vices sous les regards de diables grimaçants.

Lens

Capitale du pays de Gohelle, Lens fut le cœur du « haricot » minier, un bassin d'exploitation qui s'étendait sur 120 km de Bruay-en-Artois à Valenciennes. Ici siégeait la grande compagnie des mines de Lens, propriétaire des corons, mais aussi des écoles, des hôpitaux... Çà et là, au coin d'une rue, resurgit cet horizon de briques et de terrils, aujourd'hui classés.

La situation
Carte Michelin Local 301 J5 – Pas-de-Calais (62). Au centre du quadrilatère formé par Lille, Douai, Arras et Béthune. De Béthune, accès par la N 43 ; d'Arras, N 17 ; de Lille, N 41-N 47 ; de Douai, A 21.
🛈 *26 r. de la Paix, 62300 Lens, ☎ 03 21 67 66 66. www.ot-lenslievin.com*

Le nom
Il apparaît pour la première fois sur des monnaies mérovingiennes sous forme de Lenna Castrum, « forteresse des sources ».

Les gens
36 206 Lensois. Les fils des porions, cafus, galibots et autres « gueules noires » ont décidé de reconquérir leurs terrils. Une de ces éminences, parée de couleurs vives, peut se dévaler... à ski.

carnet pratique

SE RESTAURER
😊😊 **Restaurant Lyonnais** – *Parc de la Glissoire - 62210 Avion - 3 km au S de Lens -* ☎ *03 21 70 04 03 - http://restaurantlyonnais.com - fermé août, sam. midi, dim. soir et lun. - 22/42 €.* Un magnifique parc agrémenté de deux petits lacs nommés « Amour » et « Désiré » entoure ce séduisant restaurant, jadis école des houillères. Vaste et élégante salle à manger contemporaine aux tons abricot. Cuisine d'inspiration lyonnaise.

EN SOIRÉE
Brasserie d'Annœullin – *4 Grand'Place - 59112 Annœullin -* ☎ *03 20 86 83 60.* Depuis 1905, cette brasserie artisanale est chère au cœur des amateurs de bonnes mousses. Parmi quelques bières phares de la maison : l'Angélus, la Pastor'Ale et la Bock 4.

VISITE TECHNIQUE
Brasserie Castelain – *13 r. Pasteur - 62410 Bénifontaine -* ☎ *03 21 08 68 68 - www.chti.com - visite (1h), tlj sf w.-end sur RV - fermé 9-15 août et j. fériés.* L'entreprise, fondée en 1926, fut reprise 40 ans plus tard par la famille Castelain. Sur rendez-vous, vous pourrez visiter cette brasserie qui produit plusieurs appellations : la Ch'ti (créée en 1979), blonde, brune, ambrée, triple ou blanche ; la Jade, bière « bio », et les bières de saison (de printemps et de Noël).

comprendre

L'ÉVOLUTION DE L'HABITAT MINIER

Les corons – Au 19e s., pour loger les mineurs, de grandes cités ouvrières sont bâties : ce sont d'abord des alignements continus de dizaines de maisons basses, en briques brutes ou badigeonnées. Seule forme d'habitat minier entre 1820 et 1870, ils tirent leur nom de leur implantation et portent le numéro du carreau de fosse tout proche, dominé par le chevalement et le terril. Ils s'étirent sur 100 m et plus, non loin de la route menant au village dont ils constituent le « bout » : la « corne » ou le coron, dans le dialecte local. Après la parution du *Germinal* de Zola (1885), le terme désigne tout groupe de logements ouvriers en pays minier.

À l'arrière de l'étroite habitation, un chemin appelé « voyette » mène au jardin potager, encombré de constructions disparates : buanderie, clapier, poulailler et volière pour les « coulons » (pigeons). Les lieux d'aisances sont relégués au fond dans le « carin ».

Les barreaux – Le développement des activités industrielles fait naître de véritables « cités linéaires », avec des centaines de logements. Les maisons, semblables et contiguës, sont groupées dos à dos. Les jardins s'installent en façade. Dès 1870, l'habitat change encore : il faut pallier les affaissements du sol dus à l'extension des mines. Les barres se coupent en enfilades de 10, de 8, puis de 6 maisonnettes. Des blocs de 4 maisons en carré précèdent la généralisation des maisons jumelles mitoyennes.

> **ATMOSPHÈRE**
> « Maisons de mineurs, maisons fraternelles, où brique à brique leurs vies s'usèrent,
> nulle réponse aux fronts soucieux, que la sueur. »
> (*Symphonie en sol mineur*, de Bernard Desmaretz.)

Cité de la Parisienne à Drocourt, où étaient logées autrefois les familles de mineurs.

LES TERRILS
Nombreux (environ 360) et atteignant jusqu'à 100 m de haut, les terrils ont contribué à modifier le paysage. Depuis qu'ils sont désaffectés, ils se transforment en espaces de découverte naturelle, de tourisme, de sport et de détente. Le terril de **Pinchonvalles** à Avion bénéficie d'un arrêté préfectoral pour la protection de son biotope. Certains sont boisés, comme le terril **Sabatier** à Raismes ou celui de la **Mare à Goriaux** à Wallers : frênes, érables et surtout bouleaux. Sur les pentes des terrils d'**Audiffet-Sud** à Escaudin ou de **Bleuze Borne** à Anzin poussent des espèces thermophiles : vipérines, onagres, millepertuis, cerisiers, et même orchidées. D'autres ont été reconvertis en base de loisirs : terril de **Nœux-les-Mines** (piste de ski), terril de **Wingles**, terril de **Rieulay**...

Lens

À CHACUN SON QUARTIER
L'espace des cités minières est strictement hiérarchisé. Aux résidences des ingénieurs répondent les quartiers des porions (contremaîtres) et ceux des mineurs.

Les cités pavillonnaires – Inspirées de Kœchlin à Mulhouse (1835) ou des Alouettes à Montceau-les-Mines (1867), elles regroupent environ 400 maisons. Les habitations s'espacent, leur surface habitable augmente, les jardins prennent de l'ampleur. L'ensemble, traversé de grands axes rectilignes, s'articule autour d'une esplanade où s'élèvent – expression du paternalisme des compagnies – l'église, les écoles, la coopérative d'achat, le dispensaire et le stade.

Les cités-jardins – L'aube du 20e s. inaugure « le règne de la courbe, de la fantaisie et de la variété ». De taille et d'aspect variés, les maisons s'entourent de jardins. Les larges avenues sont bordées d'arbres et de squares publics. Ces cités, dont le plan libre s'impose dans l'entre-deux-guerres, se rapprochent de la ville.

se promener

JADIS
À la grande époque des mines, Lens était un important nœud ferroviaire où transitait le charbon des compagnies minières situées à l'Ouest de l'agglomération.

Gare
Reconstruite en 1926 dans le style Art déco, elle devait pouvoir résister aux affaissements du sous-sol minier. Son architecture évoque une locomotive à vapeur. Le hall est décoré d'une mosaïque en grès sur le thème de l'exploitation du charbon.

Anciens bureaux de la Compagnie minière
L'université d'Artois occupe cet édifice Art déco, dû à l'architecte lillois Cordonnier. Au milieu d'un parc à la française, l'édifice témoigne de la puissance passée des houillères. Remarquez les toits pentus ornés de lucarnes, les pignons à redans, les oriels, la richesse décorative de la brique.

À VOIR
Le **Mémorial national des mineurs** entretient le souvenir de la catastrophe minière du 27 décembre 1974 : un coup de grisou, le plus meurtrier de l'après-guerre, fit 42 victimes.

circuit

LA ROUTE DES « GUEULES NOIRES »
115 km – une journée. Quitter Lens au Sud-Ouest.

Liévin
À l'entrée de Liévin, prendre à droite la D 58 vers Béthune puis encore à droite au rond-point, vers le chevalement. La place est dominée par le **chevalement** de la fosse n° 3

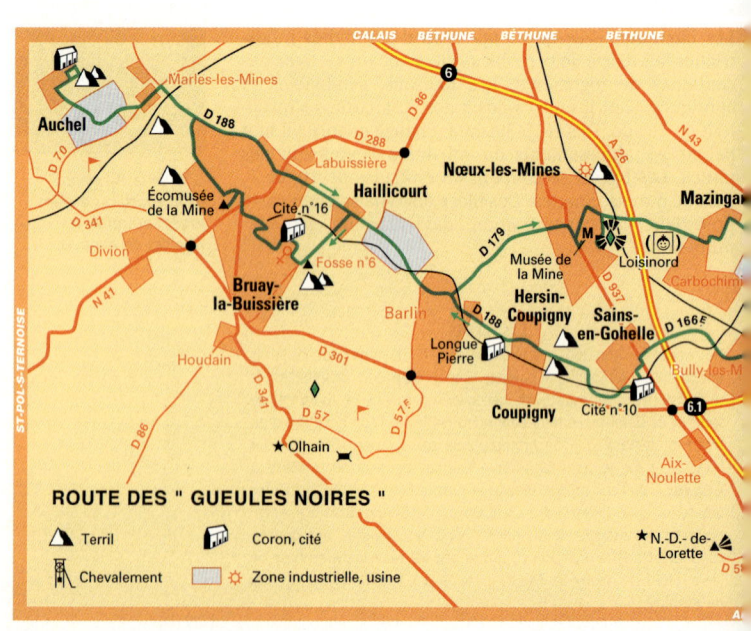

ROUTE DES " GUEULES NOIRES "

- ▲ Terril
- 🏠 Coron, cité
- ⛏ Chevalement
- ▨ Zone industrielle, usine

*Plat pays ?
Les gens du Nord ont pourtant leurs montagnes !
Ici, l'ancien terril
de Loos-en-Gohelle.*

bis, dite Ste-Anne (1923), fermée depuis 1978. Il ne reste que 26 chevalements sur les 300 que comptait la région en 1945.

Contourner le chevalement, puis, aux feux, prendre à droite vers Loos-en-Gohelle.

Les silhouettes imposantes de **terrils** jumeaux dominent de 130 m l'ancienne fosse n° 11.

Loos-en-Gohelle

À l'entrée de l'agglomération, suivre à droite la signalisation du site 11/19. L'importante **fosse n° 11/19** a fermé en 1986. Site et terrils sont désormais protégés. Les bâtiments, en cours de réhabilitation, doivent accueillir des activités culturelles.

Regagner la route principale, tourner à droite, passer le pont. Aux feux, prendre à gauche la N 43 vers Béthune et encore à gauche la D 165 vers Grenay. Passer Bully-les-Mines et continuer vers Sains-en-Gohelle (D 166^E).

Aux feux, prendre à gauche la D 937 vers Hersin-Bruay puis la première à droite, même direction. La **cité n° 10**, construite selon un plan orthogonal, est un exemple de cité pavillonnaire édifiée entre 1905 et 1914, avec ses maisons jumelles mitoyennes.

Prendre la 3e rue à gauche, puis tourner à droite. On remonte la rue centrale, plantée d'arbres et menant à l'église. Autour de celle-ci s'ordonnent écoles de filles et de garçons, maisons d'instituteurs et presbytère.

VISITE

CPIE La Chaîne des Terrils – Base 11/19 - r. de Bourgogne - 62750 Loos-en-Gohelle - ☎ 03 21 28 17 28 - fax 03 21 43 25 95 - http://chaine.des.terrils. free.fr - créée en 1988, cette association propose de découvrir les terrils en compagnie d'un guide sur des thèmes différents (histoire, faune, flore, lecture de paysage). Calendrier des visites et autres activités sur simple demande.

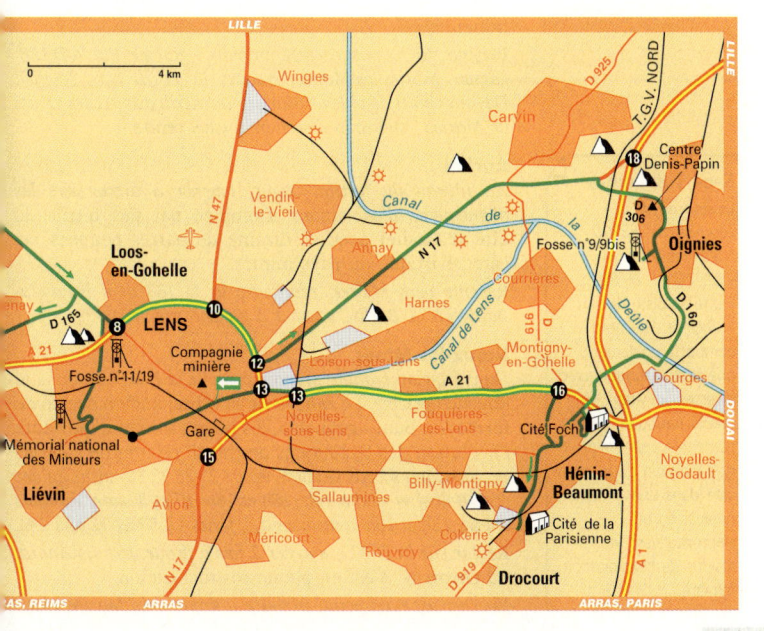

Sains-en-Gohelle

Devant l'église, tourner à droite puis, au stop, à gauche. Prendre la D 75^E puis la D 188 vers Hersin-Coupigny.

Hersin-Coupigny

À la sortie de l'agglomération, à gauche, les **corons de Longue-Pierre** sont en réalité des barres, coupées de 10 logements. Leur disposition rappelle, à juste titre, celle des corons.

Suivre la D 188 vers Barlin puis Haillicourt.

Haillicourt

Dans la ville, aux feux, tourner à gauche vers Houdain. Sur la gauche, les **terrils** jumeaux de la fosse n° 6 de Bruay-la-Buissière.

Au rond-point, prendre à droite vers Bruay-la-Buissière.

On entre dans la **cité n° 16** dite **du Nouveau-Monde** par une rue bordée de maisons jumelles, « fragments » de barre annonçant la cité pavillonnaire. Des détails rompent la monotonie de l'architecture : gerbières (porte haute ou fenêtre d'un grenier) sur les toitures, encadrements peints en blanc, jeux d'appareil.

Bruay-la-Buissière

> **MÉTAMORPHOSE**
> À Bruay, un programme de réhabilitation a été décidé au début des années 1990. Peu à peu tout ce secteur doit devenir un quartier urbain.

La cité n° 16 se poursuit dans Bruay. Prendre à droite avant l'église que l'on contourne. Dans la rue de Mauritanie et celle du Cap-Vert s'alignent des maisons jumelles, d'aspect plus austère.

Au bout, tourner à gauche puis à droite, aux feux. Sur la gauche, les **barreaux** (1899) sont constitués d'une trentaine de logements contigus auxquels des dépendances ont été ajoutées au début du 20e s. Abandonnés, ils font maintenant l'objet d'une rénovation dont profite déjà, en face, un **coron** de 28 logements des années 1912-1919.

Tourner à droite puis à gauche, direction centre-ville. Face au lycée Carnot, prendre à droite et suivre la direction hôtel de ville puis parking Wery. À gauche, signalisation de l'écomusée de la Mine.

Écomusée de la Mine

☎ *03 21 53 52 33 - visite guidée sur demande, se renseigner - 4,50 €.*

La visite d'une ancienne **mine-école**, avec ses commentaires et ses bruits du fond, rappelle la dure existence des mineurs.

Revenir sur ses pas. Au stop, prendre à gauche. Par la D 188, gagner Marles-les-Mines. Prendre la D 70 vers Auchel. Devant l'hôtel de ville de Marles, tourner à droite vers la cité de Marles ; suivre la direction Auchel centre.

Auchel

Au niveau du terrain vague, tourner à droite vers les alignements d'habitations. Dominée par des terrils, la **cité d'Auchel** avec sa dizaine de barres coupées est caractéristique du pays minier.

Revenir vers Marles, reprendre la D 188 vers Bruay-la-Buissière. À Barlin, tourner à gauche sur la D 179.

Nœux-les-Mines

Dans l'agglomération, prendre à droite la D 937 et suivre la direction piscine. Le **musée de la Mine**, ancien centre de formation pour « galibots », les jeunes mineurs, présente l'évolution des techniques de travail (200 m de galeries reconstituées). *Av. Guillon.* ☎ *03 21 25 98 58 - visite guidée (1h30) tlj sf w.-end à 14h, 15h et 16h, 1er et 3e sam. du mois à 14h, 15h et 16h - fermé août, j. fériés - 4,50 € (-12 ans 2 €).*

Retour sur la D 937, tourner 2 fois à droite vers Loisinord. Le **coron** n° 3 est en pleine restructuration.

Revenir au rond-point, prendre à droite vers Mazingarbe.

> **SPORTS & LOISIRS**
> Loisinord – R. Léon-Blum - 62290 Nœux-les-Mines - ☎ 03 21 26 89 89. Outre sa piste de ski artificielle, Loisinord comporte également une base nautique avec diverses activités : téléski nautique, pédalo, planche à voile, mini golf. Le plan d'eau a été créé dans une dépression où s'accumulaient les résidus de l'exploitation minière.

Mazingarbe
Direction centre-ville. Après l'église, prendre à droite. Le boulevard des Platanes, bordé par de belles maisons d'ingénieurs *(à gauche)*, longe l'usine carbochimique, aux impressionnantes superstructures.

Prendre à droite, longer l'entrée principale de l'usine et tourner à gauche après le passage à niveau. S'engager dans la N 43 vers Lens que l'on contourne par l'A 21, direction Arras-Douai. Sortir à Loison ; N 17, direction Lille, puis D 306, vers Oignies centre.

Oignies
La ville a été témoin de la naissance et de la fin de l'exploitation du bassin du Pas-de-Calais. C'est ici que fut découvert en 1842 un gisement houiller de meilleure qualité que celui du Valenciennois. En 1990, c'est de la fosse n° 9 que sont remontés les derniers mineurs.

Centre Denis-Papin – *R. Émile-Zola ; un panneau indique, à droite, l'entrée du centre.* ☎ 03 21 69 42 04 - ♿ - *avr.-oct. : les 2e et 4e dim. du mois 14h-18h - 4 € (8-16 ans 3,80 €).*

Lieu de mémoire de l'ancienne fosse n° 2 d'Oignies et musée du Chemin de fer. Un grand bâtiment, abritant la puissante machine d'extraction, est parcouru de trains miniatures. Voyez la superbe Pacific 231 C 178 (plus de 100 t) ainsi que l'exposition des machines du fond, dont la dernière berline de *gaillettes*, remontée de la fosse n° 9 en 1990.

> **TORTILLARD DES PETITS**
> À l'extérieur du centre Denis-Papin, un circuit à l'échelle 1/8 invite les enfants à voyager sur des wagonnets tirés par des répliques de locomotives à vapeur.

Continuer sur la même route ; prendre à droite puis, au 2e rond-point (1 km), à gauche vers la fosse n° 9/9 bis.

Les bâtiments, chevalements et terril de la **fosse n° 9/9 bis**, intacts, ont reçu l'équipe de Claude Berri en 1992 pour le tournage d'une scène de *Germinal* (la remontée des « jaunes »).

Revenir sur la voie principale, prendre la D 160 à droite vers Dourges, passer au-dessus de l'autoroute du Nord et gagner Hénin-Beaumont.

Hénin-Beaumont
À l'entrée, prendre à gauche le boulevard Mar.-Gallieni. La **cité Foch** (1922) marque une étape importante dans l'architecture de l'habitat ouvrier. C'est l'une des plus belles cités-jardins de France : avenues courbes et ronds-points mènent à des maisons d'allure cossue regroupant deux à quatre logements. Ces pavillons blancs, dont la façade est égayée par un colombage en trompe l'œil, se disséminent dans la verdure en retrait des allées.

Revenir sur ses pas ; direction centre-ville et Drocourt.

Drocourt
Après le panneau d'entrée de la ville, tourner à gauche. L'église Sainte-Barbe (patronne des mineurs) trône au centre de la **cité de la Parisienne**. Sur la gauche s'étirent des barres de corons dépassant parfois 40 logements. En face, la cokerie est une des rares installations des houillères toujours active.

Revenir sur Hénin-Beaumont. Retour à Lens par l'A 21.

Centre historique minier de **Lewarde**★★

De la fosse Delloye sortirent jusqu'à 1 000 tonnes de charbon par jour entre 1930 et 1971, extraites par un millier de « gueules noires ». L'ancien carreau sert aujourd'hui de cadre au Centre historique minier, le plus grand musée de la mine en France, retraçant trois siècles d'activité.

La situation
Carte Michelin Local 302 H5 – Nord (59). L'ancien site minier est à 8 km à l'Est-Sud-Est de Douai par la N 45.

L'emblème
Sur le logo du Centre historique minier, on reconnaît le chevalement du carreau de la fosse Delloye.

Les gens
Les visites du musée sont commentées par d'anciens mineurs, qui travaillaient pour la plupart dans le Pas-de-Calais. Personnalités attachantes et de fort tempérament, ce sont les derniers héros de la grande épopée des houillères du Nord.

visiter

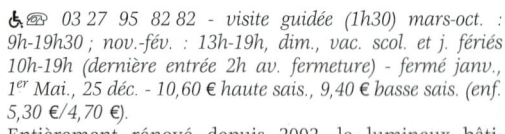

03 27 95 82 82 - visite guidée (1h30) mars-oct. : 9h-19h30 ; nov.-fév. : 13h-19h, dim., vac. scol. et j. fériés 10h-19h (dernière entrée 2h av. fermeture) - fermé janv., 1er Mai., 25 déc. - 10,60 € haute sais., 9,40 € basse sais. (enf. 5,30 €/4,70 €).

Entièrement rénové depuis 2002, le lumineux bâtiment d'accueil, tout de verre et d'acier, abrite une boutique et une cafétéria. La visite libre débute dans les anciens magasins (1927) par une projection et une exposition temporaire. Passé le chemin extérieur qui longe le réseau ferroviaire, avec ses locomotives et wagons, plusieurs expositions évoquent le monde de la mine. Elles présentent l'histoire du charbon depuis 345 millions d'années, les bureaux des cadres, les trois siècles d'exploitation minière (dioramas, statue, maquettes...), la vie quotidienne du mineur, ses drames et souffrances (photos, peintures, objets personnels).
Des mineurs, chargés de souvenirs, vous guident ensuite sur les pas des « gueules noires » partant travailler : d'abord le vestiaire, les bains-douches, puis, face à l'infirmerie, la lampisterie où les femmes distribuaient les lampes.

Se restaurer

🍴 Le Briquet – Dans le Centre minier - 59287 Lewarde - 8 km de Douai sur N 45 - ☎ 03 27 95 82 82 - fermé janv. - 15,40/21,80 €. Sous le regard bienveillant de sainte-Barbe, patronne des mineurs, vous pourrez poursuivre la visite du site en vous attablant dans l'ancienne scierie de la mine. Au menu, plus de « briquet » (casse-croûte des mineurs), mais une cuisine d'inspiration régionale.

La « salle des pendus » tient son nom des crochets auxquels étaient suspendus vêtements, casques et bottes appelés par les mineurs « loques de fosse ».

Le savez-vous ?
Depuis le début du 20e s., la lampe à flamme des mineurs du Nord-Pas-de-Calais était fabriquée par l'usine d'Arras. Si elle est aujourd'hui confinée au musée, sa silhouette flotte sur les maillots du Racing-Club de Lens. Regardez de près son emblème !

La force de traction des chevaux était fréquemment utilisée pour le déplacement des wagonnets dans les galeries.

Casque vissé sur le crâne, vous voilà embarqué dans le petit train qui mène au puits n° 2. Près du hangar du triage-calibrage, où les femmes séparaient à la main la pierre du charbon, l'ascenseur vous fait descendre dans les galeries (autrefois, c'était à la vitesse de 8 m par seconde !). Le long d'un parcours de 450 m, les dix chantiers d'extraction du charbon : ils retracent l'évolution du métier depuis l'époque de *Germinal* jusqu'en 1990, son atmosphère, ses bruits assourdissants et sa pénombre inquiétante. La visite se termine par le bâtiment d'exploitation : machine d'extraction, écurie de la fosse.

Liesse-Notre-Dame

Ce petit bourg est le siège d'un important pèlerinage à Notre-Dame. Les rois de France, de Charles VI à Louis XV, ont pris part à cette tradition, qui remonte au 12ᵉ s.

La situation
Carte Michelin Local 306 E5 – Aisne (02). Liesse se niche dans une région boisée, au Nord-Est de la Champagne picarde, à 15 km au Nord-Est de Laon. Accès par la D 977. De l'A 26, direction Marle (N 2), 1ʳᵉ à droite (D 513) vers Monceau et Gizy, puis à gauche (D 977).
🛈 *7 r. du Gén.-de-Gaulle, 02350 Liesse-Notre-Dame,* ☎ *03 23 22 21 05.*

Le nom
Avant 1134, Liesse était connue sous le nom de Liance, aujourd'hui elle évoque involontairement la joie des chevaliers qui construisirent la première chapelle dressée en ces lieux.

Les gens
1 327 Liessois. En route vers Jérusalem, trois chevaliers du pays capturés par les Égyptiens convertissent la fille du sultan et lui offrent une statuette de la Vierge. Ils sont alors transportés par les airs, avec la princesse, jusqu'à leur pays natal, où ils décident d'élever une chapelle en l'honneur de la statue miraculeuse...

visiter

Basilique Notre-Dame
Remarquez la flèche d'ardoises en légère spirale et le portail du 15ᵉ s.
À l'intérieur, un jubé du 16ᵉ s. sépare la nef du chœur à l'extrémité duquel se tient la Vierge noire (copie). Voyez les vitraux (1981) de Jacques Despierre et l'ex-voto marin suspendu à la nef : *Le Soleil royal*. La toile ex-voto de Vignon, *Nativité (croisillon droit)*, remplace un tableau semblable offert par Louis XIII et Anne d'Autriche en remerciement de la naissance du futur Louis XIV. À gauche du chœur, la sacristie, bâtie sous Louis XIII, abrite aussi des ex-voto. Dans la chapelle St-Louis, à droite, le diorama illustre la légende et l'origine du pèlerinage.

> **PROMESSE TENUE**
> Construite par les trois chevaliers, comme ils l'avaient promis, l'église fut rebâtie en 1384 et agrandie en 1480. En 1913, elle fut érigée en « basilique », titre lié au pèlerinage.

alentours

Château de Marchais
3 km au Sud par la D 24. On ne visite pas. Ce château Renaissance fut achevé par le cardinal de Lorraine. Remarquez les lucarnes à frontons sculptés et pinacles ; au bout de l'aile droite se trouve la chapelle. Les rois de France descendaient au château de Marchais quand ils venaient prier à Liesse. Il est aujourd'hui propriété des Grimaldi, famille princière de Monaco.

Lille★★

Capitale de la Flandre française, Lille est depuis 2004 également « capitale européenne de la culture ». Une consécration amplement méritée pour cette ville animée et conviviale, où il fait bon flâner dans les ruelles, sur les places, mais aussi dans les brasseries... Réputée pour sa Grande Braderie de septembre et ses marchés exubérants, son goût de la fête et ses nuits très longues, elle recèle un vieux centre superbement restauré et mis en valeur, riche de monuments et demeures colorées des 17e et 18e s., au style atypique, mêlant la brique et la pierre sculptée. Et pour une plongée culturelle, rien de tel qu'un petit tour dans son magnifique musée des Beaux-Arts !

La situation

Carte Michelin Local 302 G4 – Nord (59). L'A 1 de Paris, l'A 27/E 42 de Bruxelles ou Tournai et l'A 23 de Valenciennes desservent la ville par le Sud-Est. L'A 17 de Bruges et l'E 17 de Gand et Anvers rejoignent l'A 22 qui dessert le Nord de Lille. Les D 700 (Est), N 356 et une section de l'A 25/E 42 (Sud) servent de périphérique externe et donnent accès aux boulevards qui enserrent le centre. Sur un axe Est-Ouest se succèdent le nouveau et l'ancien Lille, puis la citadelle.

🛈 *Palais Rihour, pl. Rihour, 59000 Lille, ☎ 0 891 562 004 (0,225 €/mn). www.lilletourism.com*

Le nom
La première mention de L'Isle, qui vient d'*insula*, apparaît en 1066 dans une charte de dotation de la collégiale St-Pierre par Baudouin V, comte de Flandre et propriétaire d'un château sur une île de la Deûle où grandit la cité.

Les gens
502 260 Lillois pour la métropole, 950 265 habitants pour la communauté urbaine. Parmi les natifs de Lille, on retiendra dans le domaine artistique l'acteur **Philippe Noiret** (1930) et le dessinateur de BD **François Boucq** En politique, **Pierre Mauroy** (né en 1928 à Cartignies) compte parmi les figures locales. Premier ministre de mai 1981 à juillet 1984, il fut président du conseil régional du Nord-Pas-de-Calais, député du Nord et premier secrétaire du Parti socialiste. Il reste sénateur du Nord depuis 1992 et président de la communauté urbaine de Lille depuis 1989.

comprendre

LA VIE À LILLE

Sur la scène – La ville s'est affirmée comme une métropole culturelle avec l'Opéra du Nord, l'Atelier lyrique à Tourcoing, les Ballets du Nord et des troupes comme celle du Théâtre du Nord. Plusieurs festivals s'y déroulent : celui d'automne présente un programme de concerts, de pièces de théâtre et de spectacles de danse.

Dans les rues – Chaque quartier a sa fête, la ducasse. Les Lillois à cette occasion sortaient autrefois leurs **géants**, **Phinaert** et **Lydéric**. Vers l'an 600, Phinaert le brigand occupait un château à l'emplacement de Lille. Un jour, il attaqua le prince de Dijon et sa femme en route

Ancienne place du marché au Moyen Âge, la Grand'Place a toujours été le centre de l'activité lilloise.

Lille

« Joutes sur la Deûle », planche de l'« Album de Pourchez », recueil d'aquarelles du 18e s.

DANS LE MÉTRO
Stations intéressantes. **République** : *Les Muses*, sculptures de Debeve, *Spartacus* de Foyatier, *L'Automne* et *Le Printemps* de Carrier-Belleuse et reproductions de tableaux du musée des Beaux-Arts. **Porte-de-Valenciennes** : *La Main* de César. **Wazemmes** : *Source de vie* (lave émaillée). **Fives** : Fresques de Degand (*Le Cri* et *Graffitis*). **Pont-de-Bois** : *La Paternité*, bronze de Mme Léger.

DRAPS ET MOULINS
Au Moyen Âge, Lille est une cité drapière. Les lissiers d'Arras, chassés par Louis XI, s'y installent au 15e s. À la tapisserie succède la filature du coton et du lin au 18e s., tandis que Roubaix et Tourcoing travaillent la laine. Avec le développement de la grande industrie apparaît dès le 18e s. un prolétariat urbain avec son cortège de misère. En 1846, la mortalité infantile atteint 75 % dans les courées de St-Sauveur. Les moulins à huile broyant le lin, le colza, l'œillette constituent, avec la dentelle et la céramique, d'autres spécialités lilloises.

pour l'Angleterre. Le prince fut tué, mais sa femme, qui était enceinte, réussit à s'échapper. Elle mit au monde un garçon qu'elle cacha, avant d'être rattrapée par le brigand. Le bébé fut recueilli par un ermite, baptisé Lydéric et allaité par une biche. Devenu adulte, il tua Phinaert pour venger ses parents, puis épousa la sœur du roi Dagobert et se vit confier la garde des forêts de Flandre.

Lille fait peau neuve – D'importants efforts de restauration ont été entrepris dans le quartier ancien, riche en demeures et monuments des 17e et 18e s. La ville s'est modernisée avec la reconstruction du quartier St-Sauveur et du Forum, la création de Villeneuve-d'Ascq et d'Euralille.

Un pôle économique – Aux industries traditionnelles (textile, imprimerie, industrie mécanique, chimie, agroalimentaire...) sont venues s'ajouter des entreprises de pointe. Capitale européenne de la vente par correspondance, Lille-Roubaix-Tourcoing est aussi un carrefour des affaires avec le centre Euralille, la chambre de commerce et d'industrie et la Bourse des valeurs. Le tertiaire représente près de 70 % des emplois.

L'art du mouvement – Transparente et audacieuse, la gare Lille-Europe (1994) est un bel exemple d'architecture contemporaine. Dans le métro le plus moderne du monde, le VAL, certaines stations sont ornées d'œuvres d'art. Entièrement automatisé, il a séduit Orly et Toulouse, comme Chicago et Taipei. Au célèbre Mongy, qui parcourait le Grand-Boulevard entre Lille, Roubaix et Tourcoing, s'est substitué un tramway, dessiné par Sergio Pininfarina, le designer de Ferrari.

UN PEU D'HISTOIRE

Les comtes de Flandre – Au 11e s., Lille se développe autour du château du comte Baudouin V et du port situé à l'emplacement de l'avenue du Peuple-Belge. Le comte de Flandre Baudoin IX devient empereur de Constantinople en 1204, à l'issue de la quatrième croisade, mais est tué l'année suivante. Il laisse deux héritières. À l'âge de 5 ans, l'une d'elle, Jeanne, épouse le fils du roi du Portugal, Ferrand, sur ordre de Philippe Auguste. Le couple s'installe à Lille.

La bataille de Bouvines – Vassale du roi de France, la Flandre est économiquement liée à l'Angleterre et au Saint Empire romain germanique. Aussi, devant les prétentions de Philippe Auguste sur les régions du Nord, une coalition se forme : elle rassemble le roi d'Angleterre Jean sans Terre, l'empereur germanique Otton IV, les comtes de Boulogne, du Hainaut et de Flandre. Le 27 juillet 1214, Bouvines est la première grande victoire française. Fait prisonnier, « Ferrand le bien enferré » est enfermé au Louvre tandis que Jeanne gouverne la ville.

Des Bourguignons aux Espagnols – En 1369, par le mariage de Marguerite de Flandre et de Philippe le Hardi, le comté devient possession des ducs de Bourgogne.

Une belle résidence est bâtie pour **Philippe le Bon** (1419-1467) qui, lors de fêtes splendides et de banquets somptueux, le 17 février 1454, prononce le « vœu du Faisan », promettant de partir en croisade. Il est alors entouré d'une cour brillante, où figure le peintre **Van Eyck**.

Le mariage de Marie de Bourgogne, fille de Charles le Téméraire, avec Maximilien d'Autriche fait passer le duché de Bourgogne à la maison de Habsbourg, puis à l'Espagne lorsque Charles Quint devient empereur. Après les guerres de Religion, sous la domination espagnole, les « gueux » dévastent la campagne. Lille échappe à l'assaut des Hurlus (« hurleurs ») grâce à ses habitants conduits par la cabaretière **Jeanne Maillotte**.

La conquête de Louis XIV – Faisant valoir les droits de son épouse, Marie-Thérèse, à une part de l'héritage d'Espagne, le roi réclame les Pays-Bas. En 1667, il dirige le siège de Lille. Après seulement 9 jours de résistance, la ville devient capitale des Provinces du Nord. Le Roi-Soleil s'empresse de faire construire une citadelle par Vauban, agrandit la ville et réglemente alignements et modèles de maisons.

Le siège autrichien – En **septembre 1792**, 35 000 Autrichiens assiègent Lille, défendue par une faible garnison. Les boulets pleuvent sur la ville. Cependant, grâce au courage des habitants, la métropole tient bon...

De 1914 à 1940 – Au début d'octobre 1914, attaquée par six régiments bavarois, la ville se rend après trois jours de résistance acharnée. Le prince de Bavière, qui reçoit la reddition, refuse l'épée du colonel de Pardieu « en témoignage de l'héroïsme des troupes françaises ».

En mai 1940, sept divisions allemandes et les blindés de Rommel attaquent Lille. Les 40 000 soldats français tiennent trois jours et capitulent avec les honneurs militaires, au matin du 1er juin.

découvrir

PALAIS DES BEAUX-ARTS★★★

☎ 03 20 06 78 00 - ♿ - *lun. 14h-18h, merc., jeu., w.-end 10h-18h, vend. 10h-19h (dernière entrée 30mn av. fermeture) - fermé mar., 1er janv., 1er Mai, 14 Juil., 1er w.-end de sept. (pour braderie de Lille), 1er nov., 25 déc. - 4,60 €, gratuit 1er dim. du mois, Nuit des musées.*

Construit entre 1887 et 1892, il fait face à la préfecture, place de la République, et présente sur 22 000 m² des collections exceptionnelles. À l'arrière a été édifié un **bâtiment-lame** de 70 m de long et 6,50 m de large, dont la façade en verre sérigraphiée renvoie l'image du palais et lui rend la dimension initiale du projet, jamais réalisé. Il abrite le café-restaurant *(au rez-de-chaussée)* et le cabinet des Dessins *(sur RV pour les chercheurs).*

Entre ces bâtiments s'étend le jardin : au centre, une dalle de verre laisse entrer la lumière vers la salle d'expositions temporaires située au-dessous. L'entrée mène à un vestibule éclairé par de grands lustres en verre coloré, dus à l'Italien G. Pesce. Libre accès à l'atrium (librairie-boutique, salon de thé) et au café-restaurant *(entrée possible par le jardin, r. de Valmy).*

Sous-sol
Escalier à gauche au fond de l'atrium.

Archéologie – Œuvres du pourtour méditerranéen : Égypte, Chypre, Rome, Grèce (céramiques à figures noires).

> **PEAU NEUVE**
> Entre 1992 et 1997, le palais des Beaux-Arts de Lille a fait l'objet d'une restauration. Les architectes Jean-Marc Ibos et Myrto Vitart lui ont rendu son volume original tout en créant de nouveaux espaces.

Lille
carnet pratique

Visites

Visites guidées – Lille, Ville d'art et d'histoire, propose des visites-découvertes animées par des guides-conférenciers agréés par le ministère de la Culture et de la Communication (janv.-déc.) - une visite pour chaque envie : tour de la ville en minibus (1h) ; découverte du vieux Lille, de la citadelle (7,50 €) ; balade nocturne et dégustation de bière (10 €) ; Lille à vélo ; Lille en Segway.

Comité départemental du tourisme du Nord

Lille à vélo – Juil.-août : merc. 15h-17h - 7,50 € (-18 ans : 6,50 €) - sur inscription à l'Office de tourisme - parcours à vélo dans l'histoire de Lille, du bois de Boulogne au parc Matisse, à travers les chemins et petites rues tranquilles.

Forfaits touristiques – L'Office de tourisme, ☎ 0 891 562 004 (0,225 €/mn), propose différents forfaits (découverte, marché de Noël, culturel, braderie de Lille, cabaret) comprenant une ou plusieurs nuits d'hôtels, un City Tour, une entrée de musée ou un spectacle, etc.

Tour de Lille en mini bus – Mai-oct. : dép. ttes les h de 10h à 18h (pas de dép. dim. 13h, 18h et lun. 14h) ; nov.-avr. : dép. toutes les h de 10h à 17h (pas de dép. dim. et lun. 13h) - 9 € (-18 ans 7 €) - rendez-vous au palais Rihour - visite commentée en 8 langues avec casque - bus accessible aux personnes à mobilité réduite - horaires susceptibles d'être modifiés, se renseigner à l'Office de tourisme.

Transports

Lille Métropole – Ce forfait permet d'accéder gratuitement au réseau de transports en commun de la métropole de Lille (Transpole) et à 30 sites et prestations touristiques à Lille métropole et dans la région. *Information et vente dans les offices de tourisme des villes concernées - www.lilletourism.com*

Se loger

⊖ **Nord Hôtel** – 48 r. du Fg-d'Arras - ☎ 03 20 53 53 40 - www.nord-hotel.com - 🅿 - 80 ch. 40/80 € - ⊇ 7,50 €. Étape pratique que cet hôtel situé sur un grand boulevard proche du centre-ville et facilement accessible par autoroute. Les chambres, rénovées, sont fonctionnelles et équipées de salles de bains modernes. Accès Internet, garage gratuit.

⊖ **Chez Julie** – 8 r. de Radinghem - 59134 Beaucamps-Ligny - 12 km à l'O de Lille par A 25, sortie N° 7 et D 62 rte du Radinghem - ☎ 03 20 50 33 82 - http://perso.wanadoo.fr/chezjulie - ⌿ - 3 ch. 33/46 € ⊇. Vous vous sentirez vite à l'aise dans cette agréable fermette en brique rouge située aux portes d'un village de la campagne lilloise. Ses chambres aux teintes pastel sont bien tenues. Un piano, un poêle à bois et deux jeux traditionnels flamands agrémentent la salle des petits-déjeuners.

⊖ **Chambre d'hôte B & B** – 78 r. Caumartin - ☎ 03 20 13 76 57 - www.bedbreakfast.fr.fm - fermé 15 juil.-15 août - ⌿ - 2 ch. 41/50 € ⊇. B & B comme « Bed and Breakfast », mais aussi comme Béatrice et Bernard, les actuels propriétaires de cette maison bâtie sous Napoléon III. Les chambres (non-fumeurs) sont coquettes et l'une d'entre elles offre l'intimité d'une mansarde. Salle des petits-déjeuners donnant sur le jardin. Séjour de 2 nuits minimum.

⊖ **La Ferme Blanche** – R. Pasteur - 59840 Lompret - 7 km au NO de Lille sortie n° 6 et chemin à droite - ☎ 03 20 92 99 12 - dadeleval@nordnet.fr - fermé 2 sem. en août - ⌿ - 3 ch. 45/50 € ⊇. Un chemin cahoteux mène à cette jolie ferme du Nord restaurée. Chambres simples et confortables, aménagées dans l'ancienne grange. La cour intérieure abrite un grand jardin. Copieux petits-déjeuners avec produits maison.

⊖ **Station Bac St-Maur** – 77 r. de la Gare - 62840 Sailly-sur-la-Lys - 7 km au SO d'Armentières - ☎ 03 21 02 68 20 - www.stationbacsaintmaur.com - fermé nov.-mars - 🅿 - 6 ch. 35/65 € - ⊇ 6,50 € - restaurant 8,50/24 €. Vous rêviez d'un voyage immobile ? Rendez-vous dans cette ancienne gare reconvertie en hôtel et restaurant pour le bonheur des nostalgiques de l'âge d'or du chemin de fer. Vous dormirez dans l'un des six compartiments du wagon des années 1930 pour prolonger l'illusion. En voiture !

⊖⊖ **Hôtel Flandre Angleterre** – 13 pl. de la Gare - ☎ 03 20 06 04 12 - www.hotel-flandre-angleterre.fr - 44 ch. 56/77 € - ⊇ 7 €. Face à la gare, à proximité des rues piétonnes, cet hôtel familial met à votre disposition des chambres modernes, confortables et douillettes. Son emplacement et ses prix abordables en font une adresse à ne pas négliger

⊖⊖ **As Hôtel** – 98 r. Louis-Braille - 59790 Ronchin - 3 km au SE de Lille par autoroute dir. Paris, sortie n° 1 Ronchin - ☎ 03 20 53 05 05 - www.ashotel.com - 🅿 - 68 ch. 45/60 € - ⊇ 8 € - restaurant 10,50/18 €. Cet établissement cubique propose des chambres récentes, toutes équipées d'une literie neuve, et une agréable salle de restaurant en jaune et noir. Une étape pratique à deux pas de l'A 1.

Hôtel Brueghel – *Parvis St-Maurice - ☎ 03 20 06 06 69 - hotel.brueghel@wanadoo.fr - 65 ch. 69/87 € - ☐ 7,50 €.* Cette jolie maison flamande occupe une excellente situation dans le secteur piétonnier, à deux pas de la gare. Chambres au charme d'antan, dotées de salles de bains neuves. Ascenseur, boiseries et objets chinés chez les antiquaires valent le coup d'œil.

SE RESTAURER

Flam's – *8 r. de Pas - ☎ 03 20 54 18 38 - www.flams.fr - 6,90/15,90 €.* Passez donc votre envie de *flammenküche* en vous attablant dans ce restaurant devenu, en treize enseignes réparties sur toute la France, le spécialiste de la tarte flambée alsacienne. Les tables les plus prisées se trouvent dans la salle haute, face au four.

Aux Moules – *34 r. de Béthune - ☎ 03 20 57 12 46 - fermé 24-25, 31 déc. et 1er janv. - 7,50/23 €.* Des moules et des moules... et quelques autres spécialités flamandes bien sûr. Cette brasserie au cadre 1930, dans une rue piétonne animée, attirent les vrais amateurs. Un incontournable de la ville...

La Robe des Champs – *10 r. Faidherbe - ☎ 03 20 55 13 74 - 7,50/18,50 €.* Dans ce joli restaurant jaune et bleu du centre-ville, la pomme de terre est reine et vous pourrez la déguster sous toutes ses formes. Tour à tour lilloise, parisienne ou paysanne, elle saura vous séduire.

Le Passe-Porc – *155 r. de Solférino - ☎ 03 20 42 83 93 - fermé 31 juil.-22 août et dim. - réserv. obligatoire - 9,50/18,80 €.* Voici un bistrot comme on les aime ! Carrelage, banquettes et plaques émaillées sur les murs servent d'écrin à une collection de cochons... Son ambiance sympathique et sa cuisine copieuse (spécialités de tripes) s'accordent parfaitement avec son cadre amusant.

La Voûte – *4 r. des Débris-St-Étienne - ☎ 03 20 42 12 16 - lapetitevoute@wanadoo.fr - fermé 1 sem. en fév., 1 sem. en avr., 3 sem. en juil.-août - 10/17 €.* Ce sympathique restaurant constitue une halte gourmande idéale pour les amateurs de gastronomie locale. Dans un cadre convivial - les tables serrées sont habillées de nappes à carreaux -, l'adresse propose à prix doux le meilleur de la cuisine régionale avec des plats réalisés maison tels que la flamiche paysanne au maroilles, la carbonnade à la bière ou le waterzoï de poissons.

Le Bistrot des Brasseurs – *20 pl. de la Gare - ☎ 03 20 06 37 27 - 3blille@nordnet.fr - 10,50/15,90 €.* Ce bistrot fondé en 1928 est presque aussi réputé que son voisin, *Les 3 Brasseurs*, et pour cause ! Les bières tirées des tanks de garde proviennent directement des cuves de l'institution lilloise. Décor convivial inspiré des estaminets. Cuisine régionale.

La Cave aux Fioles – *39 r. de Gand - ☎ 03 20 55 18 43 - www.lacaveauxfioles.com - fermé sam. midi, dim. et j. fériés - réserv. obligatoire le soir - 12/33 €.* Ne soyez pas rebuté par le long couloir un peu triste qui conduit à ce restaurant aménagé dans deux maisons des 17e et 18e s., car son intérieur vous réserve de bonnes surprises : briques, boiseries, poutres apparentes et tableaux de peintres régionaux composent un chaleureux décor, et l'étage abrite une amusante collection de chaises percées. Atmosphère conviviale. Cuisine de bistrot.

L'Assiette du Marché – *61 r. de la Monnaie - ☎ 03 20 06 83 61 - assiettedumarche@free.fr - fermé 1er-21 août, dim. et j. fériés - 20 €.* Le décor contemporain et une verrière coiffant la cour intérieure mettent en valeur l'ancien hôtel des Monnaies (18e s.). L'assiette se garnit en fonction du marché.

Domaine de Lintillac – *43 r. de Gand - ☎ 03 20 06 53 51 - fermé 2 sem. en août, dim. et lun. midi - 8,50 € déj. - 21/30,50 €.* Difficile de manquer cette adresse du Vieux Lille tant le rouge de la façade se voit de loin. Décor rustique avec paniers en osier suspendus aux poutres du plafond et étagères remplies de conserves artisanales du Sud-Ouest. Copieuse cuisine périgourdine.

La Tête de l'Art – *10 r. de l'Arc - ☎ 03 20 54 68 89 - fermé 2 sem. août, le soir sf vend. et sam. ; ouv. 1er et dernier dim. du mois - réserv. obligatoire - 28 €.* Derrière la façade rose de cette maison bourgeoise de 1890 se cache un sympathique restaurant animé. Au bout d'un couloir, chaleureuse salle à manger où les Lillois aiment déguster une cuisine traditionnelle. Sélection de vins à prix coutant.

Restaurant Le Lapin à Z'os – *19 pl. de la République - 59830 Cysoing - 15 km au SE de Lille par D 955 - ☎ 03 20 79 48 49 - jaclaniesse@wanadoo.fr - fermé sam. midi, dim. soir, lun. et mar. - réserv. conseillée - 15/20 €.* Sympathique restaurant situé sur la place principale de la ville. Amusant décor de bric et de broc avec de nombreux bibelots honorant le lapin, enseigne oblige ! Le mammifère aux longues oreilles est proposé également sur l'ardoise des suggestions du jour, cuisiné de multiples façons. Les réfractaires se rabattront sur les moules, servies en chaudron.

EN SOIRÉE

Bon à savoir – Le journal « Sortir », disponible auprès de l'office de tourisme, présente chaque semaine toutes les manifestations, concerts et expositions organisés en ville.

L'Échiquier - Bar de l'hôtel L'Alliance – *17 quai du Wault - ☎ 03 20 30 62 62 - www.alliance-lille.com - 10h-1h, dim. et j. fériés 10h30-23h. Pas d'animation musicale en juil.-août.* Ce bar se trouve au sein de l'hôtel Alliance aménagé dans les murs de l'ancien couvent des Minimes datant du 17e s. Ambiance feutrée et belle sélection de cocktails et de champagnes. Un pianiste s'y produit tous les jours sauf le lundi.

Les 3 Brasseurs – *22 pl. de la Gare - ☎ 03 20 06 46 29 - 3blille@nordnet.fr - dim.-jeu. 11h30-23h30, vend.-sam. 11h30-0h30.* Une odeur de houblon accueille le visiteur dans cette brasserie qui est une véritable institution lilloise. Vous pourrez y déguster les quatre variétés d'une bière pression tirée toute fraîche des cuves exposées derrière le comptoir. Flammekueches, choucroutes et plats du terroir permettent de combler les petits creux ou les faims de loup.

Planet Bowling – *R. du Grand-But - 59160 Lomme - ☎ 0 892 707 004 - www.planetbowling.com - dim.-jeu. 11h-2h, vend.-sam. 11h-4h.* Complexe à l'américaine : 32 pistes de bowling, 20 billards américains, espace enfants, connexions à Internet, karaoké le dimanche, spectacles de cabaret et d'humour le vendredi et le samedi. Vaste restaurant.

Les Folies de Paris – *52 av. du Peuple-Belge, vieux-Lille - ☎ 03 20 06 62 64 - www.foliesdeparis.com - tlj sf lun. dîner : 20h ; spectacle : 22h30, dim. 13h et 15h - fermé août - 39 à 59 €.* Ce cabaret proposant des dîners-spectacles est le plus grand de la région. Il attire de nombreux Lillois et voisins belges, anglais ou allemands, particulièrement en fin de semaine.

Orchestre national de Lille – *30 pl. Mendès-France - ☎ 03 20 12 82 40 - info@onlille.com - tlj sf w.-end 9h-12h45, 14h-18h - fermé août - de 10 à 30 €.* Depuis 1976, l'Orchestre national de Lille donne en moyenne 120 concerts par saison. Son activité se partage entre Lille, la région Nord-Pas-de-Calais et l'étranger (30 pays visités). Grand répertoire, créations, spectacles destinés au jeune public, interprètes confirmés et talents en herbe traduisent la politique artistique de la maison : « porter la musique partout où elle peut être reçue ».

Théâtre de marionnettes du jardin Vauban – *R. Léon-Jouhaux - chalet des chèvres du jardin Vauban - ☎ 03 20 42 09 95/06 80 01 53 45 - Pâques-oct. : merc. 15h30, dim. et j. fériés 16h ; tlj sf sam. pdt les vac. scol. 14h et 15h30, dim. 16h - ouv. tlj pdt les vac. sco.l - entrée 4 €.* Le Théâtre Le P'tit Jacques est un spectacles de marionnettes en plein air, dans la tradition de Guignol, mais avec des personnages du cru, Jacques de Lille, sa famille et ses amis.

Théâtre Le Grand Bleu – *36 av. Marx-Dormoy - ☎ 03 20 09 88 44 - www.legrandbleu.com - bureau 9h-12h, 14h-18h ; spectacles 20h, merc. et sam.15h, dim. 17h - fermé août - 10,50 € (enf. 8,20 €).* Cette salle destine toute sa programmation au jeune public. Certains spectacles sont même accessibles dès l'âge de trois ans, d'autres plairont davantage aux adolescents : danse, cirque, théâtre, conte, hip-hop et autres bonnes surprises.

Théâtre Mariska – *2 pl. de la Gare - à 15 km au SE de Lille par D 955 - 59830 Cysoing - ☎ 03 20 79 47 03 - www.mariska.fr - 8h30-12h, 13h30-17h30 - fermé août - 5 €.* Ce théâtre de marionnettes à fils, créé en 1970, occupe une maison typiquement flamande. La compagnie donne près de 1 000 spectacles par an, sur place et dans toute la France. Organisation de stages et belle collection itinérante de 300 pièces.

QUE RAPPORTER

Marché de Wazemmes – Mardi, jeudi et surtout dimanche matin, le marché de Wazemmes anime la place de la Nouvelle-Aventure et sa grande halle en brique rouge. Étals alimentaires côtoient brocante et marché aux puces dans une joyeuse ambiance populaire.

Rue de Gand – Pavée, animée et colorée, la rue de Gand attire l'œil. Boucheries, estaminets, bars et surtout restaurants proposant divers styles de cuisine s'y succèdent.

Rue Basse – C'est la rue des antiquaires de Lille, mais on y trouve aussi d'autres boutiques peu communes, tel Bleu Nattier : meubles, décoration, cadeaux d'art, artisan bijoutier.

Place de la Nouvelle-Aventure – *59000 Armentières.* Mardi, jeudi et surtout dimanche, le marché de Wazemmes anime la place de la Nouvelle-Aventure et sa grande halle en briques rouges. Étals alimentaires côtoient brocante et marché aux puces dans une joyeuse ambiance populaire.

Pâtisserie Meert – *27 r. Esquermoise - ☎ 03 20 57 07 44 - www.meert.fr - tlj sf lun. 9h30-19h30, sam. 9h-19h30, dim. 9h-13h, 15h-19h.* Cette pâtisserie confiserie fondée en 1761 est une véritable institution à Lille. Miroirs, arabesques, moulures dorées et balcons ciselés : le superbe décor datant de 1839 est inscrit à l'Inventaire des monuments historiques. Ne ratez pas la spécialité maison : la fameuse gaufre fourrée à la vanille de Madagascar, dont la recette remonte à 1849.

Distillerie Claeyssens – *1 r. de la Distillerie - par centre-ville et pl. de L'Église proche du canal - 59118 Wambrechies - ☎ 03 20 14 91 91 - www.wambrechies.com - visite guidée : tlj sf j. fériés 9h30-12h30, 13h30-17h30 sur réservr. Fermé 25 déc. et 1er janv.* Passionnante visite d'une des dernières distilleries traditionnelles de genièvre en France. Au programme : histoire de cette maison fondée en 1817 par Guillaume Claeyssens, découverte des différentes étapes de fabrication, dégustation, puis, pour ceux qui le souhaitent, vente de bonnes bouteilles.

Leroux SAS – *86 r. François-Herbo - 59310 Orchies - ☎ 03 20 64 83 70 - lamaisondelachicorée@free.fr - sur réservr. certaines périodes de l'année.* Une visite de l'usine pour découvrir les chaînes de transformation de la chicorée (dont la Pévèle est une des zones de culture) en produits solubles, liquides ou aromatisés.

Le Furet du Nord – *15 pl. du Gén.-De-Gaulle - ☎ 03 20 78 43 43 - contact@furet.com - tlj sf dim. 9h30-19h30 - fermé 15 août.* Cette incontournable librairie lilloise, fondée en 1936, occupe plus de 7 000 m² répartis sur 9 niveaux : de quoi fureter quelques heures. Escaliers, passerelles et multiples couloirs vous conduiront à vos rayons favoris : livres, jeux, disques, vidéos, bandes dessinées, papeterie ou billetterie de spectacles.

à la nature et plus particulièrement à l'eau dans tous ses états... Maison de l'Eau, ferme des grands navigateurs, école de voile, port fluvial, plage pour la baignade, etc. Vous trouverez également sur place une réserve ornithologique, des jeux pour les enfants, des espaces bar et restauration et bien d'autres attractions.

CALENDRIER
Grande Braderie de Lille – *1er week-end de septembre.* Lille ne vit alors que pour la Braderie. Des kilomètres de trottoirs conquis par les forains et les particuliers. On s'installe n'importe où pour vendre n'importe quoi. Animation garantie, surtout dans le quartier piéton de la place Rihour, sur le boulevard de la Liberté et le boulevard Jean-Baptiste Lebas. À cette occasion, restaurants et cafés servent des moules-frites et font des concours de tas de coquilles devant leurs portes.

SPORTS & LOISIRS
Ch'ti vélo – *10 av. Willy-Brandt, gare Lille Flandres -* ☎ *03 28 53 07 49 - 7h30-19h30, w.-end 9h-19h30.*

Prés du Hem – 📷 *- 7 av. Marc-Sangnier - 59000 Armentières -* ☎ *03 20 44 04 60 - voile-armentieres@nordnet.fr - fermé janv.-fév.* Ce site de 120 ha est entièrement dédié

Moyen Âge et Renaissance – 1re salle : le fameux encensoir en laiton finement ciselé et doré (art mosan du 12e s.) est formé de deux coupes hémisphériques avec au sommet les trois jeunes Hébreux. À côté, des ivoires provenant d'abbayes du Nord de la France. Galeries voûtées : parmi les rares témoins de la sculpture romane de la région, fragments d'un haut-relief en calcaire figurant la Déposition de Croix. L'art gothique est abondamment représenté : une croix-reliquaire (1200-1220) qui contenait un morceau de la vraie Croix ; le superbe *Festin d'Hérode*, bas-relief en marbre de Donatello ; deux volets d'un triptyque de Dierck Bouts et le triptyque du *Bain mystique* de Jean Bellegambe. Dans la dernière salle, célèbre *Tête de jeune fille en cire* (16e ou 17e s.).

Rez-de-chaussée
Galerie de céramique – *Au fond de l'atrium à gauche.* Belle collection de majoliques italiennes, de faïences de Nevers, Rouen, Lille, Strasbourg, et du Midi de la France, de Delft (belles bouteilles Flesch), de grès allemands et wallons, de porcelaines de Chine et du Japon.

Galerie de sculpture – *Au fond de l'atrium à droite.* Dans la rotonde, le *Chevalier errant* de Frémiet ; à l'opposé, le *Napoléon Ier, protecteur de l'industrie* d'Henri Lemaire. Panorama de la sculpture française : David d'Angers (*Bienfaits de l'imprimerie*, maquettes pour le monument dédié à Gutenberg à Strasbourg érigé en 1840-1844), Préault (40 médaillons en bronze figurant des personnalités), Camille Claudel (*Giganti, Louise de Massary*), Bourdelle (*Pénélope*).

1er étage
Peintures accrochées par écoles, autour de l'atrium.

École flamande des 16e et 17e s. – Plusieurs toiles de Jordaens, traitant des genres différents : religieux (*Tentation de la Madeleine*), mythologique (*Enlèvement d'Europe*) ou rustique (*Le Piqueur*) ; son étude de vaches sera reprise par Van Gogh. Parmi les tableaux d'autel : *Christ en Croix* de Van Dyck pour le couvent des récollets, et la *Tentation de saint Antoine* de Teniers le Jeune.

École hollandaise du 17e s. – *Galerie donnant sur l'atrium.* Chefs-d'œuvre de Lastman (*Mise au Tombeau*) et d'E. de Witte (*Intérieur de la Nieuwe Kerk de Delft*). Natures

---

> **À VOIR**
>
> La grande salle expose 15 **plans-reliefs**★ de villes situées à la frontière Nord du « Pré carré » à l'époque de Louis XIV. 7 sont **françaises** : Aire-sur-la-Lys, Avesnes (1822), Bergues, Bouchain, Calais (1690), Gravelines (1758), Lille (1743). 7 sont **belges** : Audenarde (1746) où l'on remarque la précision des détails et des couleurs, Charleroi, Menin, Namur, Ostende, Tournai, Ypres. Enfin, la quinzième est **hollandaise** : Maastricht.

« Chevalier errant » (1878) de Emmanuel Frémiet.

PALAIS DES BEAUX-ARTS
1er étage

Légende :
- École flamande des 16e et 17e s.
- École hollandaise du 17e s.
- École française du 17e s.
- École française des 18e et 19e s.
- Écoles italienne et espagnole
- Impressionnistes
- Art moderne
- Dessins
- Ascenseur
- Fermé

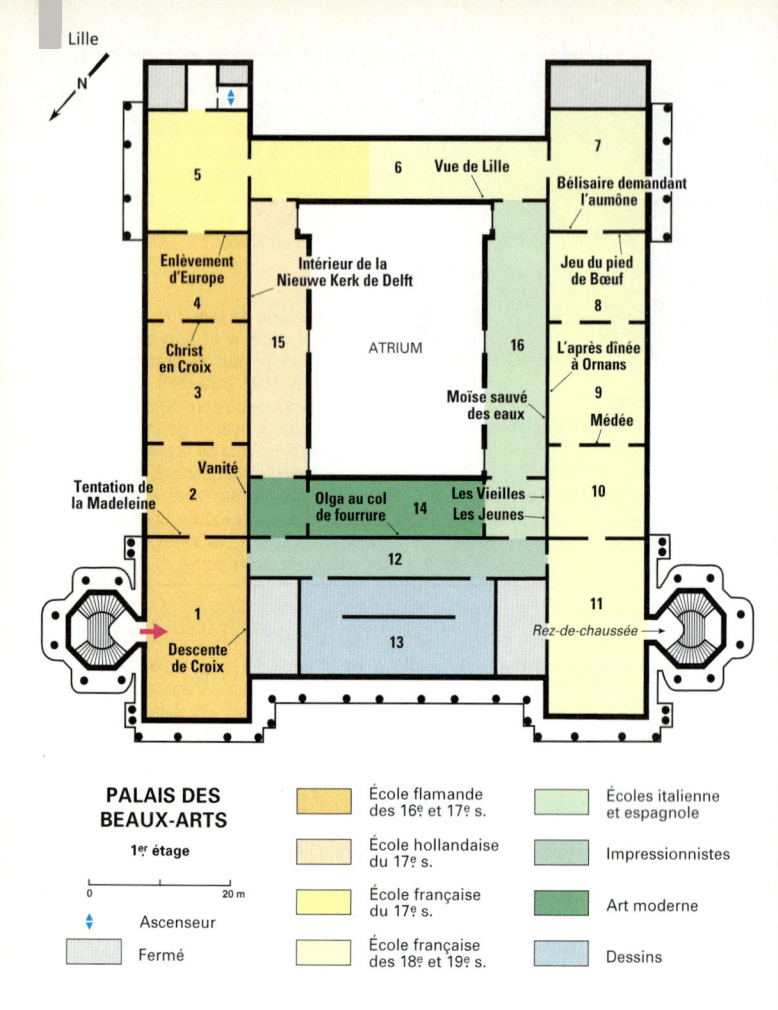

Salles et œuvres repérées :
1. Descente de Croix
2. Vanité — Tentation de la Madeleine
3. Christ en Croix
4. Enlèvement d'Europe
5. (salle 5)
6. Vue de Lille
7. Bélisaire demandant l'aumône
8. Jeu du pied de Bœuf
9. L'après dînée à Ornans — Médée
10. Les Vieilles / Les Jeunes
11. Rez-de-chaussée
12, 13
14. Olga au col de fourrure
15. Intérieur de la Nieuwe Kerk de Delft
16. Moïse sauvé des eaux
ATRIUM

« Le Temps ou les Vieilles » de Goya, féroce satire de son siècle.
P. Bernard/RMN

mortes de Van der Ast et de Van Beyeren. Paysages de Ruisdael *(Le Champ de blé)* et de Van Goyen *(Les Patineurs)*. Scènes de genre.

École française du 17e s. – Œuvres de Pieter Van Mol *(Annonciation)* et de Charles de La Fosse *(Remise des clefs à saint Pierre)*. Petits formats de Philippe de Champaigne *(Nativité)*, La Hyre *(Paysage pastoral)*, Largillière *(Portrait de J.-B. Forest)*, Le Sueur et Chardin.

École française des 18e et 19e s. – Toiles de Louis Watteau *(Vue de Lille)* et de son fils François *(Bataille d'Alexandre)*. Bel ensemble de Boilly : *Jeu du pied de bœuf, Triomphe de Marat* et portraits. Peintures néoclassique de David *(Bélisaire demandant l'aumône)*, romantique de Delacroix *(Médée)*, réaliste de Courbet *(L'Aprèsdîner à Ornans)*, symboliste de Puvis de Chavannes *(Sommeil)*.

Écoles italienne et espagnole – *Moïse sauvé des eaux* de Johann Liss, une *Esquisse du Paradis* de Véronèse et le *Portrait d'un sénateur* du Tintoret illustrent la peinture vénitienne. L'école espagnole est d'une grande qualité : *Saint François en prière* du Greco ; *Saint Jérôme* de Ribera ; *Les Jeunes* et *Les Vieilles*, remarquables toiles de Goya.

Impressionnisme – Œuvres de la **donation Masson**. Pré impressionnisme : Boudin *(Port de Camaret)*, Jongkind *(Les Patineurs)* et Lépine. Impressionnisme : Sisley *(Port-Marly, gelée blanche)*, Renoir *(Jeune femme au chapeau noir)* et Monet *(La Débâcle, Le Parlement de Londres)*. Toiles de Vuillard, Carrière, Lebourg et sculptures de Rodin.

Art moderne – Parmi les peintres figuratifs ou abstraits, Léger *(Femmes au vase bleu)*, Gromaire *(Le Borinage)*, Poliakoff *(Composition n° 2)*, Sonia Delaunay *(Rythme couleur 1076)*, Picasso *(Olga au col de fourrure)*.

Dessins – 4 000 œuvres, surtout italiennes, sont exposées par roulement.

se promener

LE VIEUX LILLE★★

2h1/2. Depuis les années 1970, le quartier ancien a retrouvé ses belles façades des 17ᵉ et 18ᵉ s. Les crépis ont été grattés pour mettre en valeur l'originalité du « style lillois », mélange de briques et de pierres sculptées. Des îlots entiers ont changé de physionomie, et des commerces de luxe, des décorateurs, des antiquaires s'y sont installés.

> **LE STYLE LILLOIS**
>
> Les façades, ornées de moellons de pierre taillés en « pointes de diamant », apparaissent au début du 17ᵉ s. (pl. Louise-de-Bettignies). La Renaissance flamande (Vieille Bourse, maison de Gilles de La Boé) se caractérise par un décor exubérant. Fin 17ᵉ s., l'influence française se fait sentir dans l'alignement des maisons, les « rangs » et dans la décoration. Le rez-de-chaussée comporte des arcades de grès (gresseries). La pierre au grain serré freine l'humidité. Au-dessus, la brique alterne avec la craie sculptée d'angelots, d'Amours, de cornes d'abondance et de gerbes de blé.

Place Rihour

Le **palais Rihour**, de style gothique, abrite l'office de tourisme. Il fut construit entre 1454 et 1473 pour Philippe le Bon. La façade est ornée de belles fenêtres à meneaux et d'une tourelle octogonale de brique. À l'intérieur, la salle des gardes est voûtée d'ogives élancées *(rez-de-chaussée)*. Au-dessus, la chapelle dite, « salle du Conclave » *(étage)*, et l'oratoire ducal sont desservis par une cage d'escalier en pierre aux voûtes en réseau. ☎ *0 891 562 004 (0,225 €/mn) - 9h30-18h30, dim. et j. fériés 10h-12h, 14h-17h - fermé 1ᵉʳ janv., 1ᵉʳ Mai, 25 déc. - tarif non communiqué.*

On rejoint la place du Gén.-de-Gaulle par une allée piétonne le long de laquelle s'alignent les cafés. Sur la gauche, les façades sont caractéristiques de l'architecture du 17ᵉ s. où se mêlent les influences flamande et française.

Place du Général-de-Gaulle (Grand'Place)★

Près du théâtre s'élève la **Grand'Garde** (1717), surmontée de frontons, où logeait la garde du roi. Sur le terre-plein central, la **colonne de la Déesse** (1845), tenant un boutefeu, symbolise la résistance héroïque de Lille lors du siège en 1792.

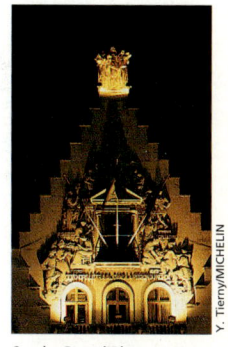

Sur la Grand'Place, le bâtiment au fronton à redans abrite les services administratifs du quotidien « La Voix du Nord » depuis 1944.

Les guirlandes, mascarons, grappes de fruits et chutes de fleurs qui ornent la façade de la Vieille Bourse évoquent un bahut flamand.

LILLE

Street	Zone	№
Anatole-France (R.)	EY	3
Angleterre (R.)	EY	
Arsenal (Pl.de l')	EY	
Arts (R. des)	EY	
Auber (R.)	DZ	
Ballon (R. du)	FY	9
Barre (R. de la)	EY	
Bart (R. Jean)	EZ	
Basse (R.)	EY	
Bassée (R. de la)	DZ	
Bateliers (R. des)	EXY	
Béthune (R. de)	EYZ	
Bettignies (Pl. L. de)	EY	16
Bigo-Daniel (Bd)	DZ	18
Brandt (Av. Willy)	FY	
Brûle-Maison (R.)	EZ	
Canonniers (R. des)	EFY	
Carnot (Bd)	EFY	
Chats-Bossus (R. des)	EY	27
Churchill (Av. Winston)	EX	
Colbert (R.)	DZ	
Collégiale (R. de la)	EY	
Concert (Pl. du)	EY	
Corbusier (Av. le)	FY	
Coubertin (Bd Pierre de)	FXY	
Courtrai (R. de)	EY	
Danel (R. L.)	DEY	
Debierre (R. Ch.)	FZ	43
Delesalle (R. E.)	EZ	45
Delory (R. G.)	EFZ	
Déportés (R. des)	FY	46
Doumert (R. Paul)	FXY	
Dr.-Legay (R. du)	FX	
Dr.-Calmette (Bd)	FY	51
Dubuisson (Bd E.)	FZ	
Esplanade (Façade de l')	DY	
Esquermoise (R.)	EY	
Faidherbe (R.)	EY	
Faubourg-de-Roubaix (R. du)	FY	55
Flandre (R. de)	DZ	
Foch (Av.)	EY	
Fosses (R. des)	EYZ	61
Gambetta (R. Léon)	DEZ	
Gand (R. de)	EY	
Gare (Pl. de la)	FY	64
Gaulle (Pl. Gén.-de) (Grand Place)	EY	66
Gaulle (R. du Gén.-de)	EFX	
Gosselet (R.)	EZ	
Grande-Chaussée (R. de la)	EY	73
Guérin (R. C.)	EY	
Halle (R. de la)	EY	
Hoover (Bd du Prés.)	FZ	
Hôpital-Militaire (R.)	EY	78
Inkermann (R.)	EY	
Jacquart (R.)	EZ	
Jacquemars-Giélée (R.)	EY	81
Jardins (R. des)	EY	82
Javary (R.)	EZ	
Jeanne-d'Arc (Pl.)	EZ	
Jeanne-d'Arc (R.)	EZ	
Jouhaux (Av. Léon)	DY	
Kennedy (Av. Prés.)	FZ	86
Lebas (Bd J.-B.)	FZ	93
Leblanc (R. N.)	EZ	
Leclerc (Pl. du Mar.)	DZ	
Lefèvre (R. G.)	FZ	100
Lepelletier (R.)	EY	102
Liberté (Bd de la)	DEYZ	
Lion d'Or (Pl.)	EY	
Lorraine (Bd de la)	DYZ	
Louis XIV (Bd)	FZ	
Louise (Av.)	FY	
Loyer (R. H.)	DZ	103
Magasin (R. du)	DY	
Maillotte (R. Jeanne)	FX	
Maillotte (R.)	EZ	105
Manuel (R.)	DZ	106
Maracci (R.)	EXY	
Masséna (R.)	DZ	
Max (Av. A.)	DXY	
Mendès-France (Pl.)	EY	115
Molinel (R. du)	EFYZ	
Monnaie (R. de la)	EY	120
Nationale (R.)	DEYZ	
Négrier (R.)	DEY	
Neuve (R.)	EY	123
Nouvelle-Aventure (Pl. de la)	DZ	
Oignons (Pl. aux)	EY	124
Paris (R. de)	EYZ	
Pasteur (Bd L.)	FY	125
Pasteur (Carrefour)	FY	
Petit (R. D.)	DZ	
Peuple-Belge (Av. du)	EY	
Philippe-le-Bon (Pl.)	EZ	
Plat (R.)	EY	
Pont-Neuf (R. du)	EY	
Port (R. du)	DZ	
Postes (R. des)	EFZ	
Prés.-Kennedy (Av. du)	EFZ	
Princesse (R.)	DEY	
Réduit (R. du)	FXY	132
République (Av. de la)	FXY	
République (Pl. de la)	EZ	
Richebe (Pl.)	EZ	
Rihour (Pl.)	EY	133
Roisin (R. Jean)	EY	135
Roland (R.)	DZ	
Rotterdam (Parvis de)	FY	137
Roubaix (R. de)	EFY	138
Royale (R.)	EY	

Street	Zone	№
St-André (R.)	EY	
St-Génois (R.)	EY	139
St-Jacques (R.)	EY	
St-Sauveur (R.)	FZ	
St-Sébastien (R.)	EX	
St-Venant (Av. Ch.)	FYZ	141
Ste-Catherine (R.)	DY	142
Sans-Peur (R. Jean)	EZ	
Schumann (Bd Robert)	DEX	
Sébastopol (Pl.)	EZ	
Sec-Arembault (R. du)	EY	144
Solferino (R.)	DEYZ	
Stations (R. des)	DZ	
Suisses (Pl. des)	FY	146
Tanneurs (R. des)	EYZ	147
Tenremonde (R.)	EY	148

Street	Zone	№
Théâtre (Pl. du)	EY	150
Thiers (R.)	EY	
Thionville (R. de)	DYZ	
Toul (R. de)	FYZ	
Tournai (R. de)	FY	
Trois-Mollettes (R. des)	EY	154
Urbanistes (R. des)	FY	
Vaillant (Bd du Mar.)	FZ	
Valladolid (Pl. de)	FY	
Valmy (R. de)	EZ	
Vauban (Bd)	DYZ	
Vieille-Comédie (R. de la)	EY	162
Voltaire (R.)	DEY	

LAMBERSART

Street	Zone	№
Becquart (Av.)	DX	
Bois (Av. du)	DXY	
Lille (R. de)	DX	

Bois de Boulogne	DY	Hospice Comtesse	EY	Noble Tour	FZ N¹
Cathédrale N.-D. de-la-Treille	EY	Hospice Gantois	EZ	Opéra	EY
Chambre de commerce	EY C	Hôtel Bidé-de-Granville	FY G	Palais des Beaux-Arts	EZ
Chapelle du Réduit	FZ D	Hôtel de ville	FZ H	Palais Rihour	EY
Citadelle	DY	Jardin des Plantes	EZ	Pavillon St-Sauveur	FZ N²
Demeure de Gilles de la Boé	EY E	Maison natale de Charles de Gaulle	EY	Porte de Gand	EY
Église St-André	DY			Porte de Paris	EY
Église Ste-Catherine	EY	L'Huîtrière	EY K¹	Porte de Roubaix	EFZ
Église Ste-Marie-Madeleine	EY	Monument aux Fusillés	DY K²	Porte Royale	DY
Église St-Maurice	EY	Musée d'Histoire naturelle et de Géologie	EZ M¹	Rang de Beauregard	EY Z
Grand'Garde	EY T¹	Musée des Canonniers	FY M²	Tour du Crédit Lyonnais	FY
				Vieille Bourse	EY

275

Vieille Bourse★★
Construite en 1653 par Julien Destrée à la demande des commerçants, elle devait rivaliser avec celles des grandes villes des Pays-Bas. 24 maisons à mansardes encadrent une cour rectangulaire où avaient lieu les transactions. Julien Destrée, qui a décoré les façades, était sculpteur sur bois, spécialiste de l'écrin et du petit meuble. Sous les arcades, bustes en bronze, médaillons, angelots et cartouches honorent les sciences et leurs applications.

Place du Théâtre
La Nouvelle Bourse et son beffroi néoflamand, qui avoisine l'opéra de style Louis XVI édifié au début du 20e s., sont dus à Louis Cordonnier. L'alignement de maisons à pilastres (1687) surmontés d'élégants cartouches, nommé **« Rang du Beauregard »**, est l'ensemble le plus caractéristique de l'architecture lilloise de la fin du 17e s. Un remarquable bâtiment néoflamand abrite la chambre de commerce.

Rue de la Bourse
Observez le bel ensemble de façades du 18e s., décorées d'anges joufflus et de masques au 1er étage.

Rue de la Grande-Chaussée
Les « gresseries » à arcades ont été rénovées, et les magasins de luxe y ont installé leurs vitrines. Quelques balcons en fer forgé et les dessus de fenêtres sont ouvragés. Remarquez la première maison à droite et les n°s 9, 23 et 29.

Rue des Chats-Bossus
Elle doit son nom à une vieille enseigne de tanneurs. **L'Huîtrière**, à la fois poissonnerie et célèbre restaurant de fruits de mer, présente une façade et un intérieur Art déco (1928). La rue des Chats-Bossus débouche sur la toute petite place des Patiniers, bordée de boutiques, alignant ses maisons colorées les unes contre les autres.

Place du Lion-d'Or
Au n° 15, remarquez la maison des Poissonniers, qui date du 18e s.

Place Louise-de-Bettignies
Elle porte le nom d'une héroïne de la Grande Guerre. Au n° 29, à l'angle de la place, la **demeure de Gilles de La Boé★**, un épicier grossiste, est richement ornée de corniches et de frontons en saillie (1636), parée de rouge, noir et or. Elle bordait un port sur la basse Deûle, actif jusqu'au 18e s. La rivière fut comblée en 1936. Elle a fait place à l'avenue du Peuple-Belge où s'élève la tour du palais de justice.

Rue de la Monnaie★
L'hôtel des Monnaies se trouvait dans cette rue où s'alignent des maisons du 18e s. *(côté gauche)*. Au n° 3, le mortier et l'alambic servaient d'enseigne à un apothicaire. Les maisons suivantes (n°s 5 à 9) sont décorées de dauphins, de gerbes de blé, de palmes... Au n° 8, statue de N.-D. de la Treille. Pignons à pas de moineaux aux n°s 12 et 14. Les maisons suivantes datent du début du 17e s. et encadrent le portail à bossages (1649) de l'hospice Comtesse *(voir description dans « visiter »).*

L'hospice Comtesse, rue de la Monnaie.

En face de l'hospice Comtesse, prendre le passage Notre-Dame-de-la-Treille pour rejoindre la cathédrale.

Cathédrale Notre-Dame-de-la-Treille★
De style néogothique, elle présente une façade surmontée d'une rosace dessinée par l'artiste Ladislas Kijno illustrant la Résurrection. Le portail en bronze★★, œuvre ultime de Georges Jeanclos (mort en 1997), est à la fois épuré et émaillé de corps ployés, arc-boutés. Dans le chœur, la statue de Notre-Dame de la Treille domine l'autel. Autour de la nef se succèdent plusieurs petites chapelles. Table en granit rose des Vosges et

retable en orfèvrerie émaillée et ciselée dans la chapelle Saint-Joseph, trois verrières consacrées aux trois patrons corporatifs les plus honorés à Lille (Arnoult, Éloi et Nicolas) dans la chapelle Sainte-Anne, bas-reliefs retraçant l'histoire de Flandre et de Lille dans la chapelle Charles-le-Bon, mosaïques rurales célébrant les sciences de la vérité dans la chapelle de Saint-Jean l'Évangéliste. La Sainte Chapelle s'illumine de onze verrières consacrées à la vie de la Sainte Vierge. Dans la travée gauche, maquette de la cathédrale datée de 1912.

> **LA LONGUE HISTOIRE D'UNE STATUE**
> La statue miraculeuse de Notre-Dame de la Treille, œuvre de la fin du 12e s., est vénérée dès le milieu du siècle suivant dans la collégiale Saint-Pierre (fondée par Baudoin de Lille en 1066). En mai 1354, un incendie ravage Saint-Pierre, mais épargne la statue. Partiellement reconstruit en 1368, l'édifice attire les grands de ce monde, princes et chefs d'État, jusqu'à la Révolution où la collégiale est détruite. La statue, une nouvelle fois sauvée, sera honorée en 1854 par les catholiques lillois, qui décident d'édifier une église monumentale. Charles Leroy en sera l'architecte. La première pierre est posée au cœur du Vieux Lille, à l'emplacement de l'ancienne motte féodale, berceau de la cité. En 1913, avec la création de l'évêché de Lille, elle devient cathédrale. Elle est enfin inaugurée le 12 décembre 1999.

Revenir rue de la Monnaie et continuer tout droit par la rue de la Collégiale, tourner à gauche dans la rue d'Angleterre puis dans la rue Royale.

Rue Royale
Jadis voie principale d'un élégant quartier aménagé au 18e s. entre la citadelle et la vieille ville. À droite, au fond, s'élève le clocher de l'église St-André. En longeant la rue, remarquez à droite l'**église Ste-Catherine**, avec sa tour austère datant du 15e s.

> Les beaux hôtels particuliers qui bordent la rue Royale sont marqués par l'influence française. Au n° 68, l'ancien hôtel de l'intendance, fut bâti en 1787 par l'architecte lillois Lequeux. Au n° 75, la Banque de France a installé ses bureaux dans l'hôtel d'Hespel (1893).

Rue Esquermoise
Bordée de maisons des 17e-18e s. Aux nos 6 et 4, les Amours s'embrassent ou se tournent le dos selon qu'ils appartiennent ou non à la même maison. En face, la belle demeure restaurée était celle du fourreur.
Rejoindre la place Rihour par la Grand'Place.

LILLE, CÔTÉ EST

Euralille
Ce nouveau quartier a été conçu par l'urbaniste néerlandais Rem Koolhaas. La gare de Lille, rebaptisée **Lille-Flandres** en 1993, est reliée par l'avenue Le Corbusier à la nouvelle gare **Lille-Europe**, immense façade de verre qu'enjambent deux tours : la **tour Lilleurope WTC** et la **tour du Crédit Lyonnais★**, en forme de L, à pan coupé, dues respectivement à Claude Vasconi et Christian de Portzamparc. Le **centre Euralille** a été conçu par Jean Nouvel comme « un feuilleté métallique, perforé, tramé, avec des transparences et des jeux lumineux ». Euralille comprend le **parc Henri-Matisse** (8 ha).

> **VILLE DANS LA VILLE**
> Dans ses allées spacieuses (2 niveaux), plus de 150 boutiques, hypermarché, restaurants et pôle d'animation culturelle, l'Espace croisé. Euralille abrite aussi une salle de spectacle, une école supérieure de commerce, des logements et résidences.

Porte de Roubaix
Vestige de l'enceinte espagnole (1621), cette porte massive a été percée en 1875 pour le passage des tramways. Un larmier en pierre et un étage en brique surmontent sa base de grès. La **porte de Gand**, à 600 m au Nord, se rejoint par les rues des Canonniers et de Courtrai.

Hôtel Bidé-de-Granville
En 1821, l'industriel A.-D. Scrive Labbe installa la première machine à carder dans cet hôtel (1773), aujourd'hui siège de la direction régionale des affaires culturelles.

La porte de Paris a été édifiée en l'honneur de Louis XIV.

> **Tout en haut**
> 109 marches puis un ascenseur mènent au sommet du beffroi. Vue★ sur la métropole et les environs jusqu'à 50 km.

QUARTIER ST-SAUVEUR

Environ 1h1/2. Alexandre Desrousseaux, l'auteur de la berceuse du *P'tit Quinquin (statue rue Nationale, à l'entrée de l'avenue Foch)*, ne reconnaîtrait pas le quartier ouvrier qui l'inspira au 19e s. Un centre d'affaires s'est substitué à la misère des courées.

Hospice Gantois
Ne se visite pas. Fondé en 1462 par Jean de la Cambe, dit Gantois, il a accueilli jusqu'en 1995 des personnes âgées défavorisées et des malades, et devrait prochainement se reconvertir en hôtel de prestige. Le pignon de la salle des malades (15e s.) est encadré de bâtiments du 17e s. *(r. de Paris)*. Remarquez les sculptures des vantaux de la porte (1664).

Porte de Paris★
Construite de 1685 à 1692 par Simon Vollant, elle faisait partie des remparts. C'est le seul exemple d'une porte de ville faisant office d'arc de triomphe. Côté faubourg, elle se présente comme une arcade décorée des armes de Lille (un lys) et de la France (trois lys). Au sommet, la Victoire s'apprête à couronner Louis XIV, représenté en médaillon. Côté ville, la porte ressemble à un pavillon.

Hôtel de ville
Construit en 1927 par le Lillois Émile Dubuisson, il est dominé par un **beffroi** de 104 m de haut. À sa base sont sculptés les deux géants de Lille, Lydéric et Phinaert. *Fermé au public.*

Pavillon St-Sauveur
C'est l'aile du cloître (18e s.) conservée lors de la démolition d'un hospice, en 1959. Les arcades sont surmontées de hautes fenêtres à médaillons fleuris.

Noble Tour
Ce donjon, seul témoin de l'enceinte du 15e s., est devenu un mémorial de la Résistance. Belle composition du sculpteur Bizette-Lindet.

Chapelle du Réduit
Seul vestige du fort du Réduit, construit à la même époque que la citadelle, elle garde une jolie façade Louis XIV, ornée des armes de France et de Navarre.

visiter

Hospice Comtesse★
☎ *03 28 36 84 00 - tlj sf mar. 10h-12h30, 14h-18h, lun. 14h-18h - fermé 1er janv., 1er Mai, 14 Juil., 15 août, 1er nov., 1er w.-end et lun. de sept., 25 déc. - 2,30 €, gratuit 1er dim. du mois.*

Sa fondatrice, Jeanne de Constantinople, était comtesse de Flandre. Elle fit édifier un hôpital en 1237 pour le salut de son mari, Ferrand de Portugal, fait prisonnier à Bouvines. Le bâtiment, incendié en 1468, est reconstruit, puis agrandi aux 17e et 18e s. Transformé en hospice en 1789, puis en orphelinat, il est à présent un musée régional d'Histoire et d'Ethnographie, ainsi qu'un lieu d'expositions et de concerts. On entre par le portail monumental (17e s.) : « gresserie » à bossages.

> **À voir**
> Vaisseau de la salle des malades et sa **voûte en carène★★** faite de bois lambrissé.

Salle des malades – *Dans la cour d'honneur.* Ce long bâtiment reconstruit après 1470 sur les fondations du 13e s accueille des expositions temporaires. La **chapelle** a été agrandie et séparée par un jubé après l'incendie de 1649. À l'intérieur, deux tapisseries, tissées à Lille en 1704. L'une montre Baudouin IX, comte de Flandre et du Hainaut, avec son épouse et ses deux filles, et l'autre Jeanne, la fondatrice, entourée de son premier et de son second mari.

Musée – *Dans l'aile droite.* Baptisé « bâtiment de la communauté » (fin du 15e s.). Il a été surélevé au 17e s. Meubles et objets d'art évoquent l'atmosphère flamande d'une fondation pieuse au 17e s. Cuisines revêtues de faïences bleutées de Hollande et de Lille. Dans le réfectoire, le manteau de cheminée baroque encadre une Nativité (16ᵉ s.), copie d'une peinture de Martin De Vos exposée à Anvers. Nature morte, table à pieds, balustres, niche abritant une Vierge à l'Enfant et armoire à deux corps. Le **parloir**, récemment restauré, est orné de sobres lambris décorés d'ex-voto du 17ᵉ s. et de portraits des ducs de Bourgogne. Les appartements de la prieure, recelant des boiseries Louis XV, ont été harmonieusement réaménagés en pièces d'ambiance. Armoire à linge, vases de Delft, bureau à secrets et fauteuil, bougeoirs, encrier et coffret. La pharmacie (cruche, pichet, chevrette, chauffe-plat, etc.) et la lingerie (vaisselles du 17ᵉ s.) constituent les deux dernières pièces du rez-de-chaussée.

Au 1ᵉʳ étage, l'ancien dortoir présente, sous son plafond à poutres sculptées, des peintures flamandes et hollandaises du 17ᵉ s. et un beau Christ picard (16ᵉ s.). De part et d'autre du dortoir, deux salles évoquent l'histoire régionale : éléments d'architecture, porte lilloise du 17ᵉ s. en bois et en fer, tambour de la Garde nationale, tableaux de Louis et François Watteau représentant Lille au 18ᵉ s.

Église St-Maurice★

C'est un bel exemple d'église-halle de style gothique (15ᵉ au 19ᵉ s.), aux cinq nefs d'égale hauteur. Dans la chapelle du faux transept gauche, le Christ de Pitié (16ᵉ s.) est recouvert d'un manteau de velours et vénéré sous le vocable de « Jésus flagellé ».

Au Sud de l'église, voyez la croix de St-Maurice (1729) et la maison du Renard (1660), rue de Paris, au n° 74, la maison des Trois Grâces.

Maison natale de Charles de Gaulle

9 r. Princesse. ☎ 03 28 38 12 05 - www.maison-natale-degaulle.org - tlj sf lun. et mar. 10h-13h, 14h-18h (dernière entrée 1h av. fermeture) - fermé 24 déc.-3 janv. - 5 €.

Dans cette maison en briques chaulées, le grand-père maternel de Charles de Gaulle tenait une fabrique de dentelles. Un musée rassemble photos et souvenirs : robe de baptême du petit Charles, réplique de la célèbre DS où se tenaient le général et son épouse lors de l'attentat du Petit-Clamart en 1962. Si les impacts de balles, matérialisés par des croix blanches, ne sont pas tout à fait au bon endroit, la plaque d'immatriculation est d'époque.

Faïence de Lille (pièce exposée au musée de l'hospice Comtesse).

Musée de l'Hospice Comtesse, Lille

> **PÈLERINAGE**
>
> Dans l'**église St-André** (r. Royale), ex-chapelle des carmes (18ᵉ s.) de style jésuite, Charles de Gaulle fut baptisé le 22 novembre 1890.

> **QU'EST DEVENU L'ORIGINAL ?**
>
> La DS authentique, revendue au général Robert-Pol Dupuy en 1964, fut sévèrement accidentée par ce dernier en 1971. L'épave fut alors offerte à l'institut Charles-de-Gaulle qui confia sa réparation à Citroën. Trop endommagée, elle finit à la casse, sauf l'intérieur (sièges, volant, tableau de bord, etc.), qui a été préservé pour la reconstitution.

Citadelle★

☎ *0 891 562 004 (0,225 €/mn) - visite guidée (2h) 8 Mai-28 août : dim. et j. fériés 15h-17h - 7,50 €.*

Créée par Vauban, c'est la première réalisation de Louis XIV après la conquête de Lille. Le chantier occupa 2 000 hommes pendant trois ans (1667-1670). Cinq bastions et cinq demi-lunes, que protègent des fossés autrefois alimentés par la Deûle, défendent une véritable ville dans la ville.

On entre par la **Porte royale** qui donne sur une vaste place d'armes pentagonale, cernée par les bâtiments de Simon Vollant : chapelle classique, logements d'officiers et superbe arsenal. Ces édifices en grès, brique et pierre sont représentatifs du style franco-lillois au 17ᵉ s. Autonome, la citadelle avait ses puits et ses commerces (boulangerie, brasserie, tailleurs, cordonniers...).

> **POUR FAIRE UNE PAUSE**
>
> **Bois de Boulogne** – Près du Champ-de-Mars. Zoo (fermé du 2ᵉ dim. de déc. au 2ᵉ dim. de fév.), maison tropicale et jeux pour enfants. Gratuit. Agréable promenade autour des remparts.
>
> **Jardin Vauban** – *Le long du canal de la Deûle*. Parc paysager typique du Second Empire ; allées sinueuses, massifs arborés et fleuris, bassins. Statue du poète lillois A. Samain (1859-1906).

Lille

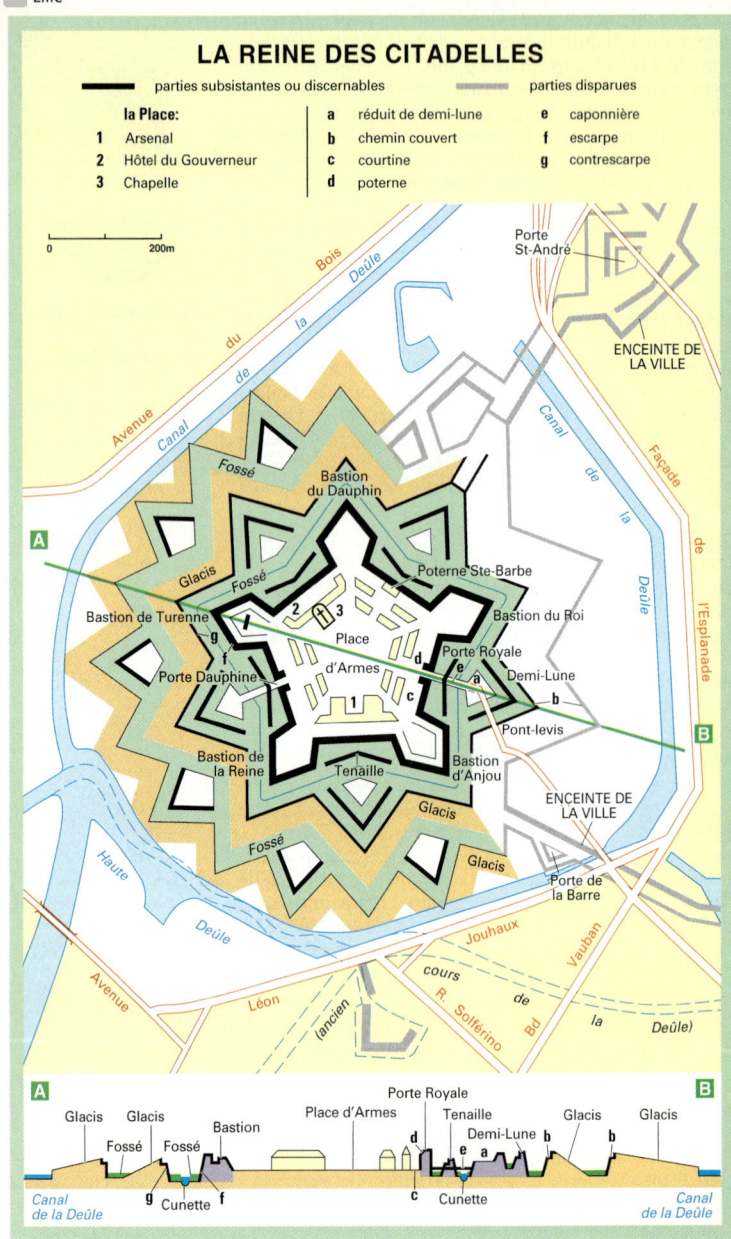

LA REINE DES CITADELLES

— parties subsistantes ou discernables   — parties disparues

la Place:
1. Arsenal
2. Hôtel du Gouverneur
3. Chapelle

a réduit de demi-lune
b chemin couvert
c courtine
d poterne
e caponnière
f escarpe
g contrescarpe

Des patriotes ont été fusillés pendant les dernières guerres dans les fossés extérieurs. Dans le square Daubenton, le **monument aux Fusillés**, dû à Félix Desruelle, exprime la noble attitude des patriotes lillois exécutés en 1915.

Musée des Canonniers

☎ 03 20 55 58 90 - tlj sf dim. 14h-17h - fermé de mi-déc. à la veille des vac. de fév., 3 premières sem. d'août et j. fériés - 5 €.
◀ En 1804, l'édifice fut légué par Napoléon au corps des canonniers de Lille, fondé en 1483 et connu sous le nom de confrérie Sainte-Barbe. Le musée militaire évoque l'histoire des sièges soutenus par la ville et les faits d'armes de Faidherbe et Négrier. Exposition de 3 000 objets : fusils de 1777 à 1945, armes blanches...

> **À VOIR**
> Deux pièces de canons exceptionnelles, les fameux **Gribeauval**, don de Napoléon aux canonniers.

Musée d'Histoire naturelle et de Géologie

☎ 03 28 55 30 80 - tlj sf mar. et sam. 9h-12h, 14h-17h, dim. et j. fériés 10h-13h, 14h-18h (en période d'expo), 10h-17h (hors période d'expo) - fermé 1er janv., 1er Mai, 15 août, 1er nov., 25 déc. - 2,30 €, gratuit 1er dim. du mois.

Créé en 1822, il a été enrichi au 20e s. par deux géologues de la région. Des squelettes de baleine et des reconstitutions d'animaux préhistoriques, dont un carnassier des mers de la période jurassique, vous accueillent dès l'entrée. Expositions temporaires.

Zoologie – Mammifères et oiseaux naturalisés, reptiles... sont rassemblés ici. Des dioramas présentent la faune française (sangliers, biches, castors). Voyez dans l'insectarium les mygales, les scorpions... et dans la section ornithologique, 5 000 oiseaux dont certains ont disparu.

Géologie – Fossiles et roches illustrent l'histoire de l'Europe du Nord, de – 600 millions d'années à l'époque gallo-romaine, dans un espace muséographique entièrement transformé en 2002 (dioramas, écouteurs, microscopes...). Les fossiles végétaux (extraits de puits miniers) sont les vestiges de la forêt couvrant la région voici 300 millions d'années. Une veine de charbon reconstituée évoque l'univers de la mine et ses ambiances sonores.

Jardin des Plantes

Du boulevard J.-B.-Lebas, prendre la rue de Douai, la rue A.-Carrel et à droite après le boulevard des Défenseurs-de-Lille. ☎ 03 28 36 13 50 - *jardin : avr.-sept. : 7h30-21h ; oct.-mars : 8h30-18h ; serre équatoriale : tte l'année sf 1 w.-end par mois 8h30-12h, 13h30-17h30 - gratuit.*

Au milieu de 12 ha de pelouses, d'arbres et de fleurs rares se dresse la serre tropicale, structure moderne de béton et de verre qui abrite la flore tropicale et équatoriale.

> **À VOIR**
> Parmi les 100 000 fossiles, roches et minéraux, remarquez les coquilles d'ammonite sciées et polies, les fossiles de poissons et crustacés, vieux de 95 millions d'années, trouvés au Liban, le fossile de l'oiseau primitif archaeopteryx et de la libellule datant du jurassique (– 150 millions d'années)...

alentours

Armentières

15 km au Nord-Ouest par la D 933. La cité où Line Renaud chanta pour les troupes alliées se distingue par son **hôtel de ville et son beffroi**, caractéristique de la reconstruction des années 1920 en Flandres. Les vitraux du grand escalier évoquent les anciennes industries locales : tissage, filature et brasserie. À l'intérieur, parmi les tableaux, Mozart faisant exécuter son *Requiem*. Du haut du beffroi, vue sur les monts de Flandre et la métropole lilloise.
☎ *03 20 44 18 19 - visite guidée sur demande à l'Office de tourisme, juil.-août : 1er et 3e sam. du mois 14h30 ; avr.-juin et sept.-oct. : 1er sam. du mois 14h30 - 2,50 €.*

Septentrion

9 km au Nord. Sortir par la N 17, traverser Marcq-en-Barœul puis Bondues et suivre une route à droite (panneaux indicatifs).

Fondation Prouvost – ☎ *03 20 46 26 37 - parc : tlj sf lun. et mar. 14h-18h ; village artisanal : 14h-18h - fermé 1er janv., 25 déc. - 1,50 €, village gratuit.*

La ferme des Marguerites, proche du château du Vert-Bois, accueille des expositions temporaires et présente une très belle collection de minéraux rares rassemblés par Anne et Albert Prouvost au cours de leurs voyages. À côté, on trouve une galerie d'art contemporain, un restaurant, une brocante, un village de métiers d'art.
Le **parc** (60 ha),, peuplé de tilleuls argentés, de marronniers et de chênes rouges, permet de gagner le Vert-Bois. Dans le secteur planté de tulipiers de Virginie, on remarque *L'Enlèvement des Sabines*, bronze de Jean de Bologne, et *Le Bélier*, œuvre moderne de Paul Hémery.

Château du Vert-Bois★ – *Billetterie à la Fondation Prouvost.* ☎ *03 20 46 26 37 - visite guidée (1h) sur réserv. juil.-août : 16h - se renseigner pour les j. et tarif.*

Lille

On peut y voir un beau mobilier (18ᵉ s.), des tapisseries (16ᵉ-17ᵉ s.), des peintures du 18ᵉ s. évoquant la marine et attribuées à Van Loo, des pièces d'orfèvrerie 18ᵉ s. et Empire, des souvenirs de Napoléon et de sa famille, des faïences persanes du 9ᵉ au 15ᵉ s. *(au sous-sol)*.

Le château est précédé d'un charmant jardin clos agrémenté de roses aux beaux jours.

Une imposante tapisserie de Bruxelles (16ᵉ s.) fait partie du riche mobilier du château du Vert-Bois.

Comines
20 km au Nord par la N 17 puis la D 108 à gauche et la D 945 à droite. Sur la Lys, sa rive gauche est belge, la droite est française. Lors de la **fête des louches**, ces ustensiles enrubannés sont jetés du haut de l'hôtel de ville : cette coutume rappelle le geste légendaire d'un seigneur du lieu emprisonné qui se fit connaître en jetant ses cuillers par la fenêtre. Les géants cominois **Grande Gueuloute** et **P'tite Chorchire** apparaissent costumés en rubaniers, accompagnés de la confrérie de la Grande Louche.

Wambrechies★
7 km au Nord de Lille par la rocade Nord-Ouest, sortie 9 ou 10. Bus ligne 3 ou 9. En bordure de l'agréable canal de la Deûle, ce bourg, autrefois prisé par les riches industriels de la région, conserve autour de la Grand'Place son élégant office de tourisme, ancien **hôtel de ville** (1868), dont l'architecture en brique rappelle le maniérisme de la Renaissance flamande, et sa superbe église, ainsi qu'un peu plus loin son château entouré de douves. On y perpétue, depuis 1817, la tradition du genièvre distillé !

Église St-Vaast – ☎ 03 28 38 84 21 - *sur demande à l'Office de tourisme, vend. uniquement 9h-17h.*

Néogothique, elle fut reconstruite en 1860 sur les ruines de l'ancienne église du 14ᵉ s., incendiée au cours des guerres de Religion (1581) et malmenée durant la Révolution. Son architecte, Charles Leroy, réalisa ensuite les plans de la future cathédrale Notre-Dame-de-la-Treille de Lille. Elle perdit son clocher, haut de 72 m, en 1940, les Allemands estimant qu'il gênait les avions au décollage. Remarquez les vitraux d'Haussaire, célèbre maître verrier de la fin du 19ᵉ s., et les prie-Dieu sculptés à l'entrée.

Musée de la Poupée et du Jouet ancien★ – ☎ 03 20 39 69 28 - ♿ - *merc., dim. et j. fériés 14h-18h ; petites vac. scol. zone B : 14h-18h - fermé 1ᵉʳ janv. et 25 déc. - 3 € (-12 ans 1,50 €).*

Installé dans les salles voûtées du **château de Robersart**, lieu de résidence des seigneurs de Wambrechies construit à la fin du 18ᵉ s. dans le style Renaissance et rénové en 1995, le musée abrite une superbe collection de poupées et de jouets anciens, du milieu du 19ᵉ s. aux années 1960. Les vitrines ont été aménagées en contrebas, dans un espace un peu étroit, par un couple

---

BALADE EN VIEUX TRAMWAY
Amitram - 1521 r. de Bourbourg - 59670 Bavinchove - 03 28 38 84 21 - www.amitram.asso.fr - avr.-sept. : dim. et j. fériés 14h20-19h - 4 € (-15 ans gratuit) - le long du verdoyant canal de la Deûle, sur la rive gauche, trois vieux tramways remis en service et en (superbe) état, par l'association Amitram, circulent entre Marquette-lez-Lille et Wambrechies (2,9 km), au rythme du début du 20ᵉ s. Dép. toutes les 20mn du Vent de Bise à Wambrechies et de la rue de la Deûle à Marquette.

CALENDRIER
Le dernier w.-end de sept. à Wambrechies, le musée organise Eurotoy, le Salon international de poupées et jouets anciens.

de passionnés : petits trains, objets de culte miniatures, Barbies des années 1960, voitures André Citroën (1920-1939), bateaux Radiguet et Bing, soldats de plomb, avions en tôle, poupées parisiennes époque Napoléon III, poupées Steiner, Bleuette, illustrés *Lisette*, collection des albums *Becassine* (1913-1958)... Expositions temporaires thématiques et jeux de bois flamands en libre accès.

circuits

LE MÉLANTOIS
16 km – environ 1h. Au Sud de Lille, ce « pays » est constitué d'une bande de terrain crayeux, couvert de limon.
Quitter Lille par le boulevard du Prés.-Hoover, prendre la D 941 et, à la sortie d'Ascq, tourner à droite sur la D 955.

Sainghin-en-Mélantois
Ce bourg possède de vieilles maisons flamandes chaulées, à toits de tuiles, et une vaste église gothique (15e-16e s.) reconstruite après l'incendie qui la dévasta en 1971.

Bouvines
Ce nom reste gravé dans l'histoire de France en raison de la bataille qui s'y déroula. Dans l'église St-Pierre, 21 **vitraux** relatent les épisodes de cette victoire française.

Cysoing
Au Sud de la petite ville s'élevait une abbaye d'augustins où logea Louis XV en mai 1744, un an avant la bataille de **Fontenoy**. En mémoire de sa victoire, les chanoines ont élevé un **obélisque** de 17 m *(accès : chemin « pyramide de Fontenoy »)*. Posé sur un piédestal rocaille, il se termine par une fleur de lys.
Prendre la D 94 jusqu'à Templeuve.

Templeuve
Le **moulin de Vertain** (17e s.) est l'unique exemple d'un concept original : deux planchers pivotent avec l'ensemble de la construction, ce qui permet à un homme seul d'orienter le moulin dans le bon sens. ☎ 03 20 79 23 23 - *visite guidée (30mn) mai-sept. : dim. 15h30-19h - 2 € (enf. 1 €).*
On rejoint Lille par la D 145 puis l'A 1.

LA PÉVÈLE
60 km – environ 1h1/2. Quitter Lille vers le Sud par l'A 1 et prendre la sortie Seclin. À l'entrée de la ville, suivre la D 8 à gauche vers Attiches.

> **CARTE D'IDENTITÉ**
> La Pévèle, région de sable et d'argile, très humide, forme une légère bosse dans la plaine flamande. Les agriculteurs cultivent la chicorée, les cultures expérimentales et les semences.

Forêt de Phalempin
Dans cette jeune futaie de chênes et de bouleaux, certaines zones sont aménagées pour le tourisme.
Suivre la D 8 jusqu'à la D 954 que l'on prend à gauche.

Mons-en-Pévèle
Campé sur sa butte (alt. 107 m), c'est le point culminant de la Pévèle. En 1304, Philippe le Bel y infligea une défaite aux « communiers » (artisans) flamands.
Suivre la D 954 jusqu'à Auchy-lez-Orchies où l'on retrouve l'A 1 par la D 549.
Vue sur la Pévèle et, au-delà, sur la plaine de Flandre.

Lillers

Aux confins de l'Artois, Lillers conserve une collégiale romane et quelques vieilles rues. La ville possédait jadis nombre de puits artésiens (puits d'Artois). La sucrerie-distillerie reste active.

La situation
Carte Michelin Local 301 H4 – Pas-de-Calais (62). Accès par l'A 26. De St-Omer, Aire-sur-la-Lys ou Béthune, suivre la N 43 ; de St-Pol-sur-Ternoise ou Hazebrouck, la D 916.

Pl. du Capitaine-Ansart, 62190 Lillers, ☎ *03 21 25 26 71. www.tourismelillerois.com*

Le nom
Lillers (prononcer « lilèr ») apparaît sous cette forme en 1310. Ce nom viendrait de *ledelaer* : du préfixe *lede*, « conduit » ou « cours d'eau » (il s'agirait de la Nave), et du suffixe *lear*, « pâturage commun ».

Les gens
9 775 Lillérois. Le maréchal **Pétain** (1856-1951) est né à Cauchy-à-la-Tour, à 8 km de Lillers. Figure de la Grande Guerre aux côtés de Joffre et Foch, il obtint les pleins pouvoirs après l'armistice du 22 juin 1940. Tandis que d'autres se ralliaient au général de Gaulle, il engagea le pays dans la voie de la « collaboration ». Condamné à mort en août 1945, il vit sa peine commuée en détention perpétuelle. Il finit ses jours interné à l'île d'Yeu.

> **LUGLE ET LUGLIEN**
> Selon la légende, vers l'an 700, deux princes d'Irlande, en pèlerinage vers Rome furent assassinés sur ces terres. Une nuit d'orage, leurs corps enterrés à la hâte remontèrent à la surface. Leurs reliques ont été conservées dans une chapelle, sur une île entourée de marécages. La ville se serait développée sur ce site et fut baptisée Lilia, nom de leur sœur, qui venait entretenir le souvenir des princes.

visiter

Le centre de la ville est la place Roger-Salengro, à l'extrémité de laquelle s'élève une chapelle du 18e s.

Collégiale St-Omer
☎ *03 21 02 27 76 - pdt vac. scol. : tlj 10h-12h, 14h-18h.*
C'est le seul édifice roman (12e s.) de la Flandre et de l'Artois complet dans son gros œuvre. La façade a été restaurée, comme le pignon tronqué du transept, sur lequel la toiture a été raccordée.
À l'intérieur, l'élévation à trois étages comprend des arcades brisées à double rouleau suivant la formule cistercienne, un triforium et des fenêtres hautes en plein cintre sous un plafond de bois. Voyez les chapiteaux romans découpés en feuilles d'eau dans le déambulatoire et le *Christ du saint sang du miracle* (12e s.) dans la chapelle absidiale.

> **CHRIST DU SAINT SANG DU MIRACLE**
> À sa cuisse droite, un trou obturé marque l'endroit où un iconoclaste porta le coup qui fit couler un sang vermeil. Devant ce Christ, les comtes de Flandre faisaient brûler une lampe votive.

alentours

Amettes
7 km au Sud-Ouest par la D 69. Ce bourg, au sein d'un vallon, est le but d'un pèlerinage à **saint Benoît Labre** (1748-1783), qui visita les grands sanctuaires en Europe et mourut à Rome dans le dénuement. On peut voir la maison natale du saint et ses reliques dans l'église (16e s.).

Bours
15 km au Sud par la D 916 ; tourner à gauche après Pernes. Au milieu d'un champ, le **donjon** dresse sa silhouette flanquée de six tourelles en encorbellement. Les

seigneurs de Bours l'avaient érigé (fin 14ᵉ s.) sur les ruines d'une forteresse. À l'intérieur, des sculptures grossières représentent des têtes humaines. ☎ 03 21 62 19 88 - *visite guidée (30mn) de mi-mars à fin oct. : w.-end et j. fériés 14h-18h - gratuit.*

Ham-en-Artois
5 km au Nord par la D 188. L'allée de tilleuls mène à l'ancienne abbaye St-Sauveur, dont subsistent un pavillon d'entrée (16ᵉ s.) et l'**abbatiale**. Sa nef romane contient un Christ entre la Vierge et saint Jean *(revers de façade)*, un retable circulaire doré du 17ᵉ s. *(chœur)* et des statues polychromes *(sacristie)*.

Guarbecque
8 km au Nord par la D 916 puis la D 187. L'**église** est surmontée d'un robuste clocher du 12ᵉ s., dont la flèche à pans est cantonnée de clochetons. Les baies géminées apparaissent sous des arcs de décharge ornés de billettes, de pointes de diamants et de chevrons.

Le pavillon d'entrée de l'ancienne abbaye d'Ham-en-Artois est largement ouvert.

Abbaye de Longpont★

Ce village tranquille est dominé par les imposantes ruines de l'église et quelques bâtiments d'une abbaye cistercienne fondée par saint Bernard au 12ᵉ s. Les touristes viennent s'y ressourcer en été.

La situation
Carte Michelin local 306 B7 – Aisne (02). Situé dans une large vallée bordant la forêt de Retz, le village est accessible par la D 804 ou la N 2.

Le nom
Longpont vient de Longus Pons, allusion à la voie romaine de Soissons à Meaux qui traversait la Savières et ses marais, formant une succession de ponts.

visiter

Porte fortifiée
De l'enceinte primitive subsiste une belle **porte fortifiée** (14ᵉ s.) à quatre tourelles en éteignoir.

Abbaye★
☎ 03 23 96 01 53 - *www.longpont.com* - ♿ - *visite guidée (30mn) de mi-mars à fin oct. : w.-end et j. fériés 11h-12h, 14h30-18h30 - fermé nov.-mars - 6 €.*

> **SE LOGER ET SE RESTAURER**
> ⌨ Hôtel de L'Abbaye – *8 r. des Tourelles -* ☎ *03 23 96 10 60 - habbaye@wanadoo.fr -* 🅿 *- 11 ch. 52/62 € -* ⌂ *8 € - restaurant 21/45 €.* Dans les ruelles du village, il se murmure qu'autrefois cette auberge était tenue par des moines qui accueillaient pèlerins et voyageurs. Aujourd'hui, la salle à manger et la cuisine ont pris des couleurs, et les chambres, bien que simples, sont loin d'être spartiates.

Imposante et austère, l'abbaye de Longpont exprime l'idéal des Cisterciens.

Abbaye de Longpont

> **L'ordre de Cîteaux**
> La région fut riche en abbayes cisterciennes : Longpont, mais aussi Ourscamps, Valloires, Vaucelles. Fondé voici 1 000 ans par Robert de Molesme, l'ordre de Cîteaux se répandit dans toute l'Europe sous l'impulsion de Bernard de Clairvaux.

◀ Le vaste ensemble formé par l'abbatiale en ruine (14e s.) et les bâtiments remaniés au 18e s. est mis en valeur par des jardins intérieurs ouvrant sur le parc et les étangs.

Ruines de l'abbatiale – D'un style gothique très pur, l'église est consacrée en 1227 en présence de Louis IX et de sa mère, Blanche de Castille. Les biens de l'abbaye sont dispersés à la Révolution, et les acquéreurs de l'église la démantèlent pour vendre ses pierres. En 1831, la famille de Montesquiou la rachète.

La façade principale subsiste, mais le remplage de la rose a disparu. À l'intérieur, les vestiges des murs et des piliers donnent une idée de l'ampleur du monument (105 m de long et 28 m de haut sous voûte).

Bâtiments abbatiaux – Du grand cloître subsiste la galerie Sud, refaite au 17e s. Elle donne sur le **chauffoir des moines** (13e s.), dont la cheminée centrale repose sur quatre piliers. Le bâtiment Ouest a été transformé au 18e s. : les façades ont été percées de fenêtres décorées de balcons en fer forgé. Dans le vestibule, l'escalier possède une belle rampe en fer forgé (18e s.). Le cellier des moines (13e s.) est couvert de voûtes gothiques.

Église paroissiale – *Entrée sur la place.* Elle occupe quatre travées du cellier et conserve les reliquaires (13e s.) de Jean de Montmirail, conseiller de Philippe Auguste, et du chef de saint Denys l'Aréopagite.

Longueil-Annel

Sur le canal de l'Oise, les péniches passent toujours devant les petites maisons de brique rouge. Et près de l'écluse, nul n'ignore la devise des mariniers : « Se hâter lentement. » C'est à ce rythme tranquille que l'on découvre la cité des Bateliers, un parcours très vivant dédié aux « gens de l'eau ».

La situation
Carte Michelin Local 305 I4 – Oise (60). À 6 km au Nord-Est de Compiègne, le bourg s'étend le long de l'Oise et de son canal latéral. Accès par l'A 1, sortie 10, puis la N 32 vers Noyon.

> **Calendrier**
> Le 1er dim. de juil., le pardon des bateliers attire la foule : messe sur le bateau - chapelle, fanfare, feu d'artifice, guinguette, animation de rue, marché du terroir et de l'artisanat...

Le nom
Les villages de Longueil et Annel ont été réunis en 1826. Annel tire peut-être son nom de l'aulne, qui apprécie les sols humides.

Les gens
2 579 Longueillois. De nombreux bateliers en retraite vivent au bord du canal. Après d'incessants voyages, ils ont « débarqué », comme on dit ici.

comprendre

La ruée vers l'eau – En 1826, le canal de l'Oise est construit entre Janville et Chauny (34 km) pour se substituer au parcours sinueux de la rivière. Doté de quatre écluses, il relie l'Oise aux régions du Nord de la France et de l'Europe. Les péniches y sont remorquées en file indienne par des chevaux, puis des machines à vapeur... C'est l'âge d'or de Longueil-Annel, avec sa forêt de mâts, ses chantiers de réparation et ses Bourses d'affrètement où les mariniers attendent les commandes.

Le temps du déclin – Après la Seconde Guerre mondiale, la batellerie est concurrencée par le chemin de fer et la route. Dans les années 1960, quelque 140 péniches franchissent chaque jour l'écluse de Janville. Aujourd'hui, seulement une quarantaine y passent, dans le calme décor du canal.

visiter

CITÉ DES BATELIERS★
Compter 1/2 journée. 59 av. de la Canonnière. ☏ *03 44 96 05 55 - www.citedesbateliers.com - de mi-avr. à mi-oct. : 10h-19h ; de mi-oct. à mi-avr. : 13h-18h, w.-end 10h-18h - fermé lun., janv. et 25 déc. - 5,30 € (5-12 ans 3,10 €).*
La cité des Bateliers forme un « parcours scénographique » varié, d'un petit musée à la cale d'une péniche, des berges du canal jusqu'à l'écluse.

Maison des bateliers
Un café, où se retrouvaient les mariniers, a été transformé en musée. Il retrace l'histoire de Longueil-Annel, les inventions de la batellerie pour s'affranchir du relief, la lente disparition du halage, puis du remorquage, au profit de la péniche automotrice. Un film évoque les luttes des bateliers : partage solidaire du travail, scolarisation des enfants, survie du métier. Des familles racontent leur vie itinérante au moyen de « livres sonores ».

Péniche Freycinet
Amarrée en face de la maison, elle porte le nom de Charles Louis de Freycinet, ministre des Travaux publics de 1877 à 1879. Il imposa le même gabarit à toutes les voies d'eau, fixant par conséquence la taille maximale des péniches : 38,50 m de longueur pour 5,05 m de large. On y découvre la timonerie et, grâce un film et une exposition, ce « mariage à trois » qui lie un homme, une femme et leur péniche.

> **À VOIR**
> Le harnais que les haleurs passaient autour de leur poitrine, pour tirer les bateaux « à col d'homme », depuis la rive. Avançant arc-boutés, d'où leur surnom de « mangeurs de persil », ils parcouraient 900 m à l'heure. Cette activité subsistait encore, de façon marginale, dans les années 1970.

Sur le canal de l'Oise, l'écluse de Janville offre une halte agréable.

se promener

AU BORD DU CANAL
De la péniche, prendre la direction de l'écluse.
Sur la rive, des **kiosques sonores** évoquent les rendez-vous entre bateliers et « gens d'à terre » : café des mariniers, jours de fête, chantier naval où l'on répare toujours les péniches.
L'**écluse de Janville** possède deux sas où peuvent se croiser une péniche « montante » et une péniche « avalante ». On observe l'éclusier, qui déclenche l'ouverture des portes depuis sa cabine de pilotage, et la **vue** sur les berges, où s'alignent les petites maisons de brique.
La balade se poursuit sur l'ancien chemin de halage (1,6 km) où des bornes rappellent les dix commandements du marinier.

> **LES 10 COMMANDEMENTS DU MARINIER**
> Regarde toujours à tes pieds.
> Hâte-toi lentement.
> Ne meurs pas loin de la rivière.
> Sois ton propre patron.
> Méfie-toi des gens d'à terre.
> Salue le bateau qui passe.
> Tiens la péniche en bon état.
> Accueille les animaux.
> Ménage l'éclusier et le docker.
> Ne navigue jamais seul.

Mailly-Maillet

Ce bourg campagnard était un fief puissant, dont les seigneurs participèrent à plusieurs croisades. L'un d'entre eux périt avec son fils sur le champ de bataille d'Azincourt. La façade de l'église du village mérite un coup d'œil attentif, tout comme la chapelle Madame.

La situation
Carte Michelin Local 301 I7– Somme (80). 12 km au Nord d'Albert par la D 938 puis la D 919 à droite. 26 km au Sud-Est de Doullens par la D 938 et la D 919 à gauche. 32 km au Nord-Est d'Amiens par la D 919.

Le nom
Il serait d'origine celtique, Mailly signifiant « pierre » ou « roc », allusion à un château bâti sur une motte féodale.

visiter

Église St-Pierre
☎ 03 22 76 27 97 - *sur demande auprès de Mme Houcke - 4 r. Eugène-Dupré - près de l'église.*
L'église, souvent remaniée, a été bâtie au 16e s. sous le patronage d'Isabeau d'Ailly, épouse de Jean III de Mailly. Son **portail**★ de style gothique flamboyant fut construit à partir de 1509. Au trumeau, Christ de pitié, dit Dieu piteux ! De part et d'autre du gâble en accolade, un grand registre sculpté montre Adam et Ève chassés du Paradis, Adam bêchant et Ève filant, le meurtre d'Abel : on distingue une sirène, un dieu marin et un dauphin couronné, allusion à l'avènement de François Ier. Isabeau d'Ailly est représentée *(à gauche)* avec sa patronne, sainte Élisabeth, sous une tente dont deux angelots retroussent les courtines.

> **À VOIR**
> Dans une niche latérale de la chapelle Madame, le sculpteur J.-B. Dupuis a représenté la marquise de Mailly, la défunte épouse, agenouillée sur un prie-Dieu, les mains jointes. Devant elle, deux enfants en larmes. Au sommet, un ange, une trompette à la main, s'apprête à sonner l'heure du Jugement dernier.

Chapelle Madame
Accès dangereux pendant la durée des travaux. ☎ 03 22 76 21 25 - *fermé pour travaux de restauration.*
Cette chapelle sépulcrale est située au bout d'une allée ombragée. Le marquis de Mailly la fit construire au 18e s. pour y enterrer son épouse, décédée à l'âge de 26 ans. Son architecture de type jésuite baroque est peu répandue dans la région.

Marchiennes

Entourée de forêts et de cours d'eau, Marchiennes doit son origine à un monastère fondé au 7e s. par sainte Rictrude. Celui-ci devint par la suite une riche abbaye bénédictine. En octobre se déroulent les Cucurbitades, fêtes de la courge et de la sorcellerie.

La situation
Carte Michelin Local 302 H5 – Nord (59). Au Nord-Est de Douai, accès par les N 455 et D 957 à Fenain ; de Valenciennes, D 13 et D 957 à Fenain.
🛈 *R. de l'Abbaye, 59870 Marchiennes,* ☎ 03 27 90 58 54. *www.ot-marchiennes.fr*

> **VERDURE**
> Le trèfle de Marchiennes constitue un tapis idéal pour un pique-nique.

Le nom
Il vient d'un certain Martius qui possédait une grande exploitation agricole à l'époque gallo-romaine (1er-2e s.).

visiter

Abbaye
Il en reste l'entrée monumentale (18ᵉ s.) qui forme un pavillon curviligne occupé par la mairie et un **musée** présentant des vestiges archéologiques. ☎ *03 27 99 21 95 - uniquement sur rendez-vous - 2 €.*

circuit

20 km – environ 1h. Suivre la D 47 vers le Sud-Ouest ; 1 km avant Pecquencourt, tourner à droite.

Ancienne abbaye d'Anchin
Deux petits pavillons du 18ᵉ s., en pierre, indiquent l'entrée de cette abbaye bénédictine, l'un des plus anciens établissements religieux du Nord.

Pecquencourt
L'**église** abrite des œuvres provenant d'Anchin, comme l'autel, le banc de communion en fer forgé (18ᵉ s.) et plusieurs toiles dont la *Résurrection de Lazare* (17ᵉ s.) *centre du bas-côté droit*. Ses personnages en gros plan et sa lumière contrastée rappellent les peintres hollandais inspirés par le Caravage.

Reprendre la D 47 vers Rieulay.

Rieulay
La **Maison du terril** présente un aperçu de la reconversion minière. ☎ *03 27 86 03 64 - www.rieulay.com - ₳ - 14h-17h, w.-end 15h-18h - fermé 1ᵉʳ janv., 1ᵉʳ Mai, 24-25 et 31 déc. - 1,50 € (6-14 ans 0,75 €), gratuit le j. de la Fête du terril en juin.*
Balade sur les flancs du terril et, à deux pas, **site des Argales** (plan d'eau, espace loisirs).

Poursuivre vers l'Est, tourner à gauche vers Marchiennes pour gagner par la D 957 la forêt au Nord de la ville.

Forêt de Marchiennes
Forêt domaniale (800 ha) formée de futaies de chênes, bouleaux, aulnes, sorbiers, peupliers et résineux. Quatre routes de promenade se croisent près de la Croix-au-Pile.

> **HISTOIRE**
> L'abbaye d'Anchin fut rasée en 1792. Au bord de la Scarpe se dressaient les cinq tours de son église qui abritait des richesses considérables, dont le célèbre *Polyptyque d'Anchin*. On peut le contempler aujourd'hui au musée de la Chartreuse, à Douai.

À Rieulay, le terril témoigne du passé minier de la ville.

Marle

Installé sur les hauteurs du pays de la Serre, Marle, autrefois ceint de remparts, est une ancienne cité à vocation agricole, coulant des jours paisibles avec ses vieilles maisons, ses relais de poste et sa jolie église gothique. Mais ne vous y fiez pas, un petit tour du côté de son musée qui évoque l'époque mérovingienne vous éclairera sur son passé barbare !

La situation
Carte Michelin Local 306 E4 – Aisne (02). Sur un piton crayeux, à 25 km au Nord de Laon. De Paris, Soissons, Laon ou Bruxelles, prendre la N 2.
🛈 *Mairie, 02250 Marle,* ☎ *03 23 21 75 75.*

Le nom
Marle vient de marne et de *margila*, terme latin d'origine gauloise désignant une terre argileuse et calcaire.

Marle

carnet pratique

SE LOGER ET SE RESTAURER
Le Central – 1 r. Desains - ☎ 03 23 20 00 33 - sorlinb@wanadoo.fr - fermé 1 sem. en fév., 3 sem. en août, 1 sem. à Noël, dim. soir et lun. - 7 ch. 41/55 € - 🍽 7,50 € - restaurant 16/36 €. Cet établissement qui abritait une prison au 18e s. propose aujourd'hui des chambres simples et bien tenues ; celles réservées aux familles sont équipées d'un magnétoscope. Cuisine régionale servie dans une salle de restaurant décorée de cuivres. Accueil charmant.

se promener

À VOIR
Le portail à voussures du croisillon Sud, la sublime Vierge à l'Enfant au trumeau de la façade Ouest. À l'intérieur, le chœur aux hautes voûtes d'ogives, les stalles et les boiseries (18e s.) qui éclairent des baies lancéolées.

Terrasse
Une petite rue bordée de vieilles maisons signalées par des plaques (ancien presbytère du 18e s.) mène à la cour du château, formant une terrasse au-dessus de la vallée de la Serre.

Relais de poste
Au n° 26 du faubourg St-Nicolas, qui descend vers le pont sur la Serre, subsiste un relais (1753) en brique et pierre décoré de bas-reliefs sculptés. Plus bas, à gauche (n° 53), autre maison de poste datant du Premier Empire.

Église
☎ 03 23 20 02 09 - sur demande tlj sf dim. 9h-18h.
De style gothique homogène (12e-13e s.). Outre le gisant (15e s.) d'Enguerrand de Bournonville *(1er enfeu du bas-côté gauche)*, l'église abrite des toiles (17e-18e s.), dont une *Nativité de la Vierge* au revers de la façade, une *Adoration des bergers* dans le bras droit du transept et une *Assomption aux armes de France* dans le bras gauche.

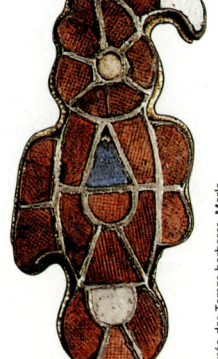

visiter

Musée des Temps barbares
☎ 03 23 24 01 33 - *de mi-avr. à mi-oct. : tlj sf mar. 14h-19h - fermé 1er Mai, 14 Juil. - 5 € (enf. 2 €).*
Ce musée étudie spécialement l'époque mérovingienne.

Moulin de Marle – Il abrite le mobilier archéologique découvert sur le site de Goudelancourt-lès-Pierrepont (nécropole, habitat des 6e-7e s.) et évoque le haut Moyen Âge : vie quotidienne, rites funéraires, céramiques, bijoux.

Parc archéologique – Dans le square voisin : reconstitution d'une ferme mérovingienne avec ses dépendances.

Cette fibule en émaux cloisonnés permettait d'attacher les vêtements.

Parc ornithologique du **Marquenterre**★★

Sous un ciel brouillé, voici un paradis concédé aux oiseaux et aux admirateurs de la nature. Sans cesse redessiné au gré des marées, le Marquenterre est le fruit d'un combat entre l'homme, la mer, le sable et le vent. Toute la vie privée de la gent ailée s'y dévoile. D'un poste de guet à l'autre, on assiste aux ballets des oiseaux, à d'étranges parades nuptiales, ou à une éclosion inattendue...

La situation
Carte Michelin Local 301 C6 – Somme (80). Le parc ornithologique (250 ha) borde une réserve naturelle de 3 000 ha, entre les estuaires de l'Authie et de la Somme. Ces étendues sont formées de dunes, de marécages d'eau saumâtre, de prés salés... D'Abbeville, prendre la D 40 puis la D 940 vers Le Crotoy et Rue : suivre ensuite les panneaux « Marquenterre ».

Le nom
Marquenterre vient probablement de l'expression « mer qui entre en terre ». La cartographie du 17e s. signale la région sous l'appellation Marck-en-Terre.

Les habitants
320 espèces d'oiseaux – sur les 450 existant en Europe – sont visibles tout au long de l'année (et surtout à marée haute !) : héron, cigogne, bécasseau, aigrette garzette, aigle de Bonelli, balbuzard, oie cendrée, sarcelle, pinson, rossignol, martinet et tant d'autres...

> **LOCATAIRES**
> Quelque 350 espèces de plantes apprécient les sols de cette partie du littoral. On dénombre aussi une quarantaine d'espèces de mammifères, dont une importante colonie de phoques veaux marins ; à marée haute, les plus curieux se manifestent parfois près des quais de St-Valery-sur-Somme et du Crotoy.

carnet pratique

VISITE
Chaque saison est intéressante et vous permet d'observer des espèces différentes.
Le **printemps** correspond à la période de nidification des cigognes blondes, des petits échassiers (avocettes, huîtriers, vanneaux), des oies cendrées, tadornes de Belon. La héronnière est particulièrement spectaculaire avec la nidification en haut des pins de 5 espèces de grands échassiers dont la rare spatule blanche.
L'**été** est surtout favorable à la migration et aux rassemblements des limicoles (petits échassiers) à marée haute et à la migration des cigognes noires, des grands regroupements de spatules, grands cormorans, aigrettes, garzettes, grandes aigrettes.
À l'**automne**, de nombreuses espèces de canards arrivent pour hiverner (jusqu'à 6 000 individus dont de nombreux canards pilets venus de Russie et de Finlande). Le Parc est le plus important centre français de baguage d'oiseaux d'eau et permet d'étudier leurs migrations avec le Muséum national d'histoire naturelle de Paris.
Au détour des 6 km de sentiers dans les postes d'observation, vous rencontrez des guides naturalistes passionnés, qui vous aident à mieux découvrir les richesses naturelles du site. Visite guidée vac. scol. de Noël et fév. : tous les matins à 10h15.
Ne pas oublier de bonnes chaussures de marche, un coupe-vent et un habit de pluie si nécessaire. Pensez à vous munir d'une paire de jumelles (location sur place).

LOISIRS-DÉTENTE
Espace Equestre Henson Marcanterra – *34 chemin des Garennes - suivre parc ornithologique du Marquenterre - 80120 St-Quentin-en-Tourmont -* ☏ *03 22 25 03 06 - www.marcanterra.fr - tte l'année.* Réserv. au 03 22 25 03 06. L'espace équestre Henson organise des balades en compagnie d'un guide, sur des chevaux doux et endurants que peuvent monter des cavaliers de tous niveaux, y compris les débutants et les enfants. Il propose aussi des promenades en attelage, à vélo ou à pied.

Les paisibles étendues du Marquenterre accueillent chevaux et oiseaux, offrant une image de sérénité à tout visiteur.

Les aigrettes, très nombreuses au Marquenterre, font partie de la famille des hérons.

comprendre

La conquête du Marquenterre – Au 12ᵉ s., les moines de St-Riquier et de Valloires érigent les premières digues et tentent de canaliser les rivières. Les canaux d'écoulement se multiplient. La colline de Rue, future capitale du Marquenterre, cesse d'être une île au 18ᵉ s. Mais qu'une marée capricieuse ou qu'une pluie torrentielle survienne, et voici les frêles endiguements balayés et les cultures ensablées. Au cours du 19ᵉ s., digues et grèves sont stabilisées, ce qui permet le développement de cultures maraîchères et céréalières.

Assèchement à la hollandaise – En 1923, l'industriel H. Jeanson acquiert une garenne marécageuse le long de la côte. Endiguée et asséchée par ses successeurs, la zone accueille la bulbiculture dans les années 1950. La conversion s'accompagne d'un reboisement. Mais l'entreprise ne survit pas à la crise qui frappe le secteur horticole. L'idée vient alors d'offrir cette étendue aux oiseaux et à leurs admirateurs.

Naissance du parc – Le Marquenterre, et plus largement la baie de Somme, a toujours été une étape d'hivernage pour les oiseaux migrateurs. De leurs huttes, les chasseurs s'en donnaient à cœur joie... ce qui fit disparaître nombre d'espèces. En 1968, l'Office de la chasse créa sur le site maritime une réserve de 5 km. En 1973, les Jeanson décident, eux aussi, d'aménager un parc ornithologique sur leur domaine bordant la réserve, afin de permettre au public d'observer les oiseaux dans ce cadre naturel. *En 1986, le site devient la propriété du Conservatoire du littoral et acquiert, huit ans plus tard, le statut de réserve naturelle protégée.*

découvrir

Parc ornithologique★★

☎ 03 22 25 68 99 - www.parcdumarquenterre.com - avr.-sept. : 10h-19h (dernière entrée 17h) ; fév.-mars et de déb. oct. à mi-nov. : 10h-17h30 (dernière entrée 16h) ; de mi-nov. à janv. : 10h-17h (dernière entrée 15h) - fermé 1ᵉʳ janv., 25 déc. - tarif non communiqué.

Trois parcours pédestres, balisés de panneaux pédagogiques, sillonnent le parc.

Parcours pédagogique *(1h, panneaux explicatifs)* – Au pied de l'ancienne dune côtière, il permet de se familiariser avec la plupart des **espèces du littoral** : canards, mouettes, oies, tadornes de Belon... Des oiseaux en semi-liberté sécurisent leurs congénères sauvages. On découvre leur morphologie, leurs comportements et leur régime alimen-

---

BON À SAVOIR
Une fois passé l'accueil, il n'existe qu'un seul W.-C. dans tout le parc du Marquenterre ! Il est situé dans le parcours pédagogique.

Le cheval Henson

Ce petit cheval robuste (1,50 m à 1,60 m au garrot) est né en 1978 dans un village de la baie de Somme, grâce au Dr Berquin. Il est issu du croisement de chevaux de selle français avec des chevaux des fjords norvégiens. Sa robe de couleur isabelle varie du jaune très clair au marron, avec une crinière noire et or. La raie de mulet, qui s'étend du garrot à la naissance de la queue, est caractéristique. D'une remarquable endurance, ce cheval vit toute l'année dans les pâturages et peut parcourir sans fatigue de grandes distances. Il excelle régulièrement dans les épreuves d'attelage, horse-ball et concours complet.

Sa docilité et son attachement font du cheval Henson le compagnon idéal des enfants amateurs de randonnée ou d'attelage.

taire. Le long du sentier, bordé de saules cendrés, d'arbousiers (dont les fruits régalent les gourmets à la fin de l'été) et de marsaults, habitat privilégié des passereaux, on croise quelques mammifères comme le cheval Henson, la belette ou le lapin de garenne, ainsi que des batraciens et des insectes, tels le crapaud ou la libellule...

Parcours d'observation *(2h)* – Un circuit de 7 km, dans les dunes, mène aux divers postes de guet. On surprend les vols groupés d'huîtriers pies, de bécasseaux, d'avocettes, ainsi que les **grands migrateurs** : bécasseaux venus de Sibérie, spatules blanches d'Afrique, bernaches des terres arctiques... Chaque espèce a son habitat privilégié : prés salés, broussailles, haies, clairières, marécages, étangs parsemés d'îlots ou bosquets de résineux... La grande volière fait partie d'un programme régional de réintroduction d'espèces en voie de disparition. Elle sert à la rééducation d'oiseaux blessés.

Grand parcours d'observation *(3h)* – Une boucle supplémentaire (1,5 km) dévoile un autre aspect du site.

> **E**n février et en avril, un détour par la héronnière s'impose : en retrait et dans le silence, on assiste à la nidification, puis aux naissances et à la becquée donnée aux oisillons.

Maubeuge

Maubeuge s'est tout d'abord développé autour d'un monastère de femmes, fondé au 7e s. Plus tard, la construction des fortifications, par Vauban, a mobilisé quelque 11 000 hommes. Enfin, son centre-ville a été reconstruit après la Seconde Guerre mondiale, mais la porte de Mons, dotée d'un pont-levis, évoque toujours les remparts du Roi-Soleil.

La situation
Carte Michelin Local 302 L6 – Nord (59). Maubeuge se trouve à 6 km de la Belgique, le long de la vallée de la Sambre et au croisement des N 2 et N 49, dans une région marquée par l'industrie sidérurgique. Un boulevard périphérique longe une partie de ses remparts.
Pl. Vauban, 59600 Maubeuge, ☎ 03 27 62 11 93.

Le nom
La ville tient son nom du bas latin *malboden*, juxtaposition de *mahal* et de *boden*, qui désignait le siège d'une assemblée de chefs. Il se transforma en Malbodium avant de devenir Maubeuge dès 1293.

carnet pratique

Se loger
Le Grand Hôtel – *1 porte de Paris -* ☎ *03 27 64 63 16 - www.grandhotelmaubeuge.fr -* **P** *- 31 ch. 47/76 € -* ☐ *6,50 € - restaurant 13,50/60 €.* Certes, cet établissement est situé sur une route souvent empruntée, mais n'ayez aucune inquiétude, car l'insonorisation vient d'être totalement refaite, de même que les chambres, claires, spacieuses et dotées de salles de bains bien équipées.

Se restaurer
Restaurant Côté Jardin – *55 av. de France -* ☎ *03 27 64 34 47 - fermé août, dim. soir et lun. soir - 12/22 €.* Installé dans une des rues les plus commerçantes de la ville, ce restaurant caché derrière une discrète façade vitrée est une halte bienvenue entre deux emplettes. Agréable décor contemporain et honorable cuisine traditionnelle.

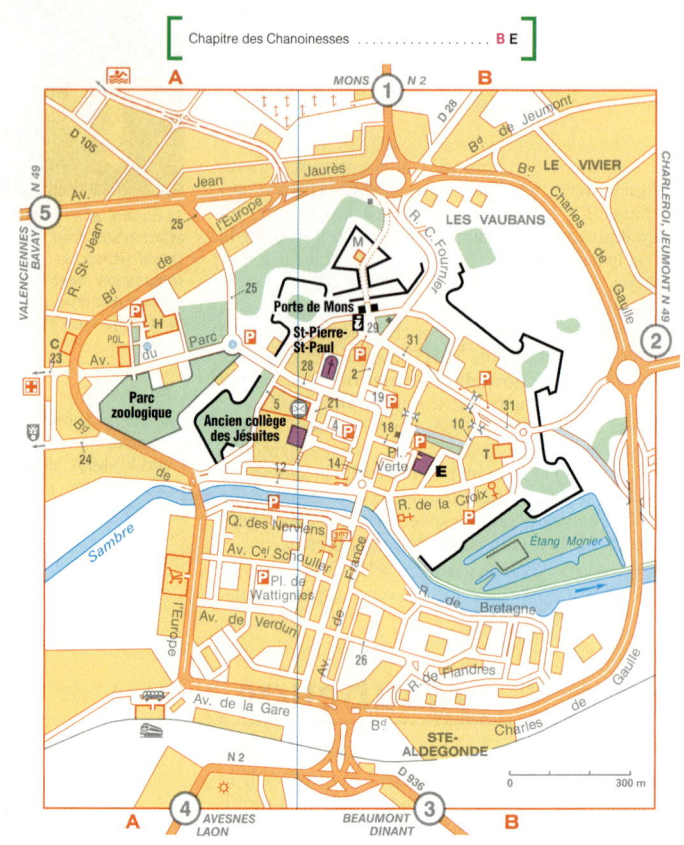

MAUBEUGE

Albert-Ier (R.) . . . . **B** 2	Intendance (R. de l') . . . . . . **B** 10	Pont-Rouge (Av. du) . . . . . . **A** 24
Concorde (Pl. de la) . . . . . . **B** 4	Lurcat (Mail A.) . . . . **AB** 12	Porte-de-Bavay (Av.) . . . . . . **A** 25
Coutelle (R.) . . . . **A** 5	Mabuse (Av. J.) . . . . **B** 14	Provinces-Françaises
France (Av. de) . . . . **B**	Musée Henri-Boez	(Av.) . . . . **B** 26
Gare (Av. de la) . . . . **A**	(R. du) . . . . **B** 18	Roosevelt
	Nations (Pl. des) . . . . **B** 19	(Av. Franklin) . . . . **AB** 28
	Paillot (R.G.) . . . . **B** 21	Vauban (Pl.) . . . . **B** 29
	Pasteur (Bd) . . . . **A** 23	145e-Régt-d'Inf. (R. du) . . . **B** 31

Chapitre des Chanoinesses . . . . B E

Les gens
Agglomération de 99 900 Maubeugeois. C'est la cité des peintres **Jean Gossart,** dit **Mabuse** (vers 1478-1532), et **Nicolas Régnier**, dit Niccolo Renieri (vers 1590-1667).

comprendre

De sainte Aldegonde à la crise sidérurgique – Fondé par sainte Aldegonde au 7e s., Malbodium est une cité drapière, qui s'oriente au 12e s. vers la métallurgie. De 1637 à 1667, la ville est convoitée par les Espagnols et les Français, puis rattachée à la France après le traité de Nimègue en 1678 et fortifiée par Vauban. Ses remparts ne dissuaderont pas les envahisseurs. En 1940, la ville est détruite à 90 % par un déluge de bombes. Son plan actuel est dû à l'architecte André Lurçat. La sidérurgie, regroupée dans un bassin industriel qui va d'Aulnoye et Hautmont à Jeumont, a subi la crise de plein fouet.

se promener

Parc zoologique
☏ 03 27 53 75 84 - www.zoodemaubeuge.fr - juil.-août : 10h-19h ; avr.-juin et sept. : 10h-18h ; fév.-mars et oct. : 13h-17h30 (dernière entrée 1h30 av. fermeture) - fermé fin vac. de la Toussaint au déb. vac. de fév. - 6 € (enf. 3 €).

🎦 Dans le cadre verdoyant des glacis dominant les fossés de l'enceinte flânent daims, lamas, otaries, hippopotames et lions. La ferme du zoo abrite des animaux domestiques en liberté. Jeux pour enfants, aires de pique-nique.

Porte de Mons
Construite en 1682, c'est l'élément principal des fortifications. Côté ville, elle forme un pavillon à fronton et comble mansardé. Le corps de garde est intact, avec ses épaisses portes de bois et le treuil du pont-levis. Franchissez le fossé par le pont courbe vers la demi-lune, pourvue, elle aussi, d'une porte avec loges de sentinelles. Repassez le fossé vers le glacis où l'on découvre le front Nord des remparts.

Église St-Pierre-St-Paul
Reconstruite en 1955 sur les plans de Lurçat. Son clocher de dalles de verre abrite un **carillon**. Voir la mosaïque du porche et, dans le trésor, la chasuble aux Perroquets, tissu oriental du 7e s., et un reliquaire du voile de sainte Aldegonde (fin 15e s.).

Chapitre des chanoinesses
En contrebas de la place Verte se dressent les bâtiments de brique et pierre (fin 17e s.) des Dames de Maubeuge, chanoinesses séculières qui succédèrent aux moniales de Sainte-Aldegonde.

Ancien collège des Jésuites
Édifié au 17e s., sur les plans du frère Du Blocq, il compose un ensemble baroque homogène.

> **PLACE FORTE**
> La porte de Mons est l'une des parties les mieux conservées de l'enceinte de Vauban. Elle était autrefois complétée par un arsenal et un système de redoutes extérieur. La place pouvait, quant à elle, accueillir jusqu'à 40 000 hommes.

Montreuil★

Cette tranquille sous-préfecture entretient une certaine forme de nostalgie. Ses vieilles rues bordées de maisons des 17e et 18e s. ont été préservées de la modernité. Sa citadelle et ses remparts ombragés dominent de vastes horizons. Le site a inspiré Victor Hugo et séduit nombre de visiteurs.

La situation
Carte Michelin Local 301 D5 – Pas-de-Calais (62). Montreuil occupe un **site★** au bord du plateau qui domine la vallée de la Canche. 🛈 *21 r. Carnot, 62170 Montreuil,* ☎ *03 21 06 04 27. www.tourisme-montreuillois.com*

Le nom
Deux établissements sont à l'origine de Montreuil : le monastère fondé au 7e s. et la forteresse édifiée vers l'an 900 par Helgaud, comte de Ponthieu. Dès le 11e s., Montreuil passe dans le domaine royal.

Les gens
2 688 Montreuillois. Montreuil a séduit maints écrivains, dont **Victor Hugo** en 1837. Il choisit la cité comme cadre d'un épisode capital des *Misérables*. L'ancien forçat Jean Valjean, réhabilité par toute une vie de générosité et de sacrifices, devient maire de Montreuil, lorsqu'il apparaît qu'un innocent va être jugé à sa place : Valjean subit une terrible crise de conscience immortalisée par Hugo sous le titre « Tempête sous un crâne ».

> **DE CHARLES QUINT À DOUGLAS HAIG**
> En 1537, les troupes de Charles Quint ravagent la cité. Les remparts sont rétablis par les ingénieurs de François Ier, Henri IV et Louis XIII. Montreuil compta jusqu'à 8 églises. En 1804, Napoléon séjourne à Montreuil. Et, en 1916, la cité abrite le QG de Douglas Haig, chef des armées britanniques.

se promener

AUTOUR DES FORTIFICATIONS
Citadelle★
☎ *03 21 06 10 83 - mars-oct. : 10h-12h, 14h-18h - fermé mar., nov.-fév. - 2,50 €, gratuit Journée des villes fortifiées.*

La Citadelle.

Montreuil

carnet pratique

VISITE
Visite-spectacle dans la ville – ☎ 03 21 06 04 27 - l'Office de tourisme propose des visites thématiques de juin à mi-septembre.

SE LOGER
⊜ **L'Écu de France** – 5 porte de France - ☎ 03 21 06 01 89 - fermé mar. et merc. en hiver - 8 ch. 30/45 € - ☒ 5,50 € - restaurant 15/21 €. Cette engageante maison à la façade immaculée abrite des chambres modernes aux belles tonalités rouge et jaune. À table, généreuse cuisine flamande servie dans un plaisant cadre médiéval (vitraux, épées accrochées aux murs...).

⊜ **Manoir Francis** – 1 r. de l'Église - 62170 Marles-sur-Canche - 5,5 km au SE de Montreuil par D 113 - ☎ 03 21 81 38 80 - manoir.francis@wanadoo.fr - ⌿ - 3 ch. 40/60 € ☒. Il vous faudra passer sous un monumental porche, puis traverser le jardin rempli d'animaux de basse-cour pour accéder à cette belle ferme seigneuriale du 17e s. Chambres spacieuses dotées de meubles d'époque et d'un salon privatif. Magnifique salle des petits déjeuners.

⊜ **Chambre d'hôte La Commanderie** – Allée des Templiers - 62990 Loison-sur-Créquoise - ☎ 03 21 86 49 87 - fermé fév. - ⌿ - réserv. conseillée en hiver - 3 ch. 50/70 € ☒. Une longue allée mène à cette magnifique demeure du 12e s., jadis commanderie de templiers. Ses chambres, décorées avec goût, ont chacune été baptisées d'un prénom féminin. Beaux objets anciens disposés çà et là et plaisant parc bordé de rivière. À découvrir absolument.

⊜⊜⊜ **Chambre d'hôte La Haute Chambre** – 124 rte d'Hucqueliers, hameau le Ménage - 62170 Beussent - 10 km au N de Montreuil par N 1 puis D 127 - ☎ 03 21 90 91 92 - fermé 1er-15 sept. et 15 déc.-15 janv. - ⌿ - 5 ch. 80/90 € ☒. Si le Boulonnais est un écrin, La Haute Chambre en est la perle ! Assez difficile à trouver, ce manoir de 1858 magnifiquement restauré par ses propriétaires ne peut que vous séduire. Dans le cadre idyllique du parc et grâce au confort des chambres, vous vivrez la vie de château à votre rythme. Visite possible de l'atelier de sculptures et de peintures du maître des lieux.

SE RESTAURER
⊜ **Auberge d'Inxent** – 62170 Inxent - 9 km au N de Montreuil par D 127 - ☎ 03 21 90 71 19 - auberge.inxent@wanadoo.fr - fermé 28 juin-9 juil., 13 déc.-19 janv., mar. et merc. sf juil.-août et lun. en juil.-août - 13/37 € - 5 ch. 54/70 € - ☒ 8 €. Point central du village, cette jolie maison de 1765 à la façade blanc et bleu a toujours été une auberge. Étape agréable de la vallée de la Course pour déguster les spécialités artésiennes et séjourner dans ses petites chambres soignées. Le jardin mérite un détour.

⊜⊜⊜ **Auberge La Grenouillère** – 62170 Madelaine-sous-Montreuil - 2,5 km à l'O de Montreuil par D 139 puis rte secondaire - ☎ 03 21 06 07 22 - auberge.de.la.grenouillere@wanadoo.fr - fermé 27 juin-2 juil., 5-10 sept., 20 déc.-3 fév., merc. sf juil.-août et mar. - 30/70 € - 4 ch. 75/100 € - ☒ 13 €. Les grenouilles sont les invitées d'honneur de cette pittoresque auberge de campagne bordant la Canche : aux murs sur les toiles des années 1930, en céramique sur les tables ou à déguster dans les assiettes aux menus actuels... Quelques chambres.

ARTS & SPECTACLES
« Les Misérables », spectacle d'après l'œuvre de Victor Hugo - de fin juil. à déb. août : en soirée - se renseigner à l'Office de tourisme, ☎ 03 21 06 04 27.

SPORTS & LOISIRS
Club Canoë-kayak – 4 r. des Moulins-des-Orphelins - ☎ 03 21 06 20 16 - http://ckmontreuil.free.fr - 10h-17h. Base de kayak de rivière.

Élevée dans la seconde moitié du 16e s., remaniée au 17e s. par Jean Errard, puis par Vauban, elle intègre des éléments de l'ancien château (11e et 13e s.). Côté ville, une demi-lune, due à Vauban, protège l'entrée. Après les deux tours rondes (13e s.) de l'entrée du château royal, on visite la tour de la Reine Berthe (14e s.), qui servit de porte de ville jusqu'en 1594. Incluse dans un bastion (16e s.), elle abrite les blasons des seigneurs tués à Azincourt en 1415. Le chemin de ronde offre de belles **vues**★★ sur la vallée de la Canche : l'ancienne chartreuse N.-D.-des-Prés et le débouché de la vallée de la Course (à droite) ; les fonds humides de la Canche, l'estuaire et Le Touquet (à gauche) signalé par son phare. La visite se clôt par les casemates (1840) et la chapelle (18e s.).

Remparts★
L'enceinte bastionnée est composée d'un appareillage de briques roses et de pierres blanches (16e-17e s.). Des vestiges de la muraille du 13e s. sont encore visibles sur le front Ouest.

CONSEIL
Prévoir environ 1h pour faire le **tour complet des remparts** (accessible aux handicapés). Nombreuses vues plongeantes sur la campagne de Montreuil. 3 itinéraires sont organisés par l'office de tourisme.

En sortant de la citadelle, traverser le pont et prendre à droite, sur 300 m, le chemin longeant les remparts, vers la porte de France.

Du chemin de ronde, on découvre la perspective sur la courtine et son enfilade de tours (13ᵉ s.) incorporées dans l'enceinte (16ᵉ s.). D'un côté, vue sur les toits de l'autre, sur la vallée de la Canche et le plateau du pays de Montreuil.

DANS LA VILLE

Rue du Clape-en-Bas

Cette charmante rue pavée est bordée de maisons basses chaulées aux toits de tuiles moussues, typiques de la vallée de la Canche. Des artisans s'y installent en saison.

Serrées les unes contre les autres, les maisons de la rue du Clape-en-Bas abritent aujourd'hui des échoppes.

Chapelle de l'Hôtel-Dieu

Rebâtie en 1874 par un disciple de Viollet-le-Duc, elle conserve un portail flamboyant (15ᵉ s.).

Église St-Saulve★

L'ancienne abbatiale bénédictine du 11ᵉ s. (la face Nord-Est du clocher-porche date de cette époque) fut remaniée aux 13ᵉ et 16ᵉ s. après l'effondrement des voûtes. Elles ont été refaites plus basses, d'où l'obscurité qui règne dans l'église.

> **À VOIR**
> Les frises des chapiteaux, du côté droit de la nef et deux toiles du 18ᵉ s. : au maître-autel, la *Vision de saint Dominique* de Jouvenet ; à gauche, dans la chapelle Notre-Dame (ancienne chapelle des Arbalétriers), la *Prise de voile de sainte Austreberthe* de Restout.

circuit

VALLÉE DE LA COURSE

27 km – env. 1h. Quitter Montreuil par la D 126 à droite et prendre presque aussitôt la D 150 à gauche en direction d'Estrée.

La D 150 suit la vallée marécageuse de la Course, puis remonte un vallon.

Montcavrel

L'**église** de style gothique flamboyant est élancée, bien que sans nef. À l'intérieur, trois des chapiteaux (début du 16ᵉ s.) présente des frises historiées. Le plus intéressant *(à gauche)* conte la vie de la Vierge de façon naïve. ☎ *03 21 81 58 92 - clé disponible chez Mme Davenne.*

Suivre la D 149 jusqu'à Recques-sur-Course, puis la D 127 vers le Nord.

Cette route longe la vallée de la Course, jalonnée de prairies d'élevage, de cressonnières et de piscicultures. Elle traverse, entre autres, **Inxent** et **Doudeauville** – ce village possède un manoir de 1613 – et mène à Desvres *(voir ce nom).*

> **QUE RAPPORTER**
> M. et Mme Leviel –
> *Fond des Communes -*
> *62170 Montcavrel -*
> ☎ *03 21 06 21 73 -*
> *fermé dim. et j. fériés.*
> Vente de produits à base de lait de vache ou de chèvre dont une spécialité fromagère : les apérichèvres. Accueil de groupes sur rendez-vous.

Morienval★

Entre les massifs forestiers de Compiègne et de Retz, dans ce hameau de la vallée de l'Automne, le temps a ralenti son cours. Morienval est, avec Saint-Denis et Thérouanne, l'une des premières expressions de l'architecture gothique en France. Son cadre verdoyant est le refuge de nombreux oiseaux. Le muguet fleurit à foison en mai dans la proche forêt.

La situation
Carte Michelin Local 305 I5 – Oise (60). De Pierrefonds (15km), accès par la D 335, vers le Sud ; de Compiègne D 332 puis D 163 à gauche.

Le nom
Ce serait la conjonction de Morini, peuple du Nord-Ouest de la Gaule, et de *vallis*, indiquant la situation, ce qui donne val des Morins. Ce peut être aussi l'association de *Morus* et de *vallis* : sur un acte qui évoque un atelier monétaire frappant les deniers de Charles le Chauve, on lit, en effet, la mention Morus vallis.

Les gens
1 048 Morienvalois. Le bon roi Dagobert (7e s.) aurait fondé le bâtiment primitif.

Notre-Dame de Morienval.

visiter

Église Notre-Dame★
L'ensemble, qui doit être vu du Nord-Est, n'a pas changé depuis le 12e s., sauf la partie haute du chœur : les étroites baies actuelles datent de la restauration de la fin du 19e s.

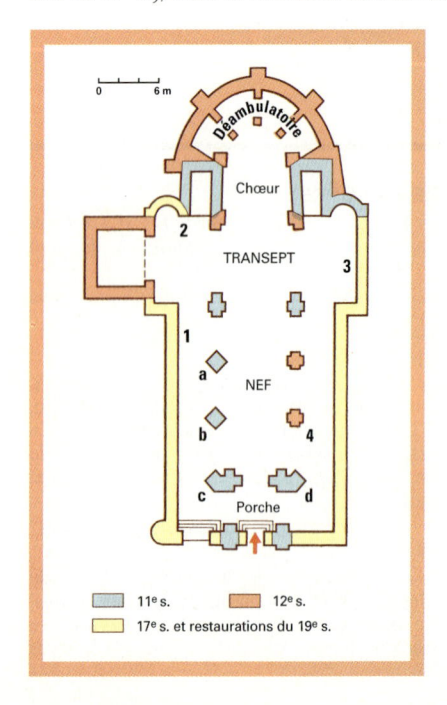

Extérieur – Sa silhouette est caractéristique, avec la tour Nord légèrement plus courte que celle du Sud. La base du clocher-porche est la partie la plus ancienne (11e s.), avec le transept, la travée droite du chœur et les deux tours Est. Il faut se représenter le clocher-porche non point pris dans le prolongement des bas-côtés (disposition du 17e s.), mais se détachant en avancée sur une façade romane. Au chevet, remarquez le déambulatoire plaqué contre l'hémicycle du chœur (12e s.) pour en assurer la stabilité.

Intérieur – Le déambulatoire, artifice architectural, est la partie la plus originale. Ses arcs, élevés vers 1125, comptent parmi les plus anciens de France. Pour la première fois, des ogives ont été employées pour couvrir la partie tournante d'un édifice. Cependant, elles sont solidaires des quartiers de voûte qu'elles supportent. On assiste ici à la transition entre voûte d'arête et voûte sur croisée d'ogives. Au 17e s., la nef et le transept ont été également voûtés d'ogives. Les chapiteaux de la nef **(a, b, c, d)** sont du 11e s. : spirales, étoiles, masques, animaux sont les seuls témoins sûrs de l'église romane, tandis que les chapiteaux du chœur, également intéressants, sont un peu plus récents. Dans le bas-côté gauche, série de dalles funéraires, dont celle **(1)** de l'abbesse Anne II Foucault (1596-1635). Sur le mur du bas-côté opposé, des gravures du 19e s. montrent l'état ancien de l'abbatiale.

> **STATUES**
> Les plus remarquables sont : la statue **(2)** de Notre-Dame de Morienval (17e s.) ; un groupe **(3)** de la Crucifixion (16e s.) provenant d'une poutre de gloire déposée ; un saint Christophe **(4)** en terre cuite (17e s.).

circuit

VALLÉE DE L'AUTOMNE
41 km – 1/2 journée.

L'itinéraire traverse d'Est en Ouest le canton de Crépy-en-Valois. De remarquables monuments s'y égrènent, mis en valeur par un paysage verdoyant et préservé.

Quitter Morienval au Sud par la D 335 en direction de Crépy-en-Valois. À Elincourt, prendre à droite la D 123 et tourner de nouveau à droite à Orrouy.

Champlieu
Les vestiges d'une église romane rappellent l'importance passée de ce hameau, proche de la forêt de Compiègne.

Ruines gallo-romaines – Dégagées au siècle dernier, elles sont traversées par l'ancienne voie romaine de Senlis à Soissons : la « chaussée Brunehaut ».

Théâtre – Avec ses 70 m de diamètre, il pouvait contenir 3 000 places. Seuls subsistent les trois premiers rangs de gradins. Au-dessus, l'hémicycle est gazonné. En bas, on reconnaît les soubassements de la scène et des coulisses ; au-dessus, les six entrées du public sont encore visibles.

Thermes – De dimensions restreintes pour un bâtiment public (53 m sur 23). On reconnaît l'emplacement de l'*atrium*, cour d'entrée carrée, du *frigidarium*, du *tepidarium* et du *caldarium*, au centre duquel l'eau jaillissait d'une vasque calcaire.

Temple – *De l'autre côté de la route.* Au premier sanctuaire (1er s.) de type *fanum* se superpose un second temple plus grand, de forme carrée (20 m de côté). Son plan est dessiné par un caniveau de pierre.

Revenir sur la D 32 que l'on reprend à gauche. On longe la vallée sur 10 km ; Lieu-Restauré se trouve à droite.

Les ruines de Champlieu, que traverse la chaussée Brunehaut : un haut lieu de l'archéologie gallo-romaine.

Morienval

Abbaye de Lieu-Restauré
☎ 01 44 88 55 31 - mars-nov. : w.-end et j. fériés 10h-12h, 14h-18h ; reste de l'année : sam. 10h-12h, 14h-17h, dim. et j. fériés 10h-12h, 14h-16h (en fonction du temps) - fermé 25 déc.-1er janv. - 2,50 €.

> **HISTOIRE DE L'ABBAYE**
> Érigée au 12e s. pour succéder à une chapelle plus exiguë – d'où son nom –, cette abbaye de prémontrés fut rebâtie au 16e s., après la guerre de Cent Ans. Depuis 1964, des travaux ont permis de restaurer ce site de la vallée de l'Automne, préservant ainsi les constructions d'une ruine définitive.

Descendez à l'église, parée d'une **rose**★ au remplage flamboyant, et entrez dans la nef par le côté gauche. Contournez les ruines des bâtiments abbatiaux. Au Sud, les fouilles ont dégagé le cloître et le réfectoire avec les bases de ses colonnes et de sa cheminée. Hôtellerie et cellier (18e s.) sont restaurés. Un musée expose le résultat des fouilles (poteries, chapiteaux, etc.).

Poursuivre sur la D 32 ; 1 km plus loin, prendre à gauche ; 50 m après une tour au bord de la route, se garer à l'entrée du parc.

Vez★
Ce tout petit village, à flanc de coteau, a donné son nom au Valois, dont il représente le cœur initial. Vez viendrait du latin *vadum*, « le gué ». En 1918, il accueillit le général Mangin et son état-major, avant l'offensive de l'armée française qui, en juillet, assura la victoire des Alliés.

Château★ - ☎ 03 44 88 55 18 - *de mi-juin à fin oct. : 14h-18h ; mars-mai. : dim. et j. fériés 14h-18h - 6 €.*

D'origine très ancienne, il fut rebâti au 14e s. L'enceinte carrée est dominée par le **donjon**. Au milieu de la cour, la chapelle abrite des antiquités gallo-romaines et des objets préhistoriques du Valois, ainsi que des gisants en marbre sculptés par Frémiet. Du haut de la chapelle, **vue** sur la vallée de l'Automne. À l'angle droit de la courtine, une tourelle porte une plaque rappelant que Jeanne d'Arc est passée ici en 1430, alors qu'elle se rendait à Compiègne. Derrière la chapelle subsistent les ruines du logis du châtelain (13e s.). Le jardin paysager, minimaliste, recèle des sculptures contemporaines.

> **À VOIR**
> Sol Lewit, artiste américain courtisé par les musées les plus prestigieux, a réalisé en 1995 un **Wall Drawing** sur les murs de la pièce principale du rez-de-chaussée du donjon.

Poursuivre la D 32/D 231 ; on passe dans l'Aisne.

Villers-Cotterêts *(voir ce nom)*
Prendre au Nord-Est la D 80 ; à Corcy, prendre à gauche la D 17.

Abbaye de Longpont★ *(voir ce nom)*

Cité souterraine de Naours★

Ce village, remarquable pour son architecture en torchis, doit surtout sa réputation à son incroyable réseau de grottes-refuges, creusées dans le calcaire du plateau voisin. Ces abris sont encore nombreux en Picardie et dans une partie de l'Artois. On les nomme « creuttes », « boves » ou « muches », c'est-à-dire « cachettes » en picard.

La situation
Carte Michelin Local 301 G7 – Somme (80). Sur un plateau calcaire à 13 km au Nord d'Amiens. Accès par la N 25, que l'on quitte à Talmas pour la D 60.

Le nom
Naours vient de Nor, dont il existe une mention en 57 avant J.-C. Vers 1340, Nor évolue en Nochere : « gouttière » en vieux français, allusion au relief de la ville.

Les gens
1 124 Noriens. *Leurs muches* étaient tombées dans l'oubli lorsque le curé de Naours les redécouvrit en 1887. Elles furent explorées et déblayées avec les habitants, qui trouvèrent notamment, en 1905, un trésor de 20 pièces d'or.

> **SE RESTAURER**
> ⊖ **La Chèvrerie de Canaples** – *172 r. de Fieffes - 80670 Canaples - 6 km au N de Naours par D 60 et D 933*
> - ☎ 03 22 52 93 06 - chevrerie@aol.com - fermé nov.-mars, dim. et j. fériés - ⌐ - réserv. obligatoire. Voici une façon originale de terminer la visite des grottes : cette adresse propose des goûters fermiers (sur réservation et pour 10 personnes minimum) ou des dégustations de fromages (sauf de midi à 14h). Visite libre de l'élevage de chèvres ; boutique de produits régionaux.

> **LA PETITE HISTOIRE DES « MUCHES »**
> L'aménagement des *muches* de Naours remonterait aux invasions normandes (9e s.), mais c'est seulement au 14e s. que des documents les mentionnent. Elles sont très fréquentées lors des guerres de Religion et de la guerre de Trente Ans. Au 18e s., les contrebandiers du sel s'y réfugient pour échapper aux gabelous. Les Allemands les occupèrent en 1942.

visiter

☎ 03 22 93 71 78 - www.grottesdenaours.com - *visite guidée (45mn) avr.-août : 9h30-18h30 ; de déb. sept. à mi-nov. 10h-12h, 14h-17h30 ; fév.-mars : 10h-12h30, 14h-17h30 - fermé de mi-nov à fin janv. - 10 € (enf. 8 €).*

La cité souterraine pouvait abriter 3 000 personnes avec leur cheptel et comprend 2 km de rues, des places, 300 chambres, trois chapelles, des étables, une boulangerie avec fours... Des cheminées relient les galeries à la surface du plateau, 30 m plus haut. Lors de la visite, on découvre les composantes du terrain : craie, argile, silex alignés en bancs parallèles. Au **musée du Folklore** sont exposés des métiers picards, présentés sous forme de dioramas géants, et des personnages de cire.

> **DÉTOUR**
> On peut compléter la visite en montant sur la colline du Guet, où deux **moulins à vent** en bois, sur pivot, sont reconstitués – le village en possédait sept. Vues plongeantes sur Naours.

Colline de **Notre-Dame-de-Lorette**★

Dans un site dépouillé, sous l'infini d'un ciel souvent gris, la colline de N.-D.-de-Lorette fut l'objectif principal de nombreuses attaques menées lors de la Première Guerre mondiale. Sa tour-lanterne balaie chaque nuit les plaines de l'Artois.

La situation
Carte Michelin Local 301 J5 – Pas-de-Calais (62). C'est le point culminant (166 m) des collines de l'Artois. 11 km au Sud-Ouest de Lens par la D 58^E. De Béthune ou Arras, D 937 puis la D 58^{E3}.

Le nom
Notre-Dame-de-Lorette figure parmi les noms qui ont été égrenés dans les communiqués de la guerre 1914-1918, notamment au cours de la première bataille d'Artois, de mai à septembre 1915. Les autres étaient : la Targette qui abrite un cimetière allemand, Neuville-St-Vaast et Vimy, Souchez avec son monument au général Barbot et ses 1 500 chasseurs alpins tués en mai 1915, Carency et Ablain-St-Nazaire.

Les gens
Au cours de la Première Guerre mondiale, le général Pétain avait son poste de commandement sur le site de la Targette, à 7 km de cette colline, lorsque le 33e corps enfonça les lignes allemandes.

> **SE RESTAURER**
> ⊕⊕ **Auberge du Cabaret Rouge** – 1 r. Carnot - 62153 Souchez - 3 km à l'E de N.-D.-de-Lorette par D 58e et D 937 - ☎ 03 21 45 06 10 - aubergebeaucamp @wanadoo.fr - fermé dim. soir au merc. soir - ⊠ - réserv. obligatoire - 15,50/30 €. Cette maison proche de la route abrite trois petites salles à manger égayées de multiples bibelots. À table, vous apprécierez légumes du potager, volailles et autres produits des fermes voisines. Avant de partir, demandez à vos hôtes de vous relater l'histoire du Cabaret Rouge.

visiter

Cimetière
Une table d'orientation en bronze se dresse à gauche de l'entrée du cimetière militaire. Elle indique la sépulture du général Barbot, premier monument situé à gauche de l'allée principale.

L'intérieur de la **basilique**, de style roman, byzantin, consacrée en 1937, est décoré de marbre et de mosaïque.

Haute de 52 m, la **tour-lanterne** surmonte l'ossuaire principal et les sept autres ossuaires, qui rassemblent les restes de plus de 20 000 soldats des deux guerres mondiales et de celle d'Indochine. Du sommet,

Colline de Notre-Dame-de-Lorette

Le cimetière de Notre-Dame-de-Lorette rassemble les tombes de 20 000 soldats français morts sur le champ de bataille.

panorama★ sur le bassin minier au Nord, le mémorial de Vimy à l'Est, l'église ruinée d'Ablain-St-Nazaire, les tours de Mont-St-Éloi et Arras au Sud. ☎ *03 21 45 15 80 - juin-août : 9h-12h, 13h-18h30 ; avr.-mai et sept. 9h-12h, 13h-17h30 ; oct.-mars : 9h-12h, 13h-16h30 -gratuit.*

Musée vivant 1914-1818
☎ *03 21 45 15 80 - 9h-20h - fermé 1ᵉʳ janv., 25 déc. - 4 € (enf. 2 €).*

À côté du musée, le **champ de bataille** s'étend sur 3 ha, avec son labyrinthe de tranchées françaises et allemandes et ses vestiges de la Grande Guerre (canons, mitrailleuses, tourelles).

À 100 m de la basilique, ce musée expose de nombreux objets (photographies, uniformes, obus, casques) et plusieurs reconstitutions d'abris souterrains qui évoquent le quotidien des poilus, représentés par 42 mannequins en tenue (animations laser).

Musée de la Targette
7 km au Sud-Est sur la D 937. ☎ *03 21 59 17 76 - 9h-20h - fermé 1ᵉʳ janv., 25 déc. - 4 €.*
Ce musée des deux guerres évoque les combats d'Artois à travers la reconstitution de scènes et plus de 2 000 pièces, notamment des armes anciennes.

Mont-St-Éloi
12 km par Souchez et la D 937, puis la D 58 à droite ; à Carency, prendre à gauche vers Mont-St-Éloi. La colline (135 m), qui domine la vallée de la Scarpe, fut l'enjeu de combats en 1915 et 1940. Vestiges d'une abbaye d'augustins du 18ᵉ s.

Noyon★

L'imposante cathédrale de Noyon se trouve dans un paysage riant qui lui vaut le surnom de « petite Suisse ». Le Noyonnais est aujourd'hui la capitale française des fruits rouges.

La situation
Carte Michelin Local 305 J3 – Oise (60). 24 km au Nord-Est de Compiègne par la N 32. D'Amiens ou Coucy-le-Château, prendre la D 934 ; de St-Quentin, la D 1 puis la N 32 à Tergnier ; de Soissons, la D 6 puis la D 934 à Blérancourt ; de Ham, la D 932. ■ *1 pl. Bertrand-Labarre, 60400 Noyon, ☎ 03 44 44 21 88. www.noyon.com/tourisme*

Le nom
Il vient de *noviomagus*, qui signifie « nouveau marché » et dont la première mention remonte au 3e s.

Les gens
14 471 Noyonnais. Patrie de **Jean Calvin** (1509-1564), partisan de la Réforme, du sculpteur **Jacques Sarazin** (1588-1660), précurseur du classicisme officiel, et de **Joseph Pinchon**, créateur de *Bécassine*, en 1905.

carnet pratique

VISITE
Visites guidées – Se renseigner à l'Office de tourisme ou sur www.vpah.culture.fr - Noyon, qui porte le label Ville d'art et d'histoire, propose des visites-découvertes (1h30) animées par des guides-conférenciers agréés par le ministère de la Culture et de la Communication. Des visites de la cathédrale et de son quartier sont programmées, en alternance avec des visites à thème *(mai-sept. : vend., sam. ou dim. 15h)* - 4 € (enf. 2 €).

SE LOGER
⊖⊖ **Cèdre** – *8 r. de l'Évêché - 60400 Crisolles - ☎ 03 44 44 23 24 - reservation@hotel-lecedre.com -* **P** *- 35 ch. 57/66,50 € - ⊇ 6,50 €*. Cette bâtisse récente (1989) construite en briques rouges respecte l'harmonie architecturale de la cité. Ses chambres, bien rénovées, sont confortables et chaleureuses ; la plupart offrent une vue sur la cathédrale.

SE RESTAURER
⊖⊖ **Auberge de Crisolles** – *Sur D 932 - 60400 Crisolles - 4 km au NE de Noyon par D 932 dir. Ham - ☎ 03 44 09 02 32 - fermé dim. soir et lun. - 15/26,50 €*. Papier peint vieux rose, mobilier de style et mise en place soignée composent le cadre de cette gentille auberge postée en bordure d'une route départementale peu fréquentée. Cuisine classique élaborée avec des produits frais et les légumes du jardin en saison ; saumon fumé maison.

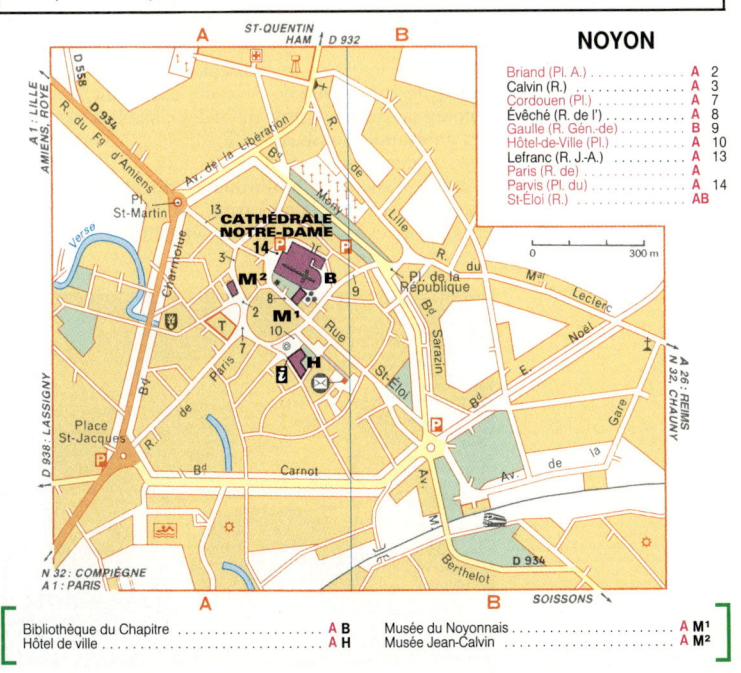

NOYON

Briand (Pl. A.)	A	2
Calvin (R.)	A	3
Cordouen (Pl.)	A	7
Évêché (R. de l')	A	8
Gaulle (R. Gén.-de)	B	9
Hôtel-de-Ville (Pl.)	A	10
Lefranc (R. J.-A.)	A	13
Paris (R. de)	A	
Parvis (Pl. du)	A	14
St-Éloi (R.)	AB	

Bibliothèque du Chapitre	A B
Hôtel de ville	A H
Musée du Noyonnais	A M¹
Musée Jean-Calvin	A M²

Noyon

CALENDRIER
Le 1er dimanche de juillet, lors du marché aux fruits rouges à Noyon, le parvis et le pourtour de la cathédrale se tapissent de barquettes alléchantes, de fraises, groseilles, cerises, cassis et framboises. Au programme, producteurs, artisans et animations, de quoi réjouir petits et grands. ☎ 03 44 44 21 88.

comprendre

De saint Médard à Hugues Capet – D'origine gallo-romaine, Noyon fut érigé par saint Médard en un évêché uni à Tournai en 581. Au 7e s., saint Éloi en fut un des titulaires. La ville a vu les fastes du couronnement de Charlemagne en 768, et d'Hugues Capet en 987. Noyon fut l'une des premières cités françaises à obtenir une charte des libertés communales, dès 1108.

Vive les fraises ! – L'activité industrielle est variée (alimentation, imprimerie, fonderie). L'agriculture, favorisée par le climat et la présence d'entreprises de conserverie et de stockage, accorde une place importante à la culture des fruits rouges, dont 90 % sont destinés à la fabrication de sorbets.

visiter

Cathédrale Notre-Dame★★

☎ 03 44 44 21 88 - visite libre tlj - possibilité de visite guidée par l'Office de tourisme.

Les évêques de Noyon, comtes et pairs de France, ont fait bâtir l'une des premières grandes églises gothiques de France – quatre édifices l'avaient précédée. La construction débuta en 1145 par le chœur et s'acheva en 1235 par la façade. La cathédrale conserve la sobre robustesse du style roman, mais atteint la mesure et l'harmonie caractéristiques des grands maîtres d'œuvre de l'âge d'or. Sa restauration a été entreprise après 1918.

À REMARQUER
La **place du Parvis** est bordée en demi-cercle de maisons canoniales aux portails surmontés de chapeaux de chanoine. Elle garde son charme vieillot.

Extérieur – La façade comprend un porche à trois travées (13e s.) épaulé par deux arcs-boutants ornés de gâbles (14e s.). Une grande baie centrale, surmontée d'une galerie à hautes colonnettes, est encadrée par deux clochers aux contreforts d'angle saillants. La tour Sud, plus ancienne (1220), est aussi plus austère. La tour Nord, un des plus beaux clochers du Nord de la France élevés au 14e s., est finement décorée : moulures, cordons de feuillage aux arcatures de la galerie, bandeaux de feuillage soulignant les glacis supérieurs des contreforts. Dans les deux tours, la disposition du couronnement indique que le projet initial comportait des flèches, qui ne furent jamais réalisées.

En contournant la cathédrale par le Sud, observez l'hémicycle qui clôt le transept. Laissant à droite les ruines de la chapelle de l'évêché, on atteint le chevet, entouré de jardins. L'étagement des chapelles rayonnantes, du déambulatoire et des fenêtres hautes est d'un bel effet, malgré quelques adjonctions du 18e s.

L'ENFER
L'une des pièces de la bibliothèque du chapitre, contenant des ouvrages mis à l'Index, était appelée « l'enfer ».

À droite, l'ancienne **bibliothèque du chapitre** *(on ne visite pas)*, beau bâtiment à pans de bois du 16e s., abrite le précieux évangéliaire de Morienval (9e s.).

La cathédrale Notre-Dame et la bibliothèque du Chapitre.

On distingue difficilement le transept Nord, englobé en partie dans les bâtiments canoniaux.

Intérieur★★ – Les proportions de la nef et du chœur sont harmonieuses. La nef compte cinq travées doubles et s'élève sur quatre étages : grandes arcades, tribunes à double arcature impressionnantes surtout depuis la croisée du transept, triforium et fenêtres hautes. Parmi les chapelles des bas-côtés, celle de N.-D.-de-Bon-Secours, richement décorée, possède une voûte en étoile à clefs pendantes, où sont représentées les sibylles.

L'absence de vitraux accentue la sévérité du transept. Les croisillons, de même ordonnance que le **chœur**, sont arrondis à leur extrémité. Cette particularité, que l'on retrouve à Soissons et à Tournai, serait due à l'influence rhénane. Voyez le maître-autel Louis XVI en forme de temple ; des grilles de fer forgé (18ᵉ s.) ferment le chœur et les chapelles de la nef.

Dans le bas-côté gauche, l'**ancien cloître** ne conserve qu'une galerie, ouvrant sur le jardin par de grandes baies au remplage rayonnant. Le mur opposé est percé de fenêtres en tiers-point et d'une porte qui donne accès à la **salle capitulaire** (13ᵉ s.). Une rangée de colonnes reçoit les retombées des voûtes d'ogives.

Musée du Noyonnais

☎ 03 44 44 21 88 - *sur demande à l'Office de tourisme - avr.-oct. : 10h-12h, 14h-18h ; nov.-mars : 10h-12h, 14h-17h - fermé lun., 1ᵉʳ janv., 11 Nov., 25 déc. - 2,50 €, gratuit 1ᵉʳ dim. du mois.*

Les collections trouvent place dans un pavillon Renaissance de l'ancien palais épiscopal et dans une aile du 17ᵉ s. reconstruite après 1918. Les objets sont issus des fouilles menées à Noyon et dans la région (Cuts, Béhéricourt) : trésor monétaire gallo-romain, pièces de jeu d'échecs (12ᵉ s.), mobilier funéraire, céramiques. Les **coffres** en chêne (12ᵉ-13ᵉ s.) contenaient les vases sacrés et les vêtements liturgiques de la cathédrale. Voyez aussi les nombreuses peintures orientalistes de J.-F. Bouchor (1856-1937) et les plâtres - modèles de la fontaine monumentale construite en 1770 par François Masson, sur la place de l'Hôtel-de-ville, pour célébrer le mariage de Louis XVI et de Marie-Antoinette.

Musée Jean-Calvin

☎ 03 44 44 21 88 - *sur demande à l'Office de tourisme - avr.-oct. : 10h-12h, 14h-18h ; nov.-mars : 10h-12h, 14h-17h - fermé mar., 1ᵉʳ janv., 11 Nov., 25 déc. - 2,50 €, gratuit 1ᵉʳ dim. du mois.*

Construite en 1927, cette maison occupe l'emplacement de celle où est né Calvin en 1509. Les collections illustrent l'histoire du protestantisme au 16ᵉ s. autour de la personnalité de Jean Calvin, depuis son enfance en pays catholique jusqu'à la dimension politique du bras de fer religieux entre pouvoir royal, protestants et catholiques. Portraits, gravures et lettres manuscrites. Bibliothèque de 1 200 volumes (16ᵉ au 20ᵉ s.).

Hôtel de ville

Souvent remaniée, la façade conserve un décor Renaissance : les niches aux dais ouvragés abritaient des statues. Le fronton aux lions fut ajouté au 17ᵉ s. L'intérieur présente des bas-reliefs sculptés par le Noyonnais Émile Pinchon – frère de l'auteur de *Bécassine* – pour l'Exposition coloniale de 1931.

alentours

Roye

20 km au Nord-Ouest par la D 934. Étagé sur le versant Nord de la vallée de l'Avre, riche en blé et en betterave, Roye est le siège d'une sucrerie et d'un marché de grains. C'est aussi un centre industriel. La ville a été reconstruite après la guerre 1914-1918, y compris l'**église** qui conserve cependant son chœur du 16ᵉ s.

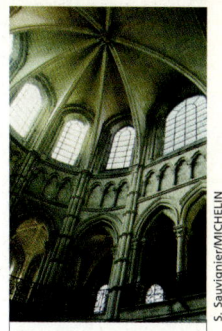

Les voûtes du chœur sont aussi élevées que celles de la nef. Les huit nervures de l'abside rayonnent autour d'une clef centrale et retombent sur des faisceaux de colonnettes. Neuf chapelles s'ouvrent sur le déambulatoire.

CALVIN ET LA BIBLE
Le livre majeur du Moyen Âge, la Bible, ne se lisait qu'en latin. En 1535, le Picard Pierre Olivétan la traduisit en français, avec une préface de Calvin, son cousin : un exemplaire est conservé ici, ainsi que la Bible de Lefèvre d'Étaples.

Château d'**Olhain**★

Ce château féodal des 13ᵉ-15ᵉ s., avec sa « baille » du Moyen Âge, vaste avant-cour à usage agricole, domine un étang, au creux d'un vallon.

La situation
Carte Michelin Local 301 I5 – Pas-de-Calais (62). D'Arras, suivre la D 341 au Nord-Ouest vers Bruay-la-Buissière. Après Estrée-Cauchy, prendre à droite la D 73.

Le nom
Le château a été construit vers 1200 à l'initiative d'**Hugues d'Olhain**, dont il a pris le nom.

visiter

☏ *03 21 27 94 76 - juil.-août : w.-end et j. fériés 15h-18h30 ; avr.-juin et sept.-oct. : dim. et j. fériés 15h-18h30 - fermé nov.-mars - 4 € (enf. gratuit).*
La structure médiévale du château est bien conservée. Un pont-levis dessert la cour où l'on voit une tourelle de guet *(escalier de 100 marches)*, une salle gothique dite « salle des gardes », des caves aux murs épais de 2 à 3 m et une chapelle. Promenade agréable le long des douves.

Le château d'Olhain est l'archétype du château fort de plaine au Moyen Âge.

alentours

Parc départemental de nature et de loisirs
1 km au Nord. Nombreux aménagements (aires de jeux et de pique-nique, sentiers de promenade, terrains de sport, piscine, tennis, golf...) dans ce nid de verdure au cœur du pays minier.

Dolmen de Fresnicourt
3 km par la D 57. Cette « table des fées », d'un aspect imposant quoique irrégulier (la dalle supérieure a glissé), se dissimule à l'orée d'un bois qui fut sacré, sur la crête des hauteurs qui séparent la Flandre et l'Artois. De ses abords, jolies vues.

Abbaye d'**Ourscamps**★

Une jolie légende entoure cette abbaye fondée en 1129 par les cisterciens entre l'Oise et la forêt. La vie monastique s'y développa surtout aux 17e et 18e s. et se perpétue encore aujourd'hui.

La situation
Carte Michelin Local 305 I3 – Oise (60). 6 km au Sud de Noyon, entre un bras de l'Oise et la forêt d'Ourscamps. De Noyon, prendre la D 165 puis la D 48 à droite de Compiègne, la D 130 à Choisy-au-Bac, puis la D 165 au carrefour du Puits-d'Orléans (en forêt de Laigue) et la D 48 à gauche.

Le nom
On dit que saint Éloi se rendait souvent sur le site de l'abbaye. Tandis qu'il travaillait dans un champ, un des deux bœufs tirant son char fut dévoré par un ours. Le saint demanda à l'animal de s'atteler à la place du bœuf afin de terminer la besogne. L'ours s'exécuta, et le site conserva le nom d'Ourscamps, « champ où a travaillé l'ours ».

Les gens
L'abbaye est de nouveau occupée, depuis 1941, par des religieux : les Serviteurs de Jésus et Marie.

carnet pratique

SE LOGER
Chambre d'hôte La Ferme ancienne de Bellerive – 492 r. de Bellerive - 60170 Cambronne-lès-Ribecourt, 7,5 km au SO d'Ourscamps par N 32 et D 66 - ☎ 03 44 75 02 13 - www.bellerive.fr - ; - réserv. conseillée - 5 ch. 35/50 € : - repas 15 €. Entre canal et rivière, faites une halte dans l'ancienne grange de cette ferme bicentenaire. Rénovée par un couple d'origine britannique, elle a gardé son caractère d'antan : chambres simples et blanches. La table d'hôte vous accueille midi et soir autour d'un menu « fermière ».

visiter

☎ 03 44 75 72 10 - &. - *avr.-oct. : 9h-12h, 14h-19h, dim. et j. fériés 11h-12h, 14h-19h ; nov.-mars : 9h-12h, 14h-17h, dim. et j. fériés 11h-12h, 14h-17h - 3 €.*
En entrant par l'ancienne porterie, à gauche de la grille d'honneur (1784), on ne voit que les constructions du 18e s. de part et d'autre d'un avant-corps à colonnade dorique, ouvrant maintenant sur le vide. Ce pavillon central masquait intentionnellement la façade gothique de l'église abbatiale, devenue démodée. À gauche, le logis abbatial du 18e s. abrite des moines ; à droite, le bâtiment, dévasté par la guerre en 1915, n'a pas été restauré. *Passer la voûte.*

Ruines de l'église
Au bout d'une allée qui occupe l'emplacement de la nef – démolie au 19e s. – se dresse le squelette du chœur gothique (13e s.). Son déambulatoire, double dans la partie droite, simple au chevet, desservait cinq absidioles.

Chapelle
Ex-infirmerie, cette salle du 13e s. conserve sa distinction monastique. De fins piliers, alignés sur deux rangs, supportent les nervures des ogives. Des fenêtres à oculus dispensent une grande clarté. La perspective est, hélas, rompue par l'adjonction de hautes stalles du 17e s. formant un chœur.

Le chœur décharné de l'église révèle le dessin initial de l'architecte.

Péronne

Péronne, la ville de l'anguille et de la bière Colvert, est parsemé d'étangs et de verdures en plein cœur de la campagne picarde. Cette ancienne place forte a payé un lourd tribut en 1914-1918, période évoquée dans un musée moderne qui restitue la vie des populations durant la Grande Guerre.

La situation
Carte Michelin Local 301 K8 – Somme (80). Port de commerce et de plaisance sur le canal du Nord, au confluent de la Cologne et de la Somme, Péronne s'étire le long d'étangs poissonneux et de *hardines*, cultures maraîchères. Entre Amiens et St-Quentin, accès par la N 29, puis la N 17 ou la D 44.

🛈 *1 r. Louis-XI, 80200 Péronne, ☎ 03 22 84 42 38. www.ot-peronne.fr*

Le nom
Est-il d'origine celtique ou latine ? Dans le premier cas, il viendrait de *perrhaon*, « place forte », ou de *perronn*, « endroit marécageux ». Les latinistes suggèrent *pero* ou *peronis*, des « guêtres » ou « bottes » utiles pour traverser les marécages. Interprétation la plus charmante : *per ranas*, « au milieu des grenouilles » ; la plus sérieuse : Petrona, nom de l'ancienne ville romaine.

Les gens
9 000 Péronnais. Et sans doute encore plus d'anguilles, qui reviennent toujours se faire pêcher ici, depuis la mer des Sargasses où elles se reproduisent.

comprendre

> **L'ARA DE LOUIS XI**
> La petite histoire raconte que, pour attiser sa rancœur contre Charles le Téméraire, un perroquet lui répétait : « Péronne ! Péronne ! »

L'entrevue de Péronne – En 1468, elle réunit **Charles le Téméraire** et **Louis XI** qui se disputent la Picardie. Louis, ayant soutenu l'insurrection des Liégeois contre Charles, est séquestré à Péronne par son rival. Pour recouvrer la liberté, il doit signer un traité humiliant et néfaste à ses intérêts, puisqu'il est obligé de se déclarer contre les Liégeois. Il se souviendra de l'affront.

Les ravages de la guerre – Rattachée à la France après la mort du Téméraire (1477), la ville subit en 1536 un violent assaut de Charles Quint. Mais la résistance s'organise, galvanisée par l'héroïque **Marie Fouré**. Chaque année, en juillet, une procession et une fête commémorent l'événement.

En 1870, c'est au tour des Prussiens d'assiéger la ville, qu'ils bombardent treize jours durant. Occupé par les Allemands, Péronne, sert de point d'appui lors de la bataille de la Somme en 1916. La ville est alors presque entièrement détruite. *Pour compléter vos connaissances sur la bataille, faites le « circuit des champs de bataille de la Somme » ou « circuit du Souvenir », au départ d'Albert (voir ce nom) ou de Péronne.*

carnet pratique

SE LOGER
🍴 **Le Prieuré** – *80360 Rancourt - 10 km au N de Péronne par N 17 - ☎ 03 22 85 04 43 - leprieure-hotel@nordnet.fr -* 🅿 *- 27 ch. 62/71 € - ☐ 7,50 € - restaurant 19/40 €.* Cette grande bâtisse blanche au bord de la nationale en impose par son architecture récente. La brique et la pierre habillent les salons, le bar et la salle à manger rehaussée d'une chaiserie Louis XVI. Chambres modernes doucement colorées.

SE RESTAURER
🍴 **Hostellerie des Remparts** – *23 r. Beaubois - 80200 Péronne - ☎ 03 22 84 01 22 - 20/50 €.* Près des remparts, ne manquez pas cette grosse maison avec sa façade colorée et fleurie de géraniums. Dans les salles à manger traditionnelles, attablez vous confortablement pour déguster de généreuses préparations régionales.

L'Historial de la Grande Guerre évoque le terrible quotidien des poilus, mais aussi des populations en 1914-18.

visiter

Historial de la Grande Guerre★★

☎ 03 22 83 14 18 - www.historial.org - ♿ - 10h-18h (dernière entrée 45mn av. fermeture) - fermé lun. (nov.-mars), de mi-déc. à mi-janv. - 7 € (enf. 3,50 €).

Ce musée, dessiné par Henri-Édouard Ciriani, est novateur par sa conception (1992). Il occupe un bâtiment moderne, adossé à l'ancien château construit sur pilotis, au bord de l'étang du Cam. On accède aux salles par une faille, taillée dans le mur même du **château** édifié au 13e s. par les comtes de Vermandois. Charles le Téméraire enferma Louis XI dans une de ses tours. Musée trilingue, l'Historial explique la Première Guerre mondiale, ses origines et ses implications pour les civils, avec le souci constant d'offrir une vision comparative, celle des principaux pays – Allemagne, France, Royaume-Uni... – qui participèrent au conflit : une horreur dénoncée par les 50 eaux-fortes du peintre expressionniste allemand Otto Dix.

Des cartes jalonnent le parcours, permettant de suivre l'évolution des fronts. Chaque vitrine comporte trois niveaux, correspondant aux trois pays : objets,

> **MULTIMÉDIA**
> Des bornes vidéo diffusent des films d'archives. Un film (20mn) évoque la bataille de la Somme.

PÉRONNE

Ancien-Collège (R. de l')	2
Audinot (Pl. A.)	3
Bouchers (R. des)	4
Caisse-d'Épargne (R. de la)	5
Chanoines (R. des)	7
Daudré (Pl. du Cdt)	9
Gare (Av. de la)	
Gladimont (R. du)	12
Noir-Lion (R. du)	14
Pasteur (R.)	17
St-Jean (R.)	18
St-Quentin-Capelle (R.)	21
St-Sauveur (R.)	22

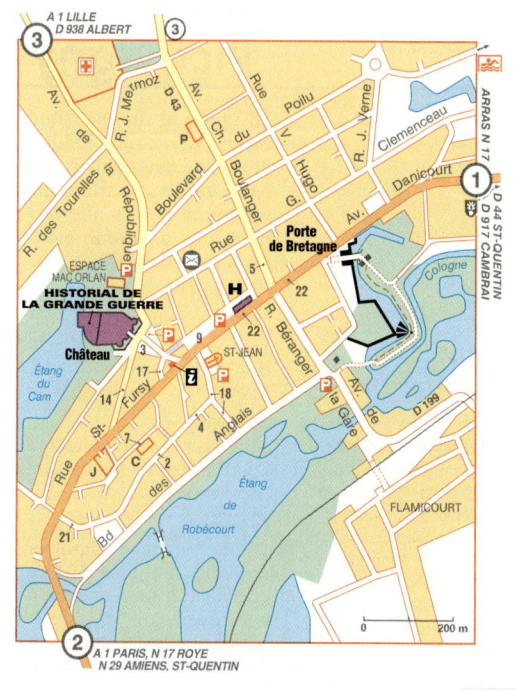

Hôtel de ville .... H

œuvres d'art, documents et courrier témoignent du quotidien des populations. Des excavations en marbre figurent les tranchées : les uniformes des soldats y sont entourés de pièces d'armement, d'effets personnels...

se promener

Hôtel de ville
Détruit pendant la bataille de la Somme, il fut reconstruit en 1927. Il présente une façade Renaissance flanquée de tourelles, et sur la rue St-Sauveur, un corps de bâtiment Louis XVI. À l'intérieur, le **musée Alfred Danicourt** expose des monnaies antiques et des bijoux gréco-romains et mérovingiens... ☎ *03 22 73 31 10 - www.ville-peronne.fr - tlj sf dim. et lun. 14h-17h30, sam. 9h-12h, 14h-16h30 - fermé j. fériés et 4 sem. entre mai et juin (se renseigner) - gratuit.*

Porte de Bretagne
Cette porte (1602) conserve ses battants et forme un pavillon de brique à toit d'ardoises. Elle est ornée du blason et de la devise de Péronne. Au-delà du fossé, après la porte de la demi-lune, suivez les **remparts** de brique à chaînages de pierre (16e-17e s.). Jolie **vue** sur les étangs de la Cologne et les *hardines*.

alentours

Athies
10 km au Sud par la D 44 puis la D 937 vers Ham. Le roi des Francs, Clotaire Ier, fils de Clovis, possédait ici un palais où fut élevée Radegonde, sa future épouse qui, retirée à Poitiers, y fonda un monastère et fut canonisée.
L'**église** présente un beau portail du 13e s. à tympan sculpté. On y voit une Nativité et une Fuite en Égypte.

Picquigny

Les vestiges du château des vidames de Picquigny, représentants de l'évêque d'Amiens, couronnent ce bourg qui défendait un passage de la Somme. La ville basse garde une allure médiévale avec ses pignons à redans et ses escaliers de grès. Les environs sont parsemés de nombreux étangs et des marais aux couleurs changeantes.

La situation
Carte Michelin Local 301 F8 – Somme (80). Picquigny se situe à 13 km au Nord-Ouest d'Amiens par la N 235.
🛈 *115 pl. du Gén.-de-Gaulle, 80310 Picquigny,* ☎ *03 22 51 46 85.*

Le nom
Sa première mention daterait de 942, sur un document relatif à l'assassinat de Guillaume Longue-Épée, duc de Normandie.

Les gens
1 386 Picquinois. Jusqu'en 1780, le château reste la propriété des sires de Picquigny, dont les possessions englobent les trois quarts de l'Amiénois. Plus tard, une branche émigre en Angleterre sous le nom de Pinkenni, qui deviendra Pinkney, famille fondatrice de la banque Barclay.

LES VIOLONS D'HENRI !
À la fin du 16e s., **Henri IV** s'apprête à rejoindre à Picquigny sa favorite, la capiteuse Gabrielle d'Estrées : « Je mènerai à Picquigny une assez bonne bande de violons pour vous réjouir », lui écrit-il.

Le château et l'abbatiale Saint-Martin, vestiges médiévaux de Picquigny.

visiter

Château
☎ 03 22 51 46 85 - *visite guidée (1h15) juil.-août : tlj sf lun. 11h, 15h, 16h30 ; hors sais. sur réservation - 3 €.*

Enceinte – Ses murailles de pierre à soubassements de grès englobent, au 14e s., la résidence seigneuriale, la collégiale et les demeures des officiers de la vidamie. Côté plateau, à l'endroit le plus exposé, les éléments de défense les plus imposants sont la barbacane et le donjon *(à droite)*, dont les murs font 4 m d'épaisseur. Côté ville, on remarque la porte du Gard, en arc brisé, avec tourelles d'angle et corps de garde.

Le **pavillon Sévigné** tient son nom d'un séjour de la marquise qui, dans une lettre à sa fille, évoque ce château du début du 17e s.

Terrasse supérieure (cour d'honneur) – Les bâtiments d'habitation s'ordonnaient le long des côtés Est et Sud. Il ne reste que la cuisine Renaissance à l'immense cheminée et, partiellement, la grande salle où le seigneur rendait justice. On visite les souterrains et les prisons (graffitis). **Vue** sur la vallée jusqu'à Amiens.

Collégiale St-Martin
☎ 03 21 51 46 85 - *visite guidée sur demande à l'Office de tourisme, se renseigner.*

La nef (13e s.) est éclairée par de petites ouvertures en tiers-point. L'abside est du 15e s. comme la tour, placée à la croisée du transept et percée de baies flamboyantes, qui joue le rôle de tour-lanterne.

Redescendez vers le bourg par une longue poterne voûtée (14e s.) et un escalier en pente douce.

Île de la Trêve
Un sentier longe la Somme et permet de voir l'île de la Trêve, au milieu de la rivière. Son nom rappelle l'entrevue qui se déroula le 29 août 1475 entre Louis XI et Édouard IV d'Angleterre. Elle aboutit au traité de Picquigny, qui mettait fin à la guerre de Cent Ans. Comme les deux souverains se méfiaient l'un de l'autre, ils se rencontrèrent dans une sorte de loge coupée en deux par des barreaux, « comme on fait aux cages des lions », raconte le chroniqueur Philippe de Commynes.

L'AVIS DE LA MARQUISE

« C'est un vieux bâtiment élevé au-dessus de la ville, comme à Grignan ; un parfaitement beau chapitre, comme à Grignan : un doyen, douze chanoines ; [...] des terrasses sur la rivière de Somme qui fait cent tours dans les prairies, voilà qui n'est pas à Grignan. »

Château de **Pierrefonds**★★

En entrant dans la cour de ce château féodal, qui domine le bourg, on se trouve transporté dans un roman ou un film de cape et d'épée. Depuis 1924, ce monument médiéval en raison de sa photogénie occupe une place privilégiée dans l'histoire du septième art.

La situation
Carte Michelin Local 305 I4 – Oise (60). De Compiègne, accès par la D 973. De l'A 1, sortie 9, suivre la D 123 vers l'Est jusqu'à Fresnoy-la-Rivière et prendre à gauche la D 335.
🛈 *Pl. de l'Hôtel-de-Ville, 60350 Pierrefonds,* ☎ 03 44 42 81 44.

Le nom
Pierrefonds provient des noms latins *petra fontana, petra fontis* et *petra fons,* qui signifient « sources » ou « fontaines des pierres ».

Les gens
1 945 Pétrifontains. Ils ne se lassent pas du spectacle de leur château, visité chaque année par des dizaines de milliers de touristes.

comprendre

Une place forte du Valois – Un château s'élève ici dès le 12e s. La châtellenie forme, avec celles de Béthisy, Crépy et La Ferté-Milon, le comté de Valois, érigé en duché quand Charles VI le donne à son frère **Louis d'Orléans**. Ce prince assure la régence pendant la folie du roi et périt en 1407, assassiné par son cousin Jean sans Peur. Avant de mourir, il a mis en place sur ses terres du Valois un réseau de forteresses dont Pierrefonds est le pivot : vers le Sud, à peine espacés de 10 km, Verberie, Béthisy, Crépy, Vez, Villers-Cotterêts et La Ferté-Milon forment une barrière de l'Oise à l'Ourcq.

Louis d'Orléans fait reconstruire le château féodal par l'architecte Jean le Noir. Pierrefonds résiste aux sièges des Anglais, des bourguignons et des troupes royales. Fin

carnet pratique

SE LOGER
⊖ Camping La Croix du Vieux Pont – 02290 Berny-Rivière - 19 km au NE de Pierrefonds par D 335, D 81 puis D 91 - ☎ 03 23 55 50 02 - info@la-croix-du-vieux-pont.com - ✍ - réserv. conseillée - 370 empl. 22 € - restauration. Une canne à pêche à la main, vous profiterez ici de l'étang et de la rivière ! Le camping plutôt bien aménagé, propose aussi d'autres activités comme le poney pour les enfants, le pédalo ou la natation dans une de ses piscines, dont une couverte...

⊖⊖ Domaine du Bois d'Aucourt – 1,1 km à l'O de Pierrefonds par D 85, dir. St-Jean-aux-Bois - ☎ 03 44 42 80 34 - www.boisdaucourt.com - **P** - 11 ch. 64/107 € - ☲ 8 €. Les chambres de ce calme manoir du 19e s. érigé au cœur de la forêt de Compiègne bénéficient toutes d'une décoration thématique : l'écossaise, la sévillane, la toscane, la Colette, la Montgolfier ou encore la Santos Dumont évoquant l'histoire de l'aïeul des propriétaires de cette maison, constructeur automobile.

SE RESTAURER
⊖⊖ Aux Blés d'Or – 8 r. Jules-Michelet - ☎ 03 44 42 85 91 - auxblesdor@aol.com - fermé 3-16 janv., 19-27 fév., 29 nov.-12 déc., mar. et merc. - 23/35 € - 6 ch. 43/61 € - ☲ 7 €. Cette auberge est une halte familiale sympathique. Chambres récentes offrant un confort simple et une bonne tenue. De la terrasse du restaurant, vous pourrez admirer la silhouette imposante du château médiéval. Bon choix de menus de cuisine traditionnelle.

DÉTENTE
Promenade en bateau sur le lac de Pierrefonds – *de déb. avr. à mi-oct. : 9h-20h (22h vend. et sam.).* Promenade sur l'eau pour découvrir la faune ainsi que la source thermale datant de Napoléon III.

Sa photogénie a valu au château de Pierrefonds d'être le théâtre de nombreux tournages cinématographiques.

16ᵉ s., il revient à Antoine d'Estrées, marquis de Cœuvres et père de la belle Gabrielle. À la mort d'Henri IV, le marquis de Cœuvres prend le parti du prince de Condé, opposé à Louis XIII. Assiégé une dernière fois par les forces royales, le château est pris et démantelé.

Le Moyen Âge revisité – En 1813, Napoléon Iᵉʳ achète les ruines pour moins de 3 000 francs-or. Napoléon III, féru d'archéologie, en confie la restauration en 1857 à **Viollet-le-Duc**. Il ne prévoit qu'une réfection de la partie habitable ; les « ruines pittoresques » des courtines et des tours, consolidées, subsistant pour le décor. Cependant, fin 1861, le chantier prend une ampleur nouvelle : Pierrefonds doit devenir résidence impériale. Passionné de civilisation médiévale et d'art gothique, Viollet-le-Duc entreprend une réfection complète, suggérée par les vestiges de murs qui subsistaient. Les travaux durent jusqu'en 1884.

> **VIOLLET-LE-DUC À PIERREFONDS**
> Désireux d'« approprier l'architecture médiévale aux nécessités d'aujourd'hui », il ne s'interdit pas d'imaginer certaines parties de l'édifice – suscitant la critique des spécialistes de l'architecture militaire – et de céder à son inspiration pour l'ornementation sculptée et peinte.

visiter

Se garer place de l'Hôtel-de-Ville et gagner l'entrée principale du château, au pied de la tour Arthus. Contourner le château par la route charretière. De déb. mai à déb. sept. : 9h30-18h ; reste de l'année : tlj sf lun. 10h-13h, 14h-17h30 (dernière entrée 45mn av. fermeture) - possibilité de visite guidée (1h) - fermé 1ᵉʳ janv., 1ᵉʳ Mai, 25 déc. 6,50 € (-18 ans gratuit), gratuit 1ᵉʳ dim. du mois - ☎ *03 44 42 72 72 - www.monum.fr*

Extérieur

De forme quadrangulaire, long de 103 m, large de 88 m, le château présente une tour défensive aux angles et au milieu de chaque face. Sur trois côtés, il domine à pic le village. Au Sud, un profond fossé le sépare du plateau.

Les murailles ont deux chemins de ronde superposés : celui du dessous, couvert, comporte des mâchicoulis ; celui du dessus, seulement des merlons. Les murs des **tours** sont épais de 5 à 6 m et hauts de 38 m ; un double étage de défense les couronne. De la route charretière, elles produisent une impression écrasante. Le toit de la chapelle est orné d'une statue de saint Michel.

On arrive sur une esplanade puis, après le premier fossé, dans l'avant-cour dite « les Grandes Lices ». Un double pont-levis **(1)** (pour les piétons et les voitures) mène à la porte du château, ouvrant sur la **cour d'honneur**. Jetez un coup d'œil aux fenêtres hautes : 32 statues de chats y sont perchées, dans des postures naturelles.

> **À SAVOIR**
> Huit statues de preux ornent les tours, qui portent leur nom : Arthus, Alexandre, Godefroy, Josué, Hector, Judas Macchabée, Charlemagne et César.

Château de Pierrefonds

> **EXPOSITION MONDUIT**
>
> Les pièces réalisées sont d'« authentiques doubles ». Fabriquées parallèlement à l'exécution des commandes, elles illustraient le savoir-faire des ateliers Monduit auprès du public, lors d'expositions universelles.

Intérieur

Deux expositions sont installées dans les casernements. L'une illustre les travaux de Viollet-le-Duc. L'autre, consacrée aux **ateliers Monduit**, présente des trésors de plomberie d'art, dont le lion-girouette du beffroi d'Arras, le Cupidon de la cathédrale d'Amiens et des gargouilles de Notre-Dame de Paris. Le talent des frères Monduit fut mis à contribution par l'architecte pour la réalisation des ouvrages de couverture du château. Ils œuvrèrent aux côtés de Garnier, de Bartholdi et de Petitgrand.

La **façade** principale présente des arcades en anse de panier formant un préau, surmonté d'une galerie. L'un et l'autre n'existaient pas dans le château primitif, mais furent imaginés par Viollet-le-Duc, qui s'inspira du château de Blois. La statue équestre de Louis d'Orléans **(2)**, due à Frémiet (1868), se dresse devant l'escalier monumental. L'intérieur de la **chapelle**, surhaussée au 19e s., se distingue par une élévation audacieuse, avec sa tribune voûtée jetée au-dessus de l'abside, pure invention du maître d'œuvre. Au trumeau du portail, saint Jacques le Majeur a d'ailleurs les traits de Viollet-le-Duc.

Entre la chapelle et l'entrée s'élève le **donjon**, logis du seigneur. Viollet-le-Duc a mis l'accent sur son rôle résidentiel en le dotant d'un élégant escalier à jour.

> **À TABLE !**
>
> Pour introduire les vivres dans la forteresse, un tablier de bois en forte pente était abaissé. On hissait les provisions sur ce plan incliné.

La **cour des provisions**, ménagée entre la chapelle et le donjon, communique avec la cour d'honneur par une poterne, et avec l'extérieur par une autre poterne dominant de 10 m le pied de la muraille. Le donjon, résidence du seigneur, est flanqué de trois tours : deux rondes *(extérieur)* et une carrée *(intérieur)*.

Logis au donjon

Au 1er étage du donjon, on parcourt les salles du couple impérial : **salle des Blasons**, ou Grande Salle **(3)**, dont les boiseries et les meubles, rares, furent dessinés par Viollet-le-Duc. De la chambre de l'Empereur **(4)** (vue plongeante sur l'entrée fortifiée), passer dans la salle des Preuses, en quittant le donjon.

> **DEVINETTE**
>
> Où sont l'aigle napoléonienne, le chardon de l'impératrice Eugénie, le blason de Louis d'Orléans (armes de France « brisées ») et le bâton noueux, autre attribut de la famille ?
>
> Réponses, dans l'ordre : sous les poutres maîtresses ; en haut des murs ; sur la cheminée et de chaque côté des poutres maîtresses.

Salle des Preuses – Vaisseau (52 m sur 9) créé par Viollet-le-Duc, couvert d'un plafond en carène renversée. Sur le manteau de la cheminée **(5)**, les statues de neuf preuses, héroïnes des romans de chevalerie. Sémiramis *(au centre)* est représentée sous les traits de l'impératrice ; les autres sont les portraits des dames de la cour.

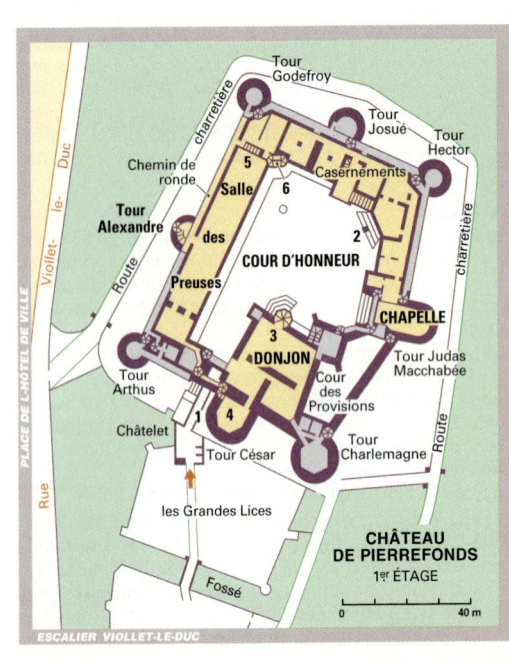

CHÂTEAU DE PIERREFONDS
1er ÉTAGE

Tour d'Alexandre et chemin de ronde Nord – Sur cette face, les murailles de la ruine s'élevaient encore à 22 m (remarquez la teinte des pierres). Viollet-le-Duc a utilisé, le long de ce chemin de ronde, les derniers progrès des systèmes de défense avant l'ère du canon : les cheminements à niveau, sans marches ni portes étroites, permettaient aux défenseurs d'affluer aux points critiques, sans se heurter à des chicanes. Vue dégagée sur le vallon de Pierrefonds.

Salle des Gardes ou des Mercenaires – Accès par un escalier à double vis **(6)** dans cette salle où sont regroupés des fragments lapidaires, dont les vestiges des statues originales (15e s.) des « preux » qui ornaient les tours. Une maquette en pierre du château conclut la visite.

Retour en ville par l'escalier direct (vers le parking).

Poix-de-Picardie

Faire une halte dans cette petite ville aux toits rouges est toujours un plaisir, car elle est conviviale et accueillante, dans la tradition picarde. On peut y découvrir quelques spécialités gastronomiques régionales.

La situation
Carte Michelin Local 301 E9 – Somme (80). La localité a été reconstruite après les destructions de juin 1940. En amont se profile le viaduc de la voie ferrée Amiens-Rouen. La ville se trouve à 24 km au Sud-Ouest d'Amiens par la N 29/E 44 et à 20 km au Sud d'Airaines par la D 901.
6 r. St-Denis, 80290 Poix-De-Picardie, ☎ *03 22 90 12 23.*

Le nom
On peut relier Poix à pic, qui a également donné « picard » (piocheur). Une autre interprétation, plus ancienne, fait appel au latin *piscis*, « poisson » ; un élément la conforte : Poix est arrosé par la rivière du même nom.

Les gens
2 285 Poyais. Poix fut le siège d'une principauté appartenant à la famille de Noailles. Les occupants, habiles au pic, étaient des durs à cuire. S'ils se sont adoucis, ils n'ont en rien perdu de leur verve.

visiter

Église St-Denis
☎ *03 22 90 09 98 (le matin) - visite guidée sur demande auprès de Mlle Denier, 10 r. de l'Église ou au Syndicat d'Initiative au* ☎ *03 22 90 11 71 - juil.-août : 15h-18h.*
Entourée du cimetière, l'église (16e s.) domine le bourg. Elle se dressait autrefois dans l'enceinte du château dont quelques vestiges subsistent. De style gothique flamboyant, elle possède un portail surmonté d'une accolade. À l'intérieur, voyez les voûtes à liernes et tiercerons et à clefs pendantes polychromes. Dans le transept, piscines sculptées.

circuit

LES ÉVOISSONS
30 km – environ 2h. L'itinéraire sillonne la campagne, le long de vallées plantées de peupliers où coulent des rivières poissonneuses.
Au départ de Poix, prendre la D 920 vers Conty, à l'Est.

Sur la façade de l'église St-Denis, près du portail, une niche abrite le saint patron portant dans ses mains sa tête tranchée

Poix-de-Picardie

La route longe **Blangy-sous-Poix**, dominé par une église romane au clocher polygonal (12e s.). Continuez jusqu'à **Famechon**, dont l'église de style gothique flamboyant, date du 16e s.

Prendre à droite la D 94.

Guizancourt
Traversé par la rivière des Évoissons, ce village se blottit à flanc de coteau. À l'entrée, un sentier mène au sommet de la colline *(1/2h AR)*, d'où l'on a une jolie **vue** sur la vallée.

Couper la D 901 ; prendre le chemin de Baudets qui suit la vallée jusqu'à Méréaucourt ; poursuivre vers Agnières.

Agnières
Église isolée au pied d'une motte féodale. Le chœur est du 13e s. Balade le long du sentier *(2 km)* autour de l'édifice.

Traverser Souplicourt puis Ste-Segrée.

Une forêt étend ses ombrages sur quelques kilomètres, puis la route débouche sur Saulchoy-sous-Poix.

À Lachapelle, prendre la D 919 pour rejoindre Poix.

Abbaye de **Prémontré**★

Nichée dans un vallon de la forêt de St-Gobain, l'ancienne abbaye de Prémontré est l'un des trois derniers témoins de l'ordre des Norbertins en France.

La situation
Carte Michelin Local 306 C5 – Aisne (02). En lisière de la forêt de St-Gobain, à 14 km à l'Ouest de Laon par la D 7 puis la D 552 à gauche. De St-Gobain (7 km), prendre la D 13 vers le Sud puis la D 14 à Septvaux ; de Soissons (22 km), la D 1 au Nord jusqu'à Coucy (12 km), la D 13 jusqu'à Septvaux, puis la D 14.

Le nom
Prémontré vient du latin *pratum monasterum*, qui signifie « pré découvert » ou « pré essarté ». Ce site éponyme a donné son nom à un ordre de chanoines réguliers.

Les gens
Né à la fin du 11e s. dans le duché de Clèves, le futur **saint Norbert** mène une vie mondaine lorsque, un jour d'orage, il tombe de cheval. Une voix lui reproche alors ses dissipations. Touché par la grâce, il vend tous ses biens et se retire en 1119 à Prémontré, où il fonde un monastère. Il meurt en 1134 à Magdebourg.

> **LES NORBERTINS**
> Reconnu dès 1126 par le pape Honorius III, cet ordre qui applique la règle de saint Augustin prospère et se développe surtout en Europe centrale et aux Pays-Bas. Les prémontrés, ou norbertins, ont le titre de chanoines de St-Augustin et sont voués à l'apostolat ou à la liturgie ; les pères portent la barrette et l'habit blancs.

La magnifique hélice de l'escalier de l'abbaye, soulignée d'une rampe en fer forgé savamment ouvragée.

visiter

☎ 03 23 23 66 12 - avr.-oct. : 9h-19h ; nov.-mars : 9h-17h - gratuit.

Reconstruite au 18ᵉ s., convertie en verrerie en 1802, puis en hôpital psychiatrique, l'abbaye groupe trois bâtiments remarquables par leur ordonnance et leur élévation, rythmés par des pilastres d'ordre ionique colossal. Le corps central présente un avant-corps circulaire, au fronton triangulaire incurvé. Remarquez les agrafes des baies, finement ciselées. Les bâtiments latéraux ont des avant-corps surmontés d'une coquille flanquée de vases monumentaux. Celui de gauche contient un **escalier** savant, sans autre appui que les murs de la cage ovale. L'abbatiale n'a jamais été édifiée ; un bâtiment annexe abritait la chapelle des chanoines.

Le Quesnoy★

Isolée en pleine campagne, dans un cadre de verdure et d'eau, à proximité de la belle forêt de Mormal, la tranquille cité aux maisons basses blanchies à la chaux reste un beau témoignage de notre histoire militaire. Elle était autrefois appréciée pour sa position stratégique entre la vallée de l'Oise et le Cambrésis.

La situation

Carte Michelin Local 302 J6 – Nord (59). Trois étangs entourent les fortifications. De Valenciennes ou Bavay, accès par la N 49 puis la D 934 ; du Cateau-Cambrésis, D 932 puis D 934 à Englefontaine ; de Cambrai, D 942.
🛈 *1 r. du Mar.-Joffre, 59530 Le Quesnoy,* ☎ 03 27 20 54 70.

Le nom

Quesnoy vient du latin *quercitum*, « endroit couvert de chênes », allusion à la forêt de Mormal. Sur le blason, on distingue trois chênes et un rameau.

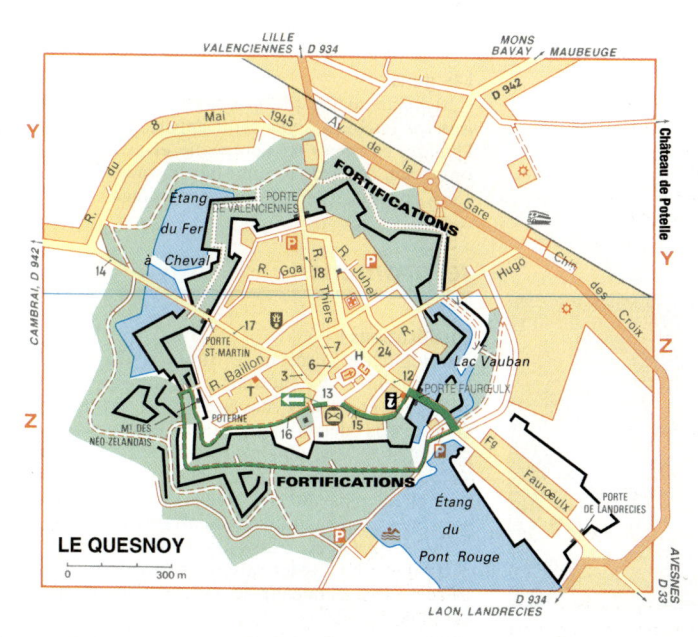

Bouttieaux (R. Gén.) .... Z 3	Leclerc (Pl. du Gén.) .... Z 13	Nouvelle-Zélande
Fournier (R. Casimir) .... Z 6	Libération (Av. de la) ...... Y 14	(R. de) .... Z 17
Gambetta (R. Léon) .... Z 7	Lombards (R. des) .... Z 15	Tanis (R. Désiré) .... Y 18
Joffre (R. du Mar.) .... Z 12	Néo-Zélandais (Av. d'honneur des) Z 16	Weibel (R. Henri) .... Z 24

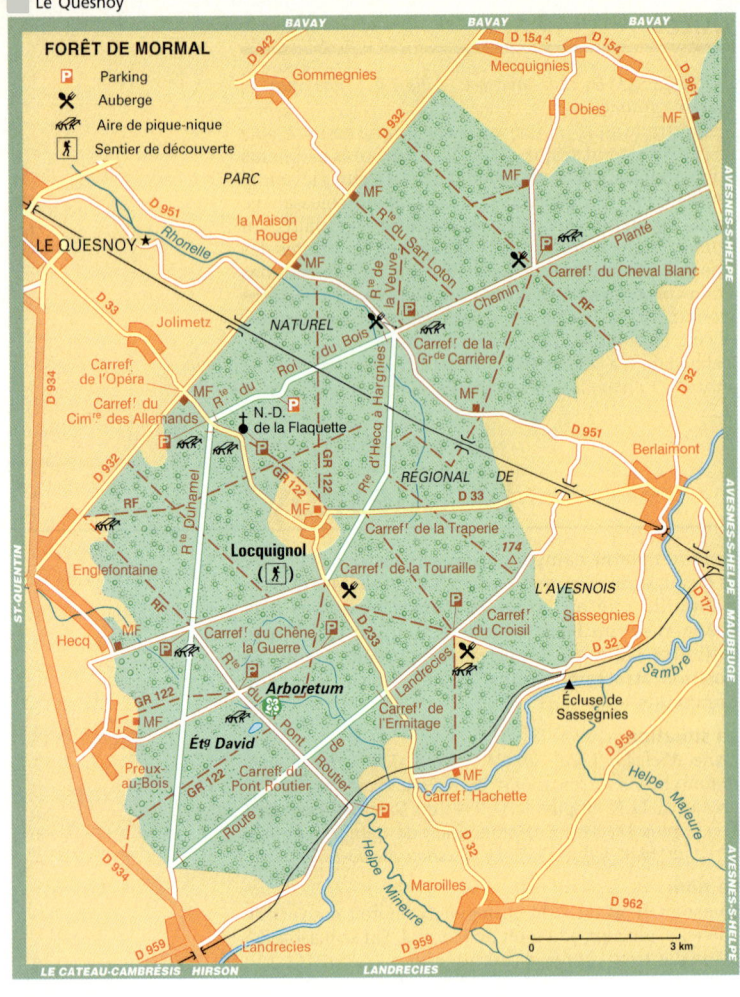

Les gens

4 917 Quercitains (de *quercitum*, bien sûr !), devenus français en 1659, après avoir appartenu aux comtes de Flandre, aux ducs de Bourgogne et avoir profité de la protection de Charles Quint lors du siège de leur cité en 1568, convoitée par Guillaume d'Orange.

se promener

Fortifications★

Intactes, elles illustrent le caractère d'ancienne place forte propre au Quesnoy. Construites en pierres grossières et en silex, noyés dans un mortier de chaux et couverts de briques, elles présentent un tracé polygonal le long duquel s'ordonnent des bastions en saillie, dont les flancs sont reliés par des courtines. C'est un bel exemple du système à la Vauban, bien que certaines parties, comme les bastions à orillons, datent de Charles Quint. Plusieurs kilomètres de sentiers, praticables en toute saison, permettent d'agréables balades. Des panneaux expliquent les arcanes de ce système défensif.

Partir de la place du Gén.-Leclerc, ex-place d'Armes, et passer la porte du château. Prendre l'avenue des Néo-Zélandais pour gagner la poterne.

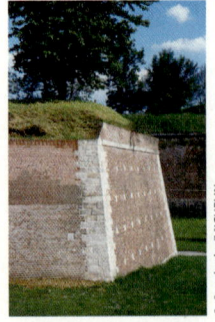

Autrefois défensifs, ces bastions tout de briques roses vêtus offrent un agréable cadre de balade.

Elle donne accès aux fossés, à l'endroit même où les hommes de la New Zealand Rifle Brigade escaladèrent la muraille le 4 novembre 1918. Un « monument des Néo-Zélandais » commémore leur exploit.

De là, contourner le front Sud des remparts par le fossé.

Le fossé a été aménagé en parc et théâtre de verdure. On arrive à l'**étang du Pont-Rouge** et au **lac Vauban** qui s'étend au pied des remparts, de part et d'autre de la porte Faurœulx. Du pont, vue sur les courtines et les bastions de brique rose se reflétant dans les eaux.

Étang du Fer-à-Cheval

Dans la partie Nord-Ouest de la ville, l'étang a été tracé et creusé d'après les directives de Vauban. Autour de ses 3 ha, qui ne forment pas vraiment un fer à cheval, promenade agréable dans un cadre verdoyant.

alentours

Forêt de Mormal★

Arboretum – Face à l'étang David, de l'autre côté de la route, il permet de mieux connaître les espèces : le chêne pédonculé domine depuis les reboisements des années 1920 et 1930 ; le hêtre, autrefois majoritaire, est toujours présent avec ses hautes futaies, qui ont parfois 200 ans.

Locquignol – Cet ancien centre artisanal de sabotiers et de sculpteurs sur bois se trouve au cœur du massif. Autres sites à voir : la chapelle N.-D.-de-la-Flaquette et l'écluse de Sassegnies.

LOISIRS-DÉTENTE
Sentier de grande randonnée GR 122 (21 km), sentiers pédestres (des Nerviens, des Etoquies, des Druides, des Sabotiers), pistes cavalières (81 km) et aires d'accueil (l'Arboretum de l'étang David, la Pâture d'Haisne avec le sentier pédagogique).

Château fort de **Rambures**★

Au cœur d'un parc à l'anglaise et d'un arboretum, ce château de plaine, tout en rondeurs, est un bel exemple d'architecture militaire du 15e s. Enclave française en territoire anglais, il a joué un rôle important lors de la guerre de Cent Ans. Depuis cinq siècles, il appartient à la famille de Rambures.

La situation

Carte Michelin Local 301 D8 – Somme (80). À 6 km au Nord-Est de Blangy-sur-Bresle par la D 928 puis la D 180 à droite. D'Abbeville (24 km), prendre la D 928 vers le Sud, puis la D 180 à gauche.

Le nom

Il apparaît en 1058, lorsqu'Asson de Rambures assiste à la cour plénière que le roi Henri Ier tient à Cambrai.

Les gens

David de Rambures, grand maître des arbalétriers de France, fut le lord Rambures du *Henry V* de Shakespeare. Charles, dit « le Brave de Rambures », était un compagnon d'armes d'Henri IV, à qui il sauva la vie à la bataille d'Ivry (1590). Le roi séjourna au château.

visiter

☎ *03 22 25 10 93 - www.chateaufort-rambures.com - visite guidée (1h) 14 Juil.-22 août : 10h-18h ; de déb. mars au 14 juil. et 23 août-oct. : 10h-12h, 14h-18h (dernière entrée 1h15 av. fermeture) ; nov.-fév. : lun.-sam. sur RV ; vac. scol. zone B : dim. 14h-17h - fermé merc., 1er janv., 25 déc. - 6 €.*

Extérieur

Cette puissante forteresse fut conçue pour résister à l'artillerie. Ses fossés, ses tours rondes à mâchicoulis, ses courtines et sa tour de guet lui permirent de repousser les assauts. Les murs de briques (de 3 à 7 m d'épaisseur)

Château fort de Rambures

Avec ses tours rondes et ses courtines arrondies, le château de Rambures n'offrait aucune surface plane au tir de l'ennemi.

sont percés de 16 canonnières. Au 18e s., le château fort devient une demeure de plaisance et la façade sur cour est percée de baies. Le parc romantique à l'anglaise est planté d'arbres séculaires : séquoias géants, mûriers blancs, marronniers d'Inde... Roseraie aux abords du pavillon Henri-IV.

Intérieur

Certaines pièces ne sont encore éclairées que par des meurtrières. Les aménagements du 18e s. ont doté le 1er étage de salles de réception comprenant des cheminées de marbre, des boiseries et un mobilier picard (15e-17e s.). Au 2e étage, après un tour sur le chemin de ronde du 15e s., on découvre le billard-bibliothèque et ses portraits. Sous la cuisine se trouvent les oubliettes. Les caves abritaient les villageois lors des invasions.

Ravenel

Voici l'un des villages paisibles typiques du Nord de l'Oise. Au 16e s., les terres picardes entre Ravenel et Rollot formaient le duché d'Halluin. Grands constructeurs et mécènes, les Halluin ont pourvu leur domaine d'églises remarquables, dont celle de Ravenel.

La situation

Carte Michelin Local 305 F3 – Oise (60). De Beauvais (32 km), accès par la D 938 puis la D 58 à St-Just-en-Chaussée ; de Compiègne (40 km), D 36 puis D 47 à Angivilliers ; d'Amiens (40 km), N 1 jusqu'à Breteuil, puis D 916 et enfin D 58 à St-Just.

Le nom

Le village tire son nom de la ravenelle. Ce sympathique légume, aujourd'hui oublié, est une forme sauvage du radis, apparenté à la grande famille des crucifères.

Les gens

1 018 Ravenellois. Peu se souviennent des ducs d'Halluin. En revanche **Robert Hersant**, magnat de la presse, est resté dans les mémoires. Il fit une halte à Ravenel entre 1956 et 1957, parachuté maire de la ville.

visiter

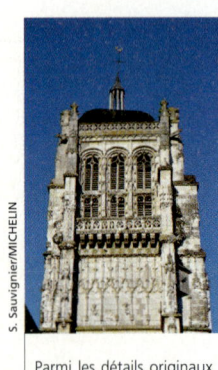

Parmi les détails originaux de la tour de l'église, des logettes arrondies, « meublent » les angles rentrants des contreforts.

Église

Sa **tour**★ associe les motifs flamboyants (parties aveugles) et Renaissance (parties ajourées). Les contreforts, couronnés de pinacles, et la tourelle d'escalier flamboyante relient les étages. Le couronnement Renaissance (1550) présente deux étages de baies au-dessus d'une balustrade ouvragée. Un dôme en charpente coiffe la plate-forme supérieure.

alentours

St-Martin-aux-Bois
6 km par la D 47 puis la D 73 à Maingnelay-Montigny.
Dominant la plaine picarde, l'**abbatiale de St-Martin**★ est isolée à la limite Nord du village *(accès par l'ancienne porte fortifiée)*, auquel elle a donné son nom.
Le **vaisseau**★ (13ᵉ s.), mutilé lors de la guerre de Cent Ans, est très élancé : il est presque aussi haut (27 m) que large (31 m). Les piliers de la nef reçoivent très haut la retombée des voûtes. Un décor de lancettes et de roses aveugles anime les parois des bas-côtés. Au-dessus, sous chaque fenêtre haute, trois ouvertures tréflées percent le mur. Le chevet, chef-d'œuvre gothique rayonnant, est entièrement ajouré : la verrière à sept pans commence presque au ras du sol pour se terminer dans chaque lancette par un trèfle. À droite s'ouvre la gracieuse porte Renaissance de la sacristie. Une Vierge la surmonte. *Lun. et vend. 14h-18h, jeu. 9h-12h (emprunter la clé à la mairie), merc. et w.-end sur demande préalable -* ☏ *03 44 51 03 55.*

> **À OBSERVER**
> Les superbes **stalles** (fin du 15ᵉ s.) présentent un décor flamboyant. Leurs miséricordes illustrent des scènes de la vie quotidienne et des dictons populaires. Sur les jouées, figurent deux des quatre Pères de l'Église latine : saint Jérôme à gauche, saint Ambroise à droite.

Forêt de **Retz**★

« L'une des plus grandes raretés du Valois est la Forest de Rest, la plus belle et renommée de toute la France », écrivait un certain Muldrac en 1662. Quatre siècles plus tard, son appréciation se vérifie toujours...

La situation
Carte Michelin Local 306 A7 – Aisne (02). Au Sud-Est de la forêt de Compiègne, cette forêt domaniale dessine un croissant aplati qui entoure Villers-Cotterêts. Le massif couronne le sommet du plateau du Valois. De Paris (75 km), Soissons (25 km) et Laon (55 km), on traverse le massif par la N 2.

Le nom
Bien avant de devenir la Forest de Rest, ce massif s'appelait forêt des Sylvanectes. Il groupait les actuelles forêts de Chantilly, Ermenonville, Halatte, Compiègne, Laigue, St-Gobain et Coucy-Basse.

L'emblème
La forêt est couverte de très belles futaies de hêtres. Elle est aussi peuplée de chênes, charmes, frênes, merisiers, érables, bouleaux, châtaigniers. Les conifères sont nombreux dans les zones sableuses. La faune abonde : biches, cerfs, chevreuils, sangliers, renards et faisans...

> **VIEILLES BRANCHES**
> Une quinzaine d'arbres remarquables sont à découvrir, dont les hêtres du Saut-du-Cerf, du Pré Gueux, aux Amours, le chêne des Crapaudières, celui du Roi de Rome, etc.

comprendre

Un bastion de la Grande Guerre – Lors de la seconde bataille de la Marne, déclenchée le 27 mai 1918, la forêt est tenue par l'armée Mangin, tandis que l'avancée ennemie dessine une « poche » vers Château-Thierry, au Sud. Le 12 juillet, Foch attaque le flanc Ouest de la poche. La concentration de l'armée Mangin s'opère en trois nuits. Le général Fayolle mène l'ensemble de l'opération. Le 18, les deux armées, précédées de centaines de chars, s'élancent sur un front de 45 km. Un barrage roulant d'artillerie s'est déclenché en même temps que l'attaque. La surprise est foudroyante : la ligne allemande est enfoncée.

> **BIENTÔT RETHONDES**
> Mangin dirige cette poussée décisive, prélude de la grande offensive qui contraindra les Allemands à signer l'armistice, le 11 novembre 1918.

Forêt de Retz

DÉTENTE

Aménagements récréatifs dans les secteurs de Malva, de l'ermitage Saint-Hubert et de l'allée Royale, de l'étang de la Grande-Ramée, de la fontaine du Prince, du Rond-Capitaine et de la fontaine Gosset (Fleury). Topoguide sur la forêt de Retz (éd. Chamina) disponible dans les librairies, les offices de tourisme et au comité départemental du tourisme de l'Aisne.

L'EAU PURE DES « PLEURS »

Le système de conduites souterraines (15 km) est jalonné, tous les 100 m environ, de « pots », des puits de visite destinés aux fontainiers. En 1900, ce système débitait 250 m³ d'eau par jour. Il n'alimente plus aujourd'hui que l'étang de Malva.

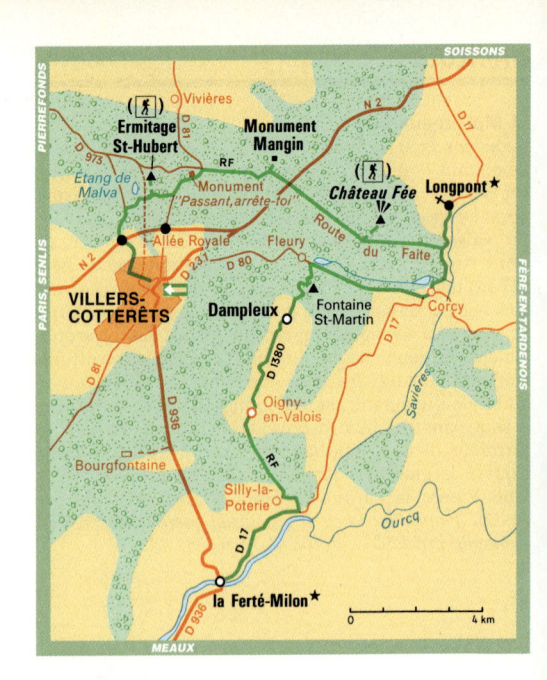

circuit

DE VILLERS-COTTERÊTS À LA FERTÉ-MILON

35 km – environ 2h30. Quitter Villers-Cotterêts (voir ce nom) par la D 973 vers Pierrefonds ; 1 km après la déviation, tourner à droite et se garer à l'étang de Malva.

Ermitage St-Hubert

1/4h à pied AR en remontant la trouée à travers bois. On coupe, à mi-chemin, la perspective principale du château, l'allée Royale. La petite construction, restaurée en 1970 et décorée des salamandres de François Ier, abrita un ermite jusqu'en 1693. Elle constitue l'un des regards du réseau de canalisations qui, à partir du 12e s., approvisionna le château en eau pure, collectée dans les « pleurs ».

Suivre la route forestière ; tourner à gauche pour monter au faîte de la forêt. À hauteur du monument « Passant, arrête-toi », prendre à droite la route du Faîte. À 2 km, parking dans un virage. Monter à pied à travers bois.

Monument Mangin

Une stèle de granit marque l'emplacement de l'observatoire militaire (tour de bois de 7 étages) qui servit de poste de commandement à Mangin les 18 et 19 juillet 1918.

Suivre la route du Faîte. 2,5 km après la traversée de la N 2, après le 2e carrefour de routes forestières, se garer et prendre à gauche la « promenade de Château-Fée ».

Château-Fée

1/2h à pied AR par le chemin forestier. Il ne s'agit pas d'un château mais d'une éminence, dans un secteur en partie reboisé. Larges échappées.

Abbaye de Longpont★ *(voir ce nom)*

Demi-tour. Gagner Corcy, puis l'entrée de Fleury. Tourner à gauche en passant sous la voie ferrée.

Dampleux

La **fontaine St-Martin** est une source abondante dont le captage (regard, bassin, déversoir) est l'un des symboles de la forêt de Retz, château d'eau de l'Île-de-France.

La route traverse la clairière d'Oigny-Dampleux. À Oigny-en-Valois, s'engager dans la route forestière de Silly-la-Poterie (à gauche). Du sommet, descendez au fond de la vallée de l'Ourcq, près de l'origine du canal.

La D 17, à droite, mène à La Ferté-Milon (voir ce nom).

Riqueval

Riqueval est connu pour son Grand Souterrain, long de 5 670 m, qui permet au canal de St-Quentin de franchir le plateau séparant le bassin de la Somme de celui de l'Escaut. Point fort de la visite : l'arrivée du « toueur » qui remorque les bateaux dans le souterrain... à la vitesse de 2,5 km/heure.

La situation
Carte Michelin Local 306 B3 – Aisne (02). 12 km au Nord de St-Quentin et 28 km au Sud de Cambrai par la N 44. De Péronne, à l'Ouest, prendre la D 6, la D 331, puis la N 44 à droite.

Le nom
C'est la prononciation picarde de « riche val » qui a donné *rikeval* (1178) puis *ricqueval* (1363), allusion à la fertilité de cette vallée où l'on exploitait aussi des carrières de pierre.

Les gens
Le tunnel, conçu à la demande du Premier consul en 1801, fut réalisé de 1802 à 1810 sous la direction de l'ingénieur **A.-N. Gayant**. Il fut inauguré en 1810 par Napoléon Ier et l'impératrice Marie-Louise, qui embarquèrent dans une gondole. Durant la guerre 1914-1918, il servit d'abri aux Allemands.

L'entrée du Grand Souterrain de Riqueval, où le canal de St-Quentin disparaît sous terre et les péniches avec.

visiter

Entrée du souterrain
1 km au Nord de Riqueval. Touage des péniches : dép. côté Riqueval (tête Sud) 7h10 et 15h10, dép. côté Vendhuile (tête Nord) 9h30 et 17h30 - fermé 1er janv., dim. de Pâques, 1er Mai, 14 Juil., 11 Nov., 25 déc.
Un chemin signalé « Grand souterrain du canal de St-Quentin » descend à travers bois vers l'entrée du souterrain, où l'on assiste au **touage** des péniches.

Maison de pays du Vermandois
☎ *03 23 09 37 28 - www.cc-vermandois.com - 10h-12h30, 14h-17h30, j. fériés 14h-18h ; avr.-oct. : w.-end 14h-18h ; nov.-mars : w.-end 14h-17h - fermé 1er janv., 1er Mai, 1er et 11 Nov. et 25 déc.*
Aménagée dans un ancien toueur électrique, elle relate les techniques du touage et l'histoire du Grand Souterrain : panneaux explicatifs, vidéos. Produits du terroir.

Musée du Touage
☎ *03 23 09 37 28 - 10h-12h30, 14h-17h30, j. fériés 14h-18h ; avr.-oct. : w.-end 14h-18h ; nov.-mars : w.-end 14h-17h - fermé 1er janv., 1er Mai, 1er et 11 Nov. et 25 déc. - 3,50 € (8-12 ans 1,50 € ; 12-18 ans 2,50 €).*
Visite d'un toueur de 1910, au bord de la N 44 : techniques du touage, histoire du canal de St-Quentin et de son souterrain.

Treuil et chaîne de touage électrique.

LE TOUAGE

La mauvaise ventilation du souterrain contraint à faire la traversée par touage : la rame de péniches, dont les moteurs sont éteints, est remorquée par un toueur électrique. Ce bateau (25 m de long, 5 de large, 90 t) se déplace à l'aide d'un treuil et d'une chaîne. Longue de 8 km, celle-ci est fixée au fond du canal et s'enroule sur des tambours situés au centre du bateau. Jusqu'en 1863, le halage nécessitait l'énergie musculaire de 7 à 8 hommes, et la traversée du souterrain durait de 12 à 14 heures. Plus tard, on installa un remorqueur à manège appelé *rougaillou*, mû par des chevaux. Un toueur à vapeur prit sa place en 1874, puis un toueur électrique dès 1910.

circuit

À LA NAISSANCE DE L'ESCAUT
24 km. Quitter Riqueval au Nord par la N 44.

Mémorial américain de Bellicourt
Un cénotaphe de pierre blanche commémore l'attaque, en 1918, de la ligne Hindenburg par le 2e corps d'armée américain.

Poursuivre sur la N 44 vers Le Catelet et, à 2 km, prendre à droite une route qui conduit à Mont-St-Martin.

> **À SAVOIR**
> Des abords du mémorial, **vue panoramique** sur le plateau que sillonnaient les tranchées allemandes.

Mont-St-Martin
Ruines d'une ancienne abbaye de prémontrés.

Prendre à droite la D 71 d'où se détache le sentier qui conduit à la source de l'Escaut (parking).

Source de l'Escaut
Elle se dissimule au creux des arbres dans un site mystérieux, qui fut un lieu de pèlerinage. De là, suivez sur 100 m la berge du fleuve qui coule au milieu de trembles et de frênes.

> **C**'est à la source de l'Escaut que débute une course de 400 km à travers la France, la Belgique, les Pays-Bas, par Cambrai, Valenciennes, Tournai, Gand et Anvers.

Passer de nouveau devant Mont-St-Martin, continuer jusqu'à Gouy et, là, prendre à droite vers Beaurevoir.

Beaurevoir
Ce village conserve une tour du château où Jeanne d'Arc fut retenue captive, d'août à novembre 1430, par le comte de Luxembourg qui la livra aux Anglais.

Revenir à Riqueval par la D 932.

Roubaix

Avec ses cheminées et ses murs de brique rouge caractéristiques des anciennes cités industrielles du Nord, la ville est en pleine mue. Elle a admirablement transformé sa piscine en musée et s'est choisi un symbole : Eurotéléport, ancienne filature de coton qui abrite aujourd'hui un centre high-tech voué aux télécommunications.

La situation
Carte Michelin Local 302 H3 – Nord (59). Entre Lille et Tourcoing. De Lille, accès par la N 356 ; de Tournai, N 509. Autres accès : E 42 puis D 710 ; A 1/E 17. Les voies rapides D 700, D 9 et N 356 encerclent la ville.

10 r. de la Tuilerie, 59100 Roubaix, ☎ *03 20 65 31 90. www.roubaixtourisme.com*

Le nom
Il vient probablement de *rosbach*, « ruisseau aux roseaux ». Sa première mention apparaît dans une légende du 9e s. intitulée *Le Miracle de saint Éleuthère*.

LA DANGEREUSE PARIS-ROUBAIX

Au départ de Compiègne, l'itinéraire de 268 km créé en 1896 rallie le vélodrome de Roubaix et compte 22 secteurs pavés. Ces pavés, qui viennent des carrières arrageoises et bretonnes, couvraient déjà les routes du Nord-Pas-de-Calais aux 18e et 19e s. Il en reste environ 80 km dans le Nord, dont 57 sont utilisés pour la course. Les passages les plus difficiles sont le trajet de Préseau à Famars, le plus long (3,9 km), et la traversée de la forêt d'Arenberg. Lorsque la pluie s'en mêle, la course prend des allures d'apocalypse : chutes spectaculaires, crevaisons en série, visages maculés de boue... À l'approche du vélodrome, quand les premiers cyclistes entendent la clameur de la foule, l'émotion gagne... Le vainqueur devient un héros, tels Eddy Merckx en 1970, Francesco Moser de 1978 à 1980, Bernard Hinault en 1981, Duclos-Lasalle en 1992 et 1993.

Comme souvenir de cette épreuve de force, la tradition veut que le vainqueur emporte un pavé.

Les gens

96 984 Roubaisiens. Ancien fief du textile, Roubaix reste un bastion de la VPC (vente par correspondance) : la ville concentre 80 % des activités dans ce secteur. Un héritage de la grande tradition marchande du Nord.

comprendre

Du Téméraire à La Redoute – En 1469, l'octroi par Charles le Téméraire, duc de Bourgogne et comte de Flandres, au seigneur Pierre de Roubaix d'une charte autorisant les habitants à faire « drap de toute laine » consacre déjà la vocation textile de la ville. Après la profonde crise du textile de 1960, Roubaix devient un pôle universitaire et un centre d'affaires. Si l'activité textile demeure importante (le groupe La Lainière de Roubaix est l'un des plus importants de l'Union européenne), la ville est surtout connue pour la VPC (Trois Suisses, La Redoute...).

L'ère de la communication – Depuis 1980, Roubaix s'affirme comme ville pilote de la communication. Eurotéléport abrite un centre international de télécommunications. Connecté à tous les réseaux de la planète, co-utilisateur du satellite Eutelsat, il est équipé de paraboles et d'une station terrienne.

BOOM DÉMOGRAPHIQUE
Roubaix compte 8 000 habitants en 1800. L'explosion de l'industrie textile propulse la ville au rang de grande cité : 124 000 habitants en 1914.

se promener

Grand'Place

Son réaménagement, lié à l'arrivée du VAL, met en valeur les deux principaux monuments : l'église et l'**hôtel de ville** (1911), dû à Victor Laloux. Sous les frondaisons des arbres, les pavés beiges composent de vastes rectangles que séparent des lisérés et de larges bordures de pavage brun ocre. Face à l'église, une coupole illumine la station de métro souterraine.

Essayez de reconnaître les corps de métier de l'industrie textile roubaisienne illustrés sur la façade de l'hôtel de ville.

Roubaix

carnet pratique

VISITE

TRANSPORTS
La ville de Roubaix est reliée à la métropole lilloise et à Tourcoing par le métro : 20mn suffisent pour rejoindre le centre de Lille et moins de 10mn pour Tourcoing.
5 stations de métro desservent le centre de Roubaix. Le métro circule de 5h32 à 0h (heure de passage à la gare Lille-Flandres), toutes les 2mn30 en heures de pointe et toutes les 4 à 6mn en heures creuses.
Roubaix est également reliée à Lille par le tramway (6 stations sont sur le territoire de la commune) et desservie par de nombreuses lignes de bus.
☎ 0 820 42 40 40 - www.transpole.fr

SE LOGER
⊖ **Abri du Passant** – *14 r. Vauban* - ☎ *03 20 11 07 62 - www.ifrance.com/abri-du-passant/ - fermé 3 sem. en août -* ⊠ *- 5 ch. 34/36,50 € -* ⊇ *5 €*. Vous ne serez pas déçu par le confort de cette belle demeure bourgeoise de 1890 située tout près du parc Barbieux. Les chambres et les salles de bains y sont spacieuses et bien aménagées. Dans le salon-salle à manger sont exposées les œuvres d'un jeune artiste régional.

SE RESTAURER
⊖ **L'Impératrice Eugénie** – *22 pl. de la Liberté - ☎ 03 28 33 75 95 - www.imperatrice-eugenie.com - 10,50/17,50 €*. Boiseries, cuivres et laitons, banquettes mœlleuses, cristal de Bohême... Le décor de cette jolie brasserie rend hommage au raffinement cher au Second Empire et à l'impératrice Eugénie venue en 1853 à Roubaix. Copieuse cuisine d'inspiration régionale.

⊖⊖ **Chez Charly** – *127 r. Jean-Lebas - ☎ 03 20 70 78 58 - chezcharly@voila.fr - fermé 29 juil.-24 août, 8-16 janv. et dim. - 19/30 €*. La sobre devanture vitrée laisse entrevoir le haut plafond étayé de solides poutres et les belles boiseries en acajou posées en 1922, pièces maîtresses du décor de ce restaurant résolument « rétro ». Cuisine traditionnelle.

⊖⊖ **L'Auberge de Beaumont** – *143 r. Beaumont - ☎ 03 20 75 43 28 - fermé 2-25 août, 26-31 déc., 20-26 fév., dim. soir, lun. soir, mar. soir, merc. et soirs fériés - 15,80/47 €*. Après un accueil tout sourire, la propriétaire de cette aimable auberge vous invitera à prendre place dans l'une de ses deux salles à manger au cadre rustique ou sur sa terrasse dressée sur le trottoir. Quel que soit votre choix, vous dégusterez une sympathique cuisine traditionnelle préparée avec des produits frais.

Marionnette (19ᵉ s.) du théâtre Louis-Richard.

EN SOIRÉE
Théâtre Louis-Richard – *26 r. du Château - ☎ 03 20 73 10 10 - contact@theatre-louis-richard.com - tlj sf w.-end 9h-12h, 14h-18h - fermé août - 3 à 7 €*. Fondé en 1884 par Louis Richard, le théâtre qui a pris son nom perpétue la tradition des petits théâtres de marionnettes qui existaient à la fin du 19ᵉ s. Les marionnettes à tringle s'adressent aux plus jeunes, mais également aux plus grands, grâce à une programmation annuelle variée.

QUE RAPPORTER
Brasserie Terkens – *3 quai d'Anvers -* ☎ *03 20 76 15 00*. Fabrication de bières « Septante 5 » et « Terken Brune », bières spéciales du Nord. Visite de la brasserie.

Les Aubaines de la Redoute – *85 r. de l'Alma*. Ce magasin de vente par correspondance vend des articles de fin de série ou supprimés du catalogue.

L'Usine – *228 av. Alfred-Motte -* ☎ *03 20 83 16 20 - www.lusine.fr - tlj sf dim. 10h-19h - fermé 1ᵉʳ Mai, 14 Juil., 15 août et 25 déc.*. Cette ancienne manufacture où l'on fabriquait des velours abrite désormais les magasins d'usine de la région. Vous y trouverez plus de 200 marques proposées dans 80 boutiques.

Mc Arthur Glen – *44 mail de Lannoy - ☎ 03 28 33 36 10 - www.mcarthurglen.fr – tlj sf dim. 10h-19h*. Plus de 50 enseignes, 85 grandes marques proposées, des prix allant de moins 30 % à moins 50 %, un espace d'accueil pour les enfants : ce « village de boutiques » a de quoi vous faire tourner la tête !

Église St-Martin
Lun. 14h-18h, mar.-sam. 10h-13h, 14h-18h, dim. 9h30-10h30, 16h-18h.

Elle a été grandie au 19ᵉ s. dans le style néogothique. À l'intérieur, voyez l'autel formé d'éléments d'une ancienne chaire (les quatre évangélistes, 17ᵉ s.), le beau retable en bois sculpté (16ᵉ s.) et le tabernacle rocaille (18ᵉ s.).

> **À REMARQUER**
> Le cénotaphe de François de Luxembourg (1472), avec un très rare gisant d'enfant en pierre de Tournai.

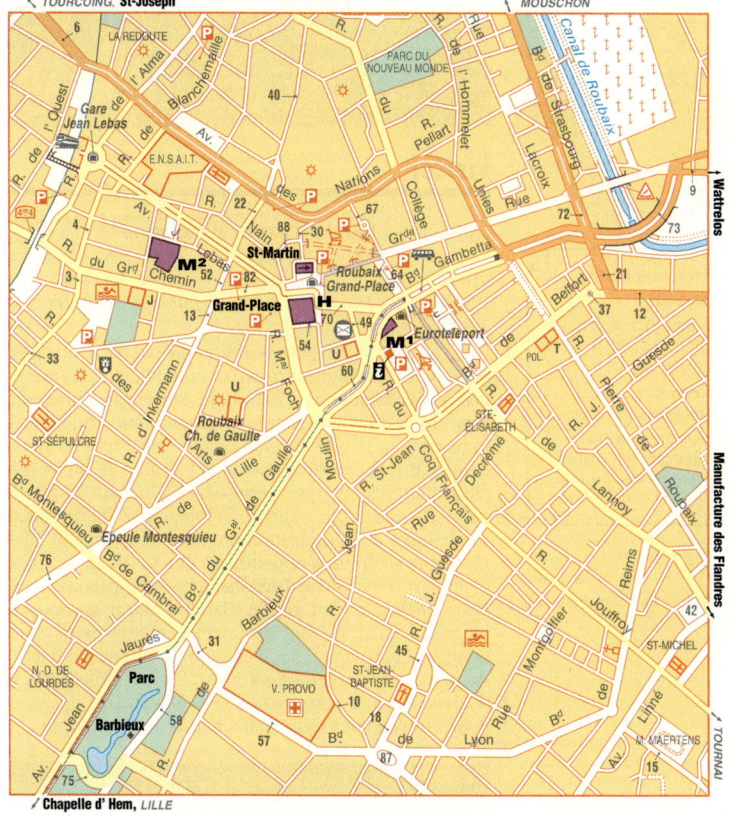

ROUBAIX

Abreuvoir
 (Pl. de l') 3
Alouette (R. de l') 4
Alsace (Av. d') 6
Avelghem (R. d') 9
Beaumont (R. de) 10
Beaurepaire (Bd du) 12
Bois (R. du) 13
Braille (R. Louis) 15
Cateau (Bd du) 18
Colmar (Bd de) 21
Communauté-Urbaine (R.) 22
Curé (R. du) 30
Douai (Bd de) 31
Épeule (R. de l') 33
Faidherbe (Pl. du Gén.) 37
Fosse-aux-Chênes (R.) 40
Fraternité (Pl. de la) 42
Goujon (R. Jean) 45
Grand-Place
Grande-Rue
Halle (R. de la) 49
Hospice (R. de l') 52
Hôtel-de-ville (R. de l') 54
Lacordaire (Bd) 57
Lannoy (R. de)
Lebas (Av. J.)
Le Nôtre (Av.) 58
Leclerc (Bd Gén.) 60
Liberté (Pl. de la) 64
Monnet (R. Jean) 67
Motte (R. Pierre) 70
Nadaud (R.) 72
Nyckès (Pont) 73
Peuple-Belge (Av. du) 75
Prof.-Langevin (R. du) 76
Sarrail (R. Gén.) 82
Travail (Pl. du) 87
Vieil-Abreuvoir (R. du) 88

Carrefour de la communication .. M1   La Piscine-Musée d'Art et d'Industrie .. M2   Hôtel de ville .... H

Carrefour de la communication

Cette ancienne filature de coton, témoin de l'architecture industrielle du 19e s., a été réhabilitée en 1993 par l'architecte Alain Sarfati : de l'extérieur, l'édifice tient à la fois du paquebot et de la forteresse médiévale. Outre l'office de tourisme qui s'est installé dans une tour d'entrée, il abrite un centre tertiaire spécialisé dans les télécommunications. Le site, appelé **Eurotéléport**, comprend le Centre international de la communication et le **Centre des archives du monde du travail**.

> **À DÉTAILLER**
> Les créneaux et la tour de guet, mais aussi le pont-levis, suggéré par la structure métallique dominant l'entrée.

Église St-Joseph

☎ 03 20 24 92 84 - *sam. 9h-11h - visite sur demande (en dehors du sam.) réservation tlj sf merc.*
La sobriété extérieure de cet édifice néogothique en brique (1878) contraste avec la richesse du décor intérieur : les peintures qui ornent murs, voûtes et colonnes forment un véritable livre d'images.

> **À VOIR**
> Dans le chœur, un retable en bois sculpté relate la vie de saint Joseph, patron des ouvriers.

Parc Barbieux

Ce parc à l'anglaise, au creux d'un vallon, abrite de nombreuses essences. Ses massifs fleuris, ses monuments à la mémoire des grands Roubaisiens, ses étangs et ses jeux en font une pause idéale en famille.

Roubaix

L'Eurotéléport (ici l'entrée du Centre des archives du monde du travail) est installé dans l'ancienne filature de coton Motte-Bossut (1862).

visiter

La Piscine - Musée d'Art et d'Industrie★★

23 r. de l'Espérance. ☎ 03 20 69 23 60 - ♿ - tlj sf lun. 11h-18h, vend. 11h-20h, w.-end et j. fériés 13h-18h - fermé 1er janv., 1er Mai, Ascension, 14 Juil., 15 août, 1er nov., 25 déc. - 3 €, (-18 ans gratuit).

Hier « temple de l'hygiène », fréquenté par les Roubaisiens pendant plus de soixante ans, ce splendide complexe Art déco de bains-douches (1927-1932) édifié par Albert Baert sert aujourd'hui de cadre au patrimoine artistique et industriel de la ville. Conçu comme une abbaye autour d'un cloître, il conserve encore deux salles de bains (une pour hommes, une pour femmes), et surtout sa piscine qui, telle une église, charme d'emblée par l'harmonie de son volume et de sa décoration. Les baigneurs ont laissé place aux sculptures et peintures des 19e et 20e s. – pour la plupart œuvres d'artistes locaux – à (re)découvrir : *La Petite Châtelaine* de Camille Claudel, *Marat assassiné* de Weerts, *Combat de coqs* de Cogghe, peintures de Dufy, Lempicka, Gromaire, etc. Les cabines, qui ouvrent sur le grand bassin, servent d'écrin aux riches collections de textiles : dessins, pièces d'habillement et d'ameublement. Pour un plongeon réussi dans l'art et les techniques.

> **POUR NOS PETITS CANARDS**
>
> Pour que les enfants s'amusent autant qu'en allant à la piscine, le musée met à leur disposition, dans les salles de la section beaux-arts des malles à jeux pour découvrir les œuvres.

Après avoir plongé, nagé et joué dans l'eau, les Roubaisiens vont aujourd'hui à la Piscine pour découvrir leur patrimoine culturel à travers les collections d'œuvres d'art et d'échantillons de tissus.

Manufacture des Flandres - Flemishe Tapestries

25 r. de la Prudence. ☎ 03 20 20 09 17 - visite guidée : tlj sf lun. et j. fériés 14h, 15h, 16h, 17h - fermé 3 premières sem. d'août - 6 € (-8 ans gratuit).

Au sein de ce musée vivant installé dans les bâtiments des Établissements Craye, une quinzaine de métiers à tisser (de la machine à bras du 17e s. à la machine assistée par ordinateur de nos jours) sont mis en marche au fur et à mesure de la visite guidée *(1h)*. Des reproductions de tapisseries célèbres et des créations sont visibles dans l'espace expo, ainsi que des accessoires de décoration dans la boutique.

alentours

Chapelle de Hem★
7 km par l'avenue Jean-Jaurès et la D 64. La chapelle Ste-Thérèse-de-l'Enfant-Jésus-et-de-la-Sainte-Face, réalisée sur les plans de Hermann Baur, a été achevée en 1958. Sa silhouette se détache sur un fond de maisons flamandes blanchies à la chaux, rappelant un béguinage. Dès l'entrée s'impose une tapisserie de la Sainte Face, d'après Rouault. Autels, tabernacles, crucifix et statue de sainte Thérèse sont dus au sculpteur Dodeigne.

> **À VOIR**
> Les admirables **murs-vitraux★★** du peintre Manessier. Remarquez, à droite, les tons chauds et vibrants ; à gauche, des nuances plus légères, d'une grande délicatesse.

Wattrelos
10 km au Nord-Est. Le **musée des Arts et Traditions populaires** est installé dans une ferme de la fin du 19ᵉ s. On parcourt les ateliers de l'horloger et du tisserand, l'estaminet avec son bastringue, la cuisine. Voyez aussi les jeux traditionnels, tels que la grenouille, et le limonaire. ☎ *03 20 45 19 09 - &. - tlj sf lun. 9h-12h, 14h-18h, dim. 10h30-12h30, 15h-18h (dernière entrée 15mn av. fermeture) -fermé j. fériés, dim. de l'Épiphanie, du carnaval et de Berlouffes - gratuit.*

Rue★

Port de mer au début du Moyen Âge, Rue fut une place forte du comté de Ponthieu jusqu'au 17ᵉ s. Sa chapelle abrite une relique liée à une mystérieuse légende. Son puissant beffroi symbolise les libertés communales. Capitale du Marquenterre, c'est le paradis des chasseurs et des pêcheurs, et le point de départ de nombreuses randonnées.

La situation
Carte Michelin Local 301 D6 – Somme (80). Entre les baies d'Authie et de Somme, Rue occupe une éminence du Marquenterre. La ville est cernée de mollières, de prés salés, de dunes, d'étangs et de vasières. Accès par l'A 16 ; à la sortie 24, prendre la D 32. 🛈 *54 r. de Becray, 80120 Rue,* ☎ *03 22 25 69 94.*

carnet pratique

SE LOGER

⊖ Chambre d'hôte La Fermette du Marais – *360 rte d'Abbeville - A 16, sortie 24 dir. Rue -* ☎ *03 22 25 06 95 - www.fermette-du-marais.com - fermé 1ʳᵉ quinz. de déc. - 3 ch. 51/68 € ⊋ - repas 18/26 €.* Non loin de la mer et de la forêt, maison récente légèrement excentrée par rapport à la ville. La proximité de la route est largement compensée par un parc agrémenté de petits plans d'eau, une piscine et des chambres bien tenues. Location de studios meublés. Restauration assurée par le fils de la maison.

⊖⊖ Auberge de la Dune – *80550 St-Firmin - 3 km à l'O de Rue par D 4 -* ☎ *03 22 25 01 88 - fermé 12 nov.-31 mars, mar. soir et merc. sf vac. scol. -* 🅿 *- 11 ch. 57 € - ⊋ 9 € - restaurant 17/42 €.* Si vous aimez la campagne, cette petite auberge est pour vous. Les chambres sont calmes et fonctionnelles. À table, les spécialités picardes vous requinqueront après la découverte du parc ornithologique du Marquenterre, situé à quelques encablures.

SE RESTAURER

⊖ Au Relais de la Maye – *R. Principale, à St-Firmin - 80550 Le Crotoy - 4 km au SO de Rue -* ☎ *03 22 27 10 84 - 12/42 €.* La façade de ce restaurant ne paie pas de mine, mais une fois attablé on se laisse séduire par l'appétissante cuisine proposée ici : bon choix de produits de la mer et de viandes grillées au feu de bois devant les convives. Cadre gentiment rustique et atmosphère empreinte de simplicité.

La légende

On raconte que des croisés, ayant découvert trois crucifix près du Golgotha à Jérusalem, les livrèrent aux flots. L'un d'eux échoua sur la grève de Rue. Les deux autres accostèrent en Italie et en Normandie.

Les gens

3 075 Ruéens. Leurs grands-parents ont assisté, vers 1910, aux premiers essais aéronautiques des pionniers de l'aviation : les frères Gaston et René Caudron.

visiter

Chapelle du St-Esprit★

☎ 03 22 25 69 94 - *visite guidée (combinée avec la chapelle de l'Hospice, dép. chapelle St-Esprit), juil.-août : 10h30, 11h30, 16h, 17h, 18h ; fév.-juin, sept.-oct. et vac. scol Noël (sf dim.) : visite libre du narthex 9h30-17h30 - fermé 1er Mai, 1er dim. oct. - gratuit, visite guidée 2 €.*

Cette chapelle de style gothique flamboyant doit son raffinement aux dons faits par les fidèles lors du pèlerinage du Crucifix miraculeux.

> **AYEZ L'ŒIL !**
> Les portes à vantaux du 15e s. sont sculptées de « serviettes repliées » (motif décoratif utilisé en menuiserie).

Extérieur – Sur les contreforts saillants, des statues grandeur nature superposées représentent des effigies royales *(à droite)*, la Visitation, saint Jacques et saint Jean *(au centre)*, les Pères de l'Église et les évangélistes *(à gauche)*. Les voussures du portail évoquent la passion du Christ. Le tympan est découpé en niches à dais très fouillés qui abritent des hauts-reliefs refaits au 19e s. illustrant les sept douleurs de la Vierge.

Intérieur★★ – La voûte du narthex, très élancée, présente une énorme clef en pendentif. Le mur droit est orné d'arcatures lancéolées. Les portes de la **trésorerie** sont surmontées de représentations de la Sainte Face et de l'Esprit saint. Celle de droite conduit à la salle basse, où un escalier à vis mène à la salle haute ; celle de gauche donne sur un autre escalier desservant aussi la salle haute, ce qui permettait aux pèlerins de défiler suivant un sens unique. La salle haute, au fin décor sculpté, abrite le retable de l'ancien autel. De bas en haut se succèdent une galerie flamboyante, une frise de feuilles de chêne où se glissent escargots, coqs, oiseaux, et des scènes, dont l'Annonciation, les Adorations des bergers et des Mages, la Circoncision. À gauche du retable, la porte du second escalier séduit par son gâble, son couronnement à jours et ses vantaux (16e s.) en chêne.

> **À VOIR**
> Dans la salle basse, remarquez l'arcade gauche. Sa voussure est sculptée de feuilles de vigne et de lierre entre lesquelles rampent des escargots. Au-dessus du gâble de la porte d'escalier, jolie Vierge à l'Enfant polychrome (16e s.).

Revenir au narthex. Une porte à jours donne accès à la chapelle. Ses voussures figurent la légende du Crucifix miraculeux. Dans les niches au-dessus des piédroits, voyez les statues des bienfaiteurs de la chapelle, Isabelle du Portugal et Louis XI.

> **ARAIGNÉES AU PLAFOND**
> La **chapelle** du 16e s., qui conserve les reliques, surprend par ses voûtes : les nervures y dessinent un réseau arachnéen autour de clefs sculptées avec une étonnante virtuosité. Trois peintures (19e s.) retracent la légende du Crucifix miraculeux.

Les voûtes de la chapelle du St-Esprit témoignent du goût des 15e et 16e s. pour la sculpture décorative qui forme ici une dentelle de pierre d'une rare délicatesse.

Beffroi
☎ 03 22 25 01 57 ou 03 22 25 69 94 - juil.-août : 10h-12h30, 14h30-18h ; fév.-juin et sept.-oct. : tlj sf lun. mat. et merc. 10h-12h30, 14h30-18h, dim. et j. fériés 10h-12h30 - visite guidée (45mn) ou pendant vac. scol. de Noël sur demande - fermé 1er Mai, 1er dim. oct. - 3 €.

Puissant et massif, il est cantonné de quatre tourelles. Son gros œuvre remonte au 15e s., mais le couronnement, avec sa loge de guetteur, date de 1860. Au rez-de-chaussée, un **musée** est consacré aux frères Caudron.

Chapelle de l'Hospice
☎ 03 22 25 69 94 - visite guidée (combinée avec la chapelle du St-Esprit, dép. chapelle St-Esprit) sur demande à l'Office de tourisme, juil.-août : 10h30-18h - 2 €.

Sa charpente en carène de navire (16e s.) repose sur des poutres sculptées de scènes de chasse. Au-dessus du maître-autel, une toile attribuée à Philippe de Champaigne représente saint Augustin.

alentours

Château d'Arry
4 km à l'Est par la D 938. De la route, perspective sur cette demeure Louis XV élevée en 1761. L'avant-corps arrondi et l'appareillage de briques roses à chaînages de pierre blanche rappellent le château de Bagatelle.

Saint-Amand-les-Eaux

Réputé pour ses sources thermales, St-Amand l'est aussi pour ses eaux minérales... et pour quelques spécialités régionales : tarte aux glands, galette de noisettes, bière d'abbaye. À l'Est, dans la forêt de Raismes-St-Amand-Wallers, les bouleaux ont déjà colonisé deux terrils, dernière trace de l'industrie minière, où se reposent les oiseaux migrateurs.

La situation
Carte Michelin Local 302 I5 – Nord (59). Au cœur du **Parc naturel régional Scarpe-Escaut**. À 10 km de la Belgique. À 30 km au Sud-Est de Lille par la D 955. À 15 km au Nord-Nord-Ouest de Valenciennes par l'A 23 puis par la D 169. À 20 km au Sud de Tournai la N 507 puis la D 169.

🛈 *Grand'Place, 59230 St-Amand-Les-Eaux,* ☎ *03 27 22 24 47. www.saint-amand-les-eaux.fr*

carnet pratique

SE LOGER
⌂ **Le Kursaal** – *1278 rte Fontaine-Bouillon -* ☎ *03 27 48 89 68 -* 🅿 *- fermé 2 sem. en déc. - 5 ch. 40 € -* ☐ *5 € - restaurant 19/35 €.* Cette demeure en brique rouge flanquée d'une magnifique véranda est située juste en face de l'établissement thermal. Vous y trouverez des chambres au confort simple impeccablement tenues. Cuisine traditionnelle servie, l'été, dans le jardin.

SPORTS & LOISIRS
Thermes de St-Amand-les-Eaux – *1303 rte Fontaine-Bouillon -* ☎ *03 27 48 25 00 - thermes.de.saint.amand@wanadoo.fr - mars-nov. : tlj sf dim. à partir de 7h - fermé de déc. à fin fév. - à partir de 45 €.* La station thermale de St-Amand est connue pour l'efficacité de ses eaux chaudes et de ses boues naturelles ; elles sont utilisées pour le traitement des rhumatismes et des voies respiratoires. L'établissement situé en lisière de forêt propose également des formules de remise en forme et des cours d'aquagym.

Saint-Amand-les-Eaux

> **UN ABBÉ BÂTISSEUR**
> De 1625 à 1673, l'abbé Nicolas Du Bois fait reconstruire le mur d'enceinte de St-Amand. Sous son égide, l'abbaye devient un vaste domaine de 180 m de côté, dominé par des tours et cerné d'eau de toutes parts, sauf du côté de l'église abbatiale.

Le nom
Saint Amand, fondateur au 7e s. d'un monastère bénédictin qui devint l'une des plus importantes abbayes du Nord de la France, est ici associé aux sources thermales, réputées depuis l'époque gallo-romaine.

Les gens
17 175 Amandinois. Au 17e s., l'histoire de St-Amand est dominée par la forte personnalité de l'abbé Nicolas Du Bois : il donne à la ville un aspect qu'elle va conserver durant deux siècles.

visiter

Abbaye
Reconstruite au 17e s. à l'initiative de l'abbé Du Bois, elle fut démantelée de 1797 à 1820. Deux édifices baroques, impressionnants témoignages de la Contre-Réforme, ont été épargnés : la tour abbatiale et l'échevinage, entrée de l'abbaye.

Tour abbatiale-musée★ – ☎ 03 27 22 24 55 - avr.-sept. : 14h-17h, w.-end et j. fériés 10h-12h30, 15h-18h ; oct.-mars : 14h-17h, w.-end 10h-12h30, 14h-17h - fermé mar., 1er janv., 1er Mai, 14 Juil., 1er nov., 25 déc. - 2 €.

La coupole de la tour abbatiale abrite un bourdon du 17e s. de 4 560 kg.

Avec ses 82 m de haut, ce colossal monument baroque constituait le narthex de l'église dont la nef, disparue, occupait l'essentiel du jardin public. La **façade** se divise en cinq étages qui correspondent chacun à un ordre architectural classique : de bas en haut, on voit les ordres toscan, dorique, ionique, corinthien et composite. Cette ordonnance, rythmée par des colonnes et des larmiers, comporte de nombreuses sculptures. Les statues mutilées évoquent Dieu le Père, saint Amand, saint Benoît... Au-dessus de la balustrade, la tour est coiffée d'une coupole.

> **À VOIR**
> Les curieux dragons repliés en volute qui ornent la façade Ouest de la tour *(au niveau de la colonne ionique)* sont particulièrement ouvragés.

À l'intérieur, le rez-de-chaussée est voûté de pierres sculptées, autour d'un vide central prévu pour le passage des cloches. Masques, enroulements de rubans, niches et bénitiers évoquent le style maniériste anversois. Au 1er étage, sous une voûte nervurée, sont exposées plus de 300 faïences issues des manufactures locales du 18e s. : Desmoutiers-Dorez et Fauquez.

Échevinage – Conçu par Nicolas Du Bois comme pavillon d'entrée de l'abbaye, il devint le siège du « magistrat », composé du maire et de ses échevins. Flanquée de tours à coupole et lanternon, la façade à soubassement de grès est typique du style baroque flamand par ses encadrements de pierres en bossages vermiculés, ses colonnes baguées, ses cartouches sculptés. Une bretèche surmonte l'entrée. Dans le campanile, la « cloche du ban » est d'origine.

> **CARILLON**
> Actionné électriquement chaque quart d'heure, cet ensemble de 48 cloches est animé par les carillonneurs de 12h à 12h30. Concerts juin-sept. : w.-end 17h-18h.

séjourner

Établissement thermal
4 km à l'Est par la D 954 puis la D 151. Les sources curatives de Fontaine-Bouillon étaient déjà connues des Romains. Lorsque Vauban réorganisa leur exploitation, au 17e s., de nombreuses statues en bois, ex-voto laissés par les curistes, furent découvertes. L'**établissement thermal**, reconstruit après 1945, possède un hôtel et un casino. Son parc de 8 ha se prolonge en forêt par la drève du Prince, tracée sur ordre de Louis Napoléon Bonaparte qui fit une cure ici en 1805.

Forêt de Raismes-St-Amand-Wallers★
Ce massif (6 000 ha) ne représente qu'un lambeau des vastes futaies qui couvraient le Hainaut au Moyen Âge. Il fait partie du **Parc naturel régional Scarpe-Escaut** (43 240 ha). Le sol plat de sable et d'argile et les

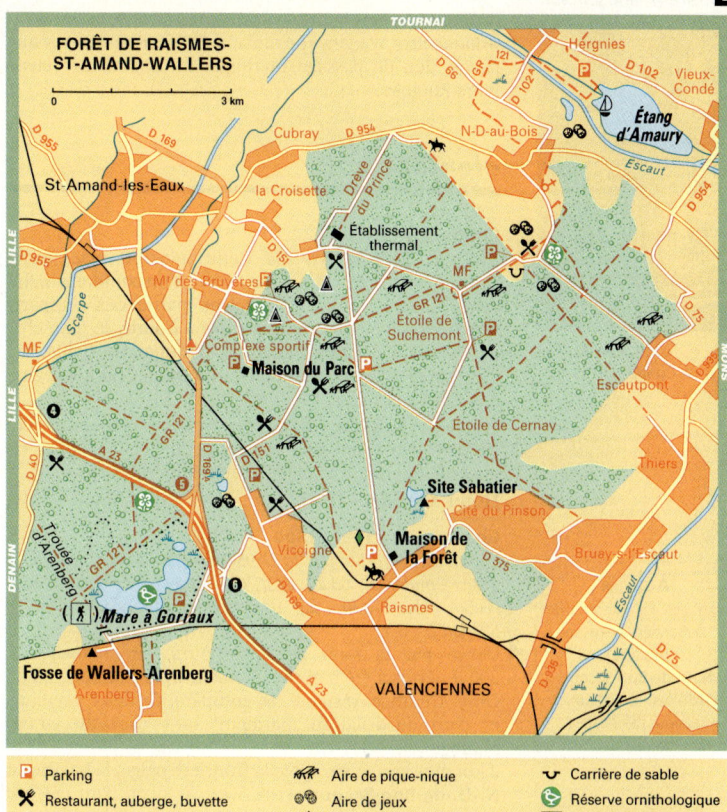

FORÊT DE RAISMES-ST-AMAND-WALLERS

P	Parking
✗	Restaurant, auberge, buvette
▲	Camping, caravaning
	Base de loisirs
	Aire de pique-nique
	Aire de jeux
	Centre hippique
	Centre nautique
∪	Carrière de sable
	Réserve ornithologique
	Sentier de découverte
	Arboretum

effondrements miniers sont à l'origine des marécages et des étangs. Traitée en futaie, la forêt est peuplée d'essences variées. De nombreux aménagements y sont proposés : sentiers, allées cavalières, aires de pique-nique... mini golf et base nautique à l'**étang d'Amaury** (60 ha).

Maison de la forêt – *À l'étoile de la Princesse.* ☎ 03 27 36 72 72 - ሴ - *avr.-oct. : merc. 14h-18h, dim. et j. fériés 15h-18h30 (vac. scol. : tlj sf sam. 14h-18h, dim. et j. fériés 15h-18h30) - fermé nov.-mars - 2 € (enf. 1 €).*
Au Sud, en lisière de la forêt, ce centre d'initiation évoque l'histoire forestière, la faune et la flore, les terrils et les étangs créés par l'exploitation minière.

Site Sabatier – *À l'étoile de la Princesse.* Cet ancien terril (103 m) est colonisé par la végétation, principalement des bouleaux dont les graines ont été apportées par le vent et par des Sénéçons d'Afrique du Sud ! Il a conservé son chevalement, mais un étang d'affaissement (5 ha) a pris la place du carreau de fosse. Trois itinéraires, balisés par des panneaux explicatifs, grimpent au sommet : **vue** sur la forêt de Raismes et le Valenciennois.

Fosse de Wallers-Arenberg – Ce site minier n'est plus exploité depuis 1989. Claude Berri y a tourné certaines scènes de *Germinal*. À 500 m, l'ancien terril (20 m de haut, 2 km de long) est bordé par un étang de 112 ha, appelé mare à Goriaux, où passent nombre d'oiseaux migrateurs.

Mare à Goriaux – Un sentier d'observation (2 h) parcourt la **réserve ornithologique** (105 ha) où se plaisent une centaine d'espèces d'oiseaux : **grèbe huppé, foulque noire, balbuzard pêcheur**...

Parc Naturel Régional Scarpe-Escaut –
*357 r.
Notre-Dame-d'Amour -
59230 St-Amand-les-Eaux -
☎ 03 27 19 19 70 -
www.pnr-scarpe-escaut.fr -*
On y trouve toutes les informations pour partir à la découverte du patrimoine naturel, culturel et paysager du territoire (fiches de randonnée, carnets minier « frontière » et calendrier de sorties natures).

Saint-Amand-les-Eaux

L'hôtel de Bailleul à Condé-sur-l'Escaut.

Ne manquez pas la drève des Boules-d'Hérin, nom de la trouée entre Wallers et Arenberg (2,5 km), et ses fameux pavés, lieu de passage mythique de la course cycliste Paris-Roubaix.

alentours

Condé-sur-l'Escaut
13 km à l'Est par la D 954. Cette ancienne place forte, comme son nom l'indique, se trouve à un confluent, celui de l'Escaut et de la Haine. Une partie des remparts remaniés par Vauban subsiste. Né à Condé, le maréchal de France Emmanuel de Croÿ, familier de Louis XV, s'intéressa à l'exploitation de la houille et fut à l'origine des mines d'Anzin.

Hôtel de Bailleul – *Pl. Verte.* Austère mais beau, cet édifice (15e s.) en grès, cantonné de quatre tours en encorbellement, vit naître le maréchal de Croÿ.

Hôtel de ville – *Pl. Delcourt.* Édifice du 18e s.

Château de l'Hermitage
16 km au Nord-Est par la D 954, puis la D 75 à gauche, à Vieux-Condé. ☎ 03 27 40 01 62 - mai-sept. : visite guidée (1h30) dim. 17h30 - sur demande préalable à l'Office de tourisme - 5 €.
Cerné par la forêt de Bonsecours, ce château aux 200 fenêtres a été bâti sous Louis XV par le maréchal de Croÿ. L'édifice, restauré, se complète de deux pavillons et d'un quadrilatère marquant la « cour du Grand Manège ».
2 km plus loin, juste après la frontière belge, la **basilique N.-D.-de-Bon-Secours** (1885) est le siège d'un célèbre pèlerinage.

À SAVOIR
2km plus loin, juste après la frontière belge, la **basilique N.-D.-de-Bon-Secours** (1885) est le siège d'un célèbre pèlerinage.

Forêt de Saint-Gobain★★

Arbres majestueux, battements d'ailes dans les frondaisons, rochers capitonnés de mousses, senteurs mêlées de fleurs sauvages et d'humus, étangs calmes et ruisseaux où s'abreuvent des cervidés... il ne manque que l'ogre pour jouer au Petit Poucet. N'oubliez pas vos bottes de sept lieues !

La situation
Carte Michelin Local 306 C5 – Aisne (02). Cette forêt (6 000 ha) couvre un plateau entaillé de carrières et parsemés d'étangs. Le boisement est composé de chênes, de hêtres, de frênes sur les argiles, de bouleaux sur les sables et, dans les vallées, de peupliers. De Laon, accès par la D 7 ; de St-Quentin, N 44 puis D 13 ; de Soissons, D 1 puis D 13.

Le nom
St-Gobain est né d'un pèlerinage au tombeau de l'ermite irlandais Gobain, décapité aux roches de l'Ermitage (670).

Les gens
Le massif abrite toujours de nombreux cerfs, mais les loups et les sangliers ont disparu. La chasse à courre s'y pratique depuis Louis XV. Le père Louis Augustin Bosc d'Antic (1759-1828), né à St-Gobain, fut l'un des premiers à s'intéresser à la zoologie du Nouveau Monde.

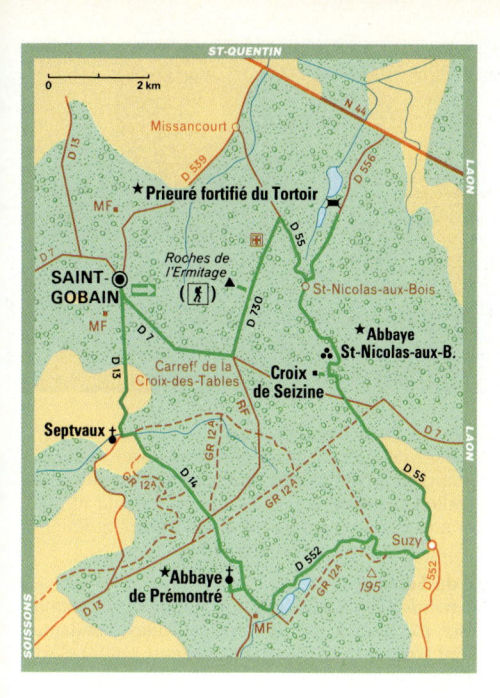

circuit

SOUS LES FUTAIES DE ST-GOBAIN
23 km – environ 2h3/4.

St-Gobain
Ce bourg apparaît comme une clairière sur le rebord du banc de calcaire (alt. : 200 m). La légende raconte que l'ermite irlandais Gobain, en quête de terres à évangéliser, s'endormit dans la forêt de Voas. À son réveil, constatant qu'une source avait jailli, il y vit un signe et s'installa à cet endroit, où il resta vingt ans, jusqu'à sa décapitation par les Vandales.

St-Gobain doit surtout son renom à la **Manufacture royale des glaces** fondée par Louis XIV à la demande de Colbert. Établie en 1665 au faubourg St-Antoine à Paris, elle fut transférée en 1692 dans les ruines du château édifié au 13e s. par les sires de Coucy. Un nouveau procédé de coulage permit alors la fabrication de glaces de grandes dimensions. Cette manufacture est à l'origine de la Compagnie de St-Gobain, désormais intégrée au groupe St-Gobain-Pont-à-Mousson. On peut encore voir l'entrée et son portail monumental (18e s.), ainsi que quelques vestiges de maisons ouvrières.

Prendre la route de Laon (D 7) jusqu'au carrefour de la Croix-des-Tables et tourner à gauche sur la D 730.

▶ Les **roches de l'Ermitage** *(1/4h à pied AR)* constituent le point de départ de sentiers balisés par l'Office national des forêts.

La D 730 rejoint la D 55 après le centre de rééducation. Prendre la D 55 à droite, puis la D 556 à gauche.

Le Tortoir★
Ce **prieuré fortifié** (14e s.) se détache dans une clairière. Transformé en ferme, il comprend, autour de la cour, un bâtiment des hôtes et le logis du prieur aux jolies baies à meneaux. La chapelle date du début du 14e s.

Revenir sur ses pas et rester sur la D 55 après St-Nicolas-aux-Bois.

ST-GOBAIN-PONT-À-MOUSSON

C'est aujourd'hui l'un des premiers producteurs au monde de vitrages, flacons, tuyaux en fonte, matériaux isolants et de construction. Les vitrages de la pyramide du Louvre proviennent du groupe St-Gobain, mais il ne subsiste plus d'activité verrière au village lui-même.

CIRCUITS PÉDESTRES

▶ Depuis les roches de l'Ermitage, trois circuits sont balisés : l'étang (2h, balisage de pastilles bleues), les abbayes (4h, balisage rouge) et les roches (20mn, balisage blanc).

Forêt de Saint-Gobain

Le prieuré du Tortoir était une dépendance de l'abbaye St-Nicolas-aux-Bois.

Abbaye de St-Nicolas-aux-Bois★
Les vestiges de cette abbaye bénédictine, incorporés dans une propriété privée, occupent un site agréable au creux d'un vallon. La route longe les douves en eau et deux étangs enchâssés de frondaisons, au travers desquelles on distingue le logis abbatial du 15e s.

Croix de Seizine
À 400 m de la D 55 sur la droite. Ce monument expiatoire fut érigé par Enguerrand IV, sire de Coucy, condamné par Saint Louis en 1256 pour avoir exécuté quatre élèves de l'abbaye de St-Nicolas-aux-Bois, surpris à chasser sur ses terres.
À Suzy, charmant village, prendre à droite la D 552.

Abbaye de Prémontré★ *(voir ce nom)*

Septvaux
L'église romane à deux clochers se trouve sur une hauteur dominant un beau lavoir du 12e s. *(sur la route de Coucy).*
La D 13 ramène à St-Gobain.

Saint-Omer★★

Avec ses rues paisibles bordées d'hôtels particuliers à pilastres, sa cathédrale qui conserve l'un des plus riches mobiliers de France, St-Omer garde son allure aristocratique. Dans le faubourg Nord, les maisons basses à la flamande s'alignent le long des quais de l'Aa et lui donnent un air populaire. Des barques à fond plat vous y attendent pour une promenade dans le marais audomarois.

La situation
Carte Michelin Local 301 G3 – Pas-de-Calais (62). Le cours de l'Aa et le canal de Neufossé se croisent à St-Omer, desservi par une voie rapide. Accès par l'A 26, puis la N 42 ou la D 77. Par l'A 25, prendre la D 948 vers Cassel, ou la N 42 vers Hazebrouck. Le plan de St-Omer se dessine comme un fuseau de voies qui relient les deux établissements religieux.

4 r. du Lion d'Or, 62500 St-Omer, ☎ 03 21 98 08 51. www.tourisme-saintomer.com

> **LÉGUMES DU MARAIS**
> Le célèbre chou-fleur de St-Omer, de juin à octobre, mais aussi diverses variétés d'artichauts, poireaux, céleris, navets, carottes et salades, sans oublier les endives en hiver.

Le nom
Le futur **saint Omer**, aidé de Bertin et Momelin, fonde le monastère de St-Bertin sur une île du marais de l'Aa. Devenu évêque, il fait bâtir en 662, sur la colline dominant l'île, une chapelle autour de laquelle se forme un bourg.

Les gens
Agglomération de 56 425 Audomarois. Auteur en 1921 de *Ces dames au chapeau vert*, Germaine Acremant (1889-1986) est née à Saint-Omer.

carnet pratique

SE LOGER

Le Vivier – 22 r. Louis-Martel - ☎ 03 21 95 76 00 - www.au-vivier-saintomer.com - fermé déb. janv. et dim. soir - 7 ch. 44/58 € - ☲ 6,50 € - restaurant 16,50/35 €.
On ne peut rêver meilleure situation pour résider en ville. Les chambres, dotées de meubles en bois blond, sont insonorisées et bien équipées. Le restaurant, décoré dans des tons beige, rose et grenat, propose une cuisine axée sur les produits de la mer et les spécialités régionales.

Hôtel Les Frangins – 5 r. Carnot - ☎ 03 21 38 12 47 - frangins@frangins.fr - fermé 24 déc.-10 janv. - 26 ch. 56/65 € - ☲ 8 € - restaurant 8/20 €. Dans le centre historique de St-Omer, près des commerces et des musées, les « frangins » mettent à votre disposition des chambres rénovées, fonctionnelles et tranquilles.

SE RESTAURER

Le Cygne – 8 r. Caventou - ☎ 03 21 98 20 52 - fermé 10-30 août, 15-28 fév., dim. soir et lun. sf j. fériés - 13/45 €. Le restaurant des Wident est devenu en un peu plus de 10 ans « la » référence gastronomique de la ville. L'appétissante carte se dévore d'abord des yeux : dos de cabillaud à la bière blanche, souris d'agneau de pré-salé au thym... Le chef propose également quelques plats utilisant les fameux légumes du marais.

Hostellerie St-Hubert – 1 r. du Moulin - 62570 Hallines - 6 km au SO de St-Omer par D 928 puis D 211 - ☎ 03 21 39 77 77 - hostellerie.sthubert@free.fr - fermé dim. soir, mar. midi et lun. - 34/54 € - 8 ch. 61/122 € - ☲ 9 €. Retirée derrière les arbres séculaires de son parc, cette demeure bourgeoise du 19e s. a gardé le faste de son époque. Deux salles à manger avec jolies boiseries sculptées aux murs et au plafond. Quelques chambres spacieuses.

EN SOIRÉE

Le Queen Victoria – 15 pl. Foch - ☎ 03 21 88 51 17 - 9h-1h, vend.-sam. 9h-2h. C'est un beau pub chaleureux et intime avec un vieux parquet et des murs en brique. Le bar est équipé de sièges à dossier, et la petite salle du fond bénéficie d'une charmante cheminée pour les soirées d'hiver. Grande terrasse sur la place.

QUE RAPPORTER

Les Chocolats de Beussent – 30 r. des clouteries - ☎ 03 21 12 66 82 - www.choco-france.com - tlj sf dim. et lun. 10h-12h30, 14h-19h. Non, vous ne vous êtes pas trompé ! Cette minuscule boutique du centre-ville est bien une chocolaterie, l'une des dernières en France à fabriquer son propre chocolat, et le saucisson sec que vous apercevez en vitrine est bien fait en cacao. Autres spécialités : la pâte à tartiner du cordonnier, le chocolat au marteau.

Le Terroir – 31 r. des Clouteries - ☎ 03 21 38 26 51 - tlj sf dim. 8h30-12h30, 14h-19h30, lun. 14h-19h30 - fermé j. fériés. Entre les thés Hédiard, le café Méo, les fruits et légumes, les bouteilles de whisky, de cognac et d'armagnac, la charcuterie fine et les conserves de foie gras, on ne sait plus où donner de la tête ! Idéalement placée sur une rue piétonne, à proximité de l'Hôtel de Ville, cette enseigne met l'accent sur les spécialités régionales et les petits producteurs.

SPÉCIALITÉS

Légumes du marais – Le célèbre chou-fleur de St-Omer, de juin à octobre, mais aussi diverses variétés d'artichauts, poireaux, céleris, navets, carottes et salades, sans oublier les endives en hiver.

VISITE TECHNIQUE

Distillerie Genièvrerie – 19 rte de Watten - D 207 entre Moulle et Éperlecques. - 62910 Houlle - ☎ 03 21 93 01 71 - genievredehoulle.com - magasin : tlj sf dim. 9h-12h, 14h-18h ; visite de la distillerie sur RV - fermé j. fériés. Cette genièvrerie fondée en 1812 est l'une des dernières en France. L'eau-de-vie de grains est toujours fabriquée à l'ancienne et distillée dans des alambics. Visite guidée suivie d'une dégustation ; espace vente.

SPORTS & LOISIRS

Bal Parc – 207 r. du Vieux-Château - 62890 Tournehem - ☎ 03 21 35 61 00 - balparc@wanadoo.fr - juin-août - 8 €. Parc d'attractions et de loisirs.

Canoë-kayak Club – Bassin de l'Aa - écluse St-Bertin - ☎ 03 21 38 08 47. Pratique du canoë-kayak sur le canal de Neufossé, l'Aa et dans le marais audomarois.

Isnor Clairmarais – 3 r. du Marais - 62500 Clairmarais - ☎ 03 21 39 15 15 - www.isnor.fr - avr., mai et sept. : ouv. w.-end et j. fériés ; juil.-août : 10h-18h - fermé 15 déc.-15 janv - 6,20 € (enf. 5,30 €). Bateaux, canoës, barques à rames ou à moteur (thermique et électrique) sont à votre disposition pour des balades dans les marais, seul ou accompagné par un guide.

Location de bateaux habitables : Arques Plaisance – Base nautique, r. d'Alsace, 62510 Arques, ☎ 03 21 98 35 97. Location de vedettes fluviales à la journée, au week-end ou à la semaine, avec permis fluvial ou avec pilote à bord.

Pêche aux poissons blancs ou carnassiers – Le marais audomarois est pour la pêche un véritable paradis. Carte journalière possible : à retirer auprès des sociétés de pêche (permis obligatoire).

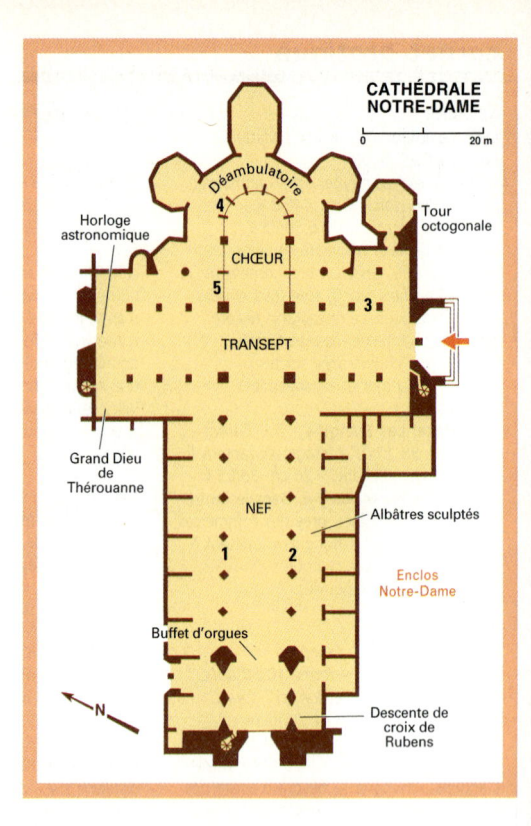

CATHÉDRALE NOTRE-DAME

À VOIR
Le labyrinthe *(au centre du chœur)* est la copie de celui de l'abbatiale St-Bertin (13ᵉ s.). Ce pèlerinage en raccourci, dont on suivait le tracé en blanc, était appelé « la lieue de Jérusalem ».

À NE PAS MANQUER
Le *Grand Dieu de Thérouanne* (13ᵉ s.). Ce groupe sculpté était placé à 20 m de haut au-dessus du portail de la cathédrale de Thérouanne, qui fut détruite par Charles Quint. Les silhouettes paraissent déformées : elles ont été raccourcies par l'artiste pour les adapter à l'effet de perspective *(bras gauche du transept)*.

« Descente de Croix » *par Rubens.*

découvrir

QUARTIER DE LA CATHÉDRALE★★

Cathédrale Notre-Dame★★

Jadis « cloître Notre-Dame » des chanoines, cette cathédrale, le plus bel édifice religieux de la région, étonne par la majesté et l'ampleur de ses formes. Son **chœur** date de 1200, son transept du 13ᵉ s., sa nef des 14ᵉ-15ᵉ s. Sa tour de façade (50 m de haut) est couverte d'un réseau d'arcatures verticales à l'anglaise et surmontée de tourelles de guet du 15ᵉ s. Le trumeau du portail Sud porte une Vierge du 14ᵉ s., et le tympan un Jugement dernier où les élus sont peu nombreux. Dans l'angle du chœur, tour octogonale romane.

L'intérieur est vaste (100 m de long, 30 de large, 23 de haut). Son plan, très développé, comprend une nef à trois étages (arcades, triforium aveugle élancé, fenêtres hautes) flanquée de bas-côtés, un **transept** à collatéraux, un chœur à déambulatoire et chapelles rayonnantes : de riches clôtures à jours, en marbre polychrome, témoignent de l'opulence des chanoines auxquels elles étaient dévolues.

Principales œuvres d'art★★ – Voyez le cénotaphe (13ᵉ s.) de saint Omer **(1)** et le mausolée **(2)** d'Eustache de Croÿ, prévôt du chapitre de St-Omer et évêque d'Arras : c'est une œuvre saisissante de Jacques Dubroeucq (16ᵉ s.) qui a représenté le défunt agenouillé, en costume épiscopal, et gisant, nu, à la manière antique. Admirez les dalles funéraires gravées du 15ᵉ s. et la *Descente de Croix* de Rubens *(1ʳᵉ travée du bas-côté droit)*. Les monuments funéraires sont du 15ᵉ s., et les albâtres sculptés des 16ᵉ et 17ᵉ s. À voir encore : la *Madone au chat* *(bas-côté droit)* ; la statue (13ᵉ s.) de Notre-Dame des Miracles **(3)** qui faisait l'objet d'un pèlerinage ; la Nativité du 13ᵉ s. **(4)** et le tombeau (8ᵉ s.) de saint Erkembode **(5)**, abbé de St-Bertin – les mamans des bambins qui ont des difficultés à marcher y déposent des petites chaussures. L'horloge astronomique (1558) est surmontée d'un jacquemart qui sonne les heures *(bras gauche du transept)*. Au-dessus, rosace flamboyante.

Prendre la rue des Tribunaux au chevet de la cathédrale.

Cette rue passe devant le **palais épiscopal** du 17e s., aujourd'hui palais de justice. On arrive place V.-Hugo, au centre de St-Omer, où se dresse une fontaine érigée pour la naissance du comte d'Artois, futur Charles X.

Hôtel Sandelin et musée★

☎ 03 21 38 00 94 - www.m3.dnalias.com/sandelin - & -10h-12h, 14h-18h (jeu. 20h) - possibilité visite guidée dim. 15h15 - fermé lun., mar. et j. fériés - 4,50 €, visite guidée 6,50 € (enf. 5 €).

Édifié en 1777 pour la comtesse de Fruges, l'hôtel se trouve entre cour et jardin. On y accède par un portail fermé par une grille Louis XV.

Rez-de-chaussée – Les salons forment une suite aux lambris clairs finement sculptés, encadrant des cheminées et du mobilier Louis XV. Sont exposés les tableaux de la donation Du Teil-Chaix d'Est-Ange. Remarquez *Le Lever de Fanchon* de Lépicié, qui rappelle le style de Chardin, et *Mme de Pompadour en Diane* de Nattier.

La salle des Bois sculptés (sculptures religieuses et tapisseries médiévales) et la salle Henri-Dupuis (cabinets en ébène anversois) mènent à la **salle du Trésor** où est présenté le **pied de croix de St-Bertin★** (12e s.). Orné des effigies des évangélistes et d'émaux figurant des scènes de l'Ancien Testament, il provient de l'abbaye St-Bertin, comme le bel ivoire représentant un vieillard de l'Apocalypse. Contemplez aussi une **croix-reliquaire** à double traverse (13e s.) dont la face antérieure, filigranée, est incrustée de gemmes.

Dans le couloir de la Chapelle, ainsi dénommée à cause de son autel (ébène, écaille et bronze doré), on découvre de l'orfèvrerie et des ivoires.

Les pièces sur cour présentent des primitifs flamands : *Retable des saints Crépin et Crépinien* (vers 1415), *La Sainte Famille et un ange* de l'école de Gérard David, triptyque de l'*Adoration des Mages* du Maître de l'Adoration Khanenko, *Kermesse flamande* de Pieter Bruegel d'Enfer, et de petits maîtres du 17e s. flamands et hollandais : *Le Fumeur* d'Abraham Diapram, *Lézard et coquillages* de Balthasar Van der Ast, *Portrait de femme* de Cornelis De Vos, *La Ribaude* de Jan Steen.

1er et 2e étage – Parmi les céramiques, on peut voir les productions de la fabrique de St-Omer et une belle collection de **Delft** (750 pièces).

Église St-Denis

☎ 03 21 88 89 23 - visite sur demande au service du patrimoine.

Restaurée au 18e s. Elle conserve une tour du 13e s. et un chœur du 15e s. caché par des boiseries 18e s. (riche baldaquin à caissons dorés). Dans une chapelle, à gauche du chœur, voyez le Christ en albâtre attribué à Dubroeucq.

Ancienne chapelle des Jésuites★

Des réminiscences gothiques se manifestent dans le dessin des baies et le plan du déambulatoire. Achevée en 1629, elle avait été conçue par un jésuite de Mons, **Du Blocq**. C'est aujourd'hui la chapelle du lycée : elle frappe par sa hauteur, l'alignement des volutes de part et d'autre de la nef, les étroites tours carrées qui encadrent le chœur suivant la tradition tournaisienne.

Bibliothèque

☎ 03 21 38 35 08 - www.bibliotheque-st-omerc.fr - & - juil.-août : 9h-12h, 13h-17h ; reste de l'année : 9h-12h, 13h-18h - fermé dim., lun. - 7,50 €/15 € (enf. 1,50 € ; + 14 ans 5 €).

Dans des boiseries de l'abbaye St-Bertin se nichent 350 000 volumes, au nombre desquels plus de 1 600 manuscrits et près de 200 incunables, dont la Bible de Gutenberg.

> **À VOIR**
>
> Quatre œuvres de Boilly : *La Visite reçue, Le Concert improvisé, Ce qui allume l'amour l'éteint, L'Amant jaloux.*

L'ancienne chapelle des Jésuites élève sa façade de brique à parements de pierre blanche sur cinq étages ornés de sculptures.

ST-OMER

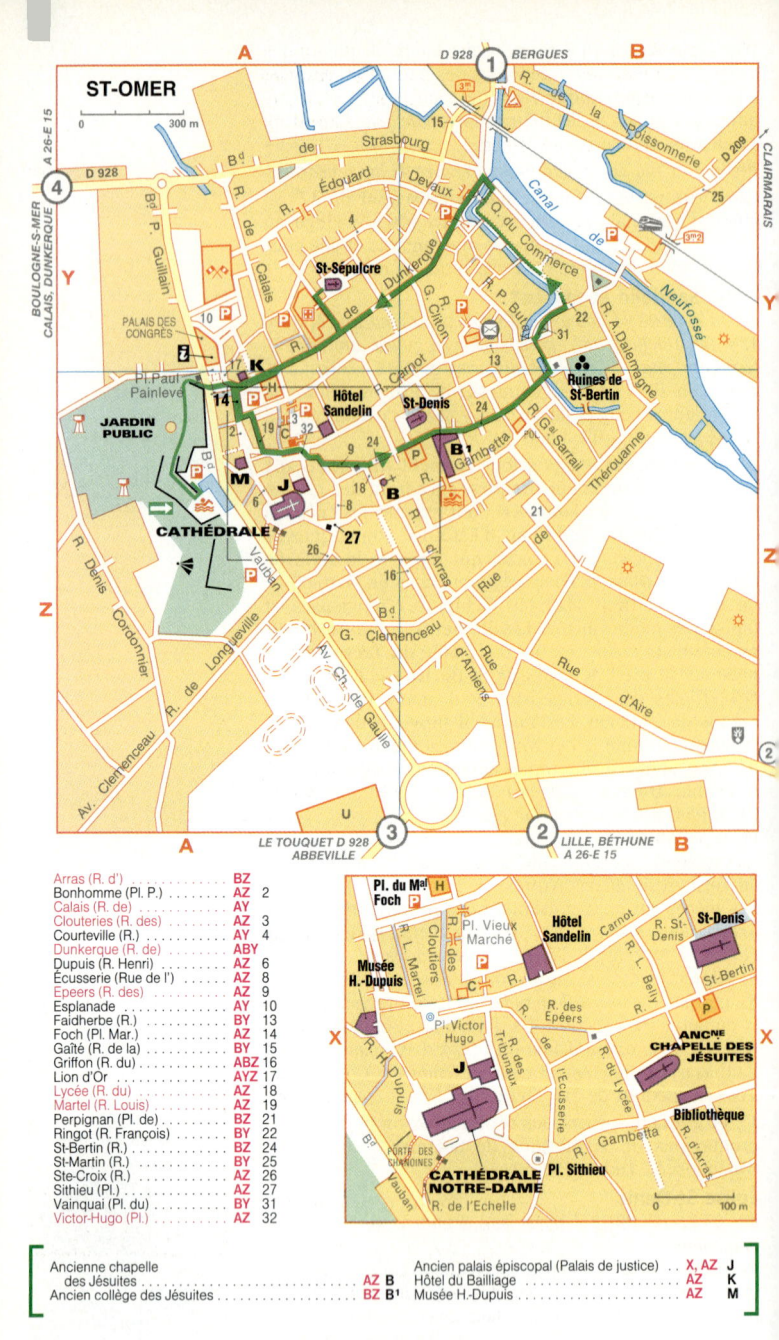

Arras (R. d')	BZ
Bonhomme (Pl. P.)	AZ 2
Calais (R. de)	AY
Clouteries (R. des)	AZ 3
Courteville (R.)	AY 4
Dunkerque (R. de)	ABY
Dupuis (R. Henri)	AZ 6
Écusserie (Rue de l')	AZ 8
Epeers (R. des)	AZ 9
Esplanade	AY 10
Faidherbe (R.)	BY 13
Foch (Pl. Mar.)	AZ 14
Gaîté (R. de la)	BY 15
Griffon (R. du)	ABZ 16
Lion d'Or	AYZ 17
Lycée (R. du)	AZ 18
Martel (R. Louis)	AZ 19
Perpignan (Pl. de)	BZ 21
Ringot (R. François)	BY 22
St-Bertin (R.)	BZ 24
St-Martin (R.)	BY 25
Ste-Croix (R.)	AZ 26
Sithieu (Pl.)	AZ 27
Vainquai (Pl. du)	BY 31
Victor-Hugo (Pl.)	AZ 32

Ancienne chapelle des Jésuites	AZ	B
Ancien collège des Jésuites	BZ	B¹
Ancien palais épiscopal (Palais de justice)	X, AZ	J
Hôtel du Bailliage	AZ	K
Musée H.-Dupuis	AZ	M

Musée Henri-Dupuis

Installé dans un hôtel du 18e s., il porte le nom du donateur. Il recèle une cuisine flamande et des collections d'**oiseaux**, de minéraux et de **coquillages**★ rappelant l'atmosphère d'un cabinet d'histoire naturelle au 18e s. *Fermé au public.*

se promener

Jardin public★

Le parc (20 ha) est aménagé sur une section des remparts (17e s.). Le fossé forme un parterre à la française ; le glacis porte un jardin à l'anglaise. Vue sur le bastion, les toits et la tour de la cathédrale. Côté Sud, dans le fossé, piscine.

Place du Maréchal-Foch

L'hôtel de ville a été construit de 1834 à 1841 avec des matériaux provenant de l'abbatiale St-Bertin. Un théâtre est implanté au cœur de l'édifice. Au 42 bis, l'**hôtel du Bailliage**, ancien tribunal royal opposé à l'ordre des échevins, est un élégant édifice Louis XVI orné de pilastres, de chapiteaux doriques, de ferronneries et de guirlandes florales. Quatre statues sur la balustrade représentent les vertus cardinales.

Prendre la rue L.-Martel, traverser la place V.-Hugo et s'engager dans la rue des Epeers et la rue St-Bertin.

Ancien collège des Jésuites

Édifié en 1593, il fut converti en hôpital militaire et remanié en 1726. La jolie façade présente une belle ornementation de pilastres à chapiteaux composites et de guirlandes.

Ruines de St-Bertin et faubourg Nord

Sur la place où s'élève une statue en marbre de l'abbé Suger, bienfaiteur de St-Bertin, quelques arcades et la partie basse de la tour (1460) constituent les vestiges de l'abbaye. De la rue St-Bertin, vue sur les ruines.

Au bout du quai des Salines, prendre à gauche la rue de Dunkerque, puis la rue du St-Sépulcre à droite.

> **FLÂNERIE**
> Par la place du Vainquai, on peut musarder dans le faubourg Nord, le long des quais des Salines et du Commerce, où les maisons basses se reflètent dans les eaux calmes de l'Aa canalisé.

Église du Saint-Sépulcre

La plus importante paroisse de la ville siégeait dans cette église-halle (trois vaisseaux de même largeur et de même hauteur) consacrée en 1387. Sa flèche mesure 52 m. Le nom de l'église (il n'y a que sept églises du Saint-Sépulcre en France) est lié à la participation de trois seigneurs audomarois aux croisades. Son portail, chef-d'œuvre d'ébénisterie, et deux statues baroques proviennent de l'abbaye St-Bertin. Beaux vitraux du 19ᵉ s. dans le chœur.

La rue de Dunkerque rejoint la place du Mar.-Foch.

alentours

L'AUDOMAROIS

Cette région, dont le nom est dérivé du latin Audomarus, signifiant Omer, s'étend autour de St-Omer. Elle fait partie du **Parc naturel régional des Caps et Marais d'Opale**. La zone dite « marais audomarois » en offre l'un des aspects les plus originaux. (*www.audomarois-online.com*)

La Grange-Nature

À Clairmarais. ☎ *03 21 38 52 95 - 9 avr.-2 sept. : tlj sf lun. 14h-18h.*

C'est l'un des sites du Parc naturel qui présente des expositions et des audiovisuels sur la nature et la vie sauvage des animaux. C'est également le point de départ de nombreuses promenades, notamment dans la réserve naturelle de Romelaëre (sentiers d'observation...).

> **LOISIRS**
> Pour la pêche aux poissons blancs ou carnassiers, le marais audomarois est un véritable paradis. Carte journalière possible : à retirer auprès des sociétés de pêche (permis obligatoire).

Il fait bon vivre au bord du marais audomarois. Certains ne s'y sont pas trompés.

Saint-Omer

La vraie découverte du marais audomarois se fait en bacôve.

Marais audomarois
4 km au Nord-Est par la D 209. Pour les promenades en bateau dans le marais, se reporter au « carnet pratique ».
Fruit d'un aménagement mené dès le 9e s. par les moines de St-Bertin, cette dépression de 3 400 ha s'étire de Watten à Arques et de la forêt de Clairmarais aux cressonnières de Tilques.
Une centaine de familles de *brouckaillers* – habitants du marais – sillonnent encore les *watergangs* (chemins d'eau) à bord de leurs larges barques à fond plat, les bacôves. Ils rejoignent leurs parcelles dont une partie sert à la culture maraîchère. Le marais, élu « site remarquable du goût », est également apprécié pour ses ressources piscicoles et pour l'observation des **oiseaux migrateurs**. De part et d'autre du canal de Neufossé, on voit les canaux de circulation et de drainage enjambés de ponceaux et de pont-levis.

Coupole d'Helfaut-Wizernes★★ *(voir ce nom)*

Forêt de Rihoult-Clairmarais
4,5 km à l'Est. Cette forêt (1 167 ha) vit chasser Charlemagne lorsqu'il séjournait à St-Omer. Au 12e s. elle fut la propriété de cisterciens. Elle est désormais aménagée pour le tourisme, notamment autour de l'**étang d'Harchelles**, dernier des sept plans d'eau que les moines exploitaient pour la tourbe et le poisson.

Arques
Ville industrielle réputée pour sa cristallerie, Arques est aussi un port important à la jonction de l'Aa canalisé et du canal de Neufossé qui relie l'Aa à la Lys.

ALCHIMIE DU SABLE ET DU FEU
Fondée en 1825, la verrerie-cristallerie d'Arques connut un formidable essor après 1945. Sous le nom d'Arc International, c'est un grand nom mondial des arts de la table. Le verre est réalisé à partir d'un mélange de sable, de soude et de chaux auquel s'ajoute le groisil (verre concassé). Les machines permettent la réalisation de grandes séries, tout en perpétuant la créativité et le savoir-faire des maîtres verriers. Le groupe compte 17 000 collaborateurs et produit chaque jour près de 6 millions d'articles : verres traditionnels, verres à four, vitrocéramique et cristal au plomb. Plus de 6 500 produits sont proposés pour différents usages, la cuisson, la table ou la décoration.

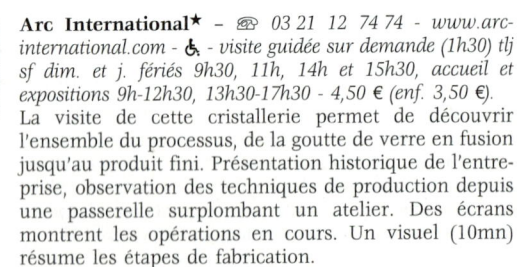

La cristallerie d'Arques (devenue Arc International), un savoir-faire presque bicentenaire.

Arc International★ – ☏ 03 21 12 74 74 - www.arc-international.com - ♿ - *visite guidée sur demande (1h30) tlj sf dim. et j. fériés 9h30, 11h, 14h et 15h30, accueil et expositions 9h-12h30, 13h30-17h30 - 4,50 € (enf. 3,50 €).*
La visite de cette cristallerie permet de découvrir l'ensemble du processus, de la goutte de verre en fusion jusqu'au produit fini. Présentation historique de l'entreprise, observation des techniques de production depuis une passerelle surplombant un atelier. Des écrans montrent les opérations en cours. Un visuel (10mn) résume les étapes de fabrication.

Maison du Parc naturel régional des Caps et Marais d'Opale – ☏ 03 21 87 90 90 - www.parc-opale.fr - *tlj sf w.-end 8h30-12h, 13h30-17h30 - fermé j. fériés - gratuit.*
Le Grand Vannage est un bâtiment de pierre blanche et brique rose enjambant l'Aa. On peut visiter la salle des vannes qui règlent le niveau des eaux de la rivière.
Dans Arques, prendre à gauche la N 42 ; après le pont, tourner à droite et suivre les panneaux « Ascenseur des Fontinettes ».

Ascenceur à bateaux des Fontinettes★ – ☏ 03 21 12 90 23 - *avr.-sept. : 10h-12h, 14h-18h, w.-end et j. fériés 14h-18h (dernier dép. 45mn av. fermeture) - 3 € (enf. 2 €).*
Cet ascenseur témoigne de la technologie du 19e s. Il devait remplaçait les cinq écluses nécessaires au passage d'une dénivellation de 13 m. Il a laissé place à une **écluse géante**, que l'on voit fonctionner 500 m en amont. Celle-ci peut contenir six péniches et demande 20mn de manœuvre.

COMMENT ÇA MARCHAIT ?
Le principe de fonctionnement de l'ascenseur est simple : les péniches prenaient place dans deux sas ou bassins remplis d'eau, fixés sur deux énormes pistons constituant une sorte de balance hydraulique. L'un des sas s'élevait quand l'autre descendait.

L'ascenseur à bateaux des Fontinettes, installé sur le canal de Neufossé en 1888, facilita le passage des péniches jusqu'en 1967.

Abbaye St-Paul de Wisques
7 km à l'Ouest par la D 208^{E2}. Le château, occupé par des bénédictins, comprend des bâtiments anciens : tour (15e s.), portail et logis (18e s.). D'autres sont modernes : chapelle, cloître, réfectoire et campanile abritant la Bertine, cloche de l'abbatiale St-Bertin qui date de 1470 et pèse 2 600 kg.

En suivant la D 212, on côtoie le Petit Château (1770), puis on gravit la côte dominée par le monastère des bénédictines, l'abbaye Notre-Dame.

Esquerdes
8 km au Sud-Ouest par la D 211. Au creux de la vallée de l'Aa, lieu de production papetière depuis 1473, ce village compte encore plusieurs entreprises du secteur. Sur les ruines du moulin de Confosse, la **Maison du papier** explique sa fabrication, depuis son apparition en Chine jusqu'à l'industrie actuelle. Expositions d'artistes autour du papier et du carton. ☎ *03 21 95 45 25 -9 avr.- 2 sept. : tlj sf lun. 14h-18h - fermé 8 Mai, Ascension, Pentecôte - 4 €.*

> **EN ROUTE**
> Le long de la D 208, **panorama** sur la ville, la cathédrale Notre-Dame et la chapelle des Jésuites.

> **À FABRIQUER**
> Dans l'atelier de fabrication artisanal, au rythme de la roue à aubes, on peut réaliser soi-même une feuille de papier.

Saint-Quentin★

La plus méridionale des villes du Nord s'ordonne, comme il se doit autour d'une grand'place, centre névralgique de la cité, dont la taille donne la mesure de l'importance de la ville autrefois. Non loin de là se dresse la magnifique basilique construite pour abriter les reliques de saint Quentin. Aujourd'hui, les pèlerins préfèrent aller au musée contempler les pastels de Maurice-Quentin de La Tour, portraitiste officiel de Louis XV, et parcourir les rues le regard levé pour repérer les détails des façades Art déco, style adopté lors de la reconstruction de la ville, durement éprouvée durant la Grande Guerre.

La situation
Carte Michelin Local 306 B3 – Aisne (02). Étagé sur une colline calcaire truffée de caves et de souterrains, St-Quentin surveille le cours de la Somme canalisée traversant les marais d'Isle. C'est un nœud de trafics ferroviaire et fluvial entre Paris et les pays du Nord, la Manche et la Champagne. L'A 26/E 17 dessert la ville, ainsi que la N 44 de Cambrai à Laon et Reims ; de Guise, prendre la N 29.

🏢 *27 r. Victor-Basch, 02100 St-Quentin, ☎ 03 23 67 05 00.*

« Autoportrait », de Maurice-Quentin de La Tour, « Saint-Simon de la peinture ».

Saint-Quentin

carnet pratique

VISITE
Visites guidées – St-Quentin, qui porte le label Ville d'art, propose des visites-découvertes animées par des guides-conférenciers agréés par le ministère de la Culture et de la Communication. Renseignements à l'Office de tourisme ☎ *03 23 67 05 00 ou sur www.tourisme-saintquentinois.fr*

SE LOGER
Hôtel de France et d'Angleterre – *28 r. Émile-Zola - ☎ 03 23 62 13 10 - hotel-france-angleterre@wanadoo.fr - P - 25 ch. 34/43 € - ☐ 5 €.* Cet établissement occupe une place de choix pour partir à la découverte des richesses Art déco de la ville. Les chambres, pas très grandes et sobrement agencées, sont nettes. Le parking situé sur l'arrière est un atout indéniable.

Hôtel du Château – *02100 Neuville-St-Amand - 3 km au SO de St-Quentin par N 44 puis D 12 - ☎ 03 23 68 41 82 - chateaudeneuville.st.amand@wanadoo.fr - fermé 2-24 août, 23 déc.-7 janv., sam. midi, dim. soir et lun. - P - 15 ch. 60/70 € - ☐ 8,50 € - restaurant 25/60 €.* Au cœur d'un parc boisé, cette demeure du début du 20e s. vous accueillera pour un séjour au calme. Les chambres ont toutes été rénovées et leur décor, simple, associe meubles de style et actuels. La salle à manger et la terrasse dominent le domaine arboré.

SE RESTAURER
Ferme-auberge du Vieux Puits – *5 r. de l'Abbaye - 02420 Bony - 15 km au N de St-Quentin par N 44 - ☎ 03 23 66 22 33 - www.isasite.net/ferme-du-vieux-puits - fermé 25 déc.-1er janv. et jeu. midi - réserv. obligatoire à midi - 18/27 € - 6 ch. 37/54 € ☐.* Dans cette ferme, des chambres confortables et simplement meublées sont à votre disposition. Une petite faim ? Allez-vous attabler à l'auberge pour retrouver le bon goût des produits fermiers. Piscine chauffée, tennis et VTT.

FAIRE UNE PAUSE
Henri – *19 r. St-André - ☎ 03 23 62 23 86 - tlj sf lun. 8h-19h30 - fermé 1 sem. vac. scol. de fév.* Le magasin, cossu, a conservé son beau plafond mouluré et le salon de thé fait admirer aux esthètes ses quatre superbes fresques. Spécialités les plus prisées : les Pastels de St-Quentin (feuilleté praliné parfumé à la framboise et nappé de chocolat noir ou au lait) et le gâteau de l'Aisne (biscuit au chocolat, amandes et framboise).

LOISIRS
Place de l'Hôtel-de-Ville – En un coup de baguette magique, la place se transforme de mi-juil. à mi-août en plage de sable avec bassins de baignade et activités. En déc., elle devient village de Noël avec chalets d'artisans, maison du Père Noël, patinoire, piste de ski et de luge...

Chemin de fer touristique du Vermandois – La ligne parcourt 22 km de St-Quentin à Origny-Ste-Benoîte en passant par Ribemont. L'omnibus, qui traverse, puis longe le verdoyant canal de la Sambre à l'Oise, fait revivre le charme des trains départementaux d'avant guerre.
Par ailleurs, au cours de l'année, des journées à thème ainsi que des repas, à bord du *Vermandois Express*, dans des voitures-restaurants de 1928-1930, tractées par une locomotive à vapeur, sont organisées. Renseignements et réservations : Laure Peillon, CFTV, BP 152, 02104 St-Quentin Cedex, ☎ 03 23 64 88 38 ou 03 23 68 03 43.

Le nom
À la fin du 3e s., Quentin vint évangéliser la région. La légende du saint précise qu'il subit de nombreux et atroces supplices avant d'être décapité et jeté dans la Somme. Son corps fut retrouvé intact cinquante-cinq ans plus tard, suscitant une dévotion renouvelée. Le lieu de sa sépulture prit son nom.

LE CANAL DE ST-QUENTIN
Reliant les bassins de la Somme et de l'Oise à celui de l'Escaut, ce canal était, avant l'achèvement de celui du Nord, le plus important de France par son trafic, et le plus encombré. Long de près de 100 km, de Chauny à Cambrai, il était considéré par Napoléon Ier comme l'une des plus grandes réalisations de l'époque.
Deux sections le composent : de l'Oise à la Somme, le **canal Crozat**, dont le nom évoque le financier qui le fit creuser, et le **canal de St-Quentin** proprement dit, qui franchit le plateau entre Somme et Escaut grâce aux tunnels du Tronquoy (1 km de long) et de Riqueval. Le canal assure l'écoulement des sables, des graviers et des céréales vers la région parisienne. La mise à grand gabarit, incluse dans un plan de travaux à long terme, doit améliorer les liaisons avec Dunkerque.

Les gens
Agglomération de 69 287 Saint-Quentinois. En 1557, St-Quentin fut l'enjeu d'une sanglante bataille au cours de laquelle l'armée du connétable de Montmorency, venue au secours des habitants, fut défaite par les Espagnols. Un vœu alors prononcé par Philippe II fut à l'origine de la construction du palais et monastère de l'Escurial, au Nord-Ouest de Madrid.

> **BELLE CONCLUSION**
> La rivalité contre les Espagnols a depuis trouvé une fin heureuse dans le jumelage des villes de St-Quentin et de San Lorenzo del Escorial

se promener

Hôtel de ville★
Visite guidée sur demande préalable à l'Office de tourisme, ☏ 03 23 67 05 00.
Joyau de l'art gothique flamboyant (début 16e s.), sa façade vigoureusement dessinée comporte des arcs en ogive ponctués de pinacles, des fenêtres à meneaux et un faux garde-corps (ajouté au 19e s.) surmonté de trois pignons. Les sculptures sont apparentées au style gothique flamboyant. La rambarde fermant un des arcs du porche servait d'étalon aux marchands drapiers (l'aune saint-quentinoise mesurant environ 1,25 m).

Aux pignons de la façade correspondent les voûtes des trois nefs, en forme de carène de bateau. La **salle des mariages** conserve sa poutre ancienne et une très grande cheminée Renaissance (restaurée au 19e s.). Des blochets (pièce de charpente) sculptés montrent les principaux personnages de la ville : argentier, bourreau, mayeur (bourgmestre), architecte, bouffon... La **salle du conseil** (ainsi que l'escalier et le palier de l'étage) présente un habillage Art déco d'une très belle unité ; les lambris sculptés représentent les métiers de la ville en 1925.

Sur la place de l'Hôtel-de-Ville, la maison faisant angle avec la rue St-André présente une façade Art Déco ornée en hauteur de bas-reliefs figurant les différents métiers traditionnels de la ville.

> **HEURES SONNANTES**
> Le campanile de l'hôtel de ville a été entièrement reconstruit au 18e s. Il abrite un très beau carillon de 37 cloches qui sonne tous les quarts d'heure.
> Concert 1 w.-end par mois. Programme à l'Office de tourisme, ☏ 03 23 67 05 00.

Rue des Canonniers
Dans l'**hôtel Joly de Bammeville** (18e s.), au bel escalier à rampe en fer forgé, se trouve la bibliothèque municipale.
Place de l'Hôtel-de-Ville, gagner la rue de la Sellerie.

> **AYEZ L'ŒIL !**
> Au n° 21, la porte de l'**hôtel des Canonniers** présente des trophées militaires sculptés en bas relief.

Chaque étage de la façade de l'Hôtel-de-Ville présente un dessin différent qu'il faut prendre le temps de détailler.

Saint-Quentin

Un bel exemple de façade Art Déco, rue de la Sellerie.

Patrimoine Art déco

La ville, très endommagée pendant la Première Guerre mondiale a été reconstruite dans le style des années 1920 par l'architecte Guindez. Les façades, dont certaines reprennent la structure traditionnelle des pignons d'inspiration flamande, sont agrémentées de bow-windows, de balcons en saillie, de motifs géométriques (cannelures, volutes, vague-lettes...) ou floraux (roses, palmiers, corbeilles de fleurs...), de mosaïques, de ferronneries caractéristiques. De très nombreux exemples jalonnent le centre : maisons, petits immeubles de rapport, grands magasins ; citons également l'École nationale de musique *(47 rue de l'Isle)*, le buffet de la gare *(qui devrait réouvrir au public)* et, à côté, le pont encadré de tours-lanternes.

Rue de la Sellerie

Elle offre de beaux exemples de façades Art déco de part et d'autre de la façade néogothique de l'Espace St-Jacques *(description des collections ci-après dans « visiter »)*. En face (n° 23), typique bow-windows et toitures en cheminée de fée.

Rue de la Sous-Préfecture

Beaux exemples de grands magasins et de maisons Art déco aux belles ferronneries : n°s 13, 19/21 *(remarquer la mention « Appartem^t » sur la porte)*, 25 (ancien garage) et 47 (mosaïques de façade).
Face à la préfecture, prendre la rue de l'Official.

Hôtel des postes

Construit en 1936 à l'emplacement de la maison natale de Maurice-Quentin de la Tour. Outre une belle porte en fer forgé et un lustre monumental Art déco, le hall d'entrée est orné de six **mosaïques** d'inspiration cubiste détaillant les différents modes de communication de l'époque.

En face, rue des Toiles, remarquez à droite la façade du **cinéma Le Carillon** avec sa belle enseigne aux dessins colorés.

Basilique★

◀ *S'adresser à l'Office de tourisme,* ☎ *03 23 67 05 00 - possibilité de visite guidée : tlj sf lun. (restauration de la tour porche courant 2006).*

Extérieur – La façade Ouest présente une tour-porche massive (vestige de l'église carolingienne) dont les parties basses remontent au 12e s. et les derniers étages au 17e s. Le couronnement a été refait après 1918. Depuis 1976, une flèche culmine à 82 m, comme autrefois.

Après avoir contourné la collégiale par la gauche, on pénètre dans le square Winston-Churchill avec son puits en fer forgé. Il offre une **vue★** sur le grand et le petit transept et sur le chevet : admirez l'élan des arcs-boutants. Plus loin, on découvre d'autres perspectives sur le monument avant d'arriver à hauteur du bras Sud du petit transept, où se tient la chapelle St-Fursy (15e s.). Joli porche Lamoureux, flamboyant *(côté gauche)*.

Intérieur – Hardie, la nef du 15e s. atteint 34 m de hauteur. Sur le sol est tracé un labyrinthe, long de 260 m, que les fidèles parcouraient à genoux. Au tout début du bas-côté droit, voyez l'Arbre de Jessé sculpté (début 16e s.) et, dans la seconde chapelle, des peintures murales du 16e s. La visite des parties hautes, en saison, révèle une vue sur les pinacles et les contreforts, et jusqu'à Laon.

D'une ampleur impressionnante, le **chœur★★** (13e s.) comprend un second transept et un double collatéral. Le déambulatoire à chapelles rayonnantes répond à un plan radio concentrique unique à l'époque gothique ; les voûtes, au droit du déambulatoire, reposent sur deux colonnes, selon une disposition champenoise. La chapelle axiale conserve des vitraux anciens ; à l'entrée de la chapelle de gauche, statue de saint Michel (13e s.). Les sculptures de la clôture du chœur, refaite au 19e s., illustrent la vie de saint Quentin. Le sacrarium en

---

Rescapée

La collégiale St-Quentin, devenue basilique en 1876, est un édifice gothique qui peut rivaliser avec maintes cathédrales. Déjà éprouvée pendant le siège de 1557, puis en 1669 par un incendie, bombardée en 1917, elle échappa de peu à la destruction totale en octobre 1918.

ST-QUENTIN

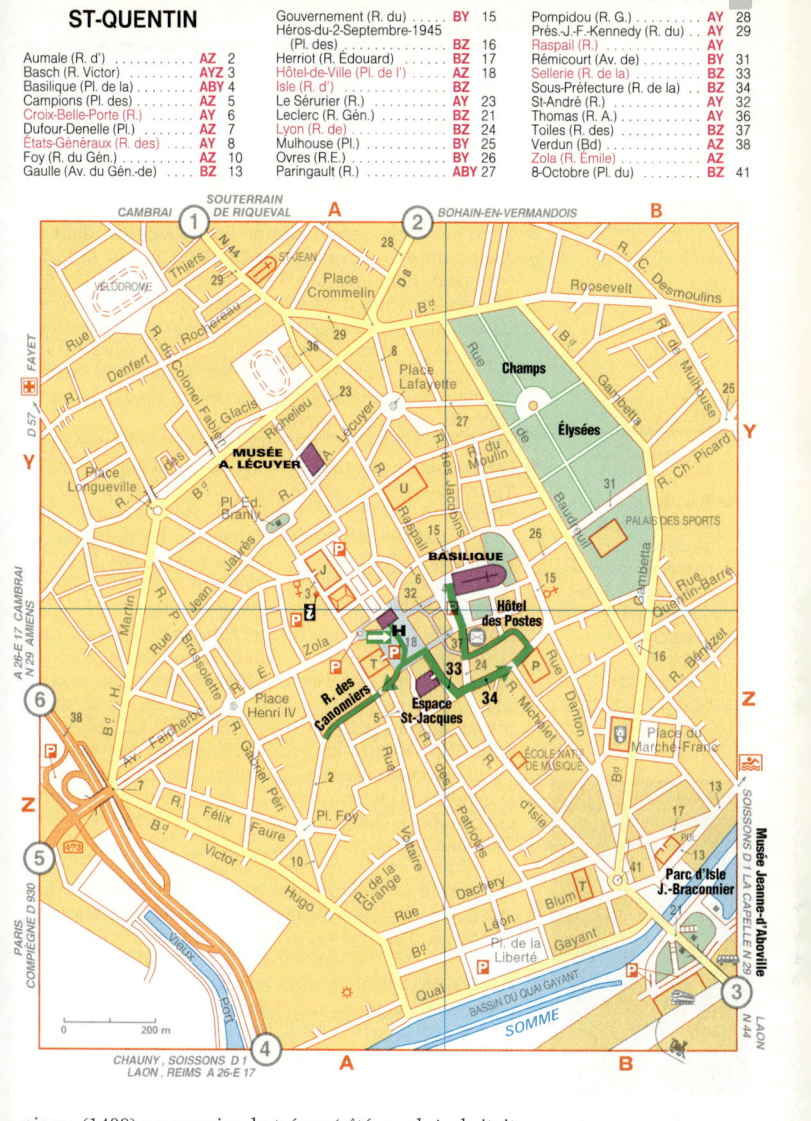

Aumale (R. d') .... **AZ** 2	Gouvernement (R. du) ..... **BY** 15	Pompidou (R. G.) .... **AY** 28
Basch (R. Victor) .... **AYZ** 3	Héros-du-2-Septembre-1945	Prés.-J.-F.-Kennedy (R. du) .. **AY** 29
Basilique (Pl. de la) ...... **ABY** 4	(Pl. des) .... **BZ** 16	Raspail (R.) .... **AY**
Campions (Pl. des) .... **AZ** 5	Herriot (R. Édouard) ...... **BZ** 17	Rémicourt (Av. de) .... **BY** 31
Croix-Belle-Porte (R.) ..... **AY** 6	Hôtel-de-Ville (Pl. de l') .... **AZ** 18	Sellerie (R. de la) .... **BZ** 33
Dufour-Denelle (Pl.) .... **AY** 7	Isle (R. d') .... **BZ**	Sous-Préfecture (R. de la) ... **BZ** 34
États-Généraux (R. des) ... **AY** 8	Le Sérurier (R.) .... **AY** 23	St-André (R.) .... **AY** 32
Foy (R. du Gén.) .... **AZ** 10	Leclerc (R. Gén.) .... **BZ** 21	Thomas (R. A.) .... **AY** 36
Gaulle (Av. du Gén.-de) ... **BZ** 13	Lyon (R. de) .... **BZ** 24	Toiles (R. des) .... **BZ** 37
	Mulhouse (Pl.) .... **BY** 25	Verdun (Bd) .... **AZ** 38
	Ovres (R.E.) .... **BY** 26	Zola (R. Émile) .... **AZ**
	Paringault (R.) .... **ABY** 27	8-Octobre (Pl. du) .... **BZ** 41

pierre (1409) ou armoire du trésor *(côté gauche),* abritait les vases sacrés. Admirez aussi les vitraux à grandes figures hiératiques dans les fenêtres hautes ; au centre et dans le bras Nord du petit transept, deux verrières du 16ᵉ s. où figurent le martyre de sainte Catherine et celui de sainte Barbe.

Champs-Élysées

On peut poursuivre la promenade par cet agréable parc public (10 ha), aménagé sous la Restauration à l'emplacement des fortifications : aires de jeux, de sport, jardin d'horticulture. Sur les avenues qui le bordent, belles demeures Art déco.

LES BÉGUINAGES

Institution du Moyen Âge, le béguinage accueillait des femmes pieuses n'ayant pas prononcé leurs vœux. À St-Quentin, la tradition remonte au 13ᵉ s. L'essor de la population au 19ᵉ s. nécessita la construction de lieux d'hébergement pour personnes seules ou âgées, auxquels s'étendit l'appellation de béguinage. Aujourd'hui subsistent six petits enclos et six autres, plus grands, regroupant une quarantaine de maisons autour d'un jardin commun. Les plus intéressants sont situés rue du Moulin, rue Quentin-Barré (façades aux pignons à redans) et rue de Bellevue *(dans le prolongement de la rue Ch.-Picard).*

Saint-Quentin

visiter

Musée Antoine-Lécuyer★

☏ 03 23 06 93 98 - juil.-août : 10h-12h, 14h-18h, dim. 14h-18h ; le reste de l'année : 10h-12h, 14h-17h, sam. 10h-12h, 14h-18h, dim. 14h-18h - fermé mar., 1er janv., 1er Mai, dim. Pentecôte, 14 Juil., lun. 4 sept., 1er nov., 25 déc. - 2,50 € (enf. 1,60 €, gratuit 1er dim. du mois).

Cette belle demeure renferme des collections, dont les deux points forts sont les pastels de La Tour et le bel ensemble d'œuvres de l'entre-deux-guerres. Le hall d'entrée présente un aperçu de la sculpture (18e-20e s.), tandis que la grande salle du rez-de-chaussée est consacrée à la peinture italienne, à l'école du Nord et à la peinture française des 17e et 18e s. Dans la vitrine, délicieuses petites scènes de genre de Preudhomme et portraits de Vivant Denon.

Au fond à gauche, trois salons sont réservés à la **collection de portraits★★** de **Maurice-Quentin de La Tour** : on y découvre 78 portraits de princes et princesses, seigneurs, financiers, clercs, hommes de lettres, artistes (Voltaire, Rousseau, la marquise de Pompadour). Tableaux de la société française du 18e s., ces figures sont d'« incomparables planches d'anatomie morale » : chaque sourire a sa personnalité.

Sur le palier desservant l'étage, L'Atelier de Lucien Simon (1922) est un excellent témoin de la peinture réalisée en marge des courants d'avant-garde et saluée des connaisseurs de l'époque. De part et d'autres, deux salles présentent des peintures et pastels du 19e s. : paysages, portraits, peinture de genre et d'histoire (paysages de Corot, Jugement dernier de Fantin-Latour, **Marelle★** de Denisse ; de Renoir, Mademoiselle Dieterle, ancienne choriste du Théâtre des variétés et maîtresse de Gaston Gallimard).

Le sous-sol, outre une petite salle d'histoire locale, est consacré à la peinture des années 1920-1930 et à une collection de céramiques de diverses manufactures françaises. Un mur est dédié aux œuvres du deuxième peintre saint-quentinois, Amédée Ozenfant (1886-1966), théoricien du purisme. On remarque également le poignant triptyque d'André Devambez, La Pensée aux absents (1928), recueillement laïc sur les douleurs de la Grande Guerre.

Espace Saint-Jacques

14 r. de la Sellerie. À l'emplacement de l'église St-Jacques, ce très beau bâtiment néogothique, entièrement réaménagé autour de ses arcades, accueille une galerie d'art municipale (expositions temporaires d'arts plastiques) et, au 1er étage, le **musée des Papillons,** qui contient la plus importante collection de papillons et d'insectes en Europe. On peut observer toute une gamme de formes et de couleurs, surtout chez les espèces exotiques. ☏ 03 23 06 93 93 - tlj sf mar. 14h-18h - fermé 1er janv., 1er Mai, Pentecôte, 14 Juil., 1er nov., 25 déc. - 2,50 €, (enf. 1,60 €).

Parc d'Isle Jacques-Braconnier

☏ 03 23 05 06 50 - & - avr.-sept. : 8h-20h ; oct.-mars : 9h-17h - visite guidée possible (2h) - gratuit.

La flore du marais d'Isle comprend des espèces rares (ciguë vireuse) et carnivores (utriculaire). Téméraires, les oiseaux s'en moquent bien ; aux espèces nicheuses (grèbe huppé) s'ajoutent les oiseaux hivernants. Une **Maison de l'environnement**, à l'entrée du parc, présente l'écosystème de l'étang. Un sentier périphérique facilite l'observation. ☏ 03 23 05 06 50 - & - visite sur demande : lun.-vend. 8h-12h, 14h-17h30, sam. 10h-12h, 14h-17h, w.-end et j. fériés 9h30-12h, 14h-17h30 - fermé 1er janv., 25 déc. - gratuit.

LES PLUS BEAUX PORTRAITS

La Tour illustre dans ses portraits au pastel la physionomie et la psychologie de ses modèles : l'**abbé Huber lisant**, **Marie Fel** (son amie) et son **autoportrait**, subtile introspection.

Portrait au pastel de Mme de Pompadour par Maurice-Quentin de La Tour.

Musée Antoine Lécuyer, St-Quentin

OISEAUX MIGRATEURS

Le marais (plus de 100 ha) est en partie aménagé pour les sports nautiques et la pêche. Sa réserve naturelle est un lieu de passage des oiseaux migrateurs du Nord et de l'Est de l'Europe.

alentours

La Fère
22 km au Sud par la N 44. La ville est sillonnée par les bras et les marécages de l'Oise.

Musée Jeanne-d'Aboville★ – ☎ *03 23 56 71 91 - avr.-oct. : tlj sf mar. 14h-18h (dernière entrée 30mn av. fermeture) ; nov.-mars : merc., w.-end et j. fériés 14h-17h - fermé 1er janv., 1er Mai, 14 Juil., 1er nov., 25 déc. - 1,50 €.* Sont présentés ici les maîtres des écoles du Nord, dont les maniéristes du 16e s., Jean Massys, Simon et Martin De Vos ; les Hollandais du 17e s. comme Emmanuel De Witte, spécialiste des intérieurs d'églises, Heem (natures mortes), Peeters (marines). De l'école française, pour le 17e s., voyez le *Combat de cavalerie et des Amazones* de Deruet et le *Panier de prunes* de Pierre Dupuis ; pour le 18e s., *Déjeuner de campagne* d'Étienne Jeaurat, le *Portrait de Madame Adélaïde* d'Élisabeth Vigée-Lebrun, les paysages de Lallemand et de Joseph Vernet. Une section d'archéologie expose le résultat de fouilles locales, notamment gallo-romaines à Versigny.

Riqueval *(voir ce nom)*

Source de la Somme
12 km au Nord-Est par la D 67. Elle surgit à Fonsommes, à côté de l'ancienne abbaye de Fervaques. Après une course de 245 km, le fleuve se jette dans la Manche.

Saint-Riquier★

Ce bourg du Ponthieu est issu d'une très ancienne abbaye bénédictine. Au cœur d'une campagne généreuse et paisible surgissent le clocher de son église gothique, qui rivalise avec beaucoup de cathédrales, et les tourelles de son beffroi, coiffées de loges de guetteur.

La situation
Carte Michelin Local 301 E7 – Somme (80). 9 km au Nord-Est d'Abbeville. Accès par la D 925. De l'A 16, sortie Abbeville. Venant d'Abbeville, on découvre la **maison Petit**, bâtie pour un soldat de la Grande Armée et dont le pignon dessine la forme du chapeau de Napoléon.
🛈 *Le Beffroi, 80135 St-Riquier,* ☎ *03 22 28 91 72.*

Le nom
St-Riquier se nomme Centule lorsque, vers 645, l'ermite **Riquier** trépasse en forêt de Crécy. Rejeton d'une noble famille, ce cénobite a évangélisé le Ponthieu. Sa sépulture, transportée à Centule, devient l'objet d'un pèlerinage. Un monastère bénédictin est fondé : il devient l'un des plus importants de l'Empire carolingien.

Les gens
1 186 Centulois. En 790, Charlemagne confie la direction de l'abbaye à son gendre, le poète **Angilbert**. Celui-ci reçoit l'empereur et fait reconstruire les bâtiments avec de précieux matériaux : porphyre, marbre, jaspe d'Italie. L'église principale abrite le tombeau de Riquier. Deux églises secondaires sont réunies par un cloître triangulaire.

CALENDRIER
Durant la 2e quinzaine de juil., l'abbatiale St-Riquier accueille un festival de musique classique.
☎ *03 22 28 82 82.*

SE LOGER
😊😊😊 **Hôtel Jean de Bruges** –
☎ *03 22 28 30 30 - jeandebruges@wanadoo.fr - fermé janv. - 11 ch. 90/140 € - ☐ 13 €.* En face de l'église, cette belle demeure de pierre blanche du 17e s., transformée en hôtel par un avocat belge, est une étape séduisante au cœur de la cité médiévale. Ses chambres marient mobilier moderne et ancien dans un décor d'une élégante sobriété... Jolie terrasse-patio.

Saint-Riquier

visiter

Église★★

☎ 03 22 28 20 20 - avr.-sept. : tlj sf vend. 10h-11h, 14h-17h, dim. 14h-17h ; oct. : tlj sf vend. 10h-11h, 14h-16h, dim. 14h-16h - fermé de fin juin à mi-juil. - visite guidée possible abbatiale et salle du trésor (1h) - 3 €.

> **LA LÉGENDE DU CIERGE**
> Au-dessus des voussures du portail droit, sainte Geneviève tient un cierge. On raconte que le diable l'éteignait et qu'un ange le rallumait toujours...

Rebâtie plusieurs fois, l'église, dont l'intérieur a été entièrement restauré, est en majeure partie de style gothique flamboyant (15e-16e s.), mais conserve des éléments du 13e s. (parties basses du transept et du chœur). Elle a été restaurée au 17e s. par l'abbé Charles d'Aligre qui changea le mobilier. L'abbaye survit à la période révolutionnaire et devient paroissiale au 19e s. Les bâtiments ont servi d'hôpital militaire durant les deux dernières guerres.

Extérieur – Tout en verticalité, la magnifique façade présente une grosse tour carrée (50 m de haut) flanquée de tourelles d'escalier. Elle est revêtue d'une ornementation sculptée très abondante et délicate. Au-dessus du portail central, le gâble porte une sainte Trinité encadrée par deux abbés et des apôtres. Plus haut est figuré un Couronnement de la Vierge. Entre les deux baies du clocher, on voit la statue de saint Michel.

Dite « des trois morts et des trois vifs » (1528) : cette peinture murale de la trésorerie illustre la brièveté de la vie.

Intérieur★★ – Admirez la beauté et la simplicité de l'ordonnance. La nef est large de 13 m, haute de 24 m et longue de 96 m. Ses étages sont séparés par une frise et une balustrade.

Le bras droit du transept présente une disposition originale : l'extrémité en est coupée par trois travées de la galerie du cloître, occupées par la sacristie et la trésorerie, dont le mur est orné de sculptures.

> **À VOIR**
> Le décor et le mobilier (17e s.) du chœur : **grille**★ de fer forgé, lutrin et stalles des moines, clôture de marbre surmontée d'un grand Christ en bois par Girardon.

Empruntez le déambulatoire à chapelles rayonnantes. Dans la 1re chapelle à droite, après l'escalier de la trésorerie, observez le tableau de Jouvenet, *Louis XIV touchant les écrouelles*. Dédiée à la Vierge, la chapelle axiale montre des voûtes en étoile aux nervures retombant sur des culs-de-lampe historiés (vie de la Vierge) ; à l'entrée, *Apparition de la Vierge à sainte Philomène* (1847) de Ducornet, artiste sans bras qui peignait avec ses pieds. Dans la chapelle St-Angilbert, les cinq statues de saints polychromes sont typiques de la sculpture picarde du 16e s. De gauche à droite : Véronique, Hélène, Benoît, Vigor et Riquier.

Le bras gauche du transept abrite un baptistère Renaissance ; sa base est sculptée de bas-reliefs (vie de la Vierge et baptême de Jésus).

> **LE TRÉSOR**
> Il recèle un Christ byzantin (12e s.), des reliquaires (13e s.), un retable en albâtre (15e s.) et un curieux chauffe-mains (16e s.).

Trésorerie – C'était la chapelle privée de l'abbé. Les murs de cette salle voûtée (16e s.) sont ornés de peintures murales.

Bâtiments abbatiaux – Musée départemental

☎ 03 22 28 20 20 - du 2 juil. au 31 août : 10h-18h ; du 30 avr. au 1er juil. et du 1er sept. au 2 oct. : 10h-12h, 14h-18h ; du 19 mars au 29 avr. et du 3 oct. au 20 nov. : 14h-18h, w.-end et j. fériés 10h-12h, 14h-18h - gratuit.

Reconstruits au 17ᵉ s., les bâtiments abbatiaux abritent le centre culturel et le **musée départemental de la Vie rurale**, qui présente la vie traditionnelle en Picardie, à travers la reconstitution de granges et d'ateliers évoquant les semailles et moissons, l'élaboration du cidre, le scieur de long, le coupeur de velours... et une collection consacrée à la viti-viniculture *(visible en été)*.

Hôtel-Dieu
Début 18ᵉ s. La chapelle recèle de jolies grilles de fer forgé ; le retable de l'autel s'orne d'une toile de Joseph Parrocel ; les deux anges et les statuts de saint Nicolas et saint Augustin sont l'œuvre de Pfaffenhoffen *(voir Valloires)*, qui habita longtemps St-Riquier. On visite également la sacristie et le cloître.

Saint-Valery-sur-Somme★

Saint-Valery, c'est le charme d'un petit port de plaisance et de pêche, d'une plage et d'une ville haute, avec ses demeures à colombages et ses remparts. Près du cap Hornu, la chapelle Saint-Valery domine l'harmonieux paysage de la baie de Somme. Les « rives incertaines » décrites par Robert Mallet ont inspiré les artistes, comme Boudin, Degas ou Seurat.

La situation
Carte Michelin Local 301 C6 – Somme (80). La capitale du Vimeu, nichée dans la verdure, comprend une ville haute et une ville basse plus commerçante, près du port. Entre Dunkerque et Le Tréport, accès par la D 940 ; d'Abbeville, D 3 ou D 40 puis D 940.
🛈 *2 pl. Guillaume-le-Conquérant, 80230 St-Valery-Sur-Somme,* ☎ *03 22 60 93 50. www.saint-valery-sur-somme.fr*

Le nom
En 611, une abbaye fut fondée par le moine Walrick, évangélisateur du Vimeu. Avant son arrivée, la ville s'appelait Leuconaus. Son nom actuel doit se prononcer « Saint Val'ry ».

Les gens
2 686 Valéricains. St-Valery-sur-Somme a vu passer deux illustres personnages. En 1066, Guillaume de Normandie y fait escale avant de conquérir l'Angleterre. Prisonnière des Anglais, Jeanne d'Arc traverse la ville en 1430.

> **INSOLITE**
> La baie de Somme est le refuge de la plus importante colonie de phoques veaux marins en France. Leur présence remonterait au début du 19ᵉ s. Ne les approchez jamais à moins de 300 m, leur survie en dépend !

Recouverte d'un damier de grès et de silex, la chapelle des Marins abrite le tombeau de saint Valery.

Saint-Valery-sur-Somme
carnet pratique

SE LOGER
Chambre d'hôte Mme Servant – 117 r. Au-Feurre - ☎ 03 22 60 97 56 - fermé janv.-fév. - ⚬ - 4 ch. 50/59 € ☐. Cette maison de pays et son jardin soigné se situent à deux pas de la gracieuse porte Guillaume. Chaque chambre est décorée selon un thème : marin (en bleu et blanc), cinéma (murs tapissés de vieilles affiches) et jardin (tons verts, mobilier en fer forgé). Sympathique !

SE RESTAURER
Le Nicol's – 15 r. de La Ferté - ☎ 03 22 26 82 96 - nicols@wanadoo.fr - fermé 10 janv.-4 fév., lun. soir et jeu. soir d'oct. à mars - 14,50/39 €. Dans une commerçante du centre, derrière une belle façade régionale, salle rustique et chaleureuse où l'on fait des repas traditionnels enrichis de saveurs iodées.

SPORTS & LOISIRS
Vélocipède – 1 r. du Puits-Salé - ☎ 03 22 26 96 80 - été : tlj 9h-12h, 14h-19h - 14 €/j. ; hiver : tlj sf merc. et dim. 10h-12h, 14h-18h - 12 €/j. Location de VTT et vélos de randonnée.

Club de kayak de mer et de va'a de la Baie des Phoques – 23 r. de la Ferté - ☎ 03 22 60 08 44 ou 06 08 46 53 34 - http://baiedesphoques.org - fermé nov.-mars - à partir de 14 €. Accessible à tous, randonnée-découverte de la faune et la flore en kayak de mer ou en pirogue polynésienne... dans la baie de Somme !

CALENDRIER
Fête Guillaume – Cette fête historique, qui a lieu chaque 1er w.-end de juil., commémore le dép. de Guillaume le Conquérant de St-Valery pour la conquête de l'Angleterre : fête médiévale, camps médiévaux, marché, procession des reliques de Saint-Valery.

se promener

VILLE BASSE
Elle s'étend sur près de 2 km jusqu'au débouché de la Somme où se trouve le port. Celui-ci abrite des bateaux de pêche côtière, dits « sauterelliers », qui traquent la « sauterelle », à savoir la crevette grise.

Digue-promenade★
Elle mène, sous les ombrages, à une plage abritée. De la digue, **vue** sur la baie de Somme, Le Crotoy et la pointe du Hourdel. Côté terre, on longe les villas entourées de jardins. Au-delà du *Relais de Normandie* apparaissent les remparts de la ville haute, où se perche l'église St-Martin.

Calvaire des marins
Par la rue Violette et le sentier du Calvaire, on chemine à travers le « Courtgain », quartier des marins dont les charmantes maisons peintes se serrent les unes contre les autres. Depuis le calvaire, **vue** sur la ville basse et l'estuaire.

Écomusée Picarvie★
☎ 03 22 26 94 90 - juin-août : 14h-18h ; avr.-mai et sept. : tlj sf mar. 14h-18h - 5 €.
Ce musée évoque la vie picarde avant l'ère industrielle grâce aux reconstitutions d'ateliers et d'échoppes : travail du vannier, cordonnier, serrurier, tonnelier... mais aussi la place du village avec l'école, le café et le barbier. À l'étage, c'est la vraie ferme d'antan avec cuisine, étable, écurie, cidrerie, « écoucherie » où l'on battait le lin cultivé alentours.

L'écomusée Picarvie, dédié aux petits métiers de jadis.

VILLE HAUTE
Elle conserve une partie de ses fortifications.

Porte de Nevers
Construite au 14e s., surélevée au 16e s., elle doit son nom aux ducs de Nevers, qui possédaient St-Valery au 17e s.

Église St-Martin
Au bord des remparts, cet édifice gothique comporte un appareil de grès et de silex en damier. Voyez le triptyque peint Renaissance *(nef gauche)*.

Porte Guillaume
Du 12e s., elle est située entre deux tours majestueuses ; large **vue** sur la baie de Somme.

Herbarium des remparts
36 r. Brandt. ☎ *03 22 26 90 72 - mai-oct. : 10h-17h30, w.-end et j. fériés 10h-12h, 15h-18h30 - visite guidée possible (1h) - 5 € (enf. gratuit).* C'est à l'initiative d'une association d'habitants qu'a été créé ce coin de nature regroupant environ 1 000 espèces végétales étiquetées. Selon les saisons, coquelicots, valérianes ou jonquilles fleurissent dans ce lieu qui était autrefois le jardin des religieuses de l'hôpital.

Chapelle St-Valery ou chapelle des Marins
Au-delà de la porte Guillaume, empruntez la rue de l'Abbaye : le vallon abritait autrefois l'**abbaye St-Valery,** dont subsiste le château abbatial en brique et pierre, à fronton sculpté (18e s.).

Place de l'Ermitage, prendre le chemin en montée (🚶 1/2h à pied AR) qui mène à la chapelle.

Dominant la baie de Somme, la chapelle offre une **vue**★ sur les mollières, l'estuaire et le Marquenterre.

Parc **Samara**★

Le plus grand parc de France consacré à la préhistoire a soufflé ses quinze bougies en 2003. Celles-ci ont sûrement été allumées à coups de silex... Et comme pour exorciser la crainte de voir le ciel leur tomber sur la tête, les Gaulois de Samara ont installé un ballon captif, pour admirer le site à 150 m d'altitude.

La situation
Carte Michelin Local 301 G8 – Somme (80). Ce parc de 30 ha, à 15 km à l'Ouest d'Amiens, est aménagé au pied d'un oppidum celtique d'où la vue s'étend sur la vallée de la Somme. Accès par la D 191 ou la N 1.

Le nom
Samara est le nom gaulois de la Somme, qui traverse le département. Il désigne aujourd'hui ce site qui restitue 600 000 ans de l'évolution humaine, du néolithique jusqu'aux Gallo-Romains.

Les gens
La tribu celtique des Ambiani occupait cette partie de la Gaule, devenue l'Amiénois.

> **LES AMBIANI ET LA SOMME**
> Cette population se définit par rapport à son fleuve. En effet, le préfixe *ambi* signifie « des deux côtés »... de la Somme.

visiter

☎ *03 22 51 82 83 - www.samara.fr - juil.-août : 10h-18h30 ; mars-juin et sept.-oct. : 9h30-16h30, w.-end, j. fériés et vac. scol. (zones B et C) 9h30-18h30 - 9 € (+ 6 ans 7,50 €).*

À bord du **ballon captif** le *Météore*, on découvre l'arboretum en forme de monstre marin, le jardin botanique conçu comme un labyrinthe, le pavillon des

Reconstitution d'une habitation préhistorique (2e âge du fer) dans le parc Samara.

Pratique

Animations proposées le w.-end, durant les vac. scol. et les j. fériés. Brasserie à l'entrée du site avec menus typiques (gaulois, gallo-romain) à l'occasion des manifestations. Boutique (objets insolites, créations originales et copies), ☎ 03 22 51 82 83.
Le CPIE de la Somme organise toute l'année des ateliers thématiques (nature, environnement) et des visites des marais, ☎ 03 22 33 24 27.

expositions dont les deux coupoles centrales et les douze coupoles latérales symbolisent la silhouette humaine, puis l'oppidum de la Chaussée-Tirancour, la collégiale de Picquigny, et la vallée de la Somme.

Au centre de l'**arboretum**, le jardin botanique abrite environ 600 plantes à fleurs, certaines rares et protégées. Le sentier à travers le marais, ancienne tourbière en voie de comblement, invite à la découverte de divers écosystèmes. Le circuit des reconstitutions présente les **habitats** de plusieurs âges : néolithique, bronze et fer, avec leurs greniers, leurs caves et leurs puits. Dans le pavillon, une exposition évoque le quotidien en Picardie, du paléolithique inférieur jusqu'à l'époque gallo-romaine : habitat de chasseurs de rennes, atelier de bronzier, atelier de forgeron de l'âge du fer, ruelle d'un village gaulois, cuisine gallo-romaine... Plus loin, des artisans montrent les **techniques** utilisées pendant la préhistoire : poterie, taille du silex, fabrication du feu, tissage, teinture, mosaïque...

Samer

Calendrier

La fraise, fruit fétiche de Samer, est célébrée tous les ans, l'avant-dernière semaine de juin. Concours et expositions sont organisés autour de ce rendez-vous.

Petit marché agricole dans la belle campagne boulonnaise, Samer est, à l'approche de l'été, l'étape favorite des amis des fraises. D'une vieille légende, les habitants du bourg ont hérité d'un étrange surnom, « les mangeurs de biche ».

La situation

Carte Michelin local 301 D4 – Pas-de-Calais (62). La qualité des sols, le microclimat du Boulonnais et l'exposition des parcelles favorisent les cultures donnent aux fruits leur saveur. À 15 km au Sud-Est de Boulogne-sur-Mer et à 21 km au Nord de Montreuil, accès par la N 1.
🛈 *R. de Desvres, 62830 Samer,* ☎ *03 21 87 10 42.*

Le nom

Samer doit son nom au moine saint Wulmer qui y fonda au 7e s. une abbaye bénédictine.

Les gens

Frézier ramène sa fraise

Le nom de fraise provient du croisement du mot latin *fragum* avec la terminaison de framboise. Le hasard veut que les fraises des bois, dont les Gaulois se régalaient déjà, aient subi la concurrence de fraises chiliennes, plus charnues et plus sucrées, introduites en 1714 par un officier nommé... Frézier.

3 105 Samériens. Tous les ans, on célébrait une procession en mémoire de saint Wulmer. Deux biches conduisaient la procession, puis l'une regagnait le bois tandis que l'autre restait pour être nourrie, puis mangée. L'année suivante, la biche qui s'était retirée menait la procession... puis restait, et sa compagne retournait au bois. Cette tradition durerait encore si les habitants n'avaient capturé le deuxième animal. Ce qui leur valut le surnom de « mangeurs de biche ».

se promener

Grand'Place

Pavée et rectangulaire, la place est bordée de maisons anciennes, en majeure partie du 18e s. L'**église** du 15e s., vestige de l'abbatiale, possède un clocher octogonal et renferme une cuve baptismale romane décorée de bas-reliefs figurant les baptisés. C'est devant son portail que les biches légendaires arrivaient pour conduire la procession.

Souvenir d'été

Les parents de **Sainte-Beuve** sont inhumés à Wierre. À l'entrée du cimetière, une inscription rappelle que le critique littéraire passa ses vacances de jeunesse au village, où il connut l'amitié et l'amour.

alentours

Wierre-au-Bois

1 km au Nord-Est par la D 215. Ce village, siège d'un pèlerinage à saint Gendulphe, entretient le souvenir de l'œuvre de Sainte-Beuve (1804-1869). À l'intérieur de l'**église**, statue équestre de saint Gendulphe et, au-dessus de l'autel, groupe en bois sculpté figurant Dieu le Père tenant le corps du Christ. *S'adresser au café de la place près de l'église.*

Sars-Poteries

La terre de Sars-Poteries fut utilisée par les potiers dès le 15ᵉ s. Si la grosse industrie céramique a disparu, plusieurs ateliers artisanaux fonctionnent encore. De magnifiques collections de verreries anciennes et contemporaines sont exposées dans une grande demeure bourgeoise.

La situation
Carte Michelin Local 302 M6 – Nord (59). Au Nord-Est d'Avesnes-sur-Helpe, accès par la N 2, puis, au lieu dit les Trois-Pavés, par la D 962 à droite. De Maubeuge, prendre la N 2 puis la D 962, ou la D 27 jusqu'à Dimechaux puis la D 80.

🛈 *20 r. du Gén.-de-Gaulle, 59216 Sars-Poteries, ☎ 03 27 59 35 49. www.chez.com/sarspoteries*

Le nom
Le village s'appelle Sarto en 1100. Au 13ᵉ s. il devient Sars qui signifie « défriché », et Sars-Poteries au début du 17ᵉ s. lorsque naît la poterie de grès.

Les gens
1 541 Sarséens. Au 19ᵉ s., deux verreries se développent, créant services de table et flacons. En 1900, elles comptent 800 ouvriers, mais ferment en 1938, frappées par la crise. Quelques potiers perpétuent la tradition. D'autres se contentent d'entretenir leurs curieux épis de faîtage en verre, posés depuis le 19ᵉ s. sur le toit des maisons.

Ce « Derviche dansant » (1994), de Guy Untrauger, est fait de verre travaillé à chaud, collé et passé à l'acide.

Musée-atelier du Verre, Sars-Poteries

visiter

Musée-atelier du Verre★
☎ *03 27 61 61 44 - tlj sf mar. 10h-12h30, 13h30-18h - fermé 1ᵉʳ janv., 25 déc. - 3 € (gratuit 1ᵉʳ dim. du mois).*
Dans l'ancienne demeure du directeur de la verrerie, ce musée rassemble une collection originale de verreries, exécutées par les ouvriers pour eux-mêmes. Ces œuvres faites en dehors des heures payées, les **« bousillés »**, permettaient aux verriers de déployer leur art et leur créativité : lampes gravées, coupes à plusieurs étages, curieuses bouteilles de la Passion que l'on emportait au pèlerinage de N.-D. de Liesse et qui contenaient des ludions représentant instruments et personnages ayant trait à la passion du Christ. La très importante collection de verre contemporain s'enrichit chaque année d'acquisitions de sculptures en verre d'artistes internationaux, mais aussi d'œuvres réalisées par des artistes en résidence à l'atelier de Sars-Poteries. Des expositions temporaires présentent l'actualité la plus récente de l'art contemporain en verre.

> **À VOIR**
> Les « encriers de la revanche », ainsi dénommés car les verriers ne savaient pas écrire mais possédaient les plus beaux encriers.

carnet pratique

SE LOGER
Marquais – *R. du Gén.-de-Gaulle -* ☎ *03 27 61 62 72 - hoteldumarquais@aol.com -* 🅿 *- 11 ch. 45/50 € - ☐ 7 €.* Vous serez certainement conquis par l'ambiance familiale de cette auberge sarséenne. Les chambres ont du cachet (meubles anciens et murs en briques peintes), et la table d'hôte dressée dans le hall à l'heure du petit déjeuner ajoute au charme du lieu. Parenthèse sportive sur le court de tennis, repos dans le jardin ou visite au musée-atelier du Verre.

QUE RAPPORTER
Poterie Maine – *Rte Nationale -* ☎ *03 27 61 68 11 - poteriemaine@aol.com - 10h-12h, 14h-18h30, w.-end et j. fériés 15h-19h.* Atelier de poterie depuis 1862.

Pierre de Dessus-Bise
Le menhir se dresse à 100 m de l'église, sur la place du Vieux-Marché. La tradition veut que les femmes stériles qui vont s'asseoir sur cette pierre deviennent fécondes.

Moulin à eau
☎ *03 27 61 60 01 - juil.-août : tlj sf mar. 15h-18h ; avr.-juin et sept.-oct. : dim. et j. fériés 15h-18h - 3 €.*

Sur la rivière au Nord de la ville, ce moulin (1780) a conservé tout son mécanisme : la grande roue dentée, autrefois actionnée par une roue à augets entraînant trois paires de meules, et son système de monte-charge par courroie à godets.

Seclin

Proche de Lille et très ancienne capitale du Mélantois, Seclin vit des industries alimentaire, aéronautique et chimique. La ville s'enorgueillit de posséder l'un des meilleurs carillons de France.

La situation
Carte Michelin Local 302 G4 – Nord (59). À 10 km au Sud de Lille, sur un plateau crayeux à l'Ouest du Mélantois. De Lille, accès par la D 549 et l'A 1.

? *9 bd Hentgès, 59110 Seclin,* ☎ *03 20 90 00 02. www.seclintourisme.com*

Le nom
Certains mettent en avant l'origine *sanctum cellium*, « petite chapelle » ; d'autres privilégient *secus lignum*, qui se rapporte à une « clairière entourée d'eau à côté du bois ».

visiter

Hôpital
En dehors de la ville, annoncé par un tapis vert bordé de charmilles, l'hôpital a été fondé au 13e s. par Marguerite de Flandre, sœur de la comtesse Jeanne qui fit édifier l'hospice Comtesse de Lille. Les bâtiments actuels (17e s.) sont de style baroque flamand, avec un appareil de briques et de pierres aux ornements très sculptés.

Entrez dans la **cour★** bordée d'arcades. À droite s'élève le pignon à gradins de la salle des malades que prolonge, suivant la tradition, une chapelle ; ces deux bâtiments sont du 15e s. La chapelle est couverte d'un berceau de bois.

Collégiale St-Piat
Dim. à 11h30 pdt l'office. Visite guidée sur demande préalable à l'Office de tourisme. ☎ *03 20 90 00 02.*

carnet pratique

SE LOGER
⊖ **L'Escale des Flandres** – *59 r. Carnot -* ☎ *03 20 90 09 59 - escale-flandres@wanadoo.fr - fermé vend. soir, dim. soir et sam. -* **P** *- 9 ch. 30/55 € - ⊇ 5,50 € - restaurant 13/35 €.* Séduisante idée que de faire escale dans cet établissement de brique rouge. Ses chambres bleu ciel sont quasi neuves (mobilier et literie). Ses espaces de restauration - (brasserie façon estaminet, salle aux blasons, salle aux fresques et cave à vins) - valent le détour.

SE RESTAURER
⊖ **Aux Rois Fainéants** – *4 r. Seclin - 59139 Noyelles-les-Seclin - 4 km au N de Seclin par D 952 -* ☎ *03 20 90 10 73 - www.lesroisfaineants.fr - fermé lun.-jeu. soir (sf sur réserv.) - 13,80/45 €.* Il vous faudra pousser très fort la lourde porte pour découvrir ce restaurant aménagé dans une ancienne grange. Décor campagnard agrémenté d'une cheminée pour les grillades (spécialité : le jambon cuit au jus de houblon) et d'une estrade pour les dîners-spectacles.

Cette église possède, dans la nef, des chapiteaux allongés d'un modèle original. À droite du chœur, rhabillé au 18ᵉ s., s'ouvre l'entrée d'une **crypte** préromane abritant le tombeau de saint Piat : une dalle funéraire du 12ᵉ s. recouvre le sarcophage d'origine. À droite du déambulatoire, salle capitulaire des 14ᵉ-15ᵉ s.

Dans le clocher, le **carillon** (42 cloches) offre une sonorité unique. C'est le seul de France réalisé en Angleterre, à partir d'une unique coulée de bronze. L'instrument servit de diapason au réglage de nombreux carillons français.

> **Rendez-vous**
> Concert de carillons interprété par M. Mulier chaque lun. (j. de marché) 11h-12h et les j. de fêtes civiles et religieuses.

Soissons★

Capitale des premiers rois mérovingiens, célèbre pour son vase brisé, Soissons a été reconstruit après 1918, mais conserve sa cathédrale gothique, simple et pure, et les vestiges d'un monastère qui fut l'un des plus riches du Moyen Âge.

La situation
Carte Michelin Local 306 B6 – Aisne (02). À 100 km de Paris, Soissons domine une colline calcaire. De St-Quentin, Coucy-le-Château et Château-Thierry, accès par la D 1 ; de Rouen, Beauvais, Compiègne ou Reims, N 31/E 46 ; de Laon ou Paris, N 2. *16 pl. Fernand-Marquigny, 02200 Soissons, ☎ 03 23 53 17 37. www.ville-soissons.fr*

Le nom
Soissons est un dérivé de Suessions, l'une des trois cités celtiques du Soissonnais, proche de la capitale Noviodunum. À l'époque romaine, Noviodunum prend le nom d'Augusta Suessionum.

Les gens
29 453 Soissonnais. Les maraîchers perpétuent la tradition du haricot de Soissons, gros haricot sec et blanc, que leurs épouses accommodent en délicieux *soissoulet*. Les confiseurs le proposent sous forme de bonbons.

carnet pratique

Visite
Visites guidées – Soissons, qui porte le label Ville d'art et d'histoire, propose des visites-découvertes animées par des guides-conférenciers agréés par le ministère de la Culture et de la Communication - visite (30mn-1h30) sur demande - juil.-août : animations et visites (les Estivales) sur thème « histoire et patrimoine de Soissons » - 5 € - renseignements à l'Office de tourisme.

Se loger
⊖ **Chambre d'hôte Ferme de la Montagne** – 02290 Ressons-le-Long - 8 km à l'O de Soissons par N 31 et D 1160 - ☎ 03 23 74 23 71 - fermé janv.-fév. - ⊁ - 5 ch. 42/50 € ⊇. Cette ferme de l'abbaye Notre-Dame de Soissons est située sur un plateau et domine superbement la vallée de l'Aisne. On peut admirer le magnifique paysage depuis le salon. Pour plus de confort, les chambres ont chacune un accès indépendant.

Se restaurer
⊖ **Le Grenadin** – 19 rte de Fère-en-Tardenois - 02200 Belleu - ☎ 03 23 73 20 57 - restaurantlegrenadin@free.fr - fermé 2 sem. en janv., dim. soir et lun. - 8/48 €. Un accueil tout sourire et un service attentionné vous attendent dans ces deux petites salles de restaurant joliment rénovées dans des coloris pastel. Aux beaux jours, le couvert est dressé dans l'agréable jardin. Cuisine variant au fil des saisons.

⊖⊖ **Hostellerie du Lion d'Or** – 1 pl. du Gén.-de-Gaulle - 02290 Vic-sur-Aisne - 12 km à l'O de Soissons par N 31 et D 2 - ☎ 03 23 55 50 20 - contact@liondor.fr - fermé 1 sem. en fév., 1 sem. en mai, 2 sem. en août, dim. soir, mar. soir et lun. - réserv. le w.-end - 15/35 €. Une bonne adresse pour faire bombance dans un cadre chaleureux. Depuis sa création en 1580, ce restaurant n'a jamais failli et continue de servir autour de sa cheminée une cuisine du marché fraîche et généreuse. Avant de quitter les lieux, demandez à voir l'« album historique »...

En soirée
Cynodrome – 10 bd Branly - dim. ttes les 2 sem. 14h - fermé oct.-avr - 2 €. De toute l'Europe, des lévriers viennent concourir sur cette piste de 450 m. Bals et animations sont organisés les jours de Grands Prix dans une ambiance bon enfant. Un spectacle rare à ne pas manquer. Le public peut assister aux entraînements.

Soissons

comprendre

> **ET LE VASE SE BRISA**
> L'histoire du fameux vase est illustrée par un bas-relief du monument aux morts, place Fernand-Marquigny.

Capitale franque – La cité joue alors un rôle important. C'est à ses portes que Clovis bat les Romains. À la suite de cette bataille a lieu l'épisode du **vase de Soissons**. Clovis avait réclamé dans son butin la restitution d'un vase volé dans une église de Reims. Un soldat s'y opposa et le brisa en déclarant : « Tu n'auras, ô Roi, que ce que le sort te donnera. » L'année suivante, passant en revue ses troupes, Clovis s'arrêta devant le soldat et lui fendit le crâne en disant : « Ainsi en as-tu fait du vase de Soissons. » Clotaire Ier, son fils, fait de Soissons sa capitale, ainsi que Chilpéric Ier, roi de Neustrie. En 751, Pépin le Bref devient roi des Francs, il est le successeur des Mérovingiens déchus. À la suite d'un combat livré sous les murs de la ville en 923, Charles le Simple renonce au trône au profit de la maison de France.

visiter

Ancienne abbaye St-Jean-des-Vignes★★

☎ *03 23 93 30 50 - avr.-sept. : 9h-12h, 14h-18h, w.-end 9h-12h, 14h-19h ; oct.-mars : 9h-12h, 14h-17h, w.-end 9h-12h, 14h-18h - fermé j. fériés - visite guidée sur demande (1h30).*

Fondée en 1076, l'abbaye fut l'une des plus riches du Moyen Âge. Les libéralités des rois de France, des évêques, des seigneurs et des bourgeois permirent aux moines de construire, aux 13e et 14e s., une église abbatiale et des bâtiments monastiques. En 1805, un décret impérial, pris en accord avec l'évêché de Soissons, ordonna la démolition de l'église, dont les matériaux devaient servir à réparer la cathédrale. Devant les protestations, la façade fut sauvegardée.

Vue sur les puissances tours de St-Jean-des-Vignes et son cloître.

Façade – Portails à redans, finement découpés et surmontés de gâbles (fin du 13e s.). Le reste est du 14e s., à part les clochers (15e s.). Une galerie à claire-voie sépare le portail central de la rose, qui a perdu son réseau d'arcatures. Aux contreforts des tours sont accolées, deux à deux, des statues de la Vierge et des saints. Le **clocher Nord**, plus large, est le plus élevé et le plus orné : dais finement travaillés des contreforts, clochetons ajourés et surmontés de flèches à crochets, arêtes et crochets saillants. Sur la face Ouest, contre le meneau de la baie supérieure, est fixé un Christ en Croix ; à ses pieds, les statues de saint Jean et de la Vierge.

> **PRATIQUE**
> *Des expositions temporaires consacrées à la création contemporaine, ainsi que des concerts sont organisés dans la salle de l'Arsenal. Ouvert toute l'année. Gratuit.*
> ☎ *03 23 53 42 40.*

Réfectoire★ – Dans le prolongement de la façade, au dos du grand cloître, ce bâtiment (13e s.) comporte deux nefs voûtées d'ogives et conserve sa chaire de lecteur. Huit grandes roses à lobes percent les murs Est et Sud.

Sept fines colonnes coiffées de chapiteaux à feuillage reçoivent la retombée des doubleaux et des nervures du réfectoire de l'ancienne abbaye St-Jean-des-Vignes.

Cellier – Sous le réfectoire dont elle reproduit le plan, cette salle est voûtée d'ogives retombant sur de robustes piles octogonales. En face, ancien logis de l'abbé (16ᵉ s.).

Cloîtres – Il ne reste du **grand cloître★** que deux galeries édifiées au 14ᵉ s. Les arcades en tiers-point, séparées par des contreforts ouvragés, possédaient une arcature dont les travées Sud conservent des restes. Le **petit cloître** présente deux travées Renaissance.

> **À DÉCOUVRIR**
> Les délicats motifs des chapiteaux du grand cloître, qui s'ornent de fleurs et d'animaux.

Cathédrale St-Gervais-et-St-Protais★★

Eté : 9h30-12h, 17h30-19h ; hiver : 9h30-12h, 14h-16h30.

La pureté de ses lignes et la simplicité de son ordonnance en font l'un des plus beaux témoins de l'art gothique. Sa construction débute au 12ᵉ s. par le croisillon Sud. Le 13ᵉ s. voit s'élever le chœur, la nef et les bas-côtés. Le croisillon Nord et la partie haute de la façade sont du 14ᵉ s. La guerre de Cent Ans interrompt les travaux, et le clocher Nord reste inachevé. Après la Grande Guerre, seuls le chœur et le transept sont intacts.

Extérieur – La façade asymétrique ne laisse pas présager la beauté intérieure de l'édifice. Au 18ᵉ s., des remaniements, corrigés en partie en 1930, ont défiguré les portails qui n'ont conservé que leurs profondes voussures. La rose, surmontée d'une galerie, s'inscrit dans un arc ogival. De la rue de l'Évêché, on aperçoit l'étagement du bras Sud du transept qui se termine en hémicycle, et, de la place Marquigny, le chevet.

À l'Est du croisillon Nord s'ouvre un portail à gâble élancé, épaulé par deux contreforts ; l'art décoratif du 14ᵉ s., plus ouvragé, s'y manifeste. La façade du croisillon est ornée d'arcatures rayonnantes (14ᵉ s.). Percée d'une grande rose, inscrite dans un arc en tiers-point, elle s'achève par un pignon flanqué de deux pinacles.

Intérieur★ – La cathédrale, longue de 116 m, large de 25,6 m et haute de 30,33 m, est absolument symétrique. Aucun détail ne rompt l'harmonie de ce vaisseau. Des colonnes cylindriques séparent les travées de la nef ou du chœur. Leurs chapiteaux, sobrement décorés, reçoivent la retombée des grandes arcades en tiers-point. Ils servent de point d'appui à cinq fûts qui soutiennent la voûte et sont prolongés jusqu'au socle par une colonne engagée. Les grandes arcades sont surmontées d'un triforium et de hautes fenêtres géminées.

> **À REMARQUER**
> Le croisillon Sud★★ est une merveille de grâce, due en partie à son déambulatoire. S'y ouvre une chapelle à deux étages. Une belle clef réunit les nervures de la voûte : elles retombent sur des colonnettes encadrant les fenêtres et sur les deux colonnes monolithes de l'entrée.

Le **chœur** est un des premiers témoins du style gothique lancéolé. Les fenêtres à cinq lancettes sont ornées de vitraux des 13ᵉ et 14ᵉ s. L'autel est encadré de statues de marbre blanc *(Annonciation)*. Les voûtes d'ogives des chapelles rayonnantes se combinent avec celles du déambulatoire ; les branches d'ogives s'entrecroisent à la même clef.

Le **croisillon Nord** présente la même ordonnance que la nef. Sur le mur droit du fond, ornementation du 14ᵉ s. : rose avec vitraux anciens. À gauche, ***L'Adoration des bergers*** fut exécutée par Rubens pour les cordeliers, en remerciement des soins que ceux-ci lui avaient prodigués.

Musée municipal de l'ancienne abbaye St-Léger

☎ *03 23 93 30 50 - www.museesoissons.org - visite guidée possible sur demande (1h30) - avr.-sept. : 9h-12h, 14h-18h, w.-end 14h-19h ; oct.-mars : 9h-12h, 14h-17h, w.-end 14h-18h - fermé merc. et j. fériés - gratuit.*

Fondée en 1139, l'abbaye fut dévastée en 1567 par les protestants qui démolirent la nef de l'église.

Église – Le chœur, terminé par un chevet à pans coupés, et le transept (13ᵉ s.) sont éclairés par des fenêtres hautes et basses. La façade et la nef à double collatéral ont été reconstruites au 17ᵉ s. Remarquez la riche collection lapidaire gallo-romaine et médiévale.

SOISSONS

Arquebuse (R. de l')	**BZ** 2
Château-Thierry (Av. de)	**BZ** 4
Collège (R. du)	**AY** 5
Commerce (R. du)	**BY** 6
Compiègne (Av. de)	**AY** 8
Desmoulins (Bd C.)	**ABZ** 12
Gambetta (Bd L.)	**BY** 14
Intendance (R. de l')	**BY** 15
Leclerc (Av. Gén.)	**BZ** 22
Marquigny (Pl. F.)	**BY** 23
Paix (R. de la)	**BY** 24
Panleu (R. de)	**AY** 25
Prés.-Kennedy (Av.)	**AZ** 26
Quinquet (R.)	**ABY** 28
Racine (R.)	**BZ** 29
République (Pl. de la)	**BZ** 30
St-Antoine (R.)	**BY** 31
St-Christophe (Pl.)	**AY** 32
St-Christophe (R.)	**AY** 33
St-Jean (R.)	**AZ** 34
St-Martin (R.)	**BY** 35
St-Quentin (R.)	**BY** 36
St-Rémy (R.)	**AY** 37
Strasbourg (Bd de)	**BY** 38
Villeneuve (R. de)	**BZ** 39

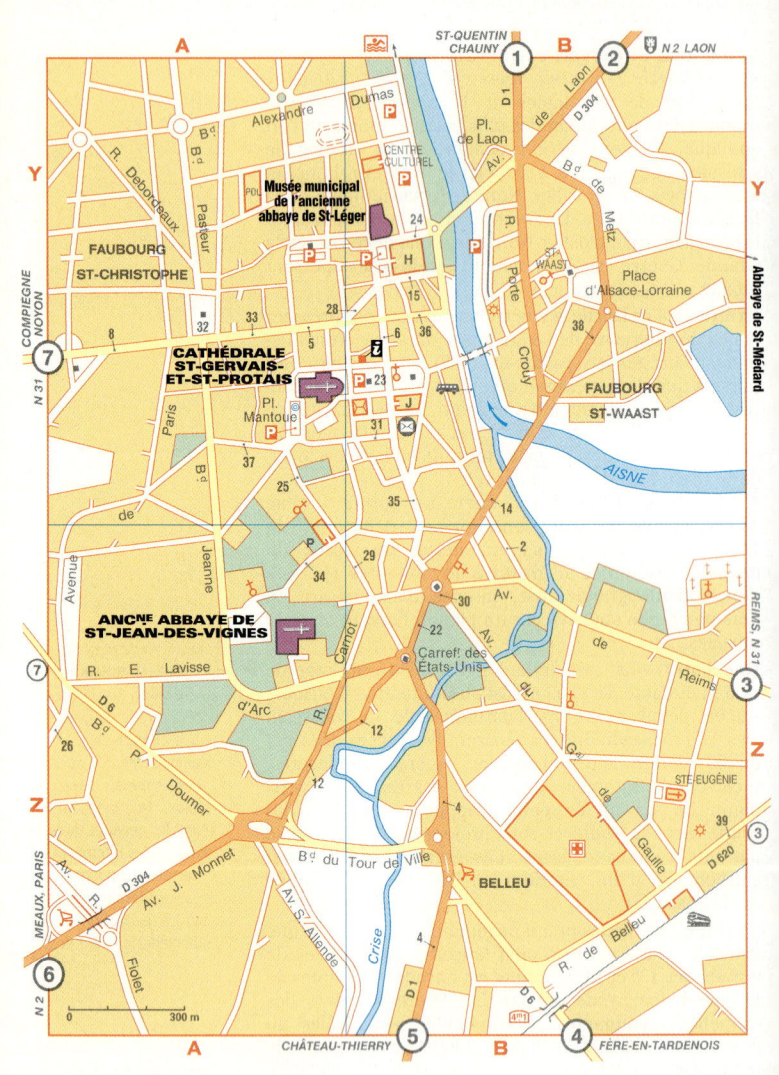

Crypte – Elle est composée de deux galeries et deux travées (fin du 11e s.) dont les voûtes d'arêtes retombent sur des piliers flanqués de colonnes à chapiteaux cubiques ornés de feuilles. Une abside polygonale (13e s.), voûtée d'ogives, la prolonge.

Salle capitulaire – Donnant sur le cloître (13e s.), la salle capitulaire, de la même époque, est voûtée de six croisées d'ogives retombant sur deux colonnes.

Musée – Dans les bâtiments conventuels, le musée abrite des collections variées. Rez-de-chaussée : préhistoire, époques gauloise et gallo-romaine (tête de Clotaire). 1er étage : toiles (16e-19e s.) des écoles du Nord, italienne, française (Largillière, Courbet, Boudin...). Dans l'autre salle, documents, plans, peintures et maquettes illustrent l'histoire locale.

À VOIR

Tableau anonyme flamand : l'*Allégorie de l'hiver* (1630-1650) représentant un vieillard barbu (clair-obscur).

Gagnez l'avenue du Mail pour jeter un coup d'œil sur le chevet de l'église et l'hôtel de ville, intendance sous l'Ancien Régime.

Abbaye St-Médard
Sur demande préalable à l'Office de tourisme - ☎ *03 23 53 17 37.*
De cette abbaye, célèbre à l'époque franque, ne subsiste qu'une **crypte** préromane (9ᵉ s.) qui contenait le tombeau de saint Médard et les tombes des rois mérovingiens fondateurs : Clotaire et Sigebert.

alentours

Courmelles
4 km au Sud par la D 1 ; à la sortie de la ville, emprunter une petite route. L'**église** (12ᵉ s.) au clocher trapu conserve son **chevet** roman arrondi. Quatre contreforts, formés de colonnettes aux chapiteaux finement sculptés, séparent les fenêtres en plein cintre, décorées de cordons d'étoiles et surmontées d'arcatures brisées.

Septmonts
6 km au Sud par la D 1, puis la D 95 à gauche. Ce village de la vallée de la Crise conserve des maisons à pignons gradués dits « à pas de moineaux », caractéristiques de l'architecture soissonnaise.

Église – ☎ *03 23 74 91 36 - tlj sf w.-end. sur demande à la mairie.*
Elle fut bâtie au 15ᵉ s. Le clocher-porche ajouré de baies est surmonté d'une flèche de pierre hérissée de crochets. À l'intérieur, la poutre de gloire polychrome est sculptée de médaillons représentant les apôtres.

Château – ☎ *03 23 74 95 35 - donjon, mai-sept. : 9h-19h ; oct.-avr. : w.-end et j. fériés 9h-19h - parc, mi-mars à mi-sept. : 9h-19h (mi-sept à mi-mars : 17h30) - fermé 1ᵉʳ w.-end de sept. - gratuit.*
Quelques éléments témoignent de son architecture ancienne. Dans un beau site boisé, le donjon (14ᵉ s.) édifié par l'évêque Simon de Bucy, avec ses cheminées élancées et sa haute tourelle de guet, forme une construction élégante. Il est relié par un chemin de ronde à la tour carrée. La chapelle Saint-Louis est le seul vestige du château primitif (13ᵉ s.).

> **VICTOR HUGO SUBJUGUÉ**
> « Dans une charmante vallée, un admirable châtelet du 15ᵉ s. est encore parfaitement habitable... C'est la plus saisissante habitation que tu puisses te figurer. Une ancienne maison de plaisance des évêques de Soissons. » Cette lettre fut adressée par Victor Hugo à sa femme en 1835.

Braine
17 km au Sud-Est (N 31). Né d'un pont sur la Vesle, que commandait un château aujourd'hui en ruine, Braine fut une étape sur la route de Soissons à Reims. Sur la place du Martroi, subsiste une belle maison à pans de bois (16ᵉ s.) ; surmontée d'une tourelle, elle garde sa porte cochère.
En lisière de la localité, près de la Vesle, l'**église St-Yved-et-Notre-Dame**, ancienne abbatiale de prémontrés fondée par le comte de Braine à la fin du 12ᵉ s., ne conserve que deux travées de sa nef, son transept et son chœur à chapelles rayonnantes. Au revers de la façade, deux sculptures (13ᵉ s.) : le Christ et la Vierge couronnée sont entourés par les 24 statues d'un Arbre de Jessé. *Sur demande préalable à l'Office de tourisme, pl. Charles-de-Gaulle, 02220 Braine* ☎ *03 23 74 73 34 - visite guidée tlj sf dim.*

> **À REMARQUER**
> À l'intérieur, vaste chœur à triforium et tour-lanterne analogue à celle de la cathédrale de Laon.

Mont-Notre-Dame
24 km au Sud-Est (N 31) ; prendre la D 14 à droite à Braine.
Une **église** dédiée à sainte Marie-Madeleine couronne le « mont » qui domine la vallée de la Vesle. Ce bâtiment Art déco a remplacé une magnifique collégiale des 12ᵉ-13ᵉ s., détruite par les Allemands en 1918. Son clocher (60 m) est surmonté d'une statue de Marie-Madeleine. *En sem. (quelquefois) et dim. 10h-18h - en cas de fermeture clé disponible à la mairie.*

Baie de **Somme**★★

Comment résister à l'appel des phoques veaux marins, des canards sauvages et du tortillard qui siffle dans la campagne ? D'immenses espaces se succèdent, offrant des paysages baignés d'une belle luminosité. À marée basse, la mer découvre des étendues infinies de sable et d'herbe. La baie redouble alors de charme, tandis qu'on ne distingue plus l'eau du ciel.

La situation
Carte Michelin Local 301 C6 – Somme (80). L'estuaire de la Somme (72 km^2), improprement appelé « baie », atteint 5 km de large entre la pointe du Hourdel et celle de St-Quentin. Au Nord-Ouest d'Abbeville, accès par la D 940. *(Voir St-Valery-sur-Somme pour l'office de tourisme.)*

LA CONQUÊTE DU SABLE
La mer entre plus rapidement dans la baie qu'elle n'en sort : elle dépose donc plus de sédiments qu'elle n'en reprend (700 000 m^3 par an). La Somme participe aussi à cet ensablement... sans oublier l'homme : création du canal de la Somme de 1786 à 1835, et d'une digue en 1911. Résultat : le fond de la baie s'élève d'1,8 cm par an. Et la navigation, encore active voici cent cinquante ans, est en déclin.

Les traditions
À St-Valery, au Crotoy et au Hourdel, on pêche la « sauterelle », une crevette grise savoureuse, mais aussi la coquille Saint-Jacques, l'encornet et de nombreux poissons plats : sole, carrelet, raie, lotte... La pêche au lancer permet de ramener les anguilles. La pêche des coques est pratiquée à pied le long des chenaux. Les moules de bouchot sont également élevées dans la baie.

Les gens
La baie a toujours constitué une halte de prédilection pour les oiseaux migrateurs, attirant ainsi les chasseurs. La chasse au gibier d'eau se pratique à la « botte » (en canot) ou à la « hutte » (à l'affût) : des canards domestiques, auxquels s'ajoutent des leurres en bois ou en plastique, attirent par leurs cris leurs « cousins » sauvages.

circuit

AUTOUR DE LA BAIE
Chemin de fer de la baie de Somme
Train à vapeur : dép. de St-Valery et du Crotoy, juil.-août : tlj ; vac. de printemps, 2e quinz. de juin et 1re quinz. de sept. : tlj sf lun. et vend. ; avr.-juin et sept. : merc., w.-end et j. fériés ;

carnet pratique

SE RESTAURER
⊖ **La Clé des Champs** – *80120 Favières - 5 km au NO du Crotoy par D 940 puis D 140 - ☎ 03 22 27 88 00 - fermé 3-14 janv., 6-20 fév., 23-31 août, lun. et mar. sf j. fériés - 13/38 €.* Une adresse gourmande au cœur d'un tout petit village. Dans un décor d'assiettes et de casseroles de cuivre, prenez le temps de vous asseoir à l'une des tables rondes de cette auberge campagnarde toute simple pour savourer la cuisine du terroir du chef.

⊖ **Le Parc aux Huîtres** – *Le Hourdel - 80410 Cayeux-sur-Mer - ☎ 03 22 26 61 20 - www.leparcauxhuitres.com - fermé 2 sem., mar. et merc. en hiver - 13,60/40 € - 7 ch. 39/59 € - ☐ 5,50 €.* Rien de tel que cette petite adresse pour vous régaler de fruits de mer et de poissons. Toutes les tables bénéficient de la vue sur le port de pêche du Hourdel et le va-et-vient des petits chalutiers. Les chambres, entièrement rénovées, donnent également sur la baie.

⊖⊖ **Mado** – *6 quai Léonard - 80550 Le Crotoy - ☎ 03 22 27 81 22 ou 03 22 27 80 42 - 16/78 € - 3 ch. 68 € ☐.* Cette institution locale dispose de plusieurs salles à manger, décorées de lithographies à thème marin ou ornithologique. Pour profiter d'une vue imprenable sur la baie de Somme, choisissez celles situées à l'étage. Chambres agrémentées de meubles de style.

⊖⊖ **La Marinière** – *27 r. de la Porte-du-Pont - 80550 Le Crotoy - b 03 22 27 05 36 - restolamariniere@wanadoo.fr - fermé 10 janv.-3 fév. - réserv. conseillée - 25,50/39,50 P.* Sympathique restaurant situé dans une rue commerçante de la station. Marie-Ange vous accueille avec convivialité et bonne humeur dans une agréable salle à manger d'esprit maritime. En cuisine, le chef mitonne produits de la mer et bons petits plats aux accents régionaux.

SPORTS & LOISIRS
Centre équestre Le Val de Selle – *5 r. des Jardins - 80550 Le Crotoy - ☎ 03 22 27 79 15 - www.valdeselle-attelage.fr.* Promenades à cheval en bord de mer (de 1h à 3h) et randonnées équestres accompagnées à la journée.

oct. et 1er nov. : dim. et j. fériés. Train Diesel : dép. de Cayeux : mi-juil. à fin août : tlj sf lun. et vend. Transport des vélos gratuit. Horaires et tarifs se renseigner, ☎ 03 22 26 96 00 ou à l'Office de tourisme - www.chemin-fer-baie-somme.asso.fr
Un train de voitures à plates-formes tractées par des locomotives à vapeur ou Diesel circule à 20 km/h entre Le Crotoy, Noyelles-sur-Mer, St-Valery-en-Somme et Cayeux-sur-Mer, permettant de découvrir la baie.

> #### SALICORNE ET PRÉS-SALÉS
> Entre St-Valery et Le Crotoy s'étendent des **vasières**, composées de plages et de bancs sableux qui se découvrent suivant les marées : c'est le domaine de la salicorne ou « cornichon de mer », qui nourrit la sarcelle d'hiver et le canard siffleur... et que l'on déguste en salade, ou comme condiment. Au fond de l'estuaire, les alluvions épaississent progressivement les bancs de sable, formant des **mollières** où paissent les moutons. Leur viande savoureuse bénéficie du label « pré-salé de l'estran de la Somme ».

Parc ornithologique du Marquenterre★★ *(voir ce nom)*

Le Crotoy
Accès par la D 940. Jadis se dressait une place forte où Jeanne d'Arc fut enfermée le 21 novembre 1430, avant d'être conduite à Rouen. De 1865 à 1870, Jules Verne séjourna au n° 9 de la rue qui porte son nom, puis Toulouse-Lautrec et Seurat y vinrent. À la fin du 19e s., le parfumeur Pierre Guerlain entreprit de faire du Crotoy « la seule plage du Nord située au Sud ». L'arrivée du train, dans les années 1880, avait déjà renforcé la réputation de la station, avec ses villas de style anglo-normand.

De la terrasse de la **butte du Moulin** *(accès depuis l'église par la rue de la Mer)*, **vue★** étendue sur la baie, St-Valery, Le Hourdel, et en direction du large.

Enfin, la **plage** est le domaine du *speedsail*, du cerf-volant et du char à voile, qui entraîne les plus sportifs jusqu'à Fort-Mahon-Plage.

Maison de l'oiseau★
☎ 03 22 26 93 93 - www.maisondeloiseau.com - ♿ - de déb. avr. à mi-oct. : 10h-18h (dernière entrée 1h av. fermeture) ; de mi-oct. à mars : 10h-17h - fermé 1er janv., 25 déc. - se renseigner pour les tarifs et les horaires de démonstration d'oiseaux en vol libre.

La volonté de préserver une collection d'oiseaux naturalisés (300), rassemblée par un habitant de Cayeux, Gilles Becquet, taxidermiste, est à l'origine de la Maison de l'oiseau. L'édifice imite le plan des fermes traditionnelles autour d'une cour.

Le petit train à vapeur de la baie de la Somme.

> #### LOISIRS
> Plan d'eau de St-Firmin ANCR « Activités Nautiques Crotelloises » – 104 r. Principale - 80550 St-Firmin-les-Crotoy - ☎ 03 22 27 04 39 - ancr@waandoo.fr - mai-sept. : 13h30-17h30, w.-end et j. fériés 12h-19h, vac. scol. 10h-19h - fermé nov.-mars. École de voile, location de planches à voile, catamarans, dériveurs et Optimists.

> #### SPECTACLE
> Rapaces en vol libre – À la Maison de l'oiseau - 80230 St-Valéry-sur-Somme - ☎ 03 22 26 93 93 - avr.-août : 3 présentations (45mn) à 11h30, 14h30, 16h30 ; sept.-oct. : sur demande à 11h30 et 15h30 - 6,30 € (enf. 4,60 €).

La baie de la Somme au Crotoy.

Baie de Somme

Des dioramas mettent en valeur les oiseaux de la région dans leur cadre naturel. Dans une salle consacrée aux canards, une hutte de chasse a été reconstituée : le poste de guet donne sur une mare, à l'arrière de la maison, où vivent canards sauvages et oies.

Autour de l'étang, un parcours pédagogique, tracé le long des pelouses et des roselières, amène à découvrir « la flore et les oiseaux des marais ». Présentation de rapaces en vol libre. Films, expositions et stages d'initiation à l'ornithologie.

Le Hourdel

Ce petit port de pêche étire ses maisons de style picard à la pointe du cordon littoral qui part d'Onival. Sur son quai, on vient acheter les « sauterelles » toutes fraîches. Avec des jumelles, on peut observer les **phoques veaux marins**, une colonie protégée d'une vingtaine de congénères. Ils se vautrent à marée basse sur les « reposoirs » et les « microfalaises » de sable qui bordent l'estuaire.

> **CARNET ROSE**
> C'est au printemps, après une gestation de sept mois, que naissent les jeunes phoques veaux marins : deux bébés par an. L'animal, qui atteint 2 m au maximum pour un poids de 150 kg, possède un museau très court et un pelage gris clair semé de taches sombres.

Le port de Saint-Valery, jadis dévolu au commerce du sel. Aujourd'hui, c'est le rendez-vous des plaisanciers.

Cayeux-sur-Mer

La **digue-promenade** de cette station climatique est doublée d'un des plus longs chemins de planches d'Europe (2 km), où s'alignent les cabines en bois. Les **plages de la Mollière** s'étendent du Hâble d'Ault au Hourdel. Des sentiers ont été aménagés dans le bois de Brighton.

> **LE GALET BLEU**
> Cayeux tient son nom des galets (« cailloux » en picard). Leur ramassage est une activité ancienne. Ils sont principalement utilisés dans l'industrie, où ils sont broyés pour des usages divers : émeri, filtrants... Le galet bleu, le plus rare, est utilisé pour la fabrication de la porcelaine.

> **LE CIMETIÈRE CHINOIS DE NOYELLES-SUR-MER**
> C'est la plus grande nécropole chinoise de France. Sur la route de Sailly-Flibeaucourt au hameau de Nolette, le cimetière compte plus de 825 stèles blanches gravées d'idéogrammes. Suite à un accord signé le 30 décembre 1916, des milliers de Chinois – pour la plupart des paysans venant du Nord de la Chine – s'engagèrent à servir l'armée anglaise en échange d'un salaire. Les premiers débarquèrent en avril 1917 ; le camp en accueillit 12 000 entre 1917 et 1919. Travaillant dans des conditions éprouvantes, aussi bien pour la construction des dépôts de munitions, des voies ferrées et des hôpitaux que pour le nettoyage des champs de bataille et l'enfouissement des corps, ils étaient maintenus à l'écart de la population et ne pouvaient circuler librement. Beaucoup furent fauchés par la guerre, et surtout par l'épidémie de grippe espagnole de l'automne 1918. À la fin de l'année 1919, si quelques-uns restèrent en France, la plupart d'entre eux retournèrent dans leur pays.

Vallée de la **Somme**★

Vous recherchez l'apaisement ? Évadez-vous dans la vallée de la Somme. Tout en douceur, avec la délicatesse du potier, ce fleuve a modelé un val dans le plateau de craie picard. Il y traîne ses eaux vagabondes et paresseuses, s'égare en 6 000 ha d'étangs argentés ou de sombres marais tourbeux. Çà et là surgissent des carrières de craie, des marécages plantés de jardins à légumes...

La situation
Carte Michelin Local 301 D/K 7/8 – Somme (80). La Somme naît en amont de St-Quentin et s'étire d'Est en Ouest sur 245 km. Sa faible pente, associée au pouvoir absorbant des tourbes, freine l'écoulement des eaux, mais la régularité du débit est garantie par le suintement de la craie du plateau, qui se manifeste par de nombreuses sources, au flanc du val.

Le nom
Il évoque de furieux combats dont les plus sanglants, les deux **batailles de la Somme** (1916 et 1940), restent gravés dans la mémoire collective. Le fleuve prête aussi son nom – et une partie de son lit – au **canal de la Somme**.

Les gens
Les chasseurs traquent surtout le gibier d'eau, en barque ou à la « hutte ». Dans la Somme, ses affluents et les étangs qu'ils alimentent, les pêcheurs n'attrapent plus guère de saumons ni d'esturgeons. Mais les anguilles pullulent ; on en fait d'excellents pâtés, tandis que foisonnent brochets, carpes, perches, tanches...

> **LE CHARBON DU PAUVRE**
> La tourbe se forme dans le marais par la décomposition des végétaux (60 % de carbone). Noire et épaisse, elle s'employait comme combustible dans les foyers modestes. Extraite en barres à l'aide de louchets (pelles spéciales), elle était débitée en mottes, puis séchée sur pré ou en hallette (petite grange).

> **LE TEMPS DES « GRIBANNES »**
> La navigation, entravée par la faible profondeur et la présence de gués, n'a jamais été active, mais la section Amiens-St-Valery portait jadis des **gribannes**. Ces lourdes nacelles transportaient à la descente les blés du Santerre, les laines du Ponthieu... et à la remontée les sels et vins.

circuits

DE PÉRONNE À AMIENS
63 km – environ 1h1/2. Sortir de Péronne (voir ce nom) au Nord-Ouest par la D 938.
La route franchit le canal du Nord, passe à **Cléry** d'où l'on découvre les **étangs de la haute Somme**, puis traverse l'autoroute. Courant sur le bord du plateau, elle procure des échappées sur la vallée en contrebas.
À l'entrée de Maricourt, prendre à gauche la D 197 puis, à gauche, le chemin de Vaux.

Belvédère de Vaux★
Au déclin du plateau, sur une plate-forme aménagée le long de la route, on découvre un beau **panorama**★. Au premier plan, le méandre de Curlu, on aperçoit une ferme et des maisons aux toits rouges formant le hameau de Vaux. À l'arrière-plan se profile la silhouette de Péronne.
La route descend sur Vaux et franchit la Somme.
Prendre à droite la route de Cappy longeant le canal.

Cappy
Ancien port fluvial, dans un site charmant, ce village attire les bateaux de plaisance. L'**église St-Nicolas**, bâtie au 12e s. dans le style roman, a été remaniée au 16e s. avec son chœur et son énorme tour carrée, surmontée d'un clocher à tourelles.
À Cappy, retraverser le fleuve en suivant la D 1 vers Bray.

Bray-sur-Somme
À la pointe d'un méandre du fleuve, ce port fluvial est devenu un important centre de pêche dans la Somme, le canal et les étangs voisins. L'**église**, dominée par un massif clocher carré à toit aigu, possède un chœur roman élancé, flanqué de deux absides. ☎ *03 22 76 11 38 - tlj sf merc. et dim. apr.-midi 9h30-17h -visite guidée possible sur demande à l'Office de tourisme - clé à la mairie de Bray.*

> **LE SÉJOUR DE CENDRARS**
> Pendant la Grande Guerre, **Blaise Cendrars** passa quelque temps à Frise, surveillant les mouvements ennemis. L'écrivain bourlingueur évoque ces épisodes de la vie des poilus dans son roman *La Main coupée*.

Sous un ciel pommelé, la Somme paresse et déploie ses étangs (vue depuis Corbie).

> **À VOIR**
> Une halle abrite le musée des Chemins de fer militaires et industriels, qui présente une trentaine de locomotives et plus de 100 wagons et voitures remis en état d'origine.

Froissy

De ce hameau, sur le canal de la Somme, part le **p'tit train de la haute Somme**, reliant le pont de Froissy au stade de Dompierre, en passant par le tunnel de Cappy (300 m). De la vallée de la Somme au plateau du Santerre, la promenade (7 km) se fait à l'allure de 15 km/h, dans un train qui servit à approvisionner les tranchées en 1914-1918 et fut réutilisé par la sucrerie de Dompierre pour la collecte des betteraves. La voie descend vers les berges, escalade une colline, traverse une petite forêt. *Renseignements : APPEVA, BP 106, 80001 Amiens Cedex 1, ☎ 03 22 83 11 89 - www.appeva.org - de déb. mai à fin sept. : dim. et j. fériés 14h15, 15h15, 16h15 et 17h15 (de mi-juil. à fin août : tlj sf dim. et lun. 14h30 et 16h) - 8,50 € (enf. 5,50 €, musée des Chemins de fer inclus).*

Revenir à Bray-sur-Somme et suivre la D 1^F.

Après Etinehem, l'itinéraire se faufile entre les étangs et la falaise puis gravit le promontoire d'un méandre de la Somme : **vue** sur Corbie et ses tours.

De Chipilly à Corbie, suivre la rive de la Somme.

La route, qui suit à droite le bord de la falaise, côtoie à gauche les étangs, parfois masqués par des frondaisons sous lesquelles se cachent les cabanons des pêcheurs.

Corbie et La Neuville *(voir Corbie)*

Après La Neuville, l'itinéraire passe près de cressonnières puis gravit une colline : jolies **vues** sur la vallée et Corbie.

À Daours, prendre la D 1. Après 11 km, vue sur Amiens que dominent la cathédrale et la tour Perret.

D'AMIENS À ABBEVILLE

58 km – environ 3h. Quitter Amiens à l'Ouest vers Picquigny par la N 235 et suivre la route parallèle à la voie ferrée Paris-Calais.

Ailly-sur-Somme

Surplombant le bourg, l'église moderne aux lignes sobres possède un grand toit oblique qui repose d'un côté sur un mur et, de l'autre, descend jusqu'au sol.

Passer sur la rive droite et prendre à gauche vers la chaussée Tirancourt.

Samara★ *(voir ce nom)*

Picquigny *(voir ce nom)*

À la sortie Nord-Ouest de Picquigny, emprunter la D 3 vers Crouy.

Hangest-sur-Somme
Les cressonnières font la renommée du village. Dans l'**église** des 12e-16e s., voyez le mobilier (18e s.) de l'abbaye du Gard. ☏ *03 22 51 12 37 - visite guidée tlj sf w.-end sur demande à la mairie.*

La route gravit une côte d'où la vue embrasse la vallée.

Longpré-les-Corps-Saints
Le bourg doit son nom aux reliques rapportées de Constantinople, lors des croisades, par Aléaume de Fontaine : les reliquaires sont exposés au fond du chœur. Au tympan du portail de l'**église**, scènes de la mort et de l'assomption de la Vierge. ☏ *03 22 31 72 02 (S.I.)* ou ☏ *03 22 31 90 18 (mairie) - visite guidée sur demande préalable au Syndicat d'initiative, 11 Grande Rue, 80510 Longpré : tlj sf lun. et dim. 10h-12h, 14h30-18h.*

Après Longpré, au Catelet, tourner à droite vers Long.

On traverse les fonds du val, parsemés d'étangs. Belle perspective sur le château de Long.

Long
Au Sud du village, à flanc de coteau, se dresse un **château** Louis XV de brique rose et pierre blanche, à comble d'ardoises à la Mansart. L'édifice est entouré d'un parc. *On ne visite pas.*

Dans le bourg, une **église** gothique reconstruite au 19e s. conserve une flèche du 16e s. ; orgue de Cavaillé-Coll.

Retraverser la Somme et rejoindre la D 3.

Église de Liercourt
Située avant ce village, cette église de style gothique flamboyant à clocher-pignon présente un portail surmonté des armes de France et d'une niche qui abrite une statue de saint Riquier.

Prendre à droite la D 901.

Château de Pont-Remy
Sur une île de la Somme, près de Pont-Remy, ce château (15e s.) a été remanié en 1837 dans le style « gothique troubadour ». Beau parc paysager.

Revenir à la D 3.

La route longe la base du coteau, à la limite des étangs et des prés, et se rapproche des monts de Caubert.

Tourner à droite pour rejoindre Abbeville.

> **LES PANZERS DE ROMMEL**
> En 1940, entre Hangest et Condé-Folie, la 7e division blindée allemande, commandée par Rommel, franchit la Somme. Ses chars ont emprunté le pont du chemin de fer, qui n'a pas sauté. Important cimetière militaire français à Condé-Folie.

> **À REMARQUER**
> L'originalité des courtes ailes arrondies et l'élégance des ouvertures, surmontées de clefs sculptées en agrafes ou en masques.

La Thiérache★

Région frontalière jusqu'au règne de Louis XIV, la Thiérache fut sans cesse envahie, du Moyen Âge jusqu'aux luttes franco-espagnoles. Ici, pas de châteaux forts ni de remparts pour protéger les habitants : à défaut, ceux-ci ont fortifié les églises. Leur curieuse silhouette marie pierre et brique, dans ce terroir réputé pour son maroilles et son cidre.

La situation
Carte Michelin local 306 D/G 3/4 – Aisne (02). La Thiérache forme une tache verdoyante dans les plaines crayeuses de Picardie et de Champagne. Prolongée au Nord par l'Avesnois, elle couvre Vervins et une partie du canton de Marle. Sa pluviosité et son imperméabilité en font un pays humide.

Le nom
Plusieurs étymologies s'affrontent. Thiérache dériverait de *Theorasia silva*, c'est-à-dire « forêt de Thierry », ou de *thier hasche*, « terrain de chasse ».

> **DÉGUSTATION**
> Le lait des vaches de race pie noir est en partie transformé en beurre ou en maroilles. Les pommes font un excellent cidre fermier.

La Thiérache

carnet pratique

SE LOGER ET SE RESTAURER

⇔ **Le Cheval Noir** – 33 r. de la Liberté - 02140 Vervins - N 2 - ☎ 03 23 98 04 16 - www.cheval-noir-vervins.com - 🅿 - 8 ch. 34/54 € - ⇌ 6 € - restaurant 14/45 €. Cet ancien relais de poste bâti sur les remparts de Vervins abrite des chambres spacieuses rénovées avec goût, deux salles de restaurant plaisamment aménagées et un bar au décor très original, proposant une belle carte de bières. Cuisine régionale.

⇔ **Chambre d'hôte Mme Piette** – 7 pl. des Marronniers - 02120 Chigny - 15 km à l'E de Guise par N 29 et D 26 - ☎ 03 23 60 22 04 - ⇌ - 6 ch. 32/44 € ⇌ - repas 15 €. Cette maison a le charme désuet des vieilles demeures. Dans un décor qui semble ne pas avoir changé depuis des années, Mme Piette reçoit les voyageurs avec beaucoup d'attention. Trois chambres n'ont pas de salle de bains particulière. Repas du soir (spécialités régionales) sur réservation.

LOISIRS-DÉTENTE

Axe vert de Thiérache – De Guise à Hirson, l'axe vert de Thiérache est une ancienne voie ferroviaire réhabilitée pour le plus grand plaisir des randonneurs (40 km) ; elle serpente le long de l'Oise où quelques gares sont converties en gîtes d'étape.

Les gens

Né à Vervins, **Marc Lescarbot** (1570-1634) fut à la fois un avocat, un écrivain et un grand voyageur. Il prit part à la fondation de Port-Royal, en Acadie. Il est l'auteur de la première *Histoire de la Nouvelle-France* (1609), un classique de la littérature canadienne.

découvrir

Église fortifiée de Wimy.

LES ÉGLISES FORTIFIÉES★

Les grandes compagnies ont parcouru la Thiérache, mais aussi les fantassins allemands, les « gueux » de la guerre de Cent Ans, les armées françaises ou espagnoles sous Louis XIII et Louis XIV… En réaction, les villageois ont fortifié la plupart des églises. Bâties aux 12e et 13e s., elles ont été nanties aux 16e et 17e s. de donjons carrés percés de meurtrières, de tours rondes et d'échauguettes… D'autres ont été construites d'un seul jet au tournant du 17e s., comme l'église-forteresse de Plomion, très homogène.

Au départ de Vervins 1
79 km – environ 3h.

Vervins

De la route de Reims, perspective sur la ville, accrochée à la colline. Capitale de la Thiérache, elle est marquée par les vestiges de ses remparts, ses rues montueuses pavées, ses maisons à toits aigus et cheminées de brique.

L'**église N.-D.** est composée d'un chœur du 13e s., d'une nef du 16e s. et d'une imposante tour (même époque) haute de 34 m, en brique à chaînages de pierre, flanquée de quatre clochetons. Voyez les fresques du 16e s. (*piliers*) et *Le Repas chez Simon*, composition animée de Jouvenet (1699), ainsi que le buffet d'orgues et la belle chaire (18e s.). *S'adresser à l'office de tourisme, ☎ 03 23 98 11 98.*
Prendre la D 372 jusqu'à Harcigny puis la D 37.

Plomion

L'**église** (16e s.) est remarquable par sa façade flanquée de deux tours et pourvue d'un donjon carré, dont la grande salle communique avec les combles. Devant l'église, une grande halle atteste le rôle commercial de Plomion.
Prendre la D 747 en direction de Bancigny et Jeantes.

Jeantes

La façade de l'**église** est encadrée de tours carrées. À l'intérieur, les murs ont été recouverts en 1962, par le peintre néerlandais Charles Eyck, de fresques expressionnistes représentant des scènes de la vie du Christ. Remarquez les fonts baptismaux du 12e s.

LA « DÉMONIAQUE » DE VERVINS

Au 16e s., Nicole Obry attire tous les exorcistes dans la région. Charles IX insiste pour la rencontrer, et le pape lui-même s'inquiète de son état…

Dagny-Lambercy
Le vieux village de Dagny a conservé ses maisons en torchis et à pans de bois sur assises de briques.

Morgny-en-Thiérache
Le chœur et la nef de l'**église** sont du 13ᵉ s. La fortification a porté sur le chœur, exhaussé d'un étage pour abriter une salle-refuge.

Dohis
Maisons à pans de bois et torchis. L'**église**, dont la nef date du 12ᵉ s. possède un intéressant donjon-porche (17ᵉ s.).
De l'église, revenir en arrière et prendre la première rue à gauche, puis tourner de nouveau à gauche à une fourche, vers Parfondeval.

Parfondeval
Perché sur une colline, ce beau village se caractérise par ses maisons de brique aux chauds coloris. L'**église** du 16ᵉ s. apparaît au fond de la place, véritable forteresse derrière une enceinte formée par les maisons voisines.
Revenir à l'entrée du village ; suivre la D 520 vers Archon.
De cette route, vue sur Archon et le paysage vallonné.

> **L**e portail en pierre blanche de l'église de Parfondeval est de style Renaissance. Sur les murs, des briques vernissées forment des dessins réticulés.

Archon
Les maisons en torchis et brique cernent l'**église**, gardée par ses deux grosses tours rondes entre lesquelles une passerelle servait de poste de guet.
La D 110 traverse **Renneval** (église fortifiée) et Vigneux-Hocquet.
Rejoindre Montcornet par la D 966.

Montcornet
L'**église St-Martin**, qui serait l'œuvre de templiers, est un imposant édifice gothique du 13ᵉ s., dont le chœur à chevet plat est presque aussi long que la nef. L'édifice a été pourvu au 16ᵉ s. d'un porche Renaissance et d'éléments fortifiés, dont huit tours ou échauguettes munies de meurtrières.
Reprendre la D 966 vers Vigneux-Hocquet, puis la D 58 à gauche.

Chaourse
Ce bourg, qui fut longtemps le centre vital de la région, déclina au profit de Montcornet. L'**église** du 13ᵉ s. (nef et tour) fut fortifiée au 16ᵉs. Vue sur la vallée de la Serre.
Faire demi-tour pour reprendre la D 966 vers Hary.

La Thiérache

Église fortifiée de Prisces.

Hary
Au chœur et à la nef de l'**église** romane du 12ᵉ s., construite en pierre blanche, fut ajouté un donjon en brique.

La D 61 suit la vallée de la Brune.

Burelles
L'**église** (16ᵉ-17ᵉ s.) comporte de nombreux éléments défensifs : meurtrières, donjon avec tourelle et échauguette, croisillon gauche du transept à bretèche et échauguettes, chœur flanqué d'une tourelle. L'étage du transept est aménagé en une vaste chambre forte.

Prisces
Le chœur et la nef (12ᵉ s.) de l'**église** sont surmontés par un donjon carré en brique (25 m) présentant deux tourelles opposées en diagonale. À l'intérieur, les quatre étages pouvaient abriter une centaine de combattants avec armes et provisions. *Fermée pour travaux de restauration.*

Franchir la Brune pour gagner Gronard par la D 613.

Gronard
La façade de l'**église** disparaît quasiment derrière des tilleuls. Le donjon est flanqué de deux tours rondes.

Regagner Vervins par la D 613 et la D 966.

De Vervins à Guise ②
Cet itinéraire suit en grande partie la vallée de l'Oise, riche en églises fortifiées.

51 km – environ 2h. De Vervins, prendre la D 963 jusqu'à La Bouteille.

La Bouteille
Quatre tourelles cantonnent l'église, édifice aux murs épais de plus de 1 m, bâtie par les cisterciens de la proche **abbaye de Foigny**, aujourd'hui en ruine.

La D 751 et la voie communale 10 mènent à Foigny. Traverser la D 38 et prendre la route qui longe l'abbaye, jusqu'à Wimy.

Wimy
Le donjon de l'église est flanqué de tours cylindriques. À l'intérieur : deux cheminées, un puits et un four à pain. L'étage servait de refuge.

La D 31 traverse Étréaupont et continue vers **Autreppes**, *village en brique. On passe devant son église fortifiée, puis on longe* **St-Algis**, *dominé par son église.*

Marly-Gomont
L'église en grès de Marly, avec son beau portail en tiers-point, a été complétée par deux grosses échauguettes. À la base, remarquez les meurtrières pour le tir des arbalètes.

La Thiérache en carte postale, avec ses moutons paissant paisiblement aux abords des églises fortifiées.

Englancourt
L'**église** de ce joli site, dominant le cours de l'Oise, possède une façade flanquée d'échauguettes, un donjon carré en brique et un chœur à chevet plat, renforcé de tours rondes.
Rejoindre la D 31 par la D 26.

Beaurain
Située en hauteur, l'**église**-forteresse a été construite d'un seul jet. Le donjon carré et le chœur sont flanqués de tours. À l'entrée, fonts baptismaux romans.
Gagner Guise par la D 960.

Le Touquet-Paris-Plage

Bien située entre l'estuaire de la Canche, la Manche et la forêt, l'élégante station a gardé un charme désuet, loin des mondanités démonstratives que connaissent Cannes ou Deauville, avec ses villas rétro qui s'égrènent sous les pinèdes, rivalisant de contrastes : murs blancs, lisérés bleus, tuiles rouges, pelouses fleuries cernées de haies impeccables... Et la belle ne manque pas d'attraits pour les sportifs, qui peuvent allier voile, équitation et cerf-volant.

La situation
Carte Michelin Local 301 C4 – Pas-de-Calais (62). De la D 940, accès par le port d'Étaples ; on traverse le pont sur l'estuaire de la Canche. La gare d'Étaples est la plus proche du Touquet. De la N 39 et de l'A 16, on est accueilli par l'**école hôtelière**. Le centre dessine un quadrillage : des rues parallèles à la côte coupent une trentaine de voies d'accès à la plage. *Palais de l'Europe, Pl. de l'Hermitage, 62520 Le Touquet-Paris-Plage, ☎ 03 21 06 72 00. www.letouquet.com*

Le nom
L'appellation « Touquet-Paris-Plage » aurait été créée en 1912 par le directeur du *Figaro* pour désigner cette station lancée au 19e s. par son ami notaire Daloz. Entre 1900 et 1930, des affiches touristiques en font « l'Arcachon du Nord » et « le jardin de la Manche ».

Les gens
5 299 Touquettois. En 1837, les villageois s'essaient à l'élevage puis à la culture des topinambours, du seigle et même des patates. Fin 19e s., tandis que les arbres déploient leurs frondaisons, un homme d'affaires anglais, John Whitley, entrevoit le potentiel touristique du site. Quelques années plus tard, Allen Stoneham fait aménager le site. Les premières résidences balnéaires apparaissent dès 1882 au Touquet-Paris-Plage. Le géomètre Raymond Lens se charge de leur tracé.

> **LE « STYLE TOUQUETTOIS »**
> Une nouvelle génération d'architectes apparaît dans l'entre-deux-guerres. Elle donne naissance au « style touquettois moderne », bien représenté par Louis Quételart. Les formes des villas sont plus recherchées, la relation entre l'habitat et l'environnement s'affine. Louis Quételart et ses confrères – Horace Pouillet, Henry-Léon Bloch... – exprimèrent brillamment des influences très diverses.

séjourner

Digue-promenade
Formant un front de mer, elle comporte de nombreux jardins. Côté sud, elle aboutit à la **base nautique de char à voile** et à l'**Institut Thalassa**.

Plage et port
La superbe plage, qui se découvre à marée basse sur 1 km et se prolonge sur 12 km jusqu'à l'embouchure de l'Authie, est faite de sable fin et dur – idéal pour le char à voile. Par une **route en corniche**, suivant le cordon de dunes, on arrive au **port de plaisance** et à la **base nautique** Nord de la pointe du Touquet.

> **TOUT UN SYMBOLE**
> Dessiné par Quételart, l'**ancien plongeoir** (1948) a longtemps incarné la modernité du Touquet d'après-guerre. Il servit aussi de cheminée et d'horloge.

Le Touquet-Paris-Plage
carnet pratique

Se loger

⚙️⚙️ **Le Chalet** – *15 r. de la Paix -* ☎ *03 21 05 87 65 - www.lechalet.fr - 15 ch. 42/64 € -* ☐ *9 €*. À 50 m de la plage, une adresse pour le moins dépaysante ! Façade aux allures de chalet savoyard, coquettes chambres décorées sur le thème de la montagne ou de la mer et salle des petits déjeuners ornée de sabots et vieux skis en bois. Charmant !

⚙️⚙️ **Hôtel de la Forêt** – *73 r. de Moscou -* ☎ *03 21 05 09 88 - fermé 15 déc.-15 janv. - 10 ch. 43/55 € -* ☐ *6 €*. Ce petit hôtel familial est situé en centre-ville et à 500 m de la plage. Les petites chambres sont simples, rénovées, bien insonorisées et fort bien tenues.

⚙️⚙️ **Les Embruns** – *89 r. de Paris -* ☎ *03 21 05 87 61 - nhe@wanadoo.fr - fermé 15 déc.-14 janv. - 20 ch. 45/72 € -* ☐ *6,50 €*. Près du rivage, avenante façade abritant des chambres en majorité rénovées ; celles ouvrant sur l'arrière sont plus calmes. Petit salon-bibliothèque.

⚙️⚙️ **Relais de l'Espérance** – *561 av. d'Étaples - 62780 Cucq -* ☎ *03 21 94 62 99 - fermé 19 déc.-31 janv. et dim. d'oct. à mars - 10 ch. 60/80 € -* ☐ *7 €*. Votre espoir d'un bon accueil ne sera pas déçu : non loin de l'aéroport du Touquet, des chambres actuelles et insonorisées vous attendent dans une atmosphère conviviale.

⚙️⚙️⚙️⚙️ **Hôtel Le Manoir** – *Av. du Golf - 2,5 km au S du Touquet -* ☎ *03 21 06 28 28 - manoirhotel@opengolfclub.com -* 🅿 *- 41 ch. 112/224 €* ☐ *- restaurant 29/34 €*. Ce joli manoir couvert de vigne vierge se trouve en bordure du terrain de golf. Vous profiterez du calme et de l'ambiance intime au salon et au bar. L'adresse est très prisée des golfeurs. Chambres de plain-pied dans les bungalows en annexe.

Se restaurer

⚙️ **Restaurant Côté Sud** – *187 bd Jules-Pouget -* ☎ *03 21 05 41 24 - fermé lun. mat., dim. soir hors sais. et merc. - réserv. conseillée - 11/28 €*. Près de l'Institut Thalassa, agréable restaurant décoré aux couleurs du Midi et précédé d'une terrasse tournée vers la mer. La cuisine, inspirée de la pêche et du marché, mélange les saveurs et les épices : croustilles de gambas, bar aux asperges et caviar avruga, millefeuille au chocolat, fraises et crème Earl Grey...

⚙️⚙️ **Pérard** – *67 r. de Metz -* ☎ *03 21 05 13 33 - perard-traditions @wanadoo.fr - 17/26 €*. Avis aux amateurs : la soupe de poissons est la fierté du restaurant ! Quant aux autres produits de la mer, ils viennent tous directement de la poissonnerie voisine tenue par le même propriétaire. Décor des années 1970.

⚙️⚙️ **Le Nemo** – *Bd de la Mer, Aqualud -* ☎ *03 21 90 07 08 - www.aqualud.com - fermé déc.-janv. - 18,90/35 €*. Plongez 20 000 lieues sous les mers ! Ce restaurant vous invite à embarquer dans le vaisseau imaginé par Jules Verne. Tout y est : scaphandre, cartes marines, boiseries, laiton et bibelots marins. Plaisante terrasse dressée côté plage. Cuisine iodée.

⚙️⚙️⚙️ **Le Village Suisse** – *52 av. St-Jean -* ☎ *03 21 05 69 93 - fermé 2-21 janv., 29 nov.-9 déc., dim. soir d'oct. à Pâques, mar. midi sf juil.-août et lun. - 26/48 €*. Cet élégant restaurant aux allures de chalet suisse se trouve juste au-dessus des boutiques du « village ». Ses atouts ? Le confort de sa chaleureuse salle à manger, l'accueil courtois et la goûteuse cuisine variant au gré des saisons. Délicieuse terrasse pour les beaux jours.

En soirée

Le Philæ Café – *28 r. St-Jean -* ☎ *03 21 05 16 99 - casino-letouquet @g-partouche.fr - tlj en sais. 18h-4h ; hors sais. : vend. et w.-end*. La décoration de ce café luxueux est une reproduction fidèle des fresques égyptiennes et des colonnes colorées du temple de Philæ. Les tables basses sont gravées de hiéroglyphes, et certains murs sont recouverts de bas-reliefs. Le vendredi, soirées karaoké avec écran géant et concerts de jazz et de rock agrémentent la dégustation de cocktails exotiques. Le lieu s'anime après 22h. En attendant, vous pourrez chercher l'erreur qui s'est glissée dans une fresque. Avis aux égyptologues !

Que rapporter

« Pérard » Restaurant - Poissonnerie - Traiteur - Bar à Huîtres – *67 r. de Metz -* ☎ *03 21 05 13 33 - perard-traditions@wanadoo.fr - 9h-22h*. La soupe de poissons, disponible en bocaux chez de très nombreux mareyeurs, épiciers et traiteurs, est devenue une institution au Touquet. Celle de chez Pérard est la plus réputée... Le restaurant s'est agrandi d'un bar à huîtres et d'une terrasse d'été pour déguster en toute tranquillité les produits vendus à la poissonnerie.

Magasin Atem – *110 r. de Metz -* ☎ *03 21 05 61 58 - http://atem.letouquet.free.fr - 9h30-12h, 15h30-19h - fermé janv., mar. apr.-midi et merc. sf pdt les vac*. Pour se procurer un bon cerf-volant et l'entretenir.

Sports & Loisirs

Station Kid – Ce label a été attribué au Touquet pour souligner l'intérêt du site aux familles. De nombreuses activités sportives et culturelles sont accessibles toute l'année et tout particulièrement durant les vacances scolaires. Renseignements auprès de l'Office de tourisme.

Boobaloo – 38 r. St-Louis - ☎ 03 21 05 66 47 - *ouv. w.-end, j. fériés et vac. scol. 9h-19h - fermé janv.* Les amusants petits véhicules à pédales sont parfaits pour se balader en famille...

Parc d'attractions aquatiques Aqualud – *Bd de la Mer* - ☎ 03 21 90 07 07 - *www.aqualud.com - 10h15-17h45 (juil.-août : 10h15-18h45, nocturnes estivales 20h-24h) - fermé nov.-janv.* Parc aquatique de 4 000 m² dont la partie couverte bénéficie toute l'année d'une température de 27 °C pour l'air et de 29 °C pour l'eau. Toboggans géants, rivière à bouées et à surprises, bassin à vagues, jacuzzi, Black Hole, Twister... et maîtres-nageurs pour rassurer les parents. Cafétéria.

Institut Thalassa – *Front de mer* - ☎ 03 21 09 86 00. Thalassothérapie et remise en forme.

Beauty Spa – ☎ 03 21 06 88 84 - H5605@accor.com - *8h30-19h - fermé 25 déc. et 1er janv.* Situé dans l'enceinte du Mercure Grand Hôtel, le Beauty Spa vous propose des programmes de soins de beauté et de détente, au féminin comme au masculin : enveloppement d'algues, shiatsu, réflexologie plantaire, etc.

Centre équestre régional du Touquet – *Av. de la Dune- aux-Loups* - ☎ 03 21 05 15 25 - centreequestre@letouquet.com - *accueil : 9h-12h, 14h-18h. 19 €/h. Promenade de 2h « dunes et forêt » : tlj vac. scol. ; hors sais. : vend. 14h30, dim. 10h.* Ce centre, qui s'étend sur 50 ha dans la forêt, élève plus de 150 magnifiques chevaux, la plupart mis en pension par leurs propriétaires. Cependant, les 40 chevaux et poneys du club sont à votre disposition pour des balades plus ou moins longues selon votre niveau.

Centre de Char à Voile – *Base nautique Sud* - ☎ 03 21 05 33 51 - charavoile@letouquet.com - *10h-12h, 14h-17h.* La belle plage du Touquet est un terrain idéal pour découvrir ce sport surprenant sur plus de 15 km de sable fin. Vous bénéficierez des conseils de Bertrand Lambert, quintuple champion du monde et recordman de vitesse (151,55 km/h).

Golf du Touquet – *Av. du Golf - A 16, sortie 26* - ☎ 03 21 06 28 00 - letouquet@opengolfclub.com - *été : 7h-20h30 ; hiver : 8h-19h30 - 45 à 69 €.* Trois beaux parcours (2 de 18 trous et 1 de 9 trous) : l'un tracé au cœur d'une forêt de pin, l'autre dans les dunes sauvages en bord de mer et le troisième, pédagogique, destiné aux stages.

Promenade à vélo** – *Boucle de 10 km, 1h environ. Très facile.* Garer son véhicule sur les grands parkings du bord de mer. Pique-nique possible sur les plages. Remonter vers l'Aqualud par le bd du Dr J.-Pouget pour rejoindre les dunes par la r. Joseph-Duboc. Monter la petite côte et suivre la route après le coude.

Entre les dunes coiffées d'oyats et la pinède, la route conduit à un point de vue étonnant sur l'estuaire de la Canche et les coteaux de Dannes-Camiers où s'élèvent de gigantesques éoliennes.

Traverser le grand parking jusqu'à la r. Jean-Ruet. Prendre ensuite à gauche le bd de la Canche qui longe l'estuaire. Passer le centre équestre et un lotissement.

Au croisement, suivre l'av. du Golf qui croise l'av. Vincent après un stop, puis l'av. du Gén.-de-Gaulle après un feu. Prendre l'av. Van-der-Meersch, sur la droite. Au rond-point, suivre la direction du Touquet-centre par l'av. F.-Godin. S'engager ensuite dans l'av. de Verdun qui monte légèrement sur la gauche (le sens interdit vaut pour les véhicules motorisés). Rejoindre par la 3e rue à droite l'av. de l'Atlantique et longer le littoral pour revenir au point de départ.

Loisirs

La Corderie – *Bd Bigot-Descelers* – ☎ 03 21 09 56 94. *De mars à oct. :* balade en mer 6,40€, pêche en mer 45,70€. Le bateau promenade *Ville d'Étaples*, qui peut accueillir jusqu'à 36 passagers, relie la pointe du Touquet au port d'Étaples (50mn). À son bord, il est aussi possible de partir une journée à la pêche (12 passagers) avec une équipe de marins, désormais reconvertis dans le tourisme. Très convivial !

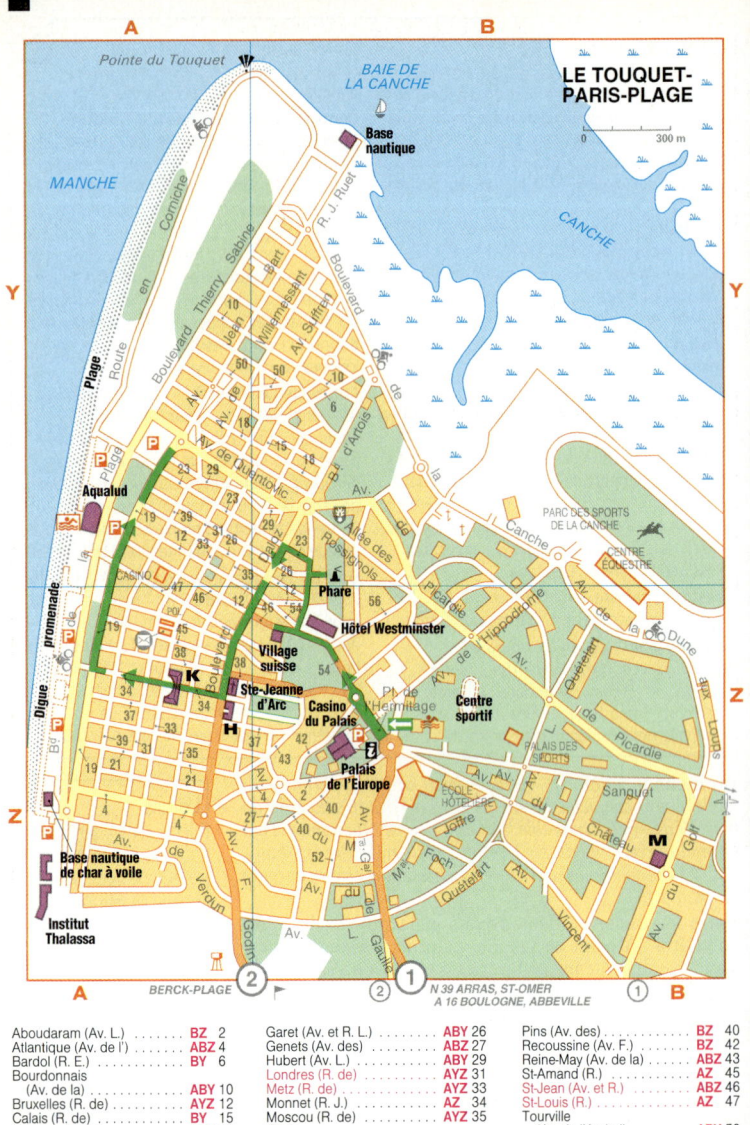

LE TOUQUET-PARIS-PLAGE

Aboudaram (Av. L.)	**BZ** 2	Garet (Av. et R. L.)	**ABY** 26	Pins (Av. des)	**BZ** 40
Atlantique (Av. de l')	**ABZ** 4	Genets (Av. des)	**ABZ** 27	Recoussine (Av. F.)	**BZ** 42
Bardol (R. E.)	**BY** 6	Hubert (Av. L.)	**ABY** 29	Reine-May (Av. de la)	**ABZ** 43
Bourdonnais (Av. de la)	**ABY** 10	Londres (R. de)	**AYZ** 31	St-Amand (R.)	**AZ** 45
Bruxelles (R. de)	**AYZ** 12	Metz (R. de)	**AYZ** 33	St-Jean (Av. et R.)	**ABZ** 46
Calais (R. de)	**BY** 15	Monnet (R. J.)	**AZ** 34	St-Louis (R.)	**AZ** 47
Desvres (R. de)	**ABY** 18	Moscou (R. de)	**AYZ** 35	Tourville (Av. de l'Amiral)	**ABY** 50
Docteur J. Pouget (Bd du)	**AZY** 19	Oyats (Av. et R. des)	**ABZ** 37	Troènes (Av. des)	**BZ** 52
Dorothée (R.)	**AZ** 21	Paix (Av. et R. de la)	**ABZ** 38	Verger (Av. du)	**BZ** 54
Duboc (Av. et R. J.)	**ABY** 23	Paris (R. de)	**AYZ** 39	Whitley (Av. J.)	**BZ** 56

Hôtel de ville	**AZ H**	Marché couvert	**AZ K**	Musée	**BZ M**

Sports et distractions

Près du domaine de l'Hermitage, avec ses galeries marchandes, sont implantés le centre sportif, le casino du Palais et le palais de l'Europe, où se tiennent congrès et échanges culturels.

Musée

☎ 03 21 05 62 62 - tlj sf mar. 10h-12h, 14h-18h, dim. 10h-12h, 14h30-18h - fermé 1er Mai, 14 Juil., 15 août, 1er et 11 Nov., 25 déc. - 3,80 € (enf. 1 €), gratuit 1er dim. du mois. Collection d'œuvres de l'école d'Étaples (1880-1914). S'y ajoutent des toiles de Le Sidaner, une section d'art contemporain et des expositions photographiques temporaires.

> **LA DUNE-AUX-LOUPS**
> Ce quartier, près de l'estuaire de la Canche et de l'hippodrome, tient son nom des courants marins qui y refoulaient les noyés : ceux-ci étaient appelés *leu* en patois, terme qui a donné « loup ».

Les « jardins de la Manche »

◄ Plantée en 1855 à l'initiative d'Alphonse Daloz, la forêt couvre 800 ha. Ses boisements de pins maritimes, bouleaux, aulnes, peupliers, acacias protègent du vent quelque 2 000 villas, de style anglo-normand ou résolument modernes. 45 km de pistes cavalières et 50 km d'avenues forestières réservées aux piétons traversent les bois et les quartiers résidentiels, aux jardins soignés.

🚶 Quatre circuits pédestres partent de la place de l'Hermitage : La **Pomme de pin** *(entre 2 et 3h)* pour les « amateurs » ; le **Daphné** *(3h)* pour les « confirmés » ; la **Feuille de chêne** *(4h30)* pour les « explorateurs » ; l'**Argousier** *(16 km)* pour les « chevronnés ». *Dépliants d'orientation gratuits à l'office de tourisme.*

Au Sud de la forêt s'étendent trois parcours de **golf**. Le long de la Canche s'alignent l'**hippodrome**, le **centre équestre**, le **tennis club** (40 courts), le **stand de tir** à l'arc et l'aérodrome.

se promener

BALADE 1900

L'office de tourisme propose un parcours nostalgique en 46 étapes, avec le dépliant « promenade architecturale ».

De la place de l'Hermitage, prendre l'avenue du Verger.

« Champs-Élysées » miniatures, cette avenue reste le rendez-vous des élégantes. À droite, des parterres fleuris mettent en valeur des **boutiques** blanches, au style vaguement Art déco.

Plus loin, l'**hôtel Westminster** compte parmi les plus prestigieux établissements de la station. Sa façade de brique rose aligne ses rangées de fenêtres en saillie.

Prendre l'avenue St-Jean au croisement de l'avenue du Verger.

Ensemble éclectique, le **Village suisse** (1905) se donne un air médiéval, avec ses tourelles et créneaux ; les arcades commerciales forment une terrasse à l'étage.

Revenir jusqu'à l'hôtel et prendre l'avenue des Phares.

Sur la droite, derrière l'hôtel, le **phare** de brique rose a été reconstruit par Quételart en 1949. Son fût hexagonal est à faces incurvées, comme une colonne dorique.

Traverser l'avenue des Phares et prendre la rue J.-Duboc pour rejoindre le boulevard Daloz.

Jolie loggia et retombée de toiture originale pour la **villa Cendrillon** (1923), à l'angle du boulevard Daloz. Au n° 44 du même boulevard, la **villa La Wallonne** marque le début du quartier animé et commerçant. Au n° 78, la façade de la **villa des Mutins** (1925), résidence de Louis Quételart, présente deux pignons sur la rue de Lens. Au n° 45, la **villa Le Roy d'Ys** (1903) est une demeure d'aspect normand, à pans de bois et pierre de marquise. L'**église Ste-Jeanne-d'Arc**, édifiée en 1912 et restaurée en 1955, se pare de vitraux et de ferronnerie d'art. À côté, l'**hôtel de ville** (1931), en pierres du pays et pans de bois cimentés, est flanqué d'un beffroi de 38 m. L'ensemble s'apparente au style anglo-normand.

> **VISITE**
> Promenade architecturale – Balade à vélo (2h) à la découverte des villas, datant pour la plupart des années 1920, ainsi que des principaux équipements de la station. Dép. de l'hôtel de ville à 10h le 2ᵉ dim. du mois et chaque dim. (juil.-août), avec votre vélo.

Le Touquet rencontre rapidement un grand succès auprès des familles qui y passent leurs fins de semaine.

Prendre la rue Jean-Monnet vers la plage.

Au n° 50, la **villa Le Castel** (1904) opte pour un style néomédiéval associé à des éléments Art nouveau. La rue Jean-Monnet passe sous l'arche du **marché couvert,** (1927-1932) en forme de demi-lune, pour atteindre le boulevard Jules Pouget, en bord de mer, où se succèdent d'autres maisons de plaisance.

alentours

Stella-Plage
8 km. Quitter Le Touquet par l'avenue F.-Godin et, à 5 km, prendre à droite la D 144. En arrière de la dune qui longe la plage, les villas de cette station, plus populaire que sa voisine, sont dispersées dans le bois qui prolonge celui du Touquet.

St-Josse
10 km au Sud-Est par la N 39, la D 143 puis la D 144. Vue sur Étaples. Situé sur une colline, le village possédait une abbaye fondée par Charlemagne en souvenir de saint Josse, ermite du 7e s. Dans le chœur (16e s.) de l'église, on vénère la châsse du saint.

> **À REMARQUER**
> À 500 m à l'Est, la fontaine et la chapelle St-Josse, lieu de pèlerinage, se cachent dans un clos boisé.

Tourcoing

Ancien fief de la production textile aux côtés de Roubaix, Tourcoing s'est aujourd'hui spécialisé dans la vente de vêtements par correspondance, mais aussi dans les arts graphiques, l'imprimerie et le numérique. Cette ville dynamique affiche une volonté de réaménagement et d'embellissement. Sur le parvis St-Christophe, on foule un pavage où le porphyre du Trentin voisine avec le marbre de Carrare et de Vérone et la pierre de Soignies. Les berges du canal, la mairie et bien d'autres édifices ont profité du même bain de jouvence. De surcroît, la vie culturelle est riche : autant de raisons pour découvrir ou redécouvrir Tourcoing.

La situation
Carte Michelin Local 302 G3 – Nord (59). Tourcoing est intégré à la communauté urbaine Lille Métropole. Un périphérique entoure la ville. Au Sud, le pont hydraulique, témoignage d'architecture industrielle sur le canal de Roubaix, accueille les automobilistes venant de Lille (N 356), Roubaix (D 9) ou de Tournai (N 509). De Courtrai, on rejoint la ville par la N 43. Le centre commerçant se situe entre l'église St-Christophe et la mairie, jusqu'à la rue de Gand. *Parvis St-Christophe, 9 r. de Tournai, 59200 Tourcoing, 03 20 26 89 03. www.tourcoing-tourisme.com*

Le nom
L'origine et le sens du nom Tourcoing sont incertains. Il pourrait venir de *tour ken*, « près de la source d'une rivière » en celte, ou de *tur oing*, « passage du bois ». La troisième option se contente de *tor* ou *tur*, « tour » ou « sommet » : la ville culmine à 40 m en plusieurs lieux.

carnet pratique

Transports
La ville de Tourcoing est reliée à la métropole lilloise et Roubaix par le métro : 27mn suffisent pour rejoindre le centre de Lille et moins de 10mn pour Roubaix.
10 stations de métro desservent Tourcoing, du Sud vers le Nord jusqu'à la frontière belge. Le métro circule de 5h30 à 0h (heure de passage à la gare de Lille-Flandres), toutes les 2mn en heures de pointe et toutes les 4 à 8mn en heures creuses.
Tourcoing dispose aussi de 4 stations de tramway qui mettent Lille à 30mn du centre-ville. Elle est également desservie par de nombreuses lignes de bus.
☎ 0 820 424 040 - www.transpole.fr

Se restaurer
🍽️ **La Baratte** – 395 r. Clinquet - ☎ 03 20 94 45 63 - la.baratte@wanadoo.fr - fermé 26 avr.-2 mai, 2-29 août, sam. midi, dim. soir et lun. - 20/48 €. Ce restaurant n'est pas facile à trouver, mais insistez, vous ne serez pas déçu. Son décor campagnard joliment rafraîchi, sa grande cheminée, son accueil souriant et sa goûteuse cuisine en font une adresse prisée. Bon rapport qualité/prix.

Que rapporter
Pour faire de bonnes affaires (magasins d'usines textiles) se reporter au carnet pratique de Roubaix.

Les gens
93 540 Tourquennois. **Jules Watteeuw**, dit « le Broutteux » (1849-1947), fut le chantre de sa ville. Son œuvre immense est entièrement écrite en patois. En 1906, ses concitoyens lui ont offert une ravissante maison dont la façade a été décorée par ses amis peintres et sculpteurs *(19 r. Jules-Watteeuw ; on ne visite pas)*. Une plaque de bronze est apposée sur sa maison natale, Grand'Place, et un monument lui est élevé dans le jardin de l'hôtel de ville.

> ### Du pays
> L'humoriste **Raymond Devos** a fait ses études dans un collège de Tourcoing, l'acteur Ronny Coutteure s'est formé à l'art dramatique au conservatoire, et Brigitte Fossey y est née.

comprendre

La laine et les « broutteux » – Au Moyen Âge, les paysans élèvent des moutons et associent l'activité textile au travail de la terre. Cette activité est assez importante en 1360 pour que Tourcoing obtienne un sceau destiné à marquer sa draperie. L'institution d'une « franche foire », qui se perpétue depuis 1491, consacre sa place de bourg marchand. Lorsque la draperie décline, au 16e s., les artisans se spécialisent dans le peignage de la laine : la brouette, employée pour son transport, est l'un des emblèmes de la ville, dont les habitants sont surnommés les « broutteux ».

La bataille de Tourcoing – Les 17 et 18 mai 1794, la tentative d'invasion des coalisés (Prussiens, Autrichiens et Anglais) est habilement déjouée par les généraux Jourdan et Moreau. Mais la victoire est minimisée sur le plan intérieur du fait des rivalités au sein du Comité de salut public. L'importance réelle de cette bataille n'a été reconnue que récemment.

L'ère industrielle – Au 19e s., Roubaix-Tourcoing devient la capitale française du textile. Cet essor attire une main-d'œuvre venue de la Flandre belge, qui travaille dans les peignages, les filatures, les teintureries, les tissages. De 1789 à 1900, la population passe de 10 000 à 80 000 habitants.

Arts contemporains – À l'industrie textile se sont ajoutées des activités comme l'imprimerie, les arts graphiques, l'agroalimentaire, la vente par correspondance. Parallèlement, la cité est devenue un pôle artistique majeur avec l'École régionale supérieure d'expression plastique, l'Atelier lyrique de Tourcoing, dirigé par Jean-Claude Malgoire, et Le Fresnoy : cet ancien centre de distractions populaires des années 1920 a été réaménagé par l'architecte Bernard Tschumi pour accueillir le Studio national des arts contemporains.

visiter

Église St-Christophe
☎ 03 20 26 89 03 - *se renseigner pour les horaires détaillés de chaque j.*

Le clocher (16e s.), englobé dans le clocher actuel (85 m), abrite un **Musée campanaire** et un carillon de 62 cloches. Du sommet *(200 marches)*, **panorama** sur la ville et les environs. ☎ 03 20 27 55 24 - *sur demande préalable mai-oct. : 1er et 3e dim. (3e w.-end de sept.) 14h-18h - gratuit.*

Hôtel de ville
☎ 03 20 23 37 00 - ♿ - *tlj sf dim. et j. fériés 8h-17h30, sam. 9h-12h - gratuit.*

> **À VOIR**
> La salle du conseil municipal est ornée de quelques grandes toiles historiques, dont *La Victoire de Tourcoing*.

Ce monument du Second Empire est un parfait exemple de style éclectique. En façade, un blason surplombe chacune des trois portes. L'ensemble, de style Renaissance, rappelle le Louvre.

Maison folie
3 r. d'Havré. Fondé en 1260 par Mahaut de Guisnes pour servir d'hôpital, cet ancien hospice a été reconstruit aux 17e et 18e s. Du monastère restent la chapelle avec son retable de style baroque, et le cloître avec ses culs-de-lampe sculptés.

Musée des Beaux-Arts
À droite de l'hôtel de ville. ☎ 03 20 28 91 60 - ♿ - *tlj sf mar. 13h30-18h - fermé j. fériés, dernier lun. juil., 1er w.-end de sept. - gratuit.*

> **À VOIR**
> *Kopft*, tête d'homme en fonte. La perception de cette œuvre de Markus Raetz (1992) est très variable selon le point de vue adopté : tournez autour de la sculpture...

Né à Tourcoing, le musicien Albert Roussel (1869-1936) a vécu une partie de sa jeunesse dans cet hôtel particulier. Les collections présentées de façon thématique couvrent la période du 16e au 20e s. La peinture flamande et hollandaise (16e et 17e s.) se distingue par quelques œuvres de qualité, dont *L'Échanson* de Rombouts. Les 19e et 20e s. sont illustrés par Boilly, Clairin *(Portrait de Sarah Bernhardt)*, Carolus-Duran, Fautrier et le Tourquennois Leroy. Le cabinet d'art graphique recèle près de 1 000 œuvres, de Rembrandt à Picasso.

Boilly a réussi le prodige de représenter ces « 35 têtes d'expression » sur seulement quelques centimètres carrés (musée des Beaux-Arts).

Centre d'histoire locale
☎ 03 20 27 55 24 - ♿ - *tlj sf mar. 9h30-11h30, 14h-17h, w.-end. 14h-18h - fermé j. fériés - gratuit.*

Dans un édifice de style Renaissance flamande surmonté d'un beffroi sont exposés des objets issus de fouilles, un plan de la ville, des peintures et documents ethnologiques. Une galerie accueille des expositions d'histoire régionale.

Musée du 5 juin 1944 « Message Verlaine »
4 bis av. de la Marne, juste après le pont hydraulique. ☎ 03 20 24 25 00 - *www.museedu5juin1944.asso.fr - visite guidée (1h30) sur demande préalable à l'Office de tourisme : 1er et 3e dim. de chaque mois 9h-12h, 14h-17h (pour la semaine demande 15 J. à l'avance) - 4,50 € (10-15 ans 2,50 €).*

> **MARIONNETTES**
> Le théâtre du Broutteux (marionnettes flamandes à tringles), est situé dans l'ancienne chambre de commerce, à côté du Centre d'histoire locale. Information et réservation ☎ 03 20 27 55 24.

Le blockhaus du commandement de la XVe armée est devenu musée. C'est ici que fut décodé, le 5 juin 1944, le message de Radio-Londres annonçant le débarquement en Normandie : « Les sanglots longs des violons... » Protégé par un toit en béton armé et des murs épais de 2 m, il est recouvert de briques rouges et son toit, est ensemencé d'herbe pour des raisons de camouflage. Dans une quinzaine de salles, on découvre le matériel de la guerre des ondes, des télex, des mannequins en tenue d'époque, une reconstitution du standard téléphonique et celle de la chambre-bureau du général. Expositions temporaires thématiques.

Valenciennes

Jean-Baptiste Carpeaux voisine au musée des Beaux-Arts avec Antoine Watteau, autre natif de Valenciennes. Il est vrai que cette cité a toujours cultivé le goût des arts... au point d'être surnommée « l'Athènes du Nord ». Elle s'enorgueillit d'un autre atout : la langue Lucullus, portion de bœuf fumée, coupée en tranches et recouverte de foie gras !

La situation
Carte Michelin local 302 J5 – Nord (59). Sur l'Escaut. Des boulevards entourent la cité qui n'a plus d'unité architecturale, ayant subi de graves dommages durant les deux guerres. L'A 2/E 19 dessert le Sud et l'Est de la ville. De Lille, l'A 23 rejoint le Sud-Ouest de la ville en traversant la forêt de Raismes-St-Amand-Wallers. De Tournai, prendre la N 507 puis la D 169 ; de Douai, la N 455 ; et de Maubeuge ou Bavay, la N 49.
1 r. Askievre, 59300 Valenciennes, ☎ *03 27 46 22 99. www.ville-valenciennes.fr*

Le nom
Un certain Valentinus, notable romain qui s'installa sur les rives de l'Escaut, serait à l'origine du nom de la ville et de son développement.

Les gens
Agglomération de 357 395 Valenciennois. Des sculpteurs y sont nés : André Beauneveu, « imagier » de Charles V (14e s.), Antoine Pater (1670-1747), Jean-Baptiste **Carpeaux** (1827-1875) ; des écrivains comme le chroniqueur Froissart (14e s.) ; Antoine **Watteau** (1684-1721) et Jean-Baptiste Pater (1695-1736), peintres des fêtes galantes, Louis et François Watteau, arrière-neveu et petit-neveu d'Antoine.

DES HOUILLÈRES À TOYOTA

Proche du bassin houiller, Valenciennes fut la capitale de la sidérurgie et de la métallurgie du Nord. Aujourd'hui, la ville accueille des industries diverses : matériel ferroviaire, automobile, peintures, laboratoires pharmaceutiques, électronique, etc. L'université scientifique contribue à ce nouvel essor. La firme Toyota s'est récemment implantée aux environs, à Onnaing.

CARPEAUX LE PROLIFIQUE

Sculpteur, peintre et dessinateur, Jean-Baptiste Carpeaux remporte le Grand Prix de Rome en 1854. Devenu sculpteur officiel, il réalise des bustes pleins de finesse, des portraits du Second Empire, et participe au décor de monuments publics :
– *Le Triomphe de Flore*, bas-relief (pavillon de Flore au Louvre),
– *La Danse*, pour la façade de l'Opéra Garnier (musée d'Orsay),
– *Les Quatre Parties du monde* pour la fontaine de l'Observatoire à Paris,
– la statue de Watteau à Valenciennes.
En son hommage, un monument dû à Félix Desruelles lui a été élevé, avenue du Sénateur-Girard. D'autres œuvres, plâtres ou esquisses en terre cuite, sont exposées au musée d'Orsay et au musée du Petit Palais à Paris, au musée Roybet-Fould à Courbevoie et au musée des Beaux-Arts de Valenciennes.

« Watteau » vu par Carpeaux (1857-1858).

Valenciennes

carnet pratique

SE LOGER

⊖ Chambre d'hôte Château d'En Haut – *Château d'en Haut - 59144 Jenlain - 6 km au SE de Valenciennes par D 934 et N 49 -* ☎ *03 27 49 71 80 - www.chateaudenhaut.fr.st - ⌿ - 6 ch. 48/75 € ⚏.* Ce château du 18ᵉ s. est remarquable par son décor, son excellente tenue et son accueil charmant. Les chambres, dotées de lits à baldaquin, s'ouvrent sur le parc. Bibliothèque et petite chapelle à disposition.

SE RESTAURER

⊖ Au Vieux Saint-Nicolas – *72 r. de Paris -* ☎ *03 27 30 14 93 - fermé 1 sem. à Pâques, 14 juil.-15 août - 12,50/25 €.* Ce restaurant aménagé dans une maison de 1735 jouit d'une situation privilégiée, à deux pas de l'église St-Géry. Vous y dégusterez une cuisine traditionnelle sous l'œil bienveillant de Saint-Nicolas, statue du 16ᵉ s. placée au fond de la salle.

SPORTS & LOISIRS

Parc d'attractions Le Fleury – ⌂ *- 5 r. de Bouchain - 59111 Wavrechain-sous-Faulx -* ☎ *03 27 35 71 16 - lefleury.fr - juil.-août : 9h-20h ; de mi-avr. à juin : se renseigner (en général 10h-18h) - fermé oct.-avr - 9 €.* Nombreuses attractions aménagées sur les 23 ha du parc incluant des plans d'eau : minigolf, manèges, petit train, jeux aquatiques et de plein air, etc. Également sur place, jardin des animaux, espaces sportifs, soufflerie de verre restaurant et snacks.

se promener

Maison espagnole

Cette demeure du 16ᵉ s. à pans de bois et à encorbellement a été bâtie sous l'occupation espagnole. Restaurée, elle abrite l'office de tourisme.

Église St-Géry

☎ *03 27 40 01 62 (Office de tourisme) ou 03 27 46 22 04 (presbytère) - visite guidée possible lun.-sam. 18h15-19h et dim. 10h-12h, 17h-18h30.*

L'ancienne église des récollets (13ᵉ s.) a été remaniée au 19ᵉ s. Une restauration a rendu à la nef et au chœur leur pureté gothique d'origine.

À côté, dans le **square Watteau**, se dresse une fontaine dominée par une statue de Carpeaux figurant Watteau, né au 39 rue de Paris. L'**église St-Nicolas** est l'ancienne chapelle des jésuites convertie en auditorium ; elle possède une façade du 18ᵉ s. La **maison du Prévôt N.-D.**, à l'angle de la rue Notre-Dame, est l'un des plus vieux édifices (15ᵉ s.) de la ville, en brique et pierre. Admirez l'élégance des fenêtres à meneaux, le pignon à pas de moineaux et la tourelle surmontée d'un clocheton.

visiter

> **À NE PAS MANQUER**
> Pour la veine fantastique, la *Tentation de saint Antoine* de Jan Mandyn et surtout *Saint Jacques et le magicien Hermogène* (panneau double) de Jérôme Bosch. Pour la peinture religieuse, *L'Adoration des Mages* (triptyque 16ᵉ s.) de Coecke Van Aelst, *Le Calvaire*, de A. Janssens et *La Déploration du Christ* de Pieter Van Mol. Pour les portraits, *Elisabeth de France* de Frans II Pourbus. Pour les scènes de genre, *Les Jeunes piaillent comme chantent les vieux*, de Jacob Jordaens.

Musée des Beaux-Arts★

☎ *03 27 22 57 20 - & - tlj sf mar. 10h-18h, jeu. 10h-20h - fermé 1ᵉʳ janv., 1ᵉʳ Mai, lun. suivant 2ᵉ dim. sept., 25 déc. - 3,50 € (4,50 € période exposition), gratuit 1ᵉʳ dim. du mois.*

Ce musée, bâti au début du 20ᵉ s. et entièrement rénové, expose des œuvres des écoles flamande et française du 18ᵉ s. La sculpture du 19ᵉ s. est bien représentée, surtout avec Carpeaux.

Peinture du 15ᵉ au 17ᵉ s. – L'école flamande est à l'honneur. Dans la 1ʳᵉ salle, l'énigmatique tableau de Jerôme Bosch cotoie le triptyque du *Jugement dernier* de Van Leyden et le *Banquier et sa femme* de Marinus Van Reymerswaele.

Les salles suivantes sont réservées au 17ᵉ s. et aux écoles hollandaise, française, italienne et flamande.

Dans la salle **Rubens**, le maître d'Anvers triomphe avec le triptyque du *Martyre de saint Étienne*, jadis dans l'abbaye de Saint-Amand, et deux toiles : *Élie et l'Ange* et *Le Triomphe de l'Eucharistie*. Cette galerie est consacrée à la peinture religieuse flamande, du maniérisme au baroque : *La Sainte Parenté* de Martin De Vos, *Saint Augustin en extase* de Crayer, *Saint Paul* et *Saint Matthieu*, deux têtes d'apôtres de Van Dyck.

VALENCIENNES

Albert-Ier (Av.)	BY 2
Amsterdam (Av. d')	BY 5
Armes (Pl. d')	AY 6
Cairns (Av. Sergt)	ABZ 13
Capucins (R. des)	BY 15
Cardon (Pl.)	BZ 16
Clemenceau (Av. G.)	AX 18
Digue (R. de la)	AZ 22
Dunkerque (Av. de)	AX 25
Famars (R. de)	AYZ
Ferrand (R.)	AY 33
Foch (Av. Mar.)	AX 34
Froissart (Pl. J.)	BY 35
Gaulle (Pl. Gén.-de)	BY 36
Jacob (Pont)	AX 38
Juin (Av. du Mar.)	AX 40
Lattre-de-Tassigny (Av. Mar.-de)	AX 42
Leclerc (Av. Mar.)	AX 43
Liège (Av. de)	BX 44
Lille (R. de)	AX 46
Paix (R. de la)	BY 50
Paris (R. de)	AY 52
Pompidou (Av. G.)	AZ 54
Reims (Av. de)	BZ 56
Sénateur-Girard (Av.)	AX 63
St-Céry (R.)	BY 59
Tholozé (R.)	AX 65
Verdun (Av. de)	BZ 69
Vieille-Poissonnerie (R.)	AY 73
Villars (Av.)	AY 74
Watteau (Square)	AY 76

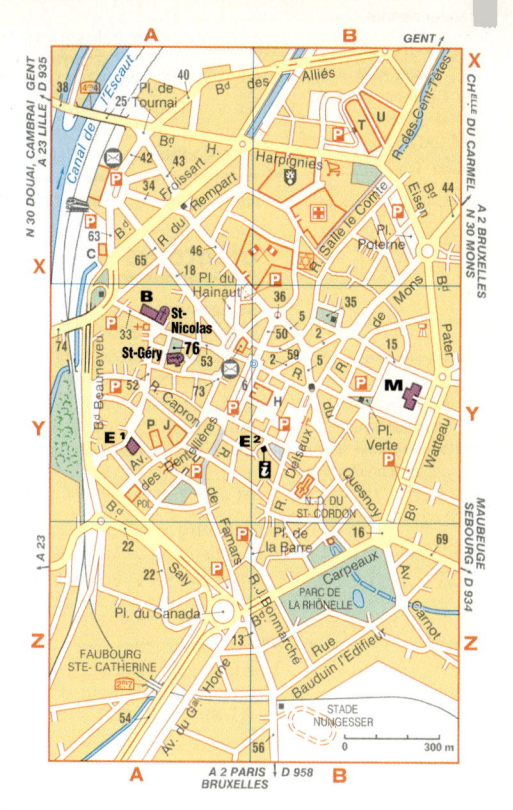

Bibliothèque municipale (Collège des jésuites)	AY B
Maison du Prévôt Notre-Dame	AY E¹
Maison espagnole	BY E²
Musée des Beaux-Arts	BY M

Deux autres salles montrent l'évolution des genres : portrait, nature morte (*Le Cellier* de Snyders, *La Pourvoyeuse de légumes* de Beuckelaer), scène de genre (Jordaens) et paysage, avec Soens et Rubens.

École française du 18ᵉ s. – La 1ʳᵉ salle présente deux œuvres de Watteau, le portrait du sculpteur Antoine Pater et une toile de jeunesse. Remarquez le *Portrait de Jean de Jullienne*, ami et mécène de Watteau, par François de Troy, ainsi que le *Concert champêtre* et les *Délassements de la campagne* de J.-B. Pater, collaborateur de Watteau. Dans la 2ᵉ salle, toiles de Louis et François Watteau, dont *Les Quatre Heures de la journée*.

Carpeaux – Au centre du musée, un vaste espace baigné de lumière met en scène l'évolution de son art : sculptures monumentales, bustes... Les esquisses sur le thème de la femme et de l'enfant montrent son aptitude à traduire le mouvement. Quelques peintures évoquent la vie mondaine du sculpteur et ses qualités de portraitiste (autoportraits) ou de visionnaire. À côté, sculptures d'artistes contemporains : Crauk, Desruelles, Lemaire, Hiolle...

École française des 19ᵉ et 20ᵉ s. – De grands formats illustrent le goût académique pour l'histoire : *La Mort du maréchal Lannes* de Guérin, *Exécution de Marie Stuart* de Pujol, *L'Épée de Damoclès* d'Auvray. Le paysage est à l'honneur avec Charlet, Boudin, Rousseau et Harpignies. La section du 20ᵉ s. évoque les recherches d'artistes comme Herbin ou Félix Delmarle sur la ligne et la couleur.

Archéologie régionale – *Au niveau inférieur, dans la crypte*. Peintures murales découvertes à Famars (2ᵉ s.), bronzes (statue d'Éros de Bavay) et plat d'argent gallo-romain de Saulzoir ; bijoux et parures à décor d'émail cloisonné, peintures funéraires et gisants du Moyen Âge.

Bibliothèque municipale

☎ 03 27 22 57 00 - *mar. et jeu. 14h-18h30, merc., vend. et sam. 10h-12h, 14h-18h30 (mi-sept. : dim. Journée du patrimoine) - visite guidée (30mn) tous les sam. à 11h - fermée dim. et lun., j. fériés - gratuit.*

> **LE COIN DES NÉOCLASSIQUES**
> *Trait de la jeunesse de Pierre le Grand* (1828), un grand format historique dû à Charles de Steuben, et le *Dévouement de la princesse Sybille* (1832) de Félix Auvray.

Valenciennes

> **LIVRE RARE**
> *La Cantilène de sainte Eulalie*, écrit en langue d'oïl vers 880, est le plus ancien poème français connu.

L'ancien **collège des jésuites** (début 17ᵉ s) présente une façade à parements de pierre, décorée au rez-de-chaussée d'œils-de-bœuf et de guirlandes Louis XVI. Au 1ᵉʳ étage, la **bibliothèque des Jésuites**★, dont le décor peint date du 18ᵉ s., est un vaisseau voûté rythmé par cinq arcs doubleaux qui reposent sur des corbeaux de style rocaille. Elle comprend 350 000 volumes : manuscrits, incunables, imprimés rares du 17ᵉ au 20ᵉ s.

alentours

St-Saulve

> L'intérieur baigne dans une lumière très douce : au-dessus de l'autel, des vitraux non figuratifs mettent en valeur le jeu de formes géométriques.

2 km au Nord-Est. Quitter la ville par l'avenue de Liège, sortie 30. Achevée en 1966, la **chapelle du Carmel** *(1 r. Henri-Barbusse)* a été conçue d'après une maquette du sculpteur Szekely et les plans de l'architecte Guislain, qui ont privilégié les effets de volumes et l'emploi de matériaux modestes. La chapelle flanquée d'un clocher asymétrique, s'élève un peu en retrait de la route. ☎ 03 27 46 24 98 - 9h-11h30, 13h-17h.

Sebourg

9 km à l'Est par la D 934 vers Maubeuge ; prendre à gauche la D 59 à Saultain, puis à droite la D 350 à Estreux. Ce bourg rural s'étage sur les pentes de la vallée verdoyante de l'Aunelle. L'**église** (12ᵉ-16ᵉ s.) fait l'objet d'un pèlerinage à saint Druon, berger et ermite du 12ᵉ s. invoqué pour guérir les hernies. Dans le bas-côté droit, gisants (14ᵉ s.) d'Henri de Hainaut, sire de Sebourg, et de sa femme. ☎ 03 27 26 51 87 - *visite guidée 9h-12h, 14h-18h30, sur demande à M. Heuclin.*

Bruay-sur-l'Escaut

5 km au Nord par la D 935 et la D 75. L'**église** abrite le **cénotaphe** de sainte Pharaïlde, sœur de sainte Gudule : un bloc de pierre blanche du 13ᵉ s. représente une femme aux formes gracieuses. *Lun., jeu. et dim. 10h-12h ; vend. 17h-19h ; mar., merc. et sam. sur demande au 8 r. Clémentine-Decker, Mme Sabiaux (en face de l'église).*

DE LA « RÉCLAME » À LA « PUB »

Jean Mineur, à l'origine de la « réclame » au cinéma, est né à Bruay-sur-l'Escaut. Il s'agissait à l'époque de rideaux publicitaires peints, puis de films publicitaires muets. En 1938, sa société s'installe sur les Champs-Élysées, à Paris. Le sympathique personnage du Petit Mineur fait son entrée dans les salles obscures en 1952, dessiné par Albert Champeaux. Il pose sa lanterne et projette son piolet au cœur d'une cible où apparaît le fameux numéro de téléphone 0001, créé en 1949 et surnommé le « Balzac ». Après plusieurs partenariats, avec Pathé-Cinéma, puis avec Cinéma et Publicité, la régie Médiavision voit le jour en 1971. Depuis 1998, le Petit Mineur s'est légèrement transformé ; plus moderne, il prend sa place dans un nouveau scénario... tout en images de synthèse.

Denain

> **LES CARREAUX DE « GERMINAL »**
> C'est dans cette ville et dans la région qu'**Émile Zola** est venu chercher son inspiration pour écrire *Germinal*.

10 km au Sud-Ouest par la N 30. Le 24 juillet 1712, les villageois assistent à la victoire du maréchal de Villars sur l'armée du prince Eugène.

Dès 1828, la découverte de gisements de houille propulse ce bourg agricole au rang de centre industriel. Véritable gruyère, la cité possède jusqu'à 15 puits de mine. Le dernier, celui du Renard, dont le terril domine la ville, est exploité jusqu'en 1948.

De l'ex-**coron Jean-Bart** *(av. Villars)* subsiste un bâtiment (1852) qui a été transformé en conservatoire de musique. Ici vécut le mineur et poète Jules Mousseron (1868-1943). La **cité Ernestine** *(se garer et entrer aux nᵒˢ 138 et 140 de la rue Ludovic-Trarieux)* garde son atmosphère populaire : elle se compose de corons d'une vingtaine de logements. Au Nord, la **cité Bellevue** forme un ensemble de maisons de porions et de chefs porions, parfois disposées de part et d'autre de fours à pain.

Abbaye et jardins de Valloires★★

Au creux du val d'Authie, parmi les bois et les prairies, l'abbaye est implantée dans un site d'une beauté particulière, selon la tradition cistercienne. Si l'on admire son église baroque, on aime à flâner dans ses jardins : un lieu enchanteur, où plus de 5 000 variétés de plantes s'associent en savants archipels selon la teinte de leurs feuillages, la subtilité de leur parfum, la présence de fruits ou d'épines...

La situation

Carte Michelin Local 301 D5 – Somme (80). À Argoules, au Nord du département de la Somme. Depuis Doullens, la D 938/D 119 longe la rive droite de l'Authie, que l'on traverse à Saulchoy ou Maintenay pour rejoindre la D 192 sur la rive gauche. Depuis Montreuil, Le Touquet, Le Crotoy ou Rue, rejoindre la N 1 vers Nampont-St-Martin où l'on prend à droite la D 192.

Les gens

Fondé au 12e s. par Guy II, comte de Ponthieu, le monastère accueille en 1346 les dépouilles des chevaliers tués à Crécy. Les bâtiments incendiés au 17e s. sont reconstruits au milieu du 18e s. sur les plans de Raoul Coignart. Aujourd'hui désaffectée, l'abbaye abrite une maison de rééducation pour enfants.

L'AMOUR DES PLANTES
En 1981, le pépiniériste **Jean-Louis Cousin** décide de présenter au public sa collection de végétaux. Le paysagiste **Gilles Clément** dessine le domaine : en France, c'est le premier « jardin libre » où les plantes ne sont pas classées par espèces, mais selon leurs caractéristiques décoratives.

visiter

Abbaye★

☎ *03 22 29 62 33 - www.abbaye-valloires.com - visite guidée (1h) juin-août : 10h30-17h30 (dim. 17h30 visite insolite de l'orgue) ; avr.-mai et sept. : 11h30-16h30 ; de déb. oct. à mi-nov. : 11h30-15h30 (16h30 w.-end et j. fériés) - 6,50 € (enf. 4 €).*

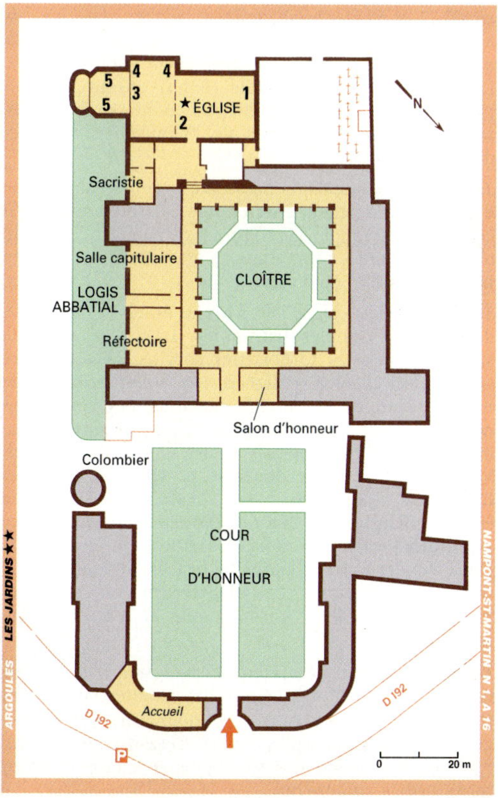

SE LOGER
⊖⊖ Hôtellerie de l'Abbaye de Valloires
– Dans l'abbaye - 80120 Valloires - A 16 sortie 25 et N 1 et à Vron D 175 - ☎ 03 22 29 62 33 - www.abbaye-valloires.com - 17 ch. 41/90 € - ☕ 6 €. L'hôtellerie, aménagée au sein même de l'abbaye cistercienne du 18e s., offre le cadre d'une retraite aussi idéale qu'exceptionnelle. Selon le standing, les chambres donnent sur les splendides jardins ou sur le cloître (dans ce cas, douche privative mais W.-C. sur le palier).

La décoration est l'œuvre du baron **Pfaff de Pfaffenhoffen** (1715-1784), Viennois fixé à St-Riquier à la suite d'un duel qui l'avait obligé à quitter Vienne.

Logis abbatial – Il est situé au-delà du colombier (16e s.), sur la façade Est. Le grand salon est décoré de boiseries en chêne, de style rocaille Louis XVI. La galerie du cloître est voûtée d'arêtes. Au rez-de-chaussée de l'aile Est se trouvaient le réfectoire et la salle capitulaire, à l'étage les appartements de l'abbé et les cellules. La sacristie conserve des toiles de Parrocel et de l'école de Boucher.

> **À VOIR**
> Les grilles **(2)** de l'église comportent les armes de Valloires et le serpent d'airain de Moïse, préfiguration de la Crucifixion. Elles ont été forgées par Jean Veyren dit « le Vivarais » : ce serrurier de Corbie exécuta aussi les grilles de la cathédrale d'Amiens et celles du château de Bertangles.

◀ **Église★** – « Elle ferait les délices de Mme de Pompadour mais saint Bernard n'y trouverait rien à redire » : cette remarque d'un voyageur illustre l'accord entre la sobriété de l'architecture et la finesse du décor. Une tribune sculptée de chutes d'instruments musicaux supporte l'**orgue (1)**. De chaque côté, les statues symbolisent la Religion. La balustrade et le petit buffet sont ornés de putti et d'angelots musiciens. Des cariatides soutiennent le grand buffet, couronné par une statue du roi David entouré d'anges musiciens. Deux anges adorateurs en plomb doré sont placés de part et d'autre du maître-autel **(3)** que domine une suspension eucharistique de Jean Veyren, en forme de crosse abbatiale. Deux anges blancs en papier mâché planent au-dessus de l'autel. Dans le croisillon droit se trouvent les gisants (16e s.) d'un comte et d'une comtesse de Ponthieu **(4)** ; dans le croisillon gauche, on aperçoit la baie par laquelle les moines malades suivaient l'office. Les stalles **(5)** sont sculptées de trophées religieux ; celles de l'abbé et du prieur, ornée de boiseries encadrent l'entrée de la chapelle absidiale.

Jardins★★

☎ 03 22 23 53 55 - www.jardinsdevalloires.com - *de déb. mai à mi-sept. : 10h-18h ; de mi-mars à déb. mai et de mi-sept. à mi-nov. : 10h-17h - 7,50 € (enf. 4 €).*

En toute saison, ces jardins (8 ha) offrent des surprises, avec leurs 5 000 variétés de plantes et d'arbustes, pour la plupart originaires de l'hémisphère Nord et d'Asie.

Jardin à la française – Sa stricte ordonnance est une évocation de la rigueur cistercienne. Le cloître végétal est ceinturé d'ifs, rappel des colonnes de l'abbaye. Le jardin blanc (charmille, osmanthus...) est parallèle au jardin jaune (forsythia, potentille...).

Jardin des îles – Dans l'île d'**hiver**, érables et bouleaux déclinent de subtiles harmonies. L'île d'**or** abrite le sureau panaché et le noisetier corylus. L'île d'**ombre** réunit des plantes craignant le soleil, comme le mûrier pleureur. Près de l'île des **lilas**, la chambre des **cerisiers** regroupe les prunus. L'île d'**argent** voisine avec l'île des **viornes**, aux fleurs blanches et velues. Voyez aussi l'île des **deutzias** et **spirées**, celle des **feuillages pourprés**, la chambre d'**automne** (érable, charme...) et l'île des **épines douces**. L'île des **papillons** (acacia, buddleia...) séduit aussi les abeilles. Dans l'île des **fruits décoratifs**, résistez aux tentations : certains sont toxiques ! Le « **bizarretum** » rassemble des plantes aux formes tourmentées, comme le hêtre tortillard.

> **JEAN-BAPTISTE LAMARCK**
> Originaire de Picardie, ce botaniste (1744-1829) fut le premier à esquisser une théorie de l'évolution des êtres vivants, liée aux variations du milieu naturel sur le comportement.

◀ **Espace Lamarck** – Consacré à l'évolution des espèces, ce jardin (3 000 m^2) abrite des plantes archaïques (fougère, magnolia...) et très évoluées (pâquerette, marguerite...). Le paysagiste Gilles Clément conte ainsi l'histoire du monde végétal depuis son apparition sur terre jusqu'à aujourd'hui.

Jardin des 5 sens – Ses végétaux illustrent le goût (fraise, pomme...), le toucher (bourgeons poisseux des marronniers), l'ouïe (feuilles bruissantes du tremble), la vue (pétunia aux coloris variés) et l'odorat (jasmin, lis, menthe...).

Roseraie – Disposés en carrés, 2 000 rosiers se mêlent à des légumes décoratifs et aux « simples » que cultivaient les moines à des fins médicinales.

Jardin bleu – Les hibiscus voisinent avec l'indigo ou encore le chêne persistant du Nord de la France.

Jardin de marais – Autour d'un canal artificiel – allusion à un bras de l'Authie qui traversait autrefois l'abbaye – se plaisent aulnes, bambous et peupliers.

> **À HUMER**
> La **rose Jacques-Cartier** à fleurs doubles est l'une des plus odorantes. La petite **rose de Valloires** à fleur semi-double a été créée en 1992 : Catherine Deneuve est sa marraine. La **rose des Cisterciens** est née en 1998, à l'occasion du neuvième centenaire de l'ordre de Cîteaux.

Les jardins de Valloires, un lieu de rêverie pour les amateurs de roses...

alentours

Buire-le-Sec
4 km au Nord. Traverser le pont ; à Maintenay, prendre la D 139.

Labyrinthe géant des Sept Vallées – ☎ *03 21 90 75 25 - de déb. juil. à août : 11h-19h ; de déb. sept. à mi-sept : dim. 11h-19h - 9 € (enf. 7 €).*

Dans ce labyrinthe végétal de 8 ha, petits et grands éprouvent le frisson de l'aventure. Pour pimenter le parcours, vous verrez des spectacles, participerez à des jeux et à des énigmes... Nocturnes chaque week-end de pleine lune.

> **QUE RAPPORTER**
> **La Cité des artisans** – 2 r. place - 62870 Buire-le-Sec - ☎ 03 21 81 83 94 - cite.des.artisans@free.fr - juil.-août : 10h-12h, 14h30-19 ; avr.- juin, sept. déc. 14h30-19h ; oct.-nov., w.-end 14h30-19h - fermé janv.-mars. Ces 300 m² regorgent de stands : céramique, jouets en bois, bijoux, etc. Vente de produits régionaux : miel, confiture, bonbons...

Abbaye de **Vaucelles**

Cette abbaye cistercienne, fondée en 1132 par saint Bernard, dépassait en dimensions toutes ses consœurs européennes. L'église, plus vaste que Notre-Dame de Paris, disparut à la Révolution. Cependant, la salle des moines et la salle capitulaire, aujourd'hui restaurées, respirent toujours la même sérénité.

La situation
Carte Michelin Local 302 H7 – Nord (59). Les vestiges de l'abbaye se trouvent sur la rive droite du canal de St-Quentin, entre Bantouzelle et Les Rues-des-Vignes. De Cambrai, à 12 km au Nord, accès par la N 44, puis la D 96 ou la D 76-D 103 ; de St-Quentin, N 44 puis D 96 ; de Péronne, D 917 puis D 96. Par l'A 26/E 17, sortie 9, prendre la D 917 vers Cambrai puis la D 96.

Abbaye de Vaucelles

Le nom
Vaucelles vient de *vallis cellae*, « cellules de la vallée » (12e s.) : allusion aux bâtiments de pierre érigés par les moines pour remplacer les huttes de bois dans les marécages de la vallée de l'Escaut.

Les gens
Le 1er août 1132, saint Bernard pose la première pierre de cette abbaye qui grandit sur un domaine offert en 1131 par Hugues d'Oisy. Le monastère prospère tant qu'au 13e s. il compte 300 moines de chœur, auxquels s'ajoutent novices et frères convers.

visiter

Ancienne abbaye cistercienne
☎ 03 27 78 50 65 - *www.vaucelles.com* - *de mi-mars à mi-nov. : 10h-12h, 14h-17h30, dim. et j. fériés 15h-18h30 - fermé lun. (sf juil.-août) et 1er dim. sept. - 6 € (enf. 4,50 €).*
L'abbatiale, édifiée entre 1190 et 1235, servit de carrière à la fin du 18e s. Elle était la plus grande église du pays après Cluny : 137 m de long. Des fouilles ont révélé les fondations et un carrelage au niveau du déambulatoire.

Le **bâtiment claustral** comporte quatre salles : le scriptorium, l'auditorium, la salle capitulaire à belles voûtes d'ogives et le passage sacré, qui doit son nom aux tombes des trois premiers abbés canonisés en 1179. Subsistent aussi des éléments du palais abbatial (18e s.) et des restes du mur d'enceinte qui courait sur 7 km.

> **LE MAÎTRE D'ŒUVRE**
> Villard de Honnecourt, né près de Cambrai au 13e s., a laissé un relevé très précis du chœur et du déambulatoire de l'abbaye de Vaucelles dans son carnet de croquis.

La salle capitulaire de l'abbaye possède une très bonne acoustique, qui en fait le lieu de nombreux concerts de musique classique.

alentours

Vers le pont sur l'Escaut et le canal de St-Quentin où s'élève une écluse double, des sites agréables sont fréquentés par les pêcheurs : c'est l'occasion d'y faire un pique-nique ou une jolie balade.

Les Rues-des-Vignes
4 km au Nord par la D 103. L'**Archéo'site** réunit des reconstitutions d'habitats des époques gallo-romaine (cave du 2e s.), mérovingienne (nécropole des 6e-7e s. et taverne) et carolingienne (village et ateliers). Certaines illustrent les résultats des fouilles menées à l'emplacement de Vinchy, lieu de séjour des rois et hauts dignitaires francs (7e-8e s.). ☎ 03 27 78 99 42 - *tlj sf lun. 9h-12h, 14h-18h, w.-end et j. fériés 14h-18h, visite guidée (2h) dim. à 15h - fermé de mi-nov. à mi-mars - 5 € (enf. 4 €).*

Villeneuve-d'Ascq★

Cette technopole, où l'on contemple une architecture postmoderne de brique, de bois et de verre, est le « poumon vert » de l'agglomération lilloise, avec ses parcs et sa chaîne de cinq lacs. Parmi les bâtiments novateurs, le musée d'Art moderne expose l'importante donation Masurel : œuvres de Picasso, Calder, Braque, Léger, Modigliani... On redécouvre aussi des fermes, avec leurs murs en « rouges-barres » : une tradition picarde.

La situation
Carte Michelin Local 302 G4 – Nord (59).
La ville se trouve à 8 km à l'Est de Lille. Le VAL la relie au reste de l'agglomération lilloise. En voiture, quitter la N 227 à « Château de Flers ».
🛈 *Château de Flers, chemin du Chat Botté, 59652 Villeneuve-D'ascq,* ☎ *03 20 43 55 75. www.villeneuvedascq.fr*

Le nom
La ville nouvelle regroupe depuis 1970 les communes d'Annappes, Flers et Ascq, dont les centres anciens ont été conservés comme noyaux d'activité. Ascq a été gardé dans le nom de la ville en souvenir du massacre de 86 patriotes le 2 avril 1944.

Les gens
65 042 Villeneuvois. La ville, qui regroupe la plupart des universités de la région, accueille quelque 50 000 étudiants et 2 300 chercheurs. Elle forme 10 % des ingénieurs français.

découvrir

LE PATRIMOINE RURAL
Musée des Moulins
R. Albert-Samain. ☎ *03 20 05 49 34 - visite guidée (1h à 2h) tlj sf sam. 10h-12h, 14h-17h, dim. 15h-18h - fermé août et de mi-déc. à mi-janv., j. fériés - 5,50 €.*
Jusqu'au 19ᵉ s., la région lilloise comptait quelque 200 moulins. Depuis 1976, trois spécimens ont été réintroduits à Villeneuve-d'Ascq : le **moulin des Olieux** (1743) qui produisait de l'huile de lin, un **moulin à farine** (1776) et un moulin à eau. À deux pas, l'Association régionale des amis des moulins gère le **musée** qui permet de mieux comprendre le mécanisme de la minoterie. On y découvre les outils (18ᵉ et 19ᵉ s.) du charpentier, du meunier, du bûcheron... et une collection de meules.

Musée du Terroir
2 carrière Delporte. Accès par la rue du 8-Mai. ☎ *03 20 91 87 57 - www.shvam.asso.fr - mars-nov. : tlj sf sam. 14h30-18h, dim. 9h30-12h, 15h30-18h (visite guidée 16h) ; déc.-fév. : dim. 9h30-12h - 3 €.*
Dans le quartier ancien d'Annappes, la **ferme Delporte** est bâtie en brique et pierre de Lézennes. On y explique l'emploi des outils agricoles, la production d'artisanat traditionnel – forge, serrurerie, menuiserie, laiterie. Y sont également reconstitués les intérieurs d'une ferme (cuisine, chambre) et évoqués la vie dans les estaminets, les jeux, l'école...

Fermes d'antan
On compte plus de 70 fermes à Villeneuve-d'Ascq, dont les plus anciennes datent du 17ᵉ s. Elles présentent une architecture en rouge-barres, où alternent brique, pierre ou silex. La **ferme Lebrun** (1610) sert de pension à des chevaux de compétition *(r. de la Liberté)*. La **ferme du Grand Ruage** (19ᵉ s.) est toujours en exploitation *(r. Colbert)*. En revanche, beaucoup ont été reconverties,

---

SE LOGER
⊖⊜⊜ **Ascotel** – *Av. Paul-Langevin, cité Scientifique -* ☎ *03 20 67 34 34 - ascotel@club-internet.fr -* 🅿 *- 83 ch. 68/90 € -* ⊇ *11 € - restaurant 15,50/25,50 €.* Cet établissement cubique en brique rouge se trouve en plein cœur de la cité scientifique et à proximité des principaux axes de circulation. Ses chambres jaune pastel sont spacieuses et bien équipées. Cadre moderne au restaurant.

VISITE
Visites guidées –*Se renseigner à l'Office de tourisme,* ☎ *03 20 43 55 75 - visite guidée sous forme de balade pédestre, juil.-août : dim. ; sept.-juin : un dim. par mois - gratuit.*
Passeport Journée – *Il inclut les entrées aux musées et 1 repas dans un restaurant partenaire de l'opération - en vente à l'Office de tourisme - 3 formules proposées : 22,90 € (enf. 16,80 €), 21,30 € (enf. 15,20 €) et 19,80 € (enf. 13,70 €).*

Villeneuve-d'Ascq

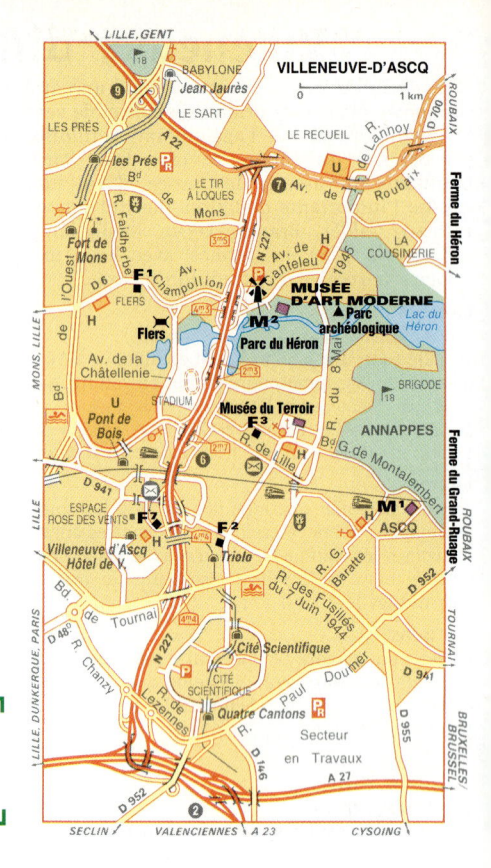

Ferme D'En Haut	F¹
Ferme Dupire	F²
Ferme Lebrun	F³
Forum des Sciences	
- Centre François-Mitterrand ..	F⁷
Musée du Souvenir	M¹
Musée des Moulins	M²

comme la grange de la **ferme Dupire**, transformée en salle de spectacle *(80 r. Yves-Decugis)*. La **ferme D'En Haut** héberge des ateliers d'artistes *(r. Champollion)*. La **ferme du Héron** (1816), à l'Est du lac, est un centre de découverte de l'environnement : un point de départ idéal pour les balades « vertes » organisées par la ville *(chemin de la Ferme, ☎ 03 20 47 34 78)*.

Musée de Plein Air

143, rue Colbert. ☎ 03 20 05 59 41 - www.museedepleinair.com - fin avr. à oct. : tlj sf lun. 10h-17h ; w.-end et j. fériés 14h30-18h - possibilité de visite guidée (1h30) sur demande préalable - fermé 1ᵉʳ Mai - 5 € (6-12 ans 2 €).

Ce parc met à l'honneur le patrimoine rural du Nord : vingt-deux bâtiments sauvés de la ruine et déplacés ici rappellent qu'autrefois les « petites gens » surent élever des constructions parfaitement adaptées à leur métier sans l'aide d'architecte : chaumière, fournil, grange, charretil, estaminet, forge... Ce patrimoine vernaculaire est animé de savoir-faire traditionnels, d'animaux, d'expositions.

visiter

Musée d'Art moderne★★

Fermé pour travaux ☎ 03 20 19 68 51

Cet édifice (1983), dessiné par Roland Simounet, surplombe le lac du Héron. Il ressemble à une sorte de Lego en brique et en verre. Dans le parc de sculptures, on découvre des œuvres contemporaines : un mobile et un stabile d'**Alexander Calder**, *La Croix du Sud* (1969) et *Guillotine pour huit* (1936) ; et, de **Picasso**, *Femme aux bras écartés* (1962), une idole en ciment et galets, à la fois colossale et fragile, qui semble flexible comme une feuille de papier.

Le hall donne accès à droite aux expositions, et à gauche à l'accueil et aux services (bibliothèque, cafétéria...).

Collection Masurel – Issue de la donation Geneviève et Jean Masurel, cette collection fut initiée en 1907 par Roger Dutilleul, oncle de Jean Masurel. Elle comprend plus de 230 œuvres du début du 20ᵉ s., surtout des toiles. Les Fauves (Rouault, Derain, Van Dongen), les naïfs (Bauchant, Vivin), les surréalistes (Miró, Masson), l'art cubiste et l'art abstrait sont bien représentés. Remarquez les toiles de **Braque** *(Les Usines de Rio Tinto à l'Estaque)* et de **Picasso** *(Homme nu assis* et *Tête de femme).* Pour la technique des papiers collés : *Tête d'homme* de Picasso et *Le Petit Éclaireur* de Braque.

> **À VOIR**
> L'une des premières toiles acquises par Dutilleul fut *Maisons et arbre* (1907) de Braque. La toile venait d'être refusée au Salon d'automne.

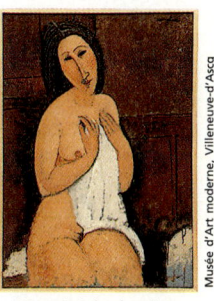

Les œuvres de **Fernand Léger** illustrent bien l'évolution stylistique de l'artiste, du *Paysage* (1914) à sa maquette pour une peinture murale (1938), en passant par ses études de volume et des œuvres telles que *Femme au bouquet* ou *Nature morte au compotier*.

Une salle est dédiée à **Modigliani**, peintures, dessins et marbre blanc, *Tête de femme* (1913), le seul connu. Cette œuvre inachevée, hiératique, semble combiner des influences de l'art khmer et de la statuaire africaine. Ses portraits séduisent par le jeu des lignes et des couleurs ; remarquez l'étirement des cous.

Parmi les peintres abstraits, citons **Kandinsky** et **Klee** ; **Nicolas de Staël** connut Roger Dutilleul par l'intermédiaire du peintre **Lanskoy**, protégé du collectionneur. D'autres artistes de l'école de Paris sont présents : **Charchoune**, **Buffet**, **Chapoval** et **Utrillo**.

Parc archéologique Asnapio
R. Carpeaux. ☎ *03 20 47 21 99 -* ♿ *- juil.-août, vac. scol. Toussaint et Pâques : mar.-vend. 14h-17h, dim. 15h-19h ; avr.-juin et sept.-oct. : dim. 15h-19h, merc. 14h-17h - fermé j. fériés (sf si dim.) - 2,40 €.*

Dans ce parc sont reconstitués des exemples d'habitat rural du Nord de la France, depuis le néolithique jusqu'au Moyen Âge : seule la villa gallo-romaine est « en dur » ; les autres bâtiments – habitations et ateliers, où l'on peut assister à des démonstrations techniques – sont construits en bois, torchis et chaume.

« Nu assis à la chemise » de Modigliani (1917).

Musée d'Art moderne, Villeneuve-d'Ascq

Château de Flers
☎ *03 20 43 55 75 -* ♿ *- mar.-vend. 9h-12h30, 14h-18h ; sam. 9h-12h - fermé j. fériés.*

Les douves de ce château flamand (1661) étaient jadis enjambées par un pont-levis. Les bâtiments en brique avec chaînages de pierre, surmontés de pignons à pas de moineaux, abritent l'office de tourisme et un **Musée archéologique**. ☎ *03 20 43 55 71 -* ♿ *- mar.-vend. 14h-17h30, 1ᵉʳ et 3ᵉ dim. du mois : 15h-18h30.*

Mémorial Ascq 1944
77 r. Mangin, à Ascq. ☎ *03 20 41 13 19 -* ♿ *- juil.-août : mar., merc., jeu, dim. et j. fériés 14h-17h30 ; sept.-janv. : merc., dim. et j. fériés 9h-12h, 14h-17h30 - fermé sam., 1ᵉʳ janv., 1ᵉʳ Mai, 25 déc. - 3 €.*

Ce musée commémore le massacre, dans la nuit du 1ᵉʳ au 2 avril 1944, de 86 habitants d'Ascq, dont le plus jeune avait 15 ans, ainsi que le procès des accusés allemands en 1949. Le long de la voie ferrée, 86 pierres perpétuent la mémoire des disparus.

Forum des sciences - Centre F.-Mitterrand
1 pl. de l'Hôtel-de-Ville. ☎ *03 20 19 36 36 -* ♿ *- tlj sf lun. 10h-17h30, w.-end et j. fériés 14h30-18h30 - fermé 1ᵉʳ janv., 1ᵉʳ Mai, 3 premières sem. sept., 25 déc. - 5 à 7 €, selon les activités (gratuit 1ᵉʳ dim. du mois).*

À travers des expositions temporaires sur des thèmes scientifiques, le Forum sensibilise aux nouvelles technologies. Dans l'espace-atelier pour jeunes, vous trouverez un espace d'éveil pour enfants de 3 à 6 ans et un centre de documentation. Enfin, le **planétarium**, hémisphère de 14 m de diamètre, propose une initiation à la lecture du ciel, des comètes, des planètes, de l'heure...

Villers-Cotterêts

Comment résister à l'appel conjugué de la salamandre, des Trois Mousquetaires et de la Dame aux camélias ? Cette petite ville d'allure paisible est née de la royale passion de la chasse. Patrimoine de la famille d'Orléans jusqu'en 1789, Villers-Cotterêts a vu défiler une légion de célébrités, dont François Ier, Henri II, Rabelais, Nerval, et surtout les trois Dumas, dont la ville entretient le souvenir.

La situation
Carte Michelin Local 306 A7 – Aisne (02). Au Sud de l'Aisne, entre les vallées de l'Ourcq, de l'Aisne, de la Crise et de l'Automne, Villers-Cotterêts se niche au creux de la belle forêt de Retz. De Paris (75 km) Soissons (22 km), on rejoint la cité des Dumas par la N 2.

8 pl. A.-Briand (face au château), 02600 Villers-Cotterêts, 03 23 96 55 10.

Les armoiries
Elles se parent d'azur, avec une salamandre d'argent. La tête contournée, celle-ci lance du feu par la gueule. Elle est surmontée de la lettre F (François Ier) couronnée, accostée de deux H et K d'or (Henri II et Catherine de Médicis).

Les gens
9 839 Cottéréziens. Connaissiez-vous l'adage « s'amuser comme à Villers-Cotterêts » ? Les habitants prétendent qu'il remonte à l'époque où Diane de Poitiers réunissait sa « petite bande des dames de la cour » au château.

> **SE LOGER**
> ⊖⊖ **Hôtel Régent** –
> *26 r. du Gén.-Mangin -*
> ☎ *03 23 96 01 46 -*
> *info@hotel-leregent.com*
> *- fermé dim. soir de nov. à mars sf j. fériés -*
> 🅿 *- 17 ch. 46,50/73,50 €*
> *-* ⊇ *7,90 €. Ce relais de poste du 18e s. qui a conservé son décor d'époque, vous fera rêver aux diligences qui s'arrêtaient là. Entrez par le porche et admirez la cour pavée avec son abreuvoir. Chambres spacieuses en façade avec mobilier ancien.*

---

comprendre

Naissance de l'état civil – François Ier remplace le château royal du 12e s. par une demeure Renaissance achevée en 1535 et multiplie les dépendances. C'est ici qu'il promulgue la célèbre ordonnance de Villers-Cotterêts (1539) : elle prescrit la substitution du français au latin dans les actes publics et notariés. Parmi les 192 articles figure l'obligation, faite aux curés, d'inscrire sur un registre les dates de naissance et de mort de chaque paroissien – auparavant, on devait recourir à la mémoire de témoins pour justifier de son identité. Il faudra attendre 1792 pour que la tenue des registres de l'état civil soit confiée aux municipalités.

Un enfant des Isles – Le premier des « trois Dumas » est le fils d'un colon de St-Domingue, le marquis Davy de La Pailleterie (1762-1806), et d'une femme de couleur, Marie-Cessette Du mas (travaillant « au mas »). Le marquis refuse de reconnaître l'enfant, qui devient dragon de la reine sous le nom de Dumas, puis général en 1794. Entre-temps, l'officier file le parfait amour avec une jeune Cotterézienne, mène une campagne en Égypte, mais se retrouve disgracié par Napoléon Ier pour ses opinions républicaines. Il se retire à Villers-Cotterêts et vit modestement. Sa mort survient quatre ans après la naissance d'Alexandre, le futur romancier.

La jeunesse d'Alexandre Dumas – Les années passent, très difficiles pour la veuve et son fils. Alexandre (1802-1870) trouve un emploi de clerc de notaire et recopie des actes jusqu'à l'âge de 20 ans. Sa mère lui annonce un jour qu'elle ne dispose plus que de 253F. Il prélève 53F et part à Paris. Il joue au billard le prix de sa place dans la diligence : le voici dans la capitale avec un pécule intact. Sa belle écriture le fait entrer au secrétariat du duc d'Orléans, futur Louis-Philippe. Ainsi

---

> **UN BON MOT DE DUMAS PÈRE**
> À un jaloux qui voulait l'offenser en faisant allusion à ses origines africaines, le truculent Alexandre rétorqua : « Eh oui, mon père était mulâtre, ma grand-mère était noire, et mon arrière-grand-père un singe. Vous le voyez, ma race commence là où la vôtre finit. »

débute une carrière littéraire qui s'est étendue du roman historique au fantastique, du théâtre au récit de voyage, du feuilleton jusqu'au livre de cuisine...

Dumas fils – Dumas père aime sa voisine de palier, qui lui donne un fils en 1824, également baptisé Alexandre et dont la notoriété littéraire s'imposera avec *La Dame aux camélias* (1848), roman qui inspirera à Verdi sa belle *Traviata*.

se promener

Parc du château de François Ier
Attribué à Le Nôtre, il garde les traits de sa composition des 17e et 18e s. (lignes d'ensemble des parterres et perspective de l'allée Royale). Au bout de l'allée, la porte blanche mène aux sentiers pédestres de la forêt, comme les Grandes Allées, sur le flanc droit de la pelouse.

Sur les traces des trois Dumas
La place du Dr-Mouflier, ex-place de la Fontaine, apparaît dans *les Mémoires* de Dumas père. Outre l'hostellerie de son grand-père s'y trouvaient l'étude de maître Hennesson, où il recopiait les actes (Crédit Lyonnais), et le bureau de tabac de Mme Dumas. La **maison natale** de l'écrivain, signalée par une plaque, se trouve au 46 rue A.-Dumas. De part et d'autre de la porte du garage sont inscrits les titres de ses œuvres les plus connues. La rue débouche sur la place du même nom, où s'élevait sa statue de bronze : due à Carrier-Belleuse, élève de Rodin, elle a été fondue par les Allemands en 1914-1918. Il ne reste que la plume, déposée au musée. De cette place, on parvient au cimetière où reposent les Dumas. Grand-père et petit-fils puisqu'à l'automne 2002, à l'occasion du bicentenaire de sa naissance, les cendres d'Alexandre Dumas père ont été transférées au Panthéon à Paris, rejoignant ainsi les grands hommes de la Nation. Belle revanche pour un auteur paradoxalement desservi par l'immense succès littéraire de ses romans et longtemps considéré comme mineur par la critique. Une autre statue de Dumas, œuvre de Pierre Bouret, est visible dans le square rue L.-Lagrange.

Musée A.-Dumas – ☎ *03 23 96 23 30 - ⚑ - tlj sf mar., dernier dim. du mois et j. fériés 14h-17h (dernière entrée 45mn av. fermeture) - 3 € (-12 ans gratuit).*
Trois salles évoquent le souvenir des Dumas. Exposition de lettres, romans, toiles, caricatures, bustes et objets, dont le costume d'académicien de Dumas fils.

visiter

Château François Ier
☎ *03 23 96 55 10 - mai-oct. : visite guidée (1h) tlj sf lun. 11h et 15h ; nov.-avr. : tlj sf dim. et j. fériés 11h et 15h - 4 € (-12 ans gratuit).*

En 1806, Napoléon affecte le château abandonné au dépôt de mendicité organisé pour le département de la Seine. En cachette, dès l'âge de dix ans, Alexandre Dumas s'y initie au maniement de l'épée, avec le père Mounier, un ancien maître d'armes.

Entrez dans la **cour d'honneur**. Au fond, le bâtiment central a été édifié sous François Ier, ainsi que les deux ailes qui l'encadrent. L'aile Nord du château est d'époque Henri II. Sur la façade du logis principal se superposent deux ordres d'architecture : piliers ioniques et colonnes corinthiennes soutenant une suite de consoles feuillées. L'étage est troué d'une loggia peu profonde au-dessus de laquelle vous dévisage le portrait de François Ier.

Alexandre Dumas père est l'auteur de plus de 300 œuvres, parmi lesquelles de grands classiques, comme « Les Trois Mousquetaires » et « Le Comte de Monte-Cristo ».

À VOIR
Trois jolies fontaines : fontaine de la Coquille *(ci-dessus)*, r. Pelet-Otto ; *Clapotis*, jeune fille accroupie due à Férenc Naguy, pl. de la Madelon ; fontaine de Diane, copie de la *Diane chasseresse* du Louvre, r. Léveillé.

Villers-Cotterêts

> **À OBSERVER**
> Les sculptures des caissons de la voûte du grand escalier sont dues à l'école de Jean Goujon : F couronnés, salamandres, fleurs de lys. Les mêmes motifs ornent la salle des États, ancienne chapelle, dont les voûtes sont masquées par un faux plafond.

Le **grand escalier**★, à double volée, est un chef-d'œuvre de la Renaissance (1535). Au bout de la galerie, l'**escalier du Roi**, contemporain du grand escalier, conserve des scènes mythologiques sculptées : un satyre barbu dévêtant une nymphe endormie, Vénus désarmant l'Amour, Hercule étouffant entre ses bras le lion de Némée.

alentours

Forêt de Retz (voir ce nom)

Montgobert
10 km au Nord-Nord-Est par la N 2 et la D 2 à gauche. Tourner ensuite dans une petite route vers Montgobert.
Le **château de Montgobert** (18e s.), à la lisière de la forêt de Retz, appartenait à Pauline Bonaparte et à son mari, le général Leclerc, enterré dans le parc. Il abrite le **musée du Bois et de l'Outil** (collection d'outils). Aux étages, un espace est consacré à la forêt et à sa gestion. Exposition sur l'ONF et présentation des métiers du bois en forêt ; ateliers reconstitués. ☎ 03 23 96 36 69 - *juil.-août : tlj sf mar. 14h-18h ; avr.-juin et sept. : sur RV en sem., dim. et j. fériés 14h-18h* - 4 €.

> **ORIGINE**
> On raconte que c'est en chassant dans la forêt de Retz que François Ier aurait recueilli une salamandre et décidé d'en faire son symbole.

Le Vimeu

Écoutez-le, goûtez-le, vivez-le, ce « pays » picard, avec sa petite musique d'hier, son gâteau battu, son bocage et ses vergers de pommiers à cidre. Hospitalier et généreux, le Vimeu entretient les racines de son terroir. Son industrie traditionnelle – serrurerie et ferronnerie – s'est développée au 17e s. et se maintient encore de nos jours.

La situation
Carte Michelin Local 301 C/D7 – Somme (80). Entre Somme et Bresle, le Vimeu est une région de culture et d'élevage. La D 940 longe la côte. À l'intérieur des terres, la D 928 relie Abbeville à Blangy-sur-Bresle, longeant l'A 28. D'Amiens, suivre la vallée de la Somme par la D 3 puis la D 936 à Picquigny, vers Oisemont via Airaines.

Le nom
La région doit son nom à une rivière : la Vimeuse.

Les gens
C'est dans le château d'Huppy que le colonel de Gaulle établit son poste de commandement le 29 mai 1940 ; trois jours plus tard, il fut promu général de brigade.

alentours

> **À VOIR**
> Parmi les collections de serrures en bois, verrous et targettes, une vitrine de 135 cadenas, dont le plus petit a été fabriqué dans un louis d'or.

Friville-Escarbotin
20 km à l'Ouest d'Abbeville par la D 925. Dans un édifice du 17e s., le **musée des Industries du Vimeu** retrace l'histoire de la petite métallurgie : serrurerie, robinetterie, quincaillerie. Exposition de machines du 19e s. et reconstitutions d'ateliers de serrurerie, d'un cleftier de Dargnies, d'une fonderie de Friville-Escarbotin. Aperçu de la production actuelle du Vimeu (diaporama). ☎ 03 22 26 42 37 - *visite guidée (1h) de Pâques à fin oct. : mar. et merc. 14h30-17h30, dim. et j. fériés 14h30-18h30* -3,50 €.

Huppy
10 km au Sud d'Abbeville par la D 928 puis la D 25 à gauche.
L'**église** des 15e et 16e s. (vitraux Renaissance historiés) et le **château** du 17e s. composent un joli tableau. Une plaque rappelle le séjour de De Gaulle, et un musée d'art

carnet pratique

QUE RAPPORTER
Aux Spécialités de la baie de Somme – *Rte Nationale, impasse du Hamel - 80220 Brutelles - ☎ 03 22 26 76 88 - juil.-août : tlj 10h-12h, 15h-18h ; le reste de l'année : vend. et w.-end - fermé dim. fériés. Exposition-vente de produits du terroir : terrines à l'ancienne, confitures, gâteau battu, cidre, bière, salicornes, etc. Possibilité de composer des paniers gourmands.*

Hubert-Dufételle – *43 Grande-Rue - entre Friville et St-Maxent - 80210 Aigneville - ☎ 03 22 26 22 74 - tlj sf dim. et lun. 14h-18h - fermé j. fériés.* Les propriétaires de cette ferme produisent foies gras, rillettes et autres savoureuses préparations réalisées à base de canard. Visite de l'élevage et dégustation.

local, « Huppy autrefois », évoquant l'art sacré et l'histoire du village, est logé dans le clocher de l'église. ☎ 03 22 28 58 56 - *visite guidée (1h) lun.-vend. 14h-17h, sur RV w.-end - 3,50 €.*

Moulin de St-Maxent
13 km au Sud d'Abbeville, sur la D 928. ☎ *03 22 28 52 28 - mars-oct. : tlj sf merc.14h30-18h - 2,50 € (enf. 1 €).* Les ailes de ce moulin tout en bois (1739) se sont immobilisées en 1941. Il conserve son pivot dit « pioche », sa « queue » servant de contrepoids, son toit d'écailles de châtaignier et ses trois étages pour le blutage, les meules et le mécanisme.

Mémorial canadien de **Vimy**★

Ce gigantesque mémorial se dresse sur le sommet de la côte 145, le point le plus élevé de la crête de Vimy, longue de 14 km. Il commémore l'assaut que quatre divisions du corps canadien y menèrent, le 9 avril 1917, pour reprendre ce verrou essentiel de la défense allemande.

La situation
Carte Michelin Local 301 J5 – Pas-de-Calais (62). D'Arras (8 km) ou Lens (6 km), accès par la N 17. De l'A 26, par la sortie 7, on gagne la N 17 vers Lens. Suivez les pylônes du monument.

Les gens
La crête est si bien fortifiée par les Allemands que, de 1914 à 1917, tous les assauts des Alliés échouent. Le 9 avril, à l'aube, quatre divisions du corps canadien, appartenant à la III armée britannique du général Allenby, partent à l'attaque. La victoire, après trois jours de combat, est extrêmement coûteuse : 10 602 victimes, dont 3 598 Canadiens.

66 655 Canadiens périrent en France lors de la Grande Guerre.

visiter

Sobre et colossal, le **mémorial** (1936) s'élève sur un terrain concédé au Canada. Walter Seymour Allward mit onze ans à réaliser ce monument, qui rend hommage à tous les Canadiens tués au cours de la Première Guerre mondiale. À l'avant, la statue d'une femme triste incarne le Canada pleurant ses enfants. Tout en bas, un tombeau est recouvert de branches de laurier, d'un casque et d'une épée. De chaque côté du mur de façade, au bas des marches, apparaissent deux groupes de personnages sculptés : l'un illustre le Brisement du sabre et l'autre la Sympathie pour les victimes. L'enceinte porte les noms de 11 285 Canadiens tués en France sans sépulture connue.

> **LE MÉMORIAL EN CHIFFRES**
> Le monument repose sur une base de 11 000 t de béton renforcé de centaines de tonnes d'acier. 6 000 t de pierres calcaires ont été importées d'une carrière romaine de l'Adriatique pour ériger les pylônes et les statues sculptées.

Les deux pylônes – à feuilles d'érable pour le Canada, à fleurs de lys pour la France – symbolisent les sacrifices des deux pays ; au sommet, les statues de la Justice et de la Paix ; en-dessous, la Vérité, la Connaissance, la Vaillance et la Sympathie. Entre les pylônes et à leur base, un soldat mourant tend le flambeau à ses camarades.

Sur la pente de la colline, le réseau de **tranchées** canadiennes et allemandes a été restauré, ainsi qu'une partie du **tunnel Grange,** qui mesurait à l'origine 750 m. Le terrain est encore semé de trous d'obus et de cratères de mines. ☏ *03 21 50 68 68 - visite guidée des tunnels (45mn) mai-oct. : 10h-18h ; nov.-avr. 9h-17h, visite guidée du champ de bataille (1h) sur réserv. (pdt tte la période des travaux de restauration du monument commémoratif) mai-nov. : 10h, 11h30, 13h45 et 15h15, visite libre tte l'année du Centre d'interprétation historique, des cimetières et des tranchées -gratuit.*

Au Sud-Ouest, **Neuville-St-Vaast** fut arraché aux Allemands par la 5e DI du général Mangin en juin 1915, après huit jours de combats acharnés.

Notes

Index

Compiègne .... Villes, curiosités et régions touristiques.
Hugo (Victor) .... Noms historiques et termes faisant l'objet d'une explication.
Les curiosités isolées (châteaux, abbayes, grottes...) sont répertoriées à leur propre nom.

Aa (vallée) 94
Abbé-Val-Joly (forêt domaniale) 123
Abbeville 42, 88
Abréviations 8
Acheuléen 108
Acremant (Germaine) 336
Adresses utiles 16
Agnetz 138
Agnières 316
Ailly-sur-Somme 366
Airaines 91
Aire-sur-la-Lys 44, 46, 92
Albert 42, 47, 95
Alprech (cap) 156
Ambleteuse 198
Ambricourt 247
Amettes 284
Amiénois 52
Amiens 22, 42, 43, 46, 97
Anchin (ancienne abbaye) 289
Archon 369
Ardres 239
Argales (site) 289
Argoules 119
Arleux 44, 211
Armentières 43, 44, 281
Armentières-sur-Ourcq 228
Armistice (clairière) 191
Arques 342
Arras (traité) 68
Arras 44, 46, 109
Arry (château) 331
Artois 54
Athies 310
Aubigny-au-Bac 211
Auchel 260
Auchy-lès-Hesdin 247
L'Audomarois 341
Ault 116
Authie 118
Automne (vallée) 299
Autreppes 370
Auxi-le-Château 119
Avesnes-sur-Helpe 120
L'Avesnois 27, 55, 121
L'Avesnois (Parc naturel régional) 120
Azincourt (bataille) 68, 125
Azincourt 125

Bagatelle (château) 90
Bagatelle (parc d'attractions) 141
Baignade 31
Bailleul 43, 46, 126
Baive (monts) 124
Barreaux 257
Bart (Jean) 214

Bassin minier 55, 58
Bavay 130
Beaumont-Hamel (parc-mémorial) 96
Beaurain 371
Beaurevoir 324
Beauvais 42, 43, 46, 132
Beaux Monts 190
Becket (Thomas) 165
Beffrois 81
Béguinages 346
Bellefontaine (ferme) 228
Bellegambe (Jean) 84, 205
Bellicourt (mémorial américain) 324
Bellignies 131
Berck 46, 47, 139
Bergues 47, 141
Bernay-en-Ponthieu 203
Berry-au-Bac 181
Bertangles (château) 145
Béthune 43, 47, 146
Bêtises de Cambrai 167
Bibliographie 38
Bière 36, 66
Blanc-Nez (cap) 199
Blangy (étang) 248
Blangy-sous-Poix 316
Blérancourt 148
Blériot (Louis) 242
Blériot-Plage 200
Blootland 54
Boeschepe 129
Boilly (Louis Léopold) 85
Bois-de-Cise 117
Le-Boisle 119
La Boisselle 96
Boucher de Perthes (Jacques) 88
Boucq (François) 85, 265
Boulettes d'Avesnes
  (fromage) 65, 120, 121
Boulogne (forêt) 157
Boulogne-sur-Mer 22, 42, 46, 47, 149
Le Boulonnais 54, 157
Bourbourg 43
Bourguignon 255
Bours 284
La Bouteille 370
Bouvines 283
Bouvines (bataille) 68, 266
Boves 108
Braine 360
Brasseries 30
Bray (pays) 53, 138
Bray-Dunes 42, 221
Bray-sur-Somme 365
Brimeux 170
Bruay-la-Buissière 260
Bruay-sur-l'Escaut 382
Brunémont 211
Bruyères-et-Montbérault 256

Buire-le-Sec	46, 385
Burelles	370
Butor (Michel)	84

C
Calais	46, 158
Californie (plateau)	181
Calvin (Jean)	302, 305
Cambrai	44, 165
Cambrésis	55
Camp du Drap d'or	69, 238
Camp du Drap d'or (route)	27
Canche (vallée)	170
Canoë-kayak	31
Canterbury (Grande-Bretagne)	165
La Capelle	172
Cappy	365
Caps et marais d'Opale (Parc naturel régional)	197
Carillons	28, 62
Carnavals	43, 60, 214
Carpeaux (Jean-Baptiste)	379
Carterie	53
Cartes et plans	6
Cartignies	121
Cartographie	6
Cassel	43, 173
Le Cateau-Cambrésis	175
Cateau-Cambrésis (traité)	69, 176
Cats (mont)	47, 129
Caubert (monts)	91
Cauchon (Pierre)	133
Caudry-en-Cambrésis	178
Cayeux-sur-Mer	364
Censes	54
Cercamp (château)	171
Cerf-volant	31
Cerny-en-Laonnois	180
Ch'timis	51, 60
Chalmont (butte)	228
Champlieu	299
Chaourse	369
Char à voile	32
Les Charitables	147
Charles le Téméraire	308
Charles Quint	94
Château-Fée	322
Chemin des Dames	27, 70, 179
Chiens ratiers	63
Chiques	130
Circuit du Souvenir	27
Circuits de découverte	12, 26
Cités pavillonnaires	258
Cités-jardins	258
Claudel (Camille)	226
Clément (Gilles)	383
Clermont	138
Clovis	358
Colbert	133
Colombophilie	63
Combats de coqs	63
Combernon (ferme)	228
Comines	44, 282
Comités départementaux de tourisme	16
Comités régionaux de tourisme	16
Commynes (Philippe de)	84
Compiègne	22, 182
Compiègne (forêt)	190
Condé-sur-l'Escaut	334
Condette	243
Conservatoire du littoral	52
Conty	108
Corbie	195
Corons	257
Côte d'Opale	26, 42, 197
Cotte (Louis)	250
Coucy (forêt)	201
Coucy-le-Château-Auffrique	200
Courbet (Amédée Anatole)	88
Courmelles	360
Course (vallée)	297
Courtils	53
Cousin (Jean-Louis)	383
Craonne (arboretum)	181
Craonne (bataille)	181
Crécy (bataille)	68, 202
Crécy (forêt)	203
Crécy-en-Ponthieu	202
Crémarest	204
Le Crotoy	363
Cuisine	64
Cyclotourisme	33
Cysoing	283

D
Dagny-Lambercy	369
Dampleux	322
Decaux (Alain)	84
Denain	43, 382
Dennlys parc	95
Dentelle	128, 161, 163, 178
Desmoulins (Camille)	240
Desvres	46, 203
Desvres (forêt)	204
Dohis	369
Dommartin (Abbaye de)	119
Dorgelès (Roland)	84
Douai	42, 44, 205
Doudeauville	297
Doullens	212
Douvres (Grande-Bretagne)	164
Dragon (caverne)	180
Drievenmeulen	175
Drocourt	261
Dumas (Alexandre)	84, 390
Dunes de Flandre	221
Dunkerque	43, 46, 47, 214
Duquesne (Jacques)	84
« Dynamo » (opération)	215

E
Ecault (dunes)	243
Écomusée de la Mine	260
Écrivains	84
Édouard III d'Angleterre	160, 202
Édouard IV d'Angleterre	311
Enfants	30, 37
Englancourt	371
Éperlecques (blockhaus)	223
Eppe-Sauvage	124
Équihen-Plage	43
Escaut (source)	324
Esquelbecq	145
Esquerdes	343
Étaples	43, 44, 224
Eurotunnel	160
Les Évoissons	315

F
Famechon	316
Familistère Godin	240
Fauquembergues	94
Féchain	211
Felleries	122
Fénelon (François de Salignac de La Motte)	166
La Fère	349
Fère (château)	226
Fère-en-Tardenois	226
La Ferté-Milon	228
Festival	42
Festivités	42
Fêtes	60
Fêtes gastronomiques	44
Fêtes traditionnelles	46

Flandres	54
Flers (château)	171
Flines-lez-Raches	211
Flobart	199
Foch (maréchal Ferdinand	111, 173, 191, 212, 321
Folembray	201
Folkestone (Grande-Bretagne)	164
Folleville	230
Les Fontainettes	138
Forest-Montiers	203
Fort-Mahon-Plage	119
Fouré (Marie)	308
Fourmies	232
François Ier	238
Fresnicourt (dolmen)	306
Fressin	126
Frévent	171
Friville-Escarbotin	392
Froissy	366
Fromages	36, 64
Fusées V1	89
Fusées V2	223, 245

La **G**aloperie (étang)	233
Gambrinus (géant)	146
Gargantua (géant)	126
Gaulle (Charles de)	279
Gayant (géant)	205
Géants	43, 60, 244, 265
Genièvre	67
Gerberoy	46, 233
Germinal	261, 382
Gibeau (Yves)	181
Godin (Jean-Baptiste André)	240
Gohelle (pays)	256
Golf	32
Gothique	78
Grand-fort-Philippe	237
La Grande-Nature	341
Grands Monts	194
Gravelines	234
Gravelines (centrale nucléaire)	237
Gris-Nez (cap)	198
Gromaire (Marcel)	85
Gronard	370
Guarbecque	285
Gueules-Noires	258, 262
Guînes	237
Guînes (forêt)	238
Guise	239
Guizancourt	316

Habsbourg	68
Hachette (Jeanne)	132
Haillicourt	260
Le Hainaut	55
Ham	241
Hamel	211
Ham-en-Artois	285
Handicapés	17
Hangest-sur-Somme	367
Harciany (Guillaume de)	254
Hardelot-plage	42, 47, 242
Hary	370
Hazebrouck	44, 47, 244
Hébergement	18, 19
Helfaut-Wizernes (coupole)	245
Hem (chapelle)	329
Hénin-Beaumont	261
Henri VIII d'Angleterre	238
Henson (cheval)	293
L'Hermitage (château)	334
Hersant (Robert)	320
Hersin-Coupigny	260

Hesdigneul-lès-Béthune	147
Hesdin	246
Hesdin (forêt)	247
Hestrud	123
Hétomesnil	136
Hez-Froidmont (forêt)	137
Hirson	248
Hondschoote	249
Honnecourt (Villard de)	252
Hortillonnages	53, 106
La Hottée du Diable	228
Hôtels de ville	81
Le Hourdel	364
Houtland	54
Hugo (Victor)	295
Huppy	392
Hutte-des-Grands-Hêtres	203
Hydrequent	158

Inxent	297
Isbergues	94

Jean-Baptiste (saint)	97
Jeanne d'Arc	182
Jeantes	368
Jeux traditionnels	62

Kemmelberg	129
Kent (Grande-Bretagne)	39, 164
Koksijde (Belgique)	222

La Fontaine (Jean de)	229
La Tour (Maurice-Quentin de)	85, 343, 348
Lachapelle-aux-Pots	138
Laclos (Choderlos de)	84
Laigue (forêt)	194
Lamarck (Jean-Baptiste)	384
Lamartine (Alphonse de)	142
Lambert (mont)	157
Lannoy (Raoul de)	230
Laon	43, 46, 250
Laonnois	53, 255
Le Nain (frères)	85, 250
Leclerc de Hauteclocque (maréchal)	91, 92
Lécluse	211
Légende	8
Légion d'honneur (monument)	156
Lens	256
Lescarbot (Marc)	368
Lewarde (Centre historique minier)	262
Lez-Fontaine	122
Licques	44, 158
Liercourt	367
Liesse-Notre-Dame	46, 263
Liessies	123
Lieu-Restauré (abbaye)	300
Liévin	47, 258
Lille	22, 43, 46, 47, 264
Lillers	284
Locon	44
Loisirs	31
Loison-sur-Créquoise	44
Long	46, 367
Longpont (abbaye)	285
Longpré-les-Corps-Saints	367
Longueil-Annel	46, 286
Longueval (mémorial)	96
Loos-en-Gohelle	259
Louis d'Orléans	312
Louis XI	308, 311
Lucheux	213
Luynes (ducs de)	91, 95
Luzarches (Robert de)	100

Mabuse (Jean Gossart, dit) 294
Mac Orlan (Pierre) 84
Magasins d'usine 37
Mailly-Maillet 288
Maizicourt 213
Malo-les-Bains 43, 220
Mangin
   (général Charles) 179, 300, 321, 394
Mangin (monument) 322
Marais audomarois 341
Marchais (château) 263
Marchiennes 47, 288
Marchiennes (forêt) 289
Les « Marie-Louise » (monument) 181
Marionnettes 62, 99, 103
Marissel 137
Marle 289
Marly-Gomont 370
Maroilles 44, 121
Maroilles (fromage) 65, 121
Marquenterre 53, 291
Marquenterre (parc ornithologique) 291
Marquette (Jean) 255
Marquise (bassin carrier de) 158
Martin (saint) 97
Matisse (Henri) 85, 176
Maubeuge 42, 43, 47, 293
Mauroy (Pierre) 265
La Maye (vallée) 203
Mazingarbe 260
Le Mélantois 283, 356
Mémorial australien 196
Menneville (étang) 204
Merckeghem 224
Merck-St-Liévin 94
Mers-les-Bains 117
Méru 137
Météo 16
Millam 224
Mimoyecques (forteresse) 239
Mineur (Jean) 382
Les Misérables 295
Moeres 250
Moines (étang des) 233
Mollet (Guy) 109
Mollières 53
Mons-en-Laonnois 255
Mons-en-Pévèle 283
Montcavrel 297
Montcornet 369
Montgobert 392
Mont-Notre-Dame 361
Montoir (bois) 201
Montreuil 295
Montreuil-sur-Mer 43, 46
Monts (chapelle) 124
Mont-St-Éloi 302
Mont-St-Martin 324
Morgny-en-Thiérache 369
Morienval 298
Mormal (forêt) 319
La Motte (château) 123
Moulin Den Leeuw 144
Moulins 30, 46, 56, 266
Moustier-en-Fagne 124
Muches 301
Mur de l'Atlantique 71, 83

Nampont-St-Martin 119
Naours (cité souterraine) 300
Napoléon III 242
Nausicaä 149
Navigation de plaisance 34
Nesles (château) 227
La Neuville 196
Neuville-St-Vaast 394

Nivelle (général) 179
Nivelle (offensive) 179
Nœux-les-Mines 260
Noir (mont) 129
Noiret (Philippe) 265
Noordmeulen 175
Norbert (saint) 316
Nord-Pas-de-Calais 54
Notre-Dame-de-Lorette (colline) 301
Notre-Dame-des-Prés (chartreuse) 170
Nouvion-le-Vineux 255
Noyelles-sur-Mer 364
Noyon 44, 302
Noyonnais 53, 305

Offices de tourisme 16
Oignies 261
Olhain (château) 306
Omer (saint) 336
Onival 117
Oostduinkerke (Belgique) 222
Orchies 211
Ordrimouille 228
Ourcq 226
Ourscamps (abbaye) 307

Paix des Dames 69
La Panne (Belgique) 222
Pannes flamandes 54
Parc-Saint-Quentin (forêt) 139
Parfondeval 369
Paris-Roubaix (course) 325
Parmentier (Antoine Augustin) 231
Pas-Bayard (étang) 248
Pater (Jean-Baptiste) 85
Pêche 32
Pecquencourt 289
Péronne (entrevue) 68, 308
Péronne 308
Pétain (maréchal) 284
Petit-Fort-Philippe 237
La Pévèle 283
Phalempin (forêt) 283
Picardie (bataille) 70
Picardie 50, 52, 59
Piccolissimo (docteur) 126
Picquigny (traité) 311
Picquigny 310
Pierrefonds (château) 312
Pinchon (Joseph) 85, 302
Pinsons (concours) 63
Piper 97
Pitgam 144
Plans de ville (liste) 7
Plomion 368
Poilus 179, 180
Poix-de-Picardie 44, 315
Pont de Berne 193
Pont-de-Briques (château) 156
Pont-de-Sains 124
Ponthieu 52, 53
Pont-Remy 367
Poperinge 130
Le Portel 156
Potez (usines d'aviation) 95
Pozières (mémorial) 96
Prémontré (abbaye) 316
Presles-et-Thierny 256
Prévost (abbé) 84, 247
Les Princesses (route forestière) 195
Prisces 370

Quaëdypre 144
Le Quesnoy 46, 317
Questrecques 157

399

Racine (Jean) 229
Raismes-St-Amand-Wallers (forêt) 332
Rambures (château-fort) 319
Ramousies 122
Rancourt 97
Randonnée cycliste 33
Randonnée équestre 33
Randonnée pédestre 33
Ravenel 320
Régnier (Nicolas) 294
Renneval 369
Renty 94
Restauration 18, 19
Rethondes 70, 71, 191, 194
Rety 158
Retz (forêt) 321
Rieulay 289
Rihoult-Clairmarais (forêt) 342
Riqueval 323
Robespierre (Maximilien de) 111
Roubaix 47, 324
Rouge (mont) 129
Routes Historiques 27
Royaucourt-et-Chailvet 255
Roye 305
Rue 329
Les Rues-des-Vignes 386

Sainghin-en-Mélantois 283
Sains-du-Nord 44, 124
Sains-en-Amienois 108
Sains-en-Gohelle 260
Saint-Algis 370
Saint-Amand 213
Saint-Amand-les-Eaux 331
Saint-Corneille-aux-Bois (chapelle) 191
Saint-Crépin-aux-Bois 194
Saint-Étienne-au-Mont 156
Saint-Félix 136
Saint-Frieux (mont) 243
Saint-Germer-de-Fly 138
Saint-Gobain 335
Saint-Gobain (forêt) 334
Saint-Gobain-Pont-à-Mousson 335
Saint-Hubert (ermitage) 322
Saint-Jans-Cappel 129
Saint-Jean-aux-Bois 194
Saint-Josse 376
Saint-Just (Louis-Antoine de) 148
Saint-Marc (mont) 193
Saint-Martin-aux-Bois 321
Saint-Maxent 393
Saint-Michel (abbaye) 248
Saint-Michel (forêt) 249
Saint-Michel en Thiérache 42
Saint-Nicolas-aux-Bois (abbaye) 336
Saint-Omer (marais) 51
Saint-Omer 43, 46, 336
Saint-Paul de Wisques (abbaye) 343
Saint-Pierre (étangs) 194
Saint-Pierre (Eustache) 160
Saint-Quentin 43, 343
Saint-Quentin (canal) 323, 344
Saint-Riquier 42, 349
Saint-Sauve 382
Saint-Valéry-sur-Somme 46, 351
Sainte-Croix d'Offémont (prieuré) 195
Sainte-Périne 194
Samara (parc) 353
Samarobriva 97, 106
Samer 44, 354
Santé 36
Santerre 52
Sarazin (Jacques) 302
Sars-Poteries 355
Savignies 139

Sayette (étoffe) 249
La Scarpe 205
Scarpe-Escaut
  (Parc naturel régional) 331, 332
Sebourg 382
Seclin 356
Seizine (croix de) 336
La Sensée (étangs) 211
Sept Vallées (pays) 246
Septentrion 281
Septmonts 360
Septveaux 336
Serre (pays de la) 289
Seulin 53
Le Sidaner (Henri) 233
Ski 34
Le Soissonnais 53
Soissons 357
Solre-le-Château 122
Somme (baie) 42, 362
Somme (champs de bataille) 95, 365
Somme (source) 349
Somme (vallée) 365
Souverain-Moulin 157
Spécialités gastronomiques 66
Sports 31
Stations
  Kid 30, 139, 198, 199, 221, 242, 372
Steenmeulen 175
Steenvoorde 44, 175
Stella-Plage 376
Syndicats d'initiative 16

Tailly (château) 92
Tapisseries 109, 133, 136
Le Tardenois 226
Templeuve 283
Terrils 257
Thalassothérapie 36
Thermalisme 36
Thérouanne 94
Thiepval (mémorial) 96
La Thiérache 27, 55, 121, 367
Thure 122
Le Tortoir 335
Touage 324
Le Touquet 23, 43, 47
Le Touquet-Paris-Plage 371
Tourcoing (bataille) 377
Tourcoing 43, 46, 376
Traditions 60
Tramecourt 247
Transports 17
Trélon 43, 124
Trélon (forêt) 124
Les « Trois Pays » 237
Troisséreux (château) 137
Tronchet 86
Tunnel sous la Manche 160

Valenciennes 42, 44, 47, 379
Val-Joly (parc départemental) 123
Vallers-Trélon 124
Valloires 42
Valloires (abbaye et jardins) 383
Valois (route des) 28
Vauban (Sébastien Le Prestre de) 83
Vauclair (abbaye) 181, 355
Vaux (belvédère) 365
Verchin 126
Le Vermandois 52, 323
Verne (Jules) 107
Vervins 368
Vez 300
Vieil-Hesdin 171

Vieux-Moulin 193
Villeneuve-d'Ascq 387
Villeneuve-sur-Fère 227
Villers-Bocage 146
Villers-Bretonneux 196
Villers-Cotterêts 390
Villers-Cotterêts (ordonnance) 390
Le Vimeu 392
Vimeu 52, 351
Vimy 70
Vimy (mémorial canadien) 393
Vincent-de-Paul (saint) 231
Viollet-le-Duc 313
Vlamsch 60
Vocabulaire d'art 72, 77
Voile 34
Vorges 256
VTT 33

Wambrechies 282
Le Wast 157

Watou 130
Watteau (Antoine) 85, 379
Watteeuw (Jules) 376
Watten (mont) 223
Watten 43
Wattrelos 47, 329
West-Cappel 144
Western Heights (Grande-Bretagne) 165
Wierre-au-Bois 354
Wimereux 44, 46, 47, 198
Wimille 158
Wimy 370
Winterfeldt (général von) 192
Wissant 46, 199
Wormhout 175

Yourcenar *(Marguerite)* 84, 129

Zola *(Émile)* 382
Zuydcoote 221

www.voyage.fr

© Thomas Goisque

jumpfrance

Tous les jours, un nouveau monde à découvrir.

Avec Voyage, partez à la rencontre de peuples inconnus, de contrées inexplorées, de paysages idylliques... Grâce à des reportages, magazines d'information, grands documentaires ou émissions culturelles, Voyage vous propose de partager les richesses de notre planète.

voyage
La télé de tous les voyages

Sur le câble et CANALSAT

ViaMichelin

Votre meilleur souvenir de voyage

Avant de partir en vacances, en week-end ou en déplacement professionnel, préparez votre itinéraire détaillé sur www.ViaMichelin.com. Vous pouvez comparer les parcours proposés, sélectionner vos étapes gourmandes, afficher les cartes et les plans de ville le long de votre trajet. Complément idéal des cartes et guides MICHELIN, ViaMichelin vous accompagne également tout au long de votre voyage en France et en Europe : solutions de navigation routière par GPS, guides MICHELIN pour PDA, services sur téléphone mobile,...

Pour découvrir tous les produits et services :

www.viamichelin.com

MICHELIN
Une meilleure façon d'avancer

Le petit chaperon rouge

Mais comme le petit chaperon rouge avait pris sa carte Local Michelin, elle ne tomba pas dans le piège. Ainsi, elle ne coupa pas par le bois, ne rencontra pas le loup et, après un parcours touristique des plus pittoresques, arriva bientôt chez sa Mère-Grand à qui elle remit son petit pot de beurre.

Fin

Avec les cartes Michelin, suivez votre propre chemin.

MICHELIN
Une meilleure façon d'avancer

MICHELIN VOYAGER PRATIQUE,
votre guide, votre voyage.

Resto coup de ♥

Marrakech (3j)

Location voiture

Riad top !

A voir

MICHELIN

MAROC

VOYAGER PRATIQUE ➡

Post-it ® et la couleur jaune canary sont des marques déposées par la société 3M.

VOYAGER PRATIQUE ➡

Tout pour organiser votre voyage sur mesure.

Pour un séjour découverte, nature ou farniente, pour un week-end ou pour un mois, quel que soit votre budget, nos conseils et nos informations pratiques vous permettent de voyager comme vous aimez.

MICHELIN
Une meilleure façon d'avancer

Manufacture française des pneumatiques Michelin
Société en commandite par actions au capital de 304 000 000 EUR
Place des Carmes-Déchaux – 63 Clermont-Ferrand (France)
R.C.S. Clermont-Fd B 855 200 507

Toute reproduction, même partielle et quel qu'en soit le support,
est interdite sans autorisation préalable de l'éditeur.

© Michelin et Cie, Propriétaires-éditeurs
Dépôt légal : mars 2006 – ISSN 0293-9436
Printed in Singapore : 12-05/7.1

Compogravure : MAURY Imprimeur à Malesherbes
Impression et brochage : KHL, Singapore

Le Guide Vert propose 24 guides sur les régions françaises.
Ces guides sont mis à jour tous les ans.
Toutes les informations sont alors actualisées et vérifiées sur le terrain.

ÉCRIVEZ-NOUS ! TOUTES VOS REMARQUES NOUS AIDERONT À ENRICHIR NOS GUIDES !

Merci de renvoyer ce questionnaire à l'adresse suivante :
Michelin, Questionnaire Le Guide Vert, 46 avenue de Breteuil, 75324 Paris Cedex 07

En remerciement, les auteurs des 100 premiers questionnaires recevront en cadeau la carte Local Michelin de leur choix !

Titre acheté : _____

Date d'achat (mois et année) : _____

Lieu d'achat (librairie et ville) : _____

1) Aviez-vous déjà acheté un Guide Vert Michelin ?   oui ❏   non ❏

2) Quels sont les éléments qui ont motivé l'achat de ce guide ?

	Pas du tout important	Peu important	Important	Très important
Le besoin de renouveler votre ancien guide	❏	❏	❏	❏
L'attrait de la couverture	❏	❏	❏	❏
Le contenu du guide, les thèmes traités	❏	❏	❏	❏
Le fait qu'il s'agisse de la dernière parution (2004)	❏	❏	❏	❏
La recommandation de votre libraire	❏	❏	❏	❏
L'habitude d'acheter la collection Le Guide Vert	❏	❏	❏	❏

Autres : _____

Vos commentaires : _____

3) Avez vous apprécié ?

	Pas du tout	Peu	Beaucoup	Énormément
Les conseils du guide (sites et itinéraires conseillés)	❏	❏	❏	❏
La clarté des explications	❏	❏	❏	❏
Les adresses d'hôtels et de restaurants	❏	❏	❏	❏
La présentation du guide (clarté et plaisir de lecture)	❏	❏	❏	❏
Les plans, les cartes	❏	❏	❏	❏
Le détail des informations pratiques (transport, horaires d'ouverture, prix....)	❏	❏	❏	❏

Vos commentaires : _____

**4) Quelles parties avez-vous utilisées ?
Quels sites avez-vous visités ?**

....
....
....
....
....

5) Renouvellerez-vous votre guide lors de sa prochaine édition ?

Oui ❏   Non ❏

Si non, pourquoi ? ....
....
....
....

6) Notez votre guide sur 20 :

7) Vos conseils, vos souhaits, vos suggestions d'amélioration :

....
....
....
....
....
....

8) Vous êtes :

Homme ❏   Femme ❏   Âge : .... ans

Nom et prénom : ....
Adresse : ....
....
Profession : ....

Quelle carte Local Michelin souhaiteriez-vous recevoir ?

(nous préciser le département de votre choix)

....

Offre proposée aux 100 premières personnes ayant renvoyé un questionnaire complet. Une seule carte offerte par foyer, dans la limite des stocks disponibles.

VOUS AVEZ AIMÉ CE GUIDE ?
DÉCOUVREZ ÉGALEMENT LE GUIDE VERT À l'ÉTRANGER
ET LES NOUVEAUX GUIDES VERTS THÉMATIQUES

*(Idées de promenades à Paris, Idées de week-ends à Marseille
et alentours, Idées de week-ends aux environs de Paris)*

Les informations récoltées sur ce questionnaire sont exclusivement destinées aux services internes de Michelin, ne feront l'objet d'aucune cession à des tiers et seront utilisées pour la réalisation d'une étude. Elles seront également conservées pour créer une base de données qui pourra être utilisée pour la réalisation d'études futures. Ce questionnaire est donc soumis aux dispositions de la loi « Informatique et Liberté » du 6 janvier 1978. Vous disposez donc d'un droit d'accès, de modification, de rectification et de suppression des données qui vous concernent. Pour exercer ce droit, il vous suffit d'écrire à MICHELIN 46, avenue de Breteuil 75007 Paris.